# PRÉCIS

## DE

# DROIT COMMERCIAL

CONTENANT

## L'EXPLICATION DES ARTICLES DU CODE DE COMMERCE

ET DES LOIS COMMERCIALES LES PLUS RÉCENTES

PAR

## M. P. PRADIER-FODÉRÉ

Professeur de Droit public et d'Economie politique au Collège arménien de Paris
Avocat à la Cour d'appel

### DEUXIÈME ÉDITION

REVUE ET AUGMENTÉE

d'un Appendice exposant l'état actuel de la Législation et de la Jurisprudence

## PARIS

### GUILLAUMIN ET C<sup>ie</sup>, LIBRAIRES

Éditeurs du Journal des Economistes, de la Collection des principaux Économistes,
du Dictionnaire de l'Économie politique,
du Dictionnaire universel du Commerce et de la Navigation, etc.

RUE RICHELIEU, 14

# PRÉCIS

## DE

# DROIT COMMERCIAL

## OUVRAGES DE M. P. PRADIER-FODÉRÉ.

ÉLÉMENTS DE DROIT PUBLIC ET D'ÉCONOMIE POLITIQUE. Deuxième édition. 1 volume (édit. Marescq, aîné, 1865).

PRÉCIS DE DROIT ADMINISTRATIF. Sixième édition, revue, corrigée et augmentée d'un appendice. 1 volume, édit. Marescq aîné, 1862. La septième édition est en préparation.

LOIS SUR LE RECRUTEMENT, recueil complet des lois, ordonnances, décrets, arrêts des cours impériales et de la cour de cassation, décisions des conseils de révision; remplacements, substitutions, recherches médico-légales sur les motifs d'exemption pour infirmités physiques, avec un commentaire explicatif (édit. Moquet, 1854).

LE DROIT DE LA GUERRE ET DE LA PAIX, par GROTIUS. Nouvelle traduction, précédée d'un Essai biographique et historique sur Grotius et son temps; accompagnée d'un choix de notes de Gronovius, Barbeyrac, etc.; complétée par des notes nouvelles; mise au courant des progrès du Droit public moderne et suivie d'une table analytique des matières, par M. P. Pradier-Fodéré. (3 volumes, édit. Guillaumin, 1867.)

LE DROIT DES GENS, OU PRINCIPES DE LA LOI NATURELLE APPLIQUÉS A LA CONDUITE ET AUX AFFAIRES DES NATIONS ET DES SOUVERAINS, par VATTEL, nouvelle édition, précédée d'un Essai et d'une dissertation de l'auteur; accompagnée des notes de Pinheiro-Ferreira et du baron de Chambrier d'Oleires; augmentée du Discours sur l'étude du Droit de la nature et des gens, par sir James Mackintosh (traduction nouvelle); complétée par l'exposition des doctrines des publicistes contemporains; mise au courant des progrès du Droit public moderne, et suivie d'une table analytique des matières, par M. P. Pradier-Fodéré. (3 volumes, édit. Guillaumin, 1863.)

NOUVEAU DROIT INTERNATIONAL PUBLIC, *suivant les besoins de la civilisation moderne, par Pasquale Fiore*, traduction de l'italien, annotée, précédée d'une introduction historique, et suivie d'une table analytique et alphabétique des matières, par M. P. Pradier-Fodéré. (2 volumes, édit. Auguste Durand et Pédone Lauriel, 1868.)

PRINCIPES GÉNÉRAUX DE DROIT, DE POLITIQUE ET DE LÉGISLATION. Droit, Droit naturel, Droit positif, Législation, Droit civil, Droit commercial, Droit de procédure, Droit public, Droit politique ou constitutionnel, Législation politique comparée, Droit administratif, Droit administratif comparé, Droit criminel, Droit des gens. (1 fort volume in-8°, édit. Guillaumin, 1869.)

DOCUMENTS POUR L'HISTOIRE CONTEMPORAINE. (Une forte brochure in-8°, édit. Ch. Noblet, 1871.)

# PRÉCIS

DE

# DROIT COMMERCIAL

CONTENANT

## L'EXPLICATION DES ARTICLES DU CODE DE COMMERCE

ET DES LOIS COMMERCIALES LES PLUS RÉCENTES

PAR

## M. P. PRADIER-FODÉRÉ

Professeur ce Droit public et d'Économie politique au Collége arménien de Paris
Avocat à la Cour d'appel

## DEUXIÈME ÉDITION

REVUE ET AUGMENTÉE

d'un Appendice exposant l'état actuel de la Législation et de la Jurisprudence

---

# PARIS

## GUILLAUMIN ET Cᴵᴱ, LIBRAIRES

Éditeurs du Journal des Économistes, de la Collection des principaux Économistes
du Dictionnaire do l'Économie politique,
du Dictionnaire universel du Commerce et de la Navigation, etc.

14, RUE RICHELIEU

—

1872

# AVANT-PROPOS

Ce livre n'a pas la prétention d'être un cours de Droit commercial. Ce n'est qu'une esquisse, un résumé, un *précis*.

Mais, tel qu'il est, il a déjà rendu quelques services, et j'ose espérer qu'il en rendra plus d'un encore.

Il s'adresse à ceux qui veulent avoir une notion générale, mais exacte, de la loi commerciale et des modifications nombreuses que le Code de commerce de la France a subies depuis ces dernières années.

Le succès qu'a obtenu la première édition de cet ouvrage, m'a prouvé que le public avait été favorable à ma méthode, et que la forme concise donnée à mon exposition, avait eu ses approbateurs.

Bien que peu disposé à gratifier de ma confiance

les esprits assez ambitieux, pour oser se croire capables de traiter avec une égale supériorité toutes les parties d'une science, je n'ai pas craint de publier cette édition nouvelle, parce qu'en écrivant sur la loi du commerce, je ne me suis pas beaucoup écarté de mes études favorites sur le *Droit public* en général, et le *Droit des gens* en particulier. Le commerce, en effet, n'est-il pas, dans notre époque contemporaine, le grand pacificateur des peuples; et le négociant qui établit ses comptoirs aux extrémités du monde, n'est-il pas le premier plénipotentiaire de la civilisation?

Je souhaite que la seconde édition de ce *Précis* contribue à donner des notions utiles aux hommes pratiques désireux de mêler un peu de théorie à leurs opérations; et le plus cher de mes vœux serait réalisé, si le soin avec lequel j'ai analysé les lois les plus récentes, modificatives de notre Code de 1807, pouvait fortifier dans le cœur de mes lecteurs une sympathie profonde pour ce beau pays de France, où rien n'est négligé de ce qui doit contribuer au progrès.

P. PRADIER-FODÉRÉ.

Paris, ce 24 décembre 1865.

# INTRODUCTION

CONSIDÉRATIONS GÉNÉRALES SUR L'INDUSTRIE COMMERCIALE
ET APERÇU HISTORIQUE.

———

**Travail. — Production. — Industrie.** — Le travail est l'activité de l'homme s'exerçant dans un *but*.

Ce *but* est la *production*, soit matérielle, soit morale.

*L'industrie est l'action des forces physiques et morales de l'homme appliquées à la production.*

*Produire,* c'est donner aux choses de l'*utilité* et de la *valeur*, ou bien augmenter l'utilité et la valeur que les choses ont déjà.

L'*utilité* est la qualité qu'ont les choses de pouvoir satisfaire nos besoins. La *valeur* est la qualité qu'ont les choses douées d'utilité, de pouvoir être échangées contre d'autres choses utiles.

**Division de l'industrie.** — On produit, en recueillant les choses que la nature prend soin de créer, soit qu'on ne se mêle en rien du travail de la nature, soit qu'on ait par la culture dirigé et favorisé ce travail (*Industrie agricole,* comprenant également l'*industrie extractive*).

On produit encore, en donnant aux produits d'une

autre industrie une valeur plus grande par les transformations qu'on leur fait subir (*Industrie manufacturière*); ou bien en achetant un produit dans un lieu où il a moins de valeur, pour le transporter dans un lieu où il en a davantage, et le mettre ainsi à la portée de ceux qui en ont besoin (*Industrie commerciale*). La transformation consiste alors dans le transport et dans la division par parties.

Cette dernière industrie peut se subdiviser en *Industrie commerciale proprement dite*, qui consiste dans l'ensemble des échanges que les hommes font entre eux, et *Industrie voiturière*, qui consiste dans le déplacement des choses.

**L'industrie commerciale naît de l'échange.** — C'est l'habitude des échanges qui a fait naître l'industrie commerciale.

L'échange étant devenu pour l'individu un moyen d'acquérir, tout aussi bien que la production directe, des individus ont fait de l'acquisition par l'échange le but principal de leur travail. Ils ont observé qu'en tel temps, en tel lieu, un produit donné avait plus de valeur que dans un autre temps et un autre lieu; ils ont cherché à s'enrichir en achetant à bon marché pour revendre cher. Acheter à bon marché pour revendre cher, tel est le but individuel de l'industrie commerciale.

**Comment opère l'industrie commerciale.** — L'industrie commerciale opère *dans le temps seulement*, ou *à la fois dans le temps et dans l'espace*. Elle opère *dans le temps seulement*, lorsqu'elle achète un ou plusieurs produits à une époque, pour les revendre plus tard, sans déplacement : c'est ainsi qu'elle achète des marchandises dans les entrepôts de douane, un chargement en mer, une récolte sur pied, etc., pour les revendre avec avantage. En ce cas elle s'appelle *commerce de spéculation*.

Le commerce opère *dans le temps et dans l'espace*, quand il achète des thés en Chine, des cotons dans l'Inde, des cafés à Java, pour les revendre au Havre ou à Bordeaux, comme aussi lorsqu'il achète de fortes parties d'une ou plusieurs marchandises pour les revendre au détail. Alors on peut l'appeler *commerce de distribution*. (*Courcelle Seneuil, Traité sommaire d'économie politique, p.* 110.)

**Réponse à une objection contre le commerce.** — On reproche au commerce l'impôt en apparence usuraire que le peuple lui paie. Mais en quoi consiste ce prétendu tribut? En ceci, dit Frédéric Bastiat, que deux hommes se rendent réciproquement service, en toute liberté, sous la pression de la concurrence, et à prix débattu.

Le commerce, ajoute l'illustre économiste, est porté, par intérêt, à étudier les saisons, à constater jour par jour l'état des récoltes, à recevoir des informations de tous les points du globe, à prévoir les besoins, à se précautionner d'avance. Il a des navires tout prêts, des correspondants partout, et son intérêt immédiat est d'acheter au meilleur marché possible, d'économiser sur tous les détails de l'opération, et d'atteindre les plus grands résultats avec les moindres efforts. Ce ne sont pas seulement les négociants français, mais les négociants du monde entier qui s'occupent de l'approvisionnement de la France pour le jour du besoin ; et si leur intérêt les porte invinciblement à remplir leur tâche aux moindres frais, la concurrence qu'ils se font entre eux les porte non moins invinciblement à faire profiter les consommateurs de toutes les économies réalisées.

A la vérité, le consommateur est obligé de rembourser au commerce ses frais de transports, de transbordements, de magasinage, de commission, etc.; mais dans quel système ne faut-il pas que celui qui mange le blé rembourse les frais qu'il faut faire pour qu'il soit à sa portée? Il y a de plus à payer la rémunération du service rendu; mais quant à sa quotité, elle est réduite au *minimum* possible par la concurrence; et, quant à sa justice, il serait étrange que les artisans de Paris ne travaillassent pas pour les négociants de Marseille, quand les négociants de Marseille travaillent pour les artisans de Paris.

**L'industrie commerciale produit.** — Comme toutes les autres industries, l'industrie commerciale donne aux choses de l'utilité. Elle produit, non par des transformations, comme l'industrie manufacturière et l'industrie agricole, mais par la conservation et le transport, comme les industries extractive et voiturière.

**Elle est susceptible de perfectionnements.** — Comme les autres industries, le commerce reçoit des inventions et des perfectionnements; il a son art et ses systèmes de coopération. Au lieu des machines, il emploie des procédés, comme les monnaies, les lettres de change et billets à ordre, les virements, les banques, la comptabilité, etc. Ces procédés intéressent l'industrie tout entière, parce qu'ils impriment une forme aux échanges, qui sont pratiqués par toutes les branches d'industrie.

**Fonction du commerçant.** — Si l'on considère, dit M. Courcelle Seneuil, le commerçant au point de vue de la fonction publique dont il s'acquitte, on voit qu'il conserve les marchandises qui constituent la majeure partie de l'approvisionnement général, et les transporte dans le temps et dans le lieu où elles sont le plus demandées. Il est comme un inspecteur chargé d'avoir sans cesse l'œil ouvert sur les divers marchés, de voir s'ils ne manquent de rien et s'ils n'ont pas d'excédant, et de

faire entre eux une égale répartition des produits. Il at-
ténue les différences qui se manifestent entre la valeur
de chaque marchandise sur un marché, et sa valeur sur
un autre... Par le commerce, tous les marchés commu-
niquent entre eux, de manière à n'en former en réalité
qu'un seul, qui est le monde. (*Libr. citat.*, p. 112.)

**Branches diverses de l'industrie commer-
ciale**. — On distingue entre le commerce *en gros* et
le commerce *en détail ;* le commerce *terrestre* et le commerce *maritime*, le commerce *intérieur* et le commerce
*extérieur*.

**Commerce en gros et en détail**. — L'intérêt
de la distinction entre le commerce *en gros* et le commerce *en détail* se trouve, au point de vue du droit, dans
le § 5 de l'article 2101 du Code Napoléon, qui accorde
un privilége sur la généralité des meubles du débiteur,
aux fournitures de subsistances faites à ce dernier et à
sa famille, savoir : pendant les six derniers mois par les
*marchands en détail*, tels que boulangers, bouchers et
autres, et pendant la dernière année, par les *marchands
en gros*.

**Commerce terrestre et maritime.** — Le commerce *terrestre* et le commerce *maritime* se définissent
par eux-mêmes. Le commerce par mer est deux fois 1/2
plus considérable que le commerce par terre. En France,
il représente, en effet, à peu près les deux tiers de l'ensemble des importations, et les trois quarts des exporta-
tions.

**Commerce intérieur.** — Le *commerce intérieur*
embrasse dans sa vaste sphère, l'ensemble des transactions de toute nature qui interviennent entre les individus d'une même nation. Ces opérations, dit M. Block,
dans la *Statistique de la France*, dépassent de beaucoup
celles du commerce extérieur, et l'on peut dire, sans exa-

gération, qu'en France les premières sont au moins décuples des secondes. Que l'on songe à l'énorme mouvement d'affaires qui a lieu chaque année entre les 36 millions d'habitants de la France ; que l'on considère qu'il n'est pas pour ainsi dire d'objet qui, avant d'arriver à la consommation, ne passe par trois ou quatre intermédiaires, et ne donne ainsi lieu à plusieurs opérations commerciales ; que l'on ajoute à ces achats et à ces ventes effectives, les opérations de banque et les institutions de crédit, qui sont les auxiliaires du commerce, et l'on reconnaîtra qu'il n'y a rien d'excessif à attribuer une valeur approximative de 30 à 40 milliards au mouvement du commerce intérieur.

**Constatation de l'importance du commerce intérieur.** — L'importance de la circulation commerciale à l'intérieur ne peut guère être évaluée que par des moyens indirects : les relevés publiés par les compagnies de chemins de fer, par les états du cabotage [1], par le chiffre des marchandises transportées sur les fleuves et les canaux, et enfin par les registres de l'octroi.

**Commerce extérieur.** — Par le *commerce extérieur*, une nation augmente considérablement sa pro-

---

[1] On appelle *cabotage*, la navigation côtière d'un port français à un autre port français. Le *petit cabotage* s'exerce sur le littoral de la même mer. Le *grand cabotage* s'exerce d'un port de l'Océan, par exemple, à un port de la Méditerranée, et réciproquement. C'est le *petit cabotage* qui est, en France, de beaucoup le plus considérable. Sa part est de 95 pour 100 du mouvement total. L'ouverture des canaux intérieurs et l'extension des voies ferrées, font décroître d'année en année le revenu du *grand cabotage*. Au lieu de soumettre les marchandises expédiées de Bordeaux sur Cette, à un circuit considérable autour de l'Espagne, par le détroit de Gibraltar, on les envoie par le canal du Midi. L'inauguration du chemin de fer de Bordeaux à Cette a nui beaucoup aussi au *grand cabotage*.

duction et sa consommation, c'est-à-dire ce qui fait le caractère d'un peuple civilisé. Elle y trouve l'avantage de produire indirectement, à moins de frais, des marchandises qui lui reviendraient plus cher, si elle les produisait directement ; ou même de produire des objets qu'elle ne parviendrait jamais à produire directement, ce qui équivaut à une cherté excessive. Le *commerce extérieur* sert donc à compléter les approvisionnements du pays, ou à écouler le superflu de la production.

**Commerce général et commerce spécial.** — On distingue dans le *commerce extérieur*, le *commerce général* et le *commerce spécial*.

Le *commerce général* comprend :

1° A *l'importation*, tout ce qui arrive de l'étranger et des colonies, par terre et par mer, sans égard à l'origine première des marchandises, ni à leur destination ultérieure ;

2° A *l'exportation*, toutes les marchandises qui passent à l'étranger, sans distinction de leur origine, soit française, soit étrangère.

Le *commerce spécial* embrasse :

1° A *l'importation*, seulement ce qui entre dans la consommation intérieure du pays ;

2° A *l'exportation*, seulement les marchandises nationales, et celles qui sont exportées, après avoir été nationalisées par le paiement des droits d'entrée ou autrement.

Ajoutons que, depuis 1820, les marchandises sont, de plus, classées dans les états de commerce, d'après leur nature ou leur analogie, en matières *animales*, *végétales*, *minérales*, et en *fabrications*. Elles sont aussi groupées en raison de leur espèce et de leur emploi.

**Valeurs actuelles du commerce.** — On donne le nom de *valeurs actuelles* aux prix courants des marchés, dont la moyenne est déterminée par des enquêtes faites auprès des chambres de commerce.

**Valeurs officielles.** — Les *valeurs officielles* représentent certains prix, tels qu'ils ont été fixés en France par une ordonnance du 27 mars 1827. Elles ont pour but de ramener toutes les marchandises à une unité commune, dans le but de totaliser et de comparer, d'après une base constante et uniforme, le mouvement commercial de diverses époques. « Prises isolément — dit l'auteur de la magnifique introduction sur la France, placée à la tête du *Dictionnaire des communes de France*, de M. A. Joanne, — les *valeurs officielles* ne représentent rigoureusement que des poids ou des quantités aliquotes; mais totalisées, elles donnent un nombre qui, se rapprochant plus ou moins du chiffre réel, sert au moins à fixer les idées, et à donner un point de départ; et s'il n'est pas absolument réel, il est généralement vrai. »

**Transit.** — Le *transit* est le passage des marchandises de provenance et à destination étrangères, qui, sans rompre charge, ou en s'arrêtant dans les entrepôts, traversent le territoire défendu par les lignes de douane.

**Entrepôt.** — Les *entrepôts* sont des magasins dans lesquels les marchandises étrangères peuvent être déposées pendant trois ans, sans être soumises aux droits de douane. Ces droits ne sont pas exigibles avant que les marchandises aient été livrées à la consommation. Si on les réexporte, on ne paie qu'une taxe de magasinage. Les entrepôts sont *réels* ou *fictifs*. Les entrepôts *réels* sont des magasins publics ; les entrepôts *fictifs* sont des magasins particuliers, autorisés par l'administration. On a dit, avec esprit, que « les entrepôts forment comme un territoire neutre, comme un lieu d'asile contre le fisc. » (Lalanne, *Patria*, p. 1034.)

**Ce qu'il faut entendre par la liberté du**

**commerce**. — Il ne faut pas confondre la *liberté du commerce*, avec la *liberté d'importation* et *d'exportation* des denrées et marchandises soit étrangères, soit nationales. La *liberté du commerce*, qui consiste dans la faculté offerte à tous les étrangers de s'établir et de faire le commerce dans un pays, sur le même pied et avec les mêmes avantages que les nationaux, date en France de la Révolution de 1789. Le principe de cette liberté a été formulé en ces termes par l'art. 7 de la loi du 2 mars 1791 : « Il sera libre à toute personne de faire, en France, tel commerce, d'exercer tel art ou tel métier qu'elle trouvera bon. » Lors de la rédaction du Code de commerce, on avait jugé convenable de reproduire ce principe en tête de ce code, et l'on avait dit : « Toute personne peut librement commercer en France » ; mais dans la discussion cette disposition fut retranchée, car elle avait deux inconvénients : 1° celui d'être inutile, attendu qu'il est de règle que tout ce qui n'est pas défendu est permis ; 2° celui d'être inexacte, puisqu'à côté du principe de la liberté du commerce et de l'industrie, il y a certaines restrictions, dont les unes sont relatives aux choses, et les autres aux personnes. Les étrangers pouvaient faire le commerce en France, même avant la loi du 14 juillet 1819, qui leur a conféré la jouissance des principaux droits civils.

**Aperçu historique.** — Le commerce, au point de vue de l'histoire, doit être envisagé dans les temps anciens, chez les deux peuples classiques de l'antiquité, les Grecs et les Romains, dans le moyen âge, dans les temps modernes et dans les temps contemporains.

**Temps anciens.** — Le monde ancien reposant sur l'esclavage, le travail devait être peu développé, parce qu'il lui manquait le fécond stimulant de l'intérêt particulier, à qui sont dus tous les progrès matériels. Ce n'est qu'au VII<sup>e</sup> siècle avant l'ère chrétienne, qu'apparaît le commerce extérieur dans les temps historiques. Il s'effectua d'abord par l'entremise de la marine phénicienne. Le commerce prit peu de développement chez les Égyptiens. C'est seulement sous les Ptolémées, que, grâce à Alexandrie, le commerce de l'Égypte arrive à jeter un certain éclat.

Les Phéniciens, si célèbres dans les annales commerciales, étaient aussi des manufacturiers habiles. L'industrie de Tyr fut la première et la plus considérable de l'antiquité. Ses tisserands, ses teinturiers, ses bijoutiers jouissaient d'un grand renom ; on croit même qu'elle inventa le verre ; ses architectes construisirent le temple de Salomon. C'est vers cette époque probablement, que se forma, sous la suprématie de Tyr, la confédération des villes phéniciennes, cette ligue anséatique de l'antiquité, qui fut renversée par Alexandre, au profit d'Alexandrie. Quant à Carthage, colonie de Tyr, elle représenta l'industrie purement mercantile dans l'antiquité. La chute de cette rivale de Rome, en 146 avant Jésus-Christ, termina l'histoire du commerce dans le monde ancien.

**Grèce.** — La position géographique de la Grèce la prédestinait au commerce extérieur; son organisation politique libérale, devait rendre fructueuse cette application de son activité. Les Grecs eurent une puissante marine, établirent un grand nombre de colonies, formèrent des associations de villes, fondèrent Bysance, ajoutèrent au commerce de mer le commerce de terre, qu'ils firent par caravanes. Bien qu'exercée par des esclaves, l'industrie fut développée chez eux, et leur code maritime, après leur avoir été emprunté par les Romains, est resté jusqu'au moyen âge le code universel des mers.

**Rome.** — Il y a peu de choses à dire dès Romains sous le rapport de l'industrie et du commerce. Les citoyens romains regardaient le commerce et les arts comme des occupations d'esclaves; ils ne les exerçaient pas; s'il y eut quelques exceptions, ce ne fut que de la part d'affranchis qui continuaient leur première industrie; mais, en général, ils ne connaissaient que l'art de la guerre, qui était la seule voie pour aller aux magistratures et aux honneurs. Aussi les compilations de Justinien ne contiennent-elles qu'un très-petit nombre de dispositions relatives au droit commercial : quatre titres dans le livre XIV du Digeste, *De exercitoriá actione* (tit. I), *De Institoriá actione* (tit. III), *De Tributoriá actione* (tit. IV), et *De Lege Rhodiá de jactu* (tit. II); un titre dans le livre XXII : *De Nautico-fœnore* (tit. II).

L'*action institoire* se rapportait au commerce de terre, et l'*action exercitoire* au commerce de mer; elles étaient données contre le chef de famille, à raison des engagements contractés par un esclave, soumis à sa puissance. L'*action tributoire* appartenait au créancier qui se plaignait de n'avoir pas reçu ce qui devait lui revenir, dans la distribution faite par le chef de famille des biens appartenant en propre au fils ou à l'esclave. Quant à la loi *Rhodia de Jactu*, elle s'occupait du *Jet*, c'est-à-dire du sacrifice d'une partie des marchandises pour sauver le navire; elle était relative à la contribution des intéressés pour les pertes faites. Le *Nauticum fœnus* n'était autre chose que le *prêt à la grosse aventure*.

**Moyen âge.** — C'est seulement au moyen âge que commence véritablement l'ère de la législation commerciale.

La période qui s'étend de la chute de l'empire d'Occident à la découverte de l'Amérique, de la fin du ve siècle à la fin du xve, se partage en deux époques bien tranchées. La première, qui s'étend jusqu'au VIIIᵉ siècle, est la phase de formation; la seconde, depuis le VIIIᵉ siècle, est la phase de développement.

1ʳᵉ *Période.* — Il ne faut pas demander à cette première période des progrès bien soutenus dans l'ordre du travail. C'est l'époque de l'invasion barbare. Mais il serait inexact de considérer cette phase historique comme entièrement stérile. La critique du XIXᵉ siècle a démontré que, même au sein de cette grande tempête des premiers siècles du moyen âge, d'où sont sortis les peuples modernes, l'organisation municipale qui a survécu au naufrage de la civilisation antique, a sauvegardé la liberté dans les cités; et l'influence féconde exercée sur la condition des classes rurales par le christianisme, est un point incontesté. « Les conquérants barbares, dit M. A. Leymarie, unis à l'aristocratie indigène, ont été moins hostiles au travail et à la civilisation qu'on ne le croit communément. Conquis eux-mêmes par le christianisme, ils n'ont pas tardé à subir l'action du travail qui les nourrissait, et à être débordés par la liberté. Pour n'avoir pas été complète au moyen âge, la liberté n'en a pas moins été beaucoup plus grande que dans la période précédente. D'esclaves, les paysans ont passé successivement du servage au vilainage, c'est-à-dire d'une dépendance de corps et de biens à une dépendance de biens seulement. De leur côté, les artisans des villes se sont constitués en petites républiques, tenant tête avec avantage, presque toujours, aux seigneurs; enfin, des cités s'organisant, isolément ou en association, pour exercer le commerce, ont largement contribué par une liberté relative, à la production et à la répartition de la richesse, sur les divers points du monde connu et parmi les populations. »

2ᵉ *Période.* — Le caractère distinctif du commerce,

pendant la seconde période du moyen âge, c'est l'association, non pas encore des particuliers, mais des petits États, en vue de monopoliser la navigation, et, par elle, le trafic étranger. Au $IX^e$ et au $X^e$ siècles, ce sont les républiques italiennes d'abord, et puis les villes allemandes qui absorbent l'industrie commerciale. Les villes d'Italie, après avoir exploité le commerce avec la France vers l'Ouest, avec les provinces grecques de la mer Adriatique vers l'Est, finissent par s'ouvrir le commerce du Levant par l'Égypte et la Syrie. Adonnées à l'industrie manufacturière, les cités néerlandaises et allemandes s'associent, et donnent naissance à ces ligues, dont la plus considérable a rendu célèbre le nom générique de *Hanse* sous lequel elles étaient connues. On doit au moyen âge le perfectionnement des procédés de commerce. Les entrepôts, la commission et le transit viennent faciliter les transactions ; le crédit se fonde, les banques fonctionnent à Gênes et à Venise, dès le $XI^e$ et le $XII^e$ siècles; des bourses sont établies sur toutes les grandes places, et reçoivent des règlements précis, le droit commercial est formulé, l'inter-course réglementée, la lettre de change inventée.

Citons comme monuments de cette époque, le *Consulat de la mer* et les *Jugements* ou *Rooles d'Oléron*.

**Consulat de la mer.** — Le *Consulat de la mer* est un recueil de 297 chapitres, consacré au droit maritime, où ont été réunies, avec assez peu d'ordre et de méthode, toutes les maximes du droit maritime qui étaient en vigueur dans les ports et sur le littoral de la Méditerranée. L'opinion la plus vraisemblable est qu'il a été rédigé à la fin du $XI^e$ et au commencement du $XII^e$ siècles, à Barcelone, et en langue catalane. Le *Consulat de la mer* a pendant longtemps servi de législation maritime à la France méridionale, et à toutes les nations commerçantes de la Méditerranée.

**Rooles d'Oléron.** — Beaucoup moins étendu que le *Consulat de la mer*, le recueil intitulé les *Jugements* ou *Rooles d'Oléron* [1], est un résumé concis des usages en vigueur, à l'époque de sa rédaction, dans les ports de l'Océan. L'opinion la plus probable est que ce fut la reine Éléonore, duchesse de Guyenne, qui le fit rédiger à son retour de la Terre-Sainte, où elle avait accompagné son mari. Ce recueil obtint aussi une grande autorité, et fut adopté par beaucoup de nations.

**Table d'Amalfi.** — Ces recueils furent suivis de plusieurs autres. Lorsque la découverte du cap de Bonne-Espérance, en 1486, eût ouvert un vaste champ aux spéculations du commerce maritime, Amalfi, Wisby et les villes hanséatiques eurent leurs règlements, leurs recueils de décisions et d'usages. Retrouvée en 1844 dans la bibliothèque impériale de Vienne, et publiée en 1845, la *Table d'Amalfi* est un recueil composé de 66 articles, dont les uns sont en latin plus ou moins barbare, les autres en italien ancien, d'autres en italien correct. On sait qu'il avait été établi à Amalfi, ville riche et puissante autrefois de la province de Salerne, une cour de *haute amirauté*, de laquelle ressortissaient toutes les nations environnant la Méditerranée.

**Table de Wisby.** — La *Table* ou *Droit maritime de Wisby* est un recueil écrit en allemand, rédigé en 66 articles, et qui se compose presque généralement de dispositions empruntées au *Consulat de la mer* et aux *Rooles d'Oléron*. Wisby, située au nord de l'île de Gottland, en Suède, avait été autrefois le marché le plus fréquenté de l'Europe septentrionale. Le recueil de décisions qui

---

[1] Ainsi nommés, parce qu'autrefois les jugements s'écrivaient sur des feuilles de parchemin *roulé.*

porte son nom, a servi de base à la législation de tous les peuples du Nord, notamment des Danois et des Suédois.

**Recès de la Hanse teutonique.** — Les *Recès* [1] de la Hanse teutonique, étaient des règlements qui servaient de lois à tous les membres de la ligue. Ils furent rédigés en 1591, et soumis en 1614 à une révision générale, dans la ville de Lubeck.

**Temps modernes.** — La découverte de l'Amérique, dans les temps modernes, ouvre au commerce des horizons nouveaux. Trois phases diverses suivent la découverte du Nouveau-Monde : l'orgie de la conquête, le système colonial et le régime mercantile. Au point de vue matériel, l'agriculture, l'industrie et le commerce profitent, à des degrés divers, mais dans l'intérêt du travail général et de la prospérité publique, des relations nouvelles qui se sont établies entre les diverses parties du monde. Au point de vue moral, le commerce extérieur, en développant les opérations maritimes, porte la première atteinte au mépris que les classes élevées affectaient pour le trafic et l'industrie manufacturière. En 1701, Louis XIV déclare vouloir que tous ses sujets, « nobles par extraction, par charges ou autrement, excepté ceux qui sont revêtus de charges de magistrature, puissent librement faire toute sorte de commerce *en gros*, tant au dedans qu'au dehors du royaume, pour leur compte ou pour la commission; sans déroger à la noblesse. » En même temps que les procédés de commerce se perfectionnent, le droit international se formule en code ou en coutumes; à côté de l'organisation uniforme des bourses, de l'institution des assurances,

---

[1] *Recès*, du mot latin *Recessus, départ*, parce que c'était au moment même de leur départ, que les députés de la ligue les signaient.

de la création des banques de dépôt d'Amsterdam et de Hambourg (1609-1619), des banques de circulation de Londres et de France (1694-1716), se placent la législation commerciale et la législation maritime, des règlements sur les bris et naufrages, les armements en course et la neutralité des pavillons.

**Guidon de la mer**. — C'est au début de cette période qu'il faut placer la publication du *Guidon de la mer*, rédigé à Rouen par un négociant de cette ville, dont le nom est resté inconnu, et « dressé avec tant d'adresse et de subtilité, dit Clairac, que l'auteur d'icelui, en expliquant les contrats ou polices d'assurances, a insinué et fait entendre avec grande facilité tout ce qui est des autres contrats maritimes, et tout le général du commerce naval. » Presque toutes les décisions que renferme le *Guidon de la mer* ont été converties en lois par l'ordonnance de Louis XIV sur la marine.

**Édit de 1563**. — Œuvre du chancelier de L'Hospital, l'édit de 1563 créa à Paris la juridiction consulaire, « pour le bien public et abréviation de tous procès et différends entre marchands, qui doivent négocier ensemble de bonne foi, sans être astreints aux subtilités des lois et ordonnances. » Henri III, Henri IV, Louis XIII et Louis XIV, établirent successivement de nouveaux siéges consulaires.

**Ordonnance de 1673**. — Appelée dans la pratique le *Code marchand*, inspirée à Colbert par l'imperfection des lois commerciales existantes, et rédigée presque en totalité par un ancien négociant nommé Savary, l'ordonnance de 1673 a été le code de commerce de cette époque. Elle est consacrée au commerce de terre, et se compose de douze titres. La lettre de change y est réglementée dans sa forme et ses effets. Il y est question des sociétés, des fonctions des agents de change [1] et des courtiers. La compétence de la justice consulaire y est définie ; mais la matière des faillites et banqueroutes y est à peine effleurée. L'ordonnance de 1673 contient aussi certaines dispositions sur les *maîtrises* et *jurandes*, ces anciennes entraves de l'industrie, un moment abolies par Louis XVI, sous l'inspiration de Turgot, et dont a définitivement fait justice la Révolution française.

**Ordonnance de 1681.** — L'ordonnance de 1681 concerne non-seulement le droit maritime proprement dit, mais encore tout ce qui est relatif au commerce de la mer. Elle est divisée en cinq livres, et traite des amirautés, des gens de mer et des navires, des contrats maritimes, de la police des ports et de la pêche maritime. On la considère comme le chef-d'œuvre législatif du règne de Louis XIV. Les rédacteurs de cette ordonnance, comme l'auteur du *Guidon de la mer*, sont restés inconnus.

**Temps contemporains.** — Des principes nouveaux ont surgi de la Révolution française, pour la société contemporaine.

De nos jours, le commerce et l'industrie sont devenus les régulateurs des États et les arbitres des gouvernements. Le but unique des nations modernes c'est le repos, avec le repos l'aisance, et comme source de l'aisance, l'industrie et le commerce. Le commerce, qui ne vit que par la liberté, l'introduit partout sans convulsions et sans violences. Il la fonde sur des bases solides. Il limite la puissance des gouvernements sans les attaquer. Il donne à la propriété une qualité nouvelle, la circulation ; par là même, non-seulement il affranchit les individus, mais, en créant le crédit, il rend l'autorité dépendante.

---

[1] Appelés alors *agents de banque*.

Quand le crédit n'existait pas, les gouvernements étaient plus forts que les particuliers. Mais, par le crédit, les particuliers sont plus forts que les gouvernements de nos jours. Le commerce a modifié jusqu'à la nature même de la guerre. Les nations mercantiles étaient autrefois toujours subjuguées par les peuples guerriers. Elles leur résistent aujourd'hui avec avantage ; elles ont des auxiliaires au sein de ces peuples mêmes. Les ramifications infinies et compliquées du commerce ont placé l'intérêt des sociétés hors des limites de leur territoire. Carthage luttant avec Rome dans l'antiquité, devait succomber ; elle avait contre elle la force des choses. Mais si la lutte s'établissait maintenant entre Rome et Carthage, Carthage aurait pour elle les vœux de l'univers.

La question du *libre-échange,* qui n'avait été, depuis Adam Smith, agitée qu'en théorie dans les ouvrages de l'école anglaise, est descendue sur le terrain des faits par suite de la grande réforme douanière opérée par sir Robert Peel en Angleterre, en 1842 et 1846. Plusieurs autres États, notamment la Sardaigne, se sont, depuis, engagés plus ou moins dans cette voie libérale. Le principe de la liberté était, d'ailleurs, depuis plusieurs années appliqué par toutes les nations chez elles. Les obstacles douaniers qui, autrefois, existaient généralement de province à province, avaient été successivement écartés et refoulés aux frontières. La Confédération germanique, bien que composée d'un grand nombre d'États indépendants, avait subi cette impulsion. Les premières bases du Zollverein (*union douanière par laquelle les droits de douane sont supprimés sur les frontières intérieures de tous les États de la confédération, et reportés sur la frontière générale, pour être en suite répartis d'après des bases convenues*) furent posées par le traité conclu le 14 février

1828 entre la Prusse et le grand-duché de Hesse. La presque généralité des autres États y adhérèrent successivement. Il restait à faire triompher le principe du libre-change dans la politique internationale. L'année 1860 a vu se réaliser ce progrès, par la signature du traité de commerce du 22 janvier 1860 entre la France et l'Angleterre. Depuis cette époque, sur toute l'étendue de la frontière du nord et de l'est de l'Empire français, les barrières de douane se sont successivement abaissées, et des tarifs conventionnels modérés sont venus se substituer aux prohibitions. Il est donc permis de prévoir le moment où pourront se développer, dans l'Europe entière, les bienfaisants effets d'un régime uniformément libéral. Déjà les États modernes abolissent entre eux les passeports, qui gênent la communication entre les personnes. Au lieu de ponts mobiles, de bateaux tendus en signe de défiance sur les fleuves qui les séparent, ils ne craignent pas, comme sur le Rhin, de jeter des ponts solides et durables. Ils percent des obstacles comme le mont Cenis pour se donner la main. Dans les détroits, sur les cours d'eau, ils demandent à abolir les droits et péages entre eux; ils raccordent leurs chemins de fer et leurs canaux aux frontières, pour se mêler et se pénétrer plus aisément. La mer devient tous les jours entre eux un patrimoine commun, indivis, où toute propriété qui la traverse veut être sacrée. Les nations, dans des expositions universelles, ouvrent un champ pacifique à leurs plus nobles rivalités. Enfin des traités nombreux croisent et confondent au-dessus des limites et des frontières les intérêts de tous les peuples, au détriment de l'égoïsme national.

**Le Code de commerce.** — Les ordonnances de 1673 et de 1681 étaient devenues insuffisantes. Le progrès de la richesse mobilière, l'accroissement de la fortune publique et privée, l'activité des transactions, le développement du commerce, avaient fait naître des besoins nouveaux, et il fallait des lois nouvelles pour y satisfaire. Aussi, même avant la Révolution de 1789, dès 1787, la nécessité de réviser les ordonnances de Louis XIV et les lois commerciales avait-elle été sentie.

Voici le résumé des travaux qui ont précédé le Code de commerce de la France :

1787. Commission créée pour réviser les ordonnances de 1673 et de 1681, et les lois commerciales en général.

Interruption pendant la Révolution.

Reprise du travail sous le gouvernement consulaire (3 avril 1801).

Communication du projet de Code de commerce élaboré par une commission, aux tribunaux, conseils de commerce, au tribunal de cassation et aux tribunaux d'appel.

Révision du projet par trois des commissaires rédacteurs. — Interruption.

La discussion du Code de commerce commence au Conseil d'État le 4 novembre 1806. Communication *officieuse* au Tribunat (sections de l'intérieur et de législation réunies). Retour au Conseil d'État (assemblée générale). Rédaction définitive.

Présentation au Corps législatif.

Communication *officielle* au Tribunat.

Retour au Corps législatif. Adoption. Promulgation dans la forme ordinaire [1].

*Loi du 15 septembre 1807* : « *Art.* 1er. Les dispositions

---

[1] Le Code de commerce formait plusieurs projets de lois distincts, qui furent adoptés et promulgués séparément. La loi du 15 septembre 1807 a mis le Code de commerce *tout entier* en exécution, à partir du 1er janvier 1808.

du Code de commerce ne seront exécutées qu'à compter du 1er janvier 1808. — *Art.* 2. A dater dudit jour 1er janvier 1808, toutes les anciennes lois touchant les matières commerciales sur lesquelles il est statué par ledit code, *sont abrogées.* »

Pour les matières qui n'ont pas été traitées dans le code de commerce, et pour celles qui ne l'ont été que sur quelques points, il est évident que l'abrogation prononcée par l'article 2 de la loi du 15 septembre 1807 ne s'applique pas aux lois antérieures qui s'en occupent.

Il est constant aussi que les juges de commerce sont également appelés à prononcer d'après le droit commun répandu dans les autres codes, et d'après les usages commerciaux uniformes, fondés sur un grand nombre de précédents, et soutenus pendant de longues années.

Le Code de commerce a subi de nombreuses modifications, qui lui ont été apportées par des lois postérieures que nous citerons à mesure qu'elles se présenteront à nous.

Les modifications si nombreuses apportées déjà à notre législation commerciale, ne sont pas le dernier mot du gouvernement actuel. C'est ainsi qu'un projet de loi s'élabore en ce moment, qui a pour but de modifier, en quelques points, la loi de 1856 sur les sociétés en commandite, et celle de 1863 sur les sociétés à responsabilité limitée, et de restreindre l'application de la forme anonyme. Ce projet comprend aussi quelques dispositions destinées à faciliter la création et le fonctionnement des sociétés dites de coopération. Le conseil d'État est également saisi d'un projet qui doit rendre uniformes, sur tous les points du territoire, les tares et usages commerciaux, sans déroger toutefois au principe de la liberté des stipulations commerciales.

L'application de la loi de 1807 sur le taux de l'intérêt

de l'argent donnait lieu, depuis longtemps, à des réclamations fréquentes? Le conseil d'État a été chargé de
procéder à une enquête sur les modifications dont cette
législation était susceptible, et de cette instruction sor-
tira, sans doute, une loi nouvelle qui laissera libre cours
au prêt à intérêt. Le régime du courtage donnait lieu à
quelques plaintes? Les chambres de commerce, les chambres syndicales des courtiers ont été entendues, et vraisemblablement le courtage est sur le point de recevoir de
radicales modifications. L'administration a mis aussi à
l'étude les mesures à prendre pour le transport en mer
des marchandises dangereuses. N'oublions pas que nos
législateurs vont être saisis d'un projet de loi qui supprime la contrainte par corps, cette tache dans la législa-
lation de la France libérale.

# PRÉCIS

DE

# DROIT COMMERCIAL

## PREMIÈRE PARTIE.

## CHAPITRE I.

DU COMMERCE EN GÉNÉRAL, DU DROIT COMMERCIAL, DE SES LIMITES, DE SES CARACTÈRES ET DE SES SOURCES; DES ACTES DE COMMERCE.

**Commerce.** — On donne le nom de *Commerce* aux diverses négociations qui ont pour objet d'opérer et de faciliter les échanges des produits de la nature ou de l'industrie, à l'effet d'en tirer quelque profit.

**Droit commercial.** — Le *Droit commercial* est l'ensemble des règles relatives à la validité et aux effets de ces négociations, ainsi qu'au jugement des contestations qui peuvent en résulter. Exclusivement applicable aux seuls actes commerciaux, il présente, dans sa spécialité, des dispositions parfois rigoureuses, mais commandées par les exigences du commerce. Ces exigences sont : La *bonne foi*, le *besoin de célérité* et le *crédit*.

**Sources du Droit commercial.**—Les sources du

1

Droit commercial sont : 1° le Code de commerce, et les lois ou règlements commerciaux; 2° le droit commun, répandu dans les autres codes; 3° les usages du commerce. Les tribunaux commerciaux doivent donc juger les questions particulières qui se présentent devant eux, suivant leur conviction, d'après les termes et l'esprit du Code de commerce; et, en cas de silence de la part de ce Code, d'après le droit commun et les usages commerciaux.

**Actes de commerce.** —Le Droit commercial est exclusivement applicable aux seuls *actes commerciaux;* il est donc indispensable de savoir quels sont ces actes qui sont régis par une législation spéciale, et d'en donner une définition. Le législateur a, contrairement à la marche naturelle des idées, renvoyé aux articles 632 et 633 du Code de commerce, l'énumération des actes réputés commerciaux, sans toutefois en donner une définition qui permette de les reconnaître. Lors de la rédaction du Code on cherchait à *justifier* ce renvoi, en disant que, pour mieux asseoir les principes de la juridiction commerciale, il convenait de trouver au titre qui s'occupait de cette juridiction l'énumération des actes de commerce; et que, par ce rapprochement, la compétence de ces tribunaux d'exception se trouverait beaucoup mieux fixée.

On donne le nom d'*acte commercial* à toute spéculation qui a pour but de profiter de la différence entre le coût d'acquisition d'une chose mobilière, et le prix de revente.

**Leur division.** — Les actes de commerce se divisent en deux classes : ceux qui sont déclarés tels *en eux-mêmes*, abstraction faite de la qualité des personnes qui les font; et ceux qui sont *réputés* commerciaux par une présomption déduite de la qualité de tous les contractants, ou de l'un d'eux.

**Actes commerciaux en eux-mêmes.** — Les actes déclarés commerciaux *en eux-mêmes*, sont : 1° les achats et ventes; 2° les opérations de change; 3° les opérations de banques; 4° les louages de choses; 5° les louages de personnes; 6° tout ce qui concerne le commerce maritime (*Art.* 632, 633, *Code de com.*).

**Achat pour revendre.** — La loi (*art.* 632) répute *acte de commerce* tout achat de denrées et marchandises [1], pour les revendre, soit en nature, soit après les avoir travaillées et mises en œuvre. Il est donc nécessaire que : l'achat soit de *choses mobilières* (denrées, marchandises), que ces choses mobilières aient été acquises *moyennant un prix* (achat), et que l'achat ait été fait *pour revendre*.

L'achat doit être de *choses mobilières :* par conséquent l'achat d'immeubles pour les revendre ne saurait être considéré comme un acte de commerce. Il en serait autrement de l'achat d'une maison pour la démolir et en vendre les matériaux. Réciproquement la qualification de marchandise s'applique même aux choses intellectuelles, telles que la clientelle d'un magasin : elle comprend aussi le numéraire et les factures.

L'acquisition de ces choses mobilières doit avoir eu lieu *moyennant un prix :* par conséquent la vente d'objets *donnés* ne serait pas un acte de commerce; on pourrait en dire autant de la vente qu'un propriétaire ferait des fruits de son fond, qu'un fermier ferait des produits de sa terre.

Enfin l'achat doit avoir été fait dans *l'intention primitive de revendre.* Il appartiendra donc aux tribunaux de

---

[1] On donne le nom de *denrée* a tout ce qui se vend pour la nourriture et l'entretien des hommes et des animaux. On appelle *marchandises*, tous objets mobiliers dont les marchands font trafic, mais qui ne sont pas consommés par le premier usage.

bien rechercher si cette intention de revendre existait primitivement, c'est-à-dire au moment de l'achat. Quant à la revente de la chose achetée, elle doit être *principale*. Le vigneron qui vendra avec son vin les tonneaux qu'il aura achetés, ne fera pas un acte de commerce; pas plus que l'artiste peintre qui vendra avec son tableau les couleurs disposées par lui sur sa toile.

L'intention de revendre l'objet mobilier acheté existant au moment de l'achat, peu importera que cet objet soit destiné à être mis en œuvre. Celui donc qui achètera des étoffes, du blé, des couleurs, pour en faire des vêtements, du pain ou des teintures, aura, par cet achat fait un acte de commerce.

**Achat pour louer.** — La loi répute *acte de commerce* tout achat de denrées et marchandises pour les revendre, soit en nature, soit après les avoir travaillées et mises en œuvre, ou même *pour en louer simplement l'usage*. Les conditions exigées dans l'achat pour revendre sont les mêmes dans l'achat pour louer. Il sera donc nécessaire que l'intention de louer ait existé *dans le moment de l'achat*, que la chose louée soit *mobilière* et que la location soit *principale*.

**Ventes, Actes de commerce.** — Si l'achat pour revendre est un acte de commerce, la vente ou revente sera, elle aussi, un acte commercial; elle n'est, en effet, que l'exécution de ce que s'était proposé l'acheteur.

**Entreprises de fournitures.** — Les entreprises de fournitures sont aussi des ventes qui ont le caractère d'actes commerciaux. La présomption existant toujours dans les entreprises de cette nature, que les objets fournis n'appartiennent pas au fournisseur, mais qu'il se les procurera pour les revendre. Il en est de même des souscriptions littéraires, lorsqu'elles sont faites par d'autres personnes que les auteurs.

Pour ce qui concerne les opérations de change et de banque, les louages de choses et de personnes, ainsi que les actes du commerce maritime, nous renvoyons aux différents chapitres qui traitent de ces matières.

**Actes réputés commerciaux.** — Tous les actes en dehors de l'énumération limitative précédente, et qui émanent de personnes commerçantes, sont, jusqu'à preuve du contraire, présumés faits pour les besoins de leur commerce. Parmi ces actes, il en est qui émanent de personnes commerçantes; et d'autres, de certains fonctionnaires assimilés, pour l'utilité du service, aux commerçants.

Toutefois il ne faudrait pas considérer tous les actes émanant d'un commerçant, comme actes de commerce. Ne sont tels en vertu de la présomption précitée, que les actes qui constituent une dette pour le commerçant, quelle que soit la forme de l'engagement, et qui n'ont pas une cause purement civile. Le commerçant devra toujours être admis à fournir la preuve de cette cause. Les achats faits par le commerçant pour son usage particulier ne sauraient être considérés comme des actes de commerce, et le montant des condamnations prononcées contre lui pour un délit ou un quasi-délit, ne serait pas une dette commerciale.

Quant aux receveurs, payeurs, percepteurs, ou autres comptables des deniers publics, le besoin d'augmenter leur crédit en assurant l'exécution de leurs engagements d'une manière plus prompte, les a fait assimiler aux commerçants seulement pour ce qui concerne la qualité commerciale de leurs billets.

# CHAPITRE II.

## DES COMMERÇANTS.

**Les fabricants, marchands, négociants, banquiers et artisans.** — C'est sans doute pour conserver l'uniformité dans les termes, que le législateur s'est presque toujours servi du mot commerçant ; mais sous cette dénomination générique sont compris les fabricants, les marchands, les négociants et les banquiers.

Les *fabricants* sont des commerçants qui revendent sous une forme nouvelle la matière première qu'ils ont achetée.

Les *marchands* achètent et revendent, soit en gros, soit en détail. En Angleterre, les commerçants, même les plus éminents, n'ont pas d'autre qualification que celle de marchands (merchant). En France on a imaginé le mot de *négociant* pour distinguer le haut commerce, et pour désigner ceux qui ne se regardent pas comme bornés à leur magasin de marchandises. Un avis du Conseil d'État a même délimité les qualités de *marchand* et de *négociant* : Celui qui ne se pourvoit qu'en fabrique ou aux sources, qui n'est dans la ville que vendeur, et non acheteur, est le marchand ; celui qui spécule, achète et vend, indifféremment au dedans, au dehors, en première, en seconde main, est négociant.

Les *banquiers* sont les commerçants qui font le commerce d'argent et de papier de crédit.

Quant à l'*artisan* (ouvrier qui loue son industrie, en travaillant soit dans son domicile, soit au dehors, sur commande et sur des matières premières qui lui sont remises) il n'est pas commerçant, quand bien même il fournirait tout ou partie des marchandises nécessaires pour confectionner l'ouvrage qui lui est commandé (louage d'ouvrage); à moins qu'il ne confectionne d'avance des objets qu'il mettra en vente.

**Caractères constitutifs de la qualité de commerçant.** — Les commerçants étant soumis à une juridiction exceptionnelle qui leur impose des obligations spéciales, et étant justiciables de tribunaux particuliers, l'importance de préciser les caractères constitutifs de la qualité de commerçant, ne saurait être mise en doute. Sont commerçants ceux qui *exercent* des actes de commerce, et en font leur profession habituelle.

Trois conditions sont donc nécessaires pour constituer la qualité de commerçant : l'*exercice d'actes de commerce,* l'*habitude* et la *profession.*

Nous avons examiné déjà ce qu'on entend par acte de commerce, et nous avons dit que pour déterminer si un acte doit être ou non réputé commercial, c'est surtout l'intention qu'il faut interroger, lorsque la loi, par une disposition exceptionnelle, n'a pas donné, d'autorité, à tel ou tel acte la qualité d'acte de commerce. Quant à l'exercice des actes commerciaux, il n'a pas besoin d'être *notoire.* La clandestinité de l'acte ne saurait affranchir celui qui l'accomplit des obligations imposées aux commerçants.

**La profession habituelle.** — C'est la *profession habituelle* du commerce, qui produit la qualité de commerçant.

On entend par *profession habituelle*, un exercice assez fréquent, assez suivi du commerce, pour constituer, en quelque sorte, une existence sociale. Celui donc qui ferait un acte isolé de commerce, encore bien que pour ce fait il fût justiciable des tribunaux de commerce ne devrait pas être réputé commerçant. Il ne faut pas confondre, en effet, la qualité commerciale dans un acte ou la qualité de commerçant dans une personne, avec l'attribution que la volonté du législateur peut faire à la juridiction commerciale, des contestations qui résultent de certaines espèces d'engagements. Autre chose est d'être commerçant, autre chose est de pouvoir être traduit au tribunal de commerce pour l'exécution de quelques obligations. La qualité de commerçant frappe tout ce qui concerne la personne : elle est générale ; la soumission à la juridiction commerciale est limitée aux contestations qui peuvent naître de certains actes déterminés : elle est spéciale, et on peut l'appeler un accident dans l'existence d'un individu.

Mais il n'est pas nécessaire que la profession *habituelle* soit *principale*. Serait-elle même exercée conjointement avec une profession déclarée par des lois spéciales incompatibles avec le commerce, elle n'en constituerait pas moins commerçant celui qui réunirait ces deux professions. Le projet du Code de commerce portait : *Profession principale.* On a substitué au mot *principale*, le mot *habituelle*, sur l'observation du Tribunat qui fit remarquer que le mot *principale* pourrait engager ceux qui feraient le commerce, en même temps qu'ils exerceraient une autre profession, à représenter celle-ci comme leur *profession principale*, afin de se soustraire à l'application des lois particulières et rigoureuses qui régissent les commerçants. (*Travaux prép. Cod. com.*)

L'expression *profession habituelle* désignant un exercice suivi des actes de commerce, celui qui par la publicité annoncerait qu'il entend exercer tel commerce, celui qui ouvrirait un établissement, obtiendrait les autorisations nécessaires, paierait les contributions exigées, devrait-il attendre pour être réputé commerçant que sa profession habituelle ait été constituée par des actes suffisamment répétés? Non. L'établissement constitue par lui-même une profession habituelle.

Que si les preuves extérieures n'existaient pas, les juges seraient appréciateurs des circonstances, et admettraient toute espèce de preuves, par écrit, preuve testimoniale, présomptions. Le paiement de la patente ne saurait toutefois être une preuve de la qualité de commerçant. La patente, en effet, est un impôt auquel sont soumises des professions qui ne sont nullement commerciales. Les avocats paient l'impôt de la patente, et ne sont pas commerçants. Réciproquement on pourrait être commerçant sans avoir pris de patente.

Le mot *Profession* éveille l'idée de bénéfices. L'habitude d'actes commerciaux qui auraient été accomplis non comme moyens de réaliser des bénéfices, ne constituerait pas une profession. Des actes de commerce même réitérés et habituels, ne rendraient pas commerçant celui qui s'y serait livré, si l'on ne pouvait pas le considérer comme en faisant profession. Ainsi, un homme aurait l'habitude de souscrire des lettres de change pour le paiement de tout ce qu'il achète, c'est-à-dire de faire à chaque instant des actes de commerce, qu'il ne deviendrait pas pour cela commerçant; parce qu'il n'y aurait là rien qui caractérisât de sa part une profession. Ce qui constitue la profession, c'est que l'auteur des actes de commerce se soit présenté au public comme habituellement disposé à entrer en relation avec lui pour et par l'exercice de ces actes, et en vue d'en retirer un profit.

Toute personne capable d'après les principes du droit civil, est admise à faire des actes de commerce. Notre

1.

législation n'exclut personne de la faculté de se faire commerçant.

Il existe toutefois deux exceptions au principe que toute personne est habile à faire le commerce : 1° les mineurs et les femmes mariées, personnes civilement incapables de s'obliger, ne peuvent qu'avec certaines conditions être admis à faire le commerce; 2° certaines personnes civilement capables de s'obliger, ne peuvent néanmoins faire le commerce, à raison de leurs fonctions.

**Mineurs.** — Le mineur n'est admis à faire le commerce, qu'à la condition d'être : 1° émancipé; 2° d'avoir dix-huit ans au moins; 3° d'être autorisé par son père, ou, à défaut de celui-ci, par sa mère, ou, à défaut du père et de la mère, par une délibération du conseil de famille homologuée par le tribunal; 4° l'acte d'autorisation doit être enregistré et affiché au tribunal de commerce.

L'émancipation, soit tacite, soit formelle [1] est nécessaire pour que le mineur commerçant, majeur quant à ses actes de commerce, ait le droit d'administrer ses biens et de se choisir un domicile.

Il faut que le mineur ait dix-huit ans au moins, parce que le droit de faire le commerce le lancera dans une série d'actes qui exigent une capacité plus étendue que celle des émancipés ordinaires.

---

[1] Le mineur est émancipé de plein droit par le mariage. Le mineur, même non marié, pourra être émancipé par son père, ou, à défaut de père, par sa mère, lorsqu'il aura atteint l'âge de quinze ans révolus. Cette émancipation s'opérera par la seule déclaration du père ou de la mère, reçue par le juge de paix assisté de son greffier. Le mineur resté sans père ni mère, pourra aussi, mais seulement à l'âge de dix-huit ans accomplis, être émancipé par le conseil de famille. L'émancipation résultera de la délibération de ce conseil, et de la déclaration faite par le juge de paix, (*Art.* 476, 477 et 478, *Code Nap.*)

Enfin l'autorisation de certaines personnes est exigée, pour prémunir le jeune homme émancipé contre l'inexpérience de son âge.

**Forme de l'autorisation**. — On admet généralement que l'autorisation peut être donnée devant le juge de paix ou devant un notaire, même au greffe du tribunal de commerce; mais qu'elle ne peut l'être par acte sous seing-privé, parce que rien ne garantirait la vérité de la signature ou de l'écriture.

La faveur accordée au commerce, qui est ennemi des entraves, et le droit que conservent toujours les parents de s'opposer à ce que leur fils fasse le commerce, ont inspiré une opinion contraire, suivant laquelle l'autorisation pourrait être accordée par acte sous seing-privé. Quoi qu'il en soit, l'autorisation devra être donnée sur papier timbré, et être enregistrée, afin d'avoir une date certaine; elle devra être affichée au tribunal de commerce. La transcription de l'autorisation sur un registre, au greffe du tribunal de commerce du lieu où le mineur veut établir son domicile, ou, s'il n'en existe point, au greffe du tribunal civil, et l'affiche de cette autorisation faite pendant un an sur un tableau exposé dans l'auditoire du tribunal, sont autant de mesures inspirées au législateur par l'intérêt du mineur et de son crédit. Les quatre conditions exigées pour que le mineur soit commerçant, existent même pour le cas où le mineur ne ferait qu'un seul acte, ou quelques actes isolés de commerce. Cette disposition a peu d'usage : on ne voit pas comment on se livrerait à tant de formalités pour quelque spéculation passagère, et comment un tribunal civil homologuerait la permission de faire des actes de commerce en faveur d'un mineur non patenté. Mais cette règle a l'effet d'empêcher les résultats sérieux de contrats faits à l'insu des parents, dans lesquels il serait si facile que des manœuvres usuraires se déguisassent sous la forme et sous le prétexte d'actes de commerce.

Le conseil de famille n'offrant pas les mêmes garanties de sollicitude que les père et mère, l'autorisation qui émanera de lui devra être homologuée (approuvée) par le tribunal civil.

Les conditions que nous venons d'indiquer sont de rigueur; rien ne saurait les suppléer; les mineurs ne peuvent commencer leurs opérations avant d'y avoir satisfait. Il appartiendra donc à ceux qui traiteront avec eux de s'informer soigneusement s'ils sont majeurs, et, s'ils ne le sont pas, de se faire administrer la preuve de l'accomplissement de ces formalités. Faute par eux de le faire, ils n'auraient aucune poursuite commerciale contre les mineurs, qui pourraient se retrancher derrière ces actes infectés de nullité relative.

**Retrait de l'autorisation.** — L'autorisation peut être retirée, soit directement, soit indirectement. Directement, lorsque le père, ou à défaut du père, la mère, ou en l'absence des père et mère, le conseil de famille la révoquent. Il est juste, en effet, que les personnes qui ont donné leur autorisation puissent la révoquer si l'intérêt du mineur le demande. Dans une autre opinion on soutient, au contraire, qu'il serait arbitraire de permettre l'interruption d'opérations commerciales par le retrait souvent capricieux d'une autorisation ordinairement accordée après un mûr examen.

L'autorisation sera retirée indirectement au mineur par le retrait du bénéfice de l'émancipation. L'article 485 du Code Napoléon s'exprime en ces termes : Tout mineur émancipé dont les engagements auraient été réduits, pourra être privé du bénéfice de l'émancipation, laquelle lui sera retirée en suivant les mêmes formes que celles qui auront eu lieu pour la lui conférer. Cette révocation devra nécessairement être rendue publique dans les mêmes formes que l'autorisation.

**Capacité des mineurs commerçants.** — Le mineur émancipé qui fait un commerce est réputé majeur pour les faits relatifs à ce commerce. Il n'est point restituable contre les engagements qu'il a pris à raison de son commerce ou de son art. (*Art.* 487, 1308 *Code Nap.*)

Il en est de même pour les actes isolés qu'il a été spécialement autorisé à faire. (*Art.* 2 et 3 *Code de com.*)

Le mineur marchand autorisé peut engager et hypothéquer ses immeubles. Il peut même les aliéner, mais en suivant les formalités prescrites par les articles 457 et suivants du Code Napoléon [1]. Quant à ses meubles, soit corporels, soit incorporels, rien ne s'oppose à ce qu'il puisse les vendre.

Il est bon de remarquer que la majorité commerciale du mineur commerçant est toute fictive ; qu'elle ne s'applique qu'aux actes commerciaux, et qu'elle ne protége qu'eux. Tous les autres restent soumis aux dispositions du droit commun sur les actes des mineurs en général. Il était difficile de mieux concilier la protection due à l'inexpérience des mineurs avec la liberté qu'exige le commerce dans ses opérations. D'un côté, en accordant aux mineurs autorisés, comme il est dit ci-dessus, la faculté de faire le commerce, le législateur devait nécessairement leur fournir les moyens d'étendre leur crédit, en engageant et hypothéquant leurs immeubles, bien entendu pour faits de commerce ; mais il dut être plus

---

[1] Autorisation du conseil de famille, et seulement pour cause de nécessité absolue ou d'un avantage évident. Indication des immeubles qui devront être vendus de préférence, homologation de la délibération du conseil de famille. Vente publique aux enchères, reçues par un membre du tribunal de première instance, et à la suite de trois affiches apposées par trois dimanches consécutifs. (*Art.* 457, 458, 459 *Code Nap.*)

sévère pour leur permettre de les aliéner, dans la crainte qu'ils n'abusassent de leur fortune à leur détriment, et au préjudice de leurs créanciers. Aussi a-t-il établi certaines formalités, au défaut desquelles la ventes des immeubles des mineurs ne saurait être valable.

Le mineur commerçant qui a acheté un immeuble pour y établir son commerce, est restituable contre cette vente; car cette opération n'étant pas un acte de commerce, est donc régie par le droit commun. En dehors des actes de son commerce, le mineur commerçant n'en est pas moins régi par la législation des mineurs.

Le second paragraphe de l'art. 638 du Code de commerce est conçu en ces termes : *Les billets souscrits par un commerçant seront censés faits pour son commerce;* cette présomption s'applique-t-elle également aux billets faits par le mineur commerçant ? Il y a doute sur cette question. Les uns étendent la présomption de cet article aux billets faits par le mineur commerçant; les autres repoussent cette assimilation. Suivant ces derniers, la place qu'occupe le second paragraphe de l'article 638, indique suffisamment qu'il ne s'agit, pour le commerçant majeur, que d'une simple question de compétence; mais pour le mineur, qui n'est capable qu'exceptionnellement, et seulement à l'égard des actes relatifs à son commerce, la question est beaucoup plus grave : c'est une question de validité d'engagement. Cependant un arrêt de la Cour de Cassation, du 23 mars 1857, semble donner raison à la première opinion.

**Conséquences pour le mineur de sa qualité de commerçant.** — Habile à faire le commerce, le mineur peut intenter seul toutes les demandes relatives à son négoce, et répondre seul à celles qui sont formées contre lui. S'il cesse ses paiements il peut être déclaré en faillite; ses créanciers pour cause commerciale, qui veulent faire exproprier ses immeubles, ne sont pas tenus de discuter son mobilier avant la vente des immeubles; il est contraignable par corps.

Le mineur autorisé qui fait un acte de commerce isolé, est *contraignable par corps*. Majeur, en effet, pour cet acte isolé, il sera soumis à la juridiction commerciale, qui pourra prononcer contre lui la contrainte.

**Femme mariée**. — L'incapacité de la femme de faire le commerce est une incapacité *toute civile*. Elle ne résulte pas, comme celle du mineur, d'un fait, mais des dispositions de la loi qui soumettent la femme à la puissance maritale. La femme ne peut être marchande publique, sans le consentement de son mari. (*Art. 4 Code de com.* [1])

Une différence existe avec la législation civile, qui frappe de nullité les actes faits par la femme majeure sans l'autorisation de son mari, ou de justice. En matière civile, toute autorisation générale, même stipulée par contrat de mariage, n'est valable que quant à l'administration des biens de la femme. En matière commerciale, une autorisation générale suffit à la femme pour faire le commerce, et dès lors une autorisation particulière n'est

---

[1] Concours du mari dans l'acte, ou son consentement par écrit, pour que la femme, même non commune ou séparée de biens, puisse donner, aliéner, hypothéquer, acquérir à titre gratuit ou onéreux. Refus du mari : autorisation de justice. Mari condamné à une peine afflictive ou infamante : autorisation de justice; mari interdit ou absent : autorisation de justice.

Toute autorisation générale, même stipulée par contrat de mariage, n'est valable que quant à l'administration des biens de la femme. La nullité fondée sur le défaut d'autorisation, ne peut-être opposée que par la femme, par le mari, ou par leurs héritiers. Les personnes capables de s'engager ne peuvent opposer l'incapacité du mineur, de l'interdit ou de la femme mariée avec qui elles ont contracté. (*Art.* 217, 218, 221, 222, 223, 225, 1125, *du Code Nap.*) — La législation commerciale n'a point modifié ces principes d'ordre public.

plus requise pour chacun des actes dont son commerce se compose. Cette dérogation aux principes a pour motif la célérité qu'exigent les opérations commerciales.

La loi exige du mari, non une autorisation, mais un simple consentement, et n'a pas réglé la forme dans laquelle ce consentement doit être donné. Il n'a donc point besoin d'être exprès et par écrit; tacite il serait suffisant. Le consentement peut s'induire toutes les fois que la femme fait un commerce public au vu et au su de son mari, et sans opposition de la part de ce dernier. Que si, d'ailleurs, il s'élevait à cet égard quelques contestations, les tribunaux décideraient, d'après les circonstances, sur l'existence ou la non-existence de ce consentement.

Mais, que décider si la femme mariée était mineure? L'autorité du mari ne saurait absorber l'autorité des père et mère, et celle du conseil de famille, qui existe pour protéger le mineur. D'un autre côté, l'article 4 du Code de commerce qui prescrit l'autorisation du mari, ne déroge pas à l'article 2, qui exige celle du père ou de la mère, ou du conseil de famille, pour habiliter l'incapable. La mineure mariée devra donc, pour être admise à faire le commerce, réunir les conditions exigées par les articles 2 et 4 combinés : avoir dix-huit ans, être autorisée par ses père ou mère, ou par le conseil de famille, et avoir le consentement de son mari. Elle sera mise ainsi à l'abri des spoliations frauduleuses dont pourrait la rendre victime son mari, en lui donnant, de sa propre autorité, le droit d'engager ses immeubles avant sa majorité.

Quel parti prendre, cependant, si c'était le mari qui fût mineur? Ici trois opinions sont en présence : 1° Le mari, comme investi de l'autorité maritale, autorisera, mais avec le concours de la justice, qui suppléera à son incapacité civile. 2° Les père ou mère, ou conseil de famille, admis à autoriser le mari mineur, donneront leur autorisation au commerce de la femme. 3° La femme demeurera incapable jusqu'à la majorité du mari ; ce dernier est incapable de consentir pendant toute sa minorité ; car la justice, les parents et le conseil de famille n'ont pas reçu de la loi le droit d'autoriser dans ce cas.

Le consentement du mari peut-il être suppléé par l'autorisation de justice ? La question est très-controversée.

*Affirmative.* Il est dans l'esprit de nos lois que l'autorisation judiciaire puisse remplacer l'autorisation maritale. La puissance du mari, son autorisation nécessaire, existent dans l'intérêt de la femme ; la femme peut avoir intérêt à faire un commerce avantageux, et le mari peut s'obstiner d'une manière vexatoire à lui refuser son consentement ; il peut même être, par suite d'absence ou d'interdiction, dans l'impossibilité de consentir ; il ne faut pas que la puissance maritale, et la formalité du consentement tournent au préjudice de la femme.

*Négative.* On cite les paroles de M. Regnaud de Saint-Jean-d'Angély, dans l'Exposé des motifs du Code de commerce : « En parlant des commerçants, il fallait bien
» parler des femmes et des mineurs. Tous deux ne pour-
» ront plus se livrer au commerce sans être autorisés :
» le mineur, par ses parents, s'il les a encore ; la femme,
» par son époux, même quand elle sera séparée de
» biens. »

Il est évident que dans le cas de communauté de biens, il est impossible d'admettre que la femme puisse obliger son mari sans le consentement de celui-ci, ni que le mari puisse, sans être soumis à la responsabilité vis-à-vis des créanciers de la femme, profiter des bénéfices commerciaux de cette dernière : bénéfices qui tombent nécessairement dans la communauté.

La justice, en autorisant la femme à faire le commerce, l'enlèverait à la surveillance de son mari ; en lui permettant de prendre une profession qui la rendrait justiciable des tribunaux de commerce et contraignable par corps, elle l'exposerait à être arrachée à sa famille, et à encourir, même, en cas de banqueroute frauduleuse, une peine afflictive et infamante. Lorsque le tribunal autorise une femme mariée à faire un ou plusieurs actes civils, il est à même d'apprécier les circonstances, le caractère et les résultats de cet acte. Autoriser la femme à faire le commerce, c'est lui permettre d'accomplir une série compliquée d'actes nombreux qui échappent à l'appréciation du tribunal autorisant.

*Troisième opinion.* Les époux sont-ils mariés sous le régime de communauté? L'autorisation de justice ne peut suppléer le consentement du mari. Les époux sont-ils séparés de biens? En cas d'interdiction ou d'absence du mari, la justice pourrait, suivant les circonstances, autoriser la femme. Peut-être même en cas de séparation de biens, le refus vexatoire du mari pourrait-il, joint à certaines circonstances, permettre à la justice d'accorder son autorisation.

Si la doctrine est, on le voit, divisée sur cette question, la jurisprudence ne l'est pas moins. C'est ainsi que le tribunal de la Seine refuse l'autorisation, que la Cour de Paris accorde (*Jug. du* 19 *mai* 1860, *infirmé le* 7 *juillet suivant*).

**Retrait du consentement.** — Le mari, comme chef de la société conjugale, peut toujours retirer le consentement accordé; quand bien même il aurait épousé une femme exerçant la profession de commerçante. Les conditions de cette révocation seraient, comme nous l'avons dit plus haut à l'occasion du mineur, de faire apposer une affiche au tribunal de commerce, et d'insérer sa détermination dans les journaux. Le mari ne pourra, en effet, se prévaloir de la révocation du consentement, à l'égard des tiers, qu'autant qu'ils auront été mis à même de la connaître.

**Nécessité d'avoir un commerce distinct.—** Pour que la femme mariée autorisée soit commerçante, il est nécessaire qu'elle ait un commerce distinct et séparé de celui de son mari. La femme n'est pas réputée marchande publique si elle ne fait que détailler les marchandises du commerce de son mari. Elle n'est réputée telle que lorsqu'elle a un commerce séparé. Mais il n'est pas nécessaire que la femme ait un commerce *autre* que celui du mari. Une femme non commune en biens pourrait donc avoir un intérêt particulier dans une entreprise où le mari aurait aussi un intérêt. — Le mineur, autorisé à faire le commerce, n'a pas besoin d'une nouvelle autorisation pour contracter une société. La femme commerçante peut-elle former une société sans une nouvelle autorisation de son mari? Appréciation de circonstances. Question de moralité. La négative paraît préférable.

**Capacité de la femme commerçante. —** La femme, si elle est marchande publique, peut, sans l'autorisation de son mari, s'obliger pour ce qui concerne son négoce; elle peut acheter, vendre, s'obliger comme un homme, et en son seul nom, mais pour son commerce seulement. Elle a le droit d'engager, hypothéquer, et même aliéner ses immeubles (droit que n'a pas le mineur), soit qu'elle les tienne de sa famille, soit qu'elle les ait acquis des produits de son commerce; mais, sous le régime dotal, les immeubles stipulés dotaux ne peuvent être hypothéqués, ni aliénés par le mari ou par la femme, si ce n'est dans les cas déterminés et avec les formes prescrites par le Code Napoléon :

1° réserve d'aliéner stipulée dans le contrat de mariage ;
2° permission de justice pour certaines causes graves
spécifiées, comme pour tirer de prison la femme ou le
mari, payer les dettes ayant date certaine avant le contrat de mariage. (*Art.* 1557, 1558, *Code Napoléon.*)

Directement obligée vis-à-vis de ses créanciers commerciaux, la femme commerçante est soumise aux
mêmes poursuites que ceux qui exercent le commerce,
est contraignable par corps, et ne peut invoquer les fa-
veurs que la loi accorde à son sexe.

L'effet de l'autorisation *spéciale* accordée à la femme
non commerçante de faire des actes de commerce, sera
de donner à ses créanciers une action directe et personnelle contre elle, dont rien ne pourra l'affranchir. Mais
cette autorisation n'entraînera pas le droit de vendre et
d'hypothéquer les immeubles, et la femme ainsi autorisée, pourra toujours invoquer les prérogatives de son
sexe.

Au reste, que la femme autorisée soit commerçante
ou qu'elle ne le soit pas, sa capacité est toujours limitée
aux seuls actes de son négoce, et pour ceux qui lui seraient étrangers, elle reste sous l'empire du droit
commun.

**Effets des actes de la femme commer-
çante à l'égard du mari.** — La femme marchande publique oblige aussi son mari, s'il y a communauté entre eux (*Art.* 220, *Code Nap.* et *art.* 5, *Code de
com.*). Les actes faits par la femme sans le consentement
du mari, et même avec l'autorisation de la justice, n'engagent point les biens de la communauté, si ce n'est
lorsqu'elle contracte comme marchande publique, et
pour le fait de son négoce (*Art.* 1426, *Code Nap.*). Le
mari, comme maître de la communauté, profitant des
gains du négoce, doit, en effet, par une juste réciprocité,

en supporter les charges. Il est donc tenu pour la totalité de la dette commerciale.

On demande si le mari commun en biens, tenu de la dette commerciale, est contraignable par corps?

*Affirmative.* Le mari commun en bien est l'associé de sa femme; il doit donc être, comme elle, obligé commercialement; l'article 1er de la loi du 17 avril 1832 sur la contrainte par corps s'exprime ainsi : la contrainte par corps sera prononcée contre *toute* personne condamnée *pour dette commerciale* au paiement d'une somme principale de deux cents francs et au-dessus. Le mari étant obligé, avec sa femme, au paiement d'une dette commerciale, est donc contraignable par corps.

*Négative.* Silence du Code à cet égard; en matière de contrainte par corps, il faut s'appuyer sur un texte formel. Rendre le mari contraignable par corps pour faits de commerce de sa femme, ne serait-ce pas donner à cette dernière un pouvoir dont elle pourrait abuser? Dans la discussion de l'article 220 du Code Napoléon au Conseil d'État, M. Tronchet fit observer que l'acte emportant contrainte par corps, n'y soumettait que celui qui l'avait signé. Or, c'est la femme commerçante qui signe l'acte commercial, et le mari n'est obligé que comme chef de la communauté. Autorité de nombreux arrêts. La jurisprudence paraît fixée sur ce point.

Que décider, lorsqu'il y a régime de *séparation de biens;* régime *exclusif de communauté; société d'acquêts* entre les époux; *régime dotal :* tous les biens présents et à venir étant constitués en dot; ou seulement les biens présents; ou si tous les biens de la femme sont paraphernaux?

*Régime de séparation de biens.* Les bénéfices n'appartiennent qu'à la femme. Ses intérêts sont distincts de

ceux de son mari. Le mari n'est point obligé par les engagements qu'elle contracte.

*Régime exclusif de communauté.* Le mari conserve l'administration des biens meubles et immeubles de la
femme, et, par suite, le droit de percevoir tout le mobilier qu'elle apporte en dot, ou qui lui échoit pendant le
mariage, sauf la restitution qu'il en doit faire après la
dissolution du mariage, ou après la séparation de biens
qui serait prononcée par justice. La femme ne perçoit
pas les fruits de ses biens. Ils sont censés apportés au
mari pour soutenir les charges du mariage (*Art.* 1530,
1531, *Code Nap.*). Considère-t-on les gains du commerce
comme fruits? le mari est tenu vis-à-vis des créanciers,
comme la femme. Ne les considère-t-on pas comme
fruits? il n'est pas obligé.

*Société d'acquêts entre les époux.* Les bénéfices faits par
la femme tombent dans cette société, comme ceux du
mari; ce dernier, administrateur de la société, sera tenu
vis-à-vis des créanciers.

*Régime dotal* (tous les biens présents et à venir étant
constitués en dot). Le mari a la jouissance de tous les
biens de la femme. Il est tenu envers les créanciers.

*Régime dotal* (seulement les biens présents constitués
en dot). Le mari n'est pas tenu. Les bénéfices de la
femme ne sont pas fruits de biens présents; quant aux
biens à venir, ils seront paraphernaux.

*Biens de la femme, paraphernaux.* Intérêts distincts. Le
mari n'a aucun droit aux bénéfices. Il n'est pas obligé.

**Autorisation pour agir en justice.** — Le besoin de célérité en matière commerciale a dispensé la
femme de présenter une autorisation spéciale pour
chaque acte de son commerce. Nous avons dit qu'une
autorisation générale de faire le commerce suffisait. Cependant la femme ne peut agir en justice, quoique

marchande, sans autorisation expresse. Le besoin de célérité n'existant plus, l'on retombe dans le droit commun; que si le mari refusait son autorisation, le tribunal
pourrait y suppléer. On a même jugé que les tribunaux
de commerce pourraient incidemment donner de pareilles autorisations, mais seulement dans le cas où la
femme serait-défenderesse. Cette dernière restriction est
fondée sur ce qu'en pareil cas l'autorisation des juges
n'est qu'une simple formalité; que si la femme était de-
manderesse, l'autorisation faisant l'objet d'une demande
principale, ne pourrait être accordée que par les tribunaux ordinaires.

**Interdiction de faire le commerce.** — L'*interdiction* de faire le commerce, qui ne repose pas sur l'*incapacité* civile, se fonde sur les *convenances sociales* et
sur l'*intérêt public*.

*Convenances sociales.* Le commerce n'a pas toujours été
libre en France. Il était entravé par les corporations,
les jurandes et les maîtrises. Jusqu'à Charles IX, les
nobles ne pouvaient faire le commerce sans déroger. On
leur permit, successivement, de faire le commerce maritime et en gros. Les officiers de judicature ne pouvaient
être commerçants, et le droit canonique interdisait le
commerce aux ecclésiastiques, suivant ce précepte: *Nemo
militans Deo implicet se negotiis secularibus.* La loi de
1791 a proclamé que « toute personne pourra faire en
France tel commerce, exercer tel art ou tel métier qu'elle
trouvera bon. » Cependant, de nos jours encore, le commerce est interdit aux magistrats de l'ordre judiciaire
(*Édit du mois de mars* 1765); ce qui ne s'applique pas
aux juges de commerce, qui sont pris parmi les commerçants. Il est aussi interdit aux avocats, qui doivent
consacrer leur temps aux intérêts qu'on leur confie
(*Art.* 18 *de l'acte du* 14 *décembre* 1810, *confirmé par*

*l'art. 42 de l'ordonnance du 20 novembre 1822).* La même prohibition frappe les ecclésiastiques, conformément aux règles et aux canons de l'Église. (*Canons sanctionnés par l'édit de 1707.*)

*Intérêt public.* Un agent de change ou courtier ne peut, dans aucun cas, ou sous aucun prétexte, faire des opérations de commerce ou de banque pour son compte. Il ne peut s'intéresser directement ou indirectement, sous son nom, ou sous un nom interposé, dans aucune entreprise commerciale. Il ne peut recevoir, ni payer, pour le compte de ses commettants. Il ne peut se rendre garant de l'exécution des marchés dans lesquels il s'entremet. (*Art.* 85, 86, *Code de com.*) C'est un moyen d'obvier aux infidélités que ces intermédiaires du commerce pourraient commettre, en saisissant pour eux les occasions favorables, au préjudice de ceux qui leur confient leurs intérêts.

Nul commerçant failli ne pourra se présenter à la Bourse, à moins qu'il n'ait obtenu sa réhabilitation. (*Art.* 613 *Code de com.*) Le commerce veut être honoré.

Tout commandant des divisions militaires, des départements ou des places et villes, tout préfet ou sous préfet, qui aura, dans l'étendue des lieux où il a droit d'exercer son autorité, fait ouvertement, ou par des actes simulés, ou par interposition de personnes, le commerce de grains, grenailles, farines, substances farineuses, vins ou boissons, autres que ceux provenant de ses propriétés, sera puni d'une amende de cinq cents francs au moins, de dix mille francs au plus, et de la confiscation des denrées appartenant à ce commerce. (*Art.* 176, *Code Pénal.*)

Restrictions apportées à l'exercice de certaines industries. Obligation d'obtenir un brevet de l'autorité pour être imprimeur ou libraire. Établissement de Banques, tontines, sociétés anonymes, soumis à l'autorité du gouvernement. Monopoles du gouvernement.

**Sanction de l'interdiction de faire le commerce.**—L'interdiction de faire le commerce ne porte aucune atteinte à la validité des actes commerciaux qui sont faits au mépris de cette prohibition.

Les contrevenants seraient seulement soumis à des mesures disciplinaires.

---

# CHAPITRE III.

## DES OBLIGATIONS IMPOSÉES AUX COMMERÇANTS.

**Obligations imposées aux commerçants.**— Les commerçants sont soumis : 1º au paiement de la patente; 2º à la tenue des livres; 3º à la publication de leur contrat de mariage et des jugements de séparation de corps ou de biens.

**Patente.** — La patente, ou droit de patente, est un impôt établi pour l'exercice des professions commerciales et industrielles. La loi du 2 mars 1791, abolitive des corporations, qui, par son article 7, permet à toute personne de faire tel négoce ou d'exercer telle profession, art ou métier qu'elle trouvera bon, enjoint de se pourvoir préalablement d'une patente, d'en acquitter le prix suivant les taux déterminés, et de se conformer aux règlements de police qui sont ou pourront être faits.

La matière des patentes est régie par les lois du 1er brumaire an VII (22 octobre 1798), du 25 avril 1814, du 18 mai 1850, du 10 juin 1853, du 4 juin 1858, du 26 juillet 1860, du 2 juillet 1862.

Tout individu, français ou étranger, qui exerce en France un commerce, une industrie, une profession non compris dans les exceptions déterminées par la loi, est assujetti à la contribution des patentes. (*Art.* 1, *loi du 25 avril* 1844.)

La contribution des patentes se compose d'un droit fixe et d'un droit proportionnel.

Le droit fixe est établi eu égard à la population et d'après un tarif général ou exceptionnel, ou sans égard à la population, suivant des tableaux annexés à la loi. Le patentable qui exerce plusieurs commerces, industries ou professions, même dans plusieurs communes différentes, ne peut être soumis qu'à un seul droit fixe. Ce droit est toujours le plus élevé de ceux qu'il aurait à payer s'il était assujetti à autant de droits fixes qu'il exerce de professions.

Le droit proportionnel est fixé, en général, au vingtième de la valeur locative pour toutes les professions imposables. Il est établi sur la valeur locative, tant de la maison d'habitation, que des magasins, boutiques, usines, ateliers, hangars, remises, chantiers et autres locaux servant à l'exercice des professions imposables. Il est dû, lors même que le logement et les locaux occupés sont concédés à titre gratuit.

La valeur locative est déterminée, soit au moyen de baux authentiques, soit par comparaison avec d'autres locaux dont le loyer aura été régulièrement constaté ou sera notoirement connu, et, à défaut de ces bases, par voie d'appréciation.

Le droit proportionnel pour les usines et les établissements industriels, est calculé sur la valeur locative de ces établissements pris dans leur ensemble, et munis de tous leurs moyens matériels de production.

Le droit proportionnel est payé dans toutes les communes où sont situés les magasins, boutiques, usines, ateliers, hangars, remises, chantiers et autres locaux servant à l'exercice des professions imposables.

Si indépendamment de la maison où il fait sa résidence habituelle et principale, et qui, dans tous les cas, sauf l'exception ci-après, doit être soumise au droit proportionnel, le patentable possède, soit dans la même commune, soit dans des communes différentes, une ou plusieurs maisons d'habitation, il ne paie le droit proportionnel que pour celles de ces maisons qui servent à l'exercice de sa profession.

Si l'industrie pour laquelle il est assujetti à la patente ne constitue pas sa profession principale, et, s'il ne l'exerce pas par lui-même, il ne paie le droit proportionnel que pour la maison d'habitation de l'agent préposé à l'exploitation.

Le patentable qui exerce dans un même local, ou dans des locaux non distincts, plusieurs industries ou professions passibles d'un droit proportionnel différent, paie ce droit d'après le taux applicable à la profession pour laquelle il est assujetti au droit fixe. Dans le cas où les locaux sont distincts, il ne paie pour chaque local que le droit proportionnel attribué à l'industrie ou à la profession qui y est spécialement exercée. Dans ce dernier cas, le droit proportionnel n'en demeure pas moins établi sur la maison d'habitation, d'après le taux applicable à la profession pour laquelle le patentable est imposé au droit fixe.

L'art. 13 énonce un certain nombre de dispenses de la patente, fondées ou *sur l'intérêt public* : laboureurs, agriculteurs, pour la vente et la manipulation des récoltes et fruits provenant de leurs terrains; les concessionnaires de mines, pour le seul fait de l'extraction et de la vente des matières par eux extraites; les propriétaires ou fermiers des marais salants; ou *sur le caractère libéral* de certaines professions : peintres, sculpteurs, graveurs, architectes considérés comme artistes, professeurs des belles-lettres, éditeurs de feuilles périodiques, etc.; enfin sur la *nature de certains profits* qui n'entraînent pas l'idée d'une spéculation très-étendue : les propriétaires ou locataires louant *accidentellement* une partie de leur habitation personnelle, les pêcheurs, les écrivains publics, les commis et toutes les personnes travaillant à gages, à façon et à la journée. La loi du 4 juin 1858 a accordé la même exemption aux ouvriers travaillant chez eux pour leur propre compte, sans compagnon, apprentis, enseigne ni boutique. La femme travaillant pour son mari, et les enfants non mariés travaillant pour leur père, ne sont pas considérés comme des apprentis ou compagnons. La loi du 2 juillet 1862 a même étendu l'exemption aux ouvriers ayant une enseigne ou une boutique, si d'ailleurs ils réunissent les autres conditions voulues.

Les mari et femme séparés de biens ne doivent qu'une patente, à moins qu'ils n'aient des établissements distincts; auquel cas, chacun doit avoir sa patente, et payer séparément les droits fixes et proportionnels.

Les patentes sont personnelles et ne peuvent servir qu'à ceux à qui elles sont délivrées.

Dans les sociétés *en nom collectif*, l'associé principal paie le droit fixe en entier. Quant aux associés secondaires, la loi de finances de 1860 dispose que le droit fixe sera divisé en autant de parts que d'associés, et que chacun supportera une de ces parts. Les associés secondaires ne paient qu'un vingtième du droit fixe dans les sociétés ouvrières. Dans les sociétés *en commandite*, ou *anonymes*, les commanditaires ne sont pas imposables à la patente, car ils ne représentent que des capitaux. Le gérant de la société anonyme paie seul un droit, qui est supporté par la société elle-même ; quant aux associés solidaires de la société en commandite, ils sont tenus comme s'ils étaient associés en nom collectif.

La contribution des patentes est due pour *l'année entière*, par tous les individus exerçant au mois de janvier une profession imposable.

En cas de cession d'établissement, la patente sera, sur la demande du cédant, transférée à son successeur ; la mutation de cote sera réglée par arrêté du préfet.

En cas de fermeture des magasins, boutiques et ateliers, par suite de décès ou de faillite déclarée, les droits ne seront dus que pour le passé et le mois courant. Sur la réclamation des parties intéressées, il sera accordé décharge du surplus de la taxe.

Ceux qui entreprennent, après le mois de janvier, une profession sujette à patente, ne doivent la contribution qu'à partir du premier du mois dans lequel ils ont commencé à exercer, à moins que, par sa nature, la profession ne puisse pas être exercée pendant toute l'année. Dans ce cas, la contribution sera due pour l'année entière, quelle que soit l'époque à laquelle la profession aura été entreprise.

Les patentés qui, dans le cours de l'année, entreprennent une profession d'une classe supérieure à celle qu'ils exerçaient d'abord, ou qui transportent leur établissement dans une commune d'une plus forte population, sont tenus de payer, au prorata, un supplément du droit fixe. Il est également dû un supplément de droit proportionnel, par les patentables qui prennent des maisons ou locaux d'une valeur locative supérieure à celle des maisons ou locaux pour lesquels ils ont été primitivement imposés ; et par ceux qui entreprennent une profession passible d'un droit proportionnel plus élevé.

2.

Les suppléments seront dus à compter du 1er du mois dans lequel les changements ont été opérés.

La contribution des patentes est payable par douzième, et le recouvrement en est poursuivi comme celui des contributions directes.

La contribution des patentes est encore exigible immédiatement en totalité, en cas de déménagement hors du ressort de la perception, comme en cas de vente volontaire et forcée, sous la responsabilité des propriétaires ou des principaux locataires.

Tout patentable est tenu d'exhiber sa patente, lorsqu'il en est requis par les maires, adjoints, juges de paix, et tous autres officiers ou agents de police judiciaire.

Le patenté qui aura égaré sa patente, ou qui sera dans le cas d'en justifier hors de son domicile, pourra se faire délivrer un certificat par le directeur ou par le contrôleur des contributions directes.

**Tenue de livres.** — Les commerçants sont obligés à la *tenue des livres*. La tenue des livres est une garantie pour la société et pour le commerçant lui-même. Pour la société, en ce qu'en cas de faillite il sera possible d'en reconnaître la cause au moyen de la tenue des ltvres; pour le commerçant, en ce que la tenue des livres le mettra à même de connaître jour par jour l'état de ses affaires, de justifier ses demandes en justice, de repousser celles qui seraient formées contre lui.

L'article 8 du Code de commerce soumet *tout* commerçant à avoir un *livre-journal*, à mettre en liasse les lettres missives qu'il reçoit, et à copier sur un registre celles qu'il envoie. L'article 9 l'oblige à faire tous les ans, sous seing-privé, un *inventaire* de ses effets mobiliers et immobiliers, de ses dettes actives et passives, et de le copier, année par année, sur un registre spécial à ce destiné.

L'article 586 dispose que tout commerçant failli

pourra être déclaré banqueroutier simple, s'il n'a pas tenu de livres, et fait exactement inventaire; si ses livres ou inventaires sont incomplets ou irrégulièrement tenus, ou s'ils n'offrent pas sa véritable situation active ou passive, sans néanmoins qu'il y ait fraude.

Que s'il avait soustrait ses livres, il serait déclaré banqueroutier frauduleux. (*Art.* 591 [1].)

**Livres exigés par la loi**. — Les livres exigés par la loi sont : le *livre-journal,* le *livre de copie de lettres*, et le *livre d'inventaire.*

La loi a pourvu à la tenue fidèle et régulière des livres, en réglant leur forme légale. Les livres seront tous tenus par ordre de dates, sans blanc, lacunes, ni transports en marge (*Art.* 10, *Code de com.*). Ils seront cotés, paraphés et visés, soit par un des juges des tribunaux de commerce, soit par le maire ou un adjoint [2], dans la forme ordinaire et sans frais. (*Art.* 11.)

Le livre journal et le livre des inventaires seront de plus paraphés et visés *une fois par année*. (*Art.* 10.) Ce dernier visa ne doit pas être confondu avec celui de l'article 11, qui doit être apposé avant qu'il soit fait usage des livres. Il consiste à faire *arrêter* les livres à la fin de chaque année, également par un juge de commerce, par le maire ou par un adjoint. Au moyen de ce dernier visa, toute substitution de nouveaux registres devient

---

[1] Le Code de commerce, en s'exprimant ainsi : *Tout commerçant,* nous indique suffisamment que l'obligation de tenir des livres ne s'applique pas aux personnes qui ne font que passagèrement le commerce. C'est, d'ailleurs, ce qui résulte de la discussion à laquelle a donné lieu cet article 8.

[2] Ce n'est point à défaut de juges de commerce que les livres indiqués dans cet article doivent être côtés, paraphés et visés par les maires ou adjoints. Le vœu de la loi a été, pour simplifier l'opération, et ne pas multiplier les occupations des juges de commerce, d'établir la concurrence entre les maires et adjoints et les juges.

impossible. La loi affranchit de cette formalité le livre de copie de lettres, parce qu'il y aura toujours dans le rapprochement des originaux un moyen de contrôle.

Les registres des commerçants ne sont pas assujettis au timbre (*loi du 20 juillet* 1837). Il est ajouté trois centimes additionnels au principal de la contribution des patentes, pour tenir lieu du droit de timbre des livres de commerce qui en sont affranchis.

Les commerçants sont tenus de conserver leurs livres pendant dix ans (*art.* 11). Ces dix années commencent à courir à partir de la dernière date des registres. Il faut remarquer toutefois, que si la loi n'impose aux commerçants l'obligation de conserver leurs livres que pendant dix ans, il n'en résulte pas qu'après ce laps de temps un commerçant ne puisse pas les représenter et en faire usage. Le commerçant agira prudemment en conservant ses registres pendant *trente* ans. Les actions commerciales, comme les actions civiles, sont pour la plupart soumises à la prescription trentenaire (excepté celles pour lesquelles ont été fixées des prescriptions spéciales). D'un autre côté nous verrons plus bas que celui qui, dans une contestation, offre d'ajouter foi aux livres de son adversaire, peut en être cru sur son serment, si celui ci ne les produit pas.

**Livre-Journal.** — Le livre-journal, ainsi nommé parce qu'il est tenu jour par jour, est celui sur lequel le commerçant doit inscrire jour par jour ses dettes actives et passives, les opérations de son commerce, ses négociations, acceptations ou endossements d'effets, et généralement tout ce qu'il reçoit et paie, à quelque titre que ce soit; et qui énonce, mois par mois, les sommes employées à la dépense de sa maison. (*Art* 8.) Ainsi donc, le commerçant doit inscrire sur son livre-journal généralement tout ce qu'il reçoit et paie, à quelque titre que ce soit, étranger ou non à son commerce. Il portera sur son registre, à la colonne des recettes, le prix d'un immeuble vendu, ou à la colonne des dépenses, la somme employée à l'acquisition d'un immeuble. Tout ce qui passe par la caisse, y entre ou en sort, à quelque titre que ce soit, doit être noté : recouvrement de fonds de famille, patrimoine, succession, dot de la femme, tout doit donc se trouver dans le livre journal, et y être distingué. Quant aux dépenses du ménage, la loi n'exige qu'une énonciation mois par mois, et par conséquent en bloc, tandis que les opérations doivent être présentées jour par jour, et en détail.

**Livre d'inventaire.** — Le livre d'inventaire est celui sur lequel le commerçant doit copier, année par année, l'inventaire qu'il est tenu de faire tous les ans, sous seing privé, de ses effets mobiliers et immobiliers, de ses dettes actives et passives. (*Art.* 9.)

Au moyen de ce livre, il pourra se rendre compte, an par an, de la situation de ses affaires, et, par ce moyen, étendre ou restreindre ses opérations, d'après l'aperçu de sa position commerciale.

Le livre d'inventaire est encore destiné, en cas de faillite, à éclairer au besoin les créanciers et la justice.

**Livre de Copie de lettres.** — Le livre de copie de lettres, est celui sur lequel le commerçant est tenu de transcrire les lettres qu'il adresse à ses correspondants. Qnant à celles qu'il reçoit, il doit les mettre en liasse et les conserver. Au moyen du livre de copie de lettres, et des liasses des missives reçues, le commerçant sera à même de s'éclairer à tout moment sur l'état de sa correspondance. Il se souviendra de ce qu'il a écrit, et il lui sera facile de prouver ce qu'on lui aura commandé. (*Art.* 8, 10.)

Bien que le Code de commerce ne le dise pas, le com-

merçant exact conservera encore les factures, et tous les
billets, lettres de change, mandats qu'il acquittera. Il
ne suffit pas toujours, en effet, d'avoir des livres réguliè-
ment tenus ; il faut encore que les pièces originales en
justifient l'exactitude.

**Livres non exigés.** — Le Code de commerce
*n'exige* que ces trois livres, mais il en suppose d'autres :
*le tout indépendamment des autres livres usités dans le
commerce, mais qui ne sont pas indispensables.* (Art. 8) [1].

---

[1] La comptabilité commerciale est fondée sur le principe que, dans le
commerce, tout est convention intéressée, et, en quelque sorte, échange ;
que rien n'est acquis que par un équivalent fourni. Tout ce qui entre
chez un commerçant le rend donc débiteur envers la personne par qui la
chose est fournie, lors même qu'elle lui était due. Dans ce cas, il est débiteur de l'obligation d'en tenir quitte celui de qui il la reçoit, ou de lui
en faire compte de la manière entendue entre eux ; et réciproquement
pour ce qui sort de chez le commerçant. *Débit, débiteur, crédit créditeur, Doit, Avoir,* tels sont les mots sur lesquels roule le système des
écritures commerciales.

Pour arriver à connaître sa situation exacte, le commerçant, au lieu
de se mettre chaque fois en opposition, comme créditeur ou débiteur avec
ceux à qui il paie, ou de qui il reçoit, se fait représenter par les divers objets dont sa fortune et son commerce se composent :

*Capital,* tout ce qu'il possède en objets autres qu'argent et titres ;

*Caisse,* argent effectif, qui fait partie de ce capital ;

*Effets à recevoir,* lettres de change ou billets qu'il a dans son portefeuille, ou qu'on lui remet ;

*Effets à payer,* engagements souscrits, et qui doivent être acquittés à
l'échéance ;

*Marchandises générales,* celles que le commerçant possède, qu'il
achète ou qu'il vend ; quelquefois il les subdivise en désignant chacune
par son nom ;

*Mobilier,* meubles qui ne peuvent être considérés comme marchandises ;

*Ustensiles de commerce ;*

*Biens-fonds ;*

*Frais généraux,* loyers et impositions ; toutes dépenses relatives au
commerce ;

Ces livres usités dans le commerce, sont :

1° Le *grand livre*, registre de comptes courants, où chaque débiteur, chaque créancier, a son compte et occupe exclusivement une ou plusieurs pages. Il est tenu par ordre alphabétique. Il contient un compte semblable pour chaque partie du capital; car la caisse, le magasin, le portefeuille, peuvent être considérés comme autant de dépositaires ou de débiteurs qui doivent la valeur qu'on leur confie, et qu'on doit décharger de celles qu'on en retire.

Les autres livres, non exigés, que le commerçant peut tenir, sont : le *livre de caisse* (qui sert à indiquer ce que le commerçant reçoit ou paie en numéraire, ou en papier-monnaie) ; le *livre d'achats et ventes* (consacré à la transcription des factures) ; le *livre des traites et billets* (où s'inscrivent tous les effets négociables qui sortent ou qui entrent) ; le *livre d'échéances*, le *livre d'entrée et sortie* des magasins, le *livre des frais généraux* (qui sert à éviter l'inconvénient d'écrire sur le livre-journal les menues dépenses de la maison), enfin le *livre des profits et pertes,* qui présente au commerçant la balance de tou-

*Dépenses de ménage*, ce que coûte l'entretien de la famille ;

*Profits et pertes*, bénéfices que le commerçant peut faire, pertes qu'il peut éprouver.

Les livres de commerce sont tenus en *partie simple* ou en *partie double.* Dans la tenue des livres en *partie simple*, les débiteurs et les créditeurs sont énoncés seuls et isolément, sans que les écritures présentent l'opération dans son ensemble. Les comptes, au contraire, sont liés dans la tenue des livres en partie double. Dans ce système, tout l'actif et tout le passif sont présentés dans leurs divisions respectives, et il ne se peut porter un article à un compte, qu'il ne faille en passer un correspondant à quelque autre part. Le débiteur qui paie doit être déchargé, mais la caisse qui reçoit doit être chargée.

L'utilité du système de tenue des livres en partie double est d'établir deux comptes, dont l'un sert de contrôle à l'autre.

tes les affaires dans leur ensemble, et lui apprend quelles parties ont été fructueuses ou infructueuses.

Ces différents livres doivent être considérés comme de simples renseignements, autant qu'ils ne contrarient pas le contenu de ceux formellement exigés par la loi.

**Preuve par les livres.** — Les livres peuvent être dans les contestations commerciales, des pièces pro- bantes de grande importance. L'article 12 du Code de commerce les admet à pouvoir faire preuve entre commer- çants pour faits de commerce, mais à la condition d'être régulièrement tenus. La faveur due au commerce, la bonne foi qui doit exister entre commerçants, et qui est l'âme des négociations commerciales, ont fait admettre la preuve par les livres entre commerçants, contrairement à ce principe de droit commun, que nul ne peut se faire un titre à soi-même. Encore cette preuve n'est-elle pas commandée d'une manière obsolue. Les juges *pourront* admettre les livres à faire preuve entre commerçants, pour faits de commerce. (*Art.* 12.)

Quant aux contestations entre commerçants et non commerçants, elles ne sauraient entraîner la preuve par livres ; car les non commerçants n'étant pas obligés à tenir des livres, les deux adversaires ne combattraient pas à armes égales. Il n'y aurait pas non plus lieu à invoquer la bonne foi et les usages commerciaux, pour se dérober au principe de droit commun que nous venons de citer. Les registres des marchands ne font donc point, contre les personnes marchandes, preuve des fournitures qui y sont portées. (*Art.* 1329, *Code Nap.*) Mais le Code Napo- léon en ajoutant : *sauf ce qui sera dit à l'égard du serment,* semble considérer le livre du marchand, même à l'égard du particulier, comme formant une de ces sortes de preuves ou d'indices, qui autorisent le juge à recourir auserment.

Si les registres des marchands ne servent point de preuve contre les personnes non commerçantes, ces dernières personnes peuvent néanmoins les invoquer contre les marchands, dont l'obligation d'écrire leurs opérations sur des registres est générale, qu'ils traitent avec des commerçants ou avec des particuliers. Mais celui qui veut en tirer avantage, ne peut diviser ces livres en ce qu'ils contiennent de contraire à sa prétention. (*Art.* 1330, *Code Nap.*) Il y a trois modes de preuves par les livres. 1° La partie peut *offrir* ses livres : dans le cours d'une contestation, la représentation des livres peut être ordonnée par le juge (*Art.* 15, *Code de com.*); 2° l'adversaire peut *requérir* la représentation des livres de la partie opposée, en offrant d'y ajouter foi. Si la partie opposée refuse, le juge peut déférer le serment à l'autre partie, (*Art.* 17, *Code de com.*); 3° le juge peut, enfin, de son propre mouvement, ordonner la représentation des livres, et décider ensuite de la foi qu'il y attache.

**Représentation et communication des livres.** — Il faut distinguer entre la *Représentation* et la *Communication* des livres. La *Représentation* permise n'est qu'à l'effet d'extraire ce qui concerne le différend, sans entrer dans la connaissance des affaires du commerçant. Le livre ne doit, dans ce cas, être ouvert qu'à l'article ou à la date qui intéresse le procès. Si les livres dont la représentation est *offerte*, *requise* ou *ordonnée*, se trouvent dans des lieux éloignés du tribunal saisi de l'affaire, les juges peuvent adresser une commission rogatoire au tribunal de commerce du lieu, ou déléguer un juge de paix pour en prendre connaissance, dresser un procès-verbal du contenu, et l'envoyer au tribunal saisi de l'affaire. (*Art.* 16.)

Quant à la *Communication* des livres, c'est l'examen

de la teneur entière des écritures par le juge et par les
parties intéressées. On conçoit que le législateur ait restreint cette *communication* à des cas spéciaux. Ainsi,
tandis que dans le cours de toute contestation la *représentation* des livres peut être ordonnée par le juge, même
d'office, à l'effet d'en extraire ce qui concerne le différend, la *communication* des livres et inventaires ne peut
être ordonnée en justice que dans les affaires de *succession, communauté, partage de société,* et en cas de *faillite. (Art. 14, 15, Code de com.)*

**Inventaire annuel.** — Les commerçants sont
tenus de faire, tous les ans, sous seing privé, un inventaire de leurs effets mobiliers et immobiliers, de
leurs dettes actives et passives [1]. C'est par cet inventaire que le commerçant pourra se rendre compte de la
situation de ses affaires, et, par ce moyen, étendre ou
restreindre ses opérations, d'après l'aperçu de sa position commerciale. L'inventaire servirait aussi, en cas de
faillite, à éclairer les créanciers du failli.

**Publicité donnée aux conventions matri-
moniales.** — Tout contrat de mariage entre époux
dont l'un est commerçant, doit être transmis par extrait
sommaire, dans le mois de sa date, aux greffes et chambres des notaires et des avoués (si toutefois il y a des
chambres de notaires et d'avoués au lieu du domicile), pour être exposé au tableau. Cet extrait contiendra
la date du contrat de mariage, les noms, prénoms, professions et demeures des parties; de plus le régime sous
lequel elles ont contracté. Cette formalité est également
nécessaire, et quand le mari fait le commerce, et lorsque
c'est la femme qui est commerçante. Dans le premier

---

[1] L'inventaire est un état qui doit présenter exactement toutes les recettes et dépenses que le négociant a faites dans l'année.

cas, les tiers ont intérêt à connaître sous quel régime le mariage a été contracté, avant de traiter avec le mari; dans le second, il ne leur importe pas moins de connaître, lorsqu'ils ont déjà contracté avec une femme maîtresse de ses droits, non-seulement son changement d'état, mais encore l'étendue des conditions intervenues. Le notaire qui aura reçu le contrat de mariage sera tenu de faire la remise ordonnée, sous peine d'amende, et même de destitution et de responsabilité envers les créanciers, s'il est prouvé que l'omission soit la suite d'une collusion. (*Art.* 68, *Code de com.*) [1].

Tout époux séparé de biens, ou marié sous le régime dotal, qui embrasserait la profession de commerçant postérieurement à son mariage, sera tenu de faire pareille remise dans le mois du jour où il aura ouvert son commerce, à peine, en cas de faillite, d'être puni comme banqueroutier frauduleux. (*Art.* 69.) Que si les époux étaient mariés sous le régime de communauté, les tiers n'auraient aucun intérêt à connaître la modification survenue dans la position du commerçant. Il faut remarquer, en outre, que ce n'est plus le notaire qui est chargé d'opérer la remise (le notaire a pu perdre de vue les époux), mais l'époux même qui embrasse la profession commerciale (ce qui s'applique à la femme). L'infraction à cette obligation n'entraîne d'ailleurs qu'une peine *éventuelle :* à peine, en cas de faillite, d'être puni comme banqueroutier frauduleux.

Tout jugement qui prononcera une séparation de corps et de biens entre mari et femme, dont l'un serait commerçant, sera lu publiquement, l'audience tenante, au tribunal de commerce du lieu, s'il y en a; extrait de ce

---

[1] Il y sera tenu, lors même que sa résidence sera autre que le lieu où le dépôt doit être fait.

jugement contenant la date, la désignation du lieu où il a été rendu, les noms, prénoms, professions et demeures des époux, sera inséré sur un tableau à ce destiné, et exposé pendant un an dans l'auditoire des tribunaux de première instance et de commerce du domicile du mari, même lorsqu'il ne sera pas négociant, et s'il n'y a pas de tribunal de commerce dans la principale salle de la maison commune du domicile du mari. Pareil extrait sera inséré au tableau exposé en la chambre des avoués et notaires, s'il y en a.

La communauté dissoute par la séparation soit de corps et de biens, soit de biens seulement, peut être rétablie du consentement des deux parties. Elle ne peut l'être que par un acte passé devant notaires et avec minute, dont une expédition doit être affichée dans la principale salle du tribunal de première instance, et de plus, si le mari est marchand, banquier ou commerçant, dans celle du tribunal de commerce du lieu de son domicile, à peine de nullité de l'exécution. (*Art.* 1451, 1445, *Code Nap.*)

**Prérogatives des commerçants.** — Si la qualité de commerçant soumet à certaines obligations que nous avons énumérées, elle donne aussi droit à plusieurs prérogatives. Les commerçants sont soumis à une juridiction exceptionnelle pour les faits de leur commerce ; ils sont aussi admis à nommer les membres des tribunaux de commerce, et peuvent être appelés eux-mêmes à faire partie de ces tribunaux.

## CHAPITRE IV.

INSTITUTIONS CRÉÉES POUR L'UTILITÉ DU COMMERCE.

**(Bourses de commerce; agents de change et courtiers ;
commissionnaires, etc., etc.)**

**Bourses de commerce**. — On entend par *Bourse
de commerce* la réunion qui a lieu sous l'autorité de
l'Empereur, à heure fixe, dans des villes et dans un local
déterminés, de tous les commerçants, banquiers, agents
de change, courtiers, capitaines de navire, pour se livrer
à toute espèce d'opérations, ventes et achats de parties
de marchandises, affrétement de navires, vente des rentes
sur l'État, négociations tant des effets publics que des
lettres de change, billets, actions dans les entreprises, et
autres papiers de commerce. Le mot Bourse peut s'employer aussi pour désigner le local de la réunion. Dans
l'origine les réunions des commerçants se tenaient dans
tout endroit spacieux, tels qu'une place, une rue, même
sous un hangar. Des monuments publics ont plus tard
été affectés à ces réunions. En 1549, institution de la
Bourse de Toulouse. En 1556, institution de la Bourse de
Rouen. La Bourse de Paris ne fut complétement organisée qu'en septembre 1724. Réorganisation sous le Consulat.

Les Bourses sont des lieux de rendez-vous où les commerçants peuvent se rencontrer à jour et heures fixes,
traiter ensemble sur le pied de l'égalité, et s'entourer des
conseils des personnes qu'ils connaissent.

Les Bourses fournissent un moyen de constater le

cours des effets publics et des marchandises ; enfin c'est à la Bourse que le commerçant peut être plus facilement et plus certainement mis au fait de toutes les nouvelles publiques qui intéressent si vivement les spéculations commerciales [1].

L'établissement d'une Bourse de commerce doit être autorisé par décret de l'Empereur ; ce n'est aussi que par décret impérial que les Bourses peuvent être supprimées.

La police de la Bourse appartient, à Paris, au préfet de police ; un commissaire spécial est attaché à cet établissement.

L'entrée de la Bourse est ouverte à tous les citoyens, et même aux étrangers. Les femmes n'y sont pas admises. Les faillis en sont exclus. (*Art.* 613, *Cod. de com.*)

La fixation des heures où se tiennent les Bourses ne saurait être arbitraire. Elle doit se faire d'après les habitudes civiles et commerciales de chaque localité, et se combiner avec l'heure de départ des courriers.

**Négociations faites à la Bourse.** — Nous l'avons dit plus haut, les Bourses sont destinées aux opérations de toute nature, telles que ventes et achats de grosses parties de marchandises, affrétements de navires, vente des rentes sur l'État [2], négociations tant des effets publics [3] que des lettres de change, billets, actions dans les entreprises, et autres papiers de commerce.

---

[1] Tous ceux qui par des faits faux ou calomnieux semés à dessein dans le public auraient opéré la hausse ou la baisse du prix des denrées, des marchandises ou des papiers et effets publics, au-dessus et au-dessous des prix qu'aurait déterminés la concurrence naturelle et libre du commerce, seront punis d'un emprisonnement d'un mois au moins, d'un an au plus, et d'une amende de 500 fr. à 10,000 fr. Surveillance de la haute police, facultative. (*Art.* 419, *Code pénal.*)

[2-3] La rente est un droit à certaines prestations périodiques, consistant

Le résultat des négociations et des transactions qui s'opèrent dans la Bourse, détermine le cours du change, des marchandises, des assurances, du fret ou nolis, du prix des transports par terre ou par eau, des effets publics et autres, dont le cours est susceptible d'être coté. (*Art.* 72.)

Ces divers cours sont constatés par les agents de change et courtiers, suivant la détermination de leurs fonctions.

**Agents de change et courtiers.** — Les agents de change et courtiers sont des agents intermédiaires du commerce, institués pour faciliter les marchés, rechercher les choses à vendre, afin de les offrir aux acheteurs, et les débouchés, pour les procurer aux vendeurs. Les

---

le plus souvent en argent. La rente est ou perpétuelle, ou viagère. *Perpétuelle*, c'est celle qui doit être servie au créancier et à ses héritiers, tant que celui qui sert la rente n'a pas remboursé le capital (remboursement que le créancier de la rente ne peut exiger du débiteur, tant que ce dernier sert exactement la rente). *Viagère*, c'est celle qui s'éteint par la mort du créancier.

L'État a dû contracter à certaines époques des emprunts considérables. Il est devenu débiteur de rentes perpétuelles, dont on ne peut lui demander le remboursement, mais dont il doit s'acquitter avec exactitude. Le *Grand-Livre* est le registre sur lequel sont consignés les titres de ces créances. On nomme *Transfert d'une rente* l'opération par laquelle le créancier de l'État cède à une autre personne ses droits contre l'État. C'est un moyen de rentrer dans son capital sans demander le remboursement de la rente (ce qui ne peut se faire). Cette cession pourra s'opérer à des conditions plus ou moins avantageuses, suivant le taux plus ou moins élevé des fonds publics. Elle aura lieu à la Bourse, par le ministère nécessaire des agents de change.

On entend par *Effets publics* certaines créances contre l'État. Sont effets publics : les rentes perpétuelles sur l'État, les bons du Trésor. Les actions de la Banque de France et d'autres compagnies autorisées par le gouvernement, telles que les compagnies de chemins de fer, sont considérées aussi comme des effets publics. Les Bourses sont desservies par les agents de change et par les courtiers.

agents de change sont ceux d'entre ces intermédiaires qui font plus particulièrement le courtage des effets publics et des lettres de change. Les courtiers sont ceux qui s'occupent de la vente des marchandises, ou de quelques transactions accessoires [1].

Les agents de change et courtiers sont nommés par l'Empereur. Les qualités de moralité et de capacité qu'exigent leurs fonctions d'intermédiaires, justifient cette nomination par la puissance publique. Nul ne doit être admis comme candidat, s'il ne jouit des droits de citoyen français; s'il a fait faillite, suspendu ses paiements, fait cession de biens, sans avoir été réhabilité; s'il n'a travaillé pendant quatre ans au moins dans une maison de banque ou de commerce, ou chez un notaire à Paris; s'il s'est immiscé, après récidive, dans les fonctions d'agent de change. Agrément par la chambre syndicale. Prestation de serment. Cautionnement [2]. Patente.

[1] Dans l'enfance de notre commerce, chacun pouvait exercer les fonctions d'agent intermédiaire. Dès 1572, sous Charles IX, elles furent confiées à un nombre d'hommes déterminé. Loi du 8 mai 1791. Liberté absolue donnée au commerce. Toute personne munie d'une patente peut être intermédiaire du commerce. La loi du 28 octobre 1795 limite le nombre des agents intermédiaires. Celle du 19 mars 1801 établit des agents intermédiaires dans toutes les villes de commerce de France, et leur donne exclusivement le droit de faire des opérations de change et de courtage, et d'en constater légalement le cours chacun dans le cercle de ses attributions. Lois du 19 avril 1801, et du 16 juin 1802, organisation définitive.

[2] Les cautionnements des agents de change et des courtiers sont affectés par privilège à la garantie des condamnations qui pourraient être prononcées contre eux par suite de l'exercice de leurs fonctions; au remboursement des fonds qui leur auraient été prêtés pour tout ou partie de leur cautionnement, et subsidiairement au paiement, dans l'ordre ordinaire, des créances particulières qui seraient exigibles sur eux. — Les personnes y ayant droit peuvent faire sur ces cautionnements des oppositions motivées, soit directement à la caisse d'amortissement, soit aux

Il est défendu aux commerçants sous peine d'amende, et à peine de nullité de la négociation, de recourir à d'autres personnes qu'aux agents de change et courtiers. L'entremise de ces intermédiaires légaux est obligatoire dans les villes commerciales. C'est un monopole sanctionné.

Le *courtier marron* est celui qui exerce des opérations de courtage sans être commissionné. On comprend la nécessité de poursuivre le courtage clandestin : les intermédiaires du commerce doivent avoir la confiance du gouvernement.

Les agents de change (dont le nombre est de 60 à Paris) forment une compagnie qui est administrée par une chambre syndicale composée d'un syndic et de six adjoints. Les fonctions de cette chambre sont : de maintenir l'ordre et faire exécuter les règlements par les membres de la compagnie; de surveiller la liquidation des marchés à terme; de donner son avis sur les candidats proposés pour la place d'agent de change [1]; de surveiller la cote des cours; de statuer sur l'admission à la Bourse des actions des compagnies financières et des fonds des gouvernements étrangers; de dénoncer ceux qui empiétent sur les attributions de la compagnie.

**Attributions des agents de change comme officiers publics.** — Les agents de change sont à la

---

greffes des tribunaux de commerce. Visa de l'original des oppositions.

L'article 90 du Code de commerce, modifié par la loi du 2 juillet 1862, porte qu'il sera pourvu par des règlements d'administration publique, à ce qui est relatif aux taux des cautionnements, sans que le maximum puisse dépasser deux cent cinquante mille francs.

[1] En 1816 le chiffre des cautionnements ayant été augmenté, une loi du 28 avril de la même année accorda, à titre de compensation, aux titulaires des charges sujettes à cautionnement, la faculté de présenter leur successeur. Ces charges sont ainsi devenues une sorte de propriété patrimoniale, transmissible aux héritiers, qui ont aussi le droit d'en traiter.

fois *officiers publics* et *commerçants*. Comme officiers publics, leur compétence est absolue et leur entremise est nécessaire. Comme commerçants, ils n'ont plus de monopole, ce qui ne veut pas dire que tout individu puisse les remplacer, mais bien que chacun a le droit de faire ses affaires personnellement. Que si l'on désirait avoir un intermédiaire, on serait obligé de recourir à un agent de change. Comme officiers publics, les agents de change ont *seuls* le droit de faire les négociations des effets publics, et autres susceptibles d'être cotés. Compétence *absolue*. Entremise nécessaire [1].

**Attributions des agents de change comme commerçants.** — Ils font pour le compte d'autrui les négociations des lettres de change ou billets, et de tous papiers commerçables. Ils en constatent aussi le cours. Compétence *non-absolue*. Les parties peuvent faire elles-mêmes leurs négociations. Mais elles ne peuvent recourir à d'autres intermédiaires qu'aux agents de change [2]. Les agents de change peuvent faire concurremment avec les courtiers de marchandises, les négociations et le courtage des ventes ou achats de matières métalliques. Mais ils ont seuls le droit d'en constater le cours. (*Art.* 76. *Code de com.*)

**Obligations des agents de change.** — Les agents de change sont tenus de : 1° se faire remettre les effets qu'ils sont chargés de vendre, ou les sommes nécessaires pour payer ceux qu'ils sont chargés d'acheter (*Arrêté de prairial an X, art,* 13) ; 2° délivrer des reconnaissances des effets qui leur sont confiés; 3° consigner leurs opérations sur un carnet au moment même, et les inscrire dans le jour sur un livre-journal (*art* 11 *et* 12);

---

[1-2] Dans les villes où il n'y a pas d'agents de change, tout individu peut faire pour le compte d'autrui la négociation des effets privés; mais celle des effets publics est opérée par les notaires. (*Loi du* 14 *avril* 1819.)

4° remettre aux parties un bordereau signé d'eux, et constatant l'opération dont ils sont chargés (*Art.* 109, *Code de com.*); 5° garder le secret le plus inviolable à leurs clients. Sur les bordereaux et arrêtés des agents de change ou courtiers, voir la loi des 7-22 mars, 5-14 juin 1850, art. 13. Ces bordereaux ou arrêtés doivent être rédigés sur du papier au timbre de dimension, ou timbré à l'extraordinaire.

Il est rigoureusement défendu aux agents de change : 1° de faire des opérations de banque pour leur propre compte ; de s'intéresser dans aucune entreprise commerciale, de faire l'office de banquiers pour leurs clients, de se rendre garants de l'exécution des marchés dans lesquels ils s'entremettent; 2° de transférer les rentes sur l'État ou les actions de la Banque affectées à des majorats (*décret des 1er mars et 21 octobre* 1808), ni les pensions sur l'État; 3° de négocier des effets appartenant à des personnes dont la faillite serait connue; 4° de négocier des effets en blanc; 5° de fournir leur ministère pour des jeux de Bourse ; 6° d'aliéner, sans autorisation de justice, les inscriptions de rentes sur l'État, excédant un capital de 1,000 francs, lorsqu'elles appartiennent à des mineurs, des interdits, des successions vacantes ou bénéficiaires, ou à tous autres incapables (*loi du 24 mars* 1806; *avis du Conseil d'État du 27 novembre* 1807); 7° de prêter leur nom à des agents non commissionnés; 8° d'exiger ou recevoir aucune somme au delà du tarif; 9° de se faire suppléer sur le parquet de la Bourse, si ce n'est par un confrère, de s'assembler ailleurs que dans le local de la Bourse, et à d'autres heures que celles officiellement fixées. Sanction : amende, destitution. Peines de la concussion s'ils recevaient au delà du tarif. Soumis à l'action des clients pour la remise des effets ou des sommes provenant des négociations dont ces clients les ont chargés, les garanties légales, et les dommages-intérêts.

En vertu de la loi du 13-29 octobre 1859, les agents de change près la Bourse de Paris sont autorisés à s'adjoindre un ou deux commis principaux, qui ne pourront faire aucune opération pour leur compte. Ils agiront au nom des agents de change et sous leur responsabilité. Il est interdit aux agents de change et aux commis principaux de vendre ou céder les fonctions de commis principal moyennant un prix ou redevance quelconque. Depuis la loi du 2 juillet 1862, les agents de change près les Bourses pourvues d'un parquet pourront s'adjoindre des bailleurs de fonds intéressés, participant aux bénéfices et aux pertes résultant de l'exploitation de l'office et de la liquidation de sa valeur, mais n'étant passibles des pertes que jusqu'à concurrence des capitaux qu'ils auront engagés. Le titulaire de l'office devra toujours être propriétaire, en son nom personnel, du quart au moins de la somme représentant le prix de l'office, et le montant du cautionnement.

Comme commerçants, les agents de change sont contraignables par corps, et justiciables des tribunaux de commerce. Ils peuvent tomber en faillite, et, dans ce cas, ils sont punis comme banqueroutiers.

Les agents de change ne peuvent pas refuser leur ministère à ceux qui le requièrent. Ils ont contre leurs clients une action en paiement de leurs honoraires[1], remboursement de leurs avances et des dommages-intérêts auxquels ils peuvent avoir droit. Compétence des tribunaux civils. Compétence des tribunaux de com-

---

[1] En 1859 la chambre syndicale a décidé qu'à l'avenir le courtage perçu par les agents de change serait réduit à 1/8 p. 100 pour la négociation de toutes les valeurs indistinctement.

merce, lorsque l'opération dont a été chargé l'agent de change constitue un acte commercial.

Cessation des fonctions d'agent de change à la mort du titulaire, ou par démission, ou par destitution.

**Attributions des Courtiers.** — Les courtiers, officiers publics comme les agents de change, et comme eux commerçants, sont des agents intermédiaires chargés de préparer les négociations, de s'entremettre entre les parties (*leur nom vient de : currere, courir*), toujours en restant personnellement étrangers au contrat.

Le Code de commerce reconnaît plusieurs espèces de courtiers : 1° les *courtiers de marchandises*; 2° les *courtiers d'assurance*; 3° les *courtiers interprètes et conducteurs de navires*; 4° les *courtiers de transports par terre et par eau*. Un décret du 15 décembre 1813 a institué à Paris des *courtiers gourmets piqueurs de vins*. (*Code de com., art.* 77[1].)

**Courtiers de marchandises.** — Les courtiers de marchandises ont été établis pour faciliter aux fabricants, manufacturiers et marchands en gros le débit de leurs marchandises, et leur épargner un temps précieux et un dérangement qui pourrait leur être préjudiciable, à raison de l'éloignement du lieu de leur fabrique des principales villes de commerce. Ces courtiers seuls ont le droit de faire le courtage des marchandises, et, ce qui est d'une grande importance dans le commerce, où

---

[1] Jusqu'en 1786 on ne distinguait pas les courtiers des agents de change. A cette époque, un arrêté du Conseil établit une distinction entre ces deux sortes d'agents. En 1791 les fonctions de courtier tombent dans le domaine public. — La loi du 28 vendémiaire an IV rétablit les courtiers et leur attribua des droits spéciaux.—L'existence des courtiers est actuellement mise en question par le gouvernement, qui préparerait un projet de loi pour leur suppression.

presque tous les marchés se font verbalement, d'en constater le cours. En cas de contestation sur le prix de la vente ou de l'achat, le cours qu'ils ont arrêté est la base fondamentale du marché. (*Art.* 78, *Code de com.*)

Les courtiers de commerce peuvent, en exécution de l'article 486 du Code de commerce, et sous l'autorisation du juge commissaire, procéder à la vente des effets et marchandises des faillis par la voie des enchères publiques et à la Bourse.

Une loi du 3 juillet 1861 porte que les tribunaux de commerce peuvent, après décès ou cessation de commerce, et dans tous les autres cas de nécessité dont l'appréciation leur est soumise, autoriser la vente aux enchères en gros des marchandises de toute espèce et de toute provenance. Ces ventes sont faites par le ministère des courtiers. Néanmoins, il appartient toujours au tribunal de désigner pour y procéder une autre classe d'officiers publics. Les courtiers établis dans une ville où siége un tribunal de commerce, ont aussi qualité pour procéder dans toute localité dépendant du ressort de ce tribunal, où il n'existe pas de courtiers, à la vente volontaire aux enchères en gros, de certaines marchandises comprises dans un tableau déterminé. Voir la loi du 28 mai 1858 ; le décret portant règlement d'administration publique du 12 mars 1859 ; le décret du 8 mai 1861, et celui du 23 mai 1863.

Le second paragraphe de l'art. 93 du Code de commerce, modifié par la loi du 23 mai 1863, porte que les ventes autres que celles dont les agents de change peuvent seuls être chargés, sont faites par le ministère des courtiers, sauf le droit pour le président du tribunal de commerce, sur la requête des parties, de déterminer une autre classe d'officiers publics pour y procéder. Voir aussi le décret du 29 août 1863.

**Courtiers d'assurance.** — Les courtiers d'assurance rédigent les contrats ou polices d'assurance, concurremment avec les notaires; ils en attestent la vérité par leur signature, et certifient le taux des primes
pour tous les voyages de mer ou de rivière. (*Art.* 79,
*Code de com.*)

Le ministère des courtiers ou des notaires est exclusif;
les parties ne peuvent prendre d'autres intermédiaires,
ni d'autres rédacteurs de leurs conventions d'assurance.

**Courtiers interprètes et conducteurs de
navires** [1]. — Ces courtiers font le courtage des affrète-
ments. Ils ont, en outre, seuls le droit de traduire, en
cas de contestations portées devant les tribunaux, les
déclarations, chartes parties, connaissements, contrats,
et tout acte de commerce dont la traduction serait
nécessaire; enfin, de constater le cours du frêt ou du
nolis.

Dans les affaires contentieuses de commerce, et pour
le service des douanes, ils servent seuls de truchement
à tous étrangers, maîtres de navire, marchands, équipages de vaisseau et autres personnes de mer. (*Art.* 80,
*Code de com.*). Il faut néanmoins excepter le cas où,
d'après des traités, les consuls d'une nation seraient autorisés, avec réciprocité, à servir d'interprètes à leurs
nationaux.

L'intervention de ces intermédiaires est absolue, tant
comme courtiers que comme interprètes. Il faut remarquer que les traductions des actes produits en justice,
ne font foi que lorsque les courtiers interprètes et con-

---

[1] Sous l'ordonnance de 1681 on distinguait les interprètes et les courtiers conducteurs, des maîtres de navires. Le Code de commerce a réuni
ces deux fonctions. Le mot conducteur de navires a le sens du *conductor*
des Romains, celui qui prend à loyer.

ducteurs de navires, ont été choisis par le juge ou par les parties.

**Cumul des courtages.** — Comme il y a des places dans lesquelles le commerce n'est pas assez important pour avoir des agents de change et des courtiers, le cumul des fonctions de courtiers est admis. Les fonctions de courtiers de marchandises, d'assurance, de navires, peuvent donc être séparées ou cumulées, être même jointes avec celles d'agent de change, pourvu qu'il y ait autorisation du gouvernement dans l'acte d'institution. (*Art.* 81, *Code de com.*)

**Courtiers de transport par terre et par eau.** — Les courtiers de transport par terre et par eau, constitués selon la loi, ont seuls, dans les lieux où ils sont établis, le droit de faire le courtage des transports par terre et par eau. Ils sont les négociateurs entre les marchands et les commissionnaires de transports, au sujet des transports à opérer. Ces courtiers ne peuvent cumuler dans aucun cas, et sous aucun prétexte, les fonctions de courtiers de marchandises, d'assurances, ou de courtiers conducteurs de navires [1]. (*Art.* 82, *Code de com.*)

**Courtiers — Gourmets. — Piqueurs de vins.** — Un décret du 15 décembre 1813 a institué à Paris des Courtiers — Gourmets — Piqueurs de vins, pour servir, exclusivement à tous autres, quand ils en sont requis, d'intermédiaires entre les vendeurs et acheteurs de boissons; déguster ces boissons, et en indiquer fidèlement le cru et la qualité; servir aussi, exclusivement à

---

[1] Cette défense de cumuler résulterait-elle, comme l'indiquent certains auteurs, de ce que les fonctions de courtiers de transport par terre et par eau, sont exercées ordinairement par des personnes peu instruites? N'est-il pas préférable de dire que leurs occupations sont assez nombreuses pour ne pas nécessiter le cumul?

tous autres, d'experts, en cas de contestation sur la qualité des vins et d'allégation contre les voituriers et bateliers arrivant sur les ports ou à l'entrepôt, que les vins ont été altérés ou falsifiés.

**Obligations des courtiers.** — Les courtiers sont soumis aux mêmes obligations que les agents de change, moins l'obligation de se faire remettre préalablement les effets ou les sommes formant l'objet de la négociation, et de garder le secret sur la personne de leurs commettants : ces obligations ne sauraient être imposées aux courtiers, puisque ceux-ci ne contractent pas et ne font que mettre les parties en présence. Voir les articles 83 à 89 du Code de commerce.

**Autres intermédiaires du commerce.** — Les autres intermédiaires du commerce sont les *voituriers* et les *commissionnaires chargeurs*.

Les *voituriers* sont des auxiliaires du commerce qui se chargent du transport des marchandises par terre, et les *bateliers*, du transport des marchandises par eau. Ils sont obligés, en général, à garder et conserver les objets qu'ils doivent transporter, et à les remettre, dans le délai fixé, au lieu assigné par la convention.

Les *commissionnaires chargeurs*, ou *commissionnaires de transport*, sont des entrepreneurs traitant avec le commerce, et qui se substituent des voituriers avec lesquels ils sous-traitent à leur profit l'exécution des transports.

**Voiturier.** — Nous avons dit que le voiturier est cet intermédiaire du commerce, qui se charge d'opérer le transport; voiturier ou batelier, suivant que le transport s'effectue par terre ou par eau [1]. Les envois de marchan-

[1] Le *commissionnaire de transport* est celui qui, moyennant le droit de commission, traite *en son nom* avec un voiturier, mais pour le compte d'un commettant, afin de faire conduire les marchandises de ce dernier.

dises sont remis au voiturier, avec une lettre de voiture [1], qui doit être datée, et doit exprimer la nature et le poids, ou la contenance des objets à transporter, le délai dans lequel le transport doit être effectué. Elle indique le nom et le domicile du commissionnaire par l'entremise duquel le transport s'opère, s'il y en a un; le nom de celui à qui la marchandise est adressée, le nom et le domicile du voiturier. Elle énonce le prix de la voiture, l'indemnité due pour cause de retard. Elle est signée par l'expéditeur ou le commissionnaire. Elle présente en marge les marques et numéros des objets à transporter. La lettre de voiture est copiée par le commissionnaire sur un registre coté et paraphé, sans intervalle et de suite. (*Art.* 102 *Code de com.*) La lettre de voiture *forme un contrat* entre l'expéditeur et le voiturier, ou entre l'expéditeur, le commissionnaire et le voiturier, (*Art.* 101). L'obligation résultant de la lettre de voiture étant bilatérale, exige, bien que la loi ne se soit pas exprimée à cet égard, que la lettre soit faite et signée double.

**Responsabilité du voiturier.** — Le voiturier est lié comme un dépositaire salarié. Il répond, non-seulement de ce qu'il a reçu dans sa voiture ou sur son bâtiment, mais encore de ce qu'on lui a livré sur le port ou à l'entrepôt pour être transporté. Il est garant, sauf la force majeure, de la perte des effets et des avaries qui leur arriveraient autrement que par le vice propre de la chose [2].

---

[1] La lettre de voiture est un acte contenant l'avis donné à une personne de l'envoi qui lui est fait.

[2] Les voituriers ne répondraient pas du coulage des liquides, de la rupture des choses fragiles, du mauvais état constaté au chargement des futailles ou ballots, à moins qu'il ne soit prouvé qu'ils n'en ont pas eu le soin convenable. Ces soins convenables s'étendent même aux précautions à prendre contre la mouillure.

Dépositaire salarié, le voiturier est tenu de toute faute. La présomption existant contre lui, le propriétaire des objets n'aura pas à prouver qu'il y a eu faute de sa part; ce sera au voiturier qu'il appartiendra de constater la force majeure ou le vice propre de la chose. Que si même la chose avait été perdue par cas fortuit précédé d'une faute du voiturier, ce cas fortuit lui serait imputé.

Le voiturier est tenu de son fait, et du fait de ses préposés, même des étrangers qu'il a reçus dans sa voiture ou sur son bâtiment. Il est tenu de la responsabilité (responsabilité dont il ne pourrait pas s'affranchir, même par une stipulation particulière) à partir du moment où l'objet à transporter a été remis à lui ou à ses préposés, soit sur le port, soit dans l'entrepôt. Il est encore responsable, sauf le cas de force majeure, du défaut d'arrivée dans le délai fixé par la lettre de voiture. En cas de retard, dommages-intérêts dus, selon les circonstances, au destinataire ou à l'expéditeur.

**Réception des objets transportés et paiement du prix de voiture.** — La réception des objets transportés et le paiement du prix de la voiture (simultanément), éteignent toute action contre le voiturier. (*Art.* 105, *Code de com.*) Celui qui en recevant les objets voiturés ne paie pas le prix de la voiture, est présumé par là se ménager une action contre le voiturier.

**Refus ou contestation pour la réception.** — En cas de refus ou contestation par la réception des objets transportés, leur état est vérifié et constaté par des experts nommés par le président du tribunal de commerce, ou, à son défaut, par le juge de paix, et par ordonnance au pied d'une requête. Le dépôt ou séquestre, et ensuite le transport dans un dépôt public, peuvent en être ordonnés. La vente peut être ordonnée en faveur du

voiturier, jusqu'à concurrence du prix de la voiture.
(*Art.* 106) [1].

Les frais du dépôt et du séquestre seront, bien entendu,
à la charge de celui qui succombera dans la contestation.
Quant à la vente au profit du voiturier, elle est la conséquence du principe de l'article 2102 du Code Napoléon
qui accorde un privilége pour les frais de voiture et les
dépenses accessoires sur la chose voiturée.

Les dispositions dont nous venons de parler s'appliquent également aux voituriers par eau, que l'on nomme
bateliers, comme aux voituriers par terre, entrepreneurs
de diligences et voitures publiques.

**Durée de la responsabilité.** — La multiplicité
des actes de transport qu'embrasse l'industrie du voitu-

---

[1] *Formule de requête à présenter en cas de refus ou contestation
pour la réception des objets transportés.*

A M. le président du tribunal de commerce,
ou à M. le juge de paix du canton de..., département de...

N... (nom, prénoms, profession et demeure) a l'honneur de vous exposer que, par l'entremise de..., voiturier, demeurant à..., il lui a été ex-
pédié par le sieur..., négociant à..., telles et telles marchandises (les détailler), qui viennent de lui être amenées à l'instant; qu'à la première
inspection des caisses et ballots les contenant, il s'est aperçu qu'elles
étaient gâtées et avariées, et qu'il a refusé de les recevoir. Il vous demande, M. le président (ou M. le juge de paix), qu'il vous plaise nommer
des experts pour vérifier et constater l'état desdites marchandises, afin
que, sur le rapport desdits experts, il soit ultérieurement statué ce qu'il
appartiendra; et vous ferez justice. (La signature.)

Vu la requête ci-dessus à nous présentée, nous nommons *tel* et *tel* experts
pour vérifier et constater l'état desdites marchandises amenées au sieur...
(l'exposant), par un *tel*, voiturier. Fait à... le... (date).

(Signature du président du tribunal de commerce, ou du juge de paix.)

*Formule de rapport d'experts.*

Le .. (date) nous... (nom, prénoms, profession et demeure des experts),
tous trois nommés par ordonnance de M. le président du tribunal de commerce séant à..., ou de M. le juge de paix du canton de..., département

rier ne saurait, sans inconvénient, exiger une responsabilité trop prolongée. Aussi, toutes actions contre le commissionnaire et le voiturier à raison de la perte ou de l'avarie des marchandises, sont-elles prescrites après *six mois* pour les expéditions faites dans l'intérieur de la France, et après un an pour celles faites à l'étranger ; le tout à compter, pour les cas de perte, du jour où le transport des marchandises aurait dû être effectué, et pour les cas d'avarie, du jour où la remise des marchandises aura été faite, sans préjudice des cas de fraude ou d'infidélité. (*Art.* 108 *Code de com.*)

Il faut remarquer : 1° que l'article du Code de commerce ne parle que de la perte ou de l'avarie, et nullement des cas de retard, ou de défaut d'envoi. Des auteurs prétendent qu'on étendra cette disposition aux cas de retard, comme étant moins graves que les cas de perte ou d'avarie.

de..., en date du..., dûment enregistrée le.... par..., à l'effet de vérifier et constater l'état des marchandises amenées par un tel, voiturier, au sieur..., négociant, demeurant..., qui a refusé de les recevoir, parce qu'il a jugé qu'elles étaient gâtées et avariées, ayant préalablement prêté serment entre les mains de M. le président du tribunal (ou de M. le juge de paix), de bien et fidèlement remplir la mission à nous confiée, nous sommes transportés au domicile dudit sieur..., où étant, nous avons trouvé les caisses et ballots contenant lesdites marchandises à la porte dudit sieur..., et la voiture d'un *tel* encore auprès ; et en présence dudit sieur... et du voiturier, ayant fait ouvrir par..., lesdites caisses et ballots, nous avons vu et examiné les marchandises, qui étaient bien celles énoncées en la lettre de voiture qui nous a été représentée. Nous avons reconnu que les marchandises étaient dans telle caisse, marquée et numérotée (dire comment), et qui sont dans tel état (expliquer la nature des marchandises, expliquer aussi bien exactement dans quel état elle se trouvent. S'il y a eu avarie, dire ce qui a pu la causer). Et nous avons estimé que le dommage causé auxdites marchandises, pouvait s'élever à la somme de... que le sieur... négociant, à qui elles ont été adressées, peut être en droit de retenir...

En foi de quoi nous avons rédigé le présent procès-verbal, le (*date*). Signatures des trois experts.

2° Que s'il y avait fraude ou infidélité, l'action ne serait plus limitée au délai *particulier* de six mois ou d'un an.

3° Que cette prescription de six mois ou d'un an est une exception.

**Droit du voiturier.** — Le voiturier a une action contre celui qui lui a livré la lettre de voiture et remis les marchandises, ainsi que contre le destinataire qui les a reçues, pour se faire payer le prix de la voiture et des dépenses accessoires. Il peut aussi faire ordonner par le tribunal du commerce la vente des objets transportés, jusqu'à concurrence de ce qui est dû. Enfin le voiturier a encore le privilége sur les objets transportés, pour les frais de voiture et les dépenses accessoires. (*Art.* 2102, *n°* 6, *Code Nap.*) [1].

**Commissionnaires de transport.** — Les commissionnaires de transport traitent en leur nom avec

---

[1] Le voiturier qui s'est dessaisi de la chose voiturée conserve-t-il son privilége ? *Affirmative* : son privilége est indépendant du fait de la possession actuelle. La chose a augmenté de valeur par le fait du transport. Elle vaut de plus ce qu'il en a coûté pour le transport. Le voiturier est donc, en quelque sorte, à cet égard, un procréateur de valeur. Argumenter de l'article 307 du Code de commerce, qui porte que le capitaine est préféré pour son fret sur les marchandises de son chargement, pendant quinzaine après leur délivrance, si elles n'ont pas passé en mains tierces. — M. Bravard fait observer que le voiturier devra faire immédiatement ses diligences, et protester judiciairement de son intention de conserver son privilége ; sans quoi il serait considéré comme ayant suivi la foi du destinataire, et comme ayant abdiqué son privilége.

*Négative :* Le privilége du voiturier paraît fondé, comme celui de l'aubergiste, sur la détention. La simple amélioration n'est pas une cause de privilége. En admettant le privilége pour l'amélioration, pourquoi ne porterait-il pas sur la plus-value ? La disposition de l'art. 307 est exceptionnelle. La loi ne s'étant pas exprimée sur le délai dans lequel devra être exercé le privilége, en principe général, ne devra-t-il pas durer trente ans, comme la créance ?

un voiturier, mais pour *le compte de leurs commet-tants*. Que si les marchandises étaient expédiées par des individus aux gages des commissionnaires, ou pour des prix différents de ceux convenus avec les commettants, les commissionnaires n'auraient plus cette qualité, mais seraient de véritables entrepreneurs de transport.

Nous avons déjà signalé l'utilité des intermédiaires du commerce. Les commissionnaires sont surtout utiles lorsqu'il s'agit d'expédier des marchandises d'un lieu très-éloigné. Il est avantageux, alors, d'avoir des intermédiaires spéciaux, qui reçoivent les marchandises des mains des différents voituriers, et qui, correspondant entre eux, forment une chaîne non interrompue entre le premier commissionnaire et le destinataire.

Nous parlerons ultérieurement dans un chapitre spécial consacré aux engagements commerciaux, du contrat de commission, considéré en lui-même.

**Commissionnaires pour les transports par terre et par eau.** — Ces commissionnaires sont tenus, comme tout commerçant, à avoir un livre-journal, et comme les entrepreneurs de voitures publiques par terre et par eau, à tenir registre de l'argent, des effets et des paquets dont ils se chargent [1]. (*Art. 1785, Code Napoléon; art.* 96, *Code de com.*) Ils sont garants de l'arrivée des marchandises et effets dans le délai déterminé (la célérité dans les affaires exige de la célérité dans les transports), par la lettre de voiture, répondent donc des retards, et ne sont excusés que dans le cas de force majeure légalement constatée (par les officiers publics ou de police les plus près de l'endroit où l'accident a eu lieu).

[1] Il est évident que les commissionnaires par eau ne comprennent pas ceux par mer, dont nous parlerons lorsque nous traiterons du commerce maritime.

(*Art.* 97, *Cod. de com.*) Les dommages-intérêts seront, en cas de retard, évalués par le juge, lorsqu'ils n'auront pas été d'avance déterminés par les parties. Les commissionnaires de transport par terre et par eau sont garants des avaries ou pertes de marchandises et effets, s'il n'y a stipulation contraire dans la lettre de voiture [1], ou force majeure. Quant à la perte des marchandises provenant du vice de la chose, elle ne saurait être à la charge du commissionnaire, qui n'est responsable que de ce qui provient de son chef. Ils sont aussi garants des faits des commissionnaires intermédiaires auxquels ils adressent les marchandises. La marchandise sortie du magasin du vendeur ou de l'expéditeur, voyage, s'il n'y a convention contraire, aux risques et périls de celui à qui elle appartient, sauf son recours contre le commissionnaire et le voiturier chargés du transport. (*Art.* 100, *Code de com.*)

**Preuve du contrat de commission de transport.** — Le contrat de commission de transport peut se prouver par un acte authentique ou sous seing privé, par la correspondance, par les livres, par tous autres modes de preuve admis en droit commercial, enfin par la *lettre de voiture* qui, nous l'avons dit, forme un contrat entre l'expéditeur et le voiturier, lorsqu'il n'y a point d'agent intermédiaire ou de commissionnaire; mais qui, lorsqu'il y a un commissionnaire, ne forme

---

[1] Les commissionnaires pour les transports par terre et par eau, doivent inscrire sur leur livre journal la déclaration de la nature et de la quantité des marchandises, et *s'ils en sont requis,* de leur valeur. Cette inscription est exigée pour faciliter les demandes en restitution, et le règlement des droits des parties en cas de perte. Ils doivent, en outre, et pour sauvegarder les droits des tiers qui pourraient être intéressés à prouver la délivrance de la lettre de voiture, copier cette lettre sur un registre coté et paraphé, sans intervalle et de suite.

contrat qu'entre lui et le voiturier, tandis qu'il y a convention particulière entre l'expéditeur et le commissionnaire. La lettre de voiture pourrait être cessible par la voie de l'endossement.

**Commis de commerce.** — Les commis ou facteurs sont des agents internes du commerce. Les actions contre eux, contre les commis des marchands, ou contre leurs serviteurs, pour le fait seulement du trafic du marchand auquel ils sont attachés, sont attribuées aux tribunaux commerciaux. (*Art.* 614, *Code de com.*) Les caissiers sont des agents internes préposés à la caisse, et chargés de payer et de recevoir. Les commis-voyageurs sont des mandataires chargés de voyager pour le placement des marchandises.

Dans quelles limites les commis, comme mandataires tacites, engagent-ils leurs mandants envers les tiers? Les règles du droit commun doivent être appliquées : le mandataire ne peut engager son constituant au delà des termes du mandat. Le mandat peut être exprès et verbal à la fois; il peut même résulter du fait par lequel le marchand a préposé son agent à certains actes de son commerce.—Le caissier, *mandataire* du commerçant, signe valablement les quittances qu'il doit délivrer.

Le commis-voyageur doit être muni d'une procuration qui détermine les conditions et les limites du mandat qu'on juge à propos de lui confier. Sans ce pouvoir exprès, il n'aurait pas qualité pour recevoir, ni même pour consentir un règlement de compte. La correspondance pourrait néanmoins suppléer à la procuration. Le commis-voyageur engage son commettant dans les limites de l'objet pour lequel il est avoué qu'on le fait voyager.

# CHAPITRE V.

## DES ENGAGEMENTS COMMERCIAUX.

§ I. **Des achats et ventes.** — § II. **Des négociations concernant les marchandises déposées dans les magasins généraux, et des ventes publiques de marchandises en gros.** — § III. **Du gage et du contrat de commission.** — § IV. **Des moyens de preuve admis en matière commerciale.**

### § I. Des achats et ventes.

**Notions générales sur la vente.** — La vente est la convention par laquelle l'une des parties transfère, ou s'engage à transférer, la propriété d'une chose moyennant un prix que l'autre s'engage à payer.

La vente prend le nom d'échange, lorsqu'au lieu de convenir d'un prix, on convient de donner des marchandises ou une certaine quantité de denrées.

Pour que la vente soit parfaite entre les parties, il ne suffit pas toujours que la chose vendue et le prix soient déterminés. La vente peut, en effet, être conditionnelle (c'est la plus journalière dans le commerce); et auquel cas la vente n'est parfaite que lorsque la condition a été accomplie.

Les denrées ou autres marchandises susceptibles de pesage ou de mesurage peuvent être vendues en bloc ou au compte, au poids ou à la mesure.

Lorsque les marchandises ont été vendues en bloc (je vous vends les cartons qui se trouvent dans mon magasin, moyennant 12,000 francs), la vente est parfaite, quoique les marchandises n'aient pas été pesées, comptées ou mesurées. (*Art.* 1586, *Code Nap.*) On peut décider qu'une vente a été faite en bloc, toutes les fois qu'il n'apparaît pas que l'acheteur a voulu acheter tant de mesures ou telle quantité. Que si, au contraire, j'avais acheté cent mesures de blé moyennant deux mille francs, il y aurait présomption suffisante que j'étais convenu de ne payer le prix que du moment où les cent mesures auraient été mesurées (*condition suspensive*).

Lorsqu'il s'agit de choses qu'on est dans l'usage de goûter, il n'y a de vente que lorsque l'acheteur a goûté et agréé les choses vendues. Mais comment concilier cette suspension avec la célérité qu'exigent les opérations commerciales ? Le vendeur pourra certainement mettre l'acheteur en demeure de goûter et d'agréer.

La vente faite à l'essai est toujours présumée faite sous une condition suspensive. Lorsque le délai pour le renvoi des marchandises a été fixé, cette détermination fait loi entre les parties. Mais que décider dans le cas où rien n'aurait été prévu, quant au retard ? Il est bien évident que l'acheteur pourrait être considéré comme ayant agréé ; ou tout au moins, que des dommages-intérêts pourraient être alloués au vendeur.

**Question des arrhes.** — Que décider, si des arrhes ont été données ? Il faut distinguer. Si les arrhes ont été données pour dédit, il est permis à chacune des parties de renoncer à la stipulation de vente ; celle qui a donné des arrhes en les perdant, et celle qui les a reçues en restituant le double. (*Art.* 1590, *Code Nap.*) Mais si les arrhes ont été données comme gage ou comme àcompte au vendeur, la vente est parfaite ; il n'y a plus de condition suspensive, et il n'est permis à aucune des parties de se refuser à l'exécution du contrat.

**Vente de la chose d'autrui.** — Le droit civil

annule cette vente, et alloue seulement des dommages-intérêts à l'acheteur de bonne foi. Le droit commercial, lorsque l'acheteur s'est trouvé de bonne foi, la considère comme valable, en raison des graves inconvénients qu'entraînerait la nullité de la vente en matière commerciale. Le véritable propriétaire de la chose n'aura qu'une action directe en remboursement de la valeur de l'objet aliéné, et en dommages-intérêts contre le vendeur originaire de mauvaise foi.

**Prix de la vente.** — La vente peut avoir lieu avec la clause *du prix que l'on offrira*. Dans ce cas le vendeur ne pourra vendre à un tiers autre que l'acheteur, qu'après avoir déclaré à ce dernier que tel prix lui a été offert, et qu'il ait à prendre l'objet à ce prix, ou qu'il lui permette d'en disposer.

Le commerce étant libre, et les opérations commerciales ayant pour objet la réalisation de bénéfices, hors les cas de dol, de fraude et d'erreur, l'excès, comme la vilité de prix ne sauraient être, en matière de commerce, un moyen de rescision de la vente.

**Promesse de vente.** — En matière commerciale la promesse de vente vaut *vente*, quand bien même les parties ne seraient convenues ni d'une chose déterminée, ni d'un prix certain.

Celui qui, dans des circulaires, ferait des offres de service d'une partie de marchandises à tel prix, serait obligé de la livrer aux conditions de ses circulaires, à moins qu'il ne l'ait déjà vendue.

**Obligations du vendeur.** — Les obligations du vendeur sont : 1° de délivrer la chose dans le temps convenu; 2° de livrer la qualité et la quantité convenues.

Il est important de délivrer la chose vendue dans le délai convenu; la délivrance tardive pourrait entraîner l'annulation de la vente, et donner même lieu à des dommages-intérêts envers l'acheteur qui aurait, d'ailleurs, le droit de contraindre judiciairement le vendeur à livrer l'objet vendu dans le délai déterminé. L'acheteur, en effet, peut n'avoir besoin de marchandises qu'à l'époque stipulée, et, d'un autre côté, le retard pourrait faire éprouver des pertes à l'acheteur sur les marchandises, qui, si elles eussent été en sa possession à l'époque convenue, auraient pu lui procurer de gros bénéfices.

Le vendeur est tenu de livrer la qualité et la quantité convenues; or, les choses peuvent être achetées ou sur les lieux mêmes, ou dans un lieu éloigné du domicile de l'acheteur.

*Si les choses ont été achetées sur les lieux mêmes*, la vente ayant eu lieu après que les marchandises ont été examinées, à moins de fraude patente qui devra être prouvée, l'acheteur ne sera pas admis à exciper de qualité inférieure, ou de tout autre défaut.

*Si les choses ont été achetées dans un lieu éloigné du domicile de l'acheteur*, par correspondance et sur échantillons, l'acheteur sera recevable à contester la qualité, bien que la marchandise ait voyagé à ses risques, pourvu que sa réclamation ait lieu dans le temps fixé par les usages locaux.

**Obligations de l'acheteur.** — L'acheteur doit payer le prix et retirer dans le délai convenu l'objet acheté. S'il avait été stipulé que le prix serait payé au moment de la livraison, le vendeur pourrait demander la résolution de la vente dans le cas de non paiement. Le vendeur ne serait pas non plus obligé à la délivrance, quand même il aurait accordé un délai pour le paiement, si, depuis la vente, l'acheteur était tombé en faillite ou en déconfiture, en sorte qu'il y eût pour le vendeur danger imminent de perdre le prix. (*Art.* 1613, *Code Nap.*)

Peuvent être revendiquées les marchandises expédiées au failli, tant que la tradition n'en aura point été effectuée dans ses magasins, ou dans ceux du commissionnaire chargé de les vendre pour le compte du failli. (*Art.* 576, *Code de com.*)

Le défaut de retirement dans le délai stipulé n'entraîne pas la nullité de la vente, à moins que les parties n'en soient convenues expressément.

§ II. **Des négociations concernant les marchandises déposées dans les magasins généraux, et des ventes publiques de marchandises en gros.**

**Négociations concernant les marchandises déposées dans les magasins généraux. — Historique sur la législation de cette matière.**
— Les *docks* anglais sont de vastes entrepôts ouverts à toutes espèces de marchandises exotiques et indigènes, qui délivrent aux déposants un récépissé descriptif, ou certificat de dépôt, qu'on appelle *warrant*, auquel est annexé, quand le dépôt doit avoir une certaine durée, une seconde pièce qui constate le poids de la marchandise, et qu'on nomme *weigth-note*. Ces deux pièces constituent le titre de propriété du déposant.

Les *warrants* sont donc les récépissés délivrés par les docks ou magasins publics aux négociants qui leur déposent des marchandises. Ils sont transmissibles par endossement au porteur, et permettent au propriétaire de la marchandise de l'engager ou de la vendre, de la faire circuler de main en main, à titre d'aliénation ou de nantissement, avec la plus grande facilité et sans aucuns frais de déplacement. Grace à la mobilité complète donnée à la marchandise par ce procédé ingénieux, celle-ci n'est plus entre les mains du négociant qui la possède, une valeur inerte, mais une valeur active presque à l'égal des espèces ; elle est au moins un moyen de crédit d'une très-grande efficacité, parce qu'il a une base tout à fait certaine.

Les *ventes publiques en gros*, qui se définissent par elles-mêmes, portent sur des masses de marchandises plus ou moins considérables, et permettent à ceux qui importent ou qui produisent des marchandises quelconques, de les écouler à jour fixe, et dans les conditions les plus avantageuses, puisque le grand concours d'acheteurs qu'elles attirent rend la vente certaine, et porte la valeur des objets vendus au plus haut cours qu'ils puissent atteindre:

Ces deux institutions ont rendu les plus grands services au commerce anglais. Les ventes publiques en gros existent aussi en France, et le système des récépissés de marchandises déposées dans des magasins publics, servant à vendre et à engager la marchandise qu'ils représentent, sans la déplacer, a été introduit chez nous, en 1848, par un décret du gouvernement provisoire. Mais les résultats espérés ont d'abord été loin d'être aussi favorables qu'en Angleterre. On a pu attribuer cet échec aux défiances que ces opérations semblaient avoir inspirées au législateur, qui ne les a pas traitées chez nous avec la même faveur que dans la Grande-Bretagne. Les frais et les lenteurs apportées par la législation dans les ventes publiques, leur ont enlevé le caractère commercial. En ce qui touche les warrants, le système formulé en 1848 semblait porter de nombreuses traces de la défaveur avec laquelle le contrat de gage était traité par notre législation. Par l'effet des dispositions défiantes qui régissaient chez nous le système des warrants, il était donc resté une de ces opérations d'extrême ressource que l'emprunteur redoutait pour son crédit, que le prêteur lui-même n'aimait pas pour sa sûreté.

En 1858 deux lois, l'une sur *les négociations concernant les marchandises déposées dans les magasins généraux* (28 *mai*-11 *juin* 1858), l'autre sur *les ventes publiques de marchandises en gros* (*même date*) sont venues simplifier la législation sur cette matière, et dégager des obstacles qui les gênaient les opérations de gage et de vente.

La loi nouvelle a conservé les magasins généraux établis en vertu du décret du 21 mars 1848, et disposé que ceux qui seront créés à l'avenir, recevront les matières premières, les marchandises et les objets fabriqués que les négociants et les industriels voudront y déposer.

L'expression de *magasins généraux* a été employée, parce qu'elle rend mieux l'ensemble des conditions morales, matérielles et financières qui doivent constituer ces sortes d'établissements; mais elle n'empêche nullement un magasin général d'être *spécial* à une sorte de marchandise.

Le législateur a cru devoir adopter un moyen terme entre la liberté absolue et le monopole. S'il n'est pas permis, comme en Angleterre, au premier venu, d'ouvrir des magasins destinés à recevoir des dépôts de marchandises et de délivrer des warrants, d'un autre côté plusieurs magasins, même spéciaux au même genre de marchandises, pourront se fonder si l'intérêt de la localité l'exige. L'intention du législateur est, d'ailleurs, que l'administration se montre large et libérale dans la concession des autorisations.

**Énonciations des récépissés.** — Les récépissés délivrés aux déposants énoncent leurs nom, profession et domicile, ainsi que la nature de la marchandise déposée et les indications propres à en établir l'identité et à en déterminer la valeur (*art.* 1er, § 2). On comprend l'importance de ces énonciations. Les récépissés délivrés par les magasins généraux ont pour objet de faciliter la négociation, à titre de vente ou de nantissement, des marchandises déposées. La première condition pour qu'ils soient acceptés avec confiance par celui qui veut acquérir la marchandise, ou recevoir les nantissements sous cette forme, c'est que le récépissé en contienne une description assez détaillée pour prévenir toute difficulté sur l'identité de la marchandise dont il est la représentation. Il faut, de plus, pour que la négociation des récépissés devienne une opération usuelle et rapide, que les indications données par le récépissé et certifiées par le préposé du magasin général, soient assez complètes pour que, dans le plus grand nombre des cas, et particulièrement en cas de prêt, la négociation puisse se faire sans vérification de la marchandise.

La loi de 1858 n'exige point l'expertise de la marchandise, car cette formalité entraînerait des lenteurs et des frais, serait de nature à froisser le déposant par l'intervention de tiers dans ses affaires, et n'aurait, d'ailleurs, aucune utilité. S'il s'agit de vente, en effet, de deux choses l'une : ou bien la marchandise a un cours, et ce n'est pas l'estimation, c'est le cours qui en réglera la valeur ; ou bien elle n'a pas de cours, ou, ayant un cours, elle est sujette à détérioration et à déchet, et, dans ce cas, l'estimation au jour du dépôt ne saurait suffire à en déterminer la valeur au jour de la vente ; cette évaluation anticipée ne dispenserait pas l'acheteur d'une vérification matérielle, qui seule pourrait lui permettre d'assigner un prix à la marchandise qu'il achète. Au point de vue du prêt, l'estimation préalable n'est pas plus nécessaire, si l'on considère que le prêt est toujours plus ou moins inférieur à la valeur intégrale du gage ; il est à peu près indifférent au prêteur de connaître la valeur exacte de celui-ci. Ce qu'il a besoin de savoir, c'est la valeur approximative ; et les indications du récépissé sur la nature de la marchandise, son espèce, sa qualité, son poids, sa mesure, sa provenance, lui permettent parfaitement d'apprécier cette valeur approximative, et de déterminer, en conséquence, l'importance de la somme qu'il peut prêter. Non-seulement, donc, le législateur a supprimé l'expertise préalable qui existait dans la législation de 1848, mais il n'a pas même exigé la mention d'une valeur déclarée par le déposant. Il importe, en effet, uniquement, que les indications soient assez complètes pour que les personnes exercées auxquelles le récépissé s'adresse, puissent en déduire la valeur au cours du jour, ou, quand cela leur suffit, la valeur approximative.

**Titres remis au propriétaire de la marchandise.** — A chaque récépissé de marchandises est annexé, sous la dénomination de *warrant*, un bulletin de gage contenant les mêmes mentions que le récépissé (*art.* 2). Ainsi, le propriétaire de la marchandise déposée recevra deux titres : un récépissé et un bulletin de gage. Le premier est particulièrement destiné à servir d'instrument de vente, et à transférer la propriété de la marchandise; l'autre doit servir d'instrument de crédit, et, comme son nom l'indique, place la marchandise à titre de gage entre les mains du prêteur.

Le déposant veut-il *emprunter* sur sa marchandise? Il détache le bulletin de gage et le transfère par endossement au prêteur. L'endossement du bulletin seul et séparé du récépissé vaut nantissement, et confère au prêteur, sur la marchandise déposée, tous les droits des créanciers gagistes sur le gage; ce gage suit le bulletin en quelques mains qu'il passe, par l'effet des négociations successives dont il est l'objet.

Le déposant veut-il *vendre*? Si sa marchandise n'est grevée d'aucun engagement, il a entre les mains les deux titres ; il les transfère tous deux à l'acheteur, et, par endossement, la propriété de la marchandise passe purement et simplement de la tête du vendeur sur celle de l'acheteur. Si la marchandise est engagée, il transfère à l'acheteur le récépissé qu'il a conservé, et l'acheteur devient encore propriétaire de la marchandise, mais au même titre que le vendeur, c'est-à-dire à charge de payer au porteur du bulletin le montant de la créance garantie par l'endossement du bulletin.

**Effets de l'endossement.** — Les récépissés et les warrants peuvent être transférés par voie d'endossements, ensemble ou séparément. L'endossement du warrant séparé du récépissé vaut nantissement de la marchandise, au profit du cessionnaire du warrant [1]. L'endossement du récépissé transmet au cessionnaire le droit de disposer de la marchandise, à la charge par lui, lorsque le warrant n'est pas transféré avec le récépissé, de payer la créance garantie par le warrant, ou d'en laisser payer le montant sur le prix de la vente de la marchandise (*art.* 3, 4).

Cependant l'endossement du récépissé, avec ou sans le bulletin, ne transfère pas toujours et dans tous les cas la propriété de la marchandise. Le récépissé peut, en effet, avoir été transféré à un autre titre qu'à titre de vente, et, par exemple, à titre de mandat pour vendre ou pour retirer la marchandise. L'endossement sera plus

---

[1] En désignant sous le nom de *bulletin de gage* le titre délivré au déposant, on paraissait rappeler un ordre de prêts tous différents de de ceux qui font l'objet de la loi ; l'auteur de la loi a pensé qu'on pouvait emprunter à l'Angleterre les termes d'une législation dont nous lui empruntions la pratique, et que le mot *warrant* si bien compris déjà par les hommes d'affaires, pouvait être inscrit utilement dans notre vocabulaire commercial. Le mot *Warrant* a donc été substitué dans tout le corps de la loi, au mot de *Bulletin de gage*.

exactement considéré comme *un ordre de livraison.*

A quel titre le cessionnaire du récépissé pourra-t-il disposer ? C'est ce que dira le contrat préexistant à l'endossement, dont l'endossement n'est que l'exécution, et dont les conditions, qui peuvent être très-variées, ne pourraient pas trouver place dans l'endossement lui-même, sous peine de le compliquer beaucoup, et même de porter un certain préjudice au cédant, qui peut avoir intérêt à ce que ses arrangements avec son cessionnaire ne soient pas connus. Le droit de disposer est d'ailleurs suffisant pour garantir les tiers qui ont eu affaire avec le porteur du récépissé relativememt à la marchandise que ce récépissé représente. Le droit de disposer lui a permis de retirer valablement la marchandise ou de la vendre, et le magasinier, ou l'acheteur, par conséquent, n'ont pas à s'occuper des conditions de l'endossement. Ces conditions n'importent qu'aux rapports entre le cédant et le cessionnaire du récépissé, et elles seront facilement établies, s'il y a contestation, de la manière usitée en matière commerciale, c'est-à-dire par les livres ou la correspondance.

**Conditions essentielles de l'endossement.** — L'endossement du récépissé et du warrant, transférés ensemble ou séparément, doit être daté. L'endossement du warrant séparé du récépissé doit, en outre, énoncer le montant intégral, capital et intérêts, de la créance garantie, la date de son échéance, et les nom, profession et domicile du créancier. Le premier cessionnaire du warrant doit immédiatement faire transcrire l'endossement sur les registres du magasin, avec les énonciations dont il est accompagné. Il fait mention de cette transcription sur le warrant (*art.* 5). La date est nécessaire, particulièrement à l'égard des tiers. Quand à l'endossement du bulletin de gage, comme il a tous les effets d'un acte de nantissement, il doit contenir les énonciations essentielles qui devraient se trouver dans l'acte de nantissement, s'il avait lieu séparément, savoir : le montant de la créance garantie, la date de son échéance, et les nom, profession et domicile du créancier. La sanction de l'énonciation de la date se trouve dans l'art. 147 du *Code pénal*, d'après lequel on peut considérer qu'une antidate dans un acte commercial, faite dans un but frauduleux, constitue un faux en écriture de commerce. Mais il faut qu'il y ait intention frauduleuse.

Quelle est la valeur d'un endossement antidaté, sans pensée coupable, ou non daté? Il est nécessaire de distinguer entre l'endossement du récépissé, et celui du *warrant*.

S'agit-il de l'endossement antidaté, ou non daté, du *récépissé?* Comme l'on ne saurait prétendre que le porteur de ce récipissé n'ait absolument aucun droit, et que son titre soit complétement inefficace; que, d'un autre côté, il est impossible d'admettre que l'irrégularité soit indifférente, et que le porteur en vertu d'un endossement irrégulier soit saisi des mêmes droits que le porteur dont l'endossement n'est sujet à aucune critique, on peut soutenir que l'antidate non frauduleuse, ou l'absence de date, n'entraîne pas la nullité absolue de l'endossement; que l'endossement irrégulier sous ce rapport donne au cessionnaire, comme l'endossement régulier, le droit de disposer de la marchandise; mais avec cette différence que lorsque l'endossement est régulier, il y a présomption légale que le cessionnaire a acheté la marchandise et qu'il en est propriétaire, tandis que lorsque l'endossement n'est pas régulier, il y a présomption légale que le cessionnaire n'est qu'un mandataire, soit à l'effet de transmettre, soit à l'effet de retirer la marchandise du magasin.

Sagit-il de l'endossement antidaté, ou non daté, du *warrant?* Comme le warrant n'est qu'un moyen donné au propriétaire de la marchandise de la donner en gage pour sûreté d'un emprunt qu'il contracte, et comme le premier endossement du warrant (qu'il ne faut pas confondre avec ceux qui le suivent), est l'acte de réalisation de l'emprunt et du nantissement, l'on doit reconnaître que tant que ce premier endossement n'a pas été fait, le warrant n'est un titre pour personne. Mais quand le warrant est revêtu d'un premier endossement, il constate que le propriétaire de la marchandise a emprunté une somme que l'endossement détermine, à une personne que l'endossement indique, que la somme est payable à une certaine époque, également fixée par l'endossement, et qu'enfin la marchandise est le gage du prêt. L'analyse du contrat qui intervient entre celui qui endosse et celui au profit de qui est endossé le warrant, démontre *l'indispensable nécessité* des énonciations dont il vient d'être parlé. La même solution ne devra pas être donnée pour les endossements du warrant arrivant à la suite du premier, et qui ne sont que des actes de cession de la créance. On leur appliquera donc les règles du Code de commerce sur les endossements des lettres de change et des billets à ordre.

Quoique la loi ne le dise pas, le cessionaire doit être aussi indiqué dans l'endossement du récépissé. L'endossement qui ne porterait pas cette énonciation serait en blanc, et l'on devrait, dans ce cas, décider comme dans le cas où l'endossement du récépissé ne serait pas daté. Mais l'endossement du récépissé ne doit pas être transcrit sur les registres du magasin. Cette transcription, au point de vue des principes du droit, n'a rien de nécessaire, car pour que la vente ordinaire soit parfaite entre les parties, il suffit qu'il y ait accord entre elles sur la chose et sur le prix ; et à l'égard des tiers la vente commerciale n'acquiert pas date certaine uniquement par l'enregistrement ou par l'un des moyens prévus par l'article 1328 du Code Napoléon, mais aussi par tous les moyens de preuve usités en matière commerciale, les livres, la correspondance, etc. De plus, dans la pratique, la transcription serait plus nuisible qu'utile, puisqu'elle obligerait à des formalités et à des démarches que le commerce redoute toujours.

L'objet de la transcription de l'endossement du warrant, ou bulletin de gage, sur les registres du magasin, est de fixer la date du premier endossement, et de permettre à ceux qui y auraient intérêt et droit, de recourir au magasin pour connaître d'une manière officielle et authentique quelle est l'importance de la créance dont la marchandise est grevée.

**Libération de la marchandise.** — Le propriétaire de la marchandise déposée a la faculté de la libérer à toute époque. Le porteur du récépissé séparé du warrant peut, même avant l'échéance, payer la créance garantie par le warrant (*Art. 6, § 1er*). Il peut avoir intérêt, en effet, à retirer la marchandise du magasin sans attendre l'échéance de la dette dont elle est grevée : dans le cas, par exemple, où la marchandise serait menacée de dépréciation ou d'avarie si le dépôt dans le magasin venait à se prolonger ; dans le cas où le cours de la marchandise serait favorable, mais où la vente actuelle ne serait possible qu'à la condition d'une livraison immédiate. Dans tous ces cas on ne saurait refuser au propriétaire de la marchandise engagée la faculté de se libérer à toute époque, même avant l'échéance de la dette, et par conséquent de payer celle-ci par anticipation. Le porteur du récépissé devra s'entendre alors avec le porteur du warrant pour régler, de concert avec lui, la somme à défalquer sur celle portée dans le warrant. Cette fixation variera suivant le temps pour lequel les intérêts devront être servis, et le taux auquel ils devront l'être. S'il y a accord entre les deux parties intéressées en présence l'une de l'autre, le remboursement est effectué comme elles l'ont jugé convenable.

Le propriétaire de la marchandise déposée a la faculté de la libérer, lors même que le porteur du warrant n'est pas connu, ou si, étant connu, il n'est pas d'accord avec le débiteur sur les conditions auxquelles aurait lieu l'anticipation de paiement. Mais dans ce cas la somme due, y compris les intérêts jusqu'à l'échéance, sera consignée par lui à l'administration du magasin général, qui en demeurera responsable, et cette consignation libérera la marchandise (*Art.* 6, § 2).

La consignation à l'administration du magasin ne peut inspirer aucune inquiétude au commerce, car les magasins publics sont de grands établissements largement fondés, et constitués financièrement de manière à présenter une très-grande sécurité. Quant à la nécessité de consigner la totalité des intérêts, elle n'arrêtera pas sérieusement le débiteur qui voudra se libérer, car la différence du taux annuel de l'intérêt ne portera jamais que sur une durée assez courte, et, réduite en chiffres, elle ne saurait balancer l'avantage qu'il pourra avoir à recouvrer la libre disposition de sa marchandise. Le prêteur y trouvera, de son côté, toute sécurité.

Lorque la consignation aura été ainsi faite, et que l marchandise libérée aura été reprise par le porteur d récépissé, celui-ci ne pourra pas, ensuite, engager un contestation avec le créancier porteur du warrant, e demander en justice que la somme consignée soit dimi nuée, parce qu'il faudrait déduire une somme en raiso du temps, ou en raison du taux de l'intérêt. La loi voulu trancher la difficulté; elle n'a pas entendu seulement donner un moyen de libérer provisoirement la marchandise, sauf à discuter plus tard les conditions de l'anticipation du paiement.

**Droit du porteur du warrant** — A la différence de ce qui se passe en matière civile, où la vente du gage ne peut avoir lieu sans qu'elle ait été ordonnée en justice, à défaut de paiement à l'échéance le porteur du warrant séparé du récépissé pourra, huit jours après le protêt, et *sans aucune formalité de justice*, faire procéder à la vente publique aux enchères et en gros de la marchandise engagée. On ne pouvait pas, en effet, laisser au juge l'appréciation de l'opportunité de la vente, car il s'agit du recouvrement d'une dette commerciale, qui est toujours favorable, qui doit être prompt, facile, exempt de formalités; parce que si la dette n'est pas payée à l'échéance, le créancier est mis à son tour dans l'impossibilité de remplir ses engagements.

Si le souscripteur primitif du warrant (l'emprunteur) l'a remboursé, il peut faire procéder à la vente de la marchandise contre le porteur du récépissé, sans formalité aucune de justice, huit jours après l'échéance, et sans qu'il soit besoin d'aucune mise en demeure (*Art.* 7, § 2).

Remarquons que dans le cas où le souscripteur primitif du warrant l'a remboursé, *le protêt n'est pas nécessaire.* Le porteur du warrant, s'est adressé au souscripteur primitif du warrant, c'est-à-dire, à l'emprunteur; il lui a demandé son paiement à l'échéance; l'emprunteur a payé; s'il a gardé entre les mains le récépissé, tout est terminé; en représentant au magasin le récépissé et le warrant acquitté, il prouvera que sa marchandise est libre, et on la lui rendra. Mais si le récépissé a été négocié, l'emprunteur, après avoir payé le montant de la dette portée au warrant, aura droit d'exiger son remboursement du détenteur du récépissé, et de faire vendre la marchandise si le remboursement ne lui est pas fait; il pourra faire procéder à la vente huit jours après l'échéance, et sans que le porteur du récépissé doive être mis en demeure, par la raison que donne le rapport de la commission, qu'il a su, dès l'origine, à quelle époque la marchandise pouvait être vendue.

**Paiement du créancier.** — Le créancier est payé de sa créance sur le prix, directement et sans formalité de justice, par privilége et de préférence à tous créanciers, sans autre déduction que celle : 1° des contributions indirectes, des taxes d'octroi et des droits de douane dus par la marchandise; 2° des frais de vente, de magasinage et autres frais pour la conservation de la chose (*Art.* 8, § 1). Si le porteur du récépissé est connu, l'excédant qui lui revient pourra lui être compté; mais s'il est inconnu, s'il ne se présente pas lors de la vente de la marchandise, la somme excédant celle qui est due au porteur du warrant devra être consignée à l'administration du magasin général (*Art.* 8, § 2). La somme déposée sera aux risques du porteur du récépissé.

**Recours du porteur du warrant contre l'emprunteur et les endosseurs.** — Le porteur du warrant n'a de recours contre l'emprunteur et les endosseurs qu'après avoir exercé ses droits sur la marchandise, et en cas d'insuffisance (*Art.* 6, § 1). Un protêt sera nécessaire pour conserver le recours contre les endosseurs. Le législateur ne s'étant pas exprimé sur l'époque à laquelle le protêt devra être fait, et sur la forme qui sera employée, il faudra s'en rapporter, sur ces deux points, aux dispositions du Code de commerce. Quant à l'obligation faite au prêteur de ne recourir contre l'emprunteur et les endosseurs qu'après avoir exercé ses droits contre la marchandise, et en cas d'insuffisance, c'est un des bienfaits de la loi. C'est au prêteur à n'avancer sur la marchandise qu'une somme qui la laisse à l'abri de toute éventualité ; et il est juste que l'emprunteur qui perd la disposition de sa marchandise, quand il la donne en nantissement, décharge proportionnellement son crédit. Rien n'empêchera, d'ailleurs, les parties de stipuler que la responsabilité personnelle pourra être réclamée, avant même la garantie de la marchandise. Le créancier non payé devra donc d'abord faire vendre la marchandise, et se payer sur le prix. Si le prix ne lui suffit pas, et qu'il ait eu le soin de faire le protêt et de le dénoncer en temps utile, il aura son recours sur les autres biens des endosseurs et de l'emprunteur. Enfin les parties pourront convenir, par dérogation à la loi, que le créancier sera admis à poursuivre son paiement contre l'emprunteur et les endosseurs, sans discussion préalable de la marchandise.

**Point de départ des délais de recours.** — Les délais fixés par les articles 165 et suivants du Code de commerce, pour l'exercice du recours contre les endosseurs, ne courront que du jour où la vente de la marchandise sera réalisée (*Art.* 9, § 2). D'après ces articles, le porteur d'un effet de commerce ne conserve son recours contre son cédant qu'à la condition de lui faire notifier le protêt, et de le citer en jugement dans les quinze jours qui suivent la date du protêt, sauf les délais de distance. Or, ce délai de quinzaine, dans l'espèce, peut facilement expirer avant que la vente soit réalisée, par conséquent avant que le porteur du bulletin sache si son recours contre les endosseurs est ouvert. Il était donc juste de ne faire courir le délai dont il s'agit, que du jour de la réalisation de la vente.

Le porteur du warrant conserve son recours contre les

endosseurs, à la condition de faire procéder à la vente
dans le mois qui suit la date du protêt (*Art.* 9, § 3). Il
n'était pas possible de permettre au porteur du bulletin
de prolonger indéfiniment son droit de recours contre
les endosseurs en ajournant la vente ; cela eût été contraire à la loi commerciale qui veut que la situation de
l'endosseur soit promptement fixée. Il était convenable,
dès lors, d'obliger le porteur à faire vendre dans un délai déterminé, qui a paru pouvoir, sans inconvénient,
être fixé à un mois. S'il se présentait des cas où il y eut
un intérêt sérieux à ajourner la vente au delà de ce terme
pour obtenir un meilleur prix, il pourrait toujours être
avisé par des arrangements particuliers, que faciliterait
sans doute l'intérêt commun des endosseurs et du propriétaire des marchandises, à ne pas la faire vendre dans
des conditions trop mauvaises.

Les porteurs de récépissés et de warrants ont sur les
indemnités d'assurance dues en cas de sinistres, les
mêmes droits et priviléges que sur la marchandise assurée (*Art.* 10.)

**Facilités données à la circulation des war-
rants par la loi de 1858.** — Les établissements publics de crédit peuvent recevoir les warrants comme
effets de commerce, avec dispense d'une des signatures
exigées par leurs statuts (*Art.* 11). Le warrant devra donc
être considéré et accepté par les établissements de crédit,
aussi bien que par les particuliers, comme un billet à
ordre ; il en a, en effet, tous les caractères. Les comptoirs d'escompte continueront à le recevoir avec une
seule signature, la Banque avec deux signatures. Le privilége sur la marchandise donnée en gage par l'émission
du warrant, n'offre-t-il pas une garantie aussi sérieuse
que la meilleure signature ?

**Perte du récépissé ou du warrant.** — Celui

qui a perdu un récépissé ou un warrant peut demander et obtenir par ordonnance du juge, en justifiant de sa propriété, et en donnant caution, un duplicata, s'il s'agit du récépissé; le paiement de la créance garantie, s'il s'agit du warrant (*Art.* 12.) Tous les moyens de justification de propriété devront être admis.

**Enregistrement et timbre.** — Les récépissés et les bulletins de gage, ou warrants, sont soumis aux droits d'enregistrement et de timbre. Mais le droit de timbre est dû par le récépissé et par le bulletin dans des conditions différentes, en raison de la différence de caractère de ces deux titres. Le récépissé, entre les mains du déposant, est un certificat de propriété; s'il est transmis, il vaut habituellement vente. A ce double point de vue il rentre dans la classe des actes assujettis au timbre de dimension par l'art. 12 de la loi du 13 brumaire an VII. Le bulletin de gage, tant qu'il n'est pas transmis séparément du récépissé, n'a aucun rôle qui l'assujétisse au droit de timbre; mais par sa négociation au profit de celui qui reçoit la marchandise en gage pour garantie de la somme avancée, et qui jouit de la faculté de le transférer lui-même par endossement, il devient un véritable effet de commerce, et comme tel, il est du nombre des actes que l'art. 1er de la loi du 5 juin 1850 assujettit au timbre proportionnel de 50 centimes par 1,000 francs.

L'endossement d'un warrant séparé du récépissé non timbré, ou non visé pour timbre, conformément à la loi, ne peut être transcrit ou mentionné sur les registres du magasin, sous peine, contre l'administration du magasin, d'une amende égale au montant du droit auquel le warrant est soumis. Les dépositaires des registres des magasins généraux sont tenus de les communiquer aux préposés de l'enregistrement, selon le mode prescrit par l'article 54 de la loi du 22 frimaire

5.

an VII, et sous les peines y énoncées. (*Art.* 13, § 3 *et* 4.)

**Preuve de la consignation.** — La consignation dans les magasins généraux se prouve. 1° par écrit : acte authentique ou sous-seing privé, bordereaux de courtier, factures acceptées, livres de commerce, correspondance ; 2° verbalement : preuve testimoniale ; 3° par l'aveu ; 4° par les présomptions, même non établies par la loi, résultant de faits graves, précis et concordants ; 5° par le serment judiciaire ou déféré d'office ; 6° tacitement, par l'introduction de la marchandise dans les magasins.

Ceux qui réclament les marchandises doivent rembourser aux magasins généraux les dépenses faites pour leur conservation, et les indemniser de toutes les pertes que le dépôt peut leur avoir occasionnées. Les magasins peuvent retenir les marchandises jusqu'à l'entier paiement des frais de magasinage, frais de voiture, fret, douane, transit, pesage, déchargement.

Voir le décret du 12 mars 1859, portant règlement d'administration publique pour l'exécution de la loi du 28 mai 1858.

**Des ventes publiques de marchandises en gros. — Historique de la législation sur cette matière.** — Cette matière était régie par la loi du 27 ventôse an IX ; le décret du 17 avril 1812 ; la loi du 15 mai 1818, art. 74 ; l'ordonnance du 1er juillet 1818 et celle du 9 avril 1819 ; la loi du 25 juin 1841. Mais les ventes publiques, dans cette législation, ne jouissaient pas d'une liberté suffisante, et n'étaient pas revêtues d'un caractère commercial.

Ce mode de vente était connu pour offrir en Angleterre de grands avantages aux vendeurs, aux acheteurs et au public. Aux vendeurs, parce qu'ils peuvent mettre leurs marchandises en face d'un grand concours d'acheteurs, et qu'ils vendent dès lors dans les conditions les plus favorables. Aux acheteurs, parce que pouvant obtenir directement de celui qui les produit, ou qui les importe, les objets de vente au détail, ou les matières premières de fabrication dont ils ont besoin, ils les reçoivent dégagés de la plus grande partie de ces frais d'intermédiaires, commissionnaires, marchands en gros et demi-gros, qui grèvent si notablement la marchandise. Au public, enfin, parce qu'il paie nécessairement à meilleur compte les objets qu'il consomme, lorsque le marchand auquel il les achète a pu se les procurer de première main. On a fait remarquer avec raison que la suppression d'une partie des frais d'intermédiaires sur les matières premières achetées par les fabriques, exerce une influence sérieuse sur le bon marché de certains produits de fabrication anglaise, contre lesquels la France ne peut pas lutter, malgré l'infériorité du prix qu'y obtient la main-d'œuvre.

Parmi les grands services que les ventes publiques rendent à l'Angleterre, il ne faut pas omettre l'immense mouvement d'affaires qu'amène l'affluence des étrangers attirés par ces sortes de ventes, et l'aliment considérable fourni à la marine. En présence de bienfaits si précieux et si multiples que nos voisins d'outre-Manche doivent aux ventes publiques, et qui sont également fort considérables en Hollande, et dans les villes Anséatiques, où elles sont aussi très-pratiquées, on conçoit que les principales chambres de commerce de France, celles surtout des villes qui se livrent au commerce exotique, aient insisté pour obtenir une législation plus favorable à la liberté des ventes publiques de marchandises en gros. Le gouvernement a répondu à ce vœu par la loi du 28 mai 1858.

**Innovations apportées par la loi de 1858. —**

Aux termes des lois et règlements, les ventes en gros de marchandises ne pouvaient être faites qu'en vertu d'une autorisation donnée par le tribunal de commerce, après une déclaration motivée du courtier chargé de la vente. La vente n'était d'ailleurs permise que pour certaines marchandises déterminées.

L'autorisation du tribunal de commerce était motivée par cette triple considération : qu'elle serait une protection pour le commerce établi ; qu'elle préviendrait les fraudes des négociants de mauvaise foi voulant dérober leur actif à leurs créanciers ; enfin qu'elle contribuerait à prévenir les crises qui peuvent résulter de la réalisation de marchandises faite avec imprudence, et dans des proportions de nature à écraser le marché.

La législation de 1858 a considéré que le commerce serait suffisamment garanti par le règlement d'administration publique à intervenir pour l'exécution de la loi ; lequel règlement, d'un côté, n'omettrait aucune des dispositions propres à empêcher que la vente en gros ne dégénère en vente au détail, seule à craindre pour le commerce ; et, d'un autre côté, devrait prescrire toutes les mesures de publicité qu'exigerait l'intérêt des créanciers, pour prévenir les fraudes possibles de la part des débiteurs de mauvaise foi voulant faire disparaître leur actif. Quant aux crises commerciales, la seule protection efficace contre leur retour, a paru aux auteurs de la loi se trouver dans une nomenclature limitative des marchandises susceptibles d'être vendues aux enchères, annexée à la loi, et dans le droit réservé au gouvernement de modifier cette nomenclature par un décret rendu en Conseil d'État, soit pour la restreindre, soit pour l'étendre, au fur et à mesure des besoins qui se produiront. La loi nouvelle a donc *supprimé l'autorisation du tribunal de commerce,* qui n'avait d'autres résultats que de gêner le commerce et de lui imposer des frais.

La vente volontaire aux enchères, en gros, des marchandises comprises au tableau annexé à la présente loi, dit l'article 1er, peut avoir lieu par le ministère des courtiers, *sans autorisation du tribunal de commerce.*

Ce tableau peut être modifié soit d'une manière générale, soit pour une ou plusieurs villes, par un décret rendu dans la forme de règlements d'administration publique, et après avis des chambres de commerce.

Les courtiers établis dans une ville où siége un tribunal de commerce ont qualité pour procéder aux ventes réglées par la loi nouvelle, dans *toute localité* dépendant du ressort de ce tribunal où il n'existe pas de courtiers. Autrefois, au contraire, il n'était pas permis aux courtiers de procéder à la vente publique des marchandises en dehors du mur d'enceinte de la ville où ils étaient établis; il ne leur était pas même permis d'y procéder à la Bourse, sur échantillons, lorsque les marchandises dont ces échantillons étaient extraits se trouvaient déposées dans des magasins hors du mur d'enceinte. Cette jurisprudence nuisait aux ventes sous un double rapport: Les frais étaient plus considérables. De plus, le courtier connaît la marchandise; il est en rapports habituels avec ceux qui l'achètent. Il n'en est pas de même des commissaires-priseurs ou greffiers, qui ne se livrent pas habituellement à ces sortes d'opérations. Il était donc favorable aux ventes publiques d'autoriser les courtiers établis dans une ville où siége un tribunal de commerce, à procéder à ces ventes dans tout le ressort de ce tribunal, à moins, bien entendu, qu'il n'existe une autre compagnie de courtiers dans la localité où a lieu la vente.

**Fixation du droit de courtage.** — Le droit de

courtage était fixé par les tribunaux de commerce. La loi du 28 mai 1858 porte qu'il le sera, pour chaque localité, par le ministre de l'agriculture, du commerce et des travaux publics, après avis de la chambre et du tribunal de commerce. Mais dans aucun cas il ne pourra excéder le droit établi dans les ventes de gré à gré, pour les mêmes sortes de marchandises (*Art. 3*).

Les contestations relatives aux ventes sont jugées par les tribunaux de commerce (*Art 5*). Il est procédé aux ventes dans les locaux spécialement autorisés à cet effet, après avis de la chambre et du tribunal de commerce (*Art. 6*).

**Formalités pour obtenir l'autorisation d'ouvrir un magasin général, ou une salle de ventes publiques.** — Les demandes doivent être adressées au ministre de l'agriculture, du commerce et des travaux publics, par l'intermédiaire du préfet, avec l'avis de ce fonctionnaire, de la chambre et du tribunal de commerce. Le ministre des finances est consulté lorsque l'établissement projeté doit être placé dans des locaux soumis au régime de l'entrepôt réel, ou recevoir des marchandises en entrepôt fictif. Les autorisations sont données par décrets rendus sur l'avis de la section des travaux publics, de l'agriculture et du commerce du Conseil d'État. L'établissement peut être formé spécialement pour une ou plusieurs espèces de marchandises (*Art. 1ᵉʳ, Décret du 12-31 mars 1859*).

Le pétitionnaire doit justifier de ressources en rapport avec l'importance de l'établissement projeté. Les exploitants peuvent être soumis, pour la garantie de leur gestion, à un cautionnement dont le montant est fixé par l'acte d'autorisation, et proportionné, autant que possible, à la responsabilité qu'ils encourent. Ce cautionnement est versé à la caisse des dépôts et consignations. Il peut être fourni en valeurs publiques françaises, dont les titres sont également déposés à la caisse des dépôts et consignations (*Art.* 2).

**Obligations des propriétaires ou exploitants.**
—Il sont responsables de la conservation des marchandises qui leur sont confiées, sauf les avaries et déchets naturels provenant de la nature et du conditionnement des marchandises, ou du cas de force majeure (*Art.* 3). Il leur est interdit de se livrer directement ou indirectement, pour leur propre compte, ou pour le compte d'autrui, à aucun commerce ou spéculation ayant pour objet les marchandises. Ils peuvent se charger des opérations et formalités de douane et d'octroi, déclarations de débarquement et d'embarquement, souscriptions et déclarations d'entrée et sortie d'entrepôt, transferts et mutations; des règlements de fret et autres entre les capitaines et les consignataires, sous réserve des droits des cour, tiers et de leur intervention dans la mesure prescrite par les lois; des opérations du factage, camionnage et gabarrage extérieur. Ils peuvent également se charger de faire assurer les marchandises dont ils sont détenteurs, au moyen, soit de polices collectives, soit de polices spéciales, suivant les ordres des intéressés. Ils peuvent, en outre, être autorisés à se charger de toutes opérations ayant pour objet de faciliter les rapports du commerce et de la navigation avec l'établissement (*Art.* 4).

Il leur est interdit, à moins d'une autorisation spéciale de l'administration, de faire directement ou indirectement avec des entrepreneurs de transports, sous quelque dénomination ou forme que ce puisse être, des arrangements qui ne seraient pas consentis en faveur de toutes les entreprises ayant le même objet. Chaque établissement doit avoir un règlement particulier qui est communiqué à l'avance, ainsi que tous les changements qui y

seraient apportés. Ces règlements particuliers doivent
contenir les dispositions nécessaires pour assurer la plus
complète égalité entre les diverses entreprises de transports dans leurs rapports avec chaque établissement.
(*Art.* 5 et 9.)

Les exploitants de salles de ventes et de magasins
généraux sont tenus de les mettre, sans préférence ni
faveur, à la disposition de toute personne qui veut opérer
le magasinage ou la vente de ses marchandises (*Art.* 6).
Ces magasins et salles sont soumis aux mesures générales de police concernant les lieux publics affectés au
commerce, sans préjudice des droits du service des
douanes, lorsqu'ils sont établis dans des locaux placés
sous le régime de l'entrepôt réel, ou lorsqu'ils contiennent des marchandises en entrepôt fictif (*Art.* 7). Les
tarifs établis par les exploitants afin de fixer la rétribution due pour le magasinage, la manutention, la location
de la salle, la vente, et généralement pour les divers
services qui peuvent être rendus au public, doivent être
imprimés et transmis, avant l'ouverture des établissements, aux préfets, aux chambres et aux tribunaux de
commerce. Si ces changements ont pour objet de relever
les tarifs, ils ne deviennent exécutoires que trois mois
après qu'ils ont été annoncés et communiqués comme il.
vient d'être dit. La perception des taxes doit avoir lieu
indistinctement et sans aucune faveur (*Art.* 8). La loi du
28 mai 858, le décret du 12 mars 1859, le tarif et le
règlement particulier, sont et demeurent affichés à la
principale porte, et dans l'endroit le plus apparent de
chaque établissement (*Art.* 10).

En cas de contravention ou d'abus commis par les
exploitants, de nature à porter un grave préjudice à l'intérêt du commerce, l'autorisation accordée peut être
révoquée par un acte rendu dans la même forme que

cette autorisation et les parties entendues (*Art.* 11).

Les propriétaires, ou exploitants de magasins généraux et de salles de ventes publiques, qui veulent céder leur établissement, sont tenus d'en faire d'avance leur déclaration au ministre de l'agriculture, du commerce et des travaux publics, et de faire connaître le nom du cessionnaire (*Art.* 12).

A toute réquisition d'un porteur de récépissé et de warrant réunis, la marchandise déposée doit être fractionnée en autant de lots qu'il lui conviendra, et le titre primitif remplacé par autant de warrants qu'il y aura de lots (*Art.* 15).

Outre les livres ordinaires de commerce et le livre des récépissés et warrants, l'administration du magasin général doit tenir un livre à souche destiné à constater les consignations qui peuvent lui être faites. Tous ces livres sont cotés et paraphés par première et dernière.

La loi du 28 mai 1858 disposait qu'il serait procédé aux ventes *dans les locaux spécialement autorisés à cet effet.* Le décret du 12 mars 1859 porte que le courtier est autorisé *à vendre sur place*, dans le cas où la marchandise ne peut être déplacée sans préjudice pour le vendeur; et où, en même temps, la vente ne peut être convenablement faite que sur le vu de la marchandise (*Art.* 20).

Le lieu, les jours, les heures et les conditions de la vente, la nature et la quantité de la marchandise doivent être, trois jours au moins à l'avance, publiés au moyen d'une annonce dans l'un des journaux désignés pour les annonces judiciaires de la localité, et, en outre, au moyen d'affiches apposées à la Bourse ainsi qu'à la porte du local où il doit être procédé à la vente, et du magasin où les marchandises sont déposées. Deux jours au moins avant la vente, le public doit être admis à

examiner et vérifier les marchandises, et toutes facilités doivent lui être données à cet égard (*Art.* 21). Avant
la vente, il est dressé et imprimé un catalogue des denrées et marchandises à vendre, lequel porte la signature du courtier chargé de l'opération. Ce catalogue est
délivré à tout requérant (*Art.* 22).

Faute par l'adjudicataire de payer le prix dans les délais fixés, la marchandise est revendue à la folle enchère
et à ses risques et périls, trois jours après la sommation
qui lui a été faite de payer, sans qu'il soit besoin de jugement (*Art.* 27).

Pour compléter cet aperçu, il convient de citer la loi
du 3 juillet 1861 sur les ventes publiques de marchandises en gros, autorisées ou ordonnées par la justice consulaire, après décès ou cessation de commerce, et dans
tous les autres cas de nécessité dont l'appréciation leur
est soumise. L'autorisation est donnée par le tribunal
de commerce, sur requête; un état détaillé des marchandises à vendre est joint à la requête. Le tribunal
constate par son jugement le fait qui donne lieu à la
vente. — Voir aussi les décrets du 23 mai et du 29
août 1863.

### § III. Du gage et du contrat de commission.

**Constitution et constatation du gage**. — Le
gage constitué soit par un individu non commerçant
pour un acte de commerce, se constate à l'égard des tiers,
comme à l'égard des parties contractantes, conformément aux dispositions du Code de commerce relatives à
la preuve commerciale. A l'égard des valeurs négociables, le gage peut aussi être établi par un endossement
régulier, indiquant que les valeurs ont été remises en
garantie. Quant aux actions, aux parts d'intérêt et aux

obligations nominatives des sociétés financières, industrielles, commerciales ou civiles, dont la transmission
s'opère par un transfert sur les registres de la société,
le gage peut également être établi par un transfert à
titre de garantie inscrit sur les dits registres. Il n'est
d'ailleurs pas dérogé aux dispositions de la loi civile
(*Art.* 2075, *Code Nap.*), en ce qui concerne les créances
mobilières, dont le cessionnaire ne peut être saisi à l'é-
gard des tiers que par la signification du transport faite
au débiteur. (*Art.* 91, *Code de com.*, *modifié par la loi du
23 mai* 1863.)

**Droit du créancier gagiste**.—Les effets de commerce donnés en gage sont recouvrables par le créancier gagiste. Dans tous les cas, le privilége ne subsiste
sur le gage qu'autant que ce gage a été mis et est resté
en la possession du créancier, ou d'un tiers convenu entre les parties. Le créancier est réputé avoir les marchandises en sa possession, lorsqu'elles sont à sa disposition dans ses magasins ou navires, à la douane ou dans
un dépôt public; ou si, avant qu'elles soient arrivées, il
en est saisi par un connaissement ou par une lettre de
voiture (*Art.* 92).

A défaut de paiement à l'échéance, le créancier peut,
huit jours après une signification faite au débiteur et au
tiers bailleur de gage, s'il y en a un, faire procéder à la
vente publique des objets donnés en gage. Toute clause
qui autoriserait le créancier à s'approprier le gage ou à en
disposer sans les formalités prescrites par la loi, serait
nulle (*Id.*, *Art.* 93).

**Contrat de commission.** — Le *contrat de commission* est celui par lequel un commerçant charge une
personne, qui prendra le nom de commissionnaire, du
soin d'une affaire qu'il ne peut ou qu'il ne veut pas conduire lui-même.

Ce contrat est *consensuel*. Il peut être formé verbalement, ou par écrit, ou tacitement : lorsque, pouvant l'empêcher, je ne m'oppose pas à une opération qui se fait, à ma connaissance, pour mon compte.

La *commission* peut être donnée par toute personne, commerçante ou non, être collectif ou individu, à toute personne exerçant ou non la profession de commissionnaire, être collectif ou individu. L'entreprise de commission constitue un acte de commerce (*Art.* 632, *Code de com.*). Ceux qui font profession de la commission (*les commissionnaires*) ont donc la qualité de commerçants. Ce contrat correspond au contrat de *Mandat*.

**Distinction entre le commissionnaire et le mandataire.** — Le *mandataire*, aux termes de la loi civile (*Art.* 1984, *Code Nap.*), est chargé d'agir pour le mandant et en son nom ; le *commissionnaire*, aux termes de la loi commerciale (*Art.* 91, *Code de com.*), agit en son nom ou sous un nom social pour le compte du commettant.

Le *Mandat* (civil) est essentiellement gratuit à moins de convention contraire. Le *contrat de commission* suppose toujours une rétribution pour le *commissionnaire*, et qu'il n'est pas nécessaire de stipuler. Le taux du droit de commission varie suivant les usages locaux. Le commissionnaire et le commettant pourront, il est bien évident, rendre gratuit, par une convention expresse, le contrat commercial qui se forme entre eux.

**Distinction entre le courtier et le commissionnaire.** — Le *courtier* est un officier public, un agent légal nommé par l'empereur, dont la compétence est territoriale, et qui est chargé de constater le cours légal des denrées et des marchandises. Il ne peut faire d'affaires pour son compte personnel. Le *commissionnaire*, au contraire, n'a pas de caractère public ; simple negociant, être collectif où individu, il peut faire des opérations pour lui et en son nom; il peut demeurer partout où bon lui semble, pourvu que ce soit dans un autre lieu que celui du domicile de son commettant.

**Obligations du commissionnaire.** — Les devoirs et les droits du commissionnaire agissant au nom d'un commettant, sont déterminés par le Code Napoléon, au titre du *Mandat*.

Le commissionnaire, en acceptant la commission, s'oblige à : 1° gérer l'affaire dont il est chargé (*Art.* 1991, 1994, *Code Nap.*) ; 2° y apporter le soin qu'elle exige (*Art.* 1992, *Id.*) ; 3° rendre compte de sa gestion (*Art.* 1993, 1996, *Id.*).

L'article 408 du Code pénal, modifié par la loi du 13 mai 1863, prononce une peine contre quiconque aura détourné ou dissipé, au préjudice du propriétaire, possesseur ou détenteur, des effets, deniers, marchandises, billets, quittances ou tous autres écrits contenant ou opérant obligation ou décharge, qui ne lui auraient été remis qu'à titre de dépôt, ou pour un travail salarié ou non salarié, à la charge de les rendre ou représenter, ou d'en faire un usage ou un emploi déterminés. Pour la peine, voir l'art. 406 du Code pénal.

**Obligations du commettant.** — Le commettant doit : 1° accomplir les engagements pris en son nom et d'après sa volonté (*Art.* 1998, *Code Nap.*); 2° rembourser les avances et frais faits pour l'exécution de l'affaire, et payer un droit de commission suivant les usages, à défaut de convention (*Art.* 1999, *id.*); 3° indemniser le mandataire des pertes que la gestion a pu lui causer. (*Art.* 2000, *id.*)

**Fin du mandat commercial.** — Le mandat finit, en matière commerciale, comme en matière civile, par :

1.º la révocation du commissionnaire, soit expresse, soit tacite ; 2° la mort naturelle, l'interdiction ou la faillite de l'une des deux parties ; 3° la renonciation du commissionnaire, pourvu qu'il n'y ait aucun caractère de fraude dans cette renonciation [1]. (*Art.* 2003, 2007, *Code Napoléon.*)

**Privilége du commissionnaire.** — Le droit du commissionnaire au remboursement des avances et frais faits pour l'exécution de l'affaire dont il a été chargé, est garanti par un privilége. Tout commissionnaire a, en effet, privilége sur la valeur des marchandises à lui expédiées, déposées ou consignées, par le fait seul de l'expédition, du dépôt ou de la consignation, pour tous les prêts, avances ou paiements faits par lui, soit avant la réception des marchandises, soit pendant le temps qu'elles sont en sa possession. Ce privilége n'existe sur le gage, qu'autant que ce gage a été mis et est resté en la possession du créancier ou d'un tiers convenu entre les parties. Dans la créance privilégiée du commissionnaire sont compris, avec le principal, les intérêts, commissions et frais. Si les marchandises ont été vendues et livrées pour le compte du commettant, le commissionnaire se rembourse sur le produit de la vente, du montant de sa créance, par préférence aux créanciers du commettant (*Art.* 92 *et* 95 *du Code de commerce, modifiés par la loi du* 23 *mai* 1863).

---

[1] La demande formée par une maison de commerce contre son commis-voyageur, en règlement de compte des marchandises qu'il a vendues, et du prix de ces marchandises qu'il a reçu dans l'intérêt de sa maison, peut être portée devant le tribunal de commerce du domicile de cette maison, puisque le compte doit être réglé d'après les livres du commettant, et qu'un commis-voyageur est censé, en cette qualité, avoir son domicile chez son mandant : peu importe que ce commis-voyageur ait lui-même une maison de commerce dans une autre place.

§ IV. Des moyens de preuve admis en matière commerciale.

**Preuve commerciale.** — Les engagements commerciaux peuvent, en général, se prouver :

1° Par actes notariés :

Dressés, à l'étranger, par le chancelier du consulat, et légalisés par le consul.

2° Actes sous seing privé :

L'acte sous seing privé reconnu par celui auquel on l'oppose, ou légalement tenu pour reconnu, a entre ceux qui l'ont souscrit et entre leurs héritiers et ayant cause, la même foi que l'acte authentique. (*Art.* 1322, *Code Napoléon* [1].)

3° Preuve testimoniale :

*Facultative* pour le juge, que la somme en litige soit au-dessus ou au-dessous de cent cinquante francs ; que le procès ait lieu entre commerçants ou non, pourvu qu'il s'agisse d'un fait commercial. Faveur du commerce. Que si le fait n'était commercial que d'un seul côté : droit commun. En matière commerciale le juge a la faculté d'admettre la preuve testimoniale, même outre et contre le contenu des actes, soit sous seing privé, soit authentiques. (*Cour de cass., arr. 8 août* 1860.)

4° Présomptions :

Les juges de commerce doivent admettre les présomptions légales, et peuvent admettre les présomptions morales ou humaines.

---

[1] Les juges de commerce apprécieront si l'acte sous seing privé a date certaine à l'égard des tiers. Les livres peuvent servir à prouver l'époque à laquelle une convention commerciale a eu lieu. Pour la validité des actes sous seing privé qui constatent des engagements synallagmatiques, la loi commerciale n'exige pas de doubles ; elle ne prescrit pas non plus le *bon* ou *approuvé* pour la validité de ceux qui constatent des engagements unilatéraux.

5° Aveu :

Judiciaire ou extra-judiciaire. En droit commercial l'aveu extra-judiciaire peut toujours être prouvé, quelle que soit la valeur de la contestation.

6° Serment :

Décisoire ou supplétoire. (*Art.* 1357 *et suiv. du C. Nap.*)

7° Facture acceptée [1] ;

Il n'est pas nécessaire que la facture soit écrite; l'acceptation peut être tacite; appréciation des circonstances. L'acceptation peut être prouvée par témoins, par la correspondance, ou par les livres.

8° Correspondance ;

9° Livres des parties ;

10° Bordereau ou arrêté d'un agent de change ou courtier, dûment signé par les parties [2].

Ces quatre derniers modes de preuve sont particuliers au commerce.

Cependant tous les engagements commerciaux ne peuvent être prouvés par les moyens que nous venons de citer. Il est des contrats qui ne peuvent se prouver que par l'écriture, tels que : le contrat de société, le louage d'un vaisseau, la vente d'un navire, le prêt à la grosse, le contrat d'assurance maritime.

Les différents moyens de preuve admis en matière commerciale sont énumérés dans l'article 109 du Code de commerce; mais quoiqu'ils aient été placés sous la rubrique des *Achats et Ventes*, ils embrassent en général

[1] On entend, par *facture*, l'état détaillé indiquant la nature, la quantité, la qualité et le prix des choses qui font l'objet de la négociation.

[2] Le bordereau ou arrêté est une espèce de procès-verbal dressé par l'agent de change ou par le courtier, constatant l'opération conclue, et que ces derniers remettent à chacune des parties, qui le signent. Les registres ou carnets des agents de change, ou courtiers, peuvent aussi, en cas de perte du bordereau, servir de preuve.

tous les contrats, tous les engagements commerciaux. Si le Code de commerce a spécialement parlé de la vente, c'est parce que la vente est le contrat commercial le plus usité.

---

# CHAPITRE VI.

## DES SOCIÉTÉS.

### Principes généraux.

**Définition de la société.** — La société est un *contrat* consensuel, à titre onéreux, synallagmatique, de bonne foi et du droit des gens, par lequel *deux* ou *plusieurs* personnes conviennent *de mettre quelque chose en commun dans la vue de partager le bénéfice qui pourra en résulter.* (*Art.* 1832, *Code Nap.*)

Il faut distinguer entre la *société* et la *communauté.* Dans la *communauté* les intéressés ont en commun des propriétés ou des intérêts sans les avoir associés en vue du lucre, ou sans avoir contracté de réunion volontaire. (Quasi-contrat). La *société*, elle, est toujours *un contrat*, ce qui suppose la volonté de mettre une chose en commun pour l'exploiter dans la vue d'en retirer un bénéfice.

**Conditions pour qu'il y ait société.** — Pour qu'il y ait société, il faut : 1° le concours de deux ou plusieurs personnes ; 2° un *apport* de la part de chacune des parties ; 3° un *intérêt commun* ; 4° la vue de bénéfices à réaliser ; 5° que les bénéfices résultent de la communauté des apports ; 6° que les parties aient l'intention de se mettre en société ; 7° que l'objet de la société soit licite.

6

**Apport**. — L'apport peut consister en argent, en industrie, ou en toute autre valeur appréciable qui puisse être un instrument de gain.

**Intérêt commun**. — L'intérêt commun est l'éventualité d'un bénéfice auquel chacune des parties doit prendre part en commun. Il est évident que l'intérêt de tous les associés doit être pris en considération. Que si l'intérêt particulier d'un seul des associés était pris en considération, il n'y aurait plus de société, mais un mandat.

**Bénéfices à réaliser**. — La vue de bénéfices à réaliser est de l'essence des sociétés. On ne se réunit point *pour supporter des pertes*. Le contrat d'assurance mutuelle n'est donc pas un contrat de société; car il a pour objet de mettre en commun la chance des pertes de chaque assuré, et la promesse de tous d'en supporter le contingent. Le Code Napoléon s'exprimant ainsi : *dans la vue de partager le bénéfice qui pourra en résulter* (*Art.* 1832), il est donc nécessaire que les bénéfices résultent des apports. D'où ces associations nommées *Tontines*, dans lesquelles des personnes mettent chacune une somme, à cette fin que la part des pré-mourants accroisse à celle des survivants, ne sauraient être considérées comme des sociétés, puisque le bénéfice n'y résulte pas de l'apport, mais de pures éventualités.

**Caractère de la société commerciale**. — La société commerciale est un *individu moral*. Elle contracte comme un particulier; elle a son nom, sa signature, elle doit constater son existence, *son état civil*, par des actes exprès et par des enregistrements, elle peut réclamer ses juges territoriaux; tant qu'elle existe, elle a son domicile légal où elle est assignée; elle acquiert des hypothèques, et s'inscrit sous le nom social, comme un homme le ferait sous son nom individuel. La société étant une personne morale, les biens qui lui appartiennent forment une masse particulière, et sont le gage exclusif des créanciers envers lesquels elle a contracté des engagements, de sorte que ces créanciers sont préférés sur les biens sociaux aux créanciers personnels des associés.

**Étendue du contrat de société.** — Le contrat de société n'est pas limité à un genre unique d'opérations; il embrasse dans sa sphère d'action toute espèce d'affaires. Le plus étendu de tous les contrats, il se sert de tous les autres, comme d'autant de moyens pour atteindre le but qu'il se propose.

**Distinction entre les sociétés civiles et commerciales.** — Il faut distinguer entre les sociétés civiles et les sociétés commerciales.

| SOCIÉTÉS CIVILES. | SOCIÉTÉS COMMERCIALES. |
|---|---|
| 1° N'exigent aucune solennité pour leur validité. | 1° Sont soumises, pour s'établir, à certaines formalités. |
| 2° Devenues insolvables, sont en déconfiture. | 2° Devenues insolvables, sont soumises à l'état de faillite. |

Mais à quoi reconnaît-on qu'une société est civile ou commerciale? La volonté expressément formulée par les associés de former une société de commerce, la forme de la société, la nature de ses actes, sont des moyens à l'aide desquels on peut distinguer entre les sociétés civiles et les sociétés commerciales. Mais il est impossible de considérer la volonté *seule*, ou la forme *seule*, ou la *seule* nature des actes, comme moyens de distinction.

Les sociétés commerciales se règlent par le *Droit Civil*, par les *lois particulières au commerce*, par les *conventions des parties*, et par les *usages*. (*Art.* 18, *Code de com.*, *Art.* 1873, *Code Nap.*) Les articles 1843 à 1855 du Code Napoléon sont applicables aux sociétés commerciales.

**Espèces diverses de sociétés commerciales.**

— La loi reconnaît trois espèces de sociétés commerciales : la société *en nom collectif*, la société *en commandite*, la société *anonyme*. Elle en reconnaît une quatrième, l'*association commerciale en participation*, qu'elle a séparée des autres comme ayant des règles distinctes, et pour éviter toute confusion. (*Art.* 19, *Code de com.*)

---

## CHAPITRE VII.

### DE LA SOCIÉTÉ EN NOM COLLECTIF.

**Société en nom collectif.** — La *société en nom collectif* est celle que contractent deux personnes ou un plus grand nombre, et qui a pour objet de faire le commerce sous une raison sociale. (*Art.* 20, *Code de com.*)

**Raison sociale.** — La raison sociale est le nom de la société. Nous avons déjà dit que la société commerciale est une personne morale. Cette personne a un nom et une signature. Ce nom et cette signature sont la raison sociale. Elle doit contenir les noms des associés; quelquefois elle énonce seulement le nom d'une portion des associés ou d'un seul, et les autres sont compris dans cette locution qui termine souvent ces sortes de raisons de commerce : *et compagnie*. La raison peut même se réduire sans cet accompagnement au nom seul d'une personne.

Les noms des associés peuvent seuls faire partie de la raison sociale. (*Art.* 21, *Code de com.*)

L'objet de cet article est d'empêcher les personnes qui succèdent au commerce d'un négociant décédé, de le faire sous le nom du défunt. Elles pourraient s'approprier ainsi, par surprise, un crédit que le public refuserait peut-être, s'il les connaissait sous leur véritable nom. Que si le nom d'une personne non associée se trouvait dans la raison sociale, les tiers, dans le cas où ils auraient éprouvé un préjudice, pourraient se faire indemniser, et la personne qui aurait ainsi laissé, sciemment, usurper son nom, serait tenue solidairement avec les associés.

Il ne faut pas confondre la raison de commerce, ou raison sociale, avec l'enseigne de l'exploitation.

**Solidarité.** — Le caractère distinctif de la société en nom collectif, est la solidarité qui lie tous ses membres [1]. Cette solidarité a été établie pour encourager les tiers à traiter avec la société en nom collectif.

**Associés-gérants.** — Les membres de la société en nom collectif peuvent être engagés par ceux qui en ont reçu le droit, et qui se nomment associés-gérants. Ces associés-gérants peuvent être chargés du soin d'administrer, soit par une clause spéciale du contrat de société, soit par un acte postérieur.

| *Chargés par une clause spéciale du contrat de société.* | *Chargés par un acte postérieur.* |
|---|---|
| Tant que dure la société, leur pouvoir qui est une des conditions du contrat, ne peut être révoqué sans cause légitime. | Leur pouvoir n'est qu'un mandat, et le mandat peut être révoqué à volonté. |

A défaut de stipulations spéciales sur le mode d'administration, l'on suit la règle suivante : 1° les associés sont censés s'être donné réciproquement le pouvoir d'administrer l'un pour l'autre; ce que chacun fait est valable, même pour la part de ses associés, sans qu'il ait pris leur consentement: sauf le droit qu'ont ces derniers, ou l'un

---

[1] Dans la Société en commandite, les commanditaires ne sont tenus que jusqu'à concurrence du montant de leur mise. (Art. 26, Code de com.)

d'eux, de s'opposer à l'opération avant qu'elle soit conclue (*Art.* 1859, *Code Nap.*). Les associés en nom collectif indiqués dans l'acte de société, sont solidaires pour tous les engagements de la société, encore qu'un seul des associés ait signé, pourvu que ce soit sous la raison sociale [1]. (*Art.* 22, *Code de com.*)

La raison sociale n'étant qu'une expression plus commode imaginée pour lier tous les associés sans trop de détails, elle pourra donc être suffisamment remplacée par toute locution qui indiquera que l'engagement contracté doit lier tous les associés.

**Engagement souscrit sous le nom social, pour objet non commercial.** — Si un engagement avait été fait, au nom social, pour un objet qui n'aurait rien de commun avec le commerce, qui obligerait-il? On enseigne qu'il n'obligerait que le signataire. Mais il n'y a pas lieu de distinguer. Le porteur de l'engagement n'a point à discuter si ce qu'il a fourni sous cette foi avait une destination commerciale, d'autant plus que tout peut être l'objet de spéculation indirecte chez le commerçant. Toute signature sociale engage la société.

Si toute signature sociale engage la société, tout gérant qui abuserait de la signature sociale en l'employant dans son propre intérêt, obligerait la société, lors même qu'elle n'aurait pas profité de l'engagement. Réciproquement, si le gérant avait contracté en son propre nom, quand bien même la société aurait profité de son enga-

---

[1] Art. 1862, Code Nap. Dans les Sociétés *autres que celles de commerce,* les associés ne sont pas tenus solidairement des dettes sociales, et l'un des associés ne peut obliger les autres, si ceux-ci ne lui en ont conféré le pouvoir.

Grande différence entre la Société civile (*non-solidarité*), et la Société commerciale (*solidarité*).

gement, elle ne saurait être tenue. Mais le créancier aura l'action *indirecte* contre la société, c'est-à-dire qu'il pourra seulement intenter contre les autres associés les droits de l'associé son débiteur, qui a contracté avec lui. Dès lors, au lieu de venir comme créancier de la société, le bénéfice résultant de son action sera réparti au marc le franc entre lui et les autres créanciers de l'associé débiteur, dont il exercera les droits.

**Signature sociale.** — La signature sociale peut être confiée à un tiers; mais ce tiers, s'il ne veut pas être obligé personnellement (sauf l'appréciation des circonstances par le tribunal), devra faire précéder la signature des mots : *par procuration.*

**Droit des créanciers particuliers de l'un des associés**. — Les créanciers particuliers de l'un des associés n'auraient aucun droit sur ce que la société possède, et ne pourraient arrêter son cours pour lui enlever la mise de leur débiteur. Ils pourraient encore moins saisir sa portion chez les détenteurs des propriétés sociales ; ce ne serait qu'au partage qu'ils auraient droit de se présenter pour se faire adjuger leur part quand elle serait liquidée; ils interviendraient à la liquidation pour la conservation de leurs droits. En cas de faillite, ils ne seraient point admis en concours avec les créanciers sociaux sur la masse sociale; ils ne pourraient y puiser qu'après ceux-ci, s'il y restait quelque chose sur la part de leur débiteur.

**Pouvoir des gérants.** — Les actes que peuvent faire les gérants sont, à défaut de stipulations spéciales, aussi étendus et variés que les besoins du commerce peuvent l'exiger. C'est ainsi qu'ils ont mandat pour acheter et vendre les marchandises, payer et recevoir les paiements, tirer, endosser, accepter les lettres de change, protester et transiger. Quant à ce dernier droit, celui de transiger, le consentement de tous les associés n'est nécessaire que lorsqu'il s'agit de la propriété des immeubles, dont les gérants ne peuvent disposer. L'un des associés ne peut faire d'innovations sur les immeubles dépendants de la société, même quand il les soutiendrait avantageuses à cette société, si les autres associés n'y consentent. (*Art.* 1859, *Code Nap.*, n° 4.)

**Responsabilité des gérants.** — Les gérants seront certainement responsables de leur gestion, mais les associés, dans la société en nom collectif, étant censés tout faire en commun et en présence l'un de l'autre, les fautes seront bien moins personnelles et bien moins imputables, à moins qu'elles ne soient énormes; elles seront aussi bien plutôt couvertes par le silence des co-associés, à moins qu'ils ne soient absents. Appréciation des circonstances. Le premier remède à l'abus de la gestion serait de demander qu'elle fût retirée au co-associé gérant, et, dès lors, il faudrait dissoudre la société.

**Preuve des sociétés en nom collectif.** — Les sociétés en nom collectif ne peuvent être constatées que par des actes publics ou sous signature privée, lors même que l'objet de la société serait d'une valeur inférieure à cent cinquante francs. Cette exception au droit commun (qui permet la preuve par témoins au-dessous de 150 francs, sans commencement de preuve par écrit, et au-dessus de 150 francs, avec un commencement de preuve par écrit) est fondée sur ce qu'il ne fallait pas, à l'aide de témoins subornés, et sur la foi de quelque commencement de preuve, donner à la mauvaise foi la faculté d'engager un citoyen dans une société, malgré lui. (*Art.* 39, *Code de com.*) [1].

---

[1] Droits d'enregistrement, l. 22 frim. an VII, art. 68, § 3 ; l. 28 avril 1816, art. 45.

Il faut remarquer qu'on ne peut suppléer à l'acte écrit par d'autres preuves; cette règle ressort suffisamment de l'obligation de remettre au greffe du tribunal un extrait de l'acte de société. Lorsque l'écrit constitutif de la société sera sous seing privé, il faudra se conformer à l'article 1325 du Code Napoléon, qui veut que les actes sous seing privé contenant des conventions synallagmatiques, soient rédigés en autant d'originaux qu'il y a de parties ayant un intérêt distinct.

La loi de commerce a prévenu de toute mauvaise foi la preuve des sociétés commerciales, en ordonnant, comme nous l'avons dit plus haut, qu'aucune preuve par témoins ne pourra être admise contre et outre le contenu dans les actes de société, ni sur ce qui serait allégué avoir été dit avant l'acte, lors de l'acte, ou depuis, encore qu'il s'agisse d'une somme au-dessous de cent cinquante francs[1]. (*Art.* 41, *Code de com.*) Invoquer la preuve testimoniale pour établir qu'une clause de l'acte est fausse, c'est prouver contre l'acte. Vouloir justifier par témoins que les parties ont entendu comprendre dans l'acte telle clause qui n'y est pas insérée, c'est prouver contre le contenu de l'acte. La prohibition de cet article a pour but d'empêcher qu'au moyen de témoignages faciles à se procurer, on ne puisse modifier les actes. Mais on pourrait prouver par témoins qu'un associé, d'abord en commandite, s'est immiscé dans la gestion, et s'est constitué ainsi associé solidaire; c'est prouver un fait postérieur à l'acte, et qui modifie le contrat de société.

**L'acte social sera-t-il rendu public?**—L'ar-

---

[1] L'intérêt que les associés pourraient avoir de continuer une société dont l'objet serait d'une valeur même inférieure à 150 fr., serait assez puissant pour faire craindre qu'ils ne recourent à de faux témoignages pour établir la preuve de leur société.

ticle 42 du Code de commerce nous l'indique : 1° l'extrait des actes de société en nom collectif doit être remis, dans la quinzaine de leur date, au greffe du tribunal de commerce de l'arrondissement dans lequel est établie la maison du commerce social, pour être transcrit sur le registre, et affiché pendant trois mois dans la salle des audiences; 2° si la société a plusieurs maisons de commerce situées dans divers arrondissements, la remise, la transcription et l'affiche de cet extrait seront faites au tribunal de commerce de chaque arrondissement; 3° chaque année, dans la première quinzaine de janvier, les tribunaux désigneront au chef-lieu de leur ressort, et, à leur défaut, dans la ville la plus voisine, un ou plusieurs journaux où devront être *insérés* dans la quinzaine de leur date, les extraits d'actes de société en nom collectif ou en commandite , et régleront le tarif de l'impression de ces extraits; il sera justifié de cette insertion par un exemplaire du journal, certifié par l'imprimeur, légalisé par le maire, et enregistré dans les trois mois de sa date. (*Art. 42, modifié ainsi par la loi du* 31 *mars* 1833.) Un décret du 17 février 1852 a retiré aux tribunaux de commerce la désignation des journaux où se feront les insertions légales, et l'a attribuée aux préfets.

Il importe au public d'être mis à portée de connaître parfaitement les conditions et la durée de la société, pour qu'il ne donne pas imprudemment sa confiance.

**Sanction de l'omission des formalités.** — Les formalités prescrites par l'article 42 seront observées à peine de nullité, à l'égard des intéressés; mais le défaut d'aucune d'elles ne pourra être opposé à des tiers par les associés (*Art.* 42).

Ainsi, dans le cas où les formalités de publicité n'auront pas été accomplies, il y aura nullité absolue; *il n'y aura pas eu de société* entre les prétendus associés; il n'y aura pas eu de solidarité entre eux, ni communauté de pertes et de gains. La nullité sera encourue non-seulement pour défaut absolu de publication, mais encore pour publication incomplète, même pour simple retard dans la publication, et s'il n'a pas été justifié de l'enregistrement d'un exemplaire du journal dans lequel a été inséré l'extrait.

L'associé peut opposer à son co-associé la nullité résultant du défaut des formalités de publicité. L'ordonnance de 1673 admettait la nullité tant entre les associés qu'avec leurs créanciers et ayant cause. La disposition de l'article 42 du code de commerce est la reproduction de cette disposition de l'ordonnance [1].

Le défaut d'accomplissement des formalités ne peut être *opposé à des tiers* par les associés qui sont en faute. Ainsi donc toutes les fois que des tiers auront intérêt que les associés soient supposés avoir contracté une société, cette société existera à leur égard, et les co-intéressés seront solidairement responsables envers les tiers. Quant aux créanciers des co-associés, ils pourront opposer la nullité aux tiers, la loi n'ayant refusé ce droit qu'aux associés. D'ailleurs ils n'ont aucune faute à se reprocher.

Peut-on couvrir la nullité qui résulte du défaut d'accomplissement des formalités?

| 1re OPINION. | 2e OPINION. |
|---|---|
| La nullité qui résulte de l'inaccomplissement des formalités est une nullité d'ordre public. | L'exécution volontaire donnée à l'acte par les parties couvrira la nullité qui résulte de l'inaccomplissement des formalités. Cette nullité |
| Dès lors, on ne peut la couvrir. | n'est pas, en effet, d'ordre public. |
| (*Cass.*, 31 *décembre* 1844.) | Il ne faut pas exagérer la rigueur de l'art. 42. |

[1] Suivant une autre opinion, la loi entend par *intéressés* les *tiers* et non les *associés* qui ont signé l'acte, et qui ne peuvent dire qu'ils ignorent ce qu'il contient. Mais ce n'est pas la doctrine admise par la jurisprudence. Voir : *Cass.*, 28 *février* 1859.

**Énonciations de l'extrait de l'acte de société.** — L'extrait doit contenir : 1° les noms, prénoms, qualités et demeures des associés ; 2° la raison de commerce de la société ; 3° la désignation de ceux des associés autorisés à gérer, administrer et signer pour la société ; 4° l'époque où la société doit commencer, et celle où elle doit finir. (*Art.* 43.)

On comprend que le public ait intérêt à connaître les qualifications relatives aux associés, les noms des administrateurs et les autres énonciations exigées par l'art. 43. Quant aux actes qui auraient été faits avant l'enregistrement de la société, ou depuis la fin de la société, ils seraient nuls, car la société n'existe que par l'observation de cette formalité.

**Signature de l'extrait.** — L'extrait des actes de société doit être signé : pour les actes publics, par les notaires, et, pour les actes sous seing privé, par tous les associés, si la société est en nom collectif. (*Art.* 44.)

**Actes modificatifs des conditions primitives.** — On doit aussi rendre publics les actes qui ne font que modifier les conditions primitives, toutes les fois que ces actes sont de nature à intéresser les tiers. Tels sont : 1° les actes constatant la volonté des associés de continuer la société après le terme expiré (*Art.* 1866, *Code Nap.*) ; 2° les actes portant dissolution de la société avant le terme fixé pour sa durée par la convention primitive ; 3° les changements ou retraites d'associés ; 4° tous les changements qui peuvent être apportés à la raison sociale. (*Art.* 46, *Code de com.*)

**Domicile de la société.** — Le domicile de la société en nom collectif est dans le lieu où se trouve son principal établissement. Ce sera devant le tribunal de ce lieu qu'elle devra être assignée. Assignation donnée en la maison sociale, et, à défaut de maison sociale, en la personne ou au domicile de l'un des associés. (*Art.* 09-6°, *Code de Pr.*)

**Commis des sociétés.** — Il ne faut pas confondre avec les *associés* les commis ou agents qu'on intéresse au succès de la gestion, en leur attribuant, au lieu de leur salaire, une portion déterminée dans les bénéfices. Ces agents ne sont pas de véritables associés, mais seulement des employés qui, devant être payés de leur travail, ont le choix entre un traitement fixe ou la part convenue dans les profits. Ces intéressés peuvent donc, sans entraîner la responsabilité sociale, recevoir la procuration comme mandataires, et agir pour la société.

---

# CHAPITRE VIII.

## DES SOCIÉTÉS EN COMMANDITE.

§ I. — Des sociétés en commandite par intérêt. — § II. Des sociétés en commandite par actions.

### § I. Des sociétés en commandite par intérêt.

**Définition.** — La *société en commandite* est celle qui se contracte entre un ou plusieurs associés responsables et solidaires, et un ou plusieurs associés simples bailleurs de fonds, que l'on nomme commanditaires ou associés en commandite [1]. (*Art.* 23, *Code de com.*) Elle

---

[1] Le nom de *Société en commandite* vient du contrat de *commande*, par lequel les nobles, qui ne pouvaient faire ouvertement le commerce, confiaient à des marchands une somme d'argent, ou des marchandises, pour en trafiquer dans les foires ou dans les ports. Une part dans le gain était attribuée au marchand, et le bailleur de l'argent ou de la marchandise ne pouvait être engagé au delà de sa mise. L'ordonnance de 1673

diffère de la société en nom collectif : 1° en ce qu'elle n'établit pas de solidarité entre les associés qui administrent et ceux qui ne fournissent que des fonds ; 2° en ce que l'associé commanditaire peut ne donner que son argent et rester inconnu.

L'objet de la société en commandite est d'engager les capitalistes, qui ne veulent pas s'exposer indéfiniment aux chances de la société, à contribuer cependant à sa prospérité au moyen de leurs fonds.

**Caractère de cette société.** — La société en commandite se compose donc : d'une ou plusieurs personnes solidairement responsables, nommées associés commandités, ou en nom, ou associés complémentaires ; d'un ou plusieurs bailleurs de fonds, tenus seulement jusqu'à concurrence de leur mise, nommés commanditaires. La condition fondamentale, essentielle à ce genre de société, c'est que l'associé commanditaire n'est pas solidaire, qu'il n'est engagé ni pour sa personne, ni pour tous ses biens, mais seulement pour le montant d'une mise déterminée. Cette obligation remplie, il n'est passible ni d'appels de fonds, ni de contrainte ; il n'engage ou ne risque rien au delà. Il peut être créancier de la société pour toute autre somme et à tout autre titre, et il a les mêmes droits à cet égard que les autres créanciers. Quelquefois il stipule, en même temps qu'une mise, l'obligation de prêter une autre somme, qui ne sera remboursable qu'à l'expiration de la société, et c'est alors un prêt comme tout autre, quoique permanent ; tandis que la mise ne peut lui rentrer qu'après que tous les créanciers sont satisfaits.

**Mise des commanditaires.** — La mise des commanditaires consiste le plus ordinairement en argent ;

consacra des règles spéciales à ces sociétés, en les qualifiant de *sociétés en commandite*.

elle peut aussi consister en immeubles, marchandises, etc.; mais le commanditaire n'apportera jamais son crédit ou son industrie, car la gestion des affaires de la société lui est interdite.

**Société en commandite pure.** — On entend par société en commandite pure, ou *simple*, celle que contractent deux personnes, dont l'une sera le gérant responsable, et l'autre l'associé commanditaire.

Lorsque, dans une société en commandite, il y a plusieurs associés en nom, et un ou plusieurs commanditaires, la société, dans ce cas, est, pour ainsi dire, double. Entre les associés commandités elle est en nom collectif, et en commandite vis-à-vis des commanditaires. (*Art.* 24, *Code de com.*)

**Elle est une personne juridique.** — La société en commandite est une personne juridique; elle a aussi sa signature, sa raison sociale; son nom social doit être nécessairement celui d'un ou plusieurs des associés responsables et solidaires. (*Art.* 23.) Le nom d'un associé commanditaire ne peut faire partie de la raison sociale. (*Art.* 25.) On conçoit, en effet, que le public soit intéressé à connaître ceux qui sont seulement responsables. S'il était permis de placer le nom d'un associé commanditaire dans la raison sociale, d'une part le public serait trompé sur la nature des engagements des associés compris dans la raison sociale, et considérerait comme associé responsable et solidaire celui qui ne serait que commanditaire; d'autre part, les associés responsables pourraient bien usurper un crédit qu'ils ne mériteraient peut-être pas par eux-mêmes.

Que si le nom d'un associé commanditaire figurait dans la raison sociale, nonobstant la prohibition de la loi, cet associé serait, vis-à-vis des tiers, considéré comme associé solidaire.

**Les Commanditaires.** — Les commanditaires sont-ils des associés, ou ne sont-ils que de simples bailleurs de fonds? Le Code de commerce a résolu cette question, en les nommant constamment *associés commanditaires*. (*Art.* 25, 26, 27.) On doit en conclure que si le commanditaire a stipulé la reprise de sa mise, il ne pourra la réclamer vis-à-vis des créanciers de la société.

**Preuve de la société en commandite.** — La société en commandite ne peut pas être prouvée par témoins, pas plus que la société en nom collectif. Nous avons dit plus haut pourquoi la loi commerciale ne permet la preuve des sociétés, contrairement au droit commun, qu'au moyen d'actes publics ou sous seing privé. Nous répéterons la disposition de l'article 41, qui veut qu'aucune preuve par témoins ne puisse être admise contre et outre le contenu dans les actes de société, ni sur ce qui serait allégué avoir été dit avant l'acte, lors de l'acte ou depuis, encore qu'il s'agisse d'une somme au dessous de cent-cinquante francs. La société en commandite devra donc être constatée par un acte public ou sous signature privée.

**Publicité.** — Comme la société en nom collectif, la société en commandite doit être rendue publique par un extrait de l'acte social remis dans la quinzaine de sa date, au greffe du tribunal de commerce de l'arrondissement dans lequel est établie la maison du commerce social, pour être transcrit sur le registre et affiché pendant trois mois dans la salle des audiences. Insertion dans les journaux. (*Art.* 42, *Code de com.*) Voir pour le mode de publicité, le chapitre des *Sociétés en nom collectif.*)

**Énonciations de l'extrait.** — L'extrait de l'acte de société en commandite, destiné à être remis, transcrit affiché au tribunal de commerce, et inséré dans un ou plusieurs journaux, doit énoncer : 1° les noms, prénoms, qualités et demeures des associés commandités. Les associés commanditaires n'étant obligés que jusqu'à concurrence de leur mise, leurs noms ne doivent pas figurer dans l'extrait; 2° la raison de commerce de la société ; 3° la désignation de ceux des associés commandités autorisés à gérer, administrer et signer pour la société ; 4° le montant des valeurs fournies ou à fournir, afin que les tiers sachent qu'indépendamment de la solvabilité personnelle et indéfinie des associés responsables, ils peuvent encore exercer leurs droits sur tel capital.

Dans la société collective, il faut déclarer les noms des individus engagés, et il est inutile de manifester les sommes de leurs mises, d'autant que leur solidarité embrasse tout ce qu'ils possèdent ; au contraire, dans la commandite, il faut déclarer la somme fournie par les commanditaires, et leurs noms sont inutiles à publier, puisque leur personne n'est pas responsable et solidaire. Dans la société collective, on ménage le crédit, en n'exigeant pas que la somme mise dans la caisse sociale soit manifestée. Dans la commandite, on ménage, en taisant leurs noms, les convenances des capitalistes, qui peuvent avoir de la répugnance à faire connaître leur participation indirecte aux affaires des commerçants. Si l'énonciation du montant des valeurs fournies ou à fournir était fausse, elle constituerait une véritable escroquerie qui tomberait sous le coup de la loi pénale. (*Art. 405, Code pénal.*)

5° L'extrait doit énoncer enfin l'époque où la société doit commencer, et celle où elle doit finir.

L'extrait des actes de société est signé : pour les actes publics, par les notaires, et pour les actes sous seing privé, par les associés solidaires ou gérants. (*Art. 44, Code de commerce.*)

Quant à la sanction pour le cas d'inobservation des formalités de la loi, et à ce que l'on doit décider pour les actes modifiant les conventions primitives, renvoi au chapitre des sociétés en nom collectif.

**Obligations des commanditaires.** — La principale obligation que le commanditaire contracte, c'est celle de fournir la mise déterminée. S'il ne l'avait pas complétement versée, ou s'il l'avait reprise, il pourrait être contraint à la réintégrer avec les intérêts de droit et les dommages intérêts, s'il y avait lieu. (*Code Napoléon, art.* 1845.)

On fait remarquer, néanmoins, que les créanciers n'ont pas à se préoccuper du paiement de la mise par les commanditaires, tant que la société remplit ses engagements ; et que ce n'est qu'au moment où la société cesse ses paiements, que les créanciers ont intérêt de réclamer les sommes dues encore par les commanditaires.

Les créanciers d'une société en commandite qui a cessé ses paiements, poursuivront-ils les commanditaires débiteurs de leur mise, *directement* ou *indirectement*, c'est-à-dire comme exerçant les droits de la société leur débitrice ?

*Directement.*

Les commanditaires sont des *associés* ; ils sont donc tenus des dettes sociales, jusqu'à concurrence de leur mise, par une obligation directe. — Le gérant est le mandataire des commanditaires, et, comme tel, les oblige directement. — Si l'on fait connaître le montant des valeurs fournies ou à fournir, c'est afin que les tiers puissent, le cas

*Indirectement.*

Les commanditaires restent complétement étrangers aux tiers. Les seuls débiteurs des créanciers de la société sont les associés commandités. Or, les commanditaires ne sont obligés que vis-à-vis des commandités. A l'égard des tiers, les commanditaires ne sont que de simples bailleurs de fonds assimilés aux autres débiteurs de la société.

échéant, atteindre ces valeurs. La jurisprudence est à peu près fixée dans ce sens.

La solution de cette question présentait autrefois de l'intérêt; si l'on admettait l'action indirecte, cette action ne pouvait être portée par les créanciers de la société que devant les arbitres forcés, seuls compétents pour les contestations entre associés. Mais l'arbitrage forcé a été supprimé en 1856.

**Caractère des commanditaires.** — L'opinion la plus communément admise est que les associés commanditaires ne sont pas commerçants. Mais l'obligation qu'ils contractent relativement à leur mise, est-elle commerciale?

| *Elle n'est pas commerciale.* | *Elle est commerciale.* |
|---|---|
| Le commanditaire *a voulu* rester étranger aux opérations commerciales de la société. Les articles 632 et 633 du Code de commerce, qui limitent rigoureusement les actes commerciaux, ne relatent pas le fait de s'obliger à donner une somme à une société. Le commanditaire ne sera donc pas contraignable par corps pour le paiement de sa mise. | Le commanditaire a versé une somme dans une société commerciale *pour prendre part aux bénéfices*. Il a spéculé. Le commanditaire sera donc contraignable par corps pour le paiement de sa mise. *Cass.* 28 *février* 1844; et *Ch. civ.* 13 *août* 1856. Telle est donc la jurisprudence de la Cour de cassation. |

Le commanditaire peut-il retirer annuellement sa portion de bénéfices, et, dans le cas de faillite survenant, doit-il rapporter ce qu'il a reçu de bonne foi?

| *Il ne devra pas rapporter.* | *Il devra rapporter.* |
|---|---|
| Le commanditaire n'est responsable que de *la somme* qu'il a dû mettre dans la société. Le capital doit *seul* rester intact. Exiger le rapport des dividendes, ce serait | La liquidation *seule* révélera s'il y a, ou non, des bénéfices dans une société. Les distributions de dividendes ne sont que des règlements provisoires. |

ruiner le commanditaire, et éloigner les capitalistes des sociétés en
commandite.

Le commanditaire est tenu jusqu'à
concurrence de sa mise. Si la société étant en faillite, il conservait
les bénéfices touchés, il conserverait, par cela même, une partie de
sa mise dans la société.

Enfin, il est inéquitable qu'un
*associé* retire des bénéfices, lorsque la société ne paie pas ses
créanciers.

**Défense de faire des actes de gestion**. —
L'associé commanditaire ne peut faire aucun acte de
gestion, même en vertu d'une procuration. (*Art.* 27 *du
Code de com.*)

L'associé commanditaire ne peut perdre que sa mise ;
les risques qu'il a à courir sont, par conséquent, bornés.
La loi n'a pas voulu qu'il puisse, même au moyen d'une
procuration, compromettre les fonds de la société et
l'intérêt des créanciers. Elle a voulu prévenir les tiers
contre l'erreur dont ils pourraient être l'objet, s'ils
voyaient gérer avec les commandités responsables et
solidaires, les commanditaires qui ne sont tenus que
jusqu'à concurrence de leur mise.

Toutefois, il peut concourir aux délibérations de la
société. D'après un avis du Conseil d'État, en date du 17
mai 1809, la prohibition de l'art. 27 ne s'applique pas
aux transactions que l'associé commanditaire pourrait
faire, pour son compte, avec la société elle-même; telles
que de vendre à la société, d'acheter d'elle.

Le commanditaire pourrait aussi être employé à la
fabrication exploitée par la société, moyennant des
appointements fixes; il pourrait être teneur de livres,
homme de peine. La loi n'a en vue que de l'éloigner des
tiers. Cette doctrine était généralement admise par la
jurisprudence, même sous l'empire de l'ancienne rédac-

tion de l'article 27, qui était ainsi conçue : « l'associé commanditaire ne peut faire aucun acte de gestion, *ni être
employé pour les affaires de la société*, même en vertu de
procuration. » La loi du 6 mai 1863 modifiant cet article,
a supprimé les mots soulignés.

**Sanction de la défense**. — En cas de contravention, l'associé commanditaire est obligé solidairement
avec les associés en nom collectif, pour les dettes et
engagements de la société qui dérivent des actes de gestion qu'il a faits ; et il peut, suivant le nombre ou la
gravité de ces actes, être déclaré solidairement obligé
pour tous les engagements de la société, ou pour quelques uns seulement. Les avis et conseils, les actes de
contrôle et de surveillance n'engagent point l'associé
commanditaire (*Art.* 28, *modifié par la loi du 6 mai 1863*).

La gestion d'un associé commanditaire peut-être prouvée par témoins. Ce n'est pas, en effet, prouver contre le
contenu en l'acte de société, que d'établir par témoins
un fait postérieur à cet acte.

**Organisation des sociétés en commandite**.
— Les sociétés en commandite sont ordinairement soumises à : 1° *Une gérance*. S'il y a plusieurs gérants, souve-
nons nous qu'il y a entre eux société en nom collectif. 2°
*Une assemblée d'actionnaires*. Les gérants y rendent
compte de leur gestion, y prennent des instructions, y
exposent l'état de la société. 3° *Un comité de surveillance*,
qui sans prendre part à la gestion, surveille l'exécution
des conventions sociales, et a le droit de se faire représenter les livres, de vérifier la caisse, le portefeuille. 4°
*Un conseil judiciaire*, composé de jurisconsultes, ou réduit à un seul juriconsulte, qu'on peut consulter sur les
questions contentieuses relatives à la société.

**Division du capital en actions**. — L'article
38 du Code de commerce porte que le capital des socié-

tés en commandite pourra être aussi divisé en actions, sans aucune autre dérogation aux règles établies pour ce genre de société. L'action est une fraction du fonds social. La réunion des actions forme le capital social de la société. Ces actions sont *meubles* par la détermination de la loi (*Art.* 529, *Code Nap.*), parce qu'elles ont pour objet des bénéfices qui, consistant en argent, sont nécessairement meubles.

L'avantage de la division du capital *en actions*, c'est de permettre aux commanditaires de rentrer dans leurs fonds par la cession qu'ils peuvent faire de leurs actions à des tiers. La division du capital de la commandite en actions contribue à rendre aussi complète que possible la séparation des deux éléments, si différents, dont cette société se compose ; et elle est venue offrir aux capitalistes un attrait nouveau et puissant, par là facilité qu'elle leur donne de rentrer à volonté dans leur fonds, en se retirant de la commandite au moyen d'une simple cession d'actions. C'est à cette division, fort logique en elle-même, qu'est dû le développement immense que les sociétés en commandite ont pris dans ces derniers temps ; c'est de là aussi que sont nés des abus qu'il a été, jusqu'ici, plus facile de signaler que de détruire, mais auxquels a voulu remédier la loi du 17 juillet 1856, sur les sociétés en commandite par actions.

### § II. Des sociétés en commandite par actions.

**Historique de la législation sur cette matière.** — Nous avons vu que la société en commandite est celle qui se contracte entre un ou plusieurs associés responsables et solidaires, et un ou plusieurs associés simples bailleurs de fonds, que l'on nomme commanditaires ou associés en commandite.

On distingue la *commandite par intérêt* et la *commandite par actions*. Dans la première, l'on se propose exclusivement de toucher des dividendes tant que durera la société, et, au moment de la dissolution, de s'en retirer avec une augmentation d'apport. L'intérêt *n'est pas cessible*, et l'associé a la perspective de chances de pertes limitées, et de chances illimitées de bénéfices; les dividendes auxquels il a droit sont très-incertains; le capital versé est aliéné pour tout le temps que durera la société.

Dans la commandite par actions, au contraire, l'intérêt étant essentiellement *cessible*, l'associé peut rentrer dans ses fonds à volonté, vendre ses actions, et profiter de la hausse ou de la baisse, pour tirer encore un bénéfice de cette aliénation opportune, enfin s'affranchir de tous risques subséquents. On conçoit qu'avec de tels avantages, la commandite par actions ait surtout captivé le public. La division du capital social en actions au porteur a beaucoup contribué à rendre les sociétés en commandite populaires. Des titres qui peuvent être négociés sans frais, sans lenteurs, sans formalités, sans responsabilité, ont un attrait tout particulier, et par cela même un surcroît réel de valeur. Ces différentes causes ont donné à l'établissement des sociétés en commandite par actions une impulsion, qui n'a pas toujours été accompagnée de prudence, de modération et de loyauté.

L'ordonnance de 1673 ne régissait que la commandite par intérêt. Le Code de commerce n'avait que peu de dispositions relatives à la commandite par actions. Ce silence de la législation, combiné avec l'entraînement de la spéculation, avait produit de grands abus. De nombreuses manœuvres étaient journellement employées pour attirer l'argent des commanditaires. On exagérait la valeur des apports en nature, et l'on distribuait les actions d'après cette opération; au moyen de la forme au porteur, on se défaisait facilement d'actions mal acquises, sans qu'on pût en suivre les traces dans les mains qui se les transmettaient; la valeur nominale était rendue à peu près illusoire par la faculté de faire des versements minimes au moment de l'émission; la composition des conseils de surveillance, dans lesquels on entrait, soit par faiblesse, soit par calcul, souvent avec de mauvais desseins, presque toujours dans la pensée qu'aucune responsabilité n'était attachée aux fonctions qu'on acceptait; enfin, la distribution de dividendes fictifs pris sur le capital social, tantôt à l'insu des conseils de surveillance, tantôt de connivence avec eux : telles étaient les manœuvres le plus fréquemment employées pour tromper le public.

En 1838, le mal avait fait de tels progrès, que le gouvernement sentit la nécessité de prendre des mesures énergiques. Une loi fût présentée, qui prohibait d'une manière absolue les sociétés en commandite par actions. Des préoccupations politiques d'un autre ordre empêchèrent le projet d'être porté à la discussion. Le gouvernement impérial a comblé cette lacune par la loi du 17 juillet 1856. L'objet de cette loi a été d'atteindre par un système de restrictions combinées avec la juste part de liberté que réclament le commerce et l'industrie, ces associations qui ne sont ni sérieuses, ni honnêtes, qui semblent inventées exclusivement pour récolter des primes, et mériteraient mieux le nom de loteries que celui de sociétés. Toute société grevée d'un apport social notablement exagéré, est évidemment une déception pour les associés; toute société dont le capital n'est pas réellement souscrit, qui n'a que des joueurs au lieu d'actionnaires, n'est que l'ombre d'une société, un instrument d'agiotage, une cause de ruine pour le public; toute société où le contrôle des intéressés ne s'eexrce pas avec sincérité et liberté, où l'on trompe sur l'état vrai de l'entreprise, n'est pas une société honnête. C'est à toutes ces fraudes que s'attaque la loi de 1856; ce sont celles qu'elle vient réprimer dans l'intérêt de la morale, de la bonne industrie, des fortunes privées, et du crédit public.

La loi du 17 Juillet 1856 s'applique à toutes les sociétés en commandite par actions, quand bien même dans les statuts on aurait pris la précaution d'éviter l'emploi du mot *actions* pour désigner les parts d'intérêt des associés. Les actes, en effet, doivent être appréciés, non d'après les qualifications qu'il a plu aux parties de leur donner, mais d'après leur nature. Or, le signe infaillible auquel on doit reconnaître les sociétés en commandite par actions, c'est la division du capital social en parts plus ou moins considérables, plus ou moins nombreuses, représentées par des titres transmissibles, et faisant, par leur transmission, passer la qualité, les droits et les obligations d'associé de la personne du cédant à la personne du cessionnaire. Le texte ne faisant aucune distinction entre les sociétés commerciales et les sociétés civiles, toute société civile ou commerciale à laquelle pourra s'appliquer la qualification de société en commandite par actions, rentrera dans les termes de la loi.

**Formation de la société; Emission et Négociation des actions.** — *Taux des actions* — Les sociétés en commandite ne peuvent diviser leur capital en actions ou coupons d'actions de moins de 100 fr., lorsque ce capital n'excède pas 200,000 fr., et de moins de 500 fr., lorsqu'il est supérieur *(art. 1er, § 1)*. Cette limitation, qui n'existait pas dans le Code de commerce, a pour but d'éloigner des commandites par actions, les petits capitalistes, artisans, ouvriers, domestiques, qui, moins clairvoyants et plus crédules, sont plus exposés à

s'abandonner à de trompeuses promesses. Si la division
du capital social en actions au porteur a beaucoup contribué à rendre les sociétés en commandite populaires,
la faculté de fractionner indéfiniment ce capital, en con-
duisant à émettre des coupons de l'exiguité la plus extrême, a livré les petites bourses à de dangereux entraî-
nements. Le législateur a pensé que les économies du
pauvre seraient plus sûrement confiées aux caisses d'é-
pargne qu'aux sociétés en commandite, et que, d'autre
part, le moyen d'avoir des sociétés sérieuses, c'est de n'y
appeler que des associés suffisamment intéressés. Le
minimum de 500 fr. comporte les gros capitaux, et n'é-
loigne pas les capitaux moyens, qui sont l'aliment indispensable des entreprises. Quant à l'exception s'appli-
quant aux sociétés dont le capital n'excède pas 200,000
fr., elle tourne au profit des petites associations, ou de
ces entreprises modestes réclamées par l'intérêt communal ou départemental, et qui sont inspirées bien
moins par la spéculation que par le patriotisme local.

Les actions pourraient-elles être de moins de 500 fr.,
lorsque le capital social, étant supérieur à 200,000 fr.,
une première série d'actions qui serait seule émise,
n'excéderait pas cette somme? La négative est certaine.
Il serait, autrement, trop facile d'éluder là loi. Il suffirait, en effet, de diviser le capital social, quelque
considérable qu'il fût, en plusieurs séries, chacune de
200,000 fr., ou inférieure à cette somme, d'émettre seulement une de ces séries, et de faire des actions inférieures à 500 fr. Une semblable pratique serait évidemment contraire à l'intention formelle de la loi, puisque, dans la réalité, le capital social serait supérieur à
200,000 fr. Les actions devront donc, dans ce cas, être
de 500 fr. au moins. Le chiffre des actions dépend
d'ailleurs du chiffre du capital; or, le capital social est

la somme à laquelle s'élèvent toutes les valeurs appartenant à la société. Le fractionnement de ce capital en séries plus ou moins nombreuses, ne saurait rien changer au chiffre significatif de la valeur totale.

Le convention par laquelle une somme nouvelle serait ajoutée ultérieurement au capital social n'excédant pas, dans le principe, 200,000 fr., serait valable si cette combinaison nouvelle était sérieuse; car il convient de laisser aux conventions particulières le plus de liberté possible, afin de ne point gêner les opérations utiles et loyales. Que s'il était, au contraire, démontré aux juges, souverains appréciateurs, que dans la réalité, et dès l'origine, on avait conçu la pensée de porter le capital social à plus de 200,000 fr., les actions de moins de 500 fr. seraient par cela même condamnées.

Le capital social se composant de numéraire et d'objets d'une autre nature, on devra prendre en considération la valeur de ceux-ci, pour savoir si le capital excède ou non 200,000 fr. L'article ne distingue pas. Le mot capital est pris dans un sens général et absolu.

**Détermination de l'apport social.** — Comme dans les sociétés par actions l'on apprécie exactement tout apport, quels que soient les objets dont il se compose, et comme l'on délivre, en échange, à chaque associé un certain nombre d'actions, la détermination de la valeur du capital social, lorsque ses éléments ne consisteront pas tous en numéraire, pourra être effectuée en additionnant les sommes représentées par toutes les actions remises aux associés actuels, ou à remettre aux associés futurs.

**Souscription du capital social, et versement par chaque actionnaire du quart du montant de ses actions.** — Les sociétés en commandite ne peuvent être définitivement constituées qu'après la souscription de la totalité du capital social et le versement, par chaque actionnaire, du quart au moins du montant des actions par lui souscrites (*Art.* 1, § 2).

La souscription de la totalité du capital social et le versement d'une portion du capital, sont une garantie pour le souscripteur et pour le public. L'absence de règles sur la constitution des sociétés était une source de nombreux abus. Le fondateur d'une société émettait ses actions, et faisait appel au public. Les actionnaires venaient, mais en petit nombre; l'affaire n'en était pas moins constituée, la plupart du temps, dans l'intérêt seul du gérant. L'entreprise prenait ainsi, aux yeux du public, une apparence trompeuse de vitalité; on marchait, on attendait vainement les capitaux qui ne venaient pas, et l'on allait de déceptions en déceptions, jusqu'à la ruine et à la faillite.

Pour prévenir ces abus, le législateur n'a point cru devoir exiger le versement de tout le capital avant la constitution de la société, parce qne c'eût été rendre trop difficile la formation des sociétés, et accumuler dans la caisse des compagnies, des fonds dont elles n'auraient pas toujours eu un emploi immédiat. Mais il a voulu que les actionnaires fussent tous tenus de faire un premier versement dont la quotité serait d'un quart. Il est bien entendu qu'il ne s'agit pas ici du quart du capital social opéré indifféremment par tels ou tels actionnaires; mais du versement par chaque actionnaire en particulier, du quart des actions par lui souscrites. Quant à la souscription du capital, comme elle ne présente aucun danger, elle doit avoir lieu intégralement avant la constitution de la société. C'est un des signes auxquels on peut reconnaître qu'une société est sérieuse, et qu'elle ne deviendra pas une déception pour les tiers et pour les souscripteurs.

La souscription et le versement se feront en général simultanément; cependant il pourrait en être autrement, la loi ne le prescrivant pas.

Si le nombre des actions était divisé en plusieurs séries, la souscription ne devrait pas porter seulement sur le montant des actions de la première ou de la deuxième série; mais elle devrait embrasser le montant de toutes les séries réunies, à quelque époque qu'en fût remise l'émission. De même, si, après avoir souscrit la totalité du capital social fixé par l'acte constitutif de la société, un acte nouveau augmentait le capital social, on ne pourrait régulariser la société que par la souscription totale du capital additionnel.

Il est plus prudent que le versement ait lieu entre les mains d'un tiers désintéressé; mais les souscripteurs peuvent convenir que le gérant futur soit le dépositaire des sommes qu'ils ont versées.

**Constatation des souscriptions et des versements; pièces qui doivent être annexées à la déclaration du gérant.** — La souscription et les versements sont constatés par une déclaration du gérant dans un acte notarié. A cette déclaration sont annexés la liste des souscripteurs, l'état des versements faits par eux, et l'acte de société (*Art.* 1, § 3 et 4). Le législateur veut que la déclaration soit notariée, parce que la solennité de l'acte et l'intervention du fonctionnaire public, seront des obstacles aux manœuvres frauduleuses. Il exige la déclaration, pour prévenir autant que possible les simulations. Quant à l'annexe de la liste des souscripteurs et de l'état des versements, c'est à la fois une preuve à l'appui de la sincérité de la déclaration, et un document important, en cas de poursuite des premiers souscripteurs pour défaut de paiement des actions. La liste et l'état doivent être certifiés par

le gérant, mais ils peuvent être donnés sous seing-
privé.

Il faut distinguer entre la déclaration du gérant prescrite par l'art. 1, § 3, avant que la société soit définitivement constituée, et l'acte de société. Cet acte, qui est
le premier en date, peut être fait devant notaire, ou simplement sous signatures privées. Dans ce dernier cas, il
est nécessaire que l'acte de société soit déposé dans
l'étude d'un notaire avant la constitution définitive de la
société, et qu'il soit annexé à l'acte notarié contenant la
déclaration du gérant. Mais cette formalité n'est pas
exigée lorsque l'acte de société est notarié.

Le point de départ des délais pour la publication des
actes de société en commandite sera le jour même de
l'acte, conformément aux art. 42 et 43. *C. de com.*, quoique la société ne puisse être définitivement constituée
qu'après l'accomplissement des conditions prescrites par
l'art. 1er de la loi du 17 juillet 1856.

**Forme des actions.** — Les actions des sociétés en
commandite sont nominatives jusqu'à leur entière libération (*Art.* 2).

Avant la loi de 1856 les actions pouvaient être soit nominatives, soit au porteur, au gré des fondateurs. Le
législateur n'a pas maintenu cette liberté, pour diminuer
l'agiotage, qui est surtout à craindre à l'origine des sociétés. L'action au porteur, d'une négociation si facile,
s'y prête, en effet, merveilleusement. Parmi tous ces
souscripteurs qui s'agitent à l'annonce d'une entreprise
nouvelle, combien n'y en a-t-il pas qui n'entrent dans la
société que pour en sortir le plus vite possible? C'est
l'émission des titres qui est devenue le commerce lui-
même, c'est sur ces titres que s'établit la hausse ou la
baisse; puis on se retire de cette société qu'on n'a fait
que traverser, pour courir à d'autres spéculations. L'o-

bligation d'être en nom jusqu'au versement de tout le capital, aura pour effet d'éloigner des sociétés tous ces actionnaires nomades, qui n'y apparaissant que pour jouer sur les titres, n'apportent aussi à la société qu'un capital factice, et une ombre de vitalité.

Dans les sociétés anonymes les souscripteurs sont aussi responsables jusqu'au versement complet. Il n'y a d'exception que pour les chemins de fer. La loi de 1845 n'a admis cette exception qu'à raison de l'éminente utilité de ces entreprises, et en vue d'y attirer les capitaux. D'ailleurs ces sortes d'affaires doivent être, avant la concession même, l'objet d'un examen très-approfondi de la part du Conseil d'État.

Les actions pourraient-elles être converties en actions au porteur, dans le cas où, après la constitution de la société et sa mise en activité, tous les associés réunis reconnaîtraient que le capital seul serait trop considérable, et déclareraient les actions libérées moyennant les paiements déjà faits? Si les magistrats n'aperçoivent aucune fraude, s'ils sont convaincus que la modification n'a point été préparée dès l'origine de la société, et exécutée ensuite pour éluder les dispositions de la loi, ils ne pourront s'opposer à ce que les actions soient transformées en actions au porteur.

**Responsabilité des souscripteurs d'actions.** — Les souscripteurs d'actions dans les sociétés en commandite, sont, nonobstant toute stipulation contraire, responsables du paiement du montant total des actions par eux souscrites (*Art.* 3, § 1). Cette disposition a le grand avantage d'attacher aux sociétés des commanditaires sérieux, vraiment intéressées à leurs destinées. On n'a pas, en effet, un capital vraiment souscrit, quand le souscripteur originaire peut se retirer d'une entreprise après un versement partiel; c'est compromettre le succès de la société. En vertu de cette règle qui tient à l'ordre public, toute convention par laquelle un sous-cripteur se dispenserait de payer le montant total des actions qu'il a souscrites, serait donc absolument et ir-révocablement nulle. Vainement il s'assujettirait à per-dre les à-comptes par lui antérieurement versés; il ne pourrait, même à cette condition, se soustraire aux obli-gations par lui contractées.

La stipulation par laquelle on conviendrait qu'à défaut de paiement exact par un souscripteur d'actions, ce souscripteur encourrait la déchéance de ses droits, ne conférerait aucun droit au souscripteur, mais donnerait à la société le choix, suivant qu'elle le jugerait conve-nable, ou de faire prononcer la déchéance contre le souscripteur retardataire, ou de le contraindre au paie-ment.

La société n'aurait aucun recours à exercer contre les cessionnaires successifs du souscripteur. L'article 3 de la loi contient une innovation qui ne saurait être étendue; il faut la restreindre au souscripteur de l'action. Les cessionnaires successifs du souscripteur ne seront tout au plus tenus envers la société que comme détenteurs de l'action, et, du moment qu'ils l'auront cédée, ils seront affranchis de toute responsabilité. Quant au dernier ces-sionnaire, se trouvant détenteur de l'action, il ne sera recherché qu'en cette seule qualité, et comme l'ayant-cause, le représentant du souscripteur primitif, auquel la société sera toujours libre de s'adresser directe-ment.

**Négociabilité des actions.**— Les actions ou cou-pons d'actions ne sont négociables qu'après le versement des deux cinquièmes (*Art.* 3, § 2). Mais de ce que ces ac-tions ne sont pas négociables, il ne s'ensuit pas qu'elles soient incessibles. Elles ne sont pas frappées d'une absolue indisponibilité. Une cession régulière par acte, soit notarié, soit sous signatures privées, une donation dans les formes légales, tous les autres modes autorisés par le droit civil pourront être mis en usage pour la transmission des titres non négociables. Ce que le législateur interdit, c'est la négociation, c'est la transmission par la voie commerciale du transfert ou de l'endossement, tant que les deux cinquièmes n'ont pas été versés.

**Apports.** — *Appréciation des apports, et des avantages particuliers.* — Lorsqu'un associé fait, dans une société en commandite par actions, un apport qui ne consiste pas en numéraire, ou stipule à son profit des avantages particuliers, l'assemblée générale des actionnaires en fait vérifier et apprécier la valeur (*Art. 4, § 1*).

L'expérience a montré que le public est souvent trompé, à l'origine des sociétés, par la valeur exagérée qu'on prête aux apports. Les souscripteurs, en effet, s'engagent plutôt sur la foi d'un prospectus, qu'après examen et sur le vu des statuts. Or, souvent le prospectus amplifie la valeur de l'apport social, et dissimule, au contraire, celle des avantages. Le contrat se forme ainsi sans réflexion et sans contradiction. Le législateur a pensé qu'il diminuerait cet abus s'il donnait aux souscripteurs les moyens de vérifier, et s'il les mettait en quelque sorte en demeure de ne s'engager, qu'après examen et avec maturité. Le souscripteur trompé n'aurait, en tous cas, à s'en prendre qu'à lui-même et à sa légèreté, et le recours lui resterait ouvert pour la fraude et pour le dol. Lors donc que l'apport ne consistera pas en numéraire, le contrat n'aura sa perfection que lorsque les contractants auront eu le temps de réfléchir, de vérifier, de s'entendre et de délibérer en commun sur la valeur de l'apport.

Cette vérification aura lieu en assemblée générale des

actionnaires. Mais par quel moyen arrivera-t-on à cette appréciation? La loi ne le dit pas. Il appartiendra à l'assemblée générale de prendre les mesures qu'elle jugera convenables pour s'assurer que l'apport a la valeur qui lui a été donnée, et que les avantages accordés à certains associés n'ont rien d'exagéré. Elle pourra recourir à une expertise, demander des documents, consulter même des hommes spéciaux; elle agira, en un mot, selon les circonstances, la nature des objets composant l'apport, et les renseignements qu'elle aura recueillis. Il lui sera toutefois impossible de voter séance tenante, quand bien même elle se prétendrait suffisamment éclairée. La société ne sera définitivement constituée qu'après approbation dans une réunion ultérieure de l'assemblée générale (*Art* 4, § 2).

La loi n'a pu dire par quel intervalle devront être séparées les deux assemblées, car il est impossible de déterminer le temps qu'exigera la vérification dans chaque affaire. Cependant les intéressés pourront demander la nullité de la société, et les juges devront la prononcer, lorsque les deux assemblées seront tellement rapprochées, qu'il sera évident pour les magistrats qu'on aura cherché à éluder la loi.

**Organisation des deux premières assemblées.** — Les délibérations sont prises à la majorité des actionnaires présents. Cette majorité doit comprendre le quart des actionnaires et représenter le quart du capital social en numéraire. Les associés qui ont fait l'apport ou stipulé les avantages soumis à l'appréciation de l'assemblée, n'ont pas voix délibérative (Art. 4, § 3 et 4). Le législateur a abandonné aux gérants et aux fondateurs le choix du mode de convocation. Les associés seront le plus généralement convoqués par un avis inséré dans les feuilles d'annonces judiciaires. Les voix se compteront, d'une part, par tête, puisqu'il y a une majorité numérique, et, d'autre part, par actions, puisqu'il y a une majorité en sommes. L'article 4 parlant de la majorité des *actionnaires présents*, il ne paraît pas que le législateur admette des fondés de pouvoirs. Au reste, c'est seulement pour le cas spécial de la vérification des apports qu'a été rédigé le § 3. La loi n'a pas touché à la liberté des conventions en ce qui concerne les assemblées générales d'actionnaires; elle a laissé aux personnes qui forment une société le droit d'indiquer la composition des assemblées générales dans les cas ordinaires. Enfin, si après la signature de l'acte de société, après l'accomplissement des formalités, après la délibération des deux assemblées, on découvrait qu'il y a eu dol et fraude, ou erreur de nature à vicier le consentement ou les votes, l'action en rescision serait ouverte conformément aux articles 1109 et suiv. et 1304 et suiv. du Code Napoléon.

**Institution du conseil de surveillance.**— Un conseil de surveillance, composé de cinq actionnaires au moins, est établi dans chaque société en commandite par actions. Ce conseil est nommé par l'assemblée générale des actionnaires, immédiatement après la constitution définitive de la société, et avant toute opération sociale. Il est soumis à la réélection tous les cinq ans au moins; toutefois le premier conseil n'est nommé que pour une année. (*Art.* 5, § 1, 2 et 3.)

Le gérant, dans la commandite, personnifie la société. C'est en son nom que se fait tout le négoce, et c'est aussi lui seul qui est responsable. Les simples commanditaires ne forment qu'une association de capitaux; c'est le gérant qui donne le mouvement à ces fonds, et sa responsabilité fortifie la confiance qui repose déjà sur la richesse de la société. Mais si le gérant est omnipo-

tent, la raison dit assez que les associés doivent avoir le
droit d'exercer sur la gestion une surveillance profitable
à l'intérêt social et à l'intérêt des créanciers. Le contrôle
doit être à côté de l'action : de là les conseils de surveillance. Seulement ces conseils étaient purement faculta-
tifs avant la loi du 17 juillet 1856. Cette loi les a rendus
obligatoires pour toutes les commandites par actions,
quel que soit leur capital. Une nouvelle innovation consiste à ne pouvoir choisir les membres du conseil que
parmi les actionnaires, afin qu'on ne puisse plus mentionner dans les prospectus, avec la qualité de membres
du conseil de surveillance, des hommes honorablement
connus, mais qui, en réalité, étrangers à la société,
n'exerçaient aucune surveillance, et dont les noms con-
tribuaient à attirer des souscripteurs [1]. L'assemblée générale des actionnaires nommant le conseil de surveillance, l'on ne verra plus, comme sous l'empire de
l'ancienne loi, le gérant choisir ceux qui doivent surveiller sa gestion.

L'assemblée générale des actionnaires nommant le
conseil de surveillance, est organisée conformément aux
statuts. Il ne s'agit plus ici de l'assemblée dont parle
l'art. 4 ; la société est constituée. Pour obvier à l'inconvénient d'une troisième réunion, l'on pourra indiquer
dans les avis convoquant à la seconde assemblée de
l'art. 4, qu'après la constitution définitive de la société
il sera immédiatement procédé à la nomination des
membres du conseil de surveillance. Quant à la majorité nécessaire pour la nomination, ce sera la majorité

---

[1] Que décider si les membres du conseil de surveillance venaient à
vendre leurs actions. Comme ils cesseraient d'être actionnaires, ils per-
draient le droit de faire partie du conseil, et devraient être immédiatement remplacés.

numérique des actionnaires présents; la disposition de l'art. 4 est, en effet, une mesure exceptionnelle qui ne saurait être étendue.

Quant au délai pour la nomination du conseil, le législateur n'en fixe aucun; cependant il sera plus prudent de procéder sans retard à la nomination du conseil, car la loi exige qu'elle ait lieu *immédiatement* après la constitution définitive de la société, et *avant* toute opération sociale. (*Art.* 5, § 3.)

**Réélection des membres du conseil.** — Les membres du conseil ne peuvent rester en fonctions plus de cinq ans, mais ils sont indéfiniment rééligibles. La société peut d'ailleurs organiser, comme elle l'entendra, le système de réélection. Elle peut décider que le conseil entier sera élu tous les cinq ans, ou bien qu'il sera partiellement élu chaque année. Le premier conseil n'est élu que pour une année; car, à ce moment, les intéressés ne se connaissent pas encore, et les choix sont nécessairement faits au hasard.

**Attributions des conseils de surveillance.** — Les membres du conseil de surveillance vérifient les livres, la caisse, le portefeuille et les valeurs de la société. Ils font chaque année, un rapport à l'assemblée générale sur les inventaires et sur les propositions de distribution de dividendes faits par le gérant. (*Art.* 8, § 1 et 2.) Toutefois, la loi n'entend pas que le conseil de surveillance soit partie active dans la confection de l'inventaire; qu'il en puisse changer les bases, qu'il en fasse le règlement. C'est un simple contrôle qui lui appartient; si l'inventaire ne lui paraît pas exact, il en appelle, par son rapport, à l'assemblée générale qui juge; quant à la liberté d'action des gérants, elle demeure entière. Il faut remarquer, de plus, que la vérification des registres, de la caisse, des valeurs, et que les rapports à l'assemblée générale, ne sont point des actes d'immixtion.

Le rapport que l'art. 8 rend obligatoire, doit exprimer l'opinion du conseil. Les dissidents conservent le droit de faire consigner au procès-verbal les motifs de leur dissidence. Nul ne pourra voter par procuration dans le conseil de la compagnie ; mais la présence de tous les membres du conseil n'est pas indispensable. Il est loisible à un membre empêché de s'en rapporter à son collègue.

Que si les membres du conseil de surveillance négligeaient de procéder à la vérification des livres, de la caisse, du portefeuille et des valeurs de la société, et s'ils ne faisaient pas le rapport annuel à l'assemblée générale, comme le mandataire est responsable, non-seulement de son dol, mais encore de ses fautes, les membres du conseil pourraient être déclarés responsables du dommage que leur négligence aurait causé. (*Art.* 1992, *C. Nap.*)

Les conseils de surveillance peuvent aussi convoquer l'assemblée générale, et provoquer la dissolution de la société (*Art.* 9). Mais auraient-ils le droit de former eux-mêmes directement en justice, une action tendant à la dissolution ? Les conseils de surveillance n'exercent, il faut se le rappeler, qu'un droit de contrôle ; leur devoir est exclusivement d'avertir et d'éclairer les actionnaires sur les résultats de leur surveillance ; ils ne seraient donc pas admis à agir directement. Que s'il arrivait qu'un actionnaire crût la dissolution nécessaire, il appellerait sur ce point l'attention du conseil, qui convoquerait l'assemblée générale et lui ferait son rapport. L'assemblée délibérerait, et déciderait, à la majorité des voix, s'il y a lieu, ou non, d'intenter en justice, une action en dissolution. Le conseil pourrait même soulever d'office la question et la soumettre à l'assemblée générale. La dissolution ne pouvant être demandée qu'au nom et dans l'intérêt général des associés, un actionnaire isolé ne serait point admis à poursuivre de son chef, en justice, la dissolution de la société, à moins que sa demande ne fût fondée sur la fraude ou sur la violation des statuts.

Il n'est pas permis aux parties de modifier par leurs conventions les attributions des conseils de surveillance. Les dispositions qui les déterminent sont d'ordre public.

**Responsabilité des membres des conseils de surveillance.** — Tout membre d'un conseil de surveillance est responsable avec les gérants, solidairement et par corps : 1° lorsque, sciemment, il a laissé commettre dans les inventaires des inexactitudes graves, préjudiciables à la société ou aux tiers; 2° lorsqu'il a, en connaissance de cause, consenti à la distribution de dividendes non justifiés par des inventaires sincères et réguliers (*Art.* 10). Il faut remarquer, toutefois, que la loi ne punit pas la simple ignorance, la simple négligence; ce qu'elle veut frapper, c'est la mauvaise intention, le dol; et tout cela, quand il s'agit d'omissions ou d'énonciations graves dans l'inventaire. Les membres du conseil de surveillance ne répondent d'ailleurs que de leur fait personnel, et non du fait les uns des autres. Tout membre d'un conseil qui apercevra une inexactitude dans les inventaires, ou qui croira que des dividendes ne doivent pas être distribués, agira donc avec prudence, s'il ne veut pas s'exposer à être poursuivi solidairement avec le gérant, en faisant consigner sa protestation, ou même seulement une observation sur le registre des délibérations du conseil.

D'après l'art. 64 du Code de com., toutes les actions contre les associés non liquidateurs et leurs veuves, héritiers ou ayant-cause, sont prescrites cinq ans après la fin ou la dissolution de la société. Cette disposition n'est point applicable à notre matière. Quant à la responsabilité édictée par l'art. 10 de la loi de 1856, elle ne peut se prescrire que par trente ans, car elle est la conséquence d'un délit ou d'un quasi-délit.

**Sanction civile.** — Toute société en commandite par actions, constituée contrairement à l'une des prescriptions énoncées dans les dispositions qui précèdent, est *nulle et de nul effet*, à l'égard des intéressés (*Art.* 6).

Déjà l'art. 42 du Code de com. avait prononcé la nullité contre les infractions aux formalités qu'il avait prescrites. La nullité résultant de l'art. 42, et celle de l'art 6 de la loi de 1856, ne peuvent, ni l'une ni l'autre, être opposées aux tiers par les associés. Mais la jurisprudence et la doctrine établissent une différence entre l'une et l'autre nullité. Suivant divers arrêts, la nullité prononcée par l'art. 42 du Code de com., n'aurait d'effet que pour l'avenir, et les conventions sociales devraient être appliquées aux faits accomplis. Cette nullité ne serait donc pas absolue, radicale. Celle au contraire qui est prononcée par l'art. 6 de la loi du 17 juil. 1856, n'embrasse pas seulement l'avenir, mais réagit encore sur le passé. Elle est encourue, en effet, pour l'inobservation de prescriptions qui se rattachent à la constitution intrinsèque et virtuelle de la société.

**Responsabilité résultant de la nullité.** — La nullité peut être invoquée par tous les intéressés, pendant toute la durée de la société; aucun acte d'exécution ni de ratification ne peut la couvrir. Lorsque la société est annulée, les membres du conseil de surveillance *peuvent* être déclarés responsables, solidairement et par corps avec les gérants, de toutes les opérations faites postérieurement à leur nomination. La même responsabilité solidaire *peut* être prononcée contre ceux des fondateurs de la société qui ont fait un apport en nature, ou au profit desquels ont été stipulés des avantages particuliers (*Art.* 7).

**Sanction pénale.** — Pour ce qui concerne la sanction pénale, voir les articles 11, 12 et 13 de la loi de 1856.

**Exercice des actions judiciaires.** — Le législateur de 1856 a voulu rendre les formes plus simples, les procédures plus rapides et les frais moins considérables. Toutes les fois que dans le sein des sociétés où l'on compte beaucoup d'associés, se sont élevées des contestations, le nombre des parties, la difficulté de les connaître, l'éloignement des domiciles ont entraîné des frais, des lenteurs, des embarras considérables. En permettant à tous les actionnaires de se faire représenter par des commissaires nommés en assemblées générales, en accordant aussi à des groupes d'actionnaires la faculté de choisir entre eux des commissaires spéciaux, selon que tous les associés ou seulement quelques-uns d'entre eux seront engagés dans des contestations soutenues dans un intérêt collectif, la loi de 1856 a simplifié les procédures et diminué, par conséquent, les dépenses.

Lors donc que les actionnaires d'une société en commandite par actions ont à soutenir *collectivement*, et dans un intérêt *commun*, comme demandeurs ou comme défendeurs, un procès contre les gérants ou contre les membres du conseil de surveillance, ils sont représentés par des commissaires nommés en assemblée générale. Lorsque quelques actionnaires seulement sont engagés comme demandeurs ou comme défendeurs dans la contestation, les commissaires sont nommés dans une assemblée spéciale, composée des actionnaires parties au

8.

procès. Dans le cas où un obstacle quelconque empêcherait la nomination des commissaires par l'assemblée
générale ou par l'assemblée spéciale, il y serait pourvu
par le tribunal de commerce, sur la requête de la partie
la plus diligente (*Art.* 14, § 1, 2, 3).

Cette disposition devrait être appliquée même au cas
où il s'agirait d'une contestation engagée entre une
catégorie d'actionnaires et une autre catégorie d'actionnaires, agissant les uns et les autres dans un intérêt collectif et commun : comme si, par exemple, des actionnaires ayant opéré leur versement, voulaient forcer ceux
qui ne l'auraient pas fait, à l'opérer. Les demandeurs
pourraient, dans ce cas, nommer des commissaires et
agir contre les commissaires des défendeurs nommés
par ceux-ci, ou désignés par le tribunal de commerce.
Dans les société en commandite par actions, toute collection d'actionnaires ayant un intérêt collectif et commun,
peut se faire représenter en justice par des mandataires
légaux.

Les commissaires peuvent être choisis soit parmi les
actionnaires, soit parmi des personnes étrangères à la
société. Il ne seront nommés ni d'avance, ni d'une manière générale et permanente, mais pour chaque affaire,
en tel nombre qui conviendra aux parties intéressées, et
à la majorité des voix. Simples mandataires, ils n'ont
d'autres pouvoirs que ceux qui leur ont été expressément
conférés.

Nonobstant la nomination des commissaires, chaque
actionnaire a le droit d'intervenir personnellement dans
l'instance, à la charge de supporter les frais de son intervention (*Art.* 14, § 4). Ce droit d'intervention n'est
soumis à aucune restriction ; il pourrait même être
exercé par un actionnaire qui aurait concouru à la nomination des commissaires. Quand bien même la majorité

des actionnaires engagés dans la contestation serait d'avis de ne pas interjeter appel, tout actionnaire trouverait dans le droit personnel d'intervenir, celui d'en appeler en son nom, à ses risques et périls.

---

# CHAPITRE IX.

## DES SOCIÉTÉS ANONYMES.

**Définition**. — La *société anonyme* est celle dont les membres sont tous inconnus, et sont affranchis de responabilité envers les tiers.

Elle est ainsi appelée parce qu'elle ne porte le nom d'aucun des associés, qu'elle n'existe pas *sous une raison sociale*, et qu'elle n'est désignée par le nom d'aucun des associés.

Son but est de favoriser les grandes entreprises, et de rassembler une masse de capitaux qui ne sont pas à la portée des associations ordinaires. Les sociétés anonymes sont un moyen efficace de favoriser les grandes entreprises; d'appler dans un pays les fonds étrangers; d'associer la médiocrité même, et presque la pauvreté, aux avantages des grandes spéculations; d'ajouter au crédit public et à la masse circulante dans le commerce.

La société anonyme est qualifiée par la désigation de l'objet de son entreprise (*Art.* 30, *Code de com.*); c'est ainsi que l'on dit : *Compagnie d'assurances contre l'incendie, la Banque de France.*

Le mot *compagnie* s'applique plus particulièrement aux sociétés anonymes, qui supposent une grande réunion d'associés et une grande masse de capitaux, tandis que le mot *société* est réservé aux autres associations, qui

supposent moins d'associés et des entreprises moins considérables.

La société anonyme diffère essentiellement de la société en commandite.

| *Société en commandite.* | *Société anonyme.* |
|---|---|
| Une partie seulement des associés reste inconnue. | Tous les associés sont inconnus. |
| Intervention de l'autorité publique non nécessaire pour l'existence de la société en commandite. Les commanditaires seuls peuvent gérer. | L'existence de la société anonyme subordonnée à l'intervention de l'autorité publique. Tous les associés peuvent gérer. |

**Conditions d'existence.** — Le législateur a pensé
« que l'ordre public était intéressé dans toute société
qui se forme par actions; et que ces entreprises pouvaient n'être qu'un piége tendu à la crédulité des citoyens.»
Il a voulu remédier « à ces associations qui, mal combinées dans leur origine, ou mal gérées dans leurs opérations, compromettent la fortune des actionnaires et des
administrateurs, altèrent momentanément le crédit général, et mettent en péril la tranquillité publique. »

Ces considérations l'ont porté à décider que la société
anonyme ne pourra exister qu'avec *l'autorisation de l'empereur*, et avec son *approbation* pour l'acte qui la constitue; cette *approbation* devra être donnée dans la forme
prescrite pour les règlements d'administration publique.
Pétition signée des postulants, et adressée au préfet du
département; à Paris, au préfet de police. Désignation
de l'affaire, du terme de la durée, du domicile, du montant du capital, de la manière dont on entend former ce capital, du mode d'administration; remise de
l'acte d'association. Les pétitionnaires doivent composer
au moins le quart en somme du capital. (*Instruction du
ministre de l'intérieur, du* 31 *déc.* 1807.) Compétence du
ministre du commerce. Les autorisations de sociétés

anonymes sont soumises à l'assemblée générale du Conseil d'État. (*Décr. 30 janv.* 1852.)

**Preuve des sociétés anonymes.** — La preuve des sociétés anonymes s'établit par un acte *authentique : les sociétés anonymes ne peuvent être formées que par des actes publics.* (*Art.* 40.)

On a exigé des actes publics, parce que l'acte social n'étant signé que par ceux qui forment l'entreprise, et non par les actionnaires, on eût, en tolérant les actes sous seing privé, donné aux signataires la facilité de changer la condition des porteurs d'actions.

**Publicité.** — Le décret de l'empereur qui autorise les sociétés anonymes, devra être affiché avec *l'acte d'association* pendant trois mois au tribunal de commerce du ressort. Il faut remarquer que ce n'est plus, ici, comme dans la société en nom collectif, et dans la société en commandite, l'affiche d'un *extrait* de l'acte social, mais bien *l'affiche de l'acte tout entier.* Voici quelle est la raison de cette différence : dans les sociétés autres que la société anonyme, les associés qui ont dû signer l'acte de société en connaissent parfaitement les clauses ; tandis que dans les sociétés anonymes, les tiers qui voudraient en faire partie, en achetant des actions, ont besoin de s'assurer, au moyen de la publicité, des conditions d'un acte auquel ils n'ont pas concouru.

L'administration prend ordinairement des moyens supplémentaires de publicité, tels que l'insertion au *Moniteur* et au *Bulletin des lois.*

**Organisation.** — Les sociétés anonymes sont le plus ordinairement organisées ainsi : 1° un conseil d'administration (agissant au nom du corps social) ; 2° des directeurs (soumis au conseil d'administration) ; 3° des censeurs (chargés de surveiller toutes les branches du service) ; 4° un conseil judiciaire (appelé à donner son avis sur les difficultés contentieuses) ; 5° des assemblées générales d'actionnaires, se réunissant aux époques et dans les cas déterminés par les statuts, qui reçoivent les comptes des administrateurs, contrôlent les opérations sociales, et président à la distribution des dividendes. Des commissaires du gouvernement peuvent aussi être placés auprès des sociétés anonymes, pour représenter l'État dans l'intérêt public, et faire exécuter les statuts.

**Administration.** — Les sociétés anonymes sont administrées par des mandataires à temps, révocables, associés ou non associés, salariés ou gratuits (*Art.* 31).

Si les mandataires avaient été nommés par l'*acte social*, et non par un *acte postérieur*, ne pourraient-ils être révoqués, conformément à l'article 1856 du Code Napoléon, que pour une cause légitime ?

| *Affirmative.* | *Négative.* |
|---|---|
| On ne peut les révoquer qu'en prouvant contre eux *la cause légitime*. (*Art.* 1856, *C. N.*) [1] | Le code de commerce permet *formellement* la révocation arbitraire des administrateurs, sans la |
| La condition d'administrer a pu être la condition déterminante du contrat ; permettre la révocation sans prouver la cause légitime, c'est rendre illusoire la clause du pacte social, qui a déterminé les associés à faire partie de la société. | subordonner *à aucune condition*. Il déroge donc, et pour les besoins du commerce, à l'article 1856 du Code Napoléon, qui est *antérieur* à lui. Telle est l'opinion qui paraît prévaloir. |

Les administrateurs peuvent être pris parmi les associés. Dans la société anonyme, à la différence des autres

---

[1] Art. 1856, Code Napoléon : L'associé chargé de l'administration par une clause spéciale du contrat de société, peut faire, nonobstant l'opposition des autres associés, tous les actes qui dépendent de son administration, pourvu que ce soit sans fraude. Ce pouvoir ne peut être révoqué sans cause légitime, tant que la société dure ; mais s'il n'a été donné que par acte postérieur au contrat de société, il est révocable comme un simple mandat.

sociétés, l'administration n'appartient de plein droit à aucun des associés ; elle s'exerce par des mandataires choisis indistinctement parmi les *associés* eux-mêmes, ou en dehors de la société.

**Responsabilité des administrateurs** — Les administrateurs, associés ou autres, ne sont responsables que de l'exécution du mandat qu'ils ont reçu ; ils ne contractent à raison de leur gestion aucune obligation personnelle, ni solidaire, relativement aux engagements de la société. (*Art.* 33.) Leur responsabilité ne concerne que la gestion en elle-même. Ils ne répondent en aucune manière, ni personnellement, ni solidairement des suites de leur mandat fidèlement exécuté ; c'est la société qui a contracté par leur ministère. Les tiers n'ont d'action que contre la société.

**Obligations des associés.** — Les associés ne sont passibles que de la perte du montant de leur intérêt dans la société. (*Art.* 33.) Comme dans la société en commandite, dans la société anonyme il y a moins une association de personnes qu'une association de capitaux ; or, comme les capitaux se trouvent dans l'association, il est évident que la perte ne doit tomber seulement que sur les capitaux.

Le mot *intérêt* exprime ici la totalité de la somme pour laquelle chaque associé est intéressé dans la société.

Nous avons examiné dans le chapitre précédent les questions suivantes :

1° Les créanciers de la société peuvent-ils poursuivre *directement* les associés débiteurs de leur mise, ou doivent-ils n'agir qu'indirectement, c'est-à-dire, en exerçant les droits de la société leur débitrice ; 2° les associés doivent-ils rapporter les dividendes touchés chaque année, lorsque la société a cessé ses payements ?

**Division du capital des sociétés anonymes.**

— Le capital des sociétés anonymes se divise en actions, et même en coupons d'actions d'une valeur égale. (*Art. 34.*)

L'action est une *fraction du fonds social*. En effet, *la réunion des actions forme le capital de la société.*

Dans un autre sens, l'action est le droit qu'un associé commanditaire ou anonyme, qui ne peut être poursuivi que jusqu'à concurrence de sa mise, a dans les bénéfices de la société, et dans le résultat de la liquidation [1].

Les actions peuvent, elles-mêmes, se subdiviser; ainsi une action de quinze mille francs se divisera en coupons d'actions de mille francs chaque. Le législateur a voulu, au moyen de cette division, faire concourir les petites fortunes aux avantages qui peuvent résulter de la société anonyme.

**Espèces diverses d'actions.** — Il y a les actions *nominatives* et les actions *au porteur.*

L'action est *nominative*, lorsqu'elle porte le nom de l'actionnaire; elle est *au porteur*, lorsque l'acte énonce

---

[1] L'action et l'intérêt ont cela de commun, qu'outre la participation aux bénéfices, ils donnent un droit éventuel à une portion en nature du fonds social. Aucun des membres de la société n'a, tant qu'elle subsiste, de droit dans le fonds social lui-même, dont l'être moral *société* est seul et exclusivement propriétaire. C'est pour cela qu'aux termes de l'article 529 du Code Napoléon les actions ou intérêts dans les compagnies de finances, de commerce ou d'industrie, sont *meubles* tant que dure la société, encore que des immeubles dépendant de ces entreprises appartiennent aux compagnies.

L'action et l'intérêt donnent donc, seulement, un droit éventuel à une quote part en nature du fonds social, lors de la dissolution de la société : voilà leur point de ressemblance. Mais il y a une différence entre l'*action* et l'*intérêt*. Le droit des associés qui ne répondent des dettes de la société que *dans les limites de leur apport,* est une *action*. Le droit des associés qui sont responsables *in infinitum*, est un *intérêt*. L'*action est cessible,* puisque l'associé n'est qu'en nom; l'*intérêt n'est pas cessible,* car l'associé est personnellement l'élément de la prospérité de la société.

que le droit appartiendra à tout porteur du titre qui l'établit.

**Transmission de la propriété des actions.**
-- *Actions nominatives :* la propriété des actions peut être établie par une inscription sur les registres de la société. Dans ce cas, la cession s'opère par une *déclaration de transfert* inscrite sur les registres, et signée de celui qui fait le transfert, ou d'un fondé de pouvoir (*Art.* 36).

On nomme *transfert* l'acte par lequel la propriété des rentes, ou autres droits, est *transférée* sur une autre tête. La transmission des actions s'opère par de simples transferts, sur des registres doubles tenus à cet effet. Elles sont valablement transférées par la déclaration du propriétaire ou de son fondé de pouvoir, signée sur les registres et certifiée par un agent de change, s'il n'y a opposition signifiée.

Il faut remarquer que, pour les *actions nominatives*, une notification n'est pas nécessaire pour que le cessionnaire soit saisi à l'égard des tiers.

*Actions au porteur :* la propriété des actions au porteur se transmet par la seule *tradition du titre*. (*Art.* 35.) Ainsi donc, tandis que dans toutes les autres sociétés *les associés se choisissent*, un membre de la société anonyme peut, en cédant son titre, faire entrer à sa place un autre associé dans l'association. C'est qu'il ne faut pas oublier que dans la société anonyme il y a moins une *association de personnes*, qu'une *association de capitaux*. Les membres de la société anonyme restent étrangers les uns aux autres ; ils n'ont donc pas besoin de se convenir [1].

Primus, associé, est débiteur d'une partie de sa mise. Il cède son droit. La société, créancière de la mise,

---

[1] L'action peut encore être *d'ordre.* Elle pourra, dans ce cas, être cédée de la même manière qu'une lettre de change, par un *endossement*.

poursuivra-t-elle Primus, ou s'adressera-t-elle au cessionnaire?

## ACTION NOMINATIVE.

La société poursuivra Primus.

Primus a pu céder son *droit* et non sa *dette*. Pour sa *dette*, il faut le consentement du créancier. Le créancier, en effet, doit *accepter* le nouveau débiteur, pour qu'il y ait novation par changement de débiteur.

La société s'adressera au cessionnaire.

Le fait d'avoir permis aux preneurs d'actions de se substituer d'autres personnes, représente parfaitement le consentement de la société à la novation par changement de débiteur. On peut le considérer comme un consentement général.

## ACTION AU PORTEUR.

La société poursuivra Primus. On ne présume jamais la novation; on ne peut pas induire la novation de ce que la société a admis des actions au porteur. Primus est engagé, jusqu'au paiement intégral de sa mise. Que ne transfère-t-il à un cessionnaire solvable; c'est à lui à prendre des sûretés.

La société s'adressera au cessionnaire.

En admettant l'action au porteur, la société a *renoncé* à toute espèce de garantie, à tout recours sur l'actionnaire primitif, qui, par la tradition du titre, devient étranger à la société.

**Tontines.** — On appelle de ce nom les associations dans lesquelles des personnes, en plus ou moins grand nombre, mettent chacune une somme, à cette fin que la part des prémourants accroisse à celle des survivants. Comme les sociétés anonymes, elles sont soumises à la nécessité de l'autorisation préalable.

Le Conseil d'État considérant que les associations de la nature des tontines, sortent évidemment de la classe commune des transactions entre citoyens, soit que l'on considère la foule des personnes de tout état, de tout sexe et de tout âge qui prennent ou qui peuvent prendre des intérêts; soit que l'on considère le mode dont ces associations se forment, mode qui ne suppose entre les parties intéressées ni ces rapprochements, ni ces discussions si nécessaires pour caractériser un consentement donné avec connaissance; soit que l'on considère la nature de ces établissements, qui ne permet aux associés. aucun moyen efficace et réel de surveillance; soit enfin que l'on considère leur durée toujours inconnue, et qui peut se prolonger pendant un siècle, a été d'avis qu'aucune association de la nature des tontines ne peut être établie sans une autorisation spéciale donnée par l'empereur, dans la forme des règlements d'administration publique (*Avis, C. d'État,* 1er avr. 1809).

**Sociétés anonymes étrangères.** — Les sociétés anonymes régulièrement autorisées en pays étranger, n'avaient pas, sous l'empire du Code de commerce, une existence légale en France. L'acte d'un gouvernement étranger conférant l'existence légale à une société, ne pouvait avoir d'effet hors du territoire soumis à son autorité. D'après l'article 37 du Code de commerce la société anonyme ne peut exister qu'avec l'autorisation du chef du gouvernement, et avec son approbation pour l'acte qui la constitue ; cette approbation doit être donnée dans la forme prescrite pour les règlements d'administration publique. Or l'examen des statuts, et l'appréciation de la moralité ainsi que de l'opportunité de sociétés de cette nature, par un corps quelconque, en pays étranger, ne devaient pas paraître au législateur de 1807 présenter autant de garanties que la vérification sévère faite par le Conseil d'État. En droit, et d'après le Code de commerce, l'on décidait donc que les sociétés anonymes autorisées en pays étranger n'avaient pas en France d'existence légale. Cet état de choses a été modifié par la loi du 30 mai 1857, qui autorise les sociétés anonymes, et autres associations commerciales, industrielles ou financières, légalement constituées en Belgique, à exercer leurs droits en France, et qui permet d'appliquer le bénéfice de cette disposition à tous autres pays. Le texte de cette loi est ainsi conçu : « Les sociétés anonymes et les autres associations commerciales, industrielles ou financières qui sont soumises à l'autorisation du gouvernement belge, et qui l'ont obtenue, peuvent exercer tous leurs droits, et ester en justice en France, en se conformant aux lois de l'Empire (*Art.* 1er). Un décret impérial, rendu en Conseil d'État, peut appliquer à tous autres pays le bénéfice de l'art. 1er (*Art.* 2). »

Il n'existait aucun moyen répressif dans la législation française, pour empêcher les sociétés étrangères de faire en France des opérations en concurrence avec les sociétés nationales ; l'on ne pouvait qu'opposer aux associations étrangères le défaut d'existence légale, et leur refuser le droit d'ester en justice devant les tribunaux français. De plus, certaines sociétés françaises opérant à l'étranger avaient été exclues par les gouvernements étrangers. Ce fait s'était produit en Belgique. La Cour de cassation de Bruxelles avait solennellement jugé, en 1849, que les sociétés anonymes françaises n'existaient pas légalement en Belgique. L'opinion publique s'était émue dans les deux pays, et avait craint des représailles qui eussent été, de part et d'autre, nuisibles aux intérêts commerciaux. Cédant aux vœux des représentants du commerce de leur nation, les gouvernements français et belge ont cru devoir ajouter au traité de commerce de 1854, la clause suivante : « La faculté de faire valoir leurs droits devant les tribunaux belges étant contestée aux sociétés anonymes françaises, et des inconvénients sérieux pouvant résulter de cet état de choses pour les associations commerciales, industrielles ou financières des deux États, le gouvernement de Sa Majesté le roi des

Belges s'engage à présenter aux Chambres législatives, dans le délai d'un an, un projet de loi qui aura pour objet d'autoriser les sociétés anonymes et les autres associations qui sont soumises à l'autorisation du gouvernement français, et qui l'auront obtenue, à exercer tous leurs droits et à ester en justice, conformément aux lois du pays, et *moyennant réciprocité* de la part de la France ».

La loi promise par cette clause a été promulguée le 14 mars 1855. En voici les termes : « Les sociétés anonymes et autres associations commerciales, industrielles ou financières, qui sont soumises à l'autorisation du gouvernement français, et qui l'auront obtenue, pourront exercer tous leurs droits et ester en justice en Belgique, en se conformant aux lois du royaume, toutes les fois que les sociétés ou associations de même nature, légalement établies en Belgique, jouiront des mêmes droits en France (*Art.* 1<sup>er</sup>). Le gouvernement est autorisé à étendre, par arrêté royal, et *moyennant réciprocité*, le bénéfice de l'art. 1<sup>er</sup> aux sociétés et associations de même nature existant en tout pays (*Art.* 2). Cette réciprocité sera constatée soit par les traités, soit par la production des lois ou actes propres à en établir l'existence (*Art.* 3). » La loi du 30 mai 1857 est venue rassurer la méfiante susceptibilité du gouvernement et de la nation belges.

Quelles sociétés sont atteintes par la loi du 30 mai 1857 ? Ce sont les seules sociétés anonymes, et celles qui, sans êtres anonymes, sont néanmoins soumises à l'autorisation préalable, comme intéressant la morale, la sécurité et l'ordre public. Quant aux sociétés collectives, en commandite, ou autres, représentées par un ou plusieurs directeurs, gérants ou actionnaires responsables, dont elles portent le nom, elles demeurent tout à fait en dehors de la loi de 1857. Il y a, en effet, dans les précautions prises à l'égard des sociétés soumises à autorisation préalable après vérification des statuts, la garantie morale de chaque gouvernement vis-à-vis de l'autre ; garantie qui ne saurait exister pour les autres sociétés, non plus que pour les individus.

Les sociétés que concerne la loi de 1857, autorisées de l'un des deux gouvernements, seront admises par l'autre, sur la simple justification du décret qui les aura autorisées.

On a critiqué cette mesure. Il eût été désirable, a-t-on pensé, que le gouvernement se fût réservé un droit d'appréciation et de refus éventuel ; qu'il eût été appelé à donner une espèce d'*exequatur* à l'acte du gouvernement étranger. Ne serait-il pas, en effet, anormal, qu'une société à laquelle le gouvernement national aurait cru devoir refuser le privilége d'être reconnue comme société anonyme, allât s'établir et se faire reconnaître à l'étranger, et vînt ensuite, au mépris du refus de son gouvernement, exercer des droits et ester en justice. Mais cette objection sérieuse n'a pas prévalu, par la raison que si elle avait pu avoir de la gravité à une époque où le système dominant était l'antagonisme et la défiance dans les relations de peuple à peuple, elle perdait beaucoup de son importance, aujourd'hui que la rapidité des communications, la facilité des rapports, le mélange des intérêts résultant du concours simultané des capitaux étrangers à une même opération, amènent entre les sociétés de pays différents un concert et une confiance réciproques, que doivent finir par accepter et partager les gouvernements eux-mêmes.

Quant au principe de la loi, en elle-même, il a été aussi l'objet de vives critiques. On a dit qu'il serait à la fois contradictoire et dangereux de dispenser les sociétés étrangères de l'autorisation exigée par le Code de commerce, lorsque les sociétés anonymes françaises ne peuvent s'établir sans avoir obtenu cette autorisation. Mais on peut répondre à ce reproche, qu'il convient de s'en rapporter à la prudence des gouvernements, et de traiter avec ménagement ces immenses associations qui sont la source de tant de bienfaits. Les sociétés anonymes agissent en ce moment sur les plus grands intérêts du commerce et de l'industrie ; elles se multiplient et se croisent dans tous les sens, et il est vrai de dire que, sans l'association sous cette forme des capitaux grands et petits, puisés dans toutes les bourses, la plupart des choses admirables dont nous sommes témoins auraient fait défaut à la civilisation.

**Sens des mots : « Exercer tous les droits. »** — Il faut donner aux mots : « *Peuvent exercer tous leurs droits,...* » qui se trouvent dans les décrets d'autorisation, le sens le plus étendu. Il est certain que cette expression ne saurait, sans pléonasme, ne se rapporter qu'aux droits nécessaires pour exercer une action devant les tribunaux. La commission du Corps législatif a pensé avec raison que cette expression devra s'entendre nécessairement de *tous les droits* qu'exercent les sociétés non anonymes, et les individus non sujets à autorisation.

**Sens des mots : « En se conformant aux lois de l'Empire. »** — Cette restriction n'est que l'application de la règle générale, suivant laquelle les lois françaises régissent, en même temps qu'elles protégent, tous les individus, nationaux ou étrangers, qui vivent ou viennent se placer volontairement sous leur protection. Il faut donc entendre *les lois de l'empire*, dans le sens le plus large et le plus étendu.

**Étendue de l'autorisation donnée.** — Il ressort de la discussion au Corps législatif, que le décret qui interviendra, le Conseil d'État entendu, profitera à toutes les sociétés existantes dans l'État qui aura obtenu la concession. Le gouvernement français s'en rapportera aux précautions qui auront été prises par l'État étranger relativemeut aux autorisations qui auront été données aux sociétés anonymes constituées dans ce même État étranger. Il ne s'agit pas, d'ailleurs, de demandes isolées faites par les compagnies ; mais c'est l'État auquel les compagnies appartiennent, qui devra demander au gouvernement français à profiter du bénéfice accordé par l'article premier de la loi du 30 mai 1857 à la Belgique. La loi de 1857 n'admet donc que des traités avec les gouvernements étrangers, que des conventions internationales.

**Réciprocité**. — L'application de la loi de 1857 est subordonnée à la réciprocité. Ce point est incontestable quant à la Belgique, bien que la loi ne l'ait pas dit. En ce qui concerne les autres pays auxquels le gouvernement français consentirait à accorder le bénéfice de l'article premier de la loi, il a paru généralement convenable de laisser au gouvernement l'appréciation des motifs qui pourraient le déterminer à abandonner ou à exiger le droit de réciprocité.

Décret du 7 *mai* 1859, qui autorise les sociétés anonymes et autres associations commerciales, industrielles ou financières, légalement constituées en Turquie et en Égypte, à exercer leurs droits en France; 5 *août* 1861, les sociétés espagnoles; 9 *novembre* 1861, les sociétés constituées en Grèce ; 5 *février* 1862, les sociétés constituées dans les États Romains. Décret impérial du 17-21 *mai* 1862, portant promulgation de la convention conclue le 30 avril 1862, entre la France et la Grande-Bretagne, pour régulariser la situation des compagnies commerciales, industrielles et financières, dans les États respectifs.

**Droit de transmission sur les actions et obligations des sociétés financières ou industrielles, commerciales ou civiles. — Historique de la législation sur la matière. —** Depuis longtemps le gouvernement était sollicité d'étudier les moyens de demander indirectement à la propriété mobilière une contribution légère, applicable au dégrèvement de la propriété foncière. Après de nombreux tâtonnements, il a paru que l'impôt sur la transmission des valeurs mobilières serait le meilleur moyen d'atteindre ce résultat, et l'extension de la loi de 1850 la voie la plus facile de réaliser cet impôt.

Ce n'est pas que les valeurs mobilières aient constamment joui d'une immunité complète; elles étaient soumises à certaines charges, mais elles échappaient à l'impôt de mutation dans les cas les plus fréquents, c'est-à-dire dans les cas autres que ceux de décès, d'échanges ou de donation. La loi de frimaire an VII frappait d'un droit de 50 centimes toute cession de titres; mais son application n'a jamais été que rare et incertaine. La loi de 1850, en touchant par le timbre proportionnel au droit de circulation, avait commencé à le mettre plus en harmonie avec la possibilité de réalisation, et le développement de la fortune mobilière. Cette loi de 1850 avait entendu, sous un seul droit, atteindre deux ordres de faits : l'*émission*, c'est-à-dire le droit de naître et d'être susceptible de circuler, puis la *circulation* même, c'est-à-dire l'acte réalisable et réalisé de la circulation, impossible à saisir dans son mouvement incessant, mais évalué et imposé par la même série de déductions qui a établi le droit sur les biens de main-morte et sur la lettre de change [1]. La loi du 23 juin 1857 procédant de ces deux

---

[1] Loi du 5-14 juin 1850, relative au timbre des effets de commerce, des bordereaux de commerce, des actions dans les sociétés, des obligations

lois est venue compléter le système, en établissant le rapport légitime entre le droit à percevoir et le service rendu. Elle a laissé intacte et respecté la loi de 1850, en ce qui concerne le droit de timbre, et ne s'est occupée exclusivement que du droit d'enregistrement.

La loi de 1857 a atteint la propriété mobilière en assujettissant toute cession de titres ou promesse d'actions et d'obligations dans une société, compagnie ou entreprise quelconque, financière, industrielle, commerciale ou civile, quelle que soit la date de sa création, à un droit de transmission.

La loi de 1857 distingue entre les titres au porteur et les titres nominatifs. Cependant elle n'établit pas un système d'impôt pour tous les titres au porteur, et un système différent pour tous les titres nominatifs. Ces derniers, en effet, se subdivisent en raison des modes particuliers de transmission. Les uns se transfèrent par une mention sur les registres de la société; les autres par l'endossement; quelques-uns, enfin, par acte spécial de cession. Or la loi réunit dans la même catégorie tous les titres au porteur, et ceux d'entre les titres nominatifs dont la cession peut s'opérer autrement que par un transfert sur les registres de la société. Le droit, pour ces titres, est converti en une taxe annuelle et obligatoire de douze centimes par cent francs du capital des dites actions et obligations, évalué par leur cours moyen pendant l'année précédente, et, à défaut de cours dans cette année, conformément aux règles établies par les lois sur l'enregistrement.

negociables des départements, communes, établissements publics et compagnies, et des polices d'assurance. — Instruction du 7 septembre 1850 de l'administration de l'enregistrement et des domaines, en ce qui concerne le timbre des effets de commerce. — Décret du 27 juil.—1ᵉʳ août 1850, pour l'exécution de la loi du 5 juin 1850.

**Acquittement du droit de transmission. —** Le droit pour les titres nominatifs dont la transmission ne peut s'opérer que par un transfert sur les registres de la société, est perçu, au moment du transfert, pour le compte du Trésor, par les sociétés, compagnies et entreprises, qui en sont constituées débitrices par le fait du transfert.

Le droit sur les titres au porteur, et sur ceux dont la transmission peut s'opérer sans un transfert sur les registres de la société, est payable par trimestre, et avancé par les sociétés, compagnies et entreprises, sauf recours contre les porteurs des dits titres.

A la fin de chaque trimestre, les sociétés sont tenues de remettre au receveur de l'enregistrement du siége social, le relevé des transferts et des conversions, ainsi que l'état des actions et obligations soumises à la taxe annuelle.

**Conversion des titres. —** Les propriétaires d'actions et d'obligations peuvent convertir leurs titres au porteur en titres nominatifs, et réciproquement. C'est une faculté qui doit appartenir à tout actionnaire. De plus, si la conversion est facultative pour les porteurs de titres, lorsqu'elle sera réclamée par eux, elle sera obligatoire pour les compagnies. Dès qu'une conversion de titres sera demandée, elle devra donc avoir lieu aussitôt. La conversion donnera lieu à la perception du droit de transmission.

**Sociétés étrangères.—** Les actions et obligations émises par les sociétés, compagnies ou entreprises étrangères, sont soumises, en France, à des droits équivalents à ceux qui sont établis par la loi de 1857, et par celle du 5 juin 1850, sur les valeurs françaises; elles ne pourront être cotées et négociées en France, qu'en se soumettant à l'acquittement de ces droits. Voir le décret du 17 juillet 1857, du 16 août 1859, et celui du 11 janvier 1862, relatif à la perception du droit de transmission établi sur les actions et obligations des sociétés, compagnies et entreprises étrangères.

---

## CHAPITRE X.

### DES SOCIÉTÉS A RESPONSABILITÉ LIMITÉE.

**Historique de la législation sur la matière.** — Le Code de commerce reconnaît l'existence et règle l'organisation de trois espèces de sociétés : les sociétés en nom collectif, les sociétés anonymes et les sociétés en commandite. Celles-ci peuvent se subdiviser en deux classes : les sociétés en commandite ordinaires ou à parts d'intérêt, et les sociétés en commandite par actions. La loi du 23 mai 1863 a eu pour objet l'établissement d'une nouvelle espèce de société.

L'article 1er en indique le caractère principal, en disant qu'aucun de ses membres n'est tenu au delà de sa mise, et qu'elle n'est point cependant soumise à l'autorisation du gouvernement.

Ainsi elle diffère des sociétés en nom collectif, dans lesquelles tous les associés sont solidairement tenus, et sur tous leurs biens, du paiement des dettes sociales ; des sociétés en commandite, en ce qu'elle n'a point de gérant indéfiniment responsable envers les tiers ; enfin des sociétés anonymes, puisqu'elle se constitue par la seule volonté de ceux qui la composent.

Les dispositions du titre III du livre Ier du Code de commerce avaient longtemps assuré une protection efficace aux intérêts industriels et commerciaux engagés dans les nombreuses sociétés qui se sont formées sous leur empire. Mais, à une époque récente, des désordres dont il était impossible de contester la gravité s'étaient manifestés; on avait reconnu la nécessité de combattre un système de fraude qui menaçait de prendre chaque jour plus d'extension, et de produire des effets plus fâcheux. D'où la loi du 17 juillet 1856.

Cependant on avait cru pouvoir signaler à côté des bons effets de cette loi, des conséquences regrettables. On avait prétendu qu'elle avait dépassé le but, et que si elle avait empêché les mauvais desseins de réussir, elle avait arrêté l'exécution des projets honnêtes. On s'était même attaqué aux principes qui sont la base de la législation sur les associations commerciales.

Ainsi, le mécanisme si ingénieux des sociétés en commandite par actions, au moyen duquel les efforts de l'intelligence et du travail s'unissent à la puissance des capitaux, et qui a produit de si excellents effets, n'avait point échappé à la critique. Les sociétés en commandite sont, avait-on dit, formées de deux éléments distincts toujours en présence, souvent en état de lutte : la gérance, investie d'un pouvoir absolu pour l'administration des affaires sociales, et la commandite, condamnée à une inaction presque complète. Si, ajoutait-on, les commanditaires se renferment dans la stricte légalité, leurs intérêts sont à la merci d'un gérant infidèle ou incapable; ils ne peuvent ni lui donner l'impulsion qui leur paraît bonne, ni résister à sa direction s'ils la croient mauvaise. Les assemblées générales sont réduites à l'examen rétrospectif de faits accomplis; toute délibération, tout acte qui sort des limites qui leur sont imposées, peut constituer une immixtion et donner naissance à la redoutable responsabilité établie par les art. 27 et 28 du Code de commerce.

Si, au contraire, les conventions statutaires restreignent les pouvoirs de la gérance, si elles en transportent une partie à l'assemblée générale, elles ont un double inconvénient; elles ne font point disparaître les dangers de l'immixtion, car il ne dépend pas de la volonté des parties de déroger à une disposition protectrice des droits des tiers, et le gérant dépouillé de son autorité se trouve dans une position singulière : il reste exposé à la responsabilité d'actes qui ne sont pas émanés de sa libre initiative.

Le régime des sociétés anonymes avait aussi trouvé des détracteurs.

Les sociétés anonymes ne peuvent exister, aux termes de l'article 37 du Code de commerce, qu'avec l'autorisation de l'empereur et avec son approbation pour l'acte qui les constitue.

Nécessairement, disait-on, l'instruction qui précède le décret d'autorisation exige un certain temps; elle entraîne des lenteurs toujours funestes au succès des entreprises commerciales. Des justifications dont la nature et l'étendue ne sont point déterminées doivent être fournies soit à l'administration, soit au Conseil d'État, dont sans cela l'examen serait inutile et même impossible. L'autorisation peut être retirée, s'il apparaît que la société s'écarte des statuts qui ont été approuvés. Ainsi sa formation et sa durée ne dépendent pas de la seule volonté de ses membres; elle est placée en dehors du principe de la liberté des conventions. Enfin, si cette forme spéciale peut convenir à des vastes associations, ayant pour objet l'exécution ou l'exploitation de grands travaux d'utilité publique, ou d'autres entreprises semblables, elle est évidemment inapplicable aux opérations ordinaires du commerce.

Pour répondre à ces critiques, empreintes d'ailleurs d'exagération, et pour donner toute liberté à l'essor des

opérations commerciales, la loi de 1863 est venue déclarer qu'on pourra former des associations qui, sous
le nom de *sociétés à responsabilité limitée*, ne seront
point soumises à l'autorisation exigée pour les sociétés
anonymes, et dans lesquelles, néanmoins, aucun des
associés ne sera tenu au delà de sa mise. Ce système a
l'avantage de concilier la liberté pour la constitution de
la société, et pour son administration, avec la limitation
de la responsabilité individuelle à la mise de chaque
associé, et de la responsabilité collective au fonds social.

Mais la sollicitude du législateur ne doit pas s'attacher d'une manière exclusive à ce qui peut favoriser les
sociétés au moment de leur formation, et attirer les
sommes nécessaires à la constitution du fonds social; sa
vue doit embrasser les divers intérêts qui peuvent se
trouver en opposition avec ceux des associés, et accorder
à tous une égale protection. Or, la confiance publique
serait souvent trompée s'il était permis à tous ceux qui
en auraient la pensée de former des associations qui ne
seraient soumises à aucun contrôle, à aucune condition
particulière, et qui pourraient contracter des engagements sans autre garantie qu'un capital, la plupart du
temps insuffisant.

Si l'on tolère que les obligations des sociétés anonymes
n'aient pour gage que le montant des mises sociales,
c'est parce qu'une légitime présomption de sagesse et
de bonne foi s'attache à des statuts qui ont obtenu l'approbation de l'autorité souveraine.

La loi de 1863 tend au même but en employant des
moyen différents. Elle ne place point la garantie des
tiers dans un examen préalable du contrat social, elle
laisse à la volonté des parties plus d'indépendance.
Mais pour empêcher la fraude ou l'imprudence d'abuser de la liberté qu'elle accorde, elle impose des condi-

tions à la constitution des sociétés, elle prescrit pour leur administration des règles auxquelles elles devraient, dans leur intérêt bien entendu, se soumettre de leur propre mouvement.

Il importe, avant tout, que personne ne puisse être trompé sur la valeur et l'étendue des garanties qu'offriront les sociétés à responsabilité limitée. Le meilleur moyen pour prévenir les erreurs, c'est d'obliger les associations de ce genre à proclamer elles-mêmes, dans tous les actes par lesquelles elles manifestent leur existence, leur nature spéciale. (*Art.* 11.)

De cette manière les créanciers ne seront point autorisés à se plaindre de l'insuffisance des ressources affectées à leur paiement, lorsque sur leur titre même ils auront lu la mention que ces ressources étaient limitées au capital de la société; que, par conséquent, ils n'avaient aucun droit sur les biens personnels des associés.

**Constitution de la société.** — La loi exige d'abord le concours de sept personnes au moins, et ne permet pas que le capital social soit supérieur à vingt millions. Il était indispensable de renfermer dans de certaines limites le nombre des associés et le capital social. Les sociétés à responsabilité limitée ont un objet sur lequel il ne faut pas se méprendre, et dont on ne doit pas souffrir qu'elles s'écartent; elles sont instituées pour favoriser, dans l'intérêt des opérations ordinaires du commerce et de l'industrie, les associations de capitaux. Or, une société entre moins de sept associés sera, la plupart du temps, fondée sur les convenances personnelles de ceux qui voudront l'établir, et pour les satisfaire ils pourront employer la forme de la société en nom collectif, ou de la société en commandite. Et s'il s'agit de spéculations ou de travaux auxquels il soit indispensable de consacrer un capital supérieur à vingt millions, on sera évidemment en dehors des opérations d'intérêt privé, objet habituel de l'activité commerciale ou industrielle, et l'on devra recourir soit à la société anonyme, soit à la société en commandite par actions.

**Administration.** — Aux termes de l'art 31 du Code de commerce, les sociétés anonymes sont administrées par des mandataires à temps, révocables, associés ou non, salariés ou gratuits. La loi de 1863 reproduit cette disposition, en exigeant toutefois que les administrateurs soient pris parmi les associés, et qu'ils soient propriétaires, par portions égales, du vingtième du capital social (*Art.* 1 *et* 7). Pour la société, comme pour les tiers, il est très-important que l'administration ne puisse être confiée qu'à ceux qui sont personnellement intéressés au succès de l'entreprise; et pour que cette obligation ne soit pas éludée, il a fallu fixer non-seulement la part du capital social qui doit appartenir aux administrateurs réunis, mais aussi celle dont chacun d'eux doit être individuellement propriétaire.

**Souscription et versement du capital.** — Les sociétés à responsabilité limitée ne peuvent être définitivement constituées qu'après la souscription de la totalité du capital social, et le versement du quart au moins du capital qui consiste en numéraire. Cette souscription et ces versements sont constatés par une déclaration des fondateurs faite par acte notarié. A cette déclaration sont annexés la liste des souscripteurs, l'état des versements effectués et l'acte de société. Cette déclaration, avec les pièces à l'appui, est soumise à la première assemblée générale, qui en vérifie la sincérité. (*Art.* 4.)

Le sens du mot *fondateurs* n'est point déterminé par un texte formel. Mais dans la pratique personne ne se méprendra sur les personnes qu'il désigne. Une société, surtout une société nombreuse, ne se forme point par le consentement spontané de tous ses membres; l'idée première appartient toujours à une ou à quelques personnes, qui, après l'avoir mûrie, cherchent à la propager. Elles sollicitent et obtiennent des adhésions, elles fondent véritablement la société. Le vœu de la loi est que les fondateurs soient associés. Le premier titre ne peut convenir qu'à ceux qui ont droit au second. Un individu qui par ses soins parviendrait à déterminer un certain nombre de capitalistes, de commerçants ou d'industriels à former une société à laquelle il resterait étranger, ne serait qu'un agent, un intermédiaire; on ne pourrait lui donner le titre de fondateur, et considérer comme digne de quelque confiance sa déclaration que le capital est souscrit en entier, et que le quart a été versé.

Les actions ou coupons d'actions ne sont négociables qu'après le versement des deux cinquièmes. Les souscripteurs sont, nonobstant toute stipulation contraire, responsables du total des actions par eux souscrites. (*Art.* 3.)

Lorsqu'un associé fait un apport qui ne consiste pas en numéraire, ou stipule à son profit des avantages particuliers, la première assemblée générale fait apprécier la valeur de l'apport, ou la cause des avantages stipulés. La société n'est définitivement constituée qu'après l'approbation, dans une autre assemblée générale, après une nouvelle convocation. Les associés qui ont fait l'apport, ou stipulé les avantages soumis à l'appréciation et à l'approbation de l'assemblée générale, n'ont pas voix délibérative. Cette approbation ne fait pas obstacle à l'exercice ultérieur de l'action qui peut être intentée pour cause de dol ou de fraude. (*Art.* 5.)

L'article 9 applique aux actes constitutifs des sociétés à responsabilité limitée, les formalités qui sont prescrites par l'article 42 du Code de commerce, pour donner de la publicité aux actes de société en général.

**Sanction des formalités.** — Est nulle et de nul effet, à l'égard des intéressés, toute société à responsabilité limitée, pour laquelle n'ont pas été observées les dispositions exigées en vue de sa constitution, et de la publicité à donner à son existence. Cette nullité ne peut être opposée aux tiers par les associés. (*Art.* 24.) Lorsque la nullité de la société ou des actes et délibérations a été prononcée, les fondateurs auxquels la nullité est imputable, et les administrateurs en fonctions au moment où elle a été encourue, sont responsables solidairement et par corps envers les tiers, sans préjudice des droits des actionnaires.

La même responsabilité solidaire peut être prononcée contre ceux des associés dont les apports, ou les avantages, n'auraient pas été vérifiés et approuvés. (*Art.* 25.)

**Organisation.** — La direction et la surveillance des affaires sociales sont confiées, avec des attributions et des obligations diverses, aux administrateurs, à l'assemblée générale, et à des commissaires spéciaux nommés chaque année.

**Les administrateurs.** — Les administrateurs sont élus par l'assemblée générale ; ils ne peuvent l'être pour plus de six ans ; mais ils sont toujours rééligibles, sauf stipulation contraire. (*Art.* 6.) Ce délai de six ans suffit pour maintenir dans le sein de l'administration l'uniformité de vues, et l'esprit de suite, si utiles pour la bonne direction des affaires; d'un autre côté, les actionnaires ne sont pas privés de la faculté de remplacer ceux des administrateurs qui ne leur paraissent pas devoir être conservés.

Dans la quinzaine de la constitution de la société, les administrateurs sont tenus de déposer au greffe du tribunal de commerce : 1° une expédition de l'acte de société et de l'acte constatant la souscription du capital et du versement du quart ; 2° une copie certifiée des délibérations prises par l'assemblée générale et de la liste nominative des souscripteurs. (*Art.* 8.)

Il est interdit aux administrateurs de prendre ou de conserver un intérêt direct, ou indirect, dans une opération quelconque faite avec la société, ou pour son compte, à moins qu'ils n'y soient autorisés par l'assemblée générale pour certaines opérations spécialement déterminées. (*Art.* 23.)

Les administrateurs sont responsables, conformément aux règles du droit commun, soit envers la société, soit envers les tiers, de tous dommages-intérêts résultant des infractions aux dispositions de la loi, et des fautes par eux commises dans leur gestion.

Ils sont tenus solidairement du préjudice qu'ils peuvent avoir causé, soit aux tiers, soit aux associés, en distribuant, ou en laissant distribuer sans opposition, des dividendes qui, d'après l'état de la société constaté par les inventaires, n'étaient pas réellement acquis. (*Art.* 27.)

**Les assemblées générales**. — Une assemblée générale est, dans tous les cas, convoquée à la diligence des fondateurs, postérieurement à l'acte qui constate la souscription du capital social et le versement du quart du capital qui consiste en numéraire. Cette assemblée nomme les premiers administrateurs ; elle nomme également, pour la première année, les commissaires. (*Art.* 6.)

Il est tenu, chaque année au moins, une assemblée générale à l'époque fixée par les statuts. Les statuts déterminent le nombre d'actions qu'il est nécessaire de posséder, soit à titre de propriétaire, soit à titre de mandataire, pour être admis dans l'assemblée, et le nombre de voix appartenant à chaque actionnaire, eu égard au nombre d'actions dont il est porteur.

Néanmoins, dans les premières assemblées générales appelées à statuer, tous les actionnaires sont admis avec voix délibérative. (*Art.* 12.)

Dans toutes les assemblées générales, les délibérations sont prises à la majorité des voix (*Art.* 13). Les assemblées générales doivent être composées d'un nombre d'actionnaires représentant le quart au moins du capital social. Si l'assemblée générale ne réunit pas ce nombre, une nouvelle assemblée est convoquée, et elle délibère valablement, quelle que soit la portion du capital représentée par les actionnaires présents.

Mais les assemblées qui délibèrent sur l'objet indiqué dans l'article 5, sur la nomination des premiers administrateurs, sur les modifications aux statuts, sur des propositions de continuation de la société au delà du terme fixé pour sa durée, ou de dissolution avant ce terme, ne sont régulièrement constituées, et ne délibèrent valablement qu'autant qu'elles sont composées d'un nombre d'actionnaires représentant la moitié au moins du capital social.

Lorsque l'assemblée délibère sur l'objet indiqué dans l'article 5, le capital social, dont la moitié doit être représentée, se compose seulement des apports non soumis à vérification. (*Art.* 14.)

**Les commissaires**. — Il était indispensable d'organiser un système de contrôle des opérations de l'administration et de sa comptabilité. Il y a été pourvu de la manière suivante.

L'assemblée générale annuelle désigne un ou plusieurs commissaires, associés ou non, chargés de faire un rapport à l'assemblée générale de l'année suivante sur la situation de la société, sur le bilan et sur les comptes présentés par les administrateurs. La délibération contenant approbation du bilan et des comptes est nulle, si elle n'a été précédée du rapport des commissaires.

A défaut de nomination des commissaires par l'assemblée générale, ou en cas d'empêchement ou de refus d'un ou de plusieurs commissaires nommés, il est procédé à leur nomination, ou à leur remplacement, par ordonnance du président du tribunal de commerce du siége de la société, à la requête de tout intéressé, les administrateurs dûment appelés. (Art. 15.)

Les commissaires ont droit, toutes les fois qu'ils le jugent convenable, dans l'intérêt social, de prendre communication des livres, d'examiner les opérations de la société, et de convoquer l'assemblée générale. (Art 16.) L'étendue et les effets de la responsabilité des commissaires envers la société sont déterminés d'après les règles générales du mandat. (Art 26.)

**Prélèvement et Dissolution.** — La loi de 1863 prescrit deux mesures qui sont adoptées dans beaucoup de sociétés, et qui ont paru devoir être aussi avantageuses pour les associés que profitables aux tiers. L'une ordonne de faire annuellement sur les bénéfices nets un prélèvement qui est affecté à la formation d'un fonds de réserve, et qui cesse d'être obligatoire lorsque la réserve a atteint le dixième du capital social (Art. 19); l'autre déclare qu'en cas de perte des trois quarts du capital social, la dissolution de la société doit être prononcée, soit par une délibération de l'assemblée générale, soit par une décision judiciaire; elle fait un devoir aux administrateurs de provoquer la dissolution, et reconnaît à tout intéressé le droit de la demander. (Art. 20 et 21.)

Le fonds de réserve établit une sage et prévoyante compensation entre les résultats de la bonne et de la mauvaise fortune; il emprunte au présent au profit de l'avenir; il est un motif de confiance pour les tiers, une ressource et un élément de crédit pour la société. La dissolution obligée quand les trois quarts du capital social sont perdus, empêchera les gens honnêtes de s'aveugler sur leur situation et de courir à une ruine complète; elle empêchera surtout de tromper le public par une apparence de vie, lorsque, dans la réalité, la société ne peut plus exister.

Presque toutes ces dispositions, aussi bien celles qui concernent les administrateurs, que celles qui sont relatives aux assemblées générales, aux commissaires, au fonds de réserve et aux effets de la perte d'une partie notable du capital social, sont empruntées aux statuts des sociétés anonymes et des sociétés en commandite qui sont le mieux constituées. Elles doivent donc être considérées bien moins comme imposées par l'autorité du législateur, que comme l'expression de la volonté probable des parties intéressées.

Les articles 28 à 32 renferment la sanction pénale de la loi de 1863.

## CHAPITRE XI.

### DES ASSOCIATIONS EN PARTICIPATION.

**Définition.** — *L'Association en participation* est la réunion passagère, que deux ou plusieurs négociants ou sociétés de commerce contractent entre eux, pour *une* ou *plusieurs opérations déterminées* qu'ils conviennent d'entreprendre en commun, sans d'ailleurs réunir le surplus de leurs affaires, et sans mêler aucun autre de leurs intérêts.

Cette association, trouve-t-on dans les observations du Tribunat, est d'une nature tellement différente des trois autres espèces de société, que deux sociétés permanentes peuvent contracter ensemble une société en participation sans se fondre l'une dans l'autre.

Si la loi n'a pas rangé l'association en participation au nombre des sociétés proprement dites, c'est parce qu'elle diffère des autres sociétés par son essence. Tandis, en effet, que les autres sociétés sont des êtres moraux qui, ont un nom distinctif sous lequel elles s'offrent à la confiance publique, l'association en participation *a seulement pour objet quelques opérations déterminées*, qui souvent sont faites par un des participants, lequel ne doit à l'autre qu'un compte qui détermine la part de chacun dans les profits et les pertes.

**Caractère de cette association.** — Il est très-difficile de préciser le caractère de cette association.

*Premier système.* — La loi n'a pas donné de définition de l'association en participation. La question de savoir si une société commerciale est une association en participation, est une question de fait. Appréciation.

*Second système.* — On reconnaît qu'une association est *en participation*, à ce que son objet est *limité*. Le Code de commerce s'est exprimé ainsi : les associations en participation sont relatives à *une ou plusieurs opérations de commerce* (*Art.* 48). L'association en participation a toujours pour objet une entreprise particulière : l'opération terminée, la société est dissoute.

*Troisième système.* — La spécialité de l'objet n'est pas le caractère distinctif de l'association en participation. Ce qui distingue cette association, c'est que les parties conviennent que les opérations seront faites sous le nom de *l'une d'elles*, et non pas *en nom commun*. Savary et Pothier appelaient ces sociétés *anonymes*, parce qu'elles n'étaient pas connues du public, la partie qui s'obligeait se liant *seule* vis-à-vis des tiers. Le Code de commerce a conservé les mêmes principes; aussi voyons-nous que ces associations ne sont soumises à aucune condition de publicité.

On comprend combien il est important de bien constater si telle association est en participation, ou une société de celles dont nous avons exposé les règles dans les chapitres précédents. L'association en participation est un contrat purement consensuel, qui n'est soumis à aucune formalité d'écriture ou de publicité, et qui peut être prouvé beaucoup plus facilement que les autres sociétés.

Les associations en participation sont bien plus anciennes que les autres sociétés. Quand le commerce se faisait par caravane, et que l'armement d'une galère ou d'un navire passait les forces d'un particulier; quand les expéditions marchant en convoi, on trouvait prudent de mettre en commun les charges des cargaisons; quand, plus tard, on allait aux foires faire les achats, on se réunissait pour s'assurer mutuellement, ou pour ne pas se faire concurrence. Les annales les plus antiques des villes commerçantes d'Italie, leurs statuts de toutes les époques, et les anciennes lois commerciales de tous les peuples depuis le Moyen-Age, font souvent mention de ces sociétés.

Plus circonscrites que les autres dans leur sphère d'activité, et, en général, formées instantanément entre des personnes de toutes conditions, ces associations ne relèvent en quelque sorte que de la convention des parties. C'est là, d'abord, qu'on doit chercher la règle des rapports respectifs des participants, de leurs obligations et de leurs droits. Subsidiairement, il faut se reporter au droit commun, en ce qu'il a de compatible avec la nature particulière de la convention.

L'association en participation est une personne morale,

comme la société civile; elle ne diffère de la société civile que par la nature commerciale de son objet[1].

De plus, la loi commerciale *reconnaît* les associations commerciales en participation, ce qui leur attribue le caractère de *personne*. Mais la Cour de cassation n'a pas consacré cette opinion. Pour elle, dans l'association en participation tout est individuel, les mises ne sont pas confondues, les parties qui s'obligent sont seules connues des tiers. Voir, notamment, un arrêt du 5 mai 1858.

La conséquence de la personnalité des associations en participation, serait d'affecter le patrimoine social au paiement des créances de la société par préférence aux créanciers personnels de chacun des associés, et de n'admettre les créanciers particuliers des associés à se faire payer sur les fonds sociaux, qu'après l'entier désintéressement des créanciers de la société.

**Règlement de ces associations.** — Les associations en participation se règlent par des conventions purement accidentelles; c'est aux participants à déterminer les proportions d'intérêt et les conditions qui leur servent de loi. Il n'en résulte point pour le public un établissement, une maison de commerce, un corps moral qui ait son assiette et son domicile. Les participants sont libres de régler leur intérêt dans les rapports et la proportion qu'ils jugent à propos, en tant que l'équité n'est pas blessée. Les associations en participation sont rela-

[1] Les sociétés civiles sont des personnes morales. Malgré quelques textes du Code Napoléon, qui semblent exclure l'idée de personnalité pour les sociétés civiles (art. 1849, par exemple), c'est, en définitive, le système de la personnalité des sociétés, qui a pris place dans notre législation. L'article 1860 du Code Napoléon s'exprime ainsi : L'associé qui n'est pas administrateur ne peut aliéner, ni engager, les choses même mobilières qui *dépendent de la société*. Or, Pothier, d'accord avec les jurisconsultes romains, permettait à l'associé d'aliéner et d'engager les choses dépendantes de la société, *pour la part qu'il y avait*.

tives à une ou plusieurs opérations de commerce; elles ont lieu pour les objets, dans les formes, avec les proportions d'intérêt, et aux conditions convenues entre les participants. (*Art. 48, Code de com.*)

**Rapports des associés entre eux.** — Les associés doivent, en général, se rendre un compte réciproque des profits et des pertes faits dans la société. Lorsque l'acte de société ne détermine point la part de chaque associé dans les bénéfices ou pertes, la part de chacun est *en proportion de sa mise dans le fonds de la société* (*Art. 1853. Code Napoléon*). De plus, comme la loi ne prohibe que les conventions qui donneraient à l'un des associés la totalité des bénéfices, ou l'affranchiraient de toute contribution aux pertes, les associés en participation pourront valablement combiner les règles de la participation avec celles de la commandite, et convenir que tel participant, qui fournira telle somme, ne sera passible des pertes que dans les limites de sa mise.

**Obligations des associés à l'égard des tiers.** — 1° Les tiers qui auront contracté avec le gérant *agissant en cette qualité*, auront une action directe et personnelle contre lui, et l'association en participation étant une personne juridique, ils auront encore, comme créanciers de la société, un droit exclusif sur le fonds social.

2° Les tiers n'auront aucune action contre les simples participants restés étrangers à la gestion. Mais si les participants avaient donné un mandat à celui qui a traité, ou s'ils avaient ratifié l'acte passé, ils seraient évidemment obligés.

**Solidarité.** — Dans le cas où les participants seraient tous obligés, ils le seraient *solidairement*. La solidarité, en matière commerciale, existe *de plein droit* et sans qu'il soit nécessaire de la stipuler[1].

[1] Suivant une opinion opposée, la solidarité ne peut exister de plein

Les participants restés étrangers à la gestion ne sont pas tenus vis-à-vis des tiers. Mais s'ils ont profité de ce qui a fait l'objet de la convention, ne peuvent-ils pas être poursuivis pour ce dont ils ont profité ?

| Ils peuvent être poursuivis. | Ils ne peuvent pas être poursuivis. |
|---|---|
| Nul ne peut s'enrichir aux dépens d'autrui. Il s'agit d'une question d'équité. | Le tiers qui a contracté avec le gérant n'avait en vue que le gérant, et a considéré les garanties du gérant comme suffisantes. Si le participant a retiré quelques profits de la convention, c'est par un fait complétement étranger au tiers ; le tiers ne peut s'adresser qu'au seul gérant. C'est l'opinion qui paraît prévaloir. |

**Preuve des associations en participation.—** Les associations en participation peuvent être constatées par la représentation des livres, de la correspondance, ou par *la preuve testimoniale*, si le tribunal juge qu'elle peut être admise (*Art.* 49, *Code de com.*). La loi admet donc *la preuve testimoniale*, sans même qu'il y ait de commencement de preuve par écrit, et bien que l'objet de la société excède la somme de 150 francs. Toutefois l'admission de cette preuve est laissée à l'arbitrage du juge. Les associations en participation ne se formant pas toujours entre négociants qui ont des livres, et ayant souvent lieu, surtout dans les foires, par des conventions verbales, cette dérogation au droit commun a paru nécessaire.

Les associations en participation n'ont besoin ni de publication, ni même d'actes écrits, parce qu'elles n'intéressent que les co-partageants, que la connaissance de leurs opérations est entièrement indifférente aux tiers,

droit entre les associés en participation. Le Code de commerce (art. 22) n'impose la solidarité qu'aux associés en nom collectif, et, par conséquent, il en doit être autrement pour les associés en participation.

qu'une pareille société n'a point de siége légal où l'on puisse intenter une action. Le plus souvent la participation se forme par correspondance, et l'on ne dresse pas d'acte proprement dit pour la constater.

L'article 49 du Code de commerce, relatif au mode de constater les associations en participation, ne borne pas l'effet de sa disposition aux associés, mais il ne l'étend pas aux tiers ; il laisse aux juges une latitude qui leur permet de se déterminer d'après les circonstances.

Les associations commerciales en participation ne sont pas sujettes aux formalités prescrites pour les autres sociétés. (*Art.* 50, *Code de com.*)

La disposition du § 5 de l'art. 59 du Code de procédure civile, qui veut que le défendeur soit assigné en matière de société, tant qu'elle existe, devant le juge du lieu où elle est établie, n'est point applicable aux sociétés en participation, qui ne consistent point dans une série d'affaires, n'ont point d'assiette, et cessent d'exister dès que la négociation particulière pour laquelle elles ont eu lieu est finie.

---

# CHAPITRE XII.

### DISSOLUTION DES SOCIÉTÉS ; LIQUIDATION ; PARTAGE.

**Dissolution de plein droit.** — Les sociétés se dissolvent, *de plein droit*, par :

1° Le consentement mutuel des parties [1] ;

2° L'expiration du temps pour lequel la société a été contractée ;

---

[1] Quant à la dissolution par *la volonté d'un seul*, elle ne s'applique qu'aux sociétés commerciales de personnes, et non à celles de choses.

10.

3° L'extinction de la chose [1], ou la consommation de la négociation;

4° La mort;

5° L'interdiction judiciaire, la déconfiture ou la faillite [2].

6° La volonté qu'un seul ou plusieurs des associés expriment de ne plus être en société, lorsqu'il s'agit d'une société dont la durée est illimitée, et lorsqu'il s'agit de *sociétés de personnes*.

**Dissolution par voie d'action.**—En outre de ces cas, il est encore des causes de dissolution *par voie d'action*, qui sont abandonnées à l'appréciation des tribunaux. L'article 1871 du Code Napoléon porte que la dissolution des sociétés à terme peut être demandée par l'un des associés avant le terme convenu, *s'il y en a de justes motifs*, comme lorsqu'un autre associé manque à ses engagements, ou lorsqu'une infirmité habituelle le rend inhabile aux affaires de la société. Dans ce cas les dommages-intérêts seront proportionnés à tout le préjudice que l'inexécution de l'obligation, ou le retard dans l'exécution aura causé à la société.

L'inexécution des engagements constituant une infrac-

---

[1] Ce qui comprend trois cas : 1° la perte de la chose qui fait l'objet de la société; 2° l'anéantissement du fonds social, soit en totalité, soit en assez grande partie pour que la société soit condamnée à l'inaction; 3° le cas où la chose qui constitue l'apport d'un des associés a péri. Il s'agit dans ce dernier cas d'une simple promesse de rendre ultérieurement la société propriétaire d'une chose dont la propriété reste jusque-là à l'associé. (V. *Art.* 1867, *Code Nap.*)

[2] Et l'interdiction légale qui a remplacé la mort civile. Quant à la *faillite,* la Cour de cassation a décidé en 1858 (7 *déc.*), que s'il est incontestable que la faillite, comme le décès de l'un des associés, entraîne la dissolution de la société, il n'est pas moins certain qu'il en est autrement lorsque les associés, majeurs et maîtres de leurs droits, consentent d'un commun accord à la continuation de la société.

tion au contrat de société, tous les associés, hormis celui ou ceux qui sont coupables de cette inexécution, auront qualité pour demander, en leur nom personnel, l'exécution de l'engagement, ou la dissolution.

**Différence pratique entre l'une et l'autre dissolution.** — La différence pratique entre les causes de dissolution *de plein droit,* et les causes *par voie d'action* est importante.

| Causes de dissolution *de plein droit.* | Causes de dissolution *par voie d'action.* |
|---|---|
| La société est dissoute *dès le moment* de l'événement qui opère la dissolution. Il n'y a plus entre les associés qu'une simple communauté d'intérêts; mais il n'y a plus de société. | La dissolution n'a pas lieu par le fait de l'existence de la cause. Suivant les uns, la société finira *au moment de la demande.* Suivant les autres, *du moment où le tribunal aura prononcé la dissolution.* |

La dissolution de la société par la mort, l'interdiction, la déconfiture ou la faillite de l'un des associés, s'applique à toutes les sociétés commerciales qui ont été formées en considération de la personne des associés, telles que les sociétés en nom collectif, les sociétés en commandite (lorsque la commandite n'a pas été formée par actions; car dans ce cas les associés paraissent avoir consenti à ce que chacun d'eux puisse se faire remplacer par qui bon lui semblera); quant aux sociétés anonymes, et aux sociétés en commandite formées par actions, il n'en saurait être de même, ces sociétés étant plutôt faites en considération des *capitaux* que *des personnes.*

S'il a été stipulé qu'en cas de mort de l'un des associés, la société continuerait avec son héritier, ou seulement entre les associés survivants, ces dispositions seront suivies. (*Art.* 1868, *Code Napoléon.*)

**Publicité de la dissolution.** — La dissolution

n'est pas opposable aux tiers ou à l'administrateur qui ont été de bonne foi. D'où la conséquence que la dissolution doit être rendue publique; à moins que la cause de dissolution n'ait d'avance été énoncée dans l'extrait qui a été publié de l'acte de société, ou dans l'acte même de société, s'il s'agit d'une société anonyme. Que si la société n'avait pas été rendue publique au moment de la formation, sa dissolution ne devrait pas moins être publiée (*Cass.* 9 *juil.* 1833, *et* 29 *janv.* 1838). Au reste, la publicité n'est pas requise seulement pour la constitution et la dissolution des sociétés; elle l'est également pour toutes les modifications qui peuvent être faites à leur constitution première.

**Effet de la dissolution.** — L'effet de la dissolution de la société, est d'établir entre les associés une *communauté d'intérêt* à laquelle la *liquidation* et le *partage* devront mettre fin. Il n'y a plus de société; la réunion des associés ne constitue plus une personne morale; il n'y a plus d'intérêt, ni de lien social.

**Liquidation.** — La liquidation est l'opération (commerciale) qui a pour but de déterminer l'excédant de l'actif sur le passif, ou réciproquement du passif sur l'actif.

**Liquidateurs.** — Il sera procédé à la liquidation par des gérants nommés *liquidateurs*, pris tant parmi les associés eux-mêmes que parmi les personnes étrangères à la société, et nommés soit par l'acte social lui-même, soit par un acte postérieur, pendant l'existence de la société, ou après la dissolution, soit enfin par le tribunal si les associés ne peuvent pas s'accorder sur le choix.

Pour opérer la liquidation, les valeurs de la société devront être converties en argent, les marchandises seront vendues, les créances recouvrées, et les dettes devront aussi être acquittées.

Les liquidateurs feront d'abord inventaire; ils dresseront des états de situation, et les communiqueront aux intéressés; ils tiendront aussi des registres de liquidation, et y inscriront toutes leurs opérations. Leur première attribution est de conserver l'actif; la seconde, de régler les comptes de la société avec les associés.

**Pouvoirs des liquidateurs.** — Les pouvoirs des liquidateurs sont, en général, les mêmes que ceux d'un mandataire, toutefois il leur est permis dans certains cas, de faire d'autres actes que ceux de pure administration. Nous venons de dire que les liquidateurs devront opérer le recouvrement des créances, satisfaire les créanciers de la société, vendre les marchandises; ils ne pourront ni transiger, ni compromettre; ils ne vendront pas les immeubles de la société dissoute; ils ne céderont pas les créances échues; ils n'emprunteront pas, ils n'hypothéqueront pas; ces actes, en effet, ne font pas partie de la liquidation.

Ajoutons qu'à partir de la dissolution la société ayant perdu son caractère de personne juridique, et ne formant plus qu'une masse commune, les liquidateurs représentent cette masse, et peuvent l'obliger, en agissant au nom de la liquidation, comme mandataires des intéressés dans la masse commune; mais sans représenter les associés, et sans les obliger.

**Partage.** — Après la liquidation vient le *partage*. Le partage est l'opération qui consiste à *attribuer en toute propriété à chacun des co-partageants une portion déterminée de la chose, sur laquelle il n'avait auparavant qu'un droit indivis.*

Comme en matière de succession, le partage est *déclaratif* et non *translatif* de propriété, c'est-à-dire que le partage ne sert qu'à déclarer quelles sont les parts des co-associés, chaque co-associé étant supposé avoir été saisi exclusivement de sa part au moment de la dissolution de la société, et n'avoir jamais eu de droit sur les autres parts.

Les règles concernant le partage des successions, la forme de ce partage, et les obligations qui en résultent entre les cohéritiers, s'appliquent aux partages entre associés (*Code Napoléon, art.* 1872). Ainsi le partage entre associés pourra-t-il être attaqué pendant dix ans pour cause de lésion de plus du quart ; ainsi il y aura lieu à la garantie des lots ; ainsi les créanciers auront-ils le droit d'intervenir au partage pour empêcher qu'il ne soit fait au préjudice de leurs droits, etc. Quant à l'effet déclaratif du partage, il ne peut remonter qu'à l'époque de la dissolution ; car, dans le droit actuel, les sociétés étant des personnes juridiques, tant que la société subsiste il n'y a pas de copropriété, pas d'indivision. La jurisprudence et la doctrine sont très-divisées sur la question de savoir si le *retrait successoral* est applicable au partage des sociétés. La négative paraît l'emporter.

**Prescription des actions contre les associés non-liquidateurs.** — Toutes actions contre les associés non liquidateurs et leurs veuves, héritiers ou ayant-cause, sont prescrites *cinq ans* après la fin ou la dissolution de la société, si l'acte de société qui en énonce la durée, ou l'acte de dissolution, a été affiché ou enregistré conformément aux articles 42, 43, 44 et 46, et si, depuis cette formalité remplie, la prescription n'a été interrompue à leur égard par aucune poursuite judiciaire. (*Art.* 64, *Code de com.*)

Le Code a introduit cette prescription très-courte, afin que les associés qui, après la dissolution de la société, se livrent le plus souvent à de nouvelles spéculations, ne soient pas troublés dans leur position [1]. Mais,

---

[1] On soutient, quoique ce soit contesté, que cette prescription ne sau-

il faut distinguer entre les actions que les tiers exercent contre les associés non liquidateurs et leurs veuves, héritiers ou ayant-cause, et l'action des associés contre leurs co-associés. Dans le premier cas, il y a lieu à la prescription de *cinq ans*, et dans le second cas, à la prescription *trentenaire*. Les créanciers ne peuvent se plaindre de cette prescription de cinq ans, que la loi fait courir contre eux, car ils sont avertis par les affiches de la dissolution de la société, et ils peuvent *interrompre* la prescription.

La prescription de cinq ans commence à courir du jour où la société finit, lorsque l'acte de société qui en énonçait la durée a été soumis aux formalités de la publicité dont nous avons parlé; et, s'il y a dissolution anticipée, dès que l'acte de dissolution a été affiché et enregistré.

Cette prescription ne court contre les mineurs qu'à partir du jour de leur majorité. L'article 64 du Code de commerce ne fait pas exception au droit commun, qui ne veut pas que la prescription coure contre les mineurs. (*Art. 2252, Code Napoléon.*)

La prescription de cinq ans existe-t-elle pour les associés liquidateurs?

Elle existe pour les associés non liquidateurs et liquidateurs.

Il faut reconnaître deux qualités dans les associés liquidateurs : 1° celle d'*associés*, et 2° celle de *liquidateurs*. Comme *associés*, ils jouissent de la prescription de cinq ans; mais, comme *liquidateurs*, ils

Elle n'existe que pour les associés non-liquidateurs.

La loi commerciale (art. 64) est formelle sur ce point Si les non-liquidateurs ne sont soumis qu'à une prescription de cinq ans, c'est qu'ils remettent d'ordinaire tous les documents et tous les titres aux liquida-

rait s'appliquer aux sociétés commerciales de choses, aux sociétés par actions, les actionnaires n'étant pas tenus solidairement des dettes de la société.

seront soumis pendant trente ans aux actions des créanciers.

teurs, et qu'ils restent ainsi sans défense. Les liquidateurs, eux, restent en possession de tous les titres et documents.

Le liquidateur sera donc soumis à la prescription ordinaire; toutefois, lorsqu'il sera poursuivi, il aura une action *récursoire* contre les autres associés non-liquidateurs, action qui aura pour objet de ne demander à ces non-liquidateurs *que leur part et portion* dans la dette.

Il y a même des auteurs qui refusent tout recours aux liquidateurs contre les associés non-liquidateurs, en prétendant que toutes les actions sont prescrites au profit de ces derniers par les cinq ans expirés.

## La prescription existe-t-elle au profit des associés, en cas de faillite de la société?

La prescription de cinq ans existe au profit des associés.

La loi n'a pas distingué si la société est solvable, ou si elle ne l'est pas. C'est, d'ailleurs, lorsque les créanciers n'ont pas l'espérance d'être satisfaits, qu'ils ont intérêt à agir. Admettre la prescription pour les cas où il n'y aurait jamais lieu de l'appliquer, serait inutile.

La prescription de cinq ans n'existe pas au profit des associés.

Sur quoi est fondée la prescription de cinq ans? Sur la présomption que les associés ont remis aux liquidateurs de quoi payer les créanciers. Or, on ne peut admettre cette présomption lorsque la société est en faillite, car l'état de faillite fait supposer que l'actif est inférieur au passif.

# CHAPITRE XIII.

## CONTESTATIONS ENTRE ASSOCIÉS.

**Historique de la matière**. — Avant la loi du 17 juillet 1856, les contestations entre associés étaient jugées par des *arbitres*, c'est-à-dire par de simples particuliers que les parties se choisissaient pour juges. Seulement, dans les matières de société de commerce l'arbitrage était *forcé*. La législation qui le régissait se composait de la section II, du titre III, livre I du Code de commerce, à l'insuffisance de laquelle on suppléait par les dispositions du Code de procédure sur l'arbitrage volontaire.

Les avantages de l'arbitrage forcé pour les contestations entre associés, et à raison de la société, étaient nombreux. Cette institution permettait de faire juger les contestations sociales sans publicité, et de ménager ainsi le crédit des associés ; elle facilitait les réconciliations, puisque les arbitres étant choisis par les parties, étaient plus à même par les relations qu'ils avaient avec elles, de leur conseiller des transactions ; enfin elle donnait l'espérance d'instructions plus consciencieuses, les arbitres se trouvant nécessairement mieux en position de vérifier les documents, de dépouiller les livres et la correspondance, que des juges ordinaires connaissant d'un litige avec tout l'appareil de la justice. « Cette juridiction, disait Savary, était fort judicieuse, parce qu'il vaut mieux s'en rapporter à des marchands des difficultés que l'on a, qui terminent les affaires en peu de temps, sans frais, et qui entendent en matière de commerce, que de s'en-

gager par devant des juges à des procès où l'on perd
tout son temps. »

Cependant cette ancienne institution avait, dès 1807,
été déjà l'objet de vives critiques. On lui reprochait
d'être la satire de l'administration judiciaire ; « au lieu
de simplifier les affaires, elle ne savait que les em-
barrasser et les ralentir ; la loi devrait donc se borner
à permettre la voie amicale de l'arbitrage volontaire ;
les associés bien intentionnés en useraient avec avantage,
tandis que ceux qui ne le sont pas ne pourraient en abuser pour éterniser les procès, dont la loi veut accélérer la
fin.» On ajoutait même qu'il résulte souvent de l'arbitrage
forcé des frais inutiles, « parce que le tribunal renvoie
devant des arbitres des contestations d'un mince intérêt
qu'il aurait pu juger lui-même. » Enfin des cours avaient
pu dire que : « l'arbitrage forcé était une ancienne erreur, contre laquelle l'expérience avait prémuni, et qu'il
fallait détruire. » Malgré ces attaques, l'arbitrage forcé
avait été conservé dans le Code de commerce, parce
qu'il était « si ancien, disait Cambacérès, qu'il devenait
difficile de l'abroger. »

Qu'y avait-il de fondé dans ces critiques? Les partisans les plus décidés de l'arbitrage forcé reconnaissent
eux-mêmes que cette juridiction offrait plusieurs inconvénients. D'abord il était assez difficile de composer le
tribunal arbitral ; souvent il arrivait que les arbitres se
départaient, étaient récusés, ou se trouvaient dans l'impossibilité de remplir leur mission. En second lieu, lorsque c'étaient les parties qui les avaient nommés, ils
étaient plus portés à se considérer comme les défenseurs
de celle des parties qui les avait choisis, que comme
des juges impartiaux. La procédure ne gagnait rien en
célérité, parce qu'ils n'avaient point une autorité suffisante pour lui imprimer une allure rapide ; quant à l'é-

conomie, en ce qui concernait les frais, elle était à peu
près illusoire, les arbitres réclamant parfois des honoraires exorbitants. L'exposé des motifs de la loi du 17 juillet 1856 a ainsi résumé les reproches dont l'arbitrage forcé pouvait être l'objet : « La justice arbitrale n'est pas
rendue par des commerçants; les arbitres sont généralement des hommes d'affaires ou des hommes de loi.
Les délais sont plus longs que devant les tribunaux.
Quand il s'élève une contestation, si un des associés ré-
siste, il faut aller d'abord devant le tribunal pour faire
ordonner le renvoi devant des arbitres, y retourner pour
faire nommer les arbitres, à défaut de désignation par
les parties; s'il y a partage, il faut recourir à un sur-ar-
bitre. Que de délais encore, en cas de décès, d'absence
ou de déport d'un des arbitres? Les frais, loin d'être di-
minués, sont plus considérables : la justice rendue par
les magistrats consulaires et civils est gratuite, la justice
arbitrale ne l'est pas. Peut-on voir encore dans les sociétés l'image de la famille, au milieu du mouvement général qui crée et développe chaque jour tant de sociétés
commerciales dont le capital est immense, et le nombre
d'actionnaires infini? Si dans des sociétés si nombreuses
des contestations s'élèvent, chaque associé ayant le
droit de nommer son arbitre, il arrive que le tribunal
rbitral peut se trouver composé d'un nombre de juges
lus considérable que celui de la cour de Paris tout en-
ière, et qu'il y a les plus grands inconvénients pour
grouper les intérêts, classer les voix, et arriver à un
résultat. Enfin, la juridiction arbitrale ne présente pas non
plus la même garantie d'impartialité que les tribunaux ».

Il n'est donc pas étonnant que la suppression, ou tout
u moins la modification de l'arbitrage forcé aient été
emandées. Depuis longtemps les principaux organes du
ommerce, chambres et tribunaux, avaient exprimé le

vœu de voir réformer cette partie de notre législation commerciale. Le législateur de 1856 a répondu à ce vœu par une mesure radicale. Il a supprimé l'arbitrage forcé en matière de sociétés de commerce. La loi du 17 juillet 1856 a donc abrogé les art. 51 à 63 du Code de commerce.

Les associés pourraient-ils, nonobstant la loi qui supprime l'arbitrage, se soumettre volontairement, par une clause insérée dans l'acte constitutif de la société, à la juridiction arbitrale? La loi est muette sur ce point. Toutefois le rapporteur de la commission du Corps législatif a laissé entrevoir une opinion négative. « Conduits par l'examen et la réflexion à la suppression de l'arbitrage forcé, nous n'avons plus eu, a-t-il dit, qu'à nous demander si les parties ne pourraient pas volontairement s'y soumettre dans l'acte constitutif de la société; en d'autres termes, s'il n'y aurait pas lieu de trancher, en matière de société commerciale, la question tant controversée de la validité de la clause compromissoire. Nous ne l'avons point pensé. Il nous a paru, au contraire, que la voie de l'arbitrage volontaire restant toujours ouverte aux parties, leurs véritables intérêts étaient suffisamment satisfaits par la faculté de compromettre. A notre sens, la juridiction arbitrale n'est bonne qu'alors qu'elle est véritablement amiable et volontaire, alors que les parties choisissent leurs juges, librement et sans contrainte, pour un litige né et actuel, au jugement duquel elles peuvent réellement appliquer des aptitudes spéciales. Mais autoriser les associés à s'engager par avance, et le plus souvent sans réflexion, à faire juger par des arbitres inconnus des contestations ignorées, c'était permettre de rétablir par une convention l'arbitrage forcé, désormais effacé de la loi, et nous ne pouvons pas nous rendre coupables d'une pareille inconséquence. »

M. Romiguière n'admettrait la validité de la clause compromissoire, qu'autant que cette clause contiendrait les noms des arbitres, et qu'elle désignerait les objets en litige, conformément à l'art. 1006 du Code de procédure civile. Mais il fait observer que sa solution aurait pour conséquence d'anéantir l'usage des clauses compromissoires, vu l'impossibilité presque insurmontable de satisfaire, par anticipation, au vœu de cet article.

L'opinion de M. Bravard-Veyrières paraît préférable, Suivant ce jurisconsulte il doit être loisible aux parties, en formant un contrat de société, et en y insérant à cet effet une clause spéciale, de s'en remettre pour le jugement des difficultés auxquelles l'exécution de ce contrat pourrait donner lieu, à des arbitres qu'elles se réserveraient de nommer, ou que le tribunal nommerait à leur défaut. Une semblable convention n'aurait rien de contraire à l'art. 1006, car, si au moment où l'on forme un contrat, on ne peut encore, en connaissance de cause, choisir des arbitres pour prononcer sur des difficultés à naître, on peut, du moins, très bien apprécier dès lors les avantages ou les inconvénients qu'offre la soumission de ces difficultés à des arbitres, plutôt qu'à la juridiction ordinaire ; autre chose, en effet, est la nomination d'arbitres, autre chose la convention par laquelle on s'engage simplement à en nommer, ou à s'en rapporter à la justice pour leur nomination. Le Code de commerce ayant formellement reconnu la validité de la clause compromissoire en matière d'assurance (*Art.* 332), pourquoi ce qui est permis dans cette matière ne le serait-il pas en matière de sociétés? Est-ce qu'au moment où se forme la société, les associés n'ont pas tous les éléments nécessaires pour apprécier les avantages ou les inconvénients 'il peut y avoir pour eux à préférer la juridiction arbitrale à la juridiction ordinaire? Quel est le texte de loi, quelle est la raison d'ordre public ou d'intérêt général, qui prohibe la soumission anticipée à des arbitres? Il n'en existe point, la solution contraire serait une restriction à la liberté des conventions, inconciliable avec l'art. 332, arbitraire, et que ne justifieraient aucun texte, aucun principe [1].

L'arbitrage forcé étant seul supprimé, l'arbitrage volontaire sera toujours possible.

**Compétence actuelle.** — Les contestations entre associés sont donc jugées, depuis 1856, par les tribunaux de commerce. L'art. 631 du Code de commerce est modifié ainsi qu'il suit : les tribunaux de commerce connaîtront : 1° des contestations relatives aux engagements et transactions entre négociants, marchands et banquiers; 2° des contestations entre associés, pour raison d'une société de commerce; 3° de celles relatives aux actes de commerce entre toutes personnes (*Art. 2*). Ainsi donc, après avoir supprimé par l'art. 1er l'arbitrage forcé, le législateur, par l'art. 2, donne attribution aux tribunaux de commerce pour connaître des contestations entre associés, en matière de sociétés commerciales. C'est en cela que consiste la modification de l'art. 631 du Code de commerce. Quant aux contestations sur les sociétés purement civiles, elles restent dévolues aux tribunaux civils qui sont les juges du droit commun. Ainsi les contestations sociales pour l'exploitation d'une mine, par exemple— société civile de sa nature aux termes de la loi de 1810 — seront de la compétence des tribunaux civils, à moins que cette société ne soit devenue commerciale par la forme de ses statuts, ce qui arriverait si elle était constituée en commandite par actions.

[1] La jurisprudence a une tendance prononcée à admettre la nullité de la clause compromissoire.

**Clauses compromissoires antérieures à 1856**. — C'est une question controversée, de savoir si les clauses compromissoires antérieures à la loi du 17 juillet 1856, continueront à produire leur effet? Pour la négative on allègue que lorsqu'une juridiction ou un mode de procéder sont supprimés, personne ne peut en demander le maintien, sous prétexte qu'il s'agit de statuer sur les effets d'actes ou de conventions formés au moment où, soit la juridiction, soit la forme de procéder existaient. On objecte encore que l'art. 3 ne permet de continuer que les *procédures commencées* avant la promulgation de la loi.

Mais l'opinion affirmative paraît préférable. Formée sous l'empire d'une législation qui l'autorisait, la clause compromissoire a créé des rapports et conféré des droits qui doivent être à l'abri de tout changement de législation. Cette clause ne serait d'ailleurs, désormais, que la constitution *volontaire* d'un tribunal arbitral, que la loi n'a pas interdite. La promesse que se sont faite réciproquement des parties, de soumettre leurs différends à des arbitres, doit recevoir son exécution; elle était valable et efficace quand elle a été faite; elle l'est encore aujourd'hui, parce que si l'arbitrage forcé n'existe plus, l'arbitrage volontaire n'est pas prohibé.

**Mesure prise dans l'intérêt des associés**. — La publicité des débats sociaux pouvant causer un grave préjudice au crédit de la société et des associés, on préviendra ce danger en ordonnant le huis-clos, dans les cas où cela paraîtra nécessaire. Lors de la discussion de la loi dans les bureaux, on avait présenté un amendement qui permettait aux juges d'ordonner le huis-clos dans les causes entre associés en nom collectif, sur la réquisition d'une des parties. Mais la commission du Corps législatif a repoussé cet amendement, parce qu'elle a pensé que l'art. 87 du Code de procédure, applicable aux tribunaux de commerce, le rendait inutile.

---

## CHAPITRE XIV.

### DE LA SÉPARATION DE BIENS.

**Législation de la séparation de biens.** — Toute demande en séparation de biens sera poursuivie, instruite et jugée conformément à ce qui est prescrit au Code Napoléon, livre III, titre V, chap. II, sect. III, et au Code de procédure civile, 2e partie, livre I, titre VIII.

Il y a deux sortes de séparations de biens : la séparation de biens *contractuelle* et la séparation de biens *judiciaire*.

**Séparation contractuelle.** — La séparation de biens *contractuelle* est celle qui résulte du contrat de mariage des parties. Nous avons indiqué plus haut les conditions de publicité des conventions matrimoniales.

**Séparation judiciaire.** — La séparation de biens *judiciaire*, est celle qui résulte d'un jugement rendu pendant le mariage. Elle ne peut être poursuivie qu'en justice par la femme dont la dot est *mise en péril*, et lorsque le désordre des affaires du mari *donne lieu de craindre* que les biens de celui-ci ne soient pas suffisants pour remplir les droits et reprises de la femme. *Toute séparation volontaire est nulle.* (Art. 1443, *Code Nap.*)

Pour que la séparation de biens judiciaire soit demandée, il faut donc que *la dot de la femme soit en péril*. Mais la femme qui n'aurait pas de dot n'en pourrait pas moins poursuivre la séparation de biens, et dans plusieurs cas elle y aurait intérêt. Je suppose que la femme par sa propre industrie alimente la communauté. Si le désordre du mari dissipe les fruits du travail de la femme, elle a intérêt à demander la séparation de biens. Il en est de même pour toute fortune qu'elle peut espérer dans l'avenir.

**Personnes qui peuvent la demander.** — La femme seule a le droit d'intenter la demande en séparation de biens. Le mari, chef et administrateur des biens de la femme, ne saurait avoir ce droit. Les créanciers du mari ne sauraient l'avoir non plus; car, s'ils peuvent exercer les droits et actions de leur débiteur, ils ne peuvent exercer les droits qui sont exclusivement attachés à la personne. Or, le droit de demander la séparation de biens est un droit essentiellement attaché à la personne. Les créanciers personnels de la femme ne peuvent, sans son consentement, demander la séparation de biens. On n'a pas voulu que des tiers, animés seulement par un intérêt pécuniaire, pussent jeter le trouble dans un ménage; le droit de demander la séparation de biens est un droit personnel à la femme. Néanmoins, en cas de faillite ou de déconfiture du mari, ils peuvent exercer les droits de leur débitrice, jusqu'à concurrence du montant de leurs créances. (*Art.* 1446, *Code Nap.*)

**Procédure de la séparation.** — La demande en séparation de biens doit être portée au tribunal civil d'arrondissement du domicile du mari. Aucune demande en séparation de biens ne pourra être formée sans une autorisation préalable que le président du tribunal devra donner à la femme sur la requête qui lui sera présentée à cet effet. Le président pourra, avant de donner l'autorisation, faire les observations qui lui paraîtront convenables. (*Art.* 865, *Code de proc.*) Le greffier du tribunal inscrira, sans délai, sur un tableau placé à cet effet dans l'auditoire, un extrait de la demande en séparation,

11.

qui contiendra : 1° la date de la demande ; 2° les noms, prénoms, profession et demeure des époux ; 3° les nom et demeure de l'avoué constitué, qui sera tenu de remettre à cet effet ledit extrait au greffier, dans les trois jours de la demande. Pareil extrait sera inséré dans les tableaux placés à cet effet dans l'auditoire du tribunal de commerce, dans les chambres d'avoués de première instance, et dans celles des notaires. (Insertions certifiées par les greffiers et par le secrétaire des chambres.) Insertion du même extrait, à la poursuite de la femme, dans l'un des journaux qui s'impriment dans le lieu où siège le tribunal, et s'il n'y en a pas, dans l'un de ceux établis dans le département. (*Art.* 866, 867, 868, *Code de proc.*)

Si la femme est mineure, elle ne peut former sa demande en séparation qu'avec l'assistance d'un curateur *ad hoc* nommé par le tribunal, si les droits dont elle craint d'être privée sont des droit immobiliers.

**But de la publicité donnée à la demande.** — Le but du législateur en prescrivant ces mesures de publicité, est d'avertir les créanciers de l'état de fortune du mari, et les étrangers de ne point contracter avec un homme peut-être insolvable.

**Droit des créanciers.** — Avertis de la demande, les créanciers du mari peuvent se pourvoir contre la séparation de biens prononcée et même exécutée en fraude de leurs droits ; ils peuvent même intervenir dans l'instance sur la demande en séparation, pour la contester. (*Art.* 1447, *Code Nap.*) Dans le cas où la séparation de biens serait prononcée sans l'intervention des créanciers, ils pourraient se pourvoir par voie de *tierce-opposition* contre le jugement, même exécuté. Mais si l'insertion de la demande au tableau avait eu lieu, leur opposition ne serait recevable que pendant l'année à compter de ladite insertion.

L'aveu du mari ne fait pas preuve, lors même qu'il n'y a pas de créanciers. Le législateur ne veut pas que les époux puissent arriver indirectement à la séparation de biens volontaire. (*Art.* 870, *Code de proc.*)

Les créanciers du mari peuvent, jusqu'au jugement définitif, sommer l'avoué de la femme, par un acte d'avoué à avoué, de leur communiquer la demande en séparation et les pièces justificatives, même intervenir pour la conservation de leurs droits, sans préliminaire de conciliation. (*Art.* 871, *Code de proc.*)

**Effets du jugement de séparation.** — Il ne pourra être, sauf les actes conservatoires, prononcé sur la demande en séparation aucun jugement, qu'un mois après l'observation des formalités prescrites pour la publicité de la demande, et qui seront observées à peine de nullité, laquelle pourra être opposée par le mari ou par ses créanciers.

Le jugement de séparation sera lu publiquement, l'audience tenante, au tribunal de commerce du lieu, s'il y en a; extrait de ce jugement, contenant la date, la désignation du tribunal où il a été rendu, les noms, prénoms, profession et demeure des époux, sera inséré sur un tableau à ce destiné, et exposé pendant un an dans l'auditoire des tribunaux de première instance et de commerce du domicile du mari, même lorsqu'il ne sera pas négociant; et, s'il n'y a pas de tribunal de commerce, dans la principale salle de la maison commune du domicile du mari. Pareil extrait sera inséré au tableau exposé en la chambre des avoués et notaires, s'il y en a.

La femme ne pourra commencer l'exécution du jugement, que du jour où les formalités ci-dessus auront été remplies, sans que néanmoins il soit nécessaire d'attendre l'expiration du délai d'un an. (*Art.* 872, *Code de proc.*)

Le jugement qui prononce la séparation de biens remonte, quant à ses effets, au jour de la demande. (*Art.* 1445, *Code Nap.*)

Tous les actes d'aliénation, même d'administration des biens de la femme, faits par le mari postérieurement à la demande en séparation, pourront donc être annulés sur la réquisition de la femme.

Le jugement qui prononce la séparation a pour effets de dissoudre la communauté, et de donner à la femme le droit d'administrer ses biens immeubles et de disposer de son mobilier. Mais la femme demeure incapable d'aliéner ses immeubles sans le consentement du mari, ou sans être autorisée par justice à son refus. La séparation de biens, en effet, fût-elle, même, le résultat de la séparation de corps, ne saurait porter atteinte à la puissance maritale. (*Art.* 1449, *Code Nap.*)

Si la femme séparée de biens avait aliéné, du consentement et en présence du mari, un immeuble à elle appartenant, le mari serait garant envers elle ou ses héritiers du défaut d'emploi (*il y a emploi quand le prix en a seulement été placé*) ou de remploi (*il y a remploi quand d'autres immeubles ont été acquis en remplacement*) du prix de l'immeuble aliéné, quoiqu'il ne le fût pas de l'utilité de cet emploi.

Si la vente, au contraire, avait été faite par l'autorisation de justice, au refus du mari, il ne serait point garant du défaut d'*emploi* ou de *remploi*, à moins qu'il n'ait concouru au contrat, ou qu'il ne soit prouvé que les deniers ont été reçus par lui, ou ont tourné à son profit. (*Art.* 1450, *Code Nap.*)

**Cessation de la séparation.**—Les parties peuvent faire cesser la séparation de biens en rétablissant leur communauté d'un consentement mutuel. Mais la communauté ne pourra être rétablie que par un acte passé devant notaire et avec minute, dont une expédition devra être soumise aux formalités de publicité que nous avons exposées. Il est indispensable, en effet, que les créanciers sachent que la femme a perdu la capacité que le jugement de séparation lui avait donnée d'administrer ses biens, et de disposer de son mobilier.

Ainsi rétablie, la communauté reprend son effet du jour du mariage ; les choses sont remises au même état que s'il n'y avait pas eu de séparation, sans préjudice néanmoins de l'exécution des actes qui, dans cet intervalle, ont pu être faits par la femme, en conformité de l'article 1449 du Code Napoléon.

Toute convention par laquelle les époux rétabliraient leur communauté sous des conditions différentes de celles qui la réglaient antérieurement, est nulle. (*Art.* 1451, *Code Nap.*)

La dissolution de la communauté opérée par la séparation de biens, ne donne pas ouverture aux droits de survie de la femme, tels que les droits de préciput, les donations faites par l'un des époux à son conjoint survivant ; mais la femme conserve la faculté de les exercer lors de la mort de son mari. (*Art.* 1452, *Code Nap* [1].)

----

[1] La séparation de corps entraîne de plein droit séparation de biens. Les jugements de séparation de corps doivent donc être soumis aux mêmes conditions de publicité que ceux de séparation de biens. (*Art.* 872, *Code de Proc.*) Dans le cas où ces formalités ne seraient pas accomplies, les créanciers pourraient employer la voie de la *tierce opposition*, et contredire toute liquidation qui aurait été la suite    a séparation. (*Art.* 66, *Code de Com.*)

# DEUXIÈME PARTIE.

---

## CHAPITRE I.

DU CONTRAT DE CHANGE. — DE LA LETTRE DE CHANGE. — INDICATION DES PERSONNES QUI INTERVIENNENT OU PEUVENT INTERVENIR DANS LA LETTRE DE CHANGE.

**Acception du mot change.** — Le mot change signifie l'opération elle-même du change, et le profit que l'on retire de cette opération.

L'opération du change se divise en deux opérations : 1° l'échange des monnaies d'une espèce contre des monnaies d'une autre espèce, comme, par exemple, lorsqu'un voyageur donne les monnaies qu'il a apportées de son pays pour celles du pays où il vient ; 2° le contrat de change proprement dit.

**Contrat de change.** — Le contrat de change proprement dit est une convention, par laquelle une personne qui reçoit dans un lieu une somme d'argent, s'oblige moyennant une valeur qui lui est promise ou soldée, à faire payer à la personne qui la lui remet, ou à son ordre, une même somme *dans un autre lieu*. On conçoit l'utilité de ce contrat. Lorsqu'une personne a des fonds à porter sur une place, ou doit en retirer, son profit consiste dans le choix du moyen le plus économique. Par le contrat de change, on évite non-seulement les lenteurs et les retards, mais encore les frais et les risques du transport.

**Ses conditions essentielles.** — Les conditions essentielles du contrat de change sont : 1° qu'il y ait une *somme* que l'une des parties s'engage à faire toucher à l'autre ; 2° une *valeur* que l'autre partie fournit ou s'engage à fournir ; 3° la *remise d'un lieu sur un autre*.

Il faut remarquer que la *remise d'un lieu sur un autre* est *essentielle* pour qu'il y ait contrat de change. Si la somme promise et la valeur fournie ou à fournir en retour devaient être livrées *dans le même lieu*, il n'y aurait pas de contrat de change.

**Caractères du contrat de change.** — Le contrat de change est *consensuel, synallagmatique, à titre onéreux, du droit des gens. Consensuel :* il se forme par le consentement, sans qu'il soit besoin d'aucune solennité, d'aucune forme spéciale. *Synallagmatique :* il produit des obligations de la part des deux parties. *A titre onéreux :* chaque partie n'agit qu'en vue de son propre intérêt. *Du droit des gens :* toutes personnes, sans qu'il y ait à distinguer entre les nationalités, sont admises au contrat de change.

On pourrait dire que le contrat de change participe *de la vente :* nous convenons à Marseille que, moyennant une pièce d'étoffe que vous me livrez, ou que vous promettez de me livrer, je vous ferai toucher à Paris, dans un mois, la somme de mille francs.

Il participe encore du *transport :* la remise de place en place, l'utilité du contrat de change au point de vue de cette remise de place en place, justifient cette opinion.

Suivant une autre manière de voir, le contrat de change ne produit qu'une simple obligation de faire, qui ne renferme aucune cession.

Enfin le contrat de change, lorsque la valeur fournie consiste en argent, a été assimilé au prêt.

Mais il existe quelques différences entre le contrat de change et le prêt.

| CONTRAT DE CHANGE. | PRÊT. |
|---|---|
| Synallagmatique (obligations réciproques). | Unilatéral (obligations d'un seul côté). |
| Quelquefois, à l'échange, celui qui a reçu la valeur donne moins qu'il n'a reçu. | Dans le prêt, obligation de rendre tout ce que l'on a reçu. |
| Somme reçue, payée dans un lieu différent. | Somme prêtée, payable le plus souvent dans le même lieu. |
| Celui qui donne la valeur, n'a d'action contre celui qui la reçoit, qu'en cas de non paiement de la part du tiers chargé de payer dans un autre lieu. | Le prêteur peut toujours actionner directement celui qui lui a emprunté. |

Le contrat de change se réalise le plus souvent au moyen de la lettre de change.

(Nous parlerons en son lieu du *billet à domicile*, par lequel se réalise aussi le contrat de change.)

Il faut distinguer aussi entre le *contrat de change* et la *lettre de change.*

| CONTRAT DE CHANGE. | LETTRE DE CHANGE. |
|---|---|
| Convention qui se forme par le concours des consentements de deux ou plusieurs individus. | Preuve du contrat; Moyen de parvenir à son exécution. |

**Lettre de change.** — La lettre de change est une lettre revêtue des formes voulues par la loi, dans laquelle une personne mande à son correspondant dans un autre lieu, d'y compter à un tiers ou à son ordre, une certaine somme d'argent en échange d'une autre somme, ou d'une valeur qu'elle a reçue de ce tiers, dans l'endroit d'où la lettre est tirée, ou réellement, ou en compte.

La lettre de change suppose la préexistence du contrat de change.

**Personnes qui figurent dans la lettre de change.** — Les personnes qui *interviennent* dans la lettre de change, sont :

1° Le *tireur* (celui qui reçoit la valeur à Marseille, souscrit la lettre de change, et s'engage à faire toucher une somme à Paris) ;

2° Le *preneur*, appelé aussi *bénéficiaire* ou *donneur de valeur*. (Celui qui donne la valeur au tireur, à Marseille, reçoit de lui la lettre de change, et au profit duquel cette lettre est tirée) ;

3° Le *tiré*, mandataire domicilié à Paris, par exemple, et auquel le tireur, domicilié à Marseille, adresse l'ordre de payer.

Le *tireur*, le *preneur* et le *tiré* interviennent TOUJOURS, et NÉCESSAIREMENT dans la lettre de change.

Les personnes qui *peuvent intervenir* dans la lettre de change, sont :

1° Le *porteur* (celui entre les mains de qui se trouve la lettre de change au moment de l'échéance);

2° L'*endosseur* (le preneur qui cède la lettre de change à un tiers en écrivant sa cession au dos de la lettre);

3° Le *tireur pour compte* (qui tire la lettre pour le compte d'un tiers);

4° Le *donneur d'ordre* (le tiers pour le compte de qui le tireur pour compte tire la lettre de change);

5° L'*accepteur par intervention* (le tiers officieux qui, sur le refus du tiré, accepte d'office);

6° Le *payeur par intervention* (le tiers officieux qui, sur le refus du tiré de payer à l'échéance, et après la dûe constatation de ce refus, paie la lettre de change);

7° Le *recommandataire* (celui que le tireur lui-même a

indiqué d'avance dans la lettre de change pour payer la lettre au refus du tiré);

8° Le *domiciliataire* (celui au domicile de qui la lettre de change a été stipulée payable);

9° Le *donneur d'aval* (celui qui, étranger à la lettre de change, se rend caution solidaire d'un ou plusieurs des obligés).

**Prix du change.**—Le change étant défini : *l'échange du numéraire contre des effets payables dans une autre ville*, le prix du change est ce profit que l'une des parties donne à l'autre, quand elle échange de l'argent contre du papier payable dans un autre endroit.

Le papier dans ce cas est considéré comme une marchandise qui se vend.

**Cours du change**. — Le cours du change est le taux moyen du prix du change pour les lettres d'une place sur une autre place.

On dit que le change est *au pair*, quand le papier vaut l'argent, et l'argent le papier. Cela arrive quand, par exemple, les commerçants de Marseille ont autant d'argent à recevoir de Lyon, qu'à en envoyer dans cette ville. Il y aura autant de personnes qui chercheront à donner leurs lettres de change sur Lyon pour de l'argent, qu'il y en aura qui demanderont à donner leur argent contre des lettres sur Lyon.

On dit que le change est *bas*, ou *au-dessous du pair*, quand on donne dans une ville une somme inférieure à celle qu'on recevra dans une autre.

Le change est *haut* ou *au-dessus du pair*, lorsqu'il faut donner dans une ville une somme supérieure à celle qu'on touchera dans une autre.

*Exemple* : Martin habite Paris. Il a besoin de 1,000 fr. à Marseille pour le 1ᵉʳ janvier 1867. Il demande à N., banquier à Paris, une lettre de 1,000 francs sur Marseille, payable à son ordre le 1<sup>er</sup> janvier de la dite année.

Si le change est *au-dessus du pair*, le papier (marchandise) étant cher, Martin devra payer 1,002 francs, par exemple, pour obtenir de N. une lettre de 1,000 fr.

Si le change est *au-dessous du pair*, le papier étant à très-bon marché, Martin aura moins de 1,000 francs à payer, 998 francs, par exemple, pour obtenir de N. une lettre de 1,000 francs.

Enfin, si le change est *au pair*, le papier (marchandise) valant l'argent, Martin paiera 1,000 fr. pour obtenir une lettre de 1,000 francs.

Il faut bien remarquer que *le prix du change* est autre chose qu'un *intérêt*. Celui donc qui retire un profit de de ces opérations de change, ne saurait être considéré comme *usurier*, quand bien même ce qu'il retirerait dépasserait le taux de l'intérêt légal.

On comprend du reste que mille circonstances peuvent faire varier le cours du change. Il est des moments où le papier, dont la valeur est toute fictive, et ne repose que sur le crédit, a bien moins de prix que l'argent comptant, et où le banquier qui vend son papier est forcé de recevoir une somme en espèces de 998 fr., pour une lettre de 1,000 fr.

D'un autre côté, il peut arriver que plusieurs personnes étant appelées d'une ville dans une autre, le besoin se fasse sentir de se procurer du papier sur cette autre ville. Les demandes abonderont. Les banquiers ne pourront y suffire. La marchandise (le papier) sera chère. On donnera volontiers 1,002 fr., pour trouver un payement de 1,000 fr. dans la ville où l'on est appelé.

Par le contrat de change, avons-nous dit plus haut, on évite non-seulement les lenteurs et les retards, mais encore les frais et les risques du transport.

**Origine de la lettre de change.** — Les opinions sont très-variées sur l'origine de la lettre de change. Les uns prétendent que la lettre de change est due aux Florentins, qui, expulsés de leur patrie par la faction des Gibelins, étaient venus s'établir à Lyon et dans d'autres villes.

Savary et Montesquieu l'attribuent aux Juifs. « On sait, » dit Montesquieu (*Esprit des lois*), que sous Philippe-» Auguste et Philippe le Long, les Juifs, chassés de » France, se réfugièrent en Lombardie, et que là ils » donnèrent aux négociants et aux voyageurs des lettres » secrètes sur ceux à qui ils avaient confié leurs effets, » en France, qui furent acquittées. Ils inventèrent les » lettres de change. »

L'opinion la plus généralement admise, est que la lettre de change a pris naissance dans les foires qui, pendant le Moyen-Age, s'établirent d'abord en Italie et ensuite en France. Née des besoins mêmes du commerce, elle dut son développement à l'extension des relations commerciales [1].

# CHAPITRE II.

## DE LA FORME DE LA LETTRE DE CHANGE.

**Énonciations de la lettre de change.** — La lettre de change est tirée *d'un lieu sur un autre.* Elle est *datée.* Elle énonce : 1° *la somme à payer* ; 2° *le nom de celui qui doit payer* ; 3° *l'époque et le lieu où le paiement*

[1] Les peuples de l'antiquité n'ont pas connu la lettre de change. On sait que Rome regardait avec trop de dédain le commerce, pour que les institutions commerciales prissent du développement dans son sein. La lettre de change date à peu près du commencement du XIIIᵉ siècle. On en trouve des traces dans les monuments de cette époque.

*doit s'effectuer ; 4° la valeur fournie en espèces, en mar-
chandises, ou de toute autre manière; 5° elle est à l'ordre
d'un tiers, ou à l'ordre du tireur lui-même.* Si elle est
par 1$^{re}$, 2$^e$, 3$^e$, 4$^e$, etc., elle l'exprime [1]. (*Art.* 110, *Code
de com.*)

La lettre de change doit être tirée d'un lieu sur un
autre, parce que, sans cette condition, il n'y aurait pas de
*contrat de change.* Ce contrat n'existe, en effet, qu'à cause
des risques que prend sur lui celui qui s'oblige à faire
payer dans un autre lieu la somme qui lui a été comptée.

**Remise de place en place.** — Il est donc de
*l'essence* de la lettre de change, qu'il y ait *remise de place
en place*, c'est-à-dire que la délégation soit payable dans
une autre place que celle où elle est faite.

Il n'y aurait pas lettre de change, mais seulement
*mandat*, si la condition de *remise de place en place* ne se
trouvait pas dans l'effet présenté. Mais par quelle distance doivent être séparés les deux lieux? Le législateur
n'a pas fixé de distance précise. Il a abandonné cette
question de fait à *l'appréciation* des tribunaux. Toutefois,
bien que le Code de commerce s'exprime ainsi dans son
article 632 (*dernier alinéa*) : *entre toutes personnes, les lettres de change ou remises d'argent faites de place en place...*,
il ne paraît pas qu'il soit nécessaire que les deux lieux
soient des places de commerce. Cette opinion se fonde

---

[1] Modèle d'une lettre de change.

Paris, ce 29 mai 1806.

Bon pour 800 francs.

Le 2 janvier prochain, payez à Martin Victor, ou à son ordre, par cette
seule de change, la somme de huit cents francs, valeur reçue en marchandises, sans autre avis de

Votre serviteur,
J. Bernard.

A M. Lair, banquier à Lille.

sur ce que : 1° il ne faut pas s'en tenir au sens rigoureux d'un mot; 2° l'article 110, qui parle spécialement de la forme de la lettre de change, dit : la lettre de change tirée d'un *lieu sur un autre*; 3° le Conseil d'État n'a pas considéré les deux lieux comme devant être des places de commerce, lors de la discussion de ce Code; 4° et sur ce qu'enfin le commerce ne demande pas d'entraves. La lettre de change a été créée pour faciliter les opérations commerciales. Exiger que les lettres de change soient tirées d'une place commerciale sur une autre, c'est apporter une restriction nuisible au commerce.

**Énonciation de la date.** — L'énonciation de la date consiste dans l'indication du jour, du mois, de l'an où elle a été souscrite. Elle doit aussi contenir l'indication *du lieu* où elle a été tirée.

Toutefois il existe à ce sujet des opinions différentes.

| L'énonciation de la date *ne comprend pas* l'indication du lieu d'où la lettre de change a été tirée. | L'énonciation de la date *comprend* l'indication du lieu d'où la lettre de change a été tirée. |
|---|---|
| 1° Le mot *date* désigne le temps, et non le *lieu*. | 1. Nécessité de l'indication du lieu pour pouvoir vérifier si la condition essentielle d'une lettre de change, la remise d'argent de place en place, a été accomplie. |
| 2° Le législateur n'a pas parlé du *lieu* dans l'art. 110. | |
| 3° Il n'est pas nécessaire d'énoncer le *lieu*, puisqu'à défaut de cette énonciation la lettre de change est présumée souscrite au domicile du tireur. | 2. Le législateur n'a pas parlé du lieu dans l'art. 110; mais il n'a pas parlé non plus de la *signature*. Or la signature est une des conditions les plus essentielles. |

L'énonciation de la date est trop importante pour n'être pas requise à peine de nullité. Cette nullité étant apparente, peut être opposée à tous et par tous.

La lettre de change est un acte sous seing-privé. Il n'est donc pas nécessaire d'employer la voie de l'inscription de faux pour prouver la fausseté de la date.

L'énonciation *essentielle* de la date est requise, pour que le tireur ne puisse pas cacher l'incapacité qui pourrait le frapper au moment de la confection de la lettre de change. Elle est encore requise pour qu'un commerçant, sur le point de faillir, ne puisse pas frauder ses créanciers en souscrivant des lettres de change, dont le défaut de date empêcherait de connaître le moment de la souscription.

**Énonciation de la somme à payer.** — La loi n'exige pas que l'énonciation de la somme à payer soit faite en toutes lettres. Elle peut l'être en chiffres. Mais la prudence conseille la première manière.

Il faut observer que *l'argent* peut seul faire la matière du contrat de change. Les autres marchandises étant susceptibles de se détériorer, n'en peuvent devenir l'objet.

Si la lettre n'est pas écrite par celui qui la signe, c'est une précaution salutaire contre les falsifications, qu'il ajoute de sa main, immédiatement avant sa signature : *Bon pour la somme de* (en toutes lettres); mais cette précaution qui, dans les actes sous seing-privé civils, est exigée par la loi à peine de nullité, n'est pas obligatoire dans les écritures de commerce; elles en sont dispensées en vertu d'une dérogation expresse. (*Art.* 1326, *Code Nap.*) Une meilleure raison à l'appui de cette opinion, se tire aussi de ce que l'article 1326 ne parle que des *billets* ou *simples promesses* : or, il est impossible de faire rentrer dans ces termes la lettre de change, qui diffère essentiellement de la simple promesse, en ce qu'elle exige le concours de trois personnes, et suppose deux contrats : le contrat de change et celui de mandat. D'ailleurs la lettre de change n'est pas comprise dans les dispositions du droit commun; quant à sa forme, elle est régie exclusivement par l'art. 110 du Code de commerce, qui n'a pas exigé la formalité du *bon* ou *approuvé*.

**Énonciation relative au nom du tiré.** — La lettre de change doit énoncer le nom de celui qui doit payer. Le concours de *trois* personnes est exigé dans la lettre de change : le tireur, le preneur, le tiré. Si le tireur et le tiré se trouvaient être une seule et même personne, il n'y aurait plus *Lettre de change*, mais *Billet à domicile*. Le législateur n'admet pas de lettres de change sur soi-même.

Cependant un négociant peut tirer sur son commissionnaire; ou, s'il a un intérêt dans une maison de commerce distincte et située dans une autre ville que la sienne, il peut valablement tirer sur cette maison de commerce; l'acte sera alors une véritable lettre de change.

**Énonciation relative à l'époque du paiement.** — La lettre de change doit énoncer l'échéance.

L'échéance peut être à une époque fixe, ou à tant de jours, ou de mois, ou *d'usances* de la date; ou à vue, ou à tant de jours, de mois ou *d'usances* de vue, où en telle foire.

*L'usance* est un délai de trente jours, non compté celui de la date. Les mois se comptent conformément au calendrier Grégorien. La lettre à vue est échue et payable dès sa présentation. Le terme de celle à jour, mois ou usances de vue, court du lendemain de sa présentation, constatée par l'acceptation du débiteur, ou par le protêt qui contient son refus.

L'échéance de la lettre en foire est fixée à la veille de la clôture de la foire, et au jour même, si elle ne dure qu'un jour.

Il n'y aurait pas de lettre de change, si l'échéance était subordonnée au décès d'une tierce personne, ou à l'événement d'une condition. L'époque du paiement doit être indiquée d'une manière *précise* et *déterminée*.

Mais que décider si la lettre de change n'énonce pas l'époque du paiement?

La lettre de change sera payable de suite.

L'article 122 du Code de commerce dit que *le défaut de date de l'acceptation rend la lettre exigible au terme y exprimé, à compter de sa date.*

On peut argumenter de cet article, et en conclure que le défaut d'énonciation de l'époque du paiement rend la lettre de change exigible. Au reste, les endosseurs n'ont pas à se plaindre, puisqu'ils ont à s'imputer d'avoir négocié une semblable lettre. En général, toute obligation souscrite sans indication d'époque de paiement est exigible à la volonté du créancier, et cette stipulation paraît alors avoir été tacitement consentie par les parties. Il faudra seulement ajouter un jour par deux myriamètres et demi de distance entre le lieu où la lettre est tirée et celui du paiement. (Argument de l'art. 165.)

La lettre de change ne vaudra pas comme lettre de change.

Elle ne sera qu'un simple *mandat*.

Le Code prescrit l'énonciation de la date du paiement.

Si l'énonciation ne se trouve pas dans la lettre de change, il manque une des énonciations *essentielles*.

**Indication du lieu du paiement.** — Le lieu du paiement, que la lettre de change doit indiquer, est ordinairement placé dans la lettre au-dessous du nom du tiré. Lorsqu'il y a un *domiciliataire*, c'est-à-dire un tiers au domicile duquel la lettre est payable, quand le domicile indiqué pour le paiement est autre que celui du tiré, si le lieu du paiement n'est pas indiqué dans la lettre de change, il peut l'être postérieurement par le tiers accepteur. (*Art.* 123, *Code de com.*)

**Du nom de celui à qui la lettre doit être payée.** — Il est évident que la lettre de change doit énoncer le nom de celui à qui elle doit être payée. Mais que décider si la lettre était ainsi conçue : « *Payez la somme de* 800 *francs, valeur reçue comptant de Martin Victor* » ?

1re *Opinion :* Le tireur a désigné celui de qui il a reçu la valeur. Il n'a désigné personne à qui la lettre de change sera payable. Il a donc voulu que la lettre fût payée à celui qui lui a fourni la valeur.

2e *Opinion :* L'omission du nom de celui à qui la lettre devra être payée, est un vice qui ne permet pas de considérer l'acte comme *lettre de change*. Celui qui fournit la valeur n'est pas toujours celui en faveur de qui la lettre est souscrite. On ne peut présumer que le tireur ait voulu que la lettre fût payée à celui qui a fourni la valeur.

3e *Opinion :* La présomption que le tireur a voulu que la lettre de change fût payée à celui qui a fourni la valeur, ne peut pas se présumer, en principe, mais peut se déduire des circonstances. —Question d'appréciation.

**Clause d'ordre.** — On entend par *clause d'ordre*, la faculté accordée au preneur de transmettre à un tiers la propriété de la lettre de change par la voie de l'endossement. On accorde cette faculté en employant les expressions suivantes : *Payez à l'ordre de Martin Victor*, ou bien, *payez à Martin Victor, ou à son ordre.*

Au reste ces mots ne sont pas sacramentels. On peut employer toute expression équivalente, pourvu que l'autorisation du transfert de la propriété de la lettre soit évidente. C'est ainsi qu'on pourra dire : *Payez à Martin Victor ou à ses ayant-droit; payez à Martin Victor, ou à sa disposition.*

La plupart des auteurs enseignent que la clause d'ordre est de l'essence de la lettre de change. Par elle on obtient cette rapidité et cette facilité de transmission, qui ont donné naissance à la lettre de change, et que le législateur doit favoriser. Si donc la clause d'ordre est de l'essence de la lettre de change, la lettre ne pourra jamais être payable au *porteur*, parce que dans cette énonciation : *Payez au porteur*, il n'y a pas de clause d'ordre.

La lettre de change est ordinairement tirée à l'ordre du donneur de valeur, ou à l'ordre d'un tiers, tel que le créancier du donneur de valeur; mais *jamais à l'ordre du tiré*. Elle peut être tirée à l'ordre d'un tiers, ou *à l'ordre du tireur lui-même*. (*Art.* 110, *Code de com.*)

Mais lorsqu'elle est tirée à l'ordre du tireur lui-même, elle n'est qu'un simple projet tant qu'elle n'est pas *endossée*. C'est par l'*endossement* qu'elle devient *lettre de change*; aussi elle ne peut pas être endossée au lieu même où elle est payable, car il n'y aurait plus *remise de place en place*.

Que si *je* tirais une lettre à *mon* ordre comme mandataire d'un tiers, mon débiteur, je ne serais pas le véritable tireur, et la lettre tirée n'aurait pas besoin d'*endossement* pour avoir sa perfection. Elle serait *lettre de change* dès le moment où je l'aurais tirée.

**Indication de la valeur fournie.** — La lettre de change doit énoncer si le preneur a fourni la valeur, soit en espèces, soit en marchandises, en compte ou de toute autre manière, valeur *qu'on s'oblige à lui faire payer ailleurs*. Sans cette énonciation il n'y aurait pas de contrat de change, mais un véritable prêt, et le change perçu par le tireur ne serait que l'intérêt de la somme prêtée.

La loi (*Art.* 110) exigeant que la lettre exprime si la

valeur a été reçue en espèces, en marchandises, etc., la simple énonciation *valeur reçue* serait insuffisante.

L'expression *valeur reçue comptant* équivaut à celle-ci : valeur reçue en espèces. L'expression : *valeur en marchandises* signifie que c'est le prix des marchandises qui est alors la valeur remise, et qu'on s'oblige de faire toucher dans un autre lieu. L'expression *valeur reçue en compte*, signifie que le tireur a porté, dans son compte avec le preneur, le montant de la lettre en déduction de ce qu'il peut devoir à ce dernier.

Que si la lettre de change n'exprimait ni la valeur fournie, ni la manière dont elle a été fournie, il n'y aurait pas de *lettre de change*, mais un simple *mandat* donné par le tireur au preneur. Appliquer toutes les conséquences du mandat.

Quant à l'expression *ou de toute autre manière*, elle signifie que la valeur de la lettre de change peut être fournie n'importe de quelle manière. Ainsi le prix d'un immeuble pourrait être la cause du contrat de change; mais en ce seul sens que le vendeur ayant besoin de faire toucher le prix dans un autre lieu, l'acheteur lui donnerait à cet effet une lettre de change.

**Signature**. — Bien que le Code de commerce ne le dise pas, il est certain que la lettre de change, lorsqu'elle est faite sous seing-privé, doit être signée par le tireur. Que si le tireur ne sait pas écrire, la lettre de change doit être faite par acte notarié.

**Lettre par 1°, 2°, 3°, etc.**—Lorsque le Code dit : *Si la lettre est par 1e, 2e, 3e, 4e, etc., elle l'exprime*, il fait allusion à un usage du commerce, qui consiste à donner *plusieurs exemplaires de la même lettre de change*.

Cet usage a pour objet : 1° de procurer un nouveau titre au porteur, dans le cas où il viendrait à perdre le premier exemplaire ; 2° de faciliter les négociations, puisqu'en même temps qu'on envoie un exemplaire à l'acceptation, on peut mettre l'autre exemplaire de la lettre en circulation (négocier). Mais on doit avoir soin, dans ce cas, de dire sur cet exemplaire que l'exemplaire accepté sera à la disposition du porteur de l'exemplaire négocié, à un domicile indiqué au lieu du paiement.

**Clause de retour sans frais.** — La clause de *retour sans frais* est une clause qui a pour but d'empêcher que le porteur ne fasse protester la lettre, et de l'astreindre à faire connaître amiablement, et sans frais, le défaut de paiement de la part du tiré.

Martin me doit 1,000 francs. Je tire une lettre de change sur Martin. Mais j'ai lieu de craindre que Martin ne soit pas solvable à l'échéance. Comme je ne veux pas m'exposer au remboursement des frais que le refus de paiement de la part de Martin pourrait mettre à mon compte, j'écris sur la lettre de change : *retour sans frais.* Inscrite sur la lettre de change *par le tireur*, cette clause lie tous les endosseurs subséquents qui l'ont connue, et s'y sont soumis. Inscrite par un *endosseur,* elle ne peut lier que les endosseurs subséquents, parce qu'ils l'ont connue et s'y sont soumis ; mais elle ne peut avoir d'effet vis-à-vis du tireur et des endosseurs qui ont précédé son inscription. Suivant une opinion, cette clause n'aurait d'effet que dans les rapports du porteur avec l'endosseur qui l'a inscrite.

**Énonciation : Sans autre avis de.** — L'énonciation *sans autre avis,* indique que le *tireur* désire que la lettre de change soit payée, sans envoi d'une lettre d'avis pour prévenir de son émission.

**Caractères divers des énonciations.** — Les énonciations que nous venons d'énumérer ne sont pas toutes prescrites de la même manière. Les unes sont *exigées*, les autres sont *facultatives.*

**Énonciations exigées.** — Les énonciations exigées sont : 1° la remise de place en place ; 2° la date ; 3° la somme à payer ; 4° le nom de celui qui doit payer ; 5° l'époque du paiement ; 6° le lieu où le paiement doit s'effectuer ; 7° à l'ordre de qui la lettre est payable ; 8° faire connaître si la valeur a été fournie, et que cette valeur a été fournie ; 9° la signature du tireur.

**Énonciations facultatives.** — Les principales énonciations facultatives sont : 1° l'indication de la lettre par 1re, 2e, 3e, 4e, etc. ; 2° la clause de retour sans frais ; 3° l'énonciation *sans autre avis*, etc., etc.

Parmi les énonciations *exigées* de la lettre de change, il faut distinguer celles dont le défaut rend l'acte *complétement nul*, non-seulement comme lettre de change, mais comme contrat : telle est, par exemple, l'absence de signature du tireur ; et celles dont le défaut ne rend l'acte nul *que comme lettre de change*, mais ne l'empêche pas de produire des effets comme contrat (mandat) : telles que la date, etc., etc.

**Simple Promesse.** — Une lettre est réputée *simple promesse*, lorsqu'elle contient : 1° supposition de nom ; 2° supposition de qualité ; 3° supposition de domicile ; 4° supposition du lieu d'où elle est tirée, ou dans lequel elle est payable. (*Art.* 112.)

**Supposition de nom.** — Il y a supposition de nom, lorsqu'un individu signe d'un nom qui n'est pas le sien, ou tire sur une personne qui n'existe pas. Il y aurait aussi supposition de nom, si la lettre de change était souscrite au profit d'un preneur supposé, sous le faux nom duquel serait souscrit le premier endossement. La supposition de nom aurait l'inconvénient de faire intervenir un contractant imaginaire, afin de compléter le nombre de personnes nécessaire pour former le contrat de change, et déguiser sous les formes de ce contrat un prêt usuraire, une vente, etc.

**Suppositions de qualité, de domicile, de lieu, de valeur.** — Il y a supposition de qualité, lorsqu'un individu signe avec une qualité qui ne lui appartient pas. — Il y a supposition de domicile, dans le cas où la lettre étant payable *dans un autre domicile que celui du tiré,* l'indication que l'on donne *de cet autre domicile* est mensongère. Il faut distinguer entre la *supposition du domicile* et *la supposition du lieu d'où la lettre est tirée.* — Il y a supposition de lieu, lorsque, par exemple, on tire de Paris sur Paris une lettre qu'on supposerait tirée de Marseille. Par cette supposition on rendrait inutile la disposition qui veut *qu'il y ait remise de place en place.*

Que si je tire une lettre de Paris sur Marseille, mais si j'ai daté mensongèrement cette lettre de Lyon, comme la condition essentielle, la remise de place en place, existe, l'acte sera néanmoins *lettre de change,* et non *simple promesse.* L'article 112 est formel.

Le Code de commerce ne parle pas de la *supposition de valeur.*

Au reste, la question est de peu d'importance. Ou bien on a supposé mensongèrement l'existence d'une valeur qui n'a pas été fournie, et dans ce cas il y a vice du titre pour absence totale de la cause; ou bien on a déclaré une valeur autre que celle qui a été réellement fournie, ce qui n'a aucune influence sur la validité de la lettre de change.

**Effets de la supposition.** — Réputées simples promesses, *pour supposition,* les titres ne sont plus soumis aux règles et aux principes qui dominent la lettre de change. C'est ainsi que : 1° le bon ou approuvé devient nécessaire ; 2° il n'y a plus de solidarité entre les signataires ; 3° le défaut de protêt le lendemain de l'échéance, ne fait déchoir d'aucun droit ; 4° il y a prescription de trente ans, et non celle de cinq ans ; 5° il n'y a pas de contrainte par corps ; 6° les cédants ne sont garants de la solvabilité des débiteurs cédés, qu'autant qu'ils s'y sont engagés.

**Preuve des suppositions.** — Les suppositions peuvent être prouvées par toute espèce de preuve, telles que témoins, écritures, présomptions.

**Exception résultant de la supposition.** — L'exception résultant de la supposition peut être invoquée par tous et contre tous, même contre les tiers porteurs de bonne foi, car la loi ne distingue pas. Suivant une autre opinion cette exception ne saurait être invoquée contre les tiers porteurs de bonne foi, qui, ne pouvant pénétrer dans la conscience des créateurs de la lettre, sont bien contraints de ne s'en tenir qu'à des apparences légales.

**Capacité pour intervenir dans la lettre de change.** — Toutes personnes peuvent intervenir dans la lettre de change ; il n'est pas nécessaire d'être commerçant pour tirer une lettre de change, ou pour y jouer un rôle, soit comme endosseur, soit comme tiré, etc.

Nous avons dit que les opérations de change sont des actes commerciaux en eux-mêmes. Celui donc qui tire une lettre de change, ou qui y figure, qu'il soit commerçant ou non, accomplit un acte commercial, et est soumis à toutes les conséquences de cet acte : contrainte par corps, juridiction des tribunaux de commerce, etc.

**Lettres de change souscrites par des femmes.** — La signature des femmes et des filles *non négociantes* ou *marchandes publiques* sur des lettres de change ne vaut *à leur égard* que comme *simple promesse.* (Art. 113.)

Dans le droit commun, les veuves et les filles majeures sont capables de toutes sortes de conventions. Les femmes mariées le sont aussi, pourvu qu'elles soient autorisées de leur mari ou de justice. Il y a dérogation au droit commun quant aux lettres de change, à l'égard des filles, des veuves ou des femmes mariées, *sans aucune distinction*, toutes les fois qu'elles ne sont pas *marchandes publiques*. La loi n'a pas voulu soumettre les femmes et les filles à la dure conséquence de la contrainte par corps, à moins que l'intérêt du commerce ne l'exigeât.

Il faut remarquer que la loi ne frappe pas de nullité la lettre de change souscrite par des femmes ou des filles ; elle dépouille seulement cet acte des caractères de la lettre de change, pour en faire une *simple promesse ;* car c'est uniquement à cause de la contrainte par corps attachée à la lettre de change, que les femmes et les filles sont incapables d'en souscrire ; mais elles sont capables de consentir des promesses, en observant, toutefois, que la femme mariée doit être à cet effet autorisée de son mari, ou de justice.

Il faut remarquer encore que la signature des femmes et des filles non négociantes ne vaut comme simple promesse *qu'à leur égard*, tandis qu'à l'égard des autres personnes intervenues dans l'acte, et capables de souscrire et d'accepter une lettre de change, l'acte a tout son effet.

**Lettres de change souscrites par des mineurs.** — Les lettres de change souscrites par des mineurs non négociants *sont nulles à leur égard*, sauf les droits respectifs des parties, conformément à l'art. 1312 du Code Napoléon [1] (Art. 114). Ainsi donc ces lettres

---

[1] L'article 1312 du Code Napoléon est ainsi conçu : « Lorsque les mineurs, les interdits ou les femmes mariées sont admis, en ces qualités,

de change seront *nulles* de plein droit, encore bien que le mineur n'ait pas été lésé. Le législateur n'a pas voulu que pour échapper à la contrainte par corps, le mineur fût forcé de faire la preuve toujours difficile de la lésion.

Mais il n'y aura nullité qu'à *l'égard des mineurs*, et les lettres seront valables comme lettres de change à l'égard des personnes capables qui y auront concouru.

La disposition de l'art. 114 s'étend aux interdits et aux prodigues. Quand aux commerçants mineurs, ils sont réputés majeurs pour tous les actes de leur commerce. Ils peuvent donc valablement souscrire des lettres de change.

---

# CHAPITRE III.

### DE LA PROVISION.

**Définition.** — On nomme *provision* l'existence entre les mains du tiré des fonds destinés à payer la lettre de change.

Elle peut consister : soit en une *somme d'argent ;* soit en une *créance* que le tireur a sur le tiré ; soit en un *crédit* accordé par le tiré au tireur.

Elle doit être fournie par le tireur. Le tireur, en effet, doit faire payer la lettre de change par le tiré aux jour et heure convenus. Il est donc obligé de fournir les moyens pour que ce paiement soit effectué.

à se faire restituer contre leurs engagements, le remboursement de ce qui aurait été, en conséquence de ces engagements, payé pendant la minorité, l'interdiction ou le mariage, ne peut en être exigé, à moins qu'il ne soit prouvé que ce qui a été payé a tourné à leur profit. »

**Conditions pour qu'il y ait provision.** — Il y a provision, à condition que :

1° *Elle existe à l'échéance.* Si le tiré n'est pas débiteur du tireur, accepter la lettre de change est pour lui une affaire de confiance, puisqu'il s'expose à payer pour le tireur de ses propres deniers, sur la seule promesse ou espérance qu'il lui fera parvenir la valeur de la lettre à son échéance, ou la lui remboursera.

Tant que la somme n'aura pas été fournie à l'échéance, le tiré pourra donc revenir sur sa confiance. La promesse d'accepter sous-entend la promesse que le tireur fera les fonds, car dans tout contrat bilatéral la condition résolutoire est sous-entendue. Au reste, le mandataire peut renoncer au mandat, même sans indemnité de sa part, quand il ne peut l'exécuter sans éprouver un préjudice considérable. (*Art.* 116, *Code de com.*)

2° *Qu'elle soit exigible à l'échéance et dans le lieu sur lequel la lettre a été tirée.*

Si le tiré est débiteur, il n'est pas toujours tenu d'accepter la lettre; il faut encore *qu'il doive pour l'échéance marquée.* Si la dette n'est pas exigible pour cette échéance, il n'y a nulle obligation d'accepter. Quant à celui qui a des fonds pour son compte chez un correspondant commerçant, il a le droit de les retirer comme il l'entend; et pourvu qu'il ne devance pas l'échéance et n'excède pas la somme, la lettre ne peut être refusée, à moins d'une stipulation expresse par laquelle il aurait renoncé à ce mode.

3° *Qu'elle soit disponible.*

**Importance de l'existence de la provision.** — Lorsque la lettre de change n'est pas payée à l'échéance, il est *important* de savoir s'il y avait ou non provision. Un exemple va nous le prouver.

J'ai donné à Bernard une lettre de change tirée sur Martin. Martin ne paie pas la lettre à l'échéance. Bernard doit faire protester le lendemain de l'échéance, me notifier le refus de Martin, et exercer contre moi son recours en garantie. S'il laisse expirer le délai pour protester, il ne peut plus agir contre moi. Mais pour qu'il ne puisse plus agir contre moi, il faut *que je lui prouve que j'ai fait provision*.

Il est bien évident que les tiers endosseurs, qui n'ont eu aucun rapport avec le tiré, peuvent opposer la déchéance sans être obligés de *prouver qu'il y avait eu provision*, ce qu'il leur serait difficile d'établir.

**Qui doit faire la provision?** — La provision doit être faite par celui pour compte de qui la lettre de change a été tirée, sans que le tireur pour compte d'autrui cesse d'être personnellement obligé *envers les endosseurs et le porteur seulement. (Art. 115, Code de com., ainsi modifié par l'art. 1er de la loi du 19 mars 1817.)* Dans le cas de lettre de change tirée par moi pour compte d'autrui, *Autrui* est le *tireur*, moi je suis le *mandataire d'autrui donneur d'ordre*, et il n'y a d'obligation résultant de la lettre de change, qu'entre *Autrui* et le tiré.

Quant à ma position vis-à-vis des endosesurs et du porteur, elle est celle d'un commissionnaire. Or le commissionnaire s'oblige personnellement, sans obliger son commettant; donc je m'oblige personnellement vis-à-vis des endosseurs et du porteur, sans obliger autrui.

Il peut arriver que le tireur pour compte soit quelquefois obligé directement vis-à-vis du tiré : lorsque le tiré n'ayant pas provision déclare qu'il accepte la lettre, ou qu'il la paie pour le compte de celui qui a tiré, et non du donneur d'ordre. Dans ce cas il a utilement géré les affaires du tireur pour compte, car il a épargné à ce dernier les frais de poursuite des endosseurs et du porteur vis-à-vis de lui. Le tireur pour compte sera donc obligé directement vis-à-vis du tiré par l'action de gestion d'affaires.

Suivant une autre opinion, au contraire, le tiré qui voudra avoir un recours contre le tireur pour compte, laissera protester la lettre et la paiera ensuite par intervention pour ce tireur. Nous verrons plus loin quel droit fait naître ce paiement par intervention.

L'art. 115 s'exprime ainsi : *la provision doit être faite par celui pour compte de qui la lettre de change a été tirée, sans que le tireur pour compte d'autrui cesse d'être personnellement obligé envers les endosseurs et le porteur seulement.* De la généralité de ces termes on conclut que le *donneur d'ordre* est tenu non-seulement *vis-à-vis du tiré*, mais encore vis-à-vis des *endosseurs* et *du porteur*, et que son obligation est solidaire avec celle du tireur pour compte.

**Présomption résultant de l'acceptation. —** L'*acceptation* suppose la *provision* (Art. 117). On conçoit, en effet, que le tiré n'aurait pas *accepté*, s'il ne s'était pas su nanti de la provision, soit que cette provision consiste dans une somme d'argent, dans une créance du tireur sur le tiré, ou dans un crédit accordé par le tiré au tireur. Du moment où le tiré a accepté, les tiers ont dû penser que c'était parce qu'il était en mesure de payer.

L'acceptation suppose toujours la provision contre le tiré à l'égard du tireur, des endosseurs et du porteur. Elle établit la preuve de la provision à l'égard des endosseurs. Soit qu'il y ait ou non acceptation, le tireur seul est tenu de prouver, en cas de dénégation, que ceux sur qui la lettre était tirée avaient provision à l'échéance;

13

sinon il est tenu de la garantir, quoique le protêt ait été fait après les délais fixés.

Nous expliquerons cela par un exemple :

Martin est *tireur* ; je suis *endosseur* ; Bernard est *tiré* ; Lair est *porteur*. — A l'échéance, *pas de paiement*. Lair ne fait pas protester dans les vingt-quatre heures. *Déchéance en ma faveur* ; j'échappe à la garantie, et pour y échapper je n'ai pas besoin de prouver *qu'il y avait réellement provision* : l'acceptation suppose la provision ; elle en établit la preuve *à l'égard des endosseurs*. —Quant au *tireur*, à Martin, il échappera à la garantie s'il prouve qu'il y avait provision à l'échéance ; sinon il est tenu de la garantie, quoique le protêt ait été fait après les délais fixés.

Cette différence entre les endosseurs et le tireur, vient de ce que les endosseurs ayant réellement donné la valeur de la lettre de change, et voyant le tiré l'accepter, devaient être plus favorablement traités que le tireur, qui tant que la provision n'a pas été faite, retient à son profit la lettre de change.

**A qui appartient la provision**. — La propriété de la provision appartient au *porteur*.

Le porteur en est propriétaire comme le cessionnaire ou l'acheteur d'un droit est propriétaire de ce droit [1]. Par le contrat de change, en effet, la propriété de ce qui est dû au tireur au jour de l'échéance, ou de ce qui lui sera dû à cette époque est transférée au porteur. Cette solution est cependant contestée.

Que si donc le tireur tombait en faillite avant l'accep-

[1] Le preneur ou porteur est cessionnaire de ce qui est dû au tireur par le tiré. Cette cession produit son effet vis-à-vis des tiers, sans qu'il soit besoin de signification au débiteur cédé. Une personne peut valablement céder les droits qu'elle aura à telle époque contre tel individu, encore bien qu'elle n'en ait aucun au moment où elle fait cette cession.

tation du tiré (*après l'acceptation, l'accepteur serait le débiteur direct du porteur*), le porteur de la lettre aurait un droit sur la provision, à l'exclusion des créanciers du tireur.

Mais si c'était le tiré qui tombât en faillite avant l'échéance, il y aurait une distinction à faire :

| | |
|---|---|
| La somme (provision) a été envoyée par le tireur au tiré *avec destination spéciale* pour payer la lettre de change. Cette somme est un *dépôt;* les créanciers du failli n'y ont aucun droit. | La provision consiste dans une créance du tireur sur le tiré. Le porteur viendra *par contribution* avec les autres créanciers de la faillite. |

# CHAPITRE IV.

### DE L'ACCEPTATION.

**Définition.** — L'*acceptation* est la déclaration par laquelle celui sur qui la lettre de change est tirée, s'oblige à la payer à l'échéance, et au lieu où la lettre est payable.

On peut la définir ainsi : l'acte qui prouve l'engagement pris par le tiré de payer la lettre à son échéance.

**Utilité de l'acceptation.** — L'acceptation facilite la circulation de la lettre de change. On comprend, en effet, qu'il y a un grand intérêt à savoir d'avance si la lettre de change sera payée à l'échéance, et au lieu convenu.

Bien que la lettre de change ne contienne aucun ordre d'accepter, mais seulement l'ordre de payer, le tireur est néanmoins soumis à faire fournir l'acceptation de la lettre de change aussitôt qu'elle est présentée, et cette obligation est garantie même par les endosseurs.

*Le tireur et les endosseurs d'une lettre de change sont garants solidaires de l'acceptation et du paiement à l'échéance. (Art. 118, Code de com.)*

Cette garantie forme un des caractères de la lettre de change. Elle constitue une exception aux règles du droit commun, fondée sur l'intérêt du commerce. D'après le droit commun, le cédant ne répond de la solvabilité du débiteur que lorsqu'il s'y est engagé, et jusqu'à concurrence seulement du prix qu'il a retiré de la créance ; il ne répond, en outre, que de la solvabilité actuelle. (*Art. 1694 et 1695, Code Nap.*)

**Présentation facultative à l'acceptation.** — Si le tireur est tenu de faire donner l'acceptation dès que la lettre se présente, le porteur, qui a le droit de la présenter, *n'y est pas obligé.* La présentation à l'acceptation est, en principe, *purement facultative.* Seulement, si le porteur présente la lettre à l'acceptation, il aura une sûreté de plus.

**Présentation forcée à l'acceptation.** — La présentation à l'acceptation est forcée :

1° *Lorsque le tireur en a formellement imposé l'obligation au porteur* ; le tireur peut avoir un grand intérêt, lorsque, par exemple, les valeurs qui doivent constituer la provision sont un objet de contestation entre le tireur et le tiré, de savoir s'il y a eu ou non acceptation. — En cas de non présentation, dommages-intérêts contre le porteur.

2° *Lorsque la lettre de change est à plusieurs jours, mois ou usances de vue* ; car l'échéance n'est alors fixée que par l'acceptation ou le protêt faute d'acceptation. Cependant des auteurs pensent qu'il suffit, dans ce cas, de présenter la lettre au tiré, sans demander l'acceptation. Au reste on n'a pas voulu que ces délais se perpétuassent à la volonté ou par la négligence du porteur, et l'on a établi des termes, passés lesquels le porteur perd ses droits de recours sur les cédants.

**Époque de la présentation à l'acceptation.** —Sauf les cas de présentation forcée à l'acceptation, l'acceptation peut être demandée à toute époque, même la veille de l'échéance.

Si on la demandait le jour de l'échéance, elle se confondrait avec le paiement. Il en serait de même si l'on demandait l'acceptation d'une lettre payable à vue.

Y a-t-il obligation pour le tiré d'accepter ? Il faut distinguer.

Je tire une lettre de change sur Martin. *Mandat* donné à Martin de payer à l'échéance. Mais pour que le mandat soit *parfait*, *acceptation* de la part de Martin. Martin est *libre* d'accepter ou non.

Je préviens Martin que *je vais* tirer sur lui, et je lui demande *s'il acceptera*. Il me répond *qu'il acceptera*. Je tire. Il ne peut refuser d'accepter; il est lié vis-à-vis de moi par sa réponse. S'il n'accepte pas : *dommages-intérêts*.

On suppose que le tiré doit au tireur une somme liquide et exigible à l'échéance de la lettre, et au moins égale au montant de la lettre de change; le tiré est-il forcé *d'accepter?*

Il faut encore distinguer.

Le tiré débiteur est-il obligé pour dette commerciale, ou bien est-il commerçant? Comme on ne peut le contraindre à changer la nature de sa dette, et à se rendre débiteur commercialement, lui qui ne l'était que civilement (ce qui a de bien différents résultats), il n'est point forcé d'accepter, et s'il n'accepte pas, il ne s'expose à aucuns dommages-intérêts.

Que si le tiré débiteur est obligé pour dette commerciale, ou bien est commerçant, deux opinions sont en présence :

Le tiré débiteur du tireur pour une somme liquide, exigible à l'échéance de la lettre, commerçant ou obligé pour une dette commerciale, *n'est pas forcé d'accepter.*

Accepter, c'est aggraver sa position ; c'est, en effet, renoncer au délai de grâce, s'enlever la possibilité de payer avant l'échéance, et se soumettre nécessairement à la juridiction commerciale.

Le tiré débiteur du tireur pour une somme liquide et exigible à l'échéance de la lettre, commerçant ou obligé pour une dette commerciale, doit accepter, et s'il n'accepte pas, peut être condamné à des dommages-intérêts vis-à-vis du tireur.

C'est un usage dans le commerce. Les commerçants débiteurs de pareilles dettes, lorsqu'ils ne se sont pas formellement expliqués à cet égard, sont censés s'être tacitement conformés à cet usage.

**Effet de l'acceptation entre le tiré et le porteur.** — L'acceptation a pour effet de *lier* le *tiré* vis-à-vis du *porteur ;* mais ce lien ne commence à exister que lorsqu'il y a eu *acceptation.* Suivant une autre doctrine, la simple promesse d'accepter faite par le tiré au tireur, lie le tiré vis-à-vis du porteur dont *le tireur n'est autre chose que le mandataire.*

**Effet de l'acceptation pour le tiré.** — Celui qui accepte une lettre de change, *contracte l'obligation d'en payer le montant.*

Par son acceptation, le tiré se constitue *débiteur personnel* du porteur, envers lequel il se trouve, dès lors, lié irrévocablement ; l'accepteur se trouve donc ainsi associé à l'engagement pris par le tireur, de faire payer la somme au terme et au lieu convenus.

Acceptation :

Débiteur direct, obligé principalement : *l'accepteur.*

Garants solidaires du paiement : *le tireur et les endosseurs.*

**Irrévocabilité de l'acceptation.** — Nous avons dit que l'acceptation est *irrévocable.* L'accepteur n'est pas restituable contre son acceptation, quand même le tireur aurait failli à son insu *avant* qu'il eût accepté. (*Art.* 121.)

Il est évident que si le tireur avait failli *après* l'acceptation, l'accepteur n'aurait aucun motif pour se faire restituer ; mais on aurait pu croire qu'il devait en être autrement, lorsque la faillite du tireur avait eu lieu *avant* l'acceptation, et qu'elle était ignorée de l'accepteur ; on pouvait dire qu'il n'avait, dans ce cas, accepté *que par erreur*. Cependant le législateur a consacré le principe contraire ; il a pensé que c'était à l'accepteur à prendre des informations et à connaître l'état de la fortune du tireur, qui, d'ailleurs, a dû lui envoyer une lettre d'avis pour lui expliquer la manière dont la provision sera faite : l'accepteur est donc supposé avoir accepté avec l'intention de s'engager, quelle que soit la position du tireur ; l'accepteur ne doit donc pas être *restituable*.

Que si l'acceptation avait été surprise par dol, ou arrachée par la violence, l'accepteur aurait nécessairement une action contre l'auteur du dol ou de la violence ; mais il ne pourrait se faire restituer contre un tiers-porteur de bonne foi. Les syndics de la faillite du tireur ne peuvent contraindre le tiré accepteur de se dessaisir des valeurs qui lui ont été remises comme provision. L'accepteur s'est engagé à payer, sur la foi de la provision. On ne peut le forcer à se dessaisir de cette provision, qu'en l'indemnisant intégralement et complétement des conséquences du non-paiement.

**Forme de l'acceptation.** — 1° L'acceptation d'une lettre de change doit être *signée* (*ce qui prouve que l'acceptation doit être écrite*) ;

2° L'acceptation est exprimée par le mot *accepté* (*ce mot n'est pas sacramentel*) ;

3° Elle est *datée*, si la lettre est à un ou plusieurs jours ou mois de vue.

Le terme après lequel elle devra être payée, ne courra que du jour où le tiré, par son acceptation, attestera qu'il a vu la lettre. Il est donc important de dater cette acceptation, car, autrement, il serait difficile d'établir à quelle époque la lettre a été vue.

Lorsque la lettre est à un ou plusieurs jours ou mois de vue, le défaut de date de l'acceptation rend la lettre exigible au terme y exprimé, à compter de sa date (*Art.* 122). On présume, dans ce cas, que l'accepteur qui a négligé de dater la lettre, et le porteur qui n'a pas exigé qu'elle le fût, ont renoncé au délai plus long exprimé dans la lettre, et qu'ils ont consenti à faire courir le terme du jour où la lettre a été tirée.

L'acceptation peut-elle être donnée par un acte séparé?

| | |
|---|---|
| L'acceptation *peut* être donnée par un acte séparé. | L'acceptation *doit* être *écrite* sur le titre même. |
| Silence de la loi. | Le législateur permet de fournir la garantie de l'aval sur la lettre même, ou *par acte séparé*. (*Art.* 142.) |
| Aucune prohibition. | |
| Le seul consentement de la partie qui s'oblige doit être envisagé. | Cette exception est un indice que le législateur n'a pas voulu accorder la même faveur à l'acceptation de la lettre de change. |

L'acceptation d'une lettre de change payable dans un autre lieu que celui de la résidence de l'accepteur, doit indiquer le domicile où le paiement doit être effectué, ou les diligences faites (*Art.* 123). Toutefois cette énonciation n'est pas prescrite à peine de nullité. Il en serait cependant différemment si le domicile de la personne qui doit payer dans un autre lieu n'était pas indiqué. Je suppose, par exemple, une lettre de change sur un négociant demeurant à Paris, payable à Chartres : *Au 1er janvier prochain, il vous plaira payer à Chartres, à M. B. ou à son ordre, la somme de 500 francs, valeur reçue comptant à Marseille, le.... Signé Martin....* — *A M. N. marchand à Paris.*

L'accepteur devra *nécessairement* indiquer le domicile où le porteur devra se présenter à Chartres, puisque, autrement, il lui serait impossible de se faire payer. Le porteur pourrait refuser comme incomplète l'acceptation qui ne contiendrait pas cette indication.

**Acceptation conditionnelle.** — L'acceptation *ne peut être conditionnelle. (Art.* 124.)

Une acceptation de cette nature serait donc *nulle.* Il y aurait dès lors lieu à protêt, faute d'acceptation. Le porteur, en effet, a dû compter sur l'exécution pure et simple de ce que déclare la lettre, et ne peut être assujetti à des conditions qui dérangeraient les opérations auxquelles il s'était livré dans l'espérance de l'acquittement de la dette.

**Acceptation restreinte.** — L'acceptation, qui ne peut jamais être soumise à une condition quelconque, *peut être restreinte quant à la somme acceptée.* C'est ici une exception apportée au droit commun, dans l'intérêt du commerce, et pour opérer le plus de libérations possible. D'après le droit commun, en effet, le débiteur ne peut point forcer le créancier à recevoir en partie le paiement d'une dette même divisible. (*Art.* 1244, *Code Nap.*)

Au reste, cette exception apportée au droit commun ne nuit en rien au propriétaire de l'objet négociable. Le porteur, en effet, reçoit, d'un côté, le paiement de la somme que le tiré a consenti d'accepter, et, d'un autre côté, il conserve pour le surplus non accepté tous ses droits contre le tireur : *dans ce cas le porteur est tenu de faire protester la lettre de change pour le surplus.* (*Art.* 124, *Code de com.*)

13.

**Délai pour accepter.** — Une lettre de change doit être acceptée à sa présentation, ou au plus tard *dans les vingt-quatre heures de la présentation.* La loi accorde ce délai au tiré pour qu'il puisse vérifier sa position à l'égard du tireur, et même, s'il n'a pas encore reçu de lettre d'avis, vérifier la signature. Après les vingt-quatre heures, si la lettre n'est pas rendue acceptée ou non acceptée, celui qui l'a retenue est passible de dommages-intérêts envers le porteur. (*Art.* 125.)

Le tiré peut accepter par lui-même, ou par l'entremise d'un tiers par lui autorisé à cet effet.

**Refus d'acceptation.** — Le porteur n'a aucun droit de son chef contre le tiré qui refuse d'accepter, car c'est l'acceptation seule qui forme contrat entre le porteur et l'accepteur. Le seul droit du porteur est, *en faisant constater le refus par un protêt,* de demander au tireur et aux endosseurs l'équivalent de la garantie qu'il aurait trouvée dans l'acceptation du tiré : *Sur la notification du protêt faute d'acceptation, les endosseurs et le tireur sont respectivement tenus de donner caution pour assurer le paiement de la lettre de change à son échéance, ou d'en effectuer le remboursement avec les frais de protêt et de rechange.* (*Art.* 119-120.)

Ainsi donc, faute d'acceptation, le porteur assignera le dernier endosseur (*respectivement*) et en obtiendra caution ou remboursement ; cet endosseur pourra assigner le précédent (*respectivement*) et en obtenir également caution ou remboursement, et ainsi de suite en remontant jusqu'au tireur inclusivement.

Le mot *respectivement* indique ce recours du dernier endosseur sur le précédent, jusqu'au tireur. On conçoit, en effet, que les endosseurs soient, eux aussi, soumis à fournir la caution, car chaque endosseur devient tireur à l'égard des endosseurs subséquents, et dès lors la responsabilité des endosseurs envers le porteur étant absolument de même nature que celle du tireur, elle doit avoir la même étendue.

Mais si le porteur a le droit de demander caution, il ne faut pas en conclure qu'il puisse exiger *du tireur et de chacun des endosseurs* cette garantie. Une fois qu'il l'aura obtenue de celui à qui il se sera adressé, il n'aura plus aucune réclamation à faire ; les autres signataires seront libérés *vis-à-vis de lui*.

Quant à celui à qui la caution sera demandée, il pourra se dispenser de la fournir en *remboursant immédiatement*. Mais si tel endosseur a préféré rembourser, il ne pourra exiger le remboursement de l'endosseur précédent, qui aura le choix d'offrir une caution.

Le cas de faillite du tiré, après ou avant l'acceptation, est assimilé au refus d'accepter. Dans l'un et l'autre cas le porteur est privé de la garantie qui lui avait été promise. Il peut donc demander caution.

Quant à la caution (*une caution est une personne solvable, qui se soumet à satisfaire à une obligation, si le débiteur n'y satisfait pas lui-même*), soit du tireur, soit de l'endosseur, elle n'est solidaire qu'avec celui qu'elle a cautionné. Elle ne devra payer qu'au lieu et place de cet endosseur, et non des autres endosseurs ou du tireur ; mais l'effet de la solidarité sera de la forcer à payer, sans qu'elle puisse exiger que le poursuivant fasse d'abord vendre les biens de celui dont elle est la caution. (*Art.* 120.)

# CHAPITRE V.

**Définition.** — L'*acceptation par intervention* est l'acte par lequel un tiers déclare accepter, pour le compte du tireur, ou pour celui de l'un des endosseurs, une lettre de change protestée faute d'acceptation de la part du tiré. C'est l'engagement de payer la lettre de change pris officieusement par un tiers, sur le refus du tiré de prendre lui-même cet engagement.

Le tiré refusant d'accepter la lettre de change, *elle est protestée faute d'acceptation.* Si elle porte l'indication d'un recommandataire, l'officier public qui instrumente est tenu de se présenter à lui, et d'insérer dans l'acte sa réponse. Si le recommandataire refuse, l'officier public *continue chez lui son protêt.* Si plusieurs recommandataires offrent d'accepter, on préfère l'acceptation de celui qui déclare le faire pour le tireur, ou, à défaut, pour l'endosseur le plus antérieur.

Accepter par intervention pour un des tireurs ou endosseurs, s'appelle, en termes de commerce, *honorer la signature.*

**Moment de l'acceptation par intervention.** — *Lors du protêt faute d'acceptation,* la lettre de change peut être acceptée par *un tiers* intervenant *pour le tireur,* ou pour *l'un des endosseurs.* (Art. 126.)

Il faut remarquer que *le protêt doit toujours précéder l'intervention.* Tant qu'il n'y a pas *protêt,* en effet, rien ne prouve que le tiré n'acceptera pas; la partie intervenante *avant le protêt,* ne pourrait donc être considérée que comme caution, et l'acte qui constaterait cette intervention serait un véritable aval.

**Qui peut accepter ainsi.** — L'acceptation par intervention peut être donnée par toute personne capable, et susceptible d'être considérée, à l'égard du porteur, comme un *tiers*.

**Pour qui peut-on accepter par intervention.** — L'intervenant a le choix. Il peut accepter par intervention pour *toute personne* responsable du refus d'acceptation, pour tous ou un seul des signataires de la lettre, pour le tireur ou les endosseurs, ou l'un d'eux.

L'acceptation est réputée faite pour *tous* les débiteurs, à défaut d'indication de celui pour lequel a lieu l'intervention.

**Acceptation par le tiré.** — Le tiré peut ne pas vouloir accepter en vue du tireur, mais tenir à honorer la signature de l'un des endosseurs; dès lors il pourra refuser d'accepter comme tiré; mais il sera admis à accepter par intervention. Dans ce cas le protêt faute d'acceptation devra néanmoins avoir lieu et précéder l'intervention. La loi est formelle.

Suivant une autre opinion, le refus d'accepter serait suffisamment constaté par ces mots inscrits sur la lettre de change : *accepté pour tel endosseur* ; le protêt serait donc inutile.

**Effets de l'intervention.** — Le porteur ayant dû compter sur l'acceptation du tiré, et non d'une autre personne qui peut lui offrir moins de garantie, le porteur de la lettre de change *conserve tous ses droits contre le tireur et les endosseurs* à raison du défaut d'acceptation par celui sur qui la lettre était tirée, nonobstant toutes acceptations par intervention. (*Art.* 128.)

Celui qui tire et ceux qui endossent une lettre de change, s'obligent nécessairement à la faire accepter par

celui sur qui elle est tirée. C'est dans l'espérance de
cette acceptation que le contrat s'est formé, et si dans
la suite un tiers intervient à la place de celui qui avait
été primitivement désigné, il s'opère une mutation de
personne dont le porteur peut ne pas se contenter. C'est
pour protéger autant que possible la foi due aux contrats, que, nonobstant l'acceptation par intervention, le
porteur de la lettre de change conserve tous ses droits
contre le tireur et les endosseurs, à raison du défaut
d'acceptation par le tiré.

Que si le tiré lui-même acceptait par intervention, le
porteur n'aurait plus évidemment le droit de recourir
contre le tireur et contre les endosseurs. Il n'y aurait
plus aucun intérêt, ayant obtenu ce qui lui avait été promis : *l'acceptation du tiré.*

**Forme de l'acceptation par intervention.** —
L'intervention est *mentionnée dans l'acte de protêt*; elle
est *signée* par l'intervenant. (*Art.* 126, § 2.)

Doit-elle être signée sur la lettre de change, ou dans
l'acte de protêt ?

Il faut observer deux choses : 1° l'acceptation par intervention est une *acceptation.* Comme acceptation, *elle
doit être signée par celui qui accepte*, sur l'acte lui-même;
2° l'art. 126, § 2, s'exprime ainsi : *l'intervention est mentionnée*, ce qui indique que la signature sur le protêt
n'est pas exigée.

**Devoir de l'intervenant.** — L'intervenant est
*tenu* de notifier sans délai son intervention à celui pour
qui il est intervenu (*Art.* 127). S'il en était autrement,
le tireur ignorant le refus et l'intervention, pourrait envoyer la provision au tiré. La loi n'a pas prévu le délai
dans lequel devra avoir lieu cette notification. C'est une
question de fait qui est abandonnée à l'appréciation des
juges. Quant à la non notification, elle pourrait donner

lieu à des *dommages-intérêts* contre l'accepteur par intervention, s'il en résultait quelque préjudice pour le tireur.

**Utilité de l'acceptation par intervention.** — L'acceptation par intervention, quand bien même le porteur n'en a pas moins le droit de poursuivre le tireur et les endosseurs, n'est pas sans utilité. Elle le désintéresse et le rassure, lorsque l'intervenant est solvable; dès lors elle rend plus rares les poursuites, qui exigent toujours quelques déboursés.

---

# CHAPITRE VI.

### DE L'ÉCHÉANCE.

**Définition.** — L'*échéance* est l'époque à laquelle le paiement de la lettre doit être effectué.

Une lettre de change peut être tirée : 1° à vue; 2° à un ou plusieurs jours de vue; 3° à un ou plusieurs mois de vue; 4° à une ou plusieurs *usances* de vue; 5° à un ou plusieurs jours de date; 6° à un ou plusieurs mois de date; 7° à une ou plusieurs *usances* de date; 8° à jour fixe, ou à jour déterminé; 9° en foire. (*Art.* 129, *Code de com.*)

**Échéance à vue.** — La lettre de change payable A VUE, est celle qui doit être payée au moment où elle est présentée à celui qui doit la solder : *la lettre de change à vue est payable à sa présentation.* (*Art.* 130.)

**Échéance à jours, mois, usances de vue.** — L'échéance d'une lettre de change à un ou plusieurs jours, à un ou plusieurs mois, à une ou plusieurs usances *de vue,* est fixée *par la date de l'acceptation,* ou par celle du protêt faute d'acceptation. (*Art.* 131.)

Mais dans le délai, on ne compte point le jour de l'acceptation : ainsi, j'accepte le 1er avril une lettre de change tirée à huit jours de vue, elle n'est payable que le 9 avril.

**Usance** — *L'usance* est un espace de trente jours, qui courent du lendemain de la lettre de change. (*Art.* 132.)

Ce mot paraît venir *d'usage,* et signifie le temps qu'il est d'usage dans un pays d'accorder pour le paiement des lettres de change.

Chaque pays a ses usages : en France l'usance est de trente jours; dans d'autres pays elle est de quinze ou soixante, etc. Il est évident qu'il faut suivre l'usance du lieu où la lettre de change est payable. La fixation de l'usance à *trente jours* fait disparaître l'inégalité des mois, qui peuvent avoir vingt-huit, trente ou trente et un jours. Les mois sont tels qu'ils sont fixés dans le calendrier Grégorien. (*Art.* 132.)

**Échéance à jours, mois, usances de date.**— Lorsque la lettre de change porte qu'elle sera payable à un ou plusieurs jours, à un ou plusieurs mois, à une ou plusieurs usances *de date,* le délai court à partir *du lendemain de la date* de la lettre de change.

**Échéance à jour fixe.** — On peut encore tirer une lettre de change à *jour fixe,* ou à jour déterminé, par exemple : *payez à la Saint-Martin,* ou, *payez le 1er janvier prochain.*

Quel jour est payable une lettre de change tirée, par exemple, le 28 février, dans une année non bissextile et à *dix mois de date?* La Cour de cassation a jugé qu'elle avait dû échoir le 28 décembre et non le 31, parce que le législateur, en disant que les mois sont tels qu'ils sont fixés par le calendrier Grégorien, avait seulement entendu qu'on ne devait avoir, dans ce cas, aucun égard à l'inégalité des mois compris dans l'intervalle; mais non faire qu'une lettre de change ne fût pas payable au jour correspondant à celui où elle avait été tirée.

**Échéance en foire.** — Une lettre de change payable en foire est échue la veille du jour fixé pour la clôture de la foire, ou le jour de la foire, si elle ne dure qu'un jour. (*Art.* 133.)

**Jour férié.** — Si l'échéance d'une lettre de change est à un jour férié légal, *elle est payable la veille* (*Art.*134), mais le protêt ne doit avoir lieu que le lendemain (*Art.* 162). Il faut remarquer que c'est surtout afin de constater d'une manière fixe le jour où le protêt doit être fait, que la loi a déterminé avec soin les jours de l'échéance [1].

**Défense aux juges d'accorder des délais pour le paiement.** — Le juge de commerce ne peut accorder, comme le juge civil, des délais modérés pour le paiement. L'intérêt du commerce exige que les obligations soient exactement exécutées. Tous délais de grâce, de faveur, d'usage ou d'habitude locale, pour le paiement des lettres de change, sont abrogés. (*Art.* 135.)

L'ordonnance de 1673 et les anciens usages accordaient au porteur un certain délai pendant lequel il pouvait, sans encourir aucune déchéance, se dispenser de faire protester la lettre échue. Mais des inconvénients graves résultaient de ce délai, car il n'était pas le même dans toutes les places de commerce, et de plus il pouvait favoriser les collusions entre le porteur et le tiré, au détriment des divers obligés. Aujourd'hui le protêt doit être donné le lendemain de l'échéance, sous peine, pour le porteur, d'être déchu de tout recours contre les endosseurs, et, dans certains cas, contre le tireur.

[1] Avis du Conseil d'État du 20 mars 1810, portant que le 1er janvier doit être considéré comme une des fêtes auxquelles s'applique l'art. 162 du Code de commerce.

# CHAPITRE VII.

### DE L'ENDOSSEMENT.

**Définition.** — *L'endossement* est l'acte par lequel le propriétaire d'une lettre de change la transporte à une autre personne, en remplissant les formalités prescrites par la loi, et en demeurant garant du paiement à l'échéance.

**Effet de l'endossement.** — L'endossement *transmet* la propriété de la lettre de change. C'est une cession simplifiée. Par lui tous les droits et actions que le preneur, devenu endosseur, avait contre le tireur, ont été cédés au cessionnaire, et ce cessionnaire, à défaut d'acceptation ou du paiement de la lettre de change de la part du tiré, peut agir non-seulement contre l'endosseur, mais encore contre le tireur.

**Différence avec la cession.** — La cession est permise dans le droit commun ; mais pour prévenir les fraudes et les incertitudes, elle est soumise à des formalités particulières : c'est ainsi que le cessionnaire (*Art.* 1690, *Code Nap.*) n'est saisi à l'égard des tiers, que par la signification du transport faite au débiteur, ou par l'acceptation du transport faite par le débiteur, dans un acte authentique ; de manière que si, avant cette signification ou cette acceptation, le débiteur paie le cédant, il est valablement libéré. (*Art.* 1691, *Code Nap.*)

Dans le droit commercial, le besoin de célérité a fait admettre d'autres dispositions : la déclaration du porteur de la lettre, écrite *au dos* de l'acte, qu'il la passe à l'ordre d'un tiers, en transfère la propriété sans qu'il soit besoin, comme dans la cession d'une créance ordinaire, d'une acceptation authentique de la part du débiteur, ou d'une notification faite à ce dernier.

Dans le droit commun le cédant ne répond de la solvabilité du débiteur qu'autant qu'il en a pris l'engagement. (*Art.* 1694, *Code Nap.*) Dans le droit commercial, l'endosseur (cédant) est de plein droit garant solidaire du paiement de la lettre à son échéance. (*Art.* 140, *Code de com.*)

**Obligations de l'endosseur.** — L'endosseur garantit le remboursement du prix qu'il a reçu du cessionnaire, et le paiement par le tiré de la somme énoncée dans la lettre, aux jour et lieu indiqués. En cas de non paiement, il est soumis, en général, aux obligations que le contrat de change impose au tireur.

En endossant, le preneur devenu endosseur cède au cessionnaire tous les droits, toutes les actions qu'il avait contre le tireur. Si donc la lettre n'est pas acceptée, ou si elle n'est pas payée à l'échéance, le porteur pourra agir et *contre l'endosseur* et *contre le tireur.*

**Endossements successifs.** — Lorsqu'il y a plusieurs endosseurs successifs, le dernier endosseur est toujours *garanti* par ceux qui le précèdent.

**Régularité de l'endossement.** — L'endossement ne transfère la propriété de la lettre de change, qu'à la condition d'être régulier. L'endossement est régulier quand : 1° il est *daté*; 2° il *exprime la valeur fournie*; 3° il *énonce le nom de celui à l'ordre de qui il est passé (Art.* 137); 4° il est *signé* par l'endosseur.

**Énonciation de la date.** — L'énonciation de la date est exigée pour empêcher les fraudes, surtout en en cas de faillite. Un failli pourrait, en effet, ne pas dater un endossement, afin qu'on ne pût reconnaître qu'il a été fait depuis sa faillite, et lorsqu'il était dessaisi de l'administration de ses biens.

C'est encore pour prévenir les fraudes, que le législateur a défendu d'antidater les ordres *à peine de faux* (*Art.* 139). Sans cette rigueur de la loi, un commerçant sur le point de faillir, ou même en faillite, pourrait reporter la date de l'endossement à dix jours au delà de sa faillite. (Art. 147, *Code pénal* : travaux forcés à temps.)

La preuve de l'antidate devra être fournie par le créancier qui voudra attaquer ces ordres *ou endossements*; et pour qu'il y ait lieu à l'application de la loi, il est évident que l'antidate aura dû être le fruit de la fraude, et non d'une simple inadvertance.

L'endosseur doit-il écrire *de sa main* l'endossement? La loi ne l'exige pas. L'endossement peut donc être écrit par toute personne, même par celui au profit de qui il a lieu. Il ne paraît pas que l'énonciation du *Bon* ou *Approuvé* doive s'y trouver.

Mais l'endossement doit être *signé* par l'endosseur.

**Forme de l'endossement.** — L'endossement se fait par l'inscription des énonciations dont nous avons parlé plus haut *au dos* de la lettre de change :

*Payez à l'ordre de Martin, valeur reçue en marchandises (ou de tout autre manière).*

*Paris, le 30 mars 1865.*

*Signature de l'endosseur.*

**Allonge.** —Lorsqu'il y a plusieurs endosseurs, et que le papier est épuisé, il est d'usage d'ajouter une feuille qu'on nomme *allonge*.

*L'allonge* ne fait qu'un tout avec le titre primitif.

**Endossement par acte séparé.** — La question

de savoir si on peut endosser par acte séparé est discutée.

| On peut endosser par acte séparé. | On ne peut endosser que sur la lettre même. |
|---|---|
| Il n'existe aucune prohibition de la loi. Ce que la loi ne défend pas, elle le permet. | Le mot *Endossement* indique suffisamment, que la cession du titre ne peut être opérée que par une déclaration écrite au dos de la lettre. |

**Endossement dans le lieu où la lettre est payable.** — Peut-on endosser dans le lieu où la lettre de change est payable? Rien ne s'y oppose. L'endossement n'est pas une opération de change; par conséquent la remise d'argent de place en place n'est pas exigée. On peut donc endosser dans le lieu où la lettre de change est payable.

Il est toutefois un cas où l'on ne peut endosser dans le lieu où la lettre de change est payable : c'est lorsque la lettre est tirée par le tireur *sur lui-même*. Dans ce cas, en effet, le titre ne vaut comme lettre de change que *lorsqu'il est endossé*. Cet endossement qui constituera la lettre, dont l'essence est la remise d'argent de place en place, ne pourra donc avoir lieu dans l'endroit où la lettre devra être payée.

**Endossement après l'échéance.** — Peut-on endosser après l'échéance de la lettre de change? Ce point est aussi controversé.

| On peut endosser après l'échéance de la lettre de change. | On ne peut endosser après l'échéance de la lettre de change. |
|---|---|
| Il n'y a pas de distinction dans la loi. L'endossement transfère la propriété de la lettre de change; or la lettre de change est toujours telle, soit avant, soit après l'échéance. | Après l'échéance il n'y a plus de change dont on puisse transférer la propriété : il n'y a qu'une créance qui résulte du contrat de change. |

**Endossement irrégulier.** — Lorsque l'endossement ne réunit pas toutes les conditions dont nous avons parlé, il est *irrégulier*, et comme tel *il n'opère pas de transport*, il ne vaut que comme *procuration*. (Art. 138.)

Le porteur de cet endossement peut demander l'acceptation, recevoir le paiement, et donner quittance comme tout mandataire; *l'endossement irrégulier n'est qu'une procuration*. (Art. 138.)

Si le tiré refuse d'accepter ou de payer, le porteur de l'endossement irrégulier ne peut le poursuivre en son propre nom, car il n'est qu'un fondé de procuration. L'action ne pourra être intentée qu'au nom de l'endosseur.

Plusieurs conséquences résultent de ce que l'endossement irrégulier ne vaut que comme procuration. C'est ainsi que : 1° le porteur de l'endossement irrégulier n'étant qu'un mandataire, doit, s'il a reçu le paiement, rendre compte à l'endosseur, son mandant; 2° l'endosseur peut, avant que le porteur ait reçu le paiement, retirer son mandat, et par là l'empêcher de toucher; 3° les créanciers de l'endosseur peuvent saisir-arrêter entre les mains du tiré la somme destinée au paiement, et le porteur de l'endossement irrégulier, n'étant qu'un mandataire, n'a aucune opposition à faire; 4° si le tiré est créancier de l'endosseur, il peut opposer au porteur qui n'est qu'un mandataire, la compensation de ce que lui doit l'endosseur.

Si, cependant, le porteur de l'endossement irrégulier avait fourni la valeur en échange de laquelle l'endossement lui a été fait, il pourrait le constater par toute espèce de preuves vis-à-vis *du seul endosseur*, qui ne peut invoquer l'irrégularité de son endossement pour s'enrichir aux dépens du porteur.

**Le porteur de l'endossement irrégulier peut négocier la lettre.** — Le droit de *négocier* la lettre fait évidemment partie des pouvoirs du porteur de l'endossement irrégulier. Le porteur peut recevoir le paiement et donner quittance. Or, *négocier* la lettre, c'est un moyen de recouvrer les fonds qu'on a versés pour l'obtenir. Donc le porteur qui peut recouvrer ces fonds par le paiement, peut les recouvrer *par la négociation*. Mais comme il n'est qu'un mandataire, il ne pourra négocier qu'à la charge d'en rendre compte à l'endosseur son mandant.

Mais lorsque le porteur de l'endossement irrégulier a lui-même endossé *régulièrement*, il ne saurait être tenu vis-à-vis du nouveau porteur. Quand, en effet, *il a cédé la lettre par un endossement régulier*, il n'en était pas moins porteur d'un *endossement irrégulier*. L'endossement *irrégulier* dont il était porteur, l'a constitué *mandataire* du tireur.

Comme mandataire, nous avons vu que ses pouvoirs pouvaient aller jusqu'à *négocier ;* mais en négociant, comme mandataire il n'a obligé *que son mandant*, l'endosseur [1].

**Endossement en blanc.**—L'endossement en blanc consiste dans *la seule signature* de l'endosseur au dos de la lettre de change. Il est évident que cette signature qui n'est précédée ni de la date, ni de l'énonciation de la valeur fournie, ni du nom de celui à l'ordre de qui le titre est passé, *ne constitue pas un endossement*. Mais toute personne, même le porteur, peut combler la lacune, et ajouter les énonciations requises; nous avons dit déjà que le *bon* ou *approuvé* n'est pas nécessaire.

---

[1] Une autre opinion considère le porteur de l'endossement irrégulier, qui endosse régulièrement, comme le *commissionnaire* du premier endosseur, et par conséquent n'oblige que le second endosseur vis-à-vis du nouveau porteur ; car le *commissionnaire* se lie personnellement envers les tiers, et n'oblige pas le commettant.

Il est cependant un cas où le porteur ne peut pas combler la lacune : c'est lorsque l'endosseur décède ou tombe en faillite. Dès lors il n'a plus le droit d'endosser, et par conséquent le porteur *qui n'est que son mandataire* — car l'endossement irrégulier *n'est qu'une procuration* — ne peut avoir plus de pouvoirs que lui. *L'endossement sera donc irrégulier.*

**L'Escompte.** — La lettre de change peut circuler par l'endossement après l'acceptation, comme avant. Quand on la cède dans la même ville où elle est payable, cette négociation est connue sous le nom *d'escompte.*

Le preneur la vend à un autre, qui lui en paie le montant sous la retenue de *l'escompte,* ou intérêt, en proportion du temps qui reste à courir sur l'échéance. Le nouveau porteur se met à la place de l'ancien relativement à l'accepteur [1].

---

[1] Escompter, c'est payer avant le terme, avec l'avantage lucratif de l'escompte. On nomme *escompte,* soit l'opération par laquelle on cède avant le terme, soit la somme retenue sur la valeur de l'effet escompté. Dans ce dernier sens, l'escompte est l'intérêt de l'argent versé avant l'époque de l'échéance et au taux convenu.

La règle d'escompte a pour objet de déterminer la retenue qui doit être faite sur la valeur d'un billet payable dans un certain temps, et dont on exige le montant avant l'échéance du terme.

Il y a deux sortes d'escomptes : 1° *l'escompte en dehors;* 2° *l'escompte en dedans.*

L'escompte en dehors est l'intérêt simple de la somme totale énoncée sur le billet, pour le temps qui reste à s'écouler jusqu'à l'échéance. Cet escompte, généralement usité en France, est préféré parce qu'il est plus facile à calculer.

On *escompte en dehors* une somme de 100 francs à 5 pour % par an, lorsque l'on retranche 5 francs de 100 francs, et que l'on réduit par conséquent 100 francs moins 5 f. (95 f.).

L'*escompte en dedans* consiste à déterminer une somme qui, placée à intérêt au moment du paiement, produirait juste, au terme convenu, ce

L'usage assez commun envers les escompteurs particuliers, est de signer en blanc la lettre qu'on fait
escompter.

Si elle est payée, ce blanc est rempli par la quittance,
de sorte que celui qui l'a prise à l'escompte, paraît ne la
recevoir que pour le propriétaire, et sur l'acquit de
celui-ci.

Si la lettre n'est pas payée le jour de l'échéance, elle
doit se rembourser même avant le protêt, et après cela
c'est le propriétaire ostensible qui, après avoir dédom-
magé son escompteur, fait lever l'acte en son nom,
comme si l'effet n'eût jamais été escompté. Mais si le
remboursement n'avait pas lieu immédiatement, l'escompteur remplirait le blanc par un endossement en sa
faveur, lèverait le protêt en son nom, et exercerait les
droits ordinaires du porteur envers tous les co-obligés, y
compris son cédant.

L'accepteur peut sans inconvénient payer à l'avance la
lettre qu'il a acceptée, même sous escompte, pourvu que
ce soit de bonne foi, et à un propriétaire incontestable
du titre.

---

qui lui manque pour égaler la somme indiquée par le billet. On escompte
*en dedans* une somme de 105 francs à 5 pour °/₀ par an, lorsqu'on retranche 5 francs de 105 francs; en un mot, quand on réduit 105 francs à
100 francs.

Quant aux expressions *en dehors* et *en dedans*, elles proviennent de
ce que, dans l'*escompte en dehors*, on prend l'intérêt de la somme totale
du billet, considérée en dehors de cet intérêt; dans l'*escompte en dedans*,
au contraire, on ne prend l'intérêt que d'une somme comprise dans le
montant du billet, ou en dedans; cette somme est telle, qu'ajoutée à son
intérêt elle produit juste la somme énoncée sur le billet.

# CHAPITRE VIII.

## DE LA SOLIDARITÉ.

**Définition**. —La *solidarité* est, relativement à plusieurs créanciers d'une même chose, le droit qu'a *chacun* d'eux de se la faire payer *en totalité ;* et, relativement à plusieurs débiteurs, l'obligation qui leur est imposée de payer, *un seul* pour *tous*, la dette qu'ils doivent en commun.

La solidarité entre les débiteurs augmente de beaucoup les sûretés du créancier, parce que, bien qu'il y ait plusieurs obligés, il n'y a *qu'une seule dette*.

Chacun des débiteurs *doit le tout*, sans pouvoir ni renvoyer le créancier à discuter les autres débiteurs, ni demander qu'il n'agisse contre lui que pour une partie.

Dans la législation française, la solidarité n'est placée que comme une exception. Elle ne peut jamais se présumer.

Il faut, pour qu'elle existe, ou qu'elle ait été expressément stipulée par les parties, ou qu'elle résulte d'une disposition de la loi. (*Art.* 1202, *Code Nap.*).

**Solidarité en matière de lettre de change**. — L'art. 140 du Code de commerce s'exprime ainsi : *tous ceux qui ont signé, accepté ou endossé une lettre de change, sont tenus à la garantie solidaire envers le porteur.* Cette garantie solidaire a pour objet de faciliter la circulation de la lettre de change, et de lui donner une valeur pour ainsi dire égale à celle du numéraire, dont elle est destinée à faire l'office.

Toutes les personnes qui ont signé, accepté ou endossé la lettre de change, *ont également contracté vis-à-vis du porteur l'obligation de lui faire payer la lettre de change à l'époque et au lieu fixés.* Étant toutes *également obligées,* le porteur aura le droit de s'adresser à celui des signataires qu'il voudra choisir, sans que celui qu'il aura choisi puisse exiger qu'il divise son recours à l'égard de chaque débiteur. Il pourra même les poursuivre pour le tout, *collectivement.*

**C'est une solidarité imparfaite.** —La solidarité qui existe entre les signataires de la lettre de change, ne produit pas tous les effets de la solidarité du droit commun.

Dans la solidarité du droit commun, chaque débiteur est chargé de représenter ses co-débiteurs vis-à-vis du créancier. Cette représentation résulte d'un mandat réciproque qui existe même dans l'intérêt du créancier. Il résulte de ce mandat que le créancier qui actionne l'un des débiteurs, conserve ses droits contre tous les autres co-débiteurs en même temps que contre celui qu'il actionne, car tous les autres co-débiteurs sont réputés actionnés.

La solidarité des signataires de la lettre de change ne présente pas le même caractère. Nous verrons plus tard que les poursuites dirigées par le porteur contre l'un des signataires, ne suffiraient pas pour qu'il conservât ses droits à l'égard de ceux contre lesquels il n'aurait pas agi.

Il n'y a même pas solidarité parfaite entre le tireur qui n'a pas fait provision (*il n'y a pas de déchéance contre lui*), et l'accepteur, car l'unité d'obligation qui est une des conditions essentielles de la solidarité, n'existe pas entre ces différents débiteurs.

# CHAPITRE IX.

### DE L'AVAL.

**Définition.** — *L'aval* est la souscription qu'on met sur une lettre de change ou sur un billet de commerce, et par laquelle on s'engage à payer la somme mentionnée dans cette lettre ou ce billet, au cas où elle ne serait pas acquittée par *le tiré, le tireur*, ou *les endosseurs*. (*Art.* 141, *Code de Com.*)

On peut encore définir *l'aval* : le *cautionnement d'une lettre de change donné par un tiers*. Ce mot vient par altération des mots *à valoir,* parce que le porteur peut faire *valoir* ses droits contre le *donneur d'aval*. Le *donneur d'aval* est celui qui cautionne.

**L'aval diffère de l'endossement.** — Comme l'endosseur, le donneur d'aval s'oblige à payer au cas de refus de la part du tiré et de ceux qui doivent payer. Mais l'endosseur s'oblige, on peut dire, *accessoirement*, et par suite de la cession qu'il a faite de la propriété de la lettre à un tiers, tandis que le donneur d'aval s'oblige non parce qu'il cède (il ne cède rien), mais *directement*, *principalement*.

**Forme de l'aval.** — L'aval peut être donné par toute personne capable de s'obliger, qui n'est pas tenue à un autre titre au paiement de la lettre de change, pour quiconque est obligé au paiement de cette lettre : tireur, endosseur, accepteur. Cette garantie est fournie par un tiers, *sur la lettre même*, ou par acte séparé, soit devant notaire, soit sous seing-privé. (*Art.* 142, *Code de Com.*) Mais le plus souvent, pour ne point inspirer de défiance sur la solvabilité des signataires, l'aval est donné par un acte séparé.

Ordinairement la signature du tiers est précédée des mots : *pour aval;* mais la signature seule serait encore suffisante.

Lorsqu'il n'y a que la signature, la question de savoir si c'est un aval, ou un endossement en blanc, est abandonnée à l'appréciation des tribunaux.

La signature n'a pas besoin d'être précédée du *Bon* ou *Approuvé*, lorsque l'aval est écrit d'une autre main que celle de celui qui le fournit, même lorsqu'il est donné par un non-commerçant.

**Effet de l'aval**. — Le donneur d'aval est tenu solidairement et par les mêmes voies que les tireurs et endosseurs (*Art.* 142). Il ne peut donc jouir ni du bénéfice de discussion, ni du bénéfice de division, lorsqu'il y a plusieurs donneurs d'aval.

Il est soumis à la juridiction commerciale, et contraignable par corps, car l'aval est un acte de commerce. Mais, en revanche, il peut se prévaloir des mêmes exceptions que celui pour lequel il s'est engagé.

La loi (*Art.* 142) l'admet toutefois à modifier sa position par des conventions différentes. Ainsi, par exemple, il pourra stipuler qu'il ne sera pas soumis à la solidarité, ou à la contrainte par corps, ou à la juridiction commerciale; et ces stipulations seront valables, que l'aval ait été donné sur la lettre de change, ou par un acte séparé.

# CHAPITRE X.

## DU PAIEMENT.

**Moyens d'extinction de l'obligation résultant de la lettre de change.** — Les moyens d'extinction de l'obligation qui résultent de la lettre de change sont : 1° le paiement ; 2° la remise ; 3° la compensation ; 4° la novation ; 5° la confusion ; et 6° la prescription.

Le Code de commerce ne s'est occupé que du *paiement* et de la *prescription*. Pour les autres moyens, renvoi au droit commun [1].

**Moment du paiement de la lettre de change.** — Le porteur d'une lettre de change doit en exiger le paiement *le jour de son échéance.* (*Art.* 161, *Code de com.*) Les juges ne peuvent accorder aucun délai pour le paiement. (*Art.* 157.)

Cette dérogation formelle au droit civil est fondée sur ce que le défaut de paiement et, par suite, le délai accordé, pourraient déranger d'importantes opérations.

**Paiement avant l'échéance.** — Le tiré peut-il forcer le porteur à recevoir le paiement avant l'échéance ?

---

[1] *La remise de la dette* est la renonciation que le créancier fait à ses droits, et le consentement qu'il donne à ce que la dette soit éteinte. *La compensation* est un paiement réciproque et fictif, qui s'opère entre deux personnes débitrices l'une envers l'autre. *La novation* est la substitution d'une nouvelle dette à l'ancienne, qui se trouve ainsi éteinte. *La confusion* est la réunion dans une même personne des qualités de débiteur et de créancier d'une même dette. Voir les art. du Code Nap. qui se rapportent à ces différents modes d'extinction des obligations.

Dans le droit commun, le *terme* est toujours présumé en faveur du *débiteur;* or on peut toujours renoncer à un droit ouvert en sa faveur.

Le débiteur peut donc renoncer au terme, lorsque ce terme existe en sa faveur. Il peut donc forcer le créancier à recevoir avant le terme, à moins que le terme ait été stipulé en faveur du créancier. (*Art.* 1258, *Code Nap.*)

En matière de lettre de change, le porteur *ne peut jamais être forcé par le tiré à recevoir le paiement avant l'échéance.* (*Art.* 146.) Cet usage est depuis longtemps admis dans la législation commerciale. (*Déclaration du 23 nov.* 1715.)

On comprend, en effet, que si ce droit appartenait au tiré, le porteur, qui comptait sur la somme *due à l'échéance,* se verrait trop facilement dérangé dans ses calculs.

**Mode de paiement**. — La lettre de change doit être payée en numéraire, et dans la monnaie qu'elle indique. — Si la lettre de change n'indique pas précisément le genre de monnaie, le tiré peut choisir entre les monnaies nationales, c'est-à-dire l'or et l'argent. La monnaie de cuivre ou de billon ne peut, si ce n'est de gré à gré, être employée que pour l'appoint de la pièce de cinq francs (*Décret du* 18 *août* 1810).

Le porteur d'une lettre de change peut exiger son paiement en *numéraire,* et *refuser* les billets de banque qui, établis pour la commodité du commerce, ne sont que de simple confiance. (*Avis du Conseil d'État,* 30 *frim. an XIV.*)

Si une lettre de change, en France, était payable en piastres (ou en toute autre monnaie étrangère), faudrait-il donner des piastres, ou leur valeur ?

DES PIASTRES.

Les conventions des parties font loi entre elles.

Le Code de commerce exige *formellement* que la lettre soit payée dans la monnaie qu'elle indique. (*Art.* 143.) C'est l'opinion qui prévaut.

LEUR VALEUR.

Il pourrait être souvent matériellement impossible de payer la lettre de change stipulée payable en monnaie étrangère, par l'absence de cette monnaie dans le lieu du paiement. Mais on tiendra compte au porteur *de la valeur du change.*

**Paiement par à-compte**. — L'article 156 du Code de commerce accorde au tiré le droit de payer par à-compte : *les paiements faits à compte sur le montant d'une lettre de change, sont à la décharge des tireurs et endosseurs.* Le porteur est tenu de faire protester la lettre pour le surplus. Cette disposition introduit un droit nouveau. Dans l'ancienne jurisprudence commerciale, le porteur d'un effet qui consentait à recevoir un à-compte sur le montant de cet effet, perdait son recours contre tous les endosseurs pour le surplus. D'après l'article 156, en faisant protester pour ce qui reste dû, le porteur conserve son recours, pour ce surplus, contre le tireur et les endosseurs.

Le porteur peut recevoir de gré à gré un paiement partiel. Mais peut-il être *obligé* de recevoir ce paiement partiel ?

| AFFIRMATIVE. | NÉGATIVE. |
|---|---|
| L'existence même de l'article 156 dans le Code, prouve qu'il y a obligation pour le porteur de recevoir des paiements partiels ; autrement, cette disposition n'aurait aucune utilité. | L'art. 1244 du Code Napoléon ne veut pas que le débiteur puisse forcer le créancier à recevoir en partie le paiement d'une dette, même divisible. |
| Il ne peut dépendre du porteur de restreindre les avantages des tireurs et endosseurs ; or, en ne recevant pas d'à-compte, il les priverait de l'avantage de se trouver libérés jusqu'à concurrence de la somme que l'accepteur offre de payer. | L'article 156 du Code de commerce n'est pas assez formel pour apporter une exception à cette disposition du droit commun. |
| | Le but du législateur a été seulement d'introduire un droit nouveau. |

**Passe de Sacs**. — On entend dans le commerce par *Passe de sacs*, la retenue de *dix centimes* par sac, que celui qui paie est en droit de faire, lorsque la somme qu'il doit verser est de 500 francs et au-dessus. Le sac que le débiteur est obligé de fournir, dans ce cas, doit pouvoir contenir au moins mille francs. (*Décret du 1er juillet* 1809 ; *Décret du 17 novembre* 1852.)

Le mode de paiement en sacs et au poids ne prive pas celui qui reçoit de la faculté d'ouvrir les sacs, de vérifier et de compter les espèces en présence du payeur. (*Art. 4 du décret de* 1809.)

**A qui doit être demandé le paiement.** — Le paiement doit être demandé au *tiré*, quand même celui-ci aurait refusé d'accepter, et qu'un tiers, à son défaut, serait venu accepter par intervention. Le tiré ne payant pas, le paiement peut être demandé à toutes les personnes qui sont obligées à la garantie, telles que les endosseurs, les accepteurs par intervention, les donneurs d'aval.

**Oppositions au paiement.** — Le tiré ne doit pas payer lorsqu'il a été formé entre ses mains des *oppositions au paiement*. Il n'est admis d'opposition au paiement qu'en cas de *perte* de la lettre de change, ou de *faillite* du porteur. (*Art.* 149.)

On comprend que les cas d'opposition soient limités. L'intérêt du commerce exigeait qu'on ne pût former opposition aux paiements des lettres de change, dans tous les cas où cette opposition est permise en matière civile.

I. *Perte de la lettre de change.* Former de suite opposition au paiement, entre les mains du tiré.

Lorsque celui qui l'aura trouvée, et qui, peut-être, y aura mis un endossement à son profit, se présentera pour se faire payer, il sera repoussé par le tiré.

II. *Faillite du porteur.* Opposition faite au paiement entre les mains du tiré par les syndics de la faillite, dans l'intérêt des créanciers.

L'endosseur irrégulier pourra, tant que le porteur n'aura pas disposé de la lettre au profit d'un tiers par un endossement régulier, faire opposition au paiement entre les mains du tiré, dans le cas où il voudra révoquer la procuration qui résulte de cet endossement. On se souvient que l'endossement irrégulier ne vaut que comme procuration, et que le mandant peut toujours révoquer le mandat.

**A qui doit être fait le paiement.** — Le paiement doit être fait au propriétaire de la lettre de change, ou à son mandataire conventionnel, légal ou judiciaire.

Comme dans le droit commun, celui qui reçoit le paiement doit, de plus, être capable de le recevoir. Ce sera le tuteur du mineur propriétaire de la lettre, qui en recevra le paiement.

Celui qui paie doit vérifier la qualité de celui qui se présente pour être payé. Il y va, en effet, de la validité de son paiement.

**Paiement anticipé.** — Celui qui paie une lettre de change avant son échéance *est responsable de la validité du paiement* (Art. 144). La lettre de change a pu, en effet, être perdue, et il pourrait être fait *opposition* par le véritable propriétaire entre les mains du tiré. D'un autre côté, celui qui a reçu le paiement a pu faire faillite avant l'échéance, et dans ce cas le paiement anticipé a pu préjudicier aux créanciers du failli.

**Effet du paiement à l'échéance.** — Celui qui paie une lettre de change à son échéance, et *sans opposition*, est *présumé valablement libéré* (Art. 145). L'intérêt du commerce a motivé cette exception au droit commun [1]. Le payeur, en effet, n'a ni le moyen, ni la possi-

---

[1] Art. 1239, Code Napoléon. Le paiement *doit être fait* au créancier ou à quelqu'un ayant pouvoir de lui, ou qui soit autorisé par justice ou par la loi à recevoir pour lui. Le paiement fait à celui qui n'aurait pas pouvoir de recevoir pour le créancier, est valable, si celui-ci le ratifie, ou s'il en a profité.

bilité de s'assurer de la vérité des signatures mises au
dos d'une lettre de change, ou de l'identité du porteur
qui lui présente la lettre. De plus, ce serait frapper de
discrédit les lettres de change, que de permettre au tiré
de se refuser, sous un vain prétexte, au paiement de la
lettre. Mais il faut observer que celui qui paie une lettre
de change à son échéance, et sans opposition, n'est que
*présumé* valablement libéré. Il appartiendra donc aux
tribunaux de décider que le payeur n'est pas libéré, si le
vrai propriétaire de la lettre *prouve* une collusion entre
le porteur et le payeur, ou une négligence inexcusable.
— Question de fait [1].

L'effet du paiement est de libérer vis-à-vis du porteur
tous les obligés, tireur et endosseurs. Celui qui a payé
est subrogé aux droits du porteur. Si c'est le *tiré* qui a
payé, il n'est subrogé que contre le *tireur*. (Défaut de
provision.) Si c'est un tiers intervenant, il l'est contre
le tireur et contre les garants, quels qu'ils soient, et
contre le tiré.

**Titre sur lequel on doit payer.** — Le paiement doit être fait sur la présentation de *la lettre elle-
même.* Mais nous savons que dans le but de prévenir
les embarras et les lenteurs résultant de la perte des
lettres de change, et aussi de faciliter la circulation de
l'un des exemplaires, tandis qu'on envoie l'autre à l'acceptation, la loi permet de délivrer la lettre de change
par 1re, 2e, 3e, 4e, etc. Dans ce cas, le paiement de la
lettre fait sur une seconde, troisième, quatrième, etc.,
est *valable,* lorsque la seconde, troisième, quatrième, etc.,
porte que ce paiement *annule* l'effet des autres. (*Art.* 147.)

---

[1] Lorsque le débiteur d'une lettre de change en a payé le montant entre
les mains de celui auquel le propriétaire l'avait remise en dépôt, mais
sans la passer à son ordre, ni mettre d'acquit, il peut être contraint de
payer une seconde fois entre les mains du propriétaire.

La lettre portant cette énonciation, et étant revêtue de l'acquit, il devient évidemment impossible qu'on réclame, au moyen des autres exemplaires, un paiement déjà valablement fait [1].

Il s'agit ici du cas où il n'y a pas eu d'acceptation donnée. Qu'importe alors que ce soit sur une seconde ou troisième lettre que le paiement soit demandé ? Les exemplaires se trouvant *semblables*, le paiement de celui qui sera revêtu de l'acquit, annulera l'effet des autres, parce que c'est réellement le paiement, et non l'existence des duplicata de la lettre de change qu'il faut considérer.

Le tiré qui a *accepté* la lettre, et qui paie sur un exemplaire autre que celui revêtu de son acceptation, doit retirer la lettre sur laquelle se trouve son acceptation, sinon le paiement qu'il ferait sur une seconde, troisième, quatrième, etc., n'opérerait point sa libération *à l'égard du tiers porteur* de son acceptation. (*Art.* 148.)

*A l'égard du tiers porteur*, parce qu'il s'est lié vis-à-vis de lui par son acceptation. Toutefois il est de toute équité de décider que ce tiers porteur de l'acceptation, qui serait déjà payé sur la seconde, troisième, etc., ne pourrait pas, en présentant la lettre acceptée, se faire payer une seconde fois.

L'expression si formelle de la loi : *n'opère point sa libération à l'égard du tiers porteur de son acceptation*, nous indique suffisamment que le tiré qui a payé sur une seconde, troisième, etc., sans retirer la lettre re-

---

[1] L'indication du numéro de chaque exemplaire est utile, pour empêcher ces exemplaires négociés d'être considérés comme autant de lettres distinctes au profit du même preneur. Le tireur qui aurait omis cette indication s'exposerait à une action de la part du tiré, pour toutes les sommes que ce dernier aurait ainsi payées.

vêtue de son acceptation, est libéré à l'égard *de tous autres*, et, par conséquent, à l'égard du *tireur*.

### Perte d'une lettre de change non acceptée.

—En cas de perte d'une lettre de change *non acceptée*, celui à qui elle appartient peut en poursuivre le paiement sur une seconde, troisième, quatrième, etc. (*Art.* 150.) Rien ne s'oppose à ce que le paiement ait lieu sur une seconde, troisième, quatrième, etc. L'acceptation n'a pas été donnée : le tiré n'est pas obligé directement envers le porteur.

### Perte d'une lettre de change revêtue de l'acceptation.

— Mais que décider si la lettre de change perdue est *revêtue de l'acceptation ?* Le paiement ne peut en être exigé sur une seconde, troisième, quatrième, etc., que par *ordonnance du juge*, et en donnant *caution* (*Art.* 151). La lettre en effet est acceptée. Le tiré, par le fait de l'acceptation, est personnellement et directement obligé envers le porteur. Il faut, pour qu'il obtienne sa libération à l'égard du tiers porteur (*Art.* 148), qu'il retire la lettre revêtue de son acceptation, en payant sur une seconde, troisième, etc. Cette lettre revêtue de son acceptation, est *perdue*. Il ne peut la *retirer*. Avec quelle sécurité paierait-il sur une seconde, troisième, etc.

Mais, d'un autre côté, le porteur peut être de bonne foi ; et il ne faut pas que la perte de la lettre acceptée soit irréparable pour lui. Il pourra donc demander le paiement, mais *en obtenant un jugement* du tribunal de commerce (ou, en cas de non existence de tribunal de commerce au lieu où le paiement est exigible, du tribunal civil), sollicité par une requête (*appréciation des circonstances par le juge* [1]).

---

[1] Bien que le Code se serve de l'expression *ordonnance*, on admet que c'est le tribunal, saisi par requête, qui doit prononcer sur ce point ; c'est, dès lors, un *jugement*, et non une *ordonnance*.

Il devra de plus fournir une *caution*. Mais il ne sera pas nécessaire que cette caution, comme dans le droit commun, ait des propriétés foncières (*Art.* 2019, *Code Nap.*); il suffira de présenter une personne de solvabilité notoire.

Le porteur de la lettre perdue agira prudemment s'il donne avis de la perte au tiré, afin que ce dernier ne la paie pas à celui qui se présentera, et qui ne peut pas être le véritable propriétaire.

Que si celui qui a perdu la lettre de change ne peut représenter la seconde, troisième, quatrième, etc., il peut demander le paiement de la lettre de change perdue, et l'obtenir par *l'ordonnance du juge* (jugement du tribunal de commerce, comme ci-dessus), *en justifiant de sa propriété par ses livres*, et *en donnant caution*. (*Art.* 152.) On ne distingue pas, dans ce cas, si la lettre a été acceptée ou non; peu importe : *il ne reste aucun titre au porteur*.

Ainsi donc, le propriétaire pourra obtenir le paiement nonobstant la perte de son titre, mais à condition de :

1° *S'appuyer sur un jugement.* Il n'a pas de titre; il faut bien qu'il justifie de sa propriété, et que sa justification soit déclarée suffisante.

2° *Justifier de sa propriété par ses livres* s'il est commerçant; et, s'il ne l'est pas, par tout autre moyen. La correspondance isolée ne pourra suppléer à la preuve par les livres; mais le tribunal pourra la prendre en considération quand elle servira à expliquer les livres.

3° *Donner caution.*

**Acte de protestation.** — En cas de refus de paiement sur la demande formée en vertu des articles 151 et 152, le propriétaire de la lettre de change perdue conserve tous ses droits par *un acte de protestation.* Cet acte doit être fait le lendemain de l'échéance de la lettre de change. Il doit être notifié aux tireur et endosseurs, dans les formes et délais prescrits ci-après pour les notifications du protêt. (*Art.* 153.)

Le protêt proprement dit ne pouvant être fait *sans la transcription littérale* de la lettre qui devait être acquittée, *en tête de l'exploit*, et la lettre ne pouvant être *transcrite, puisqu'elle est perdue*, on a substitué au protêt un acte *équivalent* qu'on appelle *Acte de protestation*.

Il faut remarquer que dans les cas de l'article 150, le porteur possède un titre, c'est-à-dire un exemplaire avec lequel il peut poursuivre le paiement.

**Durée de l'engagement de la caution.** — L'engagement de la caution est éteint *après trois ans*, si pendant ce temps, il n'y a eu ni demandes, ni poursuite juridique [1]. (*Art.* 155.)

Le législateur a restreint ainsi la durée de l'engagement de la caution, pour qu'il fût plus facile de trouver des cautions, et parce que, après trois ans écoulés sans réclamation, il y a une grave présomption que celui qui a reçu le paiement était bien véritablement propriétaire de la lettre.

Il faut remarquer que l'engagement de la caution est de *trois ans*, tandis que l'accepteur est tenu pendant *cinq ans*.

**Lettre à un seul exemplaire, égarée.** — Le propriétaire de la lettre de change égarée doit, pour s'en procurer la *seconde*, s'adresser à son *endosseur immédiat*, qui est tenu de lui prêter son nom et ses soins pour agir

---

[1] L'ordonnance de 1673 (*tit.* 5, *art.* 20) accordait la prescription de trois ans, mais avec cette différence qu'elle l'accordait d'une manière générale, c'est-à-dire tant à ceux qui s'étaient obligés sur la lettre de change, que par acte séparé : ce qui comprenait aussi les donneurs d'aval. Le Code de commerce a restreint cette généralité, et n'accorde la prescription triennale *qu'aux cautions*.

envers *son propre endosseur*, et ainsi en remontant *d'en-dosseur en endosseur* jusqu'au *tireur* de la lettre.

Le propriétaire de la lettre de change égarée suppor-tera les frais. (*Art.* 154.) On peut, par de simples lettres missives, faire la demande à chaque endosseur.

Le porteur étant le cessionnaire de l'endosseur immé-diat, devra évidemment s'adresser à cet endosseur son cédant, de qui il tient ses droits; et ce cédant devra lui prêter *son nom* (pour le cas où il y aurait lieu à faire des poursuites contre les endosseurs précédents), *et ses soins* (dans les cas où la délivrance de la seconde lettre de change devrait être demandée à l'amiable).

Que s'il existait de la part de l'endosseur immédiat *mauvaise volonté*, il faudrait appliquer les principes du droit commun, qui font supporter à celui qui refuse de remplir ses obligations, tous les frais et faux frais occa-sionnés par son refus. Il est évident que le porteur de la lettre égarée aura un recours contre le mandataire à qui il l'avait confiée, si c'est ce mandataire qui la lui a perdue.

**Lettre de change fausse, acquittée par le tiré.** — Une lettre de change fausse (*par exemple, une lettre souscrite au nom d'un tireur imaginaire*) a été ac-quittée par le tiré. Que décider?

Il peut répéter ce qu'il a payé. C'est le porteur de bonne foi qui doit *supporter la perte*.

L'erreur du tiré repose sur l'er-reur primitive du premier preneur, qui doit subir les conséquences de son imprudence.

Le porteur, qui est *le représen-tant* du premier preneur, doit être dans la même position que lui.

Il ne peut pas répéter ce qu'il a payé.

Le porteur de bonne foi, ayant reçu le montant de la lettre de change, n'a fait, ni pu faire de pro-têt, et, partant, il a perdu son re-cours contre ses garants

Il y a plus, si le tiré avait *accepté* la lettre de change fausse, il ne pourrait pas se refuser à en payer le montant au tiers porteur de bonne foi, à qui elle aurait été remise revêtue de l'acceptation ; car ce porteur pourrait dire que c'est seulement sur la foi de l'acceptation du tiré qu'il a pris la lettre de change.

Plus tard ce tiré reconnaît la fausseté de la lettre. — Peut-il répéter ce qu'il a payé?

Il est généralement admis que le tireur *supposé* qui n'a donné aucun mandat, et qui n'a été la cause ni directe, ni indirecte du dommage éprouvé, n'est exposé à aucun recours.

**Lettre de change falsifiée.** — Lorsque la lettre de change est falsifiée (c'est-à-dire si, par une altération quelconque, le montant de la somme porté dans la lettre a été augmenté), il faut distinguer :

1° La falsification existait *au moment* de l'acceptation ; L'accepteur est obligé de payer le montant du titre falsifié, pourvu, toutefois, que le porteur soit de bonne foi.

2° La falsification n'a eu lieu *qu'après* l'acceptation. L'accepteur n'est obligé de payer que la somme qu'il a entendu accepter.

Il en serait de même, en cas d'acceptation partielle, si la falsification commise *après l'acceptation* ne portait que sur la somme acceptée. Le tiré ne serait toujours soumis qu'au paiement de la somme à laquelle il aurait limité son engagement.

# CHAPITRE XI.

## DU PAIEMENT PAR INTERVENTION.

**Définition**. — Le *paiement par intervention* est le paiement fait par *tout tiers* pour le *tireur* ou pour l'un des endosseurs, en cas de refus de payer la lettre de change *par le tiré, et après le protêt.*

Une lettre de change *protestée* peut être payée par *tout* intervenant pour le tireur ou pour l'un des endosseurs. — L'intervention et le paiement seront constatés dans l'acte de protêt ou à la suite de l'acte. (*Art.* 158, *Code de com.*)

Le paiement par intervention doit être nécessairement précédé par le *protêt.* Il ne peut avoir lieu avant que la lettre de change soit protestée, parce que tant qu'il n'y a pas de protêt, aucune poursuite n'étant possible contre le tireur et les endosseurs, le paiement serait inutile. Le paiement qui serait effectué avant le protêt n'aurait donc pas les effets spéciaux du paiement par intervention.

**Qui peut payer par intervention.** — Tout *tiers,* tout *intervenant,* peut payer par intervention, qu'il ait ou non ordre de celui pour qui il paie.

Le tiré peut-il payer par intervention ? Il faut distinguer :

Si le tiré *a accepté,* comme il est obligé pour son propre compte vis-à-vis du porteur, *il ne peut payer par intervention.*

S'il *n'a pas accepté, il peut payer* par intervention pour celui des signataires qu'il voudra choisir, et se trouvera par là subrogé de plein droit au porteur.

**Pour qui peut-on payer par intervention.** — Le code indique les personnes pour lesquelles le paiement par intervention peut avoir lieu ; ce sont : le *tireur* et les *endosseurs.* Mais bien que la loi ne le dise pas, le paiement par intervention peut encore avoir lieu pour : 1° l'accepteur ; 2° le donneur d'aval ; enfin, pour toute personne obligée au paiement de la lettre de change.

**Subrogation légale**. — Pour encourager les paie-ments par intervention, qui peuvent éviter de grands désastres, le législateur a cru devoir accorder la *subro-gation légale* à celui qui paie à ce titre [1].

Cette subrogation légale est une exception au droit commun :

| DROIT COMMUN. | PAIEMENT PAR INTERVENTION. |
|---|---|
| Pour qu'il y ait subrogation, lors-qu'un tiers *qui n'a aucun intérêt à payer la dette*, la paie, il faut le consentement, soit du créancier, soit du débiteur. (*Art.* 1249 *et suiv., Code Nap.*) | Celui qui paie une lettre de change par intervention est *subrogé* aux droits du porteur, et tenu des mêmes devoirs pour les formalités à remplir. (*Art.* 159, *Code de com.*) |

La *subrogation* est la transmission des droits du créan-cier à une tierce personne qui le paie. C'est un change-ment de créancier qui a lieu sans que la dette soit éteinte. L'intervenant est donc investi, par la force de la loi, des droits et actions du porteur, contre celui pour lequel il a payé par intervention, et contre ses garants.

La subrogation légale n'existe qu'au profit de celui qui a payé par intervention après le protêt. Mais si c'est un des obligés à l'acquittement de la lettre de change qui a payé par intervention, et s'il a payé avant le protêt, peut-il invoquer la subrogation légale? Les avis sont partagés sur cette question.

| | |
|---|---|
| L'obligé, intervenant *avant* le protêt, *peut* invoquer la subrogation légale. | L'obligé, intervenant *avant* le protêt, *ne peut* invoquer la subro-gation légale. |

[1] Le tiers qui acquitte par intervention une lettre de change protestée, peut exercer son recours contre l'endosseur pour lequel il est intervenu, bien qu'il lui soit absolument étranger, et qu'il n'ait reçu de lui aucun ordre à cet effet.

On ne pouvait trop faciliter, pour la prospérité du commerce, les moyens susceptibles d'assurer le paiement des effets à leur échéance.

Code Napoléon, art. 1251, n° 3. La subrogation a lieu de *plein droit* au profit de celui qui, *étant tenu avec d'autres ou pour d'autres au paiement de la dette, avait intérêt à l'acquitter.*

Le protêt ne doit précéder que lorsque l'intervenant est un étranger à la lettre.

L'article 158 du Code de commerce ne distingue pas.

L'article 1251 n'est pas applicable en matière de lettre de change [1].

**Personnes libérées par le paiement par intervention.** — Lorsque le paiement par intervention est fait pour le compte du tireur, *tous les endosseurs sont libérés.* (*Art.* 159.) L'intervenant devient, en effet, créancier du tireur pour le compte duquel il a payé, et non des endosseurs ; il ne peut dès lors exercer de recours contre eux ; ils se trouvent donc libérés.

Si le paiement est fait pour un endosseur, les *endosseurs subséquents* sont libérés.

S'il y a concurrence pour le paiement d'une lettre de change par intervention, celui qui opère le plus de libérations est préféré.

Si celui sur qui la lettre était originairement tirée, et sur qui a été fait le protêt faute d'acceptation, se présente pour la payer, il sera préféré à tous autres. (*Art.* 159.)

Cette préférence se fonde sur ce que celui qui a été chargé de faire une chose, doit être naturellement préféré à tout autre.

Que si une personne demandait à payer pour un endosseur *antérieur* à celui pour lequel le tiré offre de

---

[1] Il s'agit ici d'un mode tout spécial de constater le refus de paiement ; pourquoi ce mode ne serait-il pas de rigueur, quand c'est un des obligés qui veut payer par intervention ? D'ailleurs le paiement par intervention n'est véritablement utile qu'autant qu'il y a certitude que le tiré n'aurait pas payé. Or cette certitude n'existe légalement qu'après le protêt.

payer, elle devrait être préférée. On doit, en effet, préférer celui qui opère le plus de libérations.

**Constatation du paiement par intervention.—** L'intervention et le paiement seront constatés *dans l'acte du protêt* ou *à la suite de l'acte.* (*Art.* 158 )

Celui qui paie une lettre de change par intervention, est tenu des mêmes devoirs que le porteur, pour les formalités à remplir. (*Art.* 159.)

Nous examinerons dans le chapitre suivant quels sont ces devoirs.

# CHAPITRE XII.

## DES DROITS ET DEVOIRS DU PORTEUR.

**Premier devoir du porteur.—** Le porteur d'une lettre de change doit en exiger le paiement le *jour de son échéance.* (*Art.* 161, *Code de com.*) Tous ceux qui concourent à la lettre de change y sont intéressés. Il leur importe, en effet, de savoir le plus tôt possible s'ils seront ou non soumis à une action en recours.

Si la lettre de change est payable à vue, où à un certain délai de vue, le porteur ne peut-il pas retarder indéfiniment le paiement?

Dans le cas où la lettre de change était payable à vue, ou à un certain délai de vue, l'ordonnance de 1673 permettait au porteur d'en retarder indéfiniment le paiement, en lui accordant le droit de différer la présentation de la lettre pendant un temps plus ou moins long; ce qui prolongeait l'obligation imposée aux tireur et endosseurs de procurer l'acceptation, ainsi que le paiement à l'échéance.

Le Code de commerce a détruit cet abus. L'article 160, modifié par la loi du 3 mai 1862, est ainsi conçu :

Le porteur d'une lettre de change tirée du continent et des îles de l'Europe ou de l'Algérie, et payable dans les possessions européennes de la France, ou dans l'Algérie, soit à vue, soit à un ou plusieurs jours, mois ou usances de vue, doit en exiger le paiement ou l'acceptation *dans les trois mois* de sa date, sous peine de perdre son recours sur les endosseurs, et même sur le tireur, si celui-ci a fait provision [1].

Le délai est de quatre mois pour les lettres de change tirées des États du littoral de la Méditerranée et du littoral de la mer Noire sur les possessions européennes de la France, et réciproquement du continent et des îles de l'Europe, sur les établissements français de la Méditerranée et de la mer Noire.

Le délai est de six mois pour les lettres de change tirées des États d'Afrique en deçà du cap de Bonne-Espérance, et des États d'Amérique en deçà du cap Horn, sur les possessions européennes de la France, et réciproquement du continent et des îles de l'Europe sur les possessions françaises ou établissements français dans les États d'Afrique en deçà du cap de Bonne-Espérance, et dans les États d'Amérique en deçà du cap Horn.

Le délai est d'un an pour les lettres de change tirées de toute autre partie du monde sur les possessions européennes de la France, et réciproquement du continent et des îles de l'Europe sur les possessions françaises et les établissements français dans toute autre partie du monde.

La même déchéance aura lieu contre le porteur d'une

---

[1] Il est évident que si le tireur n'a pas fait provision, il n'a pas exécuté le contrat de change, et qu'ainsi il reste toujours débiteur du porteur.

lettre de change à vue, à un ou plusieurs jours, mois ou usances de vue, tirée de la France, des possessions ou établissements français, et payable dans les pays étrangers, qui n'en exigera pas le paiement ou l'acceptation dans les délais ci-dessus prescrits pour chacune des distances respectives. Les délais ci-dessus seront doublés en temps de guerre maritime pour les pays d'outre-mer. Mais ces dispositions ne préjudicieront pas néanmoins aux stipulations contraires qui pourraient intervenir entre le preneur, le tireur et même les endosseurs.

**Second devoir du porteur.**— Le second devoir du porteur est de faire *constater* le refus de paiement.

Le refus de paiement doit être constaté, *le lendemain du jour de l'échéance*, par un acte que l'on nomme *protêt faute de paiement*. Si ce jour est un jour férié légal, le protêt est fait le jour suivant. (*Art.* 162.) Cette rapidité exigée par la loi, est dans l'intérêt du tireur et des endosseurs, afin qu'ils soient promptement avertis du refus de paiement, et qu'ils puissent prendre leurs mesures en conséquence. Rien ne peut dispenser le porteur de faire le protêt. Il n'est dispensé du protêt faute de paiement :

Ni par le protêt faute d'acceptation. ⎰ Il pourrait arriver que, depuis le protêt faute d'acceptation, le tireur eût fait provision, ce qui, dès lors, enlèverait au tiré tout motif de refuser le paiement.

Ni par la mort du tiré. ⎰ Les héritiers du tiré sont obligés au paiement de la lettre de change. Ils allégueraient vainement (ainsi que sa veuve), qu'ils sont dans les délais de 3 mois et 40 jours pour délibérer : cette allégation n'en serait pas moins un véritable refus, et dès lors le porteur devrait faire faire le protêt.

Ni par la faillite de celui sur qui la lettre de change est tirée.

> Le protêt est encore exigé, quelle que soit la publicité de cet événement, parce que le tireur et les endosseurs peuvent cependant l'ignorer.

Les circonstances de force majeure, et des conventions particulières, pourraient donc, *seules*, dispenser le porteur de faire le protêt *le lendemain du jour de l'échéance*.

**Protêt avant l'échéance.** — Il y a cependant un cas où le porteur pourra faire le protêt avant l'échéance. C'est lorsque le tiré accepteur tombe en faillite. Ne présentant plus alors une garantie suffisante, il est juste que les tireur et endosseurs fournissent au porteur une caution pour le paiement à l'échéance, à moins qu'ils ne préfèrent payer immédiatement. (*Art.* 444.)

**Cas où le porteur ne se présente pas.** — Le débiteur d'une lettre de change, dont le porteur ne s'est pas présenté dans les trois jours qui suivent celui de l'échéance, est autorisé à déposer la somme portée au billet aux mains du receveur de l'enregistrement dans l'arrondissement duquel l'effet est payable; depuis l'ordonnance du 3 juillet 1816, à la *Caisse des dépôts et consignations*, pour Paris.

Un acte de dépôt est dressé, le débiteur n'a qu'à remettre l'acte de dépôt en échange du billet. La somme déposée est remise à celui qui représente l'acte de dépôt. (*Art.* 1 *à* 4; *Loi du* 6 *thermidor an III.*)

**Troisième devoir du porteur.** — Le porteur ne doit pas se borner à faire dresser l'acte de protêt : il doit encore faire notifier cet acte aux différentes personnes obligées au paiement, et les assigner dans un certain délai.

**Position des différents obligés envers le porteur.** — Nous l'avons dit : *tous ceux qui ont signé,* *accepté ou endossé une lettre de change, sont tenus à la garantie solidaire envers le porteur.* (Art. 140.) Le porteur pourra donc actionner séparément ou le tireur, ou chacun des endosseurs, ou chacun des autres obligés. Il pourra même les poursuivre tous collectivement ; c'est là l'effet de la *solidarité.* Quant au tiré accepteur, le porteur pourra s'adresser à lui séparément, ou le comprendre dans l'action collective. (*Art.* 164.)

**Droits et devoirs du porteur envers le tiré.** — Le tiré *a accepté :*

1° Action personnelle du porteur contre le tiré pour être payé de la lettre de change ; — 2° le porteur peut poursuivre le tiré, sans qu'il soit nécessaire que le protêt précède sa demande, et sans la notification de cet acte aux différents obligés ; — 3° l'assignation n'a pas besoin d'être donnée dans le court délai prescrit pour l'action contre le tireur dans certains cas, et contre les endosseurs ; — 4° le porteur peut, en obtenant la permission du président du tribunal de commerce, saisir conservatoirement les effets mobiliers du tiré accepteur ; — 5° en outre de l'action personnelle du porteur contre le tiré, ce dernier est aussi tenu solidairement avec les autres obligés au paiement.

*Le tiré n'a pas accepté :*

Le porteur ne peut avoir contre lui que l'action qu'aurait le tireur lui-même, action dans laquelle, d'après la jurisprudence, le porteur est subrogé.

**Droits et devoirs du porteur envers le tireur.** — Il y a obligation pour le tireur de procurer le paiement de la lettre de change à l'échéance, et même de l'acquitter, en cas de refus de paiement par le tiré.

Refus de paiement de la part du tiré :

1° Protêt le lendemain du jour de l'échéance ;

2° Notification du protêt faite au tireur ;

3° (*A défaut de remboursement par le tireur*), citation en jugement dans les *quinze jours* qui suivent la date du protêt, si le tireur réside dans la distance de cinq myriamètres. Ce délai, à l'égard du cédant domicilié à une plus grande distance de l'endroit où la lettre de change était payable, sera augmenté d'un jour par deux myriamètres et demi excédant les cinq myriamètres. (*Art.* 165.) — Les lettres tirées de France et payables hors du territoire continental de la France, en Europe, étant protestées, les tireurs et endosseurs résidant en France seront poursuivis dans le délai : d'un mois, pour celles qui étaient payables en Corse, en Algérie, dans les Iles Britanniques, en Italie, dans le royaume des Pays-Bas et dans les États ou Confédérations limitrophes de la France ; de deux mois, pour celles qui étaient payables dans les autres États, soit de l'Europe, soit du littoral de la Méditerranée et de celui de la mer Noire ; de cinq mois, pour celles qui étaient payables hors d'Europe, en deçà des détroits de Malacca et de la Sonde, et en deçà du cap Horn ; de huit mois, pour celles qui étaient payables au delà des détroits de Malacca et de la Sonde, et au delà du cap Horn. Ces délais seront observés dans les mêmes proportions pour le recours à exercer contre les tireurs et endosseurs résidant dans les possessions françaises hors de la France continentale.

Ces délais seront doublés dans les pays d'outre-mer, en cas de guerre maritime. (*Art.* 166, *Code de com.*, *modifié par la loi du 3 mai* 1862.)

4° Le porteur peut saisir conservatoirement les effets mobiliers du tireur.

La loi a exigé cette grande célérité dans la poursuite des droits du porteur, parce que les matières commerciales, en général, et surtout ce qui concerne les lettres de change, exigent de promptes solutions.

**Sanction des délais prescrits par la loi.**
— Que si le porteur ne protestait et n'actionnait pas
dans les délais prescrits par la loi, il y aurait pour lui
*déchéance* de ses droits contre le tireur, si ce dernier justifiait que la provision existait à l'échéance. Le porteur,
dans ce cas, ne conserverait d'action que contre celui
sur qui la lettre était tirée. (*Art.* 170.)

Il est évident que le tireur qui a fourni la provision,
et qui par conséquent a exécuté le contrat de change, ne
saurait être victime de la négligence du porteur à l'a-
vertir. S'il eût été prévenu dans le délai voulu, il aurait
pu prendre ses mesures, et éviter une perte désormais
peut-être irréparable.

Si le tireur ne peut justifier de la provision, il n'est
pas admis à se prévaloir de la négligence du porteur,
dont les droits contre lui restent entiers.

La seule question, pour savoir si, à défaut d'avoir accompli les formalités ci-dessus dans les délais de la loi,
le porteur est déchu de ses droits contre le tireur, est
donc celle-ci : *le tireur justifie-t-il ou non qu'il y avait
provision à l'échéance?* On ne recherche pas, en effet, si la
lettre a été ou non *acceptée* par le tireur, car l'acceptation
qui est toute dans l'intérêt du porteur, ne peut pas être
rétorquée contre lui; elle ne peut pas être rétorquée par
le tireur à l'encontre du porteur, comme preuve de l'existence de la provision.

Les effets de cette déchéance cessent en faveur du porteur contre le tireur qui, après l'acceptation des délais
fixés pour le protêt, la notification du protêt ou la citation en jugement, a reçu par compte, compensation ou
autrement, les fonds destinés au paiement de la lettre
de change. (*Art.* 171.)

Ces fonds revenant entre ses mains, il n'éprouve plus

aucun préjudice de la négligence du porteur, et dès lors les effets de la déchéance doivent cesser.

Il y a eu refus de paiement. Le tireur avait fait provision. Pour pouvoir conserver son droit contre le tireur, le porteur doit faire dresser le protêt le lendemain de l'échéance, le notifier et assigner dans les quinze jours qui suivent. Ces deux formalités sont distinctes : il faut tout à la fois la notification du protêt et l'assignation ; et le délai de quinze jours à compter de celui du protêt, ce jour non compris, court pour l'une et pour l'autre. Mais la notification et l'assignation peuvent avoir lieu par un seul et même acte.

Dans le cas où le jour de l'échéance du délai de quinzaine serait un jour férié, le délai serait-il augmenté d'un jour ?

| AFFIRMATIVE. | NÉGATIVE. |
|---|---|
| L'article 162 le décide ainsi, lorsque le jour où le protêt devait être fait est un jour férié. | La loi s'est exprimée positivement dans l'article 162 ; elle n'aurait pas gardé le silence, dans le cas de l'article 165, si elle eût voulu que sa décision fût la même. Pendant le délai de l'article 165, le porteur a pu prendre ses mesures. Enfin il lui sera possible d'assigner le jour férié, avec la permission du juge. (*Art.* 137, *Code de proc.*) |

**Droits et devoirs du porteur envers les endosseurs.** — Les endosseurs, en cédant la lettre de change, ayant transmis les droits qu'ils avaient contre le tireur, et s'en étant rendus garants solidaires, sont tenus *des mêmes obligations que le tireur.*

Ces obligations sont de procurer au porteur : 1º l'acceptation avant l'échéance; 2º le paiement à l'échéance.

*Supposons que l'acceptation soit refusée :* le porteur a le choix de demander caution soit à l'un des endosseurs, soit au tireur, soit à tous les obligés collectivement.

*Supposons que le paiement soit refusé :* le porteur peut poursuivre le remboursement aussi bien contre les endosseurs que contre le tireur, en faisant notifier le protêt, et, à défaut de remboursement, en faisant citer en jugement dans les quinze jours qui suivent la date du protêt. (*Augmentation de délai à raison des distances. Art.* 165-166.)

Après l'expiration de ces délais très-courts (*dans l'intérêt du commerce*) pour la présentation de la lettre de change à vue, ou à un ou plusieurs jours, ou mois, ou usances de vue, pour le protêt faute de paiement, pour l'exercice de l'action en garantie, *le porteur de la lettre de change est déchu de tous droits contre les endosseurs.* (*Art.* 168.)

Cette déchéance est la peine infligée au porteur pour sa négligence à remplir les formalités prescrites ; elle frappe même sur les mineurs et sur les interdits, sauf leur recours contre leurs tuteurs : la loi ne distingue pas, et l'intérêt du commerce ne lui permettait pas de distinguer.

Il faut bien remarquer que les endosseurs n'ont besoin, pour être libérés, que de justifier de la négligence du porteur. Ils ne sont nullement astreints, comme le tireur, à prouver l'existence de la provision. Le tireur, en effet, jusqu'au moment où il a fait la provision, a reçu la valeur et n'a rien déboursé, tandis que les endosseurs, lorsqu'ils ont cédé la lettre, en avaient déjà fourni la valeur à celui qui la leur avait cédée. En opposant la déchéance au porteur négligent, ils ne font aucun gain, ils évitent simplement un dommage.

Si le porteur exerce son recours contre les endosseurs et le tireur, il jouit à l'égard de chacun d'eux du délai dont nous avons parlé plus haut. (*Art.* 167, § 1.) Cela ne veut pas dire que le porteur, après avoir dans la quinzaine exercé son recours, par exemple, contre son cédant, jouisse d'un autre délai de quinzaine contre l'endosseur immédiat. Il ne jouit que *du même délai de quinzaine contre chacun d'eux*, délai qui court à partir de la date du protêt.

Les effets de la déchéance dont est frappé le porteur négligent, cessent en faveur du porteur, contre celui des endosseurs qui, après l'expiration des délais fixés pour le protêt, la notification du protêt ou la citation en jugement, a reçu par compte, compensation ou autrement, les fonds destinés au paiement de la lettre de change. (*Art.* 171.)

**Effet du remboursement par un endosseur.**
— L'endosseur qui a remboursé est subrogé aux droits du porteur contre les endosseurs et contre le tireur; il ne peut avoir aucun recours contre les endosseurs subséquents, puisqu'il est leur garant. Ce recours doit être exercé dans les délais et dans les formes que prescrivent les articles 165 et 166 du code de commerce. Chacun des endosseurs a le droit d'exercer son recours ou individuellement, ou collectivement, dans ce même délai qui court, à leur égard, du lendemain de la date de la citation en justice. (*Art.* 167.) Ainsi, l'endosseur cité dans la quinzaine par le porteur, jouit à son tour d'un délai de quinzaine pour citer *son cédant*, ou pour citer *tous les endosseurs précédents*, obligés de le garantir. Les endosseurs sont également déchus de toute action en garantie contre leurs cédants, après les délais ci-dessus prescrits, chacun en ce qui le concerne. (*Art.* 169.)

Le donneur d'aval qui serait poursuivi par le porteur, pourrait exercer la même action récursoire que le signataire qu'il aurait cautionné [1].

----

[1] Il n'est pas nécessaire que celui qui veut exercer l'action récursoire

L'accepteur et le payeur par intervention sont subrogés aux droits du porteur, contre celui pour lequel ils ont payé, et contre ses garants.

---

# CHAPITRE XIII.

## DES PROTÊTS.

**Définition.** — Le *protêt* est un acte *extrajudiciaire* et *solennel*, fait à la requête du porteur de la lettre de change, pour *constater* le refus que fait celui sur qui elle est tirée, de *l'accepter* ou de *la payer*.

Le mot *protêt* vient de *protester :* le porteur, en effet, proteste de tous dépens, dommages-intérêts, contre qui il appartiendra.

**Espèces diverses.** — Il y a deux espèces de *protêts :* le protêt *faute d'acceptation* et le protêt *faute de paiement*. L'un et l'autre sont soumis aux mêmes formalités.

**Forme du protêt.** — La forme du protêt est régie par la loi du lieu où la lettre de change est payable.

Le protêt doit être fait à la requête du *porteur*, qui peut se faire représenter par un mandataire. Nous nous rappelons que le refus de paiement doit être constaté, le lendemain du jour de l'échéance, par un acte que l'on nomme protêt faute de paiement, sous peine de déchéance, à moins de convention contraire expresse ou tacite. Si ce jour est un jour férié légal, le protêt est fait

ait payé. Dès qu'il est assigné par le porteur, il a le droit d'appeler en cause ceux qui sont ses garants, devant le tribunal où il est lui-même traduit.

le jour suivant. (*Art.* 162.) En cas d'empêchement par force majeure, le porteur peut être relevé de la déchéance, s'il a fait le protêt aussitôt que les circonstances le lui ont permis.

Les protêts *faute d'acceptation* ou *de paiement*, sont faits par deux notaires, ou par un notaire et deux témoins, ou par un huissier et deux témoins, suivant l'art. 173 du Code de commerce. Un décret du 23 mars 1848, art. 2, a modifié cette disposition, en décidant que les témoins n'étaient plus nécessaires.

Rien ne peut remplacer le protêt, pas même un jugement de condamnation obtenu contre l'accepteur. Le porteur qui aurait omis de faire faire le protêt, serait déchu de tout recours tant contre le tireur, que contre les endosseurs. (*Art.* 175.)

**Lieu du protêt.** — Les protêts doivent être faits : 1° au domicile de celui sur qui la lettre de change était payable, ou à son dernier domicile connu ; 2° au domicile des personnes indiquées par la lettre de change pour la payer au besoin ; 3° au domicile du tiers qui a accepté par intervention ; le tout par un seul et même acte. (*Art.* 173.)

Un protêt fait à la personne hors de son domicile, sera déclaré nul. (*Avis du Conseil d'État,* 25 *janvier* 1807.)

**Fausse indication de domicile.** — En cas de fausse indication de domicile, le protêt est précédé d'un acte de *perquisition.* (*Art.* 173.)

L'acte de *perquisition* est un procès-verbal par lequel l'huissier déclare que toutes les informations qu'il a prises n'ont pu lui faire découvrir la personne.

Avant que l'huissier puisse faire aucun acte, la lettre de change devra être enregistrée. (*Loi du* 28 *avril* 1816.)

**Énonciations du protêt.** — L'acte de protêt doit contenir :

1° La transcription littérale de la lettre de change, de l'acceptation, des endossements, et des recommandations (*c'est-à-dire les indications des personnes qui doivent payer au besoin*) qui y sont indiqués ; 2° la sommation de payer le montant de la lettre de change ; 3° l'énonciation de la présence ou de l'absence de celui qui doit payer (il suffit que l'indication de cette circonstance ressorte des autres énonciations du protêt) ; 4° les motifs du refus de payer, et l'impuissance ou le refus de signer. (*Art.* 174.)

L'omission d'une ou de plusieurs de ces énonciations annule-t-elle le protêt ? Le législateur ne s'est point expliqué sur cette question, et paraît en avoir abandonné l'appréciation aux tribunaux.

**Obligation imposée aux notaires et huissiers.** — Les notaires et les huissiers sont tenus, à peine de destitution, dépens, dommages-intérêts envers les parties, de laisser copie exacte des protêts, et de les inscrire en entier, jour par jour et par ordre de date, sur un registre particulier, coté, paraphé, et tenu dans la forme prescrite pour les répertoires. (*Art.* 176.) Cette inscription sur un registre est prescrite afin que, si les originaux venaient à se perdre, on pût toujours en retrouver copie pour continuer les poursuites; et que, dans le compte de retour, on puisse donner expédition de l'acte de protêt.

La transcription littérale de la lettre de change, de l'acceptation, des endossements et des recommandations qui y sont indiquées, est exigée en tête de l'acte de protêt, afin que chaque partie intéressée puisse connaître tout ce qui a rapport à l'objet dont il est question, jusqu'au protêt inclusivement.

Que si la lettre de change est perdue, comme elle ne peut plus être trancrite : *acte de protestation* [1].

---

## CHAPITRE XIV.

### DU RECHANGE.

**Définition.** — Le *rechange* est l'opération par laquelle le porteur, qui a fait protester la lettre *pour défaut de paiement*, tire à son tour une lettre de change sur *le tireur* ou *l'un des endosseurs*, afin de se rembourser du montant de la première lettre protestée, des frais et autres accessoires.

On donne encore un autre sens au mot *rechange*. Dans cette autre acception le rechange est le prix du nouveau change, qu'il faut payer pour négocier *la nouvelle lettre de change que tire le porteur.*

**Utilité du rechange.** — L'utilité du rechange consiste à fournir au porteur de la lettre non acquittée le moyen de se procurer *immédiatement* des fonds. Le

---

[1] La lettre de change créée en France peut circuler et être payable en pays étranger. Le contraire peut avoir lieu à l'étranger. L'opinion générale veut, en cas de difficultés, que la loi du pays où la lettre de change est créée, soit consultée pour en déterminer la forme et les effets. Tout ce qui touche à l'exécution, au contraire, est régi par la loi du pays où elle est payable. Ainsi, créée en France, elle doit, pour être régulière, remplir les conditions que la loi française a déterminées; créée en pays étranger, elle est régulière si elle est conforme aux lois de ce pays, quel que soit le lieu du paiement. Les endossements et l'acceptation sont réglés par la loi du pays où ils s'accomplissent. Les difficultés relatives à l'échéance et au paiement sont de pure exécution. C'est donc la loi du lieu du paiement qui, dans tous les cas, doit seule être suivie, et qui réglera également la forme du protêt, s'il y a lieu.

porteur, en effet, peut avoir besoin de se procurer *immédiatement* les fonds que lui promettait l'échéance de la lettre de change, et les retards qu'entraînerait la poursuite de ses droits contre les garants du paiement, pourraient être nuisibles aux intérêts de son commerce.

Pour savoir ce que c'est que le rechange, il faut observer que celui à qui la lettre a été fournie, peut, en cas de refus de paiement de la lettre, après avoir fait son protêt, prendre d'un banquier du lieu où la lettre était payable, une somme d'argent pareille à celle portée en la lettre qui n'a pas été acquittée, et donner à ce banquier, en échange de l'argent qu'il reçoit de lui, une lettre de change de cette somme tirée sur celui qui lui avait fourni la première lettre.

**Retraite**. — La retraite est la nouvelle lettre de change, au moyen de laquelle le porteur se rembourse sur le tireur, ou sur l'un des endosseurs, du principal de la lettre protestée, de ses frais, et du nouveau change qu'il paie. (*Art.* 178, *Code de Com.*)

*Faire retraite*, c'est, après avoir fait protester la première lettre de change, en tirer, à son tour, une nouvelle sur le tireur ou sur l'un des endosseurs de la lettre protestée. Le rechange s'effectue par une retraite. (*Art.* 177.)

**Effet du rechange**. — L'effet du rechange est de placer le porteur qui fait retraite, et reçoit le montant de la lettre protestée de celui à qui il transmet la nouvelle lettre ou retraite, dans la même position que si la première lettre eût été acquittée.

Il est, en effet, complétement désintéressé, la retraite comprenant : 1° le capital de la lettre protestée ; 2° les intérêts de ce capital jusqu'au jour où la retraite est négociée ; 3° les frais de protêt et autres frais légitimes ;

4° le prix du change auquel se fait la négociation.

L'article 168 n'accorde aucune faveur au porteur qui use du moyen de la retraite, et ne le dispense pas de faire le protêt dans le délai voulu. Le porteur n'est pas non plus dispensé d'intenter sa demande en justice dans les délais de la loi. Si la retraite avait tout son effet, son recours serait, il est vrai, inutile; mais si la retraite n'est pas acquittée, faute d'avoir rempli les formalités exigées, le porteur encourra la déchéance de l'art. 168. Le porteur agira donc prudemment, en faisant marcher de front les deux moyens, celui de la retraite, et le recours contre les garants.

**Compte de retour.** — *Le compte de retour* est un état détaillé qui justifie la retraite; c'est un bordereau contenant le détail et la justification des différents éléments dont se forme le montant de cette seconde lettre.

La retraite est accompagnée d'un *compte de retour* (*Art.* 180).

Le compte de retour comprend le principal de la lettre de change protestée, les frais de protêt et autres frais légitimes, tels que commission de banque, courtage, timbre et ports de lettres. Il énonce le nom de celui sur qui la retraite est faite, et le prix du change auquel elle est négociée. Il est *certifié* par un agent de change. Dans les lieux où il n'y a pas d'agent de change, il est certifié par deux commerçants. Il est accompagné de la lettre de change protestée, du protêt, ou d'une expédition de l'acte de protêt. Dans le cas où la retraite est faite sur l'un des endosseurs, elle est accompagnée, en outre, d'un certificat qui constate le cours du change du lieu où la lettre de change était payable, sur le lieu d'où elle a été tirée. (*Art.* 181.)

Si le compte de retour n'était pas accompagné des

certificats d'agents de change ou de commerçants, *il ne serait point dû de change.* (Art. 186.)

**Règlement du rechange à l'égard du tireur.**
—Le rechange se règle, à l'égard du *tireur*, par le cours du change du lieu où la lettre de change était payable sur le lieu d'où elle a été tirée. (Art. 179.)

Ici le mot *rechange* est pris dans sa seconde *acception*, et veut dire *le prix du nouveau change* que paie l'auteur de la retraite.

Une lettre de change a été tirée de Paris sur Rouen. Elle a été successivement négociée :

1° A Strasbourg ;
2° A Nancy ;
3° A Lyon.

Le porteur se présente au tiré de Rouen.

Refus de payer. Protêt faute de paiement.

Le porteur *fait retraite.*

Il peut exiger du tireur le prix du change de Rouen (*lieu où la lettre était payable*) sur Paris (*lieu d'où elle a été tirée*).

**Règlement du rechange à l'égard des endosseurs** — Le rechange se règle à l'égard des *endosseurs*, par le cours du change du lieu où la lettre de change a été remise ou négociée par les endosseurs, sur le lieu où le remboursement s'effectue. (Art. 179, § 2.)

Cette disposition peut s'entendre ainsi : que pour chaque endosseur le rechange se règle par le cours du lieu où la lettre de change a été négociée sur le lieu où le remboursement s'effectue, c'est-à-dire d'où la retraite est tirée ; et qu'en définitive il se règle, à l'égard du tireur, d'après le cours du lieu où la lettre de change était payable sur le lieu d'où elle a été tirée [1].

[1] Plusieurs systèmes ont été proposés à cet égard :
I<sup>er</sup> *système* : Le rechange, lorsque la retraite est faite par le porteur

Soit donnée la lettre de change suivante :

*Bordeaux, ce. . . . . . .*      *Bon pour 1,000 francs.*

*Le 30 avril prochain, payez à Martin ou à son ordre, par cette seule de change, la somme de mille francs, valeur reçue en marchandises, sans autre avis de*

                              *Votre serviteur,*

*A M. . . . . banquier à Paris.*        *Bernard.*

     *Payez à l'ordre de M. Lair, valeur reçue comptant.*

       *Lyon, ce. . . . .*          *Martin.*

    *Payez à l'ordre de M. Leclerc, valeur reçue comptant.*

       *Marseille, ce. . . . . . . . . . . . . . .*

         *Lair.*

Leclerc est porteur. Il se présente à Paris. Refus de paiement : protêt faute de paiement. Retraite sur Lair de Marseille : — Retraite de *Paris* sur *Marseille*, payée par Lair.

sur un endosseur, se règle par le cours du lieu où la lettre devait être payée, sur le lieu où elle a été remise, ou négociée, par l'endosseur sur lequel on fait retraite.

*II⁰ système :* Le rechange doit se régler, à l'égard de l'endosseur, par le cours du change du lieu où il a remis ou négocié la lettre, sur le lieu où il rembourse.

*III⁰ système :* Le lieu où la lettre a été négociée par chaque endosseur, c'est le lieu d'où leur endossement est daté. Quant au lieu où le remboursement s'effectue, c'est celui où le compte de retour est remboursé. Si le cours du change du lieu du paiement, sur le lieu où la retraite est dirigée, est moins élevé que le cours du change du lieu du paiement sur le lieu d'où la lettre de change a été tirée, le porteur ne comprendra, dans la retraite, que le rechange d'après le cours du lieu du paiement sur le lieu où la retraite est dirigée. Si, au contraire, le cours du change du lieu du paiement sur le lieu où est dirigée la retraite est plus élevé que celui du lieu du paiement sur le lieu d'où la lettre protestée a été tirée, le porteur ne pourra réclamer le rechange que d'après ce dernier cours, qui est le plus faible.

Lair se rembourse à Marseille par une retraite sur Martin de Lyon, retraite payée par Martin.

Martin se rembourse à Lyon par une retraite sur Bernard de Bordeaux, le tireur, qui paiera le rechange de Paris à Bordeaux, parce qu'il avait donné à Martin, à Bordeaux, une lettre de change qu'il s'était engagé à faire payer à Paris.

**Le compte de retour est unique.** — Il ne peut être fait plusieurs comptes de retour sur une même lettre de change. Ce compte de retour est remboursé d'endosseur à endosseur respectivement, et définitivement par le tireur (*art.* 182), sauf néanmoins le prix du rechange, qui doit être calculé comme nous l'avons dit plus haut.

Si chaque endosseur n'est pas remboursé des frais qu'il fait pour avoir une retraite dans le lieu où il avait négocié la lettre de change, c'est parce qu'il n'avait fait cette négociation que dans son intérêt, et que, par conséquent, il doit supporter seul le préjudice qui peut en résulter.

**Cumul des rechanges.** — Les rechanges ne peuvent être cumulés. Chaque endosseur n'en supporte qu'un seul, ainsi que le tireur. Ce rechange, que l'on fait supporter à chaque endosseur, est regardé comme une compensation de l'utilité qu'il a tirée de la négociation de la lettre de change. (*Art.* 183.)

**Point de départ de l'intérêt du principal de la lettre protestée.** — L'intérêt du principal de la lettre de change protestée faute de paiement, est dû à compter du jour du *protêt* (*Art.* 184), sans qu'il y ait *assignation en justice* [1].

---

[1] En matière civile, l'intérêt conventionnel ne peut excéder 5 p. 100, et en matière commerciale, 6 p. 100; l'intérêt légal est le même. Tout individu prévenu de se livrer habituellement à l'usure peut être poursuivi

**Point de départ de l'intérêt des frais de protêt, rechange, et autre frais légitimes.** — Contrairement à ce qui a lieu pour l'intérêt du principal de la lettre de change, et conformément au droit commun (art. 1153, Code Nap.), l'intérêt des frais de protêt, rechange, et autres frais légitimes, n'est dû qu'à compter du jour *de la demande en justice.* (*Art.* 185.) [1]

Cette différence provient de ce que le tireur et les endosseurs s'étant obligés de faire payer la lettre de change au terme fixé, ils sont censés s'être obligés tacitement à indemniser le porteur du préjudice que lui cause le défaut de paiement; d'où, l'intérêt *du principal* formant naturellement cette indemnité, cet intérêt doit être fourni à partir du jour du protêt. Mais il n'existe aucune obligation tacite de ce genre pour l'intérêt des frais du protêt [2].

## CHAPITRE XV.

### DU BILLET A ORDRE.

**Définition.** — Le *billet à ordre* est celui par lequel le souscripteur s'engage à payer une certaine somme au

devant le tribunal correctionnel, et condamné à une amende qui ne peut excéder la moitié des capitaux qu'il aura prêtés à usure. En cas d'escroquerie, emprisonnement. (*Loi du 3 sept.* 1807.) La liberté de l'intérêt est actuellement encore mise en question par le gouvernement, qui préparerait un projet de loi tendant à l'abrogation de la loi de 1807.

[1] Art. 1153, Code Nap. Dans les obligations qui se bornent au paiement d'une certaine somme, les dommages-intérêts ne sont dus *que du jour de la demande,* excepté dans les cas où la loi les fait courir de plein droit.

[2] Un décret du 24 mars 1848 avait modifié les articles 178, 179, et suspendu l'exécution des articles 180, 181, 186 du Code de commerce. Ce décret n'est plus en vigueur.

créancier, ou *à son ordre*, à une époque déterminée.

On entend par *ou à son ordre*, à celui qui, par le moyen d'un endossement en bonne forme, se trouvera cessionnaire du créancier.

**Énonciations du billet à ordre.** — Le billet à ordre est *daté*. Il énonce : la somme à payer ; le nom de celui à l'ordre de qui il est souscrit ; l'époque à laquelle le paiement doit s'effectuer ; la valeur qui a été fournie en espèces, en marchandises, en compte ou de toute autre manière [1].

Il doit, de plus, être signé par celui qui le souscrit ; sans cette signature qui lui donne toute sa force, il ne serait qu'un simple projet. Que s'il manquait une des énonciations que nous venons d'indiquer, le billet ne serait plus qu'une *simple promesse*.

**Énonciation du bon ou approuvé.** — Le Code Napoléon qui veut (*art.* 1326) que les promesses ou billets unilatéraux ne soient valables que s'ils sont écrits en entier de la main de celui qui les souscrit, ou, du moins, qu'outre la signature, le souscripteur ait écrit *de sa main* un *bon* ou un *approuvé* portant en toutes lettres la somme ou la quantité de la chose, affranchit de cette formalité les billets souscrits par des *marchands*, artisans, laboureurs, vignerons, gens de journée et de service. Mais que décider si le billet à ordre est souscrit par des non-marchands ?

| Le billet à ordre, souscrit par des non-marchands, ne sera pas soumis | Le billet à ordre, souscrit par des non-marchands, sera soumis, |
|---|---|

### BILLET A ORDRE.

Paris, ce 22 juin 1866.　　　　　　　　Bon pour 300 francs.

Au 15 août prochain, je paierai à M. Martin Victor, ou à son ordre, la somme de trois cents francs, valeur reçue en marchandises.

Rue de Bussy, 32.

　　　　　　　　　　　　　　　　　　　　　Bernard.

16.

à la formalité du *bon* ou *approuvé.*

Le billet à ordre est dispensé par le Code Napoléon (*art.* 1326), car sa forme est toute commerciale.

néanmoins, à la formalité du bon ou approuvé.

L'art. 1326 du Code Napoléon étant général, s'applique, comme autrefois la *déclaration* de 1733, aux billets à ordre souscrits par des personnes qui ne sont pas comprises dans l'exception que renferme ledit article.

La déclaration de 1733 mentionnait expressément les billets à ordre comme étant sujets à cette formalité du *bon* ou *approuvé*. Or, l'article 1326 est tiré de cette *déclaration.*

L'usage le plus général dans le commerce, est de revêtir le billet à ordre du bon ou approuvé. Mais l'énonciation dont l'absence ne ferait du billet qu'une simple promesse, est surtout la *clause d'ordre.*

**Caractère du billet à ordre.** — Le billet à ordre n'est pas *par lui-même* un acte de commerce; il n'entraîne donc pas la contrainte par corps.

Que s'il était souscrit pour une opération de commerce réelle, ou présumée telle par suite de la qualité de commerçant du souscripteur, il serait alors réputé acte de commerce, et soumettrait celui qui l'aurait souscrit à toutes les conséquences des actes commerciaux [1].

**Différence avec la lettre de change.** — Le billet à ordre diffère de la lettre de change :

---

[1] Le billet à ordre n'est réputé acte commercial que lorsqu'il est signé soit par un commerçant, soit par un comptable de deniers publics, ou lorsqu'il a pour cause une opération de commerce, de change, de banque ou de courtage. Ce n'est que dans l'un ou l'autre de ces cas qu'il emporte la contrainte par corps, et que les tribunaux de commerce peuvent en connaître.

| BILLET A ORDRE. | LETTRE DE CHANGE. |
|---|---|
| I. N'est pas acte de commerce. | I. Est acte de commerce. |
| II. Deux personnes seulement interviennent : le souscripteur et le bénéficiaire. | II. Trois personnes *au moins* interviennent : tireur, preneur et tiré. |
| III. Payable dans le lieu où il a été souscrit. | III. Remise de place en place ; payable *nécessairement* dans un autre lieu. |

**Billet à domicile.** — Le *billet à domicile* est ce billet qui, renfermant la clause d'ordre, est payable *dans un autre lieu que celui dont il porte la date* [1].

Il ressemble à la lettre de change en ce qu'il renferme la *remise de place en place*.

Plusieurs différences le séparent de la lettre de change.

| BILLET A DOMICILE. | LETTRE DE CHANGE. |
|---|---|
| I. Deux personnes seulement interviennent. | I. Au moins *trois* personnes interviennent. |
| II. Le souscripteur ne s'est pas engagé à procurer au bénéficiaire l'acceptation du correspondant. | II. Le souscripteur s'engage à faire payer par le tiré la somme promise, et à procurer au preneur *l'acceptation* du tiré. |

Le billet à domicile est-il par lui-même un acte de commerce ?

| NÉGATIVE. | AFFIRMATIVE. |
|---|---|
| Le billet à domicile n'est qu'une variété du billet à ordre. Ce n'est pas la remise de place en place qui constitue l'acte de com- | L'article 632 répute acte de commerce entre toutes personnes, les lettres de change ou *remises d'argent de place en place*. |

### BILLET A DOMICILE.

Paris, le....... Bon pour 500 francs.

Au 10 mai prochain, je paierai à Martin Victor, ou à son ordre, la somme de cinq cents francs, valeur reçue en marchandises.

Payable à Marseille, au domicile de Leclerc. Bernard.

merce ; il faut qu'il y ait *forme de lettre de change.*

Le billet à domicile est payable dans un *autre lieu* que celui dont il porte la date.

Il est donc un acte de commerce *par lui-même.*

**Législation du billet à ordre et du billet à domicile.** — Toutes les dispositions relatives aux lettres de change, et concernant : l'échéance, l'endossement, la solidarité, l'aval, le paiement, le paiement par intervention, le protêt, les devoirs et droits du porteur, le rechange ou les intérêts, sont applicables aux billets à ordre et à domicile, sans préjudice des dispositions relatives aux cas prévus par les articles 636, 637 et 638. (*Art.* 187.)

Il faut remarquer que le législateur n'a pas rappelé les règles relatives à *l'acceptation* ; c'est que le billet à ordre et le billet à domicile devant être acquittés par le souscripteur lui-même, ces règles ne peuvent leur être applicables.

Il en est de même pour la *provision.*

Le porteur d'un billet à ordre doit-il, pour conserver ses droits contre le souscripteur, faire *protester* le billet en cas de non paiement ? La négative est évidente. Le protêt ne sera nécessaire au porteur que pour conserver ses droits contre les endosseurs.

Le protêt sera-t-il nécessaire pour la conservation des droits du porteur contre le souscripteur, lorsque le billet sera *à domicile* ? La jurisprudence paraît admettre qu'il y aura déchéance pour le porteur contre le souscripteur, après l'expiration du délai pour protester, si le souscripteur prouve qu'il avait des fonds au lieu et à l'époque où devait être fait le protêt.

Que si l'on demande comment il peut y avoir lieu à rechange, le billet à ordre étant payable au lieu où on

l'a souscrit ? On répondra que le billet à ordre peut fort
bien être endossé dans un autre lieu que celui où on l'a
souscrit, et où le porteur doit recourir contre son endosseur par suite de faute de paiement.

**Billet au porteur.** — Le *billet au porteur* est,
comme le mot lui-même l'indique, un titre payable à
celui qui l'aura en sa possession. Il renferme la promesse de payer une certaine somme *au porteur du billet*,
sans désigner la personne qui en a fourni la valeur [1].

Défendu par un édit de 1716, l'usage des billets au
porteur fut rétabli par la déclaration du 21 janvier
1721. Le billet au porteur se transmet, comme une
pièce de monnaie, par la remise de la main à la main.
La créance et le titre se confondent si bien, qu'ils ne
font plus qu'un, pour ainsi dire.

**Mandat.** — Le *mandat* est un effet par lequel celui
qui le souscrit charge une personne de payer à un tiers.
Il diffère de la lettre de change en ce qu'il n'est pas souscrit avec toutes les formes et conditions voulues pour la
validité de la lettre de change. Les principes généraux
du mandat sont dès lors seuls applicables. — Au, reste,
il y a lieu à apprécier les termes qu'ont employés les
parties, et leurs intentions.

**Lettres de crédit.** — Les *lettres de crédit* sont
une espèce de mandat par lequel un marchand, ou banquier, mande à son correspondant, dans un autre lieu,
de compter à la personne dénommée dans la lettre, l'argent
gent dont cette personne témoigne avoir besoin. On
donne ces sortes de lettres à des personnes qui voyagent,

---

[1]     BILLET AU PORTEUR.

Je paierai au porteur la somme de trois cents francs, valeur reçue en
marchandises.                                        Bernard.

Paris, le.......                              Rue de Bussy, 32.

pour qu'elles n'aient pas la peine de porter trop d'argent avec elles.

Ces lettres n'étant pas à ordre, ne peuvent être négociées ; elles ne renferment qu'un simple mandat donné par un banquier à son correspondant [1].

## CHAPITRE XVI.

### DE LA PRESCRIPTION.

**Durée de la prescription.** — Toutes actions relatives aux lettres de change, et à ceux des billets à ordre souscrits par des négociants, marchands ou banquiers, ou pour faits de commerce, se prescrivent par *cinq ans*, à compter du jour du protêt, ou de la dernière poursuite juridique, s'il n'y a eu condamnation, ou si la dette n'a été reconnue par acte séparé.

Néanmoins les prétendus débiteurs seront tenus, s'ils en sont requis, d'affirmer, sous serment, qu'ils ne sont pas redevables; et leurs veuves, héritiers ou ayant cause, qu'ils estiment de bonne foi qu'il n'est plus rien dû. (*Art.* 189, *Code de com.*)

Cette courte prescription (*la prescription ordinaire des actions civiles est de trente ans*) a été introduite par faveur pour le commerce, afin de ne pas laisser les banquiers, les négociants, dans une trop longue incertitude à l'égard

[1] La lettre de change et le billet à ordre doivent être écrits sur papier timbré, sous peine d'amende. Ils ne sont pas soumis à la formalité de l'enregistrement, si ce n'est en cas de protêt, et en même temps que l'assignation. Mais si la lettre de change avait été passée par devant notaire, elle devrait alors, comme tous les actes notariés, être enregistrée dans les dix jours de sa date.

des effets qu'ils doivent présumer acquittés par quelque arrangement entre le porteur et le tireur, ou un des endosseurs, puisqu'aucune action n'a été intentée.

L'ordonnance de 1673 avait établi déjà la prescription quinquennale, mais seulement pour les lettres de change ; les billets à ordre étaient soumis à la prescription trentenaire. Le Code a dérogé à l'ordonnance en ce dernier point, en assimilant les billets à ordre aux lettres de change.

**Différence à cet égard entre la lettre de change et le billet à ordre.** — Il y a une différence à établir, quant à cette prescription de cinq ans, entre la lettre de change et le billet à ordre.

| LETTRE DE CHANGE. | BILLET A ORDRE. |
|---|---|
| Toutes les actions relatives à la lettre de change, prescrites par *cinq ans*. La lettre de change n'est-elle pas un acte de commerce *par elle-même*, sans qu'il y ait à distinguer par qui elle est souscrite : par un *commerçant* ou par un *non-commerçant* ; quand même elle aurait *ou non* pour cause un acte de commerce ? | L'action relative au billet à ordre n'est prescrite par *cinq ans*, que si le billet est souscrit par un *commerçant*, ou à pour cause un *acte de commerce*. |

Il paraît même que si le billet était souscrit par un commerçant pour une *cause civile* (exprimée sur le billet), il n'y aurait plus lieu à la prescription de cinq ans pour l'action qui en résulterait. — Il en serait de même pour les lettres de change réduites à l'état de *simples promesses* (*prescription de trente ans*).

**Actions soumises à la prescription de trente ans.** — Mais quelles sont les actions relatives aux lettres de change, qui sont prescrites par cinq ans ? Ce sont les actions contre : 1° le tireur qui n'a pas fait provision ; 2° l'accepteur de la lettre de change ; 3° le donneur d'aval ; 4° l'action de l'accepteur contre le tireur, lorsqu'il a payé sans avoir la provision ; 5° l'action du tireur qui avait fait provision, et qui a été obligé de payer, contre l'accepteur qui a laissé protester la lettre.

Quant à l'action que le porteur exerce contre le tiré, lorsqu'il est déchu de ses droits contre le tireur qui a fait provision, elle n'est pas soumise à l'action de cinq ans, mais à l'action trentenaire, car elle ne prend pas sa source dans la lettre de change. Dans ce cas, le porteur n'exerce que l'action du tireur contre le tiré, en vertu de la créance primitive [1].

Cette prescription court contre les mineurs. Les prescriptions courtes, qui, comme celle dont il s'agit ici, reposent sur une présomption de paiement, courent contre les mineurs et les interdits, sauf leur recours contre leurs tuteurs. Cette opinion, favorable au commerce, était d'ailleurs formellement proclamée par l'article 22 de l'ordonnance de 1673.

**Point de départ de cette prescription.** — La prescription court à partir du jour du protêt ou de la dernière poursuite juridique, s'il n'y a eu condamnation, ou si la dette n'a été reconnue par acte séparé. (*Art.* 189.)

Que s'il y avait eu *condamnation*, ce ne serait plus en vertu du titre primitif, mais en vertu du jugement que la dette pourrait être exigée. Ce jugement serait un nouveau titre acquis par le porteur contre la partie condamnée ; et la nouvelle action se prescrirait par *trente* ans, comme toutes celles qui résultent de jugements.

---

[1] La déchéance a lieu contre le porteur et les endosseurs, à l'égard du tireur lui-même, si ce dernier justifie qu'il y avait provision à l'échéance de la lettre de change. Le porteur, en ce cas, ne conserve d'action que *contre celui sur qui la lettre était tirée*. (*Art.* 170, *Code de com.*)

Si la dette a été reconnue *par acte séparé*, authentique ou sous seing privé, ce sera une novation, et dès lors l'action ne sera encore prescrite que par le laps de trente ans. Toutefois, dans ce cas, il faudra examiner les termes employés par les parties, et les circonstances propres à révéler leur intention. Il est évident, en effet, que si les parties n'ont voulu que faire revivre l'acte primitif, l'action se prescrira par cinq ans.

**Serment déféré.** — Les prétendus débiteurs sont tenus, s'ils en sont requis, d'affirmer sous serment qu'ils ne sont plus redevables ; et leurs veuves, héritiers ou ayant-cause, qu'ils estiment de bonne foi qu'il n'est plus rien dû. (*Art.* 189.) La prescription de cinq ans repose, en effet, sur une simple présomption de paiement.

Le serment des héritiers, veuves ou ayant-cause, est dit : *de crédibilité*.

**Point de départ de la prescription, s'il n'y a pas eu protêt.** — Dans le cas où il n'y a pas eu de protêt, la prescription court à partir du jour où il aurait dû être fait.

# CHAPITRE XVII.

## DES CHÈQUES.

**Historique de la législation sur la matière.** — Il existe en Angleterre et en Écosse, depuis plus d'un siècle, deux usages qui ont contribué certainement au puissant développement que l'industrie, le commerce et l'agriculture ont atteint dans ces deux pays. Le premier est l'habitude que tout particulier, négociant ou non négociant, a contractée, d'avoir un banquier chez lequel il dépose les valeurs de toute

290 PRÉCIS DE DROIT COMMERCIAL.

nature qu'il a reçues dans la journée : espèces, bank-notes, traites ou effets arrivés à échéance, ne gardant dans sa caisse que les petites sommes nécessaires à ses besoins journaliers. L'autre usage, non moins répandu, consiste à prendre domicile chez les banquiers pour les billets de commerce que l'on souscrit. De cette façon, le banquier se charge de payer tous les effets échus, sans qu'on ait à se préoccuper d'autre chose que de tenir son compte courant à un chiffre suffisant pour faire face à tous les besoins.

Ces deux usages, dont l'un est la conséquence natu-relle de l'autre, offrent des avantages qu'il est presque superflu de faire ressortir. En se dispensant de garder sur soi ce que l'on possède en numéraire ou en billets de banque, on se débarrasse des dangers de vol, d'incendie, de perte dans le transport, ou d'erreurs dans les comptes; et, de plus, des ennuis de compter sans cesse, d'atten-dre le payement, de passer des écritures, de surveiller des commis et des garçons de caisse. En chargeant un banquier d'opérer les recouvrements et d'effectuer le payement des traites échues, on s'épargne des frais de caisse et de caissier, et on est dispensé de tenir une comptabilité plus ou moins compliquée. En outre, toutes les sommes déposées chez le banquier, ou ins-crites au compte d'un particulier, n'ont pas besoin d'être constamment disponibles. Une portion est ordinaire-ment confiée au banquier qui l'engage dans des opéra-tions prudentes et à court terme, et qui paie alors un intérêt plus ou moins élevé. Plus les dépôts sont abon-dants, plus sont considérables les sommes qu'on peut ainsi tirer de leur disponibilité et consacrer à vivifier le commerce et l'industrie. Un capital énorme est de cette façon arraché à l'inaction, et, en même temps qu'il produit un intérêt au déposant, il contribue à accroître la richesse générale. On comprend dès lors quel est, dans cette habitude générale des dépôts en banque, le rôle que remplit le chèque. De temps immémorial, quand on avait à faire un règlement au comptant, on disposait d'une partie de ses fonds au moyen d'un mandat, payable à présentation. C'est ce mandat, dont l'analogue existe en France dans le reçu de caisse, auquel on a donné le nom de *check*, dont on a fait le mot *chèque*. Le chèque est donc la maîtresse pièce des banques de dépôts. C'est lui qui permet d'avoir constamment à sa disposition les sommes dont on s'est dessaisi au profit du banquier ; c'est autour de lui que pivote cette ingénieuse combinaison au moyen de laquelle les plus petits capitaux sont réellement productifs. Mais jamais il n'est entré dans l'esprit d'un commerçant d'outre-Manche de faire du chèque un moyen de circulation et de crédit. Le chèque, pour un Anglais, c'est de l'argent, et comme tout retard apporté dans l'encaissement peut non-seulement amener un risque de non-payement, mais causer une perte d'intérêt, il se hâte de remettre les chèques qu'il reçoit à son banquier, qui en opère le recouvrement et qui en inscrit le montant à son crédit.

On ne peut point dire qu'avant les essais tentés depuis quelques années, la France ait été complétement dépourvue d'établissements de crédit recevant des dépôts; sans compter la Banque de France, dont le chiffre des comptes courants particuliers a parfois dépassé, depuis douze ans, 200 millions, et est rarement descendu au-dessous de 120 millions, il y a en France, depuis longtemps, un grand nombre de banques privées qui reçoivent des capitaux en dépôt, et qui paient aux déposants un intérêt plus ou moins élevé. Le Comptoir d'escompte, dont la fondation remonte à 1848, a introduit dans sa clientèle l'usage des dépôts en comptes courants; dans le bilan du 31 janvier 1865, ils figuraient pour une somme de 26,503,348 francs. Le Crédit foncier et le Crédit mobilier se livrent depuis longtemps aux mêmes opérations, et les capitaux qu'ils rendent ainsi à la circulation et au crédit sont assez considérables; ils se sont élevés, pour le Crédit foncier, à 222 millions en 1863.

Le chèque n'était point non plus complétement inconnu en France, avant que certains établissements de crédit cherchassent à le vulgariser. Le mandat rouge, que la Banque de France délivre à ses clients pour opérer les virements d'un compte à l'autre, et le mandat blanc qui sert au retrait des fonds déposés à la Banque en compte courant, ne sont rien autre chose que des chèques. Les bons de caisse délivrés par les banquiers sont des chèques sous une forme embryonnaire. Il en est de même des reçus ou récépissés qui servent à certifier les dépôts, et à les retirer au fur et à mesure des besoins. Enfin, le Crédit foncier, le Crédit mobilier et le Comptoir d'escompte délivrent depuis longtemps aux clients avec lesquels ils sont en rapports d'affaires des carnets de reçus, qui sont de véritables chèques, au moyen desquels ces clients opèrent tous les mouvements de fonds qui se produisent dans leurs comptes courants.

La France n'était donc pas aussi étrangère qu'on pouvait le croire aux procédés des comptes de dépôts, des chèques, des virements et des compensations. Tous les éléments du mécanisme qui agit avec une si grande puissance chez d'autres peuples existaient en France; il suffisait, pour leur donner plus de force et pour leur faire produire des résultats plus considérables, d'un mouvement d'élan et d'initiative. La loi du 14-20 juin 1865 a eu pour objet de donner à l'émission et à la transmis-

sion des chèques toutes les facilités et toutes les possibi-
lités possibles.

**Utilité des chèques** — Les dépôts de fonds en
compte courant dans des caisses ouvertes et organisées
à cet effet, groupent une foule de petits capitaux et leur
donnent ainsi une puissance productive qu'ils n'auraient
pas, s'ils restaient disséminés dans les caisses des particuliers. Le chèque est l'instrument de service des
comptes courants, et, par l'action combinée des comptes courants et des chèques, on obtient ce triple résultat de servir aux déposants un intérêt de leurs fonds
tout en les leur maintenant disponibles, d'effectuer une
quantité considérable de payements sans déplacement,
ni emploi matériel de numéraire, et enfin d'utiliser pour
les besoins de l'industrie et du commerce des capitaux
qui, sans ce moyen, et alors même qu'ils ne seraient pas
livrés à une stérile thésaurisation, ne serviraient qu'aux
échanges journaliers, et qui se trouvent ainsi concourir
au mouvement de la production et du commerce sans
cesser de servir à l'échange.

**Différence entre le chèque et la lettre de
change.** — Quoique ayant entre eux des caractères
communs, on ne peut point dire que le chèque et la
lettre de change à vue soient absolument une seule et
même chose. La lettre de change *crée une obligation*; il
y a promesse de payer ou de faire payer par un tiers.
Le chèque est *un payement en papier au lieu de numéraire*; il ne crée rien, il constate seulement l'existence d'un fonds disponible, et indique au dépositaire une somme à livrer, ou un virement de compte à
opérer.

**Forme du chèque.** — Le chèque est l'écrit qui,
sous la forme d'un mandat de payement, sert au tireur
à effectuer le retrait, à son profit ou au profit d'un tiers,

de tout ou partie des fonds portés au crédit de son compte chez le tiré, et disponibles. Le chèque ne peut être tiré qu'à vue. Si le chèque était à un ou plusieurs jours de vue, il serait impossible de le distinguer du mandat ou de la lettre de change, et le Trésor se verrait frustré d'une partie de ses recettes. En imposant au chèque l'obligation d'être à vue, une pareille confusion n'est pas à craindre. Il ne se fait presque plus de lettres de change à vue, si ce n'est pour de petites sommes. Quand il s'agit de sommes considérables, on a recours aux lettres de crédit ou aux délégations sur une maison de banque. Mais ce ne sont pas seulement les intérêts du Trésor qui sont sauvegardés par la clause à vue, ce sont ceux du porteur des chèques. Le chèque est un payement; or, quand on veut faire un payement, il ne suffit pas de le promettre. Le chèque à date suppose que les fonds dont on dispose ne sont pas libres au moment où le chèque est émis. Il rentre alors dans la catégorie des titres de crédits, auxquels s'attache un certain risque. De plus, le chèque doit être considéré comme un moyen de compensation; or, comment serait-il possible de compenser entre eux des chèques qui auraient des échéances différentes?

**Endossement.** — Non-seulement le chèque peut être souscrit au porteur ou à une personne dénommée, mais encore il peut être souscrit à ordre et transmis par voie d'endossement.

Quoique le chèque ne soit pas destiné à avoir une longue existence et à circuler entre un grand nombre de mains, il se rencontre des cas fréquents où l'endos est une condition de sécurité. L'endos permet au bénéficiaire d'un chèque nominatif de remettre le chèque à son banquier, et de se dispenser ainsi des frais et des pertes de temps auxquels il serait assujetti s'il était

obligé d'aller lui-même réclamer le payement. L'endos
est du reste indispensable pour le chèque émis d'un lieu
à un autre et transmis par la poste de l'expéditeur au
destinataire. Le tireur d'un chèque est dispensé d'indiquer la valeur fournie, et de plus l'endossement peut
être en blanc. Des doutes se sont élevés dans beaucoup
d'esprits sur l'utilité de la mention de la valeur fournie
en ce qui concerne la lettre de change ; du reste elle n'a
d'autre but que de constater le caractère commercial
de l'opération, caractère qui n'accompagne pas toujours
l'émission d'un chèque. Quant à l'endossement en blanc,
il convient mieux à la nature du chèque, qui doit être
avant tout un instrument simple et rapide, et qui ne se
propagera qu'à la condition d'offrir aux porteurs une
sécurité sans réserve. (*Art.* 1er.)

**Provision nécessaire.** — L'article 2 de la loi de
1865 stipule deux des conditions principales par lesquelles le chèque se distingue de la lettre de change : la
première, c'est de ne pouvoir être tirée que sur un tiers
ayant provision préalable ; la seconde, d'être toujours
payable à présentation.

En ce qui concerne la provision préalable, l'exposé
des motifs dit « qu'il faut entendre par ces mots que la
provision doit exister, non-seulement au moment où le
chèque sera présenté, mais au moment même où il aura
été souscrit. » Cette condition, rigoureuse en apparence,
est l'expression même d'un fait : le chèque est un
moyen de payement ; l'absence de provision préalable
en ferait un instrument de crédit et lui ôterait son caractère. Non-seulement elle constituerait une fraude vis-
à-vis du fisc, mais encore une tromperie vis-à-vis des
tiers, qui doivent voir dans le chèque l'équivalent d'un
capital existant. L'obligation d'une provision préalable
résulte, du reste, de la définition du chèque. Cette défi-

nition indique en même temps quelle peut être l'origine de cette provision.

**Paiement à présentation.** — Le chèque est payable à présentation. Cette condition a été dictée surtout par l'intérêt commercial. Sans doute le chèque payable à une échéance plus ou moins éloignée, ou à un certain nombre de jours de vue, s'il était tiré d'un lieu sur un autre, ne différerait presque plus de la lettre de change, et le produit de l'impôt du timbre souffrirait de cette substitution une diminution notable. Mais le commerce serait atteint plus vivement que le Trésor, si le chèque n'était pas déclaré payable à présentation. Quand un commerçant donne un chèque, il fait un règlement au comptant, et c'est pour cette raison que son chèque est accepté. Mais si le chèque était à date, le règlement au comptant se transformerait en un règlement à terme ; peut-être le chèque serait-il encore accepté, mais alors le tireur serait obligé de tenir compte du retard de payement au bénéficiaire, ce qui se traduirait en une bonification d'intérêts. La somme d'avantages qu'on retire des dépôts en comptes courants serait surpassée par la masse des inconvénients, si les chèques n'étaient pas toujours payables à présentation. Mieux vaudrait alors avoir sa caisse chez soi et ses fonds constamment sous sa main. (*Art.* 2.)

**Lieu d'où peut être tiré le chèque.** — Le chèque peut être tiré d'un lieu sur un autre, ou sur la même place. (*Art.* 3.) Cette disposition doit permettre aux virements et aux compensations de s'accomplir de place à place, et diminuer ainsi la nécessité des transports de numéraire.

**Le chèque n'est pas par sa nature un acte de commerce.** — L'émission d'un chèque, même lorsqu'il est tiré d'un lieu sur un autre, ne constitue pas *par sa nature* un acte de commerce. (*Art. 4.*) Les mots *par sa nature* indiquent nettement que le chèque sera considéré comme un acte de commerce ou comme un acte civil, suivant la qualité des parties et les causes à raison desquelles il aura été souscrit. La compétence sera réglée par les tribunaux, suivant les règles ordinaires du droit commun. Il faut remarquer aussi que quoique le chèque émis d'un lieu sur un autre ait le cachet extérieur d'une lettre de change, il n'est point néanmoins nécessairement assimilé à cette dernière en ce qui concerne la compétence. Il eût été difficile, du reste, de faire une pareille assimilation; en fait, le chèque tiré d'un lieu sur un autre servira le plus souvent à liquider des obligations contractées par des particuliers non commerçants, obligations qui n'auront aucun caractère commercial dans leurs causes.

**Solidarité.** — Une assimilation plus naturelle est celle qui est relative à la garantie solidaire du tireur et des endosseurs, au protêt et à l'exercice de l'action en garantie. Ici on comprend que les dispositions du Code de commerce en matière de lettre de change reçoivent leur application. Aussi l'article 4 dit-il que les dispositions du Code de commerce relatives à la garantie solidaire du tireur et des endosseurs, au protêt et à l'exercice de l'action en garantie, en matière de lettre de change, sont applicables aux chèques. Au point de vue économique, la solidarité est nécessaire au succès des chèques et à leur adoption générale. Le porteur du chèque doit avoir une sécurité complète : la nécessité de la provision lui garantit que le tireur ne peut abuser de sa bonne foi; la solidarité des endosseurs lui garantit en outre le payement de son chèque.

**Délai pour réclamer le payement.** — L'article 5 est celui qui détermine le plus complétement la différence entre le chèque et la lettre de change. Aux termes de l'article 160 du Code de commerce, le porteur d'une lettre de change doit, suivant les cas indiqués à cet article, en réclamer le payement dans les délais de l'échéance, sous peine de perdre son recours sur les endosseurs et même sur le tireur, si celui-ci avait fait provision. On ne pouvait accorder au porteur du chèque des délais aussi longs. Outre qu'ils lui seraient inutiles, il changeraient complétement la nature du chèque, qui n'est pas destiné à une longue circulation.

Deux considérations conduisent, en effet, à abréger les délais le plus possible pour la réalisation du chèque : en premier lieu, il importe que la négligence du porteur ne prolonge pas indéfiniment la garantie des endosseurs et ne compromette pas la responsabilité du tireur lui-même, ce qui arriverait infailliblement dans le cas où la provision viendrait à disparaître par suite de la faillite du banquier ; en second lieu, il ne faut pas qu'en augmentant la circulation du chèque on en fasse un instrument qui le substituerait aux valeurs de crédit. L'intérêt du porteur est d'accord ici avec celui du fisc ; car, tant que le chèque n'est pas réalisé, c'est au profit du tireur et non du porteur que courent les intérêts.

Mais quels doivent être les délais pour la présentation du chèque ? Le porteur d'un chèque, dit l'art. 5 de la loi de 1865, doit en réclamer le paiement dans le délai de cinq jours, y compris le jour de la date, si le chèque est tiré de la place sur laquelle il est payable, et dans le délai de huit jours, y compris le jour de la date, s'il est tiré d'un autre lieu. — Le porteur d'un chèque qui n'en réclame pas le paiement dans les délais ci-dessus, perd son recours contre les endosseurs ; il perd aussi son recours contre le tireur, si la provision a péri par le fait du tiré, après lesdits délais.

**Sanction pénale.** — La loi du 5 juin 1850 prononce des amendes contre les personnes qui, en émettant des effets de commerce, cherchent à se soustraire au paiement du droit de timbre proportionnel. L'article 6 de loi de 1865 est l'application des dispositions pénales de cette loi aux fraudes qui peuvent avoir lieu en matière de chèques.

Ces fraudes se rangent sous trois chefs distincts : 1° le chèque est revêtu d'une fausse date ; 2° le chèque ne porte point de date ; 3° la provision préalable fait défaut. L'effet produit par ces fraudes est le même ; elles font disparaître la différence qui existe au point de vue de l'impôt entre les effets de commerce et le chèque. Le tireur qui émet un chèque sans date, ou qui le revêt d'une fausse date, est passible d'une amende égale à six pour cent de la somme pour laquelle le chèque est tiré. — L'émission d'un chèque, sans provision préalable, est passible de la même amende, sans préjudice de l'application des lois pénales, s'il y a lieu.

En vertu de l'article 7, les chèques sont exempts de tout droit de timbre pendant dix ans à dater de la promulgation de la loi du 14-20 juin.

## CHAPITRE XVIII.

DU TIMBRE MOBILE POUR LES EFFETS DE COMMERCE VENANT DE L'ÉTRANGER.

**Historique de la législation sur la matière.** — Chacun sait que le timbre est un impôt établi sur tous les papiers destinés aux actes et écritures publics ou privés. Il consiste, soit en un droit à raison de la di-

mension du papier, soit, comme pour les effets négociables et de commerce, en un droit proportionnel aux
sommes énoncées dans l'acte.

Le système adopté pour sa perception est simple ; il
concilie les facilités à donner au public et les garanties
nécessaires au fisc. La fabrication du papier timbré, sous
la surveillance de l'administration, oppose un sérieux
obstacle à la contrefaçon des timbres ; l'introduction du
filigrane particulier dans la pâte même du papier ajoute
à la difficulté déjà si grande pour les faussaires d'imiter
les deux timbres imprimés sur chaque feuille ; ce filigrane, en mentionnant le millésime de l'année où le papier a été fabriqué, contribue à assurer une date certaine
aux actes ; les qualités spéciales de solidité que présente
le papier de l'administration, ont aussi l'avantage de
garantir la durée des actes et la conservation des écritures. Mais le mérite de ce système consiste surtout en ce
qu'il oblige, sous peine d'amende, à rédiger les actes et
écrits susceptibles de faire titre sur du papier marqué à
l'avance du timbre, c'est-à-dire à payer l'impôt avant
la rédaction de l'acte ou de l'écrit.

Cependant, depuis quelques années, l'usage si
généralement répandu des timbres-poste pour l'acquittement de la taxe des lettres, avait fait penser qu'on
pourrait aussi utilement substituer au système des papiers timbrés par l'administration l'emploi de *timbres
mobiles* ou *adhésifs*, qu'elle ferait fabriquer et vendre, et
que les particuliers apposeraient eux-mêmes sur les
actes, pièces et écritures.

Cette innovation n'était pas sans précédents. En Au-
triche, un règlement de 1854 avait substitué à un papier
timbré le timbre mobile ou adhésif, confectionné de
telle sorte que sa partie inférieure pût être couverte par
l'écriture. En Angleterre, différentes lois des 4 août

1853, 9 août 1854 et 21 mai 1858, ont adopté le système des timbres mobiles pour les reçus et mandats à ordre, les polices d'assurances, les effets de commerce venant de l'étranger, et pour les bons sur les banques. En Belgique, une loi du 14 août 1857 s'est bornée à permettre de timbrer les effets de commerce venant de l'étranger par l'apposition d'un timbre adhésif. Mais dans ces divers pays il a été reconnu généralement que le timbre mobile se prête plus facilement que le papier timbré aux abus et à la fraude.

Le législateur français a considéré qu'appliquer le système de timbres mobiles à tous les actes qui doivent être écrits sur papier timbré, ou même à tous les effets de commerce en général, serait compromettre gravement les intérêts du Trésor, sans qu'il en résultât pour le public un sérieux avantage. La plupart des actes sous seing-privé paraissent, en effet, au moment de leur rédaction, destinés à rester entre les mains des parties ; mais, comme la dépense est minime, et parce qu'ils peuvent, dans l'avenir, être accidentellement produits en justice ou servir d'élément à un acte public, ils sont néanmoins le plus souvent écrits sur du papier timbré. Ils échapperaient donc à l'impôt si, rédigés d'abord sur papier libre, ils pouvaient plus tard recevoir un timbre mobile, au moment où l'accomplissement de cette formalité deviendrait nécessaire. En vain la loi prescrirait-elle au rédacteur de l'acte de donner une date certaine au timbre mobile en le couvrant, en partie, de l'écriture de l'acte même. La fraude trouverait aisément les moyens de rendre cette garantie illusoire. Obligerait-on ceux qui feraient usage de timbres mobiles à venir aussitôt soumettre les actes sur lesquels ils les auraient appliqués à un agent de l'État, chargé de les oblitérer ? Mais cette démarche serait assurément plus gênante pour le public que l'obligation d'acheter du papier timbré ; d'ailleurs les contribuables n'auraient pas plus de facilité à se pourvoir de timbres mobiles, qu'ils n'en ont actuellement à se procurer à l'avance du papier timbré, soit dans les bureaux d'enregistrement, soit chez tous les débitants auxiliaires. Une réforme si radicale dans le mode de perception de l'impôt du timbre devait donc être écartée.

Mais il en est tout autrement quand il s'agit des effets de commerce venant de l'étranger. Le banquier auquel ils sont présentés à l'escompte, le commerçant qui les reçoit en paiement, doivent les faire timbrer avant de les négocier, de les accepter ou de les acquitter. Ils ne peuvent acquitter l'impôt qu'en allant les présenter au bureau du receveur de l'enregistrement, *qui les vise pour timbre*. La nécessité de ce déplacement et les retards qu'il occasionne peuvent être souvent une gêne pour le commerce qui, dans tout le cours de ses opérations, a besoin que rien n'en vienne retarder l'accélération. A l'aide du timbre mobile, au lieu de faire aller le porteur au bureau du timbre, on fait venir à lui ce bureau. De même que les timbres-poste ont épargné au public l'obligation de se rendre à certains bureaux de poste pour l'affranchissement de ses lettres, de même le timbre mobile épargnera au commerce la nécessité de se rendre au bureau de l'enregistrement pour y faire viser pour timbre les effets qu'il reçoit de l'étranger. L'avantage est incontestable, et les dangers qui pourraient en résulter pour le fisc n'ont rien d'inquiétant. Le produit social de l'impôt du timbre sur ces effets étrangers n'est pas assez élevé pour que la fraude puisse causer une perte sérieuse au Trésor. D'ailleurs, si le nouveau système permet, dans certains cas, de retarder l'acquittement de l'impôt et de finir par y échapper, les facilités plus

grandes qu'il donnera à ceux qui veulent scrupuleuse-
ment s'y soumettre pourront, par compensation, faire
appliquer des timbres mobiles à bon nombre d'effets de
commerce qu'on se dispenserait d'aller porter au bureau
de l'enregistrement, au moment où on les recevrait de
l'étranger.

Demandée par plusieurs chambres de commerce, la
substitution du timbre mobile au visa aujourd'hui donné
par les receveurs de l'enregistrement, a été consacrée par
la loi du 11 juin 1859. Le droit de timbre, dit l'article 1er,
auquel l'article 3 de la loi du 5 juin 1850 assujettit les
effets de commerce venant, soit de l'étranger, soit des
îles ou des colonies dans lesquelles le timbre n'aurait
pas encore été établi, pourra être acquitté par l'apposition, sur ces effets, d'un timbre mobile que l'administration de l'enregistrement est autorisée à vendre et faire
vendre. La forme et les conditions d'emploi de ce timbre
mobile seront déterminées par un règlement d'administration publique.

La loi du 11 juin 1859 n'avait fait que poser le principe, en laissant à un règlement d'administration publique le soin de déterminer la forme du timbre mobile,
et les conditions auxquelles son emploi devra être assujetti pour que des garanties suffisantes soient assurées à
la perception de l'impôt. C'étaient là des détails d'exécution qu'il était préférable de ne pas régler par la loi.
Un décret impérial, le Conseil d'État entendu, daté du
18 janvier 1860, est venu réglementer cette matière. En
voici le texte :

**Dispositions de la loi et du règlement.** —
L'article 1er déclare qu'il sera établi des timbres mobiles dont le prix et l'emploi sont fixés ainsi qu'il suit :

A 0 fr. 05 c. pour les effets de 100 fr. et au-dessous;
— à 0 fr. 10 c. pour ceux au-dessus de 100 fr. jusqu'à

200 fr.; — à 0 fr. 15 c. pour ceux au-dessus de 200 fr. jusqu'à 300 fr.; — à 0 fr. 20 c. pour ceux au-dessus de 300 fr. jusqu'à 400 fr.; — à 0 fr. 25 c. pour ceux au-dessus de 400 jusqu'à 500 fr.; — à 0 fr. 50 c. pour ceux au-dessus de 500 fr. jusqu'à 1,000 fr.; — à 1 fr. 00 c. pour ceux au-dessus de 1,000 fr. jusqu'à 2,000 fr.; — à 1 fr. 50 c. pour ceux au-dessus de 2,000 jusqu'à 3,000 fr.; — à 2 fr. 00 c. pour ceux au-dessus de 3,000 fr. jusqu'à 4,000 fr.; — et ainsi de suite, en suivant la même progression et sans fraction.

Suivant l'art. 2 les timbres mobiles ne pouvaient être apposés sur les effets de plus de 20,000 francs. Mais un décret du 23 janvier 1864 a déclaré rapportée cette disposition. (*Art. 2.*)

L'article 3 veut que le timbre mobile soit apposé sur les effets pour lesquels l'emploi est autorisé, avant tout usage de ces effets en France. Il sera collé sur l'effet, savoir : avant les endossements, si l'effet n'a pas encore été négocié, et, s'il y a eu négociation, immédiatement après le dernier endossement souscrit en pays étranger. Le signataire de l'acceptation, de l'aval, de l'endossement et de l'acquit, après avoir apposé le timbre, l'annulera immédiatement en y inscrivant la date de l'apposition et sa signature.

Voir l'art. 25 de la loi de finances du 2 juillet 1863, portant que le droit de timbre auquel les warrants endossés séparément des récépissés sont soumis, pourra être acquitté par l'apposition sur ces effets de timbres mobiles. Voir aussi la loi du 23 janvier 1864.

# CHAPITRE XIX.

## DES BANQUES.

**Notions générales sur les opérations de banque**. — On donne le nom de *banquiers* à ces commerçants dont la profession consiste à vendre ou acheter, dans une place, la faculté de disposer de sommes d'argent payables dans d'autres, à étudier les ressources ou les besoins des différentes places, et à calculer les chances de profit qui peuvent en résulter.

On voit que les opérations des banquiers embrassent tout ce qui concerne le contrat de change, dont nous avons parlé plus haut; c'est ainsi qu'elles ont lieu :

1° Par *spéculation*, lorsque le banquier vend ou achète dans une place des créances ou de la monnaie payables dans une autre;

2° Par *commission*, lorsqu'il reçoit de la monnaie ou des titres de créances commerciales, dont le montant doit servir à payer les engagements que l'auteur de cet envoi a souscrits, ou doit lui être compté, ou doit, de toute autre manière, être employé pour lui et à sa disposition;

3° Lorsqu'il s'oblige à payer, ou qu'il paie des lettres de change tirées par un correspondant qui n'en a pas d'avance fourni la valeur, et à qui, en termes de commerce, *on ouvre un crédit* [1].

---

[1] Les opérations de banque sont essentiellement des actes de commerce; les banquiers sont commerçants. Mais il n'en est pas de même quant à leurs correspondants, qui ne font pas du commerce leur profession habituelle. Lorsque, par le moyen d'un crédit ou d'un compte courant, ils se trouvent débiteurs du banquier, leur dette ne sera commerciale

Il existe encore d'autres opérations de banque, non moins importantes par leur rapport avec le crédit public et les grands intérêts du commerce intérieur et extérieur : les *banques à virements,* et les *banques à billets*.[1]

**Banque à virements.** — On entend par *banque à virements*, ou *banque de dépôt*, celle qui reçoit en dépôt des sommes pour le montant desquelles le banquier donne, sur les livres de sa banque, une inscription de créance que le déposant pourra céder, par des voies extrêmement simples et économiques, à un autre qui aura le même droit[2].

L'institution fondamentale des banques de dépôt con-

que si l'écrit qui l'a constituée est une lettre de change. Dans les autres cas, il faudra que la cause commerciale soit prouvée.

[1] Le nom de *banque* vient de l'Italie. Il dérive du *banc*, ou comptoir, sur lequel on paie et l'on reçoit. La cessation des paiements est marquée par l'abandon du banc (au figuré, la *rupture*) ou la banqueroute.

[2] Dans les anciennes républiques d'Italie, ceux qui avaient prêté à l'État dans de pressantes nécessités, et qu'on ne pouvait rembourser en argent, recevaient en paiement, ou en gage commun, l'assignation d'une propriété ou d'une branche du revenu public, et s'associaient pour l'exploiter. Ces associations, successivement réunies, formaient de grandes *banques* ou sociétés nommées *monts*, pour signifier des agrégations d'intérêts mis ensemble. (L'expression de *mont de piété* n'a pas d'autre origine.) Les portions de ces masses furent divisées en actions transmissibles. La répartition des bénéfices se faisait tous les ans. Le dividende était porté sur les livres au profit de chaque actionnaire, qui le retirait à volonté. Quand il se présentait, les officiers de la banque, dépositaires du livre, délivraient à la partie prenante un bon sur la caisse, à vue et au porteur. Ces mandats passaient dans les paiements particuliers, d'une main à l'autre, au lieu d'argent ; souvent même, sans retirer de mandat, on cédait sa créance par un simple transfert sur les livres de la banque. Bientôt, on ne se borna pas aux crédits pour la distribution des dividendes de la banque ; on la constitua caisse de dépôts ; on versa de l'argent dans ses coffres, afin d'avoir des crédits disponibles sur ses livres, ou de ses billets en portefeuille.

siste en ce qu'elles ne font aucun crédit, n'escomptent aucun papier. Toute somme dont on dispose sur elles, ou tout billet qu'elles délivrent, a son équivalent en numéraire dans leurs caisses; ainsi elles n'augmentent en rien la somme des monnaies circulantes; mais elles en rendent suffisante une moindre quantité, parce que la valeur d'une même pièce de monnaie passe plus vite de l'un à l'autre, lorsqu'elle reste déposée à la banque pour gage de tous ceux à qui on l'assigne tour à tour, et qu'on la transporte virtuellement par une signature sur un registre, ou par la tradition d'un papier, au lieu de la faire passer en nature par chaque main.

**Banque à billets**. — La *banque à billets* est celle qui émet des billets que le banquier s'oblige à convertir en monnaie, à la première réquisition du porteur, sans délai, ni condition. Elle est née de l'activité et de l'impatience des commerçants, qui ne pouvaient se contenter d'une banque où personne ne trouve d'argent que celui qu'il y a mis.

Propriétaire d'un fonds plus ou moins considérable, la banque escompte le bon papier qui lui est apporté, à condition de fournir en paiement, au lieu d'argent, ses bons ou billets, qui sont, d'ailleurs, échangeables contre espèces à vue.

La spéculation repose sur l'espérance que le public prenant confiance de la certitude de ce remboursement à volonté, ne s'en prévaudra pas, et que les billets resteront dans la circulation très-longtemps, sans qu'on vienne à la caisse les échanger en espèces, à moins de besoins particuliers.

On calcule que, dans les temps ordinaires, il lui suffit de conserver en caisse, en espèces, le tiers du montant des billets qu'elle a ainsi répandus dans la circulation, et qui ne lui ont coûté que les frais de l'impression.

Cette proportion suffit pour rembourser tout ce que les chances connues doivent lui ramener de billets à échanger.

La confiance qui fait qu'on ne vient point demander au banquier le remboursement de ses obligations, couvre et balance la non-exigibilité des sommes qu'il a prêtées. Mais comme il ne l'a fait que moyennant un profit, connu sous le nom d'*intérêt* ou *escompte*, tandis qu'il ne donne aucune indemnité aux porteurs de billets qui ne viennent pas lui demander leur remboursement, il en résulte un bénéfice réel, en sa faveur, qui constitue les profits de la banque.

Que si, par suite de quelque combinaison imprévue, cette confiance du public venait à manquer, et si la proportion venait à se rompre par la présentation au paiement de tous les billets mis en circulation par la banque, le banquier ne pourrait payer à bureau ouvert.

**Banques publiques.** — On entend par *banques publiques*, les banques qui ont été autorisées par le gouvernement : telles que la *Banque de France*.

La banque de France est une société qui émet en circulation des billets, dont elle s'oblige à rembourser la valeur sans délai, à la première réquisition. Ces billets, pouvant être ainsi convertis en argent à la simple volonté du porteur, sont considérés comme une monnaie, et circulent comme tels. Aussi les contrefacteurs de ces billets sont-ils assimilés à ceux qui contrefont la monnaie nationale.

La facilité qu'offrent les billets de banque pour être mis en portefeuille et transportés d'un lieu dans un autre, fait que bien des personnes changent leur argent en billets, et la société trouve son bénéfice en faisant valoir cet argent qui lui est confié.

# TROISIÈME PARTIE.

## DU COMMERCE MARITIME.

### CHAPITRE I.

#### DES NAVIRES ET AUTRES BATIMENTS DE MER.

**Expressions relatives au commerce maritime.** — Diverses expressions, que voici, sont employées dans le langage du commerce maritime [1].

*Navire*, tout bâtiment de mer destiné au commerce.

*Vaisseau*, bâtiment de mer appartenant à l'État.

*Tonneau*, mesure ou poids de commerce employé pour l'affrétement des navires; c'est aussi l'unité qui sert à déterminer le jaugeage des navires. Dans le premier cas, cette unité varie suivant la nature de la marchandise

---

[1] Les dispositions du Code de commerce sont presque toutes reproduites de l'ordonnance de la marine de 1681. Cette ordonnance comprenait et *la police*, et les contrats maritimes. Le Code de commerce ne s'occupe que des contrats (sauf quelques dispositions réglementaires). *Police de la navigation et des ports de commerce*, L. 4, 9-13 août 1791, 29 déc. 1791, 15 janvier 1792; *Acte de navigation*, L. 27 vend. an II; *Cabotage*, Ordon. 12 fév. 1815; *Pavillons*, Arr. 13 prair. an XI; Ordon. 3 déc. 1817, 31 oct. 1827, art. 34, 1er août 1830. *Police et discipline de la marine marchande*, Décr. 24 mars 1852.

à transporter; dans le second elle est tout à fait fixe, et représente, soit un poids, soit un volume. On paie le droit de navigation d'après le nombre de tonnes, volumes ou poids que les navires, d'après le jaugeage, doivent pouvoir transporter.

*Jaugeage*, opération par laquelle on calcule la capacité d'un navire.

*Tonnage*, capacité du navire.

*Agrès*, accessoires nécessaires du navire, tels que mâts, câbles, voiles, poulies, canot, ancres, etc.

Le mot *navire* comprend de plein droit les agrès, lorsqu'il est employé *seul* dans les conventions ou dans les dispositions de la loi. On désigne par le mot *corps* le navire avec ses accessoires, en l'opposant au mot *facultés*, qui désigne les marchandises et autres objets de chargement.

**Droits auxquels sont soumis les navires**. — Les navires sont soumis aux droits de :

1° *Tonnage*. Droit de navigation imposé aux bâtiments de commerce, suivant leur capacité.

2° *Lamanage*. Salaire payé au pilote qui précède dans une barque le navire entrant, ou sortant du port, pour diriger sa marche. Ce pilote est dit *lamaneur*. (Tarif dans chaque port dressé par l'administration maritime, et par le tribunal de commerce.)

3° *Pilotage*. Droit payé au pilote côtier, dont les maîtres de navires doivent *nécessairement* se servir pour éviter les dangers qui se trouvent sur les côtes. Le pilote côtier répond de la manœuvre, et, tant qu'il est à bord, décharge la responsabilité du capitaine.

4° *Touage*. Droit payé aux hâleurs qui hâlent les navires dans les rivières pour les conduire au fil de l'eau. La remorque est le touage par des canots.

5° *Balises*. Droit payé pour l'entretien des tonnes,

mâts, ou autres objets flottants placés par l'administration comme signaux, pour avertir des endroits dangereux.

6° *Ancrage*. Droit payé pour avoir la faculté de jeter l'ancre dans un port, dans une rade.

7° *Amarrage*. Pour arrêter le navire au moyen d'une amarre.

8° *De feux*. Pour l'entretien des phares.

9° *Bassin et avant-bassin*. Pour entrer dans les bassins ou réduits pratiqués dans les ports, afin d'y mettre les navires à l'abri de l'agitation de l'eau.

10° *Droit de rapport*. Coût du rapport que le capitaine est obligé de faire dans le port d'arrivée, ou dans ceux de relâche.

11° Droits pour l'entretien des magasins de sauvetage.

**Pièces dont les navires doivent être pourvus.** — Tout navire doit, avant sa sortie du port, être pourvu des pièces suivantes :

1° *Acte de propriété du navire*. Traité avec l'entrepreneur, ou factures et quittances d'ouvriers et fournisseurs, ou bien acte de vente, procès-verbal d'adjudication.

2° *Acte de francisation*. Quiconque a fait construire un navire est obligé de le déclarer. Examen du navire pour savoir s'il est bien construit; jaugeage. L'*acte de francisation*, dressé ensuite, contient le nom des propriétaires, la description du navire, son tonnage, l'attestation qu'il a été reconnu bien construit, et de construction française. Le navire reçoit un nom qui ne peut plus être changé sans nouvelle déclaration. Nouvel acte de francisation à chaque transmission de la propriété du navire.

3° *Rôle d'équipage*. État certifié de toutes les personnes qui se trouvent à bord.

4° *Chartes-parties*. Actes qui constatent les conventions pour le transport des marchandises.

5° *Connaissements* ou *polices de chargement*. État des marchandises que le capitaine reconnaît avoir reçues à son bord.

6° *Procès-verbaux de visite*. Procès-verbal constatant que le navire a été visité et jugé capable de tenir la mer. L'original est déposé au greffe du tribunal de commerce.

7° *Acquits des droits payés à la douane*, et *acquits à cautions*.

8° *Le manifeste* ou *la facture*. État général de la cargaison; connaissement général. Les acquits des douanes doivent correspondre exactement à la facture.

9° *Patente de santé*.

10° *Les congés*. Permission de sortir du port, délivrée par l'administration; espèce de passeport que chaque navire est tenu de prendre. Le même congé ne peut servir que pour un voyage (*pour une année, s'il s'agit de petit cabotage*).

11° *Les brefs de conduite et de sauveté*. Pilotes lamaneurs; magasins de sauvetage.

**Les navires sont meubles.** — Les navires et autres bâtiments de mer sont *meubles*. De quelque grandeur qu'ils soient, en effet, ils peuvent facilement se déplacer. (*Art.* 190, *Code de Com.*)

Cependant, à raison de leur importance, les navires ne sont pas soumis à toutes les règles qui régissent les choses mobilières; ainsi :

| MEUBLES ORDINAIRES. | NAVIRES (meubles par la loi). |
|---|---|
| I. En fait de meubles possession vaut titre. | I. Ce principe n'est pas admis. |
| II. Sortis des mains du propriétaire, ils ne peuvent plus être poursuivis par ses créanciers. | II. Sont affectés, d'une manière spéciale, aux dettes de leur propriétaire. Les créanciers auront le droit de les poursuivre entre les |

mains du tiers détenteur, ou d'en attaquer la vente.

III. Des règles spéciales ont été faites pour la saisie et pour la vente des navires. (*Art.* 190.)

**Créances privilégiées.** — Certaines créances, soit parce qu'elles se rattachent à un intérêt général, soit parce qu'elles ont été contractées à raison du navire, ou à raison de l'usage du navire, sont appelées par la loi à plus de faveur que d'autres créances même hypothécaires; on les dit *privilégiées*. Les navires sont donc affectés aussi au paiement de ces créances favorisées. Quelles sont-elles? Le Code de commerce les énumère d'après leur rang de faveur. Les premières sont toujours payées avant toutes les autres.

Sont privilégiées, et dans l'ordre où elles sont rangées, les dettes ci-après désignées :

1° Les frais de justice et autres, faits pour parvenir à la vente et à la distribution du prix (constatés par des états de frais arrêtés par les tribunaux compétents);

2° Les droits de pilotage, tonnage, cale, amarrage et bassin ou avant-bassin (constatés par les états, contraintes, ou quittances des receveurs);

3° Les gages du gardien, et frais de garde du bâtiment, depuis son entrée dans le port jusqu'à la vente;

4° Le loyer des magasins où se trouvent déposés les agrès et les apparaux;

5° Les frais d'entretien du bâtiment ou de ses agrès ou apparaux, depuis son dernier voyage et son entrée dans le port (tous gages, loyer, frais, constatés par des états arrêtés par le président du tribunal de commerce);

6° Les gages et loyers du capitaine et autres gens de l'équipage employés au dernier voyage (constatés par les rôles d'armement et de désarmement arrêtés dans les bureaux de l'inscription maritime);

7° Les sommes prêtées au capitaine pour les besoins du bâtiment pendant le dernier voyage, et le remboursement du prix des marchandises par lui vendues pour le même objet (constatées par des états arrêtés par le capitaine, et par des procès-verbaux de nécessité des emprunts ou des ventes, signés du capitaine et des principaux de l'équipage);

8° Les sommes dues au vendeur, aux fournisseurs et ouvriers employés à la construction du navire, si le navire n'a point encore fait de voyage; et les sommes dues aux créanciers pour fournitures, travaux, main-d'œuvre, pour radoub, victuailles, armement et équipement, avant le départ du navire, s'il a déjà navigué (constatées, pour le vendeur, par un acte de vente ayant date certaine, et pour les fournisseurs, par des mémoires, factures, visés par le capitaine, arrêtés par l'armateur, et dont un double doit être déposé au greffe du tribunal de commerce, avant le départ du navire, ou, au plus tard, dans les dix jours après le départ);

9° Les sommes prêtées à la grosse sur les corps, quille, agrès, apparaux, pour radoub, victuailles, armement et équipement, avant le départ du navire (constatées par actes passés devant notaires ou sous seing-privé; double déposé au greffe du tribunal de commerce dans les dix jours de la date);

10° Le montant des primes d'assurances faites sur les corps, quille, agrès, apparaux, et sur l'armement et équipement du navire, dues pour le dernier voyage (constaté par la police, ou par les extraits des livres des courtiers d'assurance);

11° Les dommages-intérêts dus aux affréteurs pour le défaut de délivrance des marchandises qu'ils ont chargées, ou pour remboursement des avaries souffertes par lesdites marchandises, par la faute du capitaine ou de l'équipage (constaté par jugements, ou sentences arbitrales). (*Art.* 191, 192.)

Les créanciers compris dans chacun des numéros de cet article 191, viennent en concurrence, et au marc le franc, en cas d'insuffisance du prix (*art.* 191), c'est-à-dire tous ensemble et proportionnellement à ce qui leur est dû [1].

**Extinction des priviléges sur les navires.** — Les priviléges des créanciers seront éteints par l'extinction de l'obligation principale. Lors donc que la dette est payée, qu'elle se trouve compensée, que le créancier en a fait la remise, le privilége n'existe plus. Il en est de même pour tous les autres cas d'extinction du droit commun. (*Art.* 193.)

Les priviléges sont encore éteints par *la vente en justice* faite dans les formes que nous verrons plus tard; ou lorsqu'après une *vente volontaire* le navire aura fait un voyage en mer sous le nom et aux risques de l'acquéreur, et sans opposition de la part des créanciers du vendeur. (*Art.* 193.)

On voit qu'il y a une différence entre *la vente en justice* et *la vente volontaire*, relativement à l'extinction du privilége. C'est que *la vente en justice* est publique. Les créanciers sont suffisamment avertis de se présenter

---

[1] N'y a-t-il pas contradiction entre l'article 191 (*in fine* et n° 7) et l'article 323, qui, lorsque plusieurs emprunts ont été faits pendant le même voyage, accorde toujours la *préférence* au dernier emprunt? Pour concilier ces articles, on pourrait dire que l'un s'applique au cas où les emprunts sont faits dans le même port, et l'autre, à celui où les emprunts ne sont pas faits dans le même port. Mais cela ne suffirait pas; et il faudrait aller jusqu'à dire que l'article 191 (n° 7) ne s'applique qu'au cas où les emprunts ont été faits, simultanément, dans le même port et à la même date.

pour être payés sur le prix. S'ils ne se présentent pas,
leur créance n'est pas éteinte, il est vrai, mais elle cessé
d'être privilégiée.

La *vente volontaire*, elle, n'offre pas le même caractère de publicité; elle ne peut pas suffire pour dépouiller les créanciers de leurs priviléges. Ils conserveront
donc, malgré cette vente, le droit de poursuivre le
navire dans les mains de l'acquéreur, et de le revendiquer comme le gage de leur créance. Mais lorsque l'acquéreur a armé le navire, lorsqu'il lui a fait entreprendre, à ses risques, un voyage en mer, la vente
devient publique, et si les créanciers ont laissé partir le
navire sans s'y opposer, leur privilége est éteint; le
navire n'est plus le gage de leur créance.

Un navire est censé avoir fait un voyage en mer, lorsque son départ et son arrivée auront été constatés dans
deux ports différents, et trente jours après le départ;
lorsque, sans être arrivé dans un autre port, il s'est
écoulé plus de soixante jours entre le départ et le retour
dans le même port, ou lorsque le navire, parti pour un
voyage de long cours, a été plus de soixante jours en
voyage, sans réclamation de la part des créanciers du
vendeur. (*Art.* 194.)

**Vente volontaire d'un navire.** — La vente volontaire d'un navire doit être faite par écrit, à cause de
l'importance de ces ventes; cependant la vente verbale
ne serait pas radicalement nulle; elle aurait force entre
les parties; seulement si l'un des contractants la niait, la
preuve par témoins ne serait pas admise. L'écrit exigé
par la loi ne l'est que comme un moyen de preuve, et
non comme une solennité indispensable. Il faut ajouter
que la vente verbale, n'ayant pas de date certaine, ne
pourrait jamais nuire à des tiers. (*Art.* 195.) La vente
peut être faite pour le navire entier, ou pour une portion

du navire, car les navires sont susceptibles d'une division intellectuelle, l'utilité qu'ils procurent pouvant être partagée. (*Art.* 195.) Le navire peut être vendu en tout ou en partie, dans le port, comme en voyage. (*Art.* 195.)

**Mesure dans l'intérêt des créanciers.** — La vente du navire en voyage ne change en rien les droits des créanciers. Ce n'est que lorsque le navire a fait, depuis la vente, un nouveau voyage, aux nom et risques de l'acquéreur, que les droits des créanciers sont éteints. En conséquence, nonobstant la vente, le navire ou son prix continue d'être le gage desdits créanciers, qui peuvent même, s'ils le jugent convenable, attaquer la vente pour cause de fraude. Cette dernière action est considérée comme inutile, les créanciers ayant la faculté de faire saisir le navire, et de le faire vendre en justice. (*Art.* 1 96.)

# CHAPITRE II.

## DE LA SAISIE ET VENTE DES NAVIRES.

**Saisie des navires.** — Les navires, comme tous les autres biens du débiteur, peuvent être saisis par les créanciers. Ils sont, en effet, le gage de leur créance. Toutefois cette saisie, et la vente qui peut la suivre, sont, en raison de l'importance de ces biens meubles, soumises à des règles particulières. (*Art.* 197, *Code de com.*)

**Interdiction de saisir.** — Le navire ne peut être saisi lorsqu'il est prêt à faire voile. Le législateur n'a pas voulu permettre aux créanciers qui ont laissé faire l'armement, transporter la cargaison, et préparer le voyage, d'arrêter ainsi l'entreprise, et de nuire vexatoirement aux propriétaires du navire, aux négociants qui l'ont chargé, à l'équipage engagé et à tout le commerce. Le navire prêt à faire voile est insaisissable. (*Art.* 215.) Il est prêt à faire voile, lorsque le capitaine est muni de ses expéditions pour son voyage. (*Id.*)

La saisie pourrait néanmoins avoir lieu à raison de dettes contractées pour le voyage lui-même, pour armement, par exemple, fournitures de guerre, approvisionnement de bouche; mais, dans ce dernier cas, le cautionnement de ces dettes empêcherait la saisie. (*Id.*)

**Commandement de payer**. — Il ne peut être procédé à la saisie que vingt-quatre heures après le *commandement* de payer.

On entend par *commandement*, l'acte par lequel un huissier, en vertu d'un titre exécutoire, somme une partie de remplir une obligation à laquelle elle est soumise.

Pour saisir le navire, comme pour toute autre saisie mobilière, il faut donc : 1° *un titre exécutoire* (on ne pourrait faire saisir sur un acte sous seing privé, ou même sur un acte authentique) ; 2° *un commandement*, ou *sommation de payer*. (*Art.* 198.)

A qui doit être fait le commandement ? Il faut distinguer :

| S'IL S'AGIT D'UNE CRÉANCE ORDINAIRE. | S'IL S'AGIT D'UNE CRÉANCE SUSCEPTIBLE DE PRIVILÉGE SUR LE NAVIRE. |
|---|---|
| Le commandement devra être fait à la personne du propriétaire, ou à son domicile. Le propriétaire est, en effet, le débiteur, et il est juste que le commandement soit fait au débiteur. (*Art.* 199.) | S'il s'agit, par exemple, de fournitures faites pour le navire, pour son entretien, le navire étant, en quelque sorte, le débiteur direct, le commandement pourra être fait au capitaine du navire, dans la crainte qu'il ne mette à la voile, et n'enlève ainsi au créancier le gage sur lequel repose le privilége. (*Art.* 199.) |

Le commandement est suivi par la saisie. Procès-verbal de saisie. Constitution d'un gardien.

**Procès-verbal de saisie** — L'huissier énonce dans ce procès-verbal de saisie les noms, profession et demeure du créancier pour qui il agit; le titre en vertu duquel il procède; la somme dont il poursuit le paiement; l'élection de domicile faite par le créancier dans le lieu où siége le tribunal devant lequel la vente doit être poursuivie, et dans le lieu où le navire saisi est amarré; les noms du propriétaire et du capitaine; le nom, l'espèce et le tonnage du bâtiment. Il fait l'énonciation et la description des chaloupes, canots, agrès, ustensiles, armes, munitions et provisions. Il établit un gardien. (*Art.* 200.)

**Assignation.** — Après la saisie, vient l'assignation à comparaître par devant le *tribunal civil*, pour y voir procéder à la vente.

Compétence du *tribunal civil*, et non compétence du tribunal de commerce. (*Avis du Conseil d'État*, 17 mai 1809; *Art.* 204, *Code de com. arg.*) Cette compétence est justifiée par l'importance de la vente d'un navire, qui souvent est plus étendue que la vente d'un immeuble.

Toutefois on a critiqué cette disposition. On a trouvé que les tribunaux de commerce auraient pu connaître de cette vente, étant compétents pour toute affaire maritime.

**Signification de l'assignation.** — Si le propriétaire du navire saisi demeure dans l'arrondissement du tribunal, le saisissant doit lui faire notifier, dans le délai de trois jours, copie du procès-verbal de saisie, et le faire citer devant le tribunal, pour voir procéder à la vente des choses saisies.

Si le propriétaire n'est point domicilié dans l'arrondissement du tribunal, les significations et citations sont données à la personne du capitaine du bâtiment saisi, ou, en son absence, à celui qui représente le propriétaire ou le capitaine ; *et le délai de trois jours est augmenté* d'un jour à raison de deux myriamètres et demi (cinq lieues) de la distance de son domicile.

S'il est étranger et hors de France, les citations et significations seront données au domicile du procureur impérial près le tribunal où sera portée la saisie. Ce magistrat en enverra la copie au ministre de la marine, pour les colonies, ou au ministre des affaires étrangères, s'il s'agit de personnes résidant à l'étranger. (*Art.* 201.)

A quoi se rapporte la proposition : *Et le délai de trois jours est augmenté*?... Suivant une première opinion, le législateur n'a parlé que du délai accordé au saisi pour la *comparution*. Quant à la signification, elle doit toujours, et peut toujours être faite dans le même délai, puisqu'elle est donnée au propriétaire, ou à celui qui le représente.

Dans un autre système, l'augmentation de délai s'applique à la signification, et, *à fortiori*, à la comparution. On ne peut s'écarter de la lettre de la loi.

Enfin, d'autres auteurs pensent que l'augmentation de délai s'applique à la signification ; le texte le dit ; mais, quant à la comparution, le délai sera augmenté suivant les règles de l'art. 1033 du Code de procédure, et non de l'art. 201 du Code de commerce.

**Vente.** — La vente se fait devant un juge commis ; aux enchères ; après criées, publications et affiches. Au reste, les formalités varient suivant le tonnage du bâtiment.

*Bâtiment au-dessus de dix tonneaux* : trois criées et publications des objets de vente, faites par un huissier à la bourse et dans la principale place publique du lieu où le bâtiment est amarré, de huitaine en huitaine. L'avis en sera inséré dans un des papiers publics imprimés dans le lieu où siége le tribunal devant lequel la saisie se poursuit; et, s'il n'y en a pas, dans l'un de ceux qui seront imprimés dans le département. (*Art.* 202.)

Dans les deux jours qui suivent chaque criée, apposition d'affiches au grand mât du bâtiment saisi, à la porte du tribunal devant lequel on procède, dans la place publique et sur le quai du port où le bâtiment est amarré, ainsi qu'à la bourse de commerce. (*Art.*203.)

Les criées, publications et affiches contiennent toutes les désignations que doit énoncer le procès-verbal de saisie, plus l'indication du lieu où le navire est gisant et flottant, le nom de l'avoué du poursuivant, la première mise à prix, et les jours des audiences auxquelles les enchères seront reçues. (*Art.* 204.)

Après la première criée, les enchères seront reçues le jour indiqué par l'affiche. Le juge commis d'office pour la vente continue de recevoir les enchères après chaque criée, de huitaine en huitaine, à jour certain, fixé par son ordonnance. (*Art.* 205.)

Après la troisième criée, l'adjudication est faite au plus offrant et dernier enchérisseur, à l'extinction des feux, sans autre formalité. Le juge commis d'office peut accorder *une ou deux remises*, de huitaine chacune. Elles sont publiées et affichées. (*Art.* 206.)

Ce droit d'accorder une ou deux remises est une dérogation au droit commun, qui ne permet aucune remise dans les ventes ordinaires, et suivant lequel l'objet vendu est définitivement acquis au dernier enchérisseur. Cette dérogation a pour but d'empêcher que, par collusion, le navire ne soit vendu au-dessous de sa valeur.

*Bâtiment de dix tonneaux ou au-dessous ; barques, chaloupes* : publication sur le quai pendant trois jours consécutifs, au mât ou en autre lieu apparent du bâtiment.

et à la porte du tribunal. Adjudication faite à l'audience. Délai de huit jours francs entre la signification de la saisie et la vente. (*Art.* 207.)

**Effet de l'adjudication.** — L'adjudication du navire fait cesser les fonctions du capitaine, sauf à lui à se pourvoir en dédommagement contre qui de droit. (*Art.* 208.)

**Paiement du prix de l'adjudication.** — Les adjudicataires des navires de tout tonnage seront tenus de payer le prix de leur adjudication dans le délai de vingt-quatre heures, ou de le consigner, sans frais, à peine d'y être contraints par corps [1].

L'adjudicataire doit consigner, lorsque le saisissant n'est pas le seul qui ait fait connaître ses droits, et que d'autres créanciers ont déjà fait des oppositions.

A défaut de paiement ou de consignation, le bâtiment sera remis en vente, et adjugé trois jours après une nouvelle publication et affiche unique, *à la folle enchère* des adjudicataires, qui seront également contraints par corps pour le paiement du déficit, des dommages, des intérêts et des frais. (*Art.* 209.)

Que si le navire saisi n'appartenait pas en entier au débiteur, les propriétaires pourraient former une *demande en distraction* de ce qui leur appartiendrait, c'est-à-dire demander que les objets à eux appartenant soient *distraits* du navire pour leur être rendus. On comprend, en effet, qu'il ne serait pas juste que ces objets fussent vendus avec le navire.

Les demandes en distraction seront formées et notifiées au greffe du tribunal, avant l'adjudication. — Si les

---

[1] Le prix doit être consigné et déposé à la Caisse des dépôts et consignations. Cette caisse a des préposés, pour le service qui lui est confié, dans toutes les villes où siège un tribunal de commerce. (*Ord.* 3 *juil.* 1816, *art.* 1er, n° 6 *et art.* 14.)

demandes en distraction ne sont formées qu'après l'adjudication, elles seront converties, de plein droit, en oppositions à la délivrance des sommes provenant de la vente (*Art.* 210), ce qui veut dire que les propriétaires qui auront négligé de faire connaître leur droit de propriété, n'auront plus qu'un recours sur le prix de la vente.

Le demandeur en distraction, ou l'opposant, aura *trois jours* pour fournir ses moyens. Le défendeur aura trois jours pour contredire. La cause sera portée à l'audience sur une simple citation. (*Art.* 211.)

Les actes par lesquels les créanciers du saisi feront connaître leurs droits, demanderont que le prix du navire vendu leur soit distribué conformément à ces droits, et s'opposeront à ce qu'il soit donné en entier aux autres créanciers, seront reçus pendant trois jours après celui de l'adjudication. Passé ce temps, ils ne seront plus admis. (*Art.* 212.) Les créanciers opposants sont tenus de produire au greffe leurs titres de créances, dans les trois jours qui suivent la sommation qui leur en est faite par le créancier poursuivant, ou par le *débiteur* saisi. Faute de quoi il sera procédé à la distribution du prix de la vente, sans qu'ils y soient compris. (*Art.* 213.) Suivant quelques auteurs, néanmoins, les créanciers peuvent produire tant que la distribution n'est pas faite.

**Collocation des créanciers.** — La collocation (le classement) des créanciers, et la distribution des deniers, sont faites entre les créanciers privilégiés, dans l'ordre prescrit par l'article 191, et que nous avons présenté plus haut. Elles sont faites, entre les autres créanciers, au marc le franc de leur créance. Tout créancier colloqué, l'est tant pour son principal que pour les intérêts et frais. (*Art.* 214.)

Les créanciers étant satisfaits, s'il reste un excédant il appartient au propriétaire dépossédé. Quant au saisissant, il n'acquiert aucun droit de préférence par sa poursuite, et ne vient qu'au rang que la qualité de sa créance lui attribue.

## CHAPITRE III.

### DES PROPRIÉTAIRES DE NAVIRES.

**Acquisition de la propriété d'un navire.** — On devient propriétaire d'un navire : 1° en l'acquérant par l'un des moyens qui transfèrent la propriété, tels que vente, donation, hérédité, etc.; 2° en le faisant construire par un entrepreneur avec lequel on traite à forfait; 3° ou en le faisant construire pour son propre compte par un constructeur. Souvent l'entrepreneur le construit pour son propre compte.

Nous avons déjà dit que, pour être mis à l'eau, le navire devait être francisé.

Les étrangers peuvent aujourd'hui avoir un droit de propriété dans les navires français, pourvu que la moitié au moins de la propriété de ces navires appartienne à des Français. (*Loi du 9 juin 1845.*) [1].

---

[1] Quelques négociants deviennent incapables d'avoir la propriété d'un navire, quand il en ont abusé pour commettre des crimes. Ainsi le capitaine propriétaire d'un navire, qui l'aura commandé pour le transport des esclaves, ne pourra jamais recevoir, ni de l'administration de la marine, ni de celle des douanes, aucune des expéditions qui constatent la nationalité d'un navire français, sans préjudice des poursuites qui pourraient être dirigées contre lui. (*Ord.* 18 *janv.* 1823, art. 6.) — Pour le cas où quelqu'un prêterait son nom à la francisation des bâtiments étrangers, voir la loi du 27 vendémiaire an II, art. 15.

**Ce qu'il faut entendre par propriétaire de navire.**—Le Code comprend sous la dénomination de propriétaire de navire, tantôt celui à qui appartient le navire, tantôt celui qui a fait les frais de l'armement, c'est-à-dire l'armateur. Toutefois, ces deux qualités ne se trouvent pas toujours réunies dans la même personne. Le propriétaire d'un navire, ordinairement, l'arme lui-même, le garnit de son équipage, et l'emploie ainsi tout armé, soit à son service, soit au service de tiers auxquels il le loue. On dit alors qu'il est propriétaire armateur. Mais le propriétaire pourrait aussi louer son navire désarmé, de manière que le locataire eût besoin d'en composer l'équipage lui-même, et c'est alors ce locataire qui serait l'armateur.

**Responsabilité du propriétaire armateur.**—Tout propriétaire *armateur* de navires est responsable civilement des faits du capitaine, et tenu des engagements de ce dernier, pour ce qui est relatif au navire et à l'expédition.

Il peut s'affranchir de cette responsabilité en abandonnant le navire et le frêt. (*Art.* 216, *loi du* 14 *juin* 1841.)

**Responsabilité du propriétaire non armateur.** — Mais que décider, lorsque les qualités de propriétaire et d'armateur ne seront pas réunies?

Si le propriétaire a choisi le capitaine, lui seul est responsable vis-à-vis de l'armateur, contre lequel il n'a aucun recours à exercer. Que si le propriétaire a fourni son navire à l'armateur sans choisir le capitaine, on peut se demander contre lequel des deux, du propriétaire ou de l'armateur, les tiers pourront agir?

| CONTRE LE PROPRIÉTAIRE. | CONTRE L'ARMATEUR. |
|---|---|
| Le propriétaire aura un recours en garantie contre l'armateur pour | L'armateur est seul responsable des faits du capitaine. L'armateur |

raison des poursuites encourues à l'occasion des faits et engagements du capitaine.

se libérera en abandonnant le frêt, et même le navire, qui est la garantie des créanciers; sauf le recours du propriétaire contre l'armateur qui aura cédé le navire.

**Responsabilité du capitaine propriétaire ou co-propriétaire.** — Dans le cas où le capitaine qui s'est engagé serait à la fois propriétaire et capitaine, ou co-propriétaire et capitaine, on n'accorderait pas à ce capitaine propriétaire ou co-propriétaire le droit d'abandonner, pour se libérer de sa responsabilité, mais on appliquerait l'article 2092 du Code Napoléon, ainsi conçu : *Quiconque s'est obligé personnellement, est tenu de remplir son engagement sur tous ses biens mobiliers et immobiliers présents et à venir.*

**Droit de congédier le capitaine.** — Comme le mandant peut retirer son mandat quand bon lui semble, le propriétaire peut congédier le capitaine, et il n'y a pas lieu à indemnité, *s'il n'y a convention par écrit.* Cependant si le capitaine était congédié dans un pays autre que celui où il a été engagé, il aurait droit à une indemnité pour son retour, car le propriétaire doit le ramener là où il l'a pris. (*Art.* 218.) Que si le capitaine avait stipulé qu'il ne pourrait pas être congédié sans une *juste cause*, cette clause serait absolument sans valeur. Le droit qu'a le propriétaire de congédier le capitaine, est un droit d'ordre public. La nécessité de justifier d'une cause de révocation serait une source de procès, qui entraveraient une situation qui exige la célérité.

Si le capitaine congédié était co-propriétaire du navire, il pourrait renoncer à la co-propriété, et exiger le remboursement du capital qui la représente. (*Art.* 219.) Il est juste, en effet, de lui accorder le droit de demander le remboursement. Peut-être n'a-t-il consenti à avoir une portion d'intérêt dans le navire, que parce qu'il devait en avoir le commandement. Toutefois ce droit n'est que facultatif, et le capitaine ne peut être forcé d'en user.

Le remboursement sera effectué en entier par la majorité qui aura congédié le capitaine ; comment contraindrait-on ceux d'entre les co-propriétaires qui n'auraient pas été d'avis de congédier !

Que si le capitaine était co-propriétaire du navire pour plus de moitié, il ne pourrait être congédié, car il formerait à lui seul la majorité.

Le montant du capital à rembourser est déterminé par des experts convenus, ou nommés d'office. (*Art.* 219.)

En cas de co-propriété d'un navire, l'intérêt commun est réglé par l'avis *de la majorité* (*Art.* 220). Chaque co-propriétaire est donc tenu de se ranger à l'avis de la majorité, ce qui procure plus de célérité aux opérations du commerce maritime. La majorité ne se compte pas *par le nombre des votants, mais par l'intérêt que les votants ont dans le navire*, de sorte que celui qui serait propriétaire de plus de moitié formerait à lui seul toute la majorité. Il est juste, en effet, que l'avis de celui qui a le plus fort intérêt dans le navire l'emporte sur celui des autres. (*Art.* 220.)

Les choses d'intérêt commun qui sont réglées par l'avis de la majorité sont : 1° le règlement de l'entreprise et de la destination du navire ; 2° le choix du capitaine et du reste de l'équipage ; 3° la fixation des gages, et la rédaction des instructions convenables au voyage ; 4° le règlement de ce qui a trait à la location, au radoub et à l'armement du navire. En cas de refus de la part des intéressés de contribuer aux dépenses délibérées, la majorité pourrait, sur leur refus, emprunter à la grosse, pour leur compte et risques, après avoir fait rendre un jugement contre eux pour y être autorisée.

Certaines décisions, toutefois, ne lieraient pas la minorité :

1° Les décisions sur l'assurance : l'assurance n'étant pas un objet d'intérêt commun ;

2° Les décisions relatives à des spéculations étrangères au simple envoi du navire, à moins que l'association n'ait été contractée précisément pour cet objet.

La licitation (*vente aux enchères*) du navire possédé par indivis ne pourra avoir lieu qu'à la condition d'être demandée par les propriétaires formant ensemble la moitié de l'intérêt total dans le navire, s'il n'y a, par écrit, convention contraire. (*Art.* 220.)

Il faut remarquer à ce sujet :

1° La dérogation au droit commun qui permet à tout co-propriétaire par indivis de demander le partage : la loi n'a pas voulu permettre ici que la vente du navire fût le fruit d'un caprice ou d'une malveillance ;

2° Le nombre des voix exigé : il ne s'agit plus d'une majorité soit en têtes, soit en intérêts ; il suffit qu'il y ait deux avis opposés, justifiés par un intérêt égal dans le navire, pour qu'il y ait licitation.

Il est évident que les gains et les pertes se partagent entre les co-intéressés, proportionnellement à leur part d'intérêt.

---

# CHAPITRE IV.

## DU CAPITAINE [1].

**Définition.** — Le *capitaine* est celui à qui la conduite et le commandement du navire sont confiés.

---

[1] Conditions exigées pour être capitaine : v. L. 3 brum. an IV, art. 9 Arr. 11 thermid. an X ; Règl. 2 févr. 1816, art. 16 ; Ordon. 7 août 182

A proprement parler, les mots *capitaine, maître* ou *patron* sont synonymes, en ce sens qu'ils désignent indifféremment celui qui commande un vaisseau ou autre bâtiment de mer. Cependant la qualification de *capitaine* s'applique plus particulièrement au commandant d'un navire destiné aux voyages de long cours; celle de *maître* ou *patron* est réservée à ceux qui commandent des bâtiments de moindre grandeur employés au cabotage.

Comme chargé de commander à une réunion d'hommes, le capitaine a des devoirs et des droits, pour ainsi dire *publics*, qui sont réglés par des lois particulières; la loi de commerce détermine les droits et les devoirs du capitaine considéré comme mandataire, c'est-à-dire dans ses rapports avec le propriétaire du navire, ou avec l'armateur quand le navire est loué par le propriétaire.

**Nomination du capitaine**. — Le capitaine est nommé par le propriétaire du navire, ou par l'armateur dans le cas dont nous venons de parler. Conditions d'aptitude. Examen. Lettres de commandement ou d'admission délivrées par le ministre de la marine.

Les conditions de l'engagement du capitaine sont constatées généralement par le rôle d'équipage; mais peuvent l'être par un acte écrit.

**Responsabilité du capitaine.** — Tout capitaine, maître ou patron, chargé de la conduite d'un navire ou autre bâtiment, est garant de ses fautes, *même légères*, dans l'exercice de ses fonctions. (*Art.* 221, *Code de com.*) Mandataire salarié, on comprend qu'il réponde de ses fautes légères; d'ailleurs la moindre faute du capitaine peut compromettre non-seulement la fortune du

27 nov. 1827. — Tout capitaine qui prend une part quelconque à la traite des esclaves, est frappé d'interdiction : L. 8 janv. 1817; Ordon. 18 janv., 13 août 1823; L. 25 avril 1827, 4 mars 1831.

propriétaire et des chargeurs, mais encore la vie de l'équipage.

La responsabilité du capitaine ne cesse que par la preuve d'obstacles de force majeure. (*Art.* 230.) Appréciation des circonstances [1].

**Droits et devoirs du capitaine avant le départ.** — Le capitaine, *avant* le départ, est chargé de :

| | |
|---|---|
| 1° Former l'équipage. | Il appartient au capitaine de former l'équipage du vaisseau, de choisir et de louer les matelots et autres gens de l'équipage; ce qu'il fera néanmoins de concert avec les propriétaires, lorsqu'il sera dans le lieu de leur demeure. (*Art.* 223.) Les propriétaires ou armateurs sont, en effet, responsables des fautes et délits de l'équipage. |
| 2° Faire visiter le navire avant de prendre charge. (*Art.* 225.) | Sécurité publique. Procès-verbal de visite déposé au greffe du tribunal de commerce. Extrait délivré au capitaine. (*Art.* 225. Voir : *Décret du 24 mars* 1852, *art.* 83.) |
| 3° Fournir reconnaissance (*connaissement*) des marchandises chargées. | Il est responsable des marchandises dont il se charge. (*Art.* 222.) |

[1] L'état de capitaine demande autant d'expérience que de théorie dans l'art de la navigation. Il faut qu'un capitaine ait le talent de commander et de se faire obéir; qu'il ait soin de son navire et de la marchandise; qu'il veille à la conservation des victuailles, à la santé de son équipage, au bon ordre et à la plus exacte discipline. Il est magistrat dans son bord, et le pavillon qu'il arbore lui défère tous les pouvoirs que les circonstances rendent nécessaires. S'il est chargé de la vente et des achats, il faut qu'il devienne négociant, et qu'il en remplisse tous les devoirs pour l'avantage de ses armateurs.

Le capitaine est le mandataire salarié des propriétaires. Il est juste, sous ce double rapport, qu'il réponde des fautes, même légères, qu'il peut commettre dans l'exercice de ses fonctions, lorsqu'elles préjudicient à des intérêts privés, ou à l'ordre général.

4° Avoir certaines pièces énumérées au chapitre I. (*Art.* 226.)

Le navire non muni de ces pièces courait le risque d'être, en temps de guerre, capturé par les corsaires; il était déclaré de bonne prise, avant le congrès de Paris, de 1856 [1].

5° Tenir un registre dit *livre de bord*.

Le capitaine tient un registre coté et paraphé par l'un des juges du tribunal de commerce, ou par le maire ou son adjoint, dans les lieux où il n'y a pas de tribunal de commerce. Ce registre contient : les résolutions prises pendant le voyage, la recette et la dépense concernant le navire, et généralement tout ce qui concerne le fait de sa charge, tout ce qui peut donner lieu à un compte à rendre, à une demande à former. (*Art.* 224.)

Le capitaine répond de tout le dommage qui peut arriver aux marchandises qu'il aurait chargées sur le *tillac* (la partie la plus exposée du bâtiment) de son vaisseau, sans le consentement par écrit du chargeur. Cette disposition n'est point applicable au petit cabotage, car les bâtiments employés à ce service sont ordinairement peu ou point pontés, et font d'ailleurs des courses de

---

[1] Nous rappelons que ces pièces sont l'acte de propriété du navire, l'acte de francisation, le rôle d'équipage, les connaissements et chartes-parties, les procès-verbaux de visite, les acquits de paiement ou à caution des douanes. L'acte de francisation est délivré par la douane. (*L.* 27 *vendém. an II, art.* 10); il est signé par le ministre des finances (*Arr. minist.* 30 *juin* 1829). — Le rôle d'équipage est exempt du droit d'enregistrement (*L.* 22 *frim. an VII, art.* 70, § 3, n° 13). Il est délivré par le commissaire de marine. Pour les peines contre le capitaine qui contrevient aux lois sur le rôle d'équipage, voir l'*Ordonnance du* 31 *octobre* 1784 et *le décret du* 19 *mars* 1852. — Le capitaine est également tenu d'avoir à bord le congé du navire (*L.* 27 *vendém. an II*). Les congés sont délivrés par le bureau des douanes du port où se trouve le navire.

courte durée à l'abri des coups de mer. (*Art.* 229) [1].

Le capitaine et les gens de l'équipage ne peuvent, sous aucun prétexte, charger dans le navire aucune marchandise pour leur compte, si ce n'est leur coffre, sans la permission des propriétaires, et sans en payer le fret, s'ils n'y sont autorisés par l'engagement. (*Art.* 251.)

En cas de contravention aux obligations qui lui sont imposées, le capitaine est responsable de tous les événements, même de ceux qui proviennent d'une force majeure, envers les intéressés au navire et au chargement (*Art.* 228.)

Lorsque les propriétaires du vaisseau se trouvent sur les lieux, ou lorsqu'ils y sont représentés par un fondé de pouvoir, le capitaine qui est leur mandataire, ne peut, sans leur autorisation spéciale, faire travailler au radoub du bâtiment, acheter des voiles, cordages et autres choses pour le bâtiment, prendre à cet effet de l'argent sur le corps du navire, ou fréter le navire. Toutefois il est généralement admis que s'il l'avait fait, il n'en aurait pas moins engagé les propriétaires envers les tiers qui auraient traité avec lui *de bonne foi*, sauf la responsabilité du capitaine vis-à-vis des propriétaires. (*Art.* 232.)

Si le bâtiment était frété du consentement des propriétaires, et que quelques-uns d'entre eux fissent refus de contribuer aux frais nécessaires pour l'expédier, le capitaine pourrait, en ce cas, vingt-quatre heures après sommation faite aux refusants de fournir leur contingent, *emprunter à la grosse* pour leur part d'intérêt dans le navire, avec autorisation du juge. (*Art.* 233.)

**Privilège du capitaine et des gens de l'équipage.** — Le capitaine et les gens de l'équipage *qui*

---

[1] Les limites du petit cabotage sont déterminées par le *Règlement* du 18 oct. 1740; *Arr.* 14 vent. an XI; *Ordon.* 12 fév. 1815.

*sont à bord*, ou qui *sur les chaloupes* se rendent à bord pour faire voile, ne peuvent être arrêtés pour dettes civiles, si ce n'est à raison de celles qu'ils auront contractées pour le voyage ; et même, dans ce dernier cas, ils ne peuvent être arrêtés s'ils donnent caution. (*Art.* 231.)

Ce privilége a été introduit par faveur pour le commerce ; mais il ne peut s'étendre aux capitaines et gens de l'équipage qui *se trouveraient sur le quai, prêts à s'embarquer.* L'opinion contraire a cependant été soutenue.

Il est évident que, même à bord, l'arrestation peut avoir lieu pour délit ou pour crime.

**Droits et devoirs du capitaine pendant le voyage**. — Le capitaine est tenu d'être en personne dans son navire, à l'entrée et à la sortie des ports, havres ou rivières, car ce sont ordinairement les passages les plus dangereux. (*Art.* 227.)

Il est tenu, dans certaines circonstances, de prendre des pilotes côtiers ou lamaneurs, et serait responsable des événements, s'il refusait de recevoir ces pilotes à son bord.

Si pendant le cours du voyage il y a nécessité de radoub, ou d'achat de victuailles, le capitaine, après l'avoir constaté par un procès-verbal signé des principaux de l'équipage, pourra, en se faisant autoriser en France par le tribunal de commerce, ou, à défaut, par le juge de paix, chez l'étranger par le consul français, ou, à défaut, par le magistrat du lieu, emprunter sur le corps et la quille du vaisseau, mettre en gage ou vendre des marchandises, jusqu'à concurrence de la somme que les besoins constatés exigent. Les propriétaires, ou le capitaine qui les représente, tiendront compte des marchandises vendues, d'après le cours des marchandises de même

nature et qualité, dans le lieu de la charge du navire, à
l'époque de son arrivée. L'affréteur unique, ou les chargeurs divers, qui sont tous d'accord, peuvent s'opposer
à la vente ou à la mise en gage de leurs marchandises en
les débarquant, et en payant le fret en proportion de ce
que le voyage est avancé. (*Art.* 234.) A défaut du consentement d'une partie des chargeurs, celui qui veut
user de la faculté de déchargement est tenu du fret
entier sur ses marchandises.

Le capitaine qui aura, sans nécessité, pris de l'argent
sur le corps, avitaillement ou épuipement du navire,
engagé ou vendu des marchandises ou des victuailles,
ou qui aura employé dans ses comptes des avaries et
des dépenses supposées, sera responsable envers l'armement, et personnellement tenu du remboursement de
l'argent ou du paiement des objets, sans préjudice de la
poursuite criminelle, s'il y a lieu. (*Art.* 236.)

**Devoir du capitaine avant de quitter un
port étranger ou une colonie française pour
revenir en France.** — Avant son départ d'un port
étranger, ou des colonies françaises, pour revenir en
France, le capitaine est tenu d'envoyer à ses propriétaires
ou à leurs fondés de pouvoir un compte signé de lui,
contenant l'état de son chargement, le prix des marchandises de sa cargaison, les sommes par lui empruntées,
les noms et demeures des prêteurs. (*Art.* 235.)

Ce compte a pour but d'empêcher qu'on puisse, dans
la route, frauder les propriétaires en substituant des
marchandises à celles qu'on avait chargées. Le capitaine
doit appuyer de pièces justificatives tous les articles de
dépense de son compte, afin de constater sa bonne conduite, et éloigner toute idée de prévarication.

Dans le cas où le chargement aurait été fait par les
propriétaires du navire, ce serait à eux à en dresser la

facture générale, dont le capitaine devrait seulement donner une reconnaissance.

**Droit du capitaine quand les vivres viennent à manquer.** — Si les vivres manquent pendant le voyage, le capitaine, en prenant l'avis des principaux de l'équipage, pourra contraindre ceux qui auront des vivres en particulier de les mettre en commun, à la charge de leur en payer la valeur. (*Art.* 249.) Disposition de droit naturel.

**Droit de vendre le navire.** — Le capitaine peut vendre le navire sans un pouvoir spécial des propriétaires, quand des experts nommés en France par le tribunal de commerce ou par le juge de paix, et à l'étranger par le consul français, et, à défaut, par les magistrats du lieu, auront déclaré le vaisseau *innavigable*, c'est-à-dire tellement endommagé, qu'il n'est plus possible, même à l'aide de réparations, de le mettre à même de naviguer, ou si les réparations nécessaires exigent des dépenses aussi considérables que la construction d'un navire neuf. Hors ce cas d'innavigabilité légalement constatée, le capitaine ne peut, *à peine de nullité de la vente*, vendre le navire sans un pouvoir spécial des propriétaires. (*Art.* 237.)

**Étendue de l'engagement au voyage.** — Le capitaine qui s'est engagé pour un voyage, est tenu de *l'achever* (c'est-à-dire l'aller et le retour au port du *départ*), sauf stipulation contraire, à peine de tous dépens, dommages-intérêts envers les propriétaires et les affréteurs. (*Art.* 238.) Il y a aussi exception pour le cas *d'embargo*, c'est-à-dire d'arrestation du navire dans le port, par ordre du gouvernement. La disposition de l'article 238 s'applique même au capitaine qui voudrait rompre son engagement avant le voyage commencé.

**Interdiction de trafiquer pour son propre**

**compte**. — Le capitaine qui navigue à profit commun sur le chargement, ne peut faire aucun trafic ni commerce pour son compte particulier, s'il n'y a convention contraire. (*Art.* 239.) Il doit, en effet, veiller exclusivement aux intérêts de la société. En cas de contravention à cette défense, les marchandises embarquées par le capitaine, pour son compte particulier, sont confisquées au profit des autres intéressés. (*Art.* 240.) Cette confiscation doit être prononcée par le tribunal.

Quand le capitaine n'est pas intéressé dans le navire, on tolère, dans l'usage, qu'il charge une petite pacotille pour son compte particulier.

**Abandon du navire**. — Le capitaine ne peut abandonner son navire pendant le voyage, pour quelque danger que ce soit, sans l'avis des officiers et principaux de l'équipage ; et, en ce cas, il est tenu de sauver avec lui l'argent et ce qu'il pourra des marchandises les plus précieuses de son chargement, sous peine d'en répondre en son propre nom. Si les objets ainsi tirés du navire sont perdus par quelque cas fortuit, le capitaine en demeurera déchargé. (*Art.* 241.)

Le capitaine devra sauver aussi tous les papiers du navire.

**Devoir en cas de relâche**. — Si pendant le cours du voyage le capitaine est obligé de relâcher dans un port français, il est tenu de déclarer au président du tribunal de commerce du lieu les causes de sa relâche. A défaut de tribunal de commerce, au juge de paix du canton. Relâche forcée dans un port étranger : déclaration faite au consul de France, ou, à son défaut, au magistrat du lieu. (*Art.* 245) [1].

---

[1] En cas de relâche forcée dans un port français, le capitaine doit, dans les vingt-quatre heures, justifier par un rapport des causes de la relâche ; ce rapport est fait au bureau de la régie. Le délai ne court pas

**Devoir en abordant dans un port étranger.**
— En abordant dans un port étranger, le capitaine doit se présenter au consul de France, lui faire un rapport (*garantie pour les armateurs*), et prendre un certificat constatant l'époque de son arrivée et de son départ, l'état et la nature de son chargement. (*Art. 244.*)

**Devoir après le naufrage.** — Le capitaine qui a fait naufrage, et qui s'est sauvé seul ou avec partie de son équipage, est tenu de se présenter devant le juge du lieu, ou, à défaut de juge, devant toute autre autorité civile, d'y faire son rapport, de le faire vérifier par ceux de son équipage qui se seraient sauvés et se trouveraient avec lui, et d'en lever expédition. (*Art. 246.*) Aucun délai fixé.

Pour vérifier le rapport du capitaine, interrogatoire des gens de l'équipage par le juge, et même des passagers, sans préjudice des autres preuves. Les rapports non vérifiés ne sont pas admis à la décharge du capitaine, et ne font point foi en justice, excepté dans le cas où le capitaine naufragé s'est sauvé seul dans le lieu où il a fait son rapport. La preuve des faits contraires est réservée aux parties. (*Art. 247.*)

**Pouvoirs à bord.** — Le capitaine punit les infractions et les désordres commis à bord par les gens de l'équipage. Il remplit les fonctions d'officier de police judiciaire, lorsque les délits commis à bord peuvent donner lieu à des condamnations judiciaires; c'est ainsi

---

les jours de dimanche et fêtes. De plus il doit représenter son manifeste, et mentionner dans son rapport le nombre de caisses, balles, ballots et tonneaux de son chargement; représenter ses chartes-parties, connaissements ou polices de chargement; indiquer le port de sa destination ultérieure, et prendre certificat du tout à peine de 500 fr. d'amende, à la sûreté desquels les bâtiments et marchandises sont retenus. (*L.* 6-22 *août* 1791, *tit. I*er, *art.* 4, *tit.* VI, *art. I*er.)

qu'il rédige un procès-verbal, recueille les informations, fait arrêter les prévenus, et à son arrivée dans un port français, les livre aux autorités.

Il remplit les fonctions d'officier de l'état civil, et d'officier public.

**Devoirs à l'arrivée.** — Le capitaine est tenu, dans les vingt-quatre heures de son arrivée, de faire viser son registre, et de faire son rapport. Le rapport doit énoncer le lieu et le temps de son départ, la route qu'il a tenue, les hasards qu'il a courus, les désordres arrivés dans le navire, et toutes les circonstances remarquables de son voyage. (*Art.* 242.)

Le rapport est fait au greffe devant le président du tribunal de commerce, ou, à défaut de tribunal de commerce, au juge de paix de l'arrondissement, qui l'enverra, sans délai, au président du tribunal de commerce le plus voisin. Dépôt au greffe du tribunal de commerce. (*Art.* 243.) Vérification du rapport.

Hors les cas de péril imminent, le capitaine ne peut décharger aucune marchandise avant d'avoir fait son rapport, à peine de poursuites extraordinaires contre lui. (*Art.* 248.)

**Cessation des fonctions du capitaine.** — Les fonctions du capitaine cessent : 1º par le congé que le propriétaire peut lui donner (*Art.* 218) ;

2º Par l'adjudication du navire, sauf au capitaine à se pourvoir en dédommagement contre qui de droit. (*Art.* 208.)

# CHAPITRE V.

## DE L'ENGAGEMENT ET DES LOYERS DES MATELOTS ET GENS DE L'ÉQUIPAGE.

**Définition**. — *L'engagement des matelots* est le contrat par lequel un matelot loue ses services à un capitaine de navire, moyennant un salaire ou loyer que le capitaine s'oblige à lui payer.

**Conditions de cet engagement.** — Il peut être fait : 1° *Au voyage*. Quand le matelot loue ses services moyennant une certaine somme déterminée pour tout le voyage, quelle qu'en soit la durée.

2° *Au mois*. Quand le matelot loue ses services pour tout le voyage, mais *à tant par mois*.

3° *Au profit*. Quand le propriétaire promet au matelot, pour son salaire, une part dans les profits de l'expédition.

4° *Au fret*. Quand le matelot stipule pour son salaire une part dans le fret, c'est-à-dire dans les bénéfices qui proviendront du transport des personnes ou des marchandises embarquées.

Il faut remarquer que les engagements *au voyage* et *au mois* sont un contrat *de louage de services*, tandis que les engagements au profit et au fret tiennent plutôt du contrat de société, car il y a une sorte d'association entre le maître et le matelot pour le partage des bénéfices.

**Constatation de l'engagement.** — Les conditions d'engagement du capitaine et des hommes d'équipage d'un navire sont constatées par le rôle d'équipage, ou par acte constatant les conventions des parties. (*Art.*

250, *Code de com.*) Jamais par témoins. Chaque marin doit être porteur d'un livret qui constate les renseignements inscrits sur le rôle de l'équipage [1].

**Résolution ou modification des engagements des matelots.** — Les faits qui peuvent entraîner la résolution ou la modification des engagements des matelots, sont :

1° *La rupture du voyage.* Dans le cas de rupture du voyage par le fait des propriétaires, capitaine ou affréteurs, *avant le départ du navire*, les matelots loués au voyage ou au mois sont payés des journées par eux employées à l'équipement du navire. Ils retiennent pour indemnité les avances reçues. Si les avances ne sont pas encore payées, ils reçoivent pour indemnité *un mois de leurs gages* convenus. On ne leur donne pas tout le loyer comme le droit commun l'exigerait, parce qu'ils peuvent se louer pour un autre voyage.

Mais comment calculer le mois d'indemnité, quand l'engagement est *au voyage?* Arbitrer quelle devra être la durée commune de voyage, et répartir également entre tous les mois de cette année le montant de la somme convenue.

Si la rupture arrive *après le voyage commencé*, les matelots loués au voyage sont payés en entier aux termes de leur convention. — Les matelots loués au mois reçoivent leurs loyers stipulés pour le temps qu'ils ont servi, et en outre, pour indemnité, la moitié de leurs gages pour le reste de la durée présumée du voyage pour lequel ils étaient engagés. Les matelots loués au voyage ou au mois reçoivent, en outre, leur conduite de retour jusqu'au lieu du départ du navire, à moins que le

[1] Sont exempts de la formalité de l'enregistrement les rôles d'équipages, et les engagements des matelots et gens de mer. (*Décr.*, 4 *mars* 1852.)

capitaine, les propriétaires ou les affréteurs, ou l'autorité, ne leur procurent leur embarquement sur un autre navire revenant au lieu de leur départ. (*Art.* 252.) Il est interdit de déroger par des conventions particulières à cette prescription de l'article 252 concernant la conduite de retour. (*Décret du 4 mars* 1852.)

Dans le cas d'*interdiction de commerce* ou *embargo*, il n'est dû aux matelots que les journées employées à équiper le bâtiment. (*Art.* 253.) Si l'interdiction de commerce arrive pendant le cours du voyage, les matelots sont payés à proportion du temps qu'ils auront servi. (*Art.* 254.)

2° *Le retardement.* Dans le cas d'arrêt (*ce qui suppose un obstacle temporaire*), le loyer des matelots engagés au mois court pour moitié pendant le temps de l'arrêt; le loyer des matelots engagés au voyage est payé aux termes de leur engagement. (*Art.* 254.) On ne pourrait, en effet, faire courir les *mois* des matelots inactifs pendant l'arrêt; et, d'un autre côté, les matelots engagés au voyage, se sont chargés des cas fortuits qui le retarderaient.

3° *La prolongation.* Si le voyage est prolongé, le prix des loyers des matelots engagés *au voyage* (et naturellement *au mois*), est augmenté à proportion de la prolongation. (*Art.* 255.) Que si la prolongation était *forcée*, il ne serait pas dû d'augmentation aux matelots [1].

4° *Le raccourcissement du voyage.* Si la décharge du navire se fait *volontairement* dans un lieu plus rapproché que celui qui est désigné par l'affrétement, il n'est fait aux matelots aucune diminution. (*Art.* 256.) Mais si cette décharge avait lieu par suite de force majeure,

---

[1] Les matelots peuvent réclamer des dommages-intérêts contre le capitaine ou l'armateur, si la *rupture*, le *retardement*, ou la *prolongation* proviennent du fait de ces derniers.

le matelot n'ayant pas fait le voyage qu'il était obligé de faire, subirait une réduction proportionnelle.

5° *La prise, le bris et le naufrage.* En cas de *prise*, de *bris* et *naufrage*, avec perte entière du navire et des marchandises, les matelots ne peuvent prétendre aucun loyer. Ils ne sont pas tenus de restituer ce qui leur a été avancé sur leurs loyers. (*Art.* 258.) Si quelque partie du navire est sauvée, les matelots engagés au voyage ou au mois sont payés de leurs loyers échus sur les débris du navire qu'ils ont sauvés. Si les débris ne suffisent pas, ou s'il n'y a que des marchandises sauvées, ils sont payés de leurs loyers subsidiairement sur le frêt. (*Art.* 259.)

Les matelots engagés au frêt sont payés de leurs loyers seulement sur le frêt, à proportion de celui que reçoit le capitaine. (*Art.* 260.) Les matelots engagés *au profit* n'ont naturellement rien à prétendre, si ce n'est dans le cas où les marchandises sauvées seraient vendues avec avantage.

De quelque manière que les matelots soient loués, ils sont payés des journées par eux employées à sauver les débris et les effets naufragés. (*Art.* 261.) Leur engagement est, en effet, anéanti par le naufrage.

Le matelot est payé de ses loyers, traité et pansé aux dépens *du navire*, s'il est tombé malade pendant le voyage (sans cause qui lui soit imputable, telle que débauche), ou s'il est blessé au service du navire. (*Art.* 262.)

6° *Les maladies, les blessures.* Il est traité et pansé aux dépens *du navire et du chargement* s'il est blessé en combattant contre les ennemis et les pirates. (*Art.* 263.) Il a, en effet, préservé de la perte le navire et *les marchandises.* On ne peut déroger par des conventions particulières à ces dispositions. (*Décret du 4 mars* 1852.)

Si le matelot, sorti du navire *sans autorisation*, est blessé à terre, les frais de ses pansement et traitement sont à sa charge ; il pourra même être congédié par le capitaine. Ses loyers, en ce cas, ne lui seront payés qu'à proportion du temps qu'il aura servi. (*Art.* 264.)

7° *La mort.* En cas de mort d'un matelot pendant le voyage, si le matelot est engagé au mois, ses loyers sont dus à sa succession jusqu'au jour de son décès. Si le matelot est engagé au voyage, la moitié de ses loyers est due s'il meurt en allant, ou au port d'arrivée. La totalité de ses loyers est due s'il meurt en revenant. Si le matelot est engagé au profit ou au frêt, sa part entière est due s'il meurt le voyage commencé. Les loyers du matelot tué en défendant le navire sont dus en entier pour tout le voyage, si le navire arrive à bon port. (*Art.* 265.)

8° *La captivité.* Le matelot pris dans le navire, et fait esclave, ne peut rien prétendre contre le capitaine (*qui a couru le même danger que lui*), les propriétaires, ni les affréteurs, pour le paiement de son rachat (*c'est un malheur personnel*). Il est payé de ses loyers jusqu'au jour où il est pris et fait esclave. (*Art.* 266.) S'il a été envoyé en mer ou à terre pour le service du navire, et s'il a été fait esclave, il a droit à l'entier paiement de ses loyers. Il a droit au paiement d'une indemnité pour son rachat, si le navire arrive à bon port. (*Art.* 267.) Il est esclave, en effet, pour avoir obéi aux ordres de ses chefs, qui auraient pu en choisir un autre. L'indemnité est due par les propriétaires du navire, si le matelot a été envoyé en mer ou à terre pour le service du navire ; par les propriétaires du navire et du chargement, si le matelot a été en mer ou à terre pour le service du navire ou du chargement. (*Art.* 268.) Le montant de l'indemnité est fixé à 600 francs. Le recouvrement et l'emploi en sont faits suivant les formes déterminées par le gouverne-

ment, dans un règlement relatif au rachat des captifs.
(*Art.* 269.)

9° *Le congé.* Tout matelot qui justifie qu'il est congédié sans cause valable, a droit à une indemnité contre
le capitaine. L'indemnité est fixée au tiers des loyers,
si le congé a lieu avant le voyage commencé, et à la
totalité des loyers et aux frais de retour, si le congé a
lieu pendant le cours du voyage. Le capitaine ne peut,
dans aucun des cas ci-dessus, répéter le montant de
l'indemnité contre les propriétaires du navire. Il n'y a
pas lieu à indemnité, si le matelot est congédié avant la
clôture du rôle d'équipage. Dans aucun cas le capitaine
ne peut congédier un matelot dans les pays étrangers. (*Art.* 270.) On ne peut déroger à ces dispositions.
(*Décret*, 1852.)

Si les matelots sont engagés au profit ou au frêt, il ne
leur est dû aucun dédommagement, ni journées pour la
*rupture*, le *retardement* ou la *prolongation* de voyage
occasionnés par force majeure. Si la rupture, le retardement ou la prolongation arrivent par le fait des chargeurs, les gens de l'équipage ont part aux indemnités qui
sont adjugées au navire. Ces indemnités sont partagées
entre les propriétaires du navire et les gens de l'équipage, dans la même proportion que l'aurait été le frêt.
(*Art.* 257.)

Le navire et le frêt (*prix dû au propriétaire pour le
loyer de son navire*) sont spécialement affectés aux loyers
des matelots. (*Art.* 271.)

Toutes les dispositions concernant les loyers, pansements et rachats des matelots, sont communes aux officiers et à tous autres gens de l'équipage. (*Art.*272) [1].

---

[1] Un décret du 14 septembre 1864, modificatif de l'arrêté du 5 ger-
minal an XII et du décret du 7 avril 1860, porte que l'indemnité de route
accordée aux gens de mer et autres personnes provenant de l'équipage

**Inscription maritime.** — Tous les citoyens français qui exercent les professions maritimes, sont obligés au service sur mer ou dans les arsenaux. C'est la masse de ces individus qui compose ce qu'on appelle *l'inscription maritime*. La loi du 3 brumaire an IV soumet à cette *inscription maritime* tous les individus âgés de 18 à 50 ans, qui se livrent à la navigation ou à la pêche de mer, sur les côtes ou dans les rivières jusqu'où remonte la marée, et, s'il n'y a pas de marée, jusqu'où peuvent remonter les bâtiments de mer. On les divise en quatre classes, dont la première comprend les célibataires, la seconde les veufs sans enfants, la troisième les hommes mariés sans enfants, et la quatrième les pères de familles. Tous les individus inscrits peuvent être requis pour le service de la flotte, en suivant l'ordre précédent. Plusieurs avantages sont accordés à ceux qui sont inscrits. Ils sont dispensés du service militaire ; quand ils ne sont pas employés pour le service de la flotte, ils peuvent s'embarquer à bord des bâtiments de commerce, et ce temps leur compte pour la retraite, à raison de six mois pour un an ; les enfants des marins en activité de service sont secourus par l'État, jusqu'à l'âge de dix ans.

**Usage relatif des divers modes d'engagement.** — De tous les modes d'engagement que nous avons énumérés, *l'engagement au mois* est le plus usuel, et est même le seul qui ait lieu pour les voyages de long cours. *L'engagement au voyage* est peu usité. Ce n'est guère que pour l'armement en course, ou pour la pêche, que l'on emploie *l'engagement au profit*, et *l'engagement au frêt* dans la navigation au cabotage.

d'un navire de commerce, pour se rendre, soit dans leurs quartiers, soit au port d'armement du navire, est fixée à la somme nécessaire pour se rendre dans ce quartier, ou dans ce port, par la voie régulière la moins coûteuse.

# CHAPITRE VI.

§ I. DES CHARTES-PARTIES, AFFRÉTEMENTS OU NOLISSEMENTS.
— § II. DU CONNAISSEMENT. — § III. DU FRÊT OU NOLIS.

### § I. Des chartes-parties, affrétements ou nolissements.

**Définition.** — Le contrat de *Charte-partie* est celui par lequel une personne loue à une autre un navire, en tout ou en partie, moyennant un prix convenu.

Ce contrat se nomme aussi *Affrétement* dans les ports de l'Océan ; ou *Nolissement* dans les ports de la Méditerranée.

Celui qui donne le navire à loyer se nomme *fréteur* ; celui qui prend le navire à loyer se nomme *affréteur* ;

Le prix convenu pour le loyer se nomme *Fret* dans les ports de l'Océan, ou *Nolis* dans les ports de la Méditerranée.

L'affrétement (*qui peut avoir lieu pour la totalité ou pour partie du bâtiment*) peut être contracté :

| | |
|---|---|
| 1° *Au voyage.* | On convient d'un certain prix pour tout le voyage, quelle qu'en soit la durée. |
| 2° *Au mois.* | Fret fixé à tant par mois. Le fret court du jour où le navire a mis à la voile ; mode peu usité. (*Art. 275, Code de com.*) |
| 3° *Pour un temps limité.* | Fret stipulé pour un laps de temps déterminé. |
| 4° *Au tonneau.* | Fret convenu pour *chaque* tonneau de marchandises. |
| 5° *Au quintal.* | Fret fixé à *tant* pour chaque quintal que pèseront les marchandises. |

6° *A forfait.* { Prix déterminé pour le transport en bloc d'une certaine quantité de marchandises.

7° *Purement et simplement.*

8° *A cueillette. (Art.* 286.) { Lorsque l'engagement du fréteur n'est contracté que sous la condition résolutoire qu'il complétera son chargement dans un certain temps ; passé ce temps, le fréteur pourra annuler le contrat si le chargement n'est pas complet, c'est-à-dire, dans l'usage, s'il n'est pas au moins aux trois quarts. (*Art.* 286.)

**Autre signification du mot charte-partie[1].** — On entend encore par charte-partie l'acte qui sert à constater les conditions du louage du navire.

**Formalités de l'affrétement.** — La convention pour le louage d'un vaisseau doit être rédigée par écrit, devant notaires ou sous seing-privé. Elle énonce : le nom et le tonnage du navire, le nom du capitaine, les noms du fréteur et de l'affréteur, le lieu et le temps convenus pour la charge et pour la décharge, le prix du fret ou nolis, si l'affrétement est total ou partiel, l'indemnité convenue pour les cas de retard. (*Art.* 273.)

La convention ne pourrait être prouvée par témoins, mais par le serment ou par l'aveu ; elle pourrait être établie par le connaissement, par la déclaration sur le livre de bord.

Si le temps de la charge et de la décharge du navire n'est point fixé par les conventions des parties, il est réglé suivant l'usage des lieux. (*Art.* 274.)

---

[1] Le mot charte-partie vient de *charta-partita*, parce qu'on était dans l'usage de couper en long l'original du traité, dont chaque partie gardait la moitié.

Le navire, les agrès et apparaux, le fret et les marchandises chargées, sont respectivement affectés à l'exécution des conventions des parties. (*Art.* 280.)

**Contrats compris dans le contrat d'affrétement.** — Le contrat d'affrétement comprend virtuellement : 1° le contrat de louage de service ; 2° le contrat de mandat ; 3° le contrat de dépôt.

**Obligations du fréteur.** — Le fréteur doit procurer à l'affréteur la jouissance du navire, telle qu'elle a été promise par la convention. Ainsi le fréteur doit ne pas empêcher l'affréteur de charger ses marchandises sur le navire, et lever tous les obstacles de fait ou de droit qui pourraient s'y opposer ; il doit délivrer aux chargeurs un *connaissement*, c'est-à-dire une reconnaissance des marchandises chargées sur le navire, et dont il est responsable ; il doit mettre à la voile dans le temps convenu, après s'être muni de tous les papiers nécessaires ; il doit donner tous ses soins à la garde et à la conservation des marchandises, les décharger au lieu de leur destination, et les remettre à la personne indiquée dans le même état où il les a reçues, sauf les détériorations provenant de fortune de mer.

**Devoir de l'affréteur.** — Le devoir de l'affréteur est de payer le fret convenu.

### § II. Du connaissement.

**Définition.** — Le *connaissement* est l'acte qui contient, de la part du capitaine, l'indication et la reconnaissance des marchandises qui ont été chargées sur son bord. On le nomme aussi *police de chargement*, dans les ports de la Méditerranée.

**Différence entre la police de chargement et la police d'affrétement.** — La police d'affrétement sert à fixer les conditions du louage du navire ; la police de chargement sert à constater que les marchandises ont été réellement chargées. La police de chargement (*ou connaissement*) rend le capitaine responsable envers les affréteurs pour les marchandises qu'il a reçues.

**Énonciations du connaissement.** — Le connaissement doit énoncer la nature et la quantité, ainsi que les espèces ou qualités des objets à transporter. Il indique le nom du chargeur, le nom et l'adresse de celui à qui l'expédition est faite, le nom et le domicile du capitaine, le nom et le tonnage du navire, le lieu du départ et celui de la destination. Il énonce le prix du fret. Il présente en marge les marques et les numéros des objets à transporter. (*Art.* 281.)

Le connaissement peut être :

1° *A ordre.* — Le capitaine remettra les marchandises à la personne désignée, ou *à son ordre*. Les marchandises pourront donc être transmises par la voie de l'endossement.

2° *Au porteur.* — Le capitaine remettra les marchandises au porteur d'un exemplaire du connaissement, et ce porteur pourra exercer tous les droits qui résultent du connaissement.

3° *Ou à personne dénommée.* — Le capitaine devra remettre les marchandises à la personne dénommée dans le connaissement. (*Art.* 282.)

**Nombre des exemplaires du connaissement.** — Chaque connaissement est fait en quatre originaux au moins : un pour le chargeur, un pour celui à qui les marchandises sont adressées, un pour le capitaine, un pour l'armateur du bâtiment. Les quatre originaux sont signés par le chargeur et par le capitaine, dans les vingt-quatre heures après le chargement. Le chargeur est tenu de fournir au capitaine, dans le même délai, les acquits des marchandises chargées. (*Art.* 282.) On comprend l'intérêt de chacune des parties intéressées énoncées plus haut, à avoir entre les mains un original du connaissement.

**Foi due au connaissement.** — Lorsque le connaissement est régulier, il est un des actes auxquels la loi attache la plus grande force probante. Il fait preuve non-seulement à l'égard des parties, mais encore à l'égard des tiers, notamment des assureurs. Le connaissement fait foi de ses énonciations; mais l'indication de l'espèce ou de la qualité des marchandises ne soumet pas le capitaine à la garantie de la *réalité* des espèces ou qualités déclarées. Sa garantie ne porte toujours que sur la nature et la quantité des objets, parce que c'est là seulement ce que le capitaine est en position de vérifier. Le capitaine n'est juge que de la qualité générique et apparente; aussi mentionne-t-il habituellement qu'il a reçu *telles marchandises déclarées être de telle ou telle qualité.* (*Art.* 283.)

Que décider, dans le cas de diversité, entre les connaissements d'un même chargement? Le connaissement qui sera entre les mains du capitaine fera foi, s'il est rempli de la main du chargeur, ou de celle de son commissionnaire; celui qui est présenté par le chargeur ou par le consignataire sera suivi, s'il est rempli de la main du capitaine. (*Art.* 284.) Remplis par une partie et acceptés par l'autre, ces connaissements méritent toute confiance. Que si l'original entre les mains du capitaine était de la main du chargeur, et celui en possession du chargeur, de la main du capitaine, il n'y aurait aucun motif pour s'en rapporter à l'un plutôt qu'à l'autre, et les tribunaux ne pourraient se décider que d'après les circonstances.

Tout commissionnaire ou consignataire (*celui à qui les marchandises doivent être remises*) qui aura reçu les marchandises mentionnées dans les connaissements ou chartes-parties, sera tenu d'en donner reçu au capitaine, qui le demandera à peine de tous dépens, dommages-intérêts, même de ceux de retardement. (*Art.* 285.) Le capitaine a aussi le droit de se faire remettre le connaissement *à ordre* ou *au porteur*, quand il livre les marchandises.

### § III. Du fret ou nolis.

**Effet de la location du navire en totalité.** — L'affréteur a *seul* le droit de le charger. Si l'affréteur ne lui donne pas toute sa charge, le capitaine ne peut prendre d'autres marchandises sans le consentement de l'affréteur. Ce dernier pourra exiger que le navire parte même à demi chargé; il peut aussi consentir à ce que le chargement soit complété avec d'autres marchandises dont on lui paiera le fret. On peut le comparer à un locataire principal qui sous-loue une partie de ce qu'il a loué. (*Art.* 287.)

Si le navire n'est loué qu'en partie, il est évident que le fréteur demeure maître de disposer de la partie non louée.

Dans le cas où le capitaine a déclaré le navire d'un plus grand port qu'il n'est, il est tenu des dommages-intérêts envers l'affréteur. (*Art.* 289.) N'est réputé y avoir erreur en la déclaration du tonnage d'un navire, si l'erreur n'excède un quarantième, ou si la déclaration est conforme au certificat de jauge. (*Art.* 290.)

L'affréteur qui n'a pas chargé la quantité de marchandises portée par la charte-partie, est tenu de payer le fret en entier, et pour le chargement complet auquel il s'est engagé. S'il en charge d'avantage, il paie le fret de l'excédant sur le prix réglé par sa charte-partie. Si cependant l'affréteur, sans avoir rien chargé, rompt le voyage avant le départ, il paiera en indemnité, au capitaine, la moitié du frêt convenu par la charte-partie pour la totalité du chargement qu'il devait faire. Si le navire a reçu une partie de son chargement, et qu'il parte à non charge, le fret entier sera dû au capitaine. (*Art.* 288.)

Si le navire est chargé à cueillette, soit au quintal, au tonneau ou à forfait, le chargeur peut retirer ses marchandises avant le départ du navire, en payant le demi-fret. Il supportera les frais de charge, ainsi que ceux de décharge et de rechargement des autres marchandises qu'il faudrait déplacer, et ceux du retardement. (*Art.* 291.)

Le chargeur qui retire ses marchandises pendant le voyage, est tenu de payer le fret en entier et tous les frais du déplacement occasionnés par le déchargement. Si les marchandises sont retirées pour cause des faits ou des fautes du capitaine, celui-ci est responsable de tous les frais. (*Art.* 293.)

Si, avant le départ du navire, il y a interdiction de commerce avec le pays pour lequel il est destiné, les conventions sont résolues sans dommages-intérêts de part ni d'autre. Le chargeur est tenu des frais de la charge et de la décharge de ses marchandises. (*Art.* 276.)

S'il arrive interdiction de commerce avec le pays pour lequel le navire est en route, et qu'il soit obligé de revenir avec son chargement, il n'est dû au capitaine que le fret de l'aller, quoique le vaisseau ait été affrété pour l'aller et le retour. (*Art.* 299.)

Dans le cas de blocus du port pour lequel le navire est destiné, le capitaine est tenu, s'il n'a des ordres contraires, de se rendre dans un des ports voisins de la même puissance où il lui sera permis d'aborder. (*Art.* 279.)

Le fret est dû pour les marchandises que le capitaine a été contraint de vendre pour subvenir aux victuailles, radoub et autres nécessités pressantes du navire, en tenant par lui compte de leur valeur, au prix que le reste, ou autre pareille marchandise de même qualité, sera vendu au lieu de la décharge, si le navire arrive à bon port.

Si le navire se perd, le capitaine tiendra compte des marchandises sur le pied qu'il les aura vendues, en retenant également le fret porté aux connaissements. (*Art.* 298.)

Si le capitaine est contraint de faire radouber le navire pendant le voyage, l'affréteur est tenu d'attendre, ou de payer le fret en entier. Dans le cas où le navire ne pourrait être radoubé, le capitaine est tenu d'en louer un autre. Si le capitaine n'a pu louer un autre navire, le fret n'est dû qu'à proportion de ce que le voyage est avancé. (*Art.* 296.) Le capitaine perd son fret, et répond des dommages-intérêts de l'affréteur, si celui-ci prouve que, lorsque le navire a fait voile, il était hors d'état de naviguer. La preuve est admissible nonobstant et contre les certificats de visite au départ. (*Art.* 297.)

Le capitaine est payé du fret des marchandises jetées à la mer pour le salut commun, à la charge de contribuer avec les propriétaires des marchandises sauvées à indemniser les propriétaires des marchandises perdues. (*Art.* 301.)

Il n'est dû aucun fret pour les marchandises perdues par naufrage ou échouement, pillées par des pirates, ou prises par les ennemis. Le capitaine est tenu de restituer le fret qui aura été avancé, s'il n'y a convention contraire. (*Art.* 302.)

Si le navire et les marchandises sont rachetés, ou sauvés du naufrage, le capitaine est payé du fret jusqu'au lieu de la prise ou du naufrage. Il est payé du fret entier en contribuant au rachat, s'il conduit les marchandises au lieu de leur destination. (*Art.* 303). La contribution pour le rachat se fait sur le prix courant des marchandises au lieu de leur décharge, déduction faite des frais, et sur la moitié du navire et du fret. Les loyers des matelots n'entrent point en contribution. (*Art.* 304.)

Si le navire est arrêté au départ, pendant la route, ou au lieu de la décharge, par le fait de l'affréteur, les frais du retardement sont dus par l'affréteur. Si, ayant été frété pour l'aller et le retour, le navire fait son retour sans chargement, ou avec un chargement incomplet, le fret entier est dû au capitaine, ainsi que l'intérêt du retardement. (*Art.* 294.)

Le capitaine est tenu des dommages-intérêts envers l'affréteur, si, par son fait, le navire a été arrêté ou retardé au départ, pendant la route ou au lieu de sa décharge. Ces dommages-intérêts sont réglés par des experts. (*Art.* 295.)

S'il existe une force majeure qui n'empêche que pour un temps la sortie du navire, les conventions subsistent, et il n'y a pas lieu à dommages-intérêts à raison du retard. Elles subsistent également, et il n'y a lieu à aucune augmentation de fret, si la force majeure arrive pendant le voyage. (*Art.* 277.) Le chargeur peut, pendant l'arrêt du navire, faire décharger ses marchandises à ses frais, à condition de les recharger, ou d'indemniser le capitaine. (*Art.* 278.)

Si le vaisseau est arrêté dans le cours de son voyage par l'ordre d'une puissance, il n'est dû aucun fret pour le temps de sa détention, si le navire est affrété au mois ;

ni augmentation de fret, s'il est loué au voyage. La nourriture et le loyer de l'équipage pendant la détention du navire, sont réputés *avaries*. (*Art.* 300.)

En aucun cas le chargeur ne peut demander de diminution sur le prix du fret. (*Art.* 309.) Le chargeur ne peut abandonner pour le fret les marchandises diminuées de prix, ou détériorées par leur vice propre, ou par cas fortuit. Si toutefois des futailles contenant vin, huile, miel et autres liquides, ont tellement coulé qu'elles soient vides ou presque vides, lesdites futailles pourront être abandonnées pour le fret. (*Art.* 310.)

Si le consignataire refuse de recevoir les marchandises, le capitaine peut, par autorité de justice, en faire vendre pour le paiement de son fret, et faire ordonner le dépôt du surplus. S'il y a insuffisance, il conserve son recours contre le chargeur. (*Art.* 305.)

Le capitaine ne peut retenir les marchandises de son navire, faute de paiement de son fret. Il peut, dans le temps de la décharge, demander le dépôt en mains tierces, jusqu'au paiement de ce fret. (*Art.* 306.)

Le capitaine est préféré pour son fret, sur les marchandises de son chargement, pendant quinzaine après leur délivrance, si elles n'ont pas passé en mains tierces. (*Art.* 307.)

En cas de faillite des chargeurs ou réclamateurs avant l'expiration de la quinzaine, le capitaine est privilégié sur tous les créanciers pour le paiement de son fret et des avaries qui lui sont dues. (*Art.* 308.)

Le capitaine peut faire mettre à terre, dans le lieu du chargement, les marchandises trouvées dans son navire, si elles ne lui ont point été déclarées, ou en prendre le fret au plus haut prix qui sera payé dans le même lieu pour les marchandises de même nature. (*Art.* 292.) Que si le capitaine avait mis à la voile, il ne pourrait dé-

poser dans un port de relâche les marchandises chargées
à son insu, qu'autant que le navire serait réellement sur-
chargé.

---

# CHAPITRE VII.

## DES CONTRATS A LA GROSSE.

**Définition**. — Le contrat de *prêt à la grosse aventure*
(ou, par abréviation, *à la grosse*), est un contrat par lequel l'un des contractants, qui est le prêteur, prête à
l'autre, qui est l'emprunteur, une certaine somme d'argent, à condition qu'en cas de perte des effets pour lesquels cette somme a été prêtée, perte arrivée par quelque
fortune de mer, ou accident de force majeure, le prêteur
n'aura droit à aucune répétition, si ce n'est jusqu'à
concurrence de ce qui en restera; et qu'au cas d'heureuse arrivée, ou au cas qu'elle n'aurait été empêchée
que par le vice de la chose, ou par la faute du maître
ou des mariniers, l'emprunteur sera tenu de rendre au
prêteur la somme, avec un certain profit convenu pour le
prix du risque desdits effets dont le prêteur s'est chargé [1].

On nomme *profit maritime* le gain stipulé par le prêteur, en cas d'heureuse arrivée.

**Caractères de ce contrat.** — Le contrat à la
grosse est 1° *réel* : il ne produit d'effets qu'après la nu-
mération des espèces.

2° *Unilatéral* : Il n'oblige que l'emprunteur; le prê-

---

[1] Antiquité du *contrat à la grosse*. Il était connu en droit romain :
on l'y désignait sous le nom de *nauticum fœnus*. Dans ce contrat, le
prêteur est quelquefois appelé *donneur*, et l'emprunteur *preneur*. Le
mot *à la grosse* vient de ce que le prêteur court les *grosses aventures*
de mer.

teur n'est plus tenu à rien, dès qu'il a compté les espèces à l'emprunteur.

3° *A titre onéreux :* Ce contrat existe dans l'intérêt respectif des deux parties. Chacune d'elles recherche son propre avantage en le formant.

4° *Aléatoire :* Le prêteur expose la somme prêtée aux aventures de mer. Il y a chance de gain pour lui.

5° *De droit strict :* Il faut nécessairement que la chose existe au moment de la convention. La bonne foi des deux parties ne saurait y suppléer.

6° *Du droit des gens :* Ce contrat peut intervenir entre personnes de toutes nations.

**Conditions requises pour sa validité.** — Il faut, pour que le contrat à la grosse soit valable :

1° *Le consentement des parties.* Condition exigée pour tous les contrats. Dans le cas où le navire serait possédé par *indivis,* le consentement de la majorité en intérêts et en sommes suffirait.

2° *La capacité des parties.* Le prêt à la grosse est un contrat *commercial.* Chacune des parties doit pouvoir s'obliger *commercialement.*

L'emprunteur doit nécessairement avoir un intérêt dans le navire Un emprunt à la grosse fait par le capitaine dans le lieu de la demeure des propriétaires du navire, sans leur autorisation authentique ou leur intervention dans l'acte, ne donne action et privilége que sur la portion que le capitaine peut avoir au navire et au fret. (*Art.* 321, *Code de com.*)

Sont affectées aux sommes empruntées, même dans le lieu de la demeure des intéressés, pour radoub et victuailles, les parts et portions des propriétaires qui n'auraient pas fourni leur contingent pour mettre le bâtiment en état, dans les 24 heures de la sommation qui leur en sera faite. (*Art.* 322.)

·3° *Un capital prêté*. On prête *habituellement* de l'argent, mais on pourrait prêter des choses fongibles. Suivant une opinion, on ne peut prêter des choses fongibles, qu'autant que la valeur en *doit être restituée en argent*, car, dans ce cas, c'est moins la marchandise qui fait l'objet du prêt, que le prix à en provenir.

4° *Des choses sur lesquelles on peut emprunter à la grosse*. Les emprunts à la grosse peuvent être affectés : sur le corps et quille du navire, sur les agrès et apparaux, sur l'armement et les victuailles, sur le chargement, sur la totalité de ces objets conjointement, ou sur une partie déterminée de chacun d'eux. (*Art.* 315.)

Il faut que la chose exposée soit *vénale et estimable à prix d'argent*. On ne pourrait emprunter ni sur sa vie, ni sur sa liberté.

Comme il est de *l'essence* du prêt à la grosse que le capital soit représenté par des objets affectés au prêt, tous emprunts sur le frêt à faire du navire, et sur le profit espéré des marchandises sont prohibés. Le prêteur, dans ce cas, n'a droit qu'au remboursement du capital, sans aucun intérêt. (*Art.* 318.)

Nul prêt à la grosse ne peut être fait aux matelots ou gens de mer sur leurs loyers ou voyages. (*Art.* 319.)

Tout emprunt à la grosse, fait pour une somme excédant la valeur des objets sur lesquels il est affecté, peut être déclaré nul, à la demande du prêteur, s'il est prouvé qu'il y a fraude de la part de l'emprunteur. (*Art.* 316.) S'il n'y a pas fraude, le contrat est valable jusqu'à la concurrence de la valeur des effets affectés à l'emprunt, d'après l'estimation qui en est faite ou convenue.

Le surplus de la somme empruntée est remboursé avec intérêt au cours de la place. (*Art.* 317.) Ce cours de la place ne peut être que l'intérêt légal.

5° *Des risques à courir*. Si le prêteur s'était affranchi

des risques, il n'y aurait plus *prêt à la grosse*, mais *prêt ordinaire*. Les risques sont tous les cas fortuits maritimes.

Les risques de terre ne sont point à la charge du prêteur. Les déchets, diminution et pertes qui arrivent par le vice propre de la chose, et les dommages causés par le fait de l'emprunteur, ne sont point à la charge du prêteur. (*Art.* 326.)

Si le temps des risques n'est point déterminé par le contrat, il court, à l'égard du navire, des agrès, apparaux, armement et victuailles, du jour que le navire a fait voile, jusqu'au jour où il est ancré ou amarré au port ou lieu de sa destination. A l'égard des marchandises, le temps des risques court du jour qu'elles ont été chargées dans le navire, ou dans les gabares pour les y porter, jusqu'au jour où elles sont délivrées à terre. (*Art.* 328.)

Le prêteur ne court plus les risques, si le navire fait un autre voyage que celui pour lequel le prêt a été fait, ou si, faisant le même voyage, il change de route sans nécessité.

Le prêteur à la grosse sur marchandises chargées dans un navire désigné au contrat, ne supporte pas la perte des marchandises, même par fortune de mer, si elles ont été chargées sur un autre navire, à moins qu'il ne soit légalement constaté que ce chargement a eu lieu par force majeure. (*Art.* 324.)

6° *Un profit.* Condition *essentielle*. Le profit peut consister soit en une certaine somme par mois, soit en une somme fixe pour toute l'expédition. Le profit peut être stipulé supérieur au taux légal de l'intérêt, en récompense de la chance que court le prêteur de perdre son capital.

**Forme de ce contrat.** — Le contrat à la grosse est fait devant *notaire*, ou *sous signature privée*.

Les notaires sont les seuls officiers publics compétents pour la constatation *authentique* des contrats à la grosse (*le chancelier du consulat, en pays étranger*). (*Art.* 311.)

On demande si l'écriture est nécessaire à l'existence du contrat?

| | |
|---|---|
| Oui. L'art. 311 est *formel* : Le contrat à la grosse est fait devant notaire, ou sous signature privée. (*Art.* 311.) | Non. L'écriture n'est pas une condition substantielle. Toutefois, comme on ne pourrait enregistrer le prêt à la grosse fait *verbalement*, il serait sans effet à l'égard des tiers. |

**Énonciations de l'acte de prêt à la grosse.** — L'acte de prêt à la grosse énonce : le capital prêté, et la somme convenue pour le profit maritime ; les objets sur lesquels le prêt est affecté ; les noms du navire et du capitaine ; ceux du prêteur et de l'emprunteur ; si le prêt a lieu pour un voyage, pour quel voyage et pour quel temps ; l'époque du remboursement (*Art.* 311) [1].

[1] FORMULE DE CONTRAT A LA GROSSE.

Entre les soussignés A. Morel, propriétaire, demeurant à Bordeaux, et Victor Martin, armateur du navire la Sirène, en chargement à Bordeaux, capitaine B..., demeurant également à Bordeaux, a été convenu et arrêté ce qui suit :

ART. 1. Le sieur Morel prête par ces présentes, *à titre de prêt à la grosse*, au sieur Martin, ce acceptant, la somme de cinquante mille francs, aujourd'hui payée comptant audit sieur Martin, qui le reconnaît, et en donne quittance.

ART. 2. Le sieur Martin promet et s'oblige de rembourser ladite somme au sieur Morel, ou à son ordre, le quarantième jour après le retour dudit navire au port de Bordeaux, ou dans tout autre port de France.

ART. 3. Fixation du profit maritime...

ART. 4. Indication des risques que l'on entend courir...

ART. 5. Indication des choses sur lesquelles reposera le prêt...

ART. 6. Le présent contrat, qui sera enregistré au greffe du tribunal de

Tout acte de prêt à la grosse peut être négocié par *la voie de l'endossement*, s'il est *à ordre*. En ce cas la négociation de cet acte a les mêmes résultats, et produit les mêmes actions en garantie que celle des autres effets de commerce. (*Art.* 313.)

La garantie du paiement ne s'étend pas au profit maritime, à moins que le contraire n'ait été expressément stipulé. (*Art.* 314.) Le motif de cette disposition est fort juste. Lorsque le prêteur endosse sa créance au profit d'un tiers, il lui en fait le transport pour une somme égale à celle que porte le billet, c'est-à-dire égale au capital prêté ; il doit donc garantir, en cas d'heureuse arrivée, le remboursement de cette somme ; mais on ne devait pas l'obliger à répondre d'un intérêt qui peut être élevé, intérêt qu'il ne reçoit point, et qui est destiné à dédommager le porteur des risques qu'il court.

Tout prêteur à la grosse, en France, est tenu de faire enregistrer son contrat au greffe du tribunal de commerce, dans les dix jours de sa date, à peine de perdre son privilége ; et si le contrat est fait à l'étranger, la nécessité de l'emprunt doit être constatée par un procès-verbal signé des principaux de l'équipage, et le prêt être autorisé par le consul français, ou, à défaut, par le magistrat du lieu. (*Art.* 312.)

commerce de Bordeaux, a été fait double entre nous et de bonne foi, avec élection de domicile en nos demeures sus-indiquées. A Bordeaux le...

Signatures...

Nota. Le prêteur fera enregistrer le contrat, qui aura dû être écrit sur papier timbré. Il le portera au greffe du tribunal de commerce dans les dix jours de sa date. Le greffier le transcrira sur un registre, et le rendra ensuite au prêteur, après avoir écrit en marge : *Le présent contrat a été enregistré au greffe du tribunal de commerce de Bordeaux, conformément à l'art. 512 du Code de commerce, le...*

Signature.

La formalité de l'enregistrement a pour objet de donner date certaine au prêt, afin que des négociants de mauvaise foi, et sur le point de faire faillite, ne supposent pas des prêts à la grosse, ou ne leur donnent pas de fausse date, ce qui nuirait aux intérêts des tiers.

**Effets du contrat à la grosse.** — Le prêteur a droit au remboursement du capital et au profit maritime, *en cas d'heureuse arrivée* des objets sur lesquels le prêt a été fait.

Si les effets sur lesquels le prêt à la grosse a eu lieu sont *entièrement perdus*, et que la perte soit arrivée par cas fortuit, dans le temps et dans le lieu des risques, la somme prêtée ne peut être réclamée. (*Art.* 325.) L'emprunteur est déchargé de toute obligation.

Celui qui emprunte à la grosse sur des marchandises n'est point libéré par la perte du navire et du chargement, s'il ne *justifie* qu'il y avait, pour son compte, des effets jusqu'à la concurrence de la somme empruntée. (*Art.* 329.) Le prêt, en effet, ne devait être valable qu'autant qu'il y avait sur le navire et pour le compte de l'emprunteur des effets chargés jusqu'à la concurrence de la somme prêtée. Il appartient à l'emprunteur de prouver ce fait qui lui est personnel, et sans lequel il n'y aurait pas de prêt à la grosse.

Les objets affectés à la somme prêtée représentent en quelque façon cette somme ; d'où, en cas de naufrage, le paiement des sommes empruntées à la grosse est réduit à la valeur des effets sauvés et affectés au contrat, déduction faite des frais de sauvetage. (*Art.* 327.) En cas même de détérioration par cas fortuit, le prêteur supporterait une perte proportionnée à la détérioration.

Les prêteurs à la grosse contribuent, à la décharge des emprunteurs, aux avaries communes. Quant aux avaries simples (*celles qui, arrivées en particulier à tels ou tels effets, ne sont supportées que par les propriétaires de ces effets*), elles sont aussi à la charge des prêteurs, s'il n'y a convention contraire. (*Art.* 330.)

**Garanties du prêteur**. — Outre l'action personnelle que le prêteur a contre l'emprunteur, le navire, les agrès et les apparaux, l'armement et les victuailles, même le fret acquis, sont affectés par priviléges aux capital et intérêts de l'argent donné à la grosse sur le corps et quille du vaisseau. Le chargement est également affecté aux capital et intérêts de l'argent donné à la grosse sur le chargement. Si l'emprunt a été fait sur un objet particulier du navire ou du chargement, le privilége n'a lieu que sur l'objet et dans la proportion de la quotité affectée à l'emprunt. (*Art.* 320.)

Les emprunts faits pour le dernier voyage du navire sont remboursés par préférence aux sommes prêtées pour un précédent voyage, quand même il serait déclaré qu'elles sont laissées par continuation ou renouvellement. Les sommes empruntées pendant le voyage sont préférées à celles qui auraient été empruntées avant le départ du navire ; et s'il y a plusieurs emprunts faits pendant le même voyage, le dernier emprunt sera toujours préféré à celui qui l'aura précédé. (*Art.* 323.)

S'il y a contrat à la grosse et assurance sur le même navire, ou sur le même chargement, le produit des effets sauvés du naufrage est partagé entre le prêteur à la grosse, *pour son capital seulement*, et l'assureur, *pour les sommes assurées*, au marc le franc de leur intérêt respectif, sans préjudice des priviléges établis par l'article 191. (*Art.* 331.)

# CHAPITRE VIII.

## DES ASSURANCES.

§ I. Des assurances maritimes. — § II. Des assurances terrestres.

**Définition.** — Le *contrat d'assurance* est celui par lequel l'un des contractants, que l'on nomme *assureur*, se charge du risque, des cas fortuits auxquels une chose est exposée, et s'oblige envers l'autre contractant, appelé *assuré*, de l'indemniser de la perte que lui causeront ces cas fortuits, moyennant une somme que l'autre contractant lui donne, ou s'oblige de lui donner pour le prix des risques dont il le charge.

On nomme *prime d'assurance* le prix exigé pour répondre des risques [1].

Les sinistres de mer ont été les premiers auxquels on ait songé à porter un remède par les assurances, et c'est à ces désastres que d'abord elles furent exclusivement appliquées. Les uns attribuent aux Lombards l'invention des assurances maritimes, d'autres aux Florentins de la faction Guelphe, lorsque, chassés par les Gibelins, ils se retirèrent en France et dans d'autres lieux de l'Europe. D'autres, enfin, regardent cette ingénieuse et utile invention comme le produit du génie des Juifs chassés de France.

---

[1] L'assurance est une espèce de jeu qui exige beaucoup de prudenc de la part de ceux qui s'y adonnent. Il faut faire l'analyse des hasards et posséder la science du calcul des probabilités ; prévoir les écueils de l mer, et ceux de la mauvaise foi ; ne pas perdre de vue les cas insolites e extraordinaires ; combiner le tout, le comparer avec le taux des primes, e juger quel sera le résultat de l'ensemble.

Les dangers de la navigation entravaient le commerce maritime. Le système des assurances a porté ses regards sur la mer, en a jugé l'inconstance, pressenti les orages, a épié la politique, a reconnu les ports et les côtes des deux mondes, et a tout soumis à des calculs savants, à des théories approximatives. Pour une modique prime, de paisibles spéculateurs prennent sur eux, au sein de leurs foyers, les terribles dangers de la navigation. En vain les flots auront englouti de riches cargaisons, la prudence trompe leur force, et la perte répartie sur un grand nombre d'intéressés devient presque insensible.

C'est seulement vers le milieu du siècle dernier, que le système des assurances reçut quelque extension ; et ce n'est que de nos jours qu'il s'est complétement accrédité. Aujourd'hui, tout ce qui est exposé à un risque quelconque fait l'objet d'assurances. C'est ainsi que l'on assure les maisons contre l'incendie, les récoltes contre la grêle, les bestiaux contre la mortalité, les propriétaires contre la non-location de leurs immeubles, etc. ; les pères de famille se réservent, par l'assurance, une somme qui leur permettra d'élever leurs enfants, et même, au moyen d'une minime annuité, on assure à ses héritiers un capital déterminé pour le cas où l'on mourrait.

**Division des assurances.** — On divise les assurances en deux grandes classes :

1° Les assurances *à prime*, assurances par lesquelles une partie s'oblige, *moyennant un prix convenu* (forfait), à répondre envers l'autre du dommage que pourraient lui causer certains cas fortuits auxquels elle est exposée ;

2° Les assurances *mutuelles*, assurances par lesquelles *plusieurs personnes* exposées *aux mêmes* risques, se réunissent pour les mettre en commun, en s'obligeant à supporter, proportionnellement à leur intérêt, le préjudice éprouvé par chacune d'elles, et jouent ainsi le rôle *d'assureurs* et *d'assurés*.

**Différences entre les assurances à prime et mutuelles**. — Plusieurs différences existent entre les assurances *à prime* et les assurances *mutuelles*.

| ASSURANCES A PRIME. | ASSURANCES MUTUELLES. |
|---|---|
| I. Paiement de la prime *au moment du contrat*. (Forfait.) Peu importe qu'il y ait ou non sinistre. | I. Pas de somme fixe à payer d'avance, si ce n'est la somme convenue pour les frais d'administration. Ce n'est que lorsque les accidents arrivent, qu'on évalue le dommage, et qu'on répartit [1]. |
| II. Sont des actes de commerce ; elles ont pour objet une spéculation. | II. Ne sont pas des actes de commerce; elles n'ont pas pour objet une spéculation, mais uniquement une moindre perte à essuyer. |
| III. Ne supposent que deux personnes, l'assureur et l'assuré : l'assureur, qui promet de payer l'indemnité; l'assuré, qui promet de payer le prix des risques. (La prime.) | III. Supposent un plus ou moins grand nombre de personnes qui se réunissent pour se donner une garantie réciproque, et jouent en même temps le rôle *d'assureurs* et *d'assurés*. |

Le Code de commerce ne parle que des *assurances maritimes* à *prime*. Il ne traite pas des assurances *terrestres* [2].

### § I. Des assurances maritimes.

**Objet du contrat d'assurance maritime**. —

[1] Dans l'assurance mutuelle, lorsqu'on a évalué le dommage *arrivé*, on distribue la somme à laquelle il s'élève par contribution au marc le franc sur la masse des valeurs assurées, en faisant supporter à chaque membre une part proportionnelle à la valeur de l'objet qu'il a fait assurer, et à la somme qu'on devrait lui payer, s'il était lui-même victime du sinistre.

[2] Le Code de commerce a suivi l'ordonnance de 1681. Les principes qu'il a consacrés sont également applicables aux assurances terrestres, sauf les exceptions nécessitées par la nature des choses.

Le contrat d'assurance maritime a pour objet de garantir contre les fortunes de mer.

**Caractères de ce contrat.** — Il est : 1° *Consensuel* : Parfait par le seul concours des volontés. Toutefois, la loi n'en permet pas la preuve par témoins.

2° *A titre onéreux* : Intéressé de part et d'autre. L'assureur veut gagner la prime, et l'assuré se garantir des risques.

3° *Synallagmatique* : Les deux parties contractantes s'obligent réciproquement l'une envers l'autre. Il y a deux obligations.

4° *Aléatoire* : Chance de gain ou de perte pour l'une des parties.

5° *De bonne foi* : La bonne foi y est prise en très-grande considération.

6° *Du droit des gens* : Toute personne peut contracter l'assurance, sans aucune distinction de nationalité.

**Ressemblance avec le contrat à la grosse.** — Le contrat d'assurance maritime ressemble au contrat à la grosse. Dans l'un et l'autre contrats, en effet, il y a assurance contre les risques maritimes, c'est-à-dire que l'assureur prend à sa charge les risques de la chose assurée, comme le prêteur à la grosse prend à sa charge les risques des objets affectés au prêt.

**Différences.** — Plusieurs différences existent entre le contrat d'assurance maritime et le contrat à la grosse.

| CONTRAT D'ASSURANCE MARITIME. | CONTRAT A LA GROSSE. |
|---|---|
| I. Consensuel, synallagmatique. | I. Réel, unilatéral. |
| II. L'assureur ne débourse rien. | II. Le prêteur débourse la somme qu'il prête à l'emprunteur. |
| III. La perte par cas fortuit maritime rend l'assureur débiteur de l'assuré. | III. La perte par cas fortuit maritime empêche l'emprunteur d'être débiteur des sommes prêtées. |
| IV. La prime est toujours acquise à l'assureur. | IV. Le prêteur n'a pas droit au profit maritime, en cas de perte. |

**Conditions exigées pour le contrat d'assurance maritime.** — Les conditions exigées pour le contrat d'assurance maritime, sont :

1° *Le consentement et la capacité des parties.* — Pour toute espèce de contrat il faut le *consentement* des parties. Quant à la capacité, *l'assureur* doit être capable de s'obliger commercialement ; il suffit que *l'assuré* soit habile à faire des actes d'administration.

2° *Une ou plusieurs choses, que l'une des parties fasse assurer par l'autre.* — On peut faire assurer tout ce qui est exposé aux risques de la mer. L'assurance peut avoir pour objet le corps et quille du vaisseau, vide ou chargé, armé ou non armé, seul ou acccompagné ; les agrès et apparaux, les armements, les victuailles, les sommes prêtées à la grosse, les marchandises du chargement, et toutes autres choses ou valeurs *estimables à prix d'argent*, sujettes aux risques de la navigation. (*Art. 334, Code de com.*)

On peut faire assurer la solvabilité de l'assureur. En matière d'assurance maritime, l'assurance sur la vie n'est pas valable. On peut faire assurer la liberté des personnes, c'est-à-dire que l'assureur peut s'engager à payer une certaine somme pour la rançon des personnes prises par les corsaires ou par les ennemis.

L'assureur peut faire *réassurer* par d'autres les effets qu'il a assurés. L'assuré peut faire assurer le coût de l'assurance. La prime de réassurance peut être moindre ou plus forte que celle de l'assurance. (*Art. 342.*) Elle peut même être assurée.

L'assurance peut être faite sur le tout, ou sur une partie desdits objets, conjointement ou séparément. Elle peut être faite en temps de paix, ou en temps de guerre [1],

---

[1] Il faut remarquer que si une assurance est faite en temps de paix, et que quelque temps après la guerre s'élève, les assureurs ne pourront

avant ou pendant le voyage du vaisseau. Elle peut être faite pour l'aller et le retour, ou seulement pour l'un des deux, pour le voyage entier, ou pour un temps limité ; pour tous voyage et transports par mer, rivières et canaux navigables. (*Art.* 335.)

On ne peut faire assurer que ce que l'on court le risque de perdre. L'assuré ne peut donc pas faire assurer ce qui l'est déjà. L'emprunteur à la grosse ne peut faire assurer les objets affectés aux sommes par lui empruntées. Le contrat d'assurance est nul, s'il a pour objet : le fret des marchandises existant à bord du navire, le profit espéré des marchandises, les loyers des gens de mer, les sommes empruntées à la grosse, les profits maritimes des sommes empruntées à la grosse. (*Art.* 347.) Ce sont, en effet, plutôt des gains qu'on manque de faire, si le navire ou les marchandises périssent, qu'une perte effective et actuelle. On a voulu aussi intéresser le capitaine et les gens de l'équipage à la conservation du navire.

Un contrat d'assurance ou de réassurance consenti pour une somme excédant la valeur des effets, est *nul* à l'égard de l'assuré seulement, s'il est prouvé qu'il y a dol ou fraude de sa part. Mais l'assureur pourra réclamer les avantages du contrat. On a voulu punir l'assuré de sa fraude. Le dol ne se présumant jamais, l'assureur devra prouver que l'assuré était de mauvaise foi. (*Art.* 357.) S'il n'y a ni dol, ni fraude, le contrat est valable jusqu'à concurrence de la valeur des effets chargés, d'après l'estimation qui en est faite ou convenue.

En cas de perte, les assureurs sont tenus d'y contribuer chacun à proportion des sommes par eux assurées.

pas demander une augmentation de prime ; et, réciproquement, les assurés ne pourront pas demander une diminution de prime si, l'assurance ayant été faite en temps de guerre, la paix vient diminuer les risques.

Ils ne reçoivent pas là prime de cet excédant de valeur, mais seulement l'indemnité de demi pour cent. (*Art.* 358.)

S'il existe plusieurs contrats d'assurance faits sans fraude sur le même chargement, et que le premier contrat assure l'entière valeur des effets chargés, il subsistera seul. Les assureurs qui ont signé les contrats subséquents sont libérés ; ils ne reçoivent que demi pour cent de la somme assurée. Si l'entière valeur des effets chargés n'est pas assurée par le premier contrat, les assureurs qui ont signé les contrats subséquents répondent de l'excédant en suivant l'ordre de la date des contrats. (*Art.* 359.)

3° *Des risques à courir.* — Les risques sont de l'*essence* du contrat d'assurance. Toute assurance faite après la perte ou l'arrivée des objets assurés est nulle, s'il y a présomption qu'avant la signature du contrat l'assuré a pu être informé de la perte, ou l'assureur de l'arrivée des objets assurés. (*Art.* 365.) Disposition contraire au droit commun qui exigerait la nullité radicale de l'assurance pour absence de risques au moment où le contrat a été passé, mais favorable aux assurances.

La présomption existe si, en comptant trois quarts de myriamètre (*une lieue et demie*) par heure, sans préjudice des autres preuves, il est établi que de l'endroit de l'arrivée ou de la perte du vaisseau, ou du lieu où la première nouvelle en est arrivée, elle a pu être portée dans le lieu où le contrat d'assurance a été passé, avant la signature du contrat. (*Art.* 366.) Présomption légale qui dispense de toute preuve celui au profit duquel elle existe, et contre laquelle nulle preuve n'est admise.

Si cependant l'assurance est faite sur bonnes ou mauvaises nouvelles, la présomption n'est point admise. Le contrat n'est annulé que sur la preuve que l'assuré savait la perte, ou l'assureur l'arrivée du navire, avant la signature du contrat. (*Art.* 367.)

En cas de preuve contre l'assuré, celui-ci paie à l'assureur une double prime. En cas de preuve contre l'assureur, celui-ci paie à l'assuré une somme double de la prime convenue. Celui d'entre eux contre qui la preuve est faite, est poursuivi correctionnellement. (*Art.* 368.)

Si l'assurance est faite pour un temps limité, l'assureur est libre *après l'expiration du temps*, et l'assuré peut faire assurer les nouveaux risques. (*Art.* 363.) La fixation des risques peut, en effet, être faite, soit pour le voyage entier, soit pour une partie du voyage, soit pour un temps limité.

Si le contrat d'assurance ne règle point le temps des risques, les risques commencent et finissent dans le temps réglé par l'article 328 pour les contrats à la grosse. (*Art.* 341.)

Si le capitaine a la liberté d'entrer dans différents ports pour compléter ou échanger son chargement, l'assureur ne court les risques des effets assurés que lorsqu'ils sont à bord, s'il n'y a convention contraire. (*Art.* 362.)

4° *Une somme promise par l'assureur.* — Condition essentielle au contrat d'assurance. Cette somme est habituellement fixée par la police d'assurance. Elle ne doit pas excéder la valeur des objets assurés.

5° *Une prime.* — La prime consiste ordinairement dans une somme d'argent, mais pourrait consister en marchandises, même dans une obligation de faire que contracterait l'assuré. Ordinairement la prime est payée lors de la signature du contrat (*primo, avant toute chose*); cependant les parties peuvent stipuler un terme à cet égard. Le montant de la prime est fixé par la police d'assurance.

L'augmentation de prime qui aura été stipulée en temps de paix pour le temps de guerre qui pourrait survenir, et dont la quotité n'aura pas été déterminée par les contrats d'assurance, est réglée par les tribunaux, en ayant égard aux risques, aux circonstances et aux stipulations de chaque police d'assurance. (*Art.* 343.)

**Police d'assurance.** — Le contrat d'assurance est *rédigé par écrit*. On nomme *police d'assurance* l'acte qui sert à constater le contrat.

Cet acte peut être rédigé par les parties elles-mêmes, soit par un courtier, soit par un notaire. Dans l'usage, les compagnies d'assurance ont assez ordinairement des modèles de polices imprimées, dans lesquelles il n'y a plus qu'à ajouter le nom des parties, navires, etc., et les conventions particulières.

**Objet de l'écrit.** — L'écrit est-il exigé comme moyen de preuve, ou comme condition de l'existence du contrat ?

| COMME CONDITION ESSENTIELLE DU CONTRAT. | COMME MOYEN DE PREUVE. |
|---|---|
| L'assurance doit être rédigée par écrit, à peine de nullité. | L'assurance verbale serait valable si les parties l'avouaient, et l'une des parties pourrait déférer le le serment à l'autre. |
| Aucune preuve par témoins possible, même lorsqu'il y a commencement de preuve par écrit. | Les termes formels de l'article 332 ne veulent dire qu'une chose : c'est que la preuve par témoins n'est pas admise, même au-dessous de 150 francs. |
| Pas de serment décisoire déféré à celui qui dénie l'assurance. | |
| Importance du contrat d'assurance. | |
| Les conventions que peut renfermer ce contrat sont si nombreuses, qu'il faut qu'elles soient fixées par écrit. | |
| L'art. 332 est formel : *Le contrat d'assurance est rédigé par écrit.* | |

**Énonciations de la police d'assurance.** — Le contrat d'assurance, rédigé par écrit, est daté du jour auquel il est souscrit. Il y est énoncé si c'est avant ou après midi (*la validité ou la nullité de ce contrat dépend de l'époque de l'assurance en cas d'accident ; s'il a été fait des assurances pour une somme excédant la valeur des objets assurés, l'assurance la plus ancienne exclut les autres*). Il peut être fait sous signature privée. Il ne peut contenir aucun blanc. Il exprime le nom et le domicile de celui qui fait assurer, sa qualité de propriétaire ou de commissionnaire, le nom et la désignation du navire, le nom du capitaine, le lieu où les marchandises ont été ou doivent être chargées, le port d'où ce navire a dû ou doit partir, les ports ou rades dans lesquels il doit charger ou décharger, ceux dans lesquels il doit entrer, la nature et la valeur, ou l'estimation, des marchandises ou objets que l'on fait assurer, les temps auxquels les risques doivent commencer et finir, la somme assurée, la prime ou le coût de l'assurance, la soumission des parties à des arbitres, en cas de contestation, si elle a été convenue, et généralement toutes les autres conditions dont les parties sont convenues. (*Art.* 332.) La police d'assurance pourrait être à ordre.

Les chargements faits aux Échelles du Levant, aux côtes d'Afrique, et autres parties du monde, pour l'Europe, peuvent être assurés, sur quelque navire qu'ils aient lieu, sans désignation du navire, ni du capitaine ; il en est de même des marchandises, dont la nature et l'espèce n'ont pas besoin non plus d'être désignées. Mais la police doit indiquer celui à qui l'expédition est faite ou doit être consignée, s'il n'y a convention contraire dans la police d'assurance. (*Art.* 337.) Celui qui a des marchandises qu'on doit charger pour son compte dans les pays éloignés, peut fort bien ignorer sur quel navire on les chargera, et quel sera le capitaine.

Désignation dans la police, des marchandises sujettes, par leur nature, à détérioration particulière ou diminution (blés, sels, etc.). Sinon, les assureurs ne répondront point des dommages ou pertes qui arriveraient à ces denrées, à moins que l'assuré n'ait ignoré la nature du chargement lors de la signature de la police. (*Art.* 355.)

Tout effet dont le prix est stipulé dans le contrat en monnaie étrangère, est évalué au prix que la monnaie stipulée vaut en monnaie de France, suivant le cours à l'époque de la signature de la police. (*Art.* 338.) On peut justifier par les factures, ou par les livres, la valeur des marchandises non fixée par le contrat. A défaut, l'estimation en est faite suivant le prix courant au temps et au lieu du chargement, y compris tous les droits payés et les frais faits jusqu'à bord. (*Art.* 339.)

Si l'assurance est faite sur le retour d'un pays où le commerce ne se fait que par troc, et que l'estimation des marchandises ne soit pas faite par la police, elle sera réglée sur le pied de la valeur de celles qui ont été données en échange, en y joignant les frais de transport. (*Art.* 340.)

En cas de fraude dans l'estimation des effets assurés, de supposition ou falsification, l'assureur peut faire procéder à la vérification et estimation des objets, sans préjudice de toutes autres poursuites, soit civiles, soit criminelles. (*Art.* 336.)

Toute réticence, toute fausse déclaration de la part de l'assuré, toute différence entre le contrat d'assurance et le connaissement, qui diminueraient l'opinion du risque, ou en changeraient le sujet, annulent l'assurance. L'assurance est nulle, même dans le cas où la réticence, la fausse déclaration ou la différence, n'auraient pas influé sur le dommage ou la perte de l'objet assuré. (*Art.* 348.)

La même police peut contenir plusieurs assurances, soit à raison des marchandises, soit à raison du taux de la prime, soit à raison des différents assureurs. (*Art.* 333.)

**Obligations de l'assuré.** — I. La principale obligation de l'assuré consiste à *payer le prix de l'assurance*, la prime. Toutefois de nouvelles spéculations, des circonstances particulières, peuvent rendre nécessaire la rupture du voyage. L'assuré ne devra pas être contraint de continuer une entreprise qui ne lui est plus avantageuse. Le commerce vit de liberté. Rupture donc du voyage.

Si le voyage est rompu *avant le départ du vaisseau*, même par le fait de l'assuré, l'assurance est annulée. L'assureur reçoit, à titre d'indemnité, *demi pour cent* de la somme assurée. (*Art.* 349.)

Si le voyage est rompu *après le départ*, et après le moment où ont commencé les risques, comme des risques ont été courus, le contrat subsiste, et la prime est toujours due, bien que le voyage soit rompu.

Si l'assurance a pour objet des marchandises pour l'aller et le retour, et si, le vaisseau étant parvenu à sa première destination, il ne se fait point de chargement en retour; ou si le chargement en retour n'est pas complet, l'assureur reçoit seulement les deux tiers proportionnels de la prime convenue, s'il n'y a stipulation. (*Art.* 356.)

II. L'assuré doit encore, dans les cas d'accidents aux risques des assureurs, *signifier* à ces derniers *les avis qu'il a reçus*. La signification doit être faite dans les trois jours de la réception de l'avis. (*Art.* 374.) Si le navire a été déclaré innavigable, l'assuré sur le chargement est tenu d'en faire la notification dans le délai de trois jours de la réception de la nouvelle. (*Art.* 390.)

**Obligations de l'assureur.** — L'assureur est obligé d'indemniser l'assuré de la perte occasionnée par tout événement dont l'assureur répond.

Sont aux risques des assureurs, toutes pertes et dommages qui arrivent aux objets assurés, par tempête, naufrage, échouement, abordage fortuit, changement forcé de route, de voyage ou de vaisseau ; par jet, feu, prise, pillage, arrêt par ordre de puissance, déclaration de guerre, représailles, et généralement pár toutes les autres fortunes de mer. (*Art.* 350.)

Tout changement de route, de voyage ou de vaisseau, et toutes pertes et dommages provenant du fait de l'assuré, ne sont point à la charge de l'assureur ; et même la prime lui est acquise, *s'il a commencé à courir les riques.* (*Art.* 351.)

Les déchets, diminutions et pertes qui arrivent par le vice propre de la chose, et les dommages causés par le fait et faute des propriétaires, affréteurs ou chargeurs, ne sont point à la charge des assureurs. (*Art.* 352.)

L'assureur n'est point tenu des prévarications et fautes du capitaine et de l'équipage, connues sous le nom de *baraterie de patron,* s'il n'y a convention contraire. (*Art.* 353.) On aurait pu craindre, en effet, une collusion entre les assurés pour tromper les assureurs, si, de plein droit, et dans tous les cas, ces derniers avaient répondu des fraudes ou fautes du capitaine.

L'assureur n'est pas tenu du pilotage, tonnage et lamanage, ni d'aucune espèce de droits imposés sur le navire et les marchandises.

L'assureur est déchargé des risques, et la prime lui est acquise, si l'assuré envoie le vaisseau en un lieu plus éloigné que celui qui est désigné par le contrat, quoique sur la même route. L'assurance a son entier effet si le voyage est raccourci. (*Art.* 364.)

Si l'assurance a lieu divisément pour des marchandises qui doivent être chargées sur plusieurs vaisseaux désignés, avec énonciation de la somme assurée sur chacun, et si le chargement entier est mis sur un seul vaisseau, ou sur un moindre nombre qu'il n'est désigné dans le contrat, l'assureur n'est tenu que de la somme qu'il a assurée sur le vaisseau, ou sur les vaisseaux qui ont reçu le chargement, nonobstant la perte de tous les vaisseaux désignés ; et il recevra néanmoins demi pour cent des sommes dont les assurances se trouvent annulées. (*Art.* 361.)

S'il y a des effets chargés pour le montant des sommes assurées, en cas de perte d'une partie, elle sera payée par tous les assureurs de ces effets, au marc le franc (*en proportion*) de leur intérêt. (*Art.* 360.)

**Faillite de l'assureur ou de l'assuré.** — Si l'assureur tombe en faillite lorsque le risque n'est pas encore fini, comme il ne présente plus les garanties suffisantes, l'assuré peut demander caution, ou la résiliation du contrat. L'assureur a le même droit en cas de faillite de l'assuré (*Art.* 346), pour le paiement de la prime, si elle ne lui a pas été payée lors de la signature du contrat.

### § II. Des assurances terrestres.

**Objet des assurances terrestres** [1]. — Les assurances terrestres ont pour objet de garantir contre les sinistres de terre. Nous avons indiqué plus haut quels

---

[1] Les assurances terrestres existaient avant la rédaction du Code de commerce ; mais peu usitées à l'époque de la promulgation de ce Code, elles ne se sont accréditées et développées que depuis cette époque.

sont les risques terrestres contre lesquels on peut se faire assurer. Comme le contrat d'assurance maritime, le contrat d'assurance terrestre est *consensuel, à titre onéreux, synallagmatique, aléatoire* et *du droit des gens.*

Comme pour le contrat d'assurance maritime, il faut pour le contrat d'assurance terrestre : le consentement et la capacité des parties, des choses exposées à des risques, une somme assurée (*mais on pourrait convenir que l'indemnité consisterait en toute autre chose*), et une prime [1].

**Différences entre les assurances maritimes et les assurances terrestres.** — Certaines règles sont particulières au contrat d'assurance terrestre, et font exception aux règles des assurances maritimes ?

| ASSURANCE MARITIME. | ASSURANCE TERRESTRE. |
|---|---|
| I. L'assurance faite après la perte ou l'arrivée des objets assurés est nulle, s'il y a présomption qu'avant la signature du contrat, l'assuré a pu être informé de la perte, ou l'assureur de l'arrivée des objets assurés. (365.) | I. Peu importe l'ignorance des parties; dès que la chose qui est l'objet du contrat n'existe plus, le contrat est nul. L'art. 365 du Code de commerce est exorbitant du droit commun. |
| II. Pas d'assurance sur la vie. | II. Assurance possible sur la vie. |
| III. Écrit indispensable pour la validité du contrat. | III. Écrit non indispensable au-dessous de 150 francs. |
| IV. Preuve testimoniale non admise, suivant certaines autorités. | IV. Les mêmes autorités admettent la preuve testimoniale d'après les règles générales. |
| V. Toutes pertes et dommages provenant du fait de l'assuré ne sont point à la charge de l'assureur. (*Art.* 351.) Il en est de même des dommages causés par le fait et faute | V. L'assureur répond non-seulement des dommages arrivés par cas fortuit, mais encore de ceux qui proviennent de la négligence de l'assuré lui-même, si, toutefois, la né- |

---

[1] Il faut bien remarquer que le contrat passé entre l'assureur et l'assuré est essentiellement aléatoire, et que l'assureur s'expose à tous les risques qui peuvent être courus.

des propriétaires, affréteurs ou chargeurs. (*Art.* 352.)

VI. En matière d'assurance maritime, il y a lieu au délaissement.

VII. L'assuré peut rompre l'assurance en payant à l'assureur demi pour cent de la somme assurée. (*Art.* 349.)

gligence n'est pas une faute lourde.

VI. En matière d'assurance terrestre, il n'y a pas lieu au délaissement. Action en indemnité contre l'assureur, proportionnelle au dommage éprouvé.

VII. Ce droit n'appartient pas à l'assuré, en matière d'assurance terrestre.

Une huitième différence, relative à la prescription, n'est pas généralement admise.

**Obligations de l'assuré et de l'assureur.** — En matière d'assurance terrestre, comme en matière d'assurance maritime, l'assuré doit : 1° payer la prime à l'époque convenue ; 2° ne dissimuler à l'assureur aucune des circonstances qui peuvent influer sur la nature ou l'étendue des risques, sous peine de nullité du contrat à la demande de l'assureur ; 3° donner avis à l'assureur des sinistres survenus ; 4° veiller à la conservation de la chose, et en tous cas travailler à en sauver les débris ; 5° justifier de l'existence du sinistre, de la valeur de la chose qui a péri, et du droit à la somme assurée.

On connaît les obligations de l'assureur; nous rappellerons seulement que sa responsabilité est plus étendue en matière d'assurance terrestre qu'en matière maritime.

**Modes d'extinction du contrat d'assurance.** — En matière d'assurance maritime, comme en matière d'assurance terrestre, l'assurance finit par l'*expiration du temps fixé pour sa durée* et par *la perte de la chose.*

Chacune des parties peut demander la résolution du contrat pour inexécution des engagements de l'autre, ou pour faillite (*dans ce dernier cas, la partie qui fait faillite peut être forcée de donner caution*).

Si l'assuré a fait subir à la chose des changements qui augmentent les risques, l'assureur peut demander une augmentation de prime ou la résolution du contrat.

Les assurances terrestres se divisent aussi en assurances *à prime* et assurances *mutuelles*.

---

## CHAPITRE IX.

### DU DÉLAISSEMENT.

**Définition.** — Le *délaissement* est l'acte par lequel *l'assuré* abandonne et délaisse aux *assureurs* les droits et les actions qu'il a sur la chose assurée; ce qui met les assureurs dans l'obligation de payer le montant intégral de l'assurance, sauf l'exercice des droits à eux cédés par l'assuré sur les effets assurés.

Il a lieu dans les cas de sinistre majeur, c'est-à-dire dans les cas de perte *presque totale* des objets assurés. Dans les cas de perte *seulement partielle*, il n'y a lieu qu'à *action d'avarie*.

**Cas de délaissement.** — Le délaissement faisant peser sur les assureurs une obligation rigoureuse, ne peut être admis que dans les cas déterminés par la loi. La loi l'admet en cas de prise, de naufrage, d'échouement avec bris, d'innavigabilité par fortune de mer, d'arrêt d'une puissance étrangère, de perte ou détérioration des effets assurés, si la détérioration ou la perte va au moins aux trois quarts. Il peut être fait, en cas d'arrêt de la part du gouvernement, après le voyage commencé (*Art.* 369, *Code de Com.*), et, à défaut de nouvelles, après six mois expirés, ou un an depuis le départ, selon que le voyage est ordinaire ou de long cours. (*Art.* 375, *modifié par la loi du 3 mai* 1862.)

Tous autres dommages sont réputés avaries, et se règlent entre les assureurs et les assurés, à raison de leurs intérêts. (*Art.* 371.)

**Le délaissement est facultatif.** — L'assureur ne peut, en aucun cas, exiger le délaissement. Le droit de délaisser est purement facultatif en faveur de l'assuré, qui a le droit de faire ou de ne pas faire le délaissement, à son gré, dans l'un des cas énoncés par la loi. La loi, au surplus, est limitative, en ce sens qu'il ne peut y avoir lieu au délaissement que dans l'une des circonstances qu'elle a exprimées.

**Droits et devoirs de l'assuré.** — En cas de prise, si l'assuré n'a pu en donner avis à l'assureur, il peut racheter les effets sans attendre son ordre. L'assuré doit signifier à l'assureur la composition qu'il aura faite, aussitôt qu'il en aura les moyens. (*Art.* 395.) L'assureur a le choix de prendre la composition à son compte, ou d'y renoncer; il est tenu de notifier son choix à l'assuré dans les vingt-quatre heures qui suivent la signification de la composition. S'il déclare prendre la composition à son profit, il doit contribuer, sans délai, au paiement du rachat dans les termes de la convention, et à proportion de son intérêt; et il continue à courir les risques du voyage, conformément au contrat d'assurance. S'il déclare renoncer au profit de la composition, il est tenu au paiement de la somme assurée, sans pouvoir rien prétendre aux effets rachetés. Lorsque l'assureur n'a pas notifié son choix dans le délai susdit, il est censé avoir renoncé au profit de la composition. (*Art.* 396.)

En cas de naufrage ou d'échouement avec bris, l'assuré doit, sans préjudice du délaissement à faire en temps et lieu, travailler au recouvrement des effets naufragés. Sur son affirmation, les frais de recouvrement lui sont alloués jusqu'à concurrence de la valeur des effets recouvrés. (*Art.* 381.)

Le délaissement à titre d'innavigabilité ne peut être fait, si le navire échoué peut être relevé, réparé, et mis en état de continuer sa route pour le lieu de sa destination. Dans ce cas, l'assuré conserve son recours sur les assureurs, pour les frais et avaries occasionnés par l'échouement. (Art. 389.)

**Devoir du capitaine et responsabilité de l'assureur.** — Le capitaine est tenu de faire, dans le cas d'innavigabilité, toutes diligences pour se procurer un autre navire à l'effet de transporter les marchandises au lieu de leur destination. (Art. 391.) L'assureur court les risques des marchandises chargées sur un autre navire, dans le cas qui vient d'être prévu, jusqu'à leur arrivée et leur déchargement. (Art. 392.) Il est tenu, en outre, des avaries, frais de déchargement, magasinage, rembarquement de l'excédant du fret, et de tous autres frais qui auront été faits pour sauver les marchandises, jusqu'à concurrence de la somme assurée. (Art. 393.)

Si, dans les délais voulus par la loi, le capitaine n'a pu trouver de navire pour recharger les marchandises et les conduire au lieu de leur destination, l'assuré peut en faire le délaissement. (Art. 394.)

Délais fixés par la loi, pendant lesquels les assurés sont *tenus* de faire toutes diligences qui peuvent dépendre d'eux, à l'effet d'obtenir la main levée des effets arrêtés par ordre de puissance, et les assureurs *peuvent*, de leur côté, ou de concert avec les assurés, ou séparément, faire toutes démarches à même fin. (Art. 387-388.)

Le délaissement ne peut être fait *avant* le voyage commencé, c'est-à-dire avant le commencement du voyage assuré. Ce voyage commence, pour les marchandises, du jour où elles sont à bord ou sur des gabares; pour le navire, du jour du départ. (Art. 370, 328.)

**Étendue du délaissement.** — Le délaissement des

objets assurés ne peut être *partiel* ni *conditionnel*. Il doit comprendre tous les objets assurés, et comme son effet est de transférer la propriété à l'assureur, il doit être pur et simple; une fois fait, il est *irrévocable*. Il ne s'étend qu'aux effets qui sont l'objet de l'assurance et du risque. (*Art.* 372.)

Le fret des marchandises sauvées fait partie du délaissement du navire, quand bien même il aurait été payé d'avance. Il appartient également à l'assureur, sans préjudice des droits des prêteurs à la grosse, de ceux des matelots pour leurs loyers, et des frais et dépenses pendant le voyage. (*Art.* 386.)

Quand doit-on faire le délaissement?

Dans le délai prescrit par la loi (*Art.* 373); ce délai, qui est de *rigueur*, ne court généralement que du moment où l'assuré a reçu la nouvelle du sinistre. Il varie suivant que le lieu de la perte est plus ou moins éloigné. L'article 373 a été modifié sur ce point par la loi du 3 mai 1862, dans le sens d'une diminution des délais [1].

**Droit de l'assuré**. — Le droit de l'assuré étant ouvert contre l'assureur dès que la nouvelle du sinistre est arrivée, *il peut faire le délaissement sur-le-champ*, afin d'être plus promptement payé du montant de l'assurance; mais s'il veut attendre encore pour devenir plus certain

---

[1] Le délaissement doit être fait aux assureurs dans le terme de six mois à partir du jour de la réception de la nouvelle de la perte arrivée aux ports ou côtes d'Europe, ou sur celles d'Asie et d'Afrique, dans la Méditerranée, ou bien, en cas de prise, de la réception de celle de la conduite du navire dans l'un des ports ou lieux situés aux côtes ci-dessus mentionnés; dans le délai d'un an après la réception de la nouvelle ou de la perte arrivée ou de la prise conduite en Afrique en deçà du cap de Bonne-Espérance ou en Amérique en deçà du cap Horn; dans le délai de dix-huit mois après la nouvelle des pertes arrivées ou des prises conduites dans toutes les autres parties du monde. Ces délais passés, les assurés ne seront plus recevables à faire le délaissement. (Loi de 1862.)

de l'événement, et prendre tous les renseignements qu'il désire, *il peut se réserver de faire le délaissement dans les délais fixés par la loi.* (*Art.* 378.) Néanmoins il n'a pas le choix dans le cas d'arrêt par ordre de puissance. Délai de six mois ou d'un an, suivant l'éloignement des mers où a eu lieu l'arrêt; réduction du délai à un mois et demi, et à trois mois, pour les effets difficiles à conserver ou sujets à prompt dépérissement. Le délai court du jour de la signification de l'arrêt. (*Art.* 387.)

**Conditions pour être admis à poursuivre le paiement des objets assurés et à faire le délaissement.** — Les actes justificatifs du chargement et de la perte doivent être signifiés à l'assureur, avant qu'il puisse être poursuivi pour le paiement des sommes assurées (*Art.* 383.). Ces actes justificatifs sont toutes pièces pouvant servir de preuve, telles que les factures, les attestations du capitaine et des gens de l'équipage, le connaissement.

En cas de perte des marchandises assurées et chargées pour le compte du capitaine sur le vaisseau qu'il commande, le capitaine est tenu de justifier aux assureurs l'achat des marchandises, et d'en donner un connaissement signé par deux des principaux de l'équipage. (*Art.* 344.) Tout homme de l'équipage et tout passager qui apportent des pays étrangers des marchandises assurées en France, sont tenus d'en laisser un connaissement dans les lieux où le chargement s'effectue, entre les mains du consul de France, et, à défaut, entre les mains d'un Français notable négociant, ou du magistrat du lieu. (*Art.* 345.)

L'assureur est admis à la preuve des faits contraires à ceux qui sont consignés dans les attestations. L'admission à la preuve ne suspend pas les condamnations de l'assureur au paiement provisoire de la somme assurée, à la charge par l'assuré de donner caution. L'engagement de la caution est éteint après quatre années révolues, s'il n'y a pas eu de poursuite. (*Art.* 384.)

**Déclaration à faire en délaissant.** — L'assuré est tenu, en faisant le délaissement, de déclarer toutes les assurances qu'il a faites ou fait faire, même celles qu'il a ordonnées, et l'argent qu'il a pris à la grosse, soit sur le navire, soit sur les marchandises ; faute de quoi, le délai du paiement, qui doit commencer à courir du jour du délaissement, sera suspendu jusqu'au jour où il fera notifier ladite déclaration, sans qu'il en résulte aucune prorogation du délai établi pour former l'action en délaissement. (*Art.* 379.) Cette disposition a pour objet de mettre l'assureur à même de vérifier si les assurances n'ont point excédé la valeur de ce qui restait libre des choses déjà affectées à des emprunts. En cas de déclaration frauduleuse, l'assuré est *privé des effets de l'assurance;* il est tenu de payer les sommes empruntées, nonobstant la perte ou la prise du navire. (*Art.* 380.)

**Effets du délaissement** — Le délaissement signifié et accepté, ou jugé valable, les effets assurés *appartiennent à l'assureur*, à partir de l'époque du délaissement. L'assureur ne peut, sous prétexte du retour du navire, se dispenser de payer la somme assurée. (*Art.* 385.)

Si l'époque du paiement n'est point fixée par le contrat, l'assureur est tenu de payer l'assurance trois mois après la signification du délaissement. (*Art.* 382.)

# CHAPITRE X.

§ I. DES AVARIES.— § II. DU JET ET DE LA CONTRIBUTION.

### § I. Des avaries.

**Définition.** — On donne le nom *d'avaries* à toutes dépenses extraordinaires faites pour le navire et les marchandises, conjointement ou séparément; à tout dommage qui arrive au navire et aux marchandises, depuis leur chargement et départ jusqu'à leur retour et chargement. (*Art. 397, Code de com.*)

Le mot *avarie* est synonyme de *dommage.*

**Règlement des avaries.** — Les avaries sont réglées par les conventions spéciales que les parties sont toujours libres de faire, et par la loi à défaut de ces conventions. (*Art. 398.*)

**Classification des avaries.** — Les avaries sont de deux classes : les avaries *grosses* ou *communes*, et les avaries *simples* ou *particulières*. (*Art. 399.*)

**Avaries communes.** — Sont avaries *communes* (*on les nomme ainsi parce qu'elles sont faites pour le salut commun; on les nomme aussi grosses, parce qu'elles sont supportées par le gros du navire ou de la cargaison*) : 1° les choses données par composition et à titre de rachat du navire et des marchandises; 2° celles qui sont jetées à la mer; 3° les câbles ou mâts rompus ou coupés ; 4° les ancres et autres effets abandonnés *pour le salut commun*; 5° les dommages occasionnés par le jet aux marchandises restées dans le navire; 6° les pansements et nourriture des matelots pendant la détention, quand le navire est arrêté en voyage par ordre d'une puissance, et pendant les réparations des dommages volontairement soufferts *pour le salut commun*, si le navire est affrété au mois ; 7° les frais du déchargement pour alléger le navire et entrer dans un hâvre ou dans une rivière, quand le navire est contraint de le faire par tempête ou par la poursuite de l'ennemi ; 8° les frais faits pour remettre à flot le navire échoué dans l'intention d'éviter la perte totale ou la prise ; et, en général, les dommages soufferts volontairement et les dépenses faites d'après délibérations motivées *pour le bien et le salut commun* du navire et des marchandises, depuis leur chargement et départ jusqu'à leur retour et déchargement. (*Art.* 400.)

Au reste, cet article 400 n'est pas limitatif ; il ne fait que donner un exemple des avaries grosses qui arrivent le plus fréquemment.

Les avaries communes sont supportées par les marchandises et par la moitié du navire et du fret, au marc le franc de la valeur. (*Art.* 401.) Le prix des marchandises est établi par leur valeur au lieu du déchargement. (*Art.* 402.)

**Avaries simples ou particulières**. — Sont avaries particulières : 1° le dommage arrivé aux marchandises par leur vice propre, par tempête, prise, naufrage ou échouement ; 2° les frais faits pour les sauver ; 3° la perte des câbles, ancres, voiles, mâts, cordages, causée par tempêtes ou autre accident de mer ; les dépenses résultant de toutes relâches occasionnées soit par la perte fortuite de ces objets, soit par le besoin d'avitaillement, soit par voie d'eau à réparer ; 4° la nourriture et le loyer des matelots pendant la détention ; quand le navire est arrêté en voyage par ordre d'une puissance, et pendant les réparations qu'on est obligé d'y faire, si le navire est affrété au voyage ; 5° la nourriture et le loyer des matelots pendant la quarantaine, que le navire soit loué au voyage ou au mois ; et, en général, *les dépenses faites et le dommage souffert pour le navire seul, ou pour les marchandises seules, depuis leur chargement et départ jusqu'à leur retour et déchargement.* (Art. 403.)

Les avaries particulières sont supportées et payées par le propriétaire de la chose qui a essuyé le dommage ou occasionné la dépense. (Art. 404.) Voilà pourquoi on les nomme *particulières.*

**Avaries particulières donnant recours contre le capitaine, le navire et le fret.** — Les dommages arrivés aux marchandises, faute par le capitaine d'avoir bien fermé les écoutilles, amarré le navire, fourni de bons guindages, et par tous autres accidents provenant de la négligence du capitaine ou de l'équipage, sont également des avaries particulières supportées par le propriétaire des marchandises, mais pour lesquelles *il a son recours contre le capitaine, le navire et le fret.* (Art. 405.)

**Nature des droits de navigation.** — Les différents droits de navigation ne sont pas des avaries, mais ils sont de simples frais à la charge du navire (Art. 406), pourvu toutefois qu'ils ne soient pas causés par fortune de mer.

**Cas d'abordage.** — En cas d'abordage de navires, si l'événement a été purement fortuit, le dommage est supporté, sans répétition, par celui des navires qui l'a éprouvé. Si l'abordage a été fait par la faute de l'un des capitaines, le dommage est payé par celui qui l'a causé. S'il y a doute dans les causes de l'abordage, le dommage est réparé à frais communs, et par égale portion, par les navires qui l'ont fait et souffert. Dans ces deux derniers cas l'estimation du dommage est faite par experts. (Art. 407.)

**Condition nécessaire pour que la demande pour avaries soit recevable.** — Une demande pour avaries n'est point recevable, si l'avarie commune n'excède pas un pour cent de la valeur cumulée du navire et des marchandises, et si l'avarie particulière n'excède pas aussi un pour cent de la valeur de la chose endommagée. (*Art.* 408.)

**Clause « franc d'avaries. »** —La clause *franc d'avaries* (inventée pour les voyages de petit cabotage, afin d'empêcher les nombreuses contestations que cette sorte de navigation soulevait entre les assurés et les assureurs) affranchit les assureurs de toutes les avaries, soit communes, soit particulières, excepté dans les cas qui donnent ouverture au délaissement ; et, dans ces cas, les assurés ont l'option entre le délaissement et l'exercice de l'action d'avarie. (*Art.* 409.)

## § II. Du jet et de la contribution.

**Définition du jet.** — Le *jet* est l'action de jeter à la mer des objets chargés sur le vaisseau, afin de le décharger et de rendre sa course plus rapide. On conçoit que la navire et les autres marchandises dont la conservation était l'objet du jet, doivent *contribuer* à réparer le préjudice qui en est résulté.

**Conditions requises pour que le jet ait lieu.** — Le jet a lieu dans le cas de danger pour le navire. Avis des intéressés au chargement qui se trouvent dans le vaisseau, et des principaux de l'équipage. En cas de divergence d'avis, celui du capitaine et des principaux de l'équipage est suivi. (*Art.* 410.)

Les choses les moins nécessaires, les plus pesantes et de moindre prix, sont jetées les premières, et ensuite les marchandises du premier pont, au choix du capitaine, et sur l'avis des principaux de l'équipage. (*Art.* 411.) Les

22.

chargeurs ne sont pas appelés à donner leur avis; on craindrait leur partialité.

Rédaction de la délibération par le capitaine, dès qu'il en a les moyens. Indication des motifs et des objets jetés ou endommagés; signature des délibérants, ou motifs du refus de signer. Transcription de la délibération sur le registre. (*Art.* 412.)

Affirmation par le capitaine des faits contenus dans la délibération, dans les vingt-quatre heures, au premier port où le navire abordera. (*Art.* 413.)

Dans le lieu du déchargement, état des pertes et dommages, fait à la diligence du capitaine par experts nommés par l'autorité judiciaire, et qui prêtent serment avant d'opérer. (*Art.* 414.)

Estimation des marchandises jetées suivant le prix courant du lieu du chargement; leur qualité constatée par les connaissements et factures. (*Art.* 415.)

Répartition des pertes et dommages par les experts; homologation du tribunal qui a nommé les experts, ou par le consul de France, ou, à son défaut, par tout tribunal compétent sur les lieux. (*Art.* 416.)

La répartition pour le paiement des pertes et dommages est faite sur les effets jetés et sauvés, et sur moitié du navire et du fret, à proportion de leur valeur au lieu du déchargement. (*Art.* 417.)

Si la qualité des marchandises a été déguisée par le connaissement, et qu'elles se trouvent d'une *plus grande valeur*, elles contribuent sur le pied de leur estimation, si elles sont sauvées, et d'après la qualité désignée par le connaissement, si elles sont perdues. Si les marchandises déclarées sont d'une *moins grande valeur*, elles contribuent d'après la qualité indiquée par le connaissement, si elles sont sauvées, et sur le pied de leur valeur, si elles sont jetées ou endommagées. (*Art.* 418.)

Les munitions de guerre ou de bouche et les hardes des gens de l'équipage ne contribuent point au jet; la valeur de celles jetées, sera payée par contribution sur tous les autres effets. (*Art.* 419.)

Les effets dont il n'y a pas de connaissement ou déclaration du capitaine, ne sont pas payés s'ils sont jetés; ils contribuent s'ils sont sauvés. (*Art.* 420.)

Les effets chargés sur le tillac du navire contribuent s'ils sont sauvés. Jetés ou endommagés par le jet, le propriétaire n'est point admis à former une demande en contribution; il n'a qu'un recours contre le capitaine. (*Art.* 421.)

**Contribution pour dommage arrivé au navire.** — Il n'y a lieu à contribution pour raison du dommage arrivé au navire, *que dans le cas où le dommage a été fait pour faciliter le jet.* (*Art.* 422.)

Si, en vertu d'une délibération, le navire a été ouvert pour en extraire les marchandises, elles contribuent à la réparation du dommage causé au navire. (*Art.* 426.)

Si le jet ne sauve le navire, il n'y a lieu à aucune contribution. Les marchandises sauvées ne sont point tenues du paiement ni du dédommagement de celles qui ont été jetées ou endommagées. (*Art.* 423.)

Si le jet sauve le navire, et si le navire, en continuant sa route, vient à se perdre, les effets sauvés contribuent au jet sur le pied de leur valeur en l'état où ils se trouvent, déduction faite des frais de sauvetage. (*Art.* 424.)

Les effets jetés ne contribuent en aucun cas au paiement des dommages arrivés depuis le jet aux marchandises sauvées. Les marchandises ne contribuent point au paiement du navire perdu ou réduit à l'état d'innavigabilité. (*Art.* 425.)

En cas de perte des marchandises mises dans des barques pour alléger le navire entrant dans un port, ou dans une rivière, la répartition en est faite sur le navire et son chargement en entier. Si le navire périt avec le reste de son chargement, il n'est fait aucune répartition sur les marchandises mises dans les *alléges*, quoiqu'elles arrivent à bon port. (*Art.* 427.)

Si depuis la répartition, les effets jetés sont recouvrés par les propriétaires, ils sont tenus de rapporter au capitaine et aux intéressés ce qu'ils ont reçu dans la contribution, déduction faite des dommages causés par le jet et des frais de recouvrement. (*Art.* 429.)

Dans tous les cas ci-dessus exprimés, le capitaine et l'équipage sont privilégiés sur les marchandises ou le prix en provenant, pour le montant de la contribution. (*Art.* 428.)

---

# CHAPITRE XI.

§ I. DES PRESCRIPTIONS. — § II. DES FINS DE NON RECEVOIR

## § I. Des prescriptions.

**Caractère des prescriptions en matière de commerce maritime.** — Dans le commerce maritime, les prescriptions ont été faites par le législateur, *très-brèves*, pour faciliter les opérations de ce commerce qui a besoin de célérité, et pour fixer de bonne heure les droits des parties. D'où les règles suivantes :

Le capitaine ne peut acquérir la propriété du navire par voie de prescription. (*Art.* 430, *Code de com.*) En effet, ceux qui possèdent pour autrui ne peuvent prescrire.

Toute action dérivant d'un contrat à la grosse, ou

d'une police d'assurance, est prescrite après cinq ans, à compter de la date du contrat. (*Art.* 432.)

L'action en délaissement se prescrit par l'expiration des délais que nous avons indiqués plus haut. (*Art.* 431, 373.)

La prescription de cinq ans est-elle applicable aux assurances terrestres?

| APPLICABLE AUX ASSURANCES TERRESTRES. | NON APPLICABLE AUX ASSURANCES TERRESTRES. |
|---|---|
| L'action de l'assuré contre l'assureur, pour le paiement de l'indemnité, est prescrite par cinq ans. Assimilation aux assurances maritimes. | Il faut, en présence du silence de la loi, rentrer dans le droit commun. L'action en indemnité de l'assuré contre l'assureur ne se prescrira que par trente ans, à compter de l'échéance de l'engagement. |
| | Il en est de même de l'action de l'assureur contre l'assuré en paiement de la prime. Voir pourtant l'article 2277 du Code Napoléon, pour le cas où la prime serait divisée et payable par année, ou à des termes périodiques plus courts. (Prescription de cinq ans.) |

Sont prescrites : toutes actions en paiement pour fret de navire, gages et loyers des officiers, matelots et autres gens de l'équipage, un an après le voyage fixé; pour nourriture fournie aux matelots par l'ordre du capitaine, un an après la livraison; pour fournitures de bois et autres choses nécessaires aux constructions, équipement et avitaillement du navire, un an après ces fournitures faites; pour salaires d'ouvriers, et pour ouvrages faits, un an après la réception des ouvrages; toute demande en délivrance des marchandises, un an après l'arrivée du navire. (*Art.* 433.)

La prescription ne peut avoir lieu, s'il y a cédule

(*l'acte sous seing privé*), obligation (*l'acte notarié par lequel les parties ont reconnu l'obligation, et constaté les
droits du créancier contre le débiteur*), arrêté de compte
ou interpellation judiciaire. (*Art.* 434.)

## § II. Des fins de non-recevoir.

**Définition.** — On nomme *fin de non recevoir* un
moyen par lequel une partie repousse une demande intentée contre elle, en soutenant qu'il n'y a pas lieu à
examiner cette demande.

Sont *non recevables* : toutes actions contre le capitaine
et les assureurs, pour dommage arrivé à la marchandise, si elle a été reçue sans protestation ; toutes actions
contre l'affréteur pour avaries, si le capitaine a livré les
marchandises et reçu son fret sans avoir protesté ; toutes
actions en indemnité pour dommages causés par l'abordage dans un lieu où le capitaine a pu agir, s'il n'a point
fait de réclamation. (*Art.* 435.)

Ces protestations et réclamations sont nulles, si elles
ne sont faites et signifiées dans les vingt-quatre heures,
et si, dans le mois de leur date, elles ne sont suivies
d'une demande en justice. (*Art.* 436.)

Dans le cas où l'abordage aurait lieu *en pleine mer*, le
délai ne courrait que du jour de l'arrivée du navire dans
le port.

# QUATRIÈME PARTIE.

——

## DES FAILLITES ET BANQUEROUTES.

——

### CHAPITRE I.

DE LA FAILLITE. — EXPOSÉ HISTORIQUE. — DISPOSITIONS
GÉNÉRALES.

**Historique de la législation sur la matière.** — Depuis plusieurs années le gouvernement s'occupait du projet d'une nouvelle loi, qui devait apporter dans le régime et l'administration des faillites et banqueroutes, d'utiles réformes et de notables améliorations au Code de 1807. Dès 1833, les cours, les chambres de commerce et les tribunaux avaient été consultés. Leurs avis servirent à jeter les premières bases du projet qui fut présenté en 1835, et adopté par la chambre des pairs le 14 mai 1838.

La loi nouvelle n'a pas eu d'autre objet que celui de définir plus clairement les effets légaux de l'état de faillite, et d'arriver, avec une plus grande simplicité dans les termes, à une plus grande simplicité dans les résultats : soit en débarrassant l'application des principes de tout ce que l'obscurité ou l'inexactitude avaient jusqu'ici enfanté d'obstacles, soit en délivrant le commerce des formalités et des frais superflus.

Dans l'enfance de notre commerce et de nos institutions, la loi s'était montrée impitoyable contre la faillite de ceux qui se livraient au commerce. Les relations commerciales n'étaient point encore formées; les négociations s'entretenaient avec lenteur, se formaient avec prudence; la carrière du commerce était héréditaire dans les familles; les fortunes étaient l'œuvre du temps et de la patience, et s'il n'était point facile de s'enrichir soudainement, il y avait aussi bien moins de danger de se ruiner et de faillir. Aussi, à la faillite était attachée une présomption de culpabilité qui justifiait la rigueur des lois.

En 1536, François I<sup>er</sup> ordonnait de procéder extraordinairement contre les banqueroutiers sur les fraudes et abus par eux commis contre leurs facteurs et entremetteurs, de les condamner à faire réparation par amende honorable, punition corporelle, apposition au carcan et pilori, et autrement, à l'arbitrage de justice. (*Ordonnance rendue à Lyon le* 10 *octobre* 1536.) Charles IX, Henri III et Henri IV punissent les banqueroutiers de peine de mort, comme voleurs et *affronteurs* publics. (*Ordonnances de* 1569, 1579 *et* 1609.) Mêmes rigueurs sous Louis XIII. A la barbarie du supplice, un arrêt du parlement, en date du 3 septembre 1637, joint l'infamie de l'exhibition. Le banqueroutier fera amende honorable devant les degrés du grand escalier du palais, ayant des écriteaux devant et derrière en grosses lettres, portant ces mots: *banqueroutier frauduleux*; puis il sera appliqué à la question ordinaire et extraordinaire pour lui arracher le nom de ses complices, et enfin il sera pendu et étranglé à la potence des criminels. Sa fortune sera confisquée.

Sous Louis XIV, la peine de mort est encore édictée

contre les banqueroutiers; mais déjà la loi n'est plus que comminatoire, et ne s'exécute plus au pied de la lettre. Dès 1614, les États siégeant à Paris avaient déjà demandé que les commerçants irréprochables dans leur désastre n'encourussent à l'avenir aucune infamie. Ce vœu avait été répété plusieurs fois depuis, et réalisé par l'ordonnance du mois de janvier 1629. L'ordonnance du 12 mars 1678 contint le germe de toutes les dispositions qui devaient figurer plus tard dans la législation des faillites. On peut constater par cette ordonnance, dont les dispositions sont plus modérées et plus humaines, que les progrès réalisés par la science du négoce, dans ces temps où la société moderne commençait à s'établir, influèrent d'une manière heureuse sur le pouvoir réprimant et régulateur.

La matière de la faillite est régie par la loi du 28 mai 1838, promulguée le 8 juin suivant.

Le préambule de cette loi abroge le livre III du Code de commerce sur les faillites et banqueroutes, décrété le 12 septembre 1807 et promulgué le 22, ainsi que les articles 69 et 635 du même Code. Il ajoute que les faillites déclarées antérieurement à la promulgation de la présente loi, continueront à être régies par les anciennes dispositions du Code de commerce, sauf en ce qui concerne la réhabilitation et l'application des articles 527 et 528.

**Définition.** — La faillite est l'état d'un commerçant qui *cesse ses paiements*. (*Art. 437, Code de com.*)

Pour être en faillite, il faut donc :

1° Être commerçant;

2° Cesser ses paiements.

Un non-commerçant ne peut donc jamais être en faillite; mais s'il cesse ses paiements, il est en *déconfiture*.

**Cessation des paiements.** — Il n'est pas nécessaire que la cessation des paiements soit *absolue* pour constituer l'état de faillite; car autrement le débiteur échapperait trop facilement à l'état de faillite, en faisant ou en simulant quelques paiements modiques ou frauduleux. Le *refus* d'acquitter *une seule dette* pourrait même constituer l'état de faillite. Appréciation souveraine des juges, inattaquable par la voie de cassation.

Ce qu'il faut bien remarquer dans la faillite, c'est que cet état ne résulte pas d'un *passif excédant l'actif,* mais seulement de la *cessation de paiement.* Ainsi donc un commerçant n'est pas en faillite par cela seul que son passif excède son actif, si d'ailleurs il paie ; et réciproquement, s'il ne paie pas, il est en faillite, quoique son actif excède son passif.

Toutefois, il est évident que tout refus de payer ne suffit pas pour constituer la faillite. Le commerçant peut, en effet, sans s'exposer à cet état, refuser de payer une dette non échue, refuser même d'exécuter un marché qu'il prétendrait être nul.

La cessation des paiements s'entend-elle des *paiements commerciaux* ou des *paiements civils ?*

| DES PAIEMENTS COMMERCIAUX ET DES PAIEMENTS CIVILS. | SEULEMENT DES PAIEMENTS COMMERCIAUX. |
|---|---|
| L'article 437 ne distingue pas. | C'est la perte du crédit qui constitue le véritable état de faillite; or, le crédit commercial se conserve tant qu'on acquitte fidèlement ses obligations commerciales. |

Mais les partisans de la seconde opinion ajoutent que si les obligations civiles et les engagements commerciaux sont en souffrance, il y a faillite pour le tout, et que les règles de la faillite s'appliquent sans distinction à toutes ces affaires.

**Suspension des paiements.** — La doctrine rejette

généralement la distinction entre la *cessation* et la *suspension* des paiements. Un négociant qui ne paie plus à l'échéance cesse ses paiements, alors même qu'il conserve l'espérance de les reprendre plus tard. Ses créanciers attendaient de lui des rentrées à jour fixe. Le défaut de paiement à l'échéance les expose au péril d'arrêter leurs paiements à leur tour.

Le commerce vit d'exactitude et de ponctualité; le moindre retard le trouble et porte coup. De la part d'un commerçant, suspendre ses paiements, c'est faillir; toutes les précautions prises par la loi contre les faillites deviennent donc nécessaires, dès que survient une cessation de paiements.

**Renouvellement de billets.** — Le renouvellement de billets n'est pas un paiement; par conséquent, il ne saurait empêcher l'état de faillite. (*Jurisprudence.*)

**Déclaration de faillite après décès.** — La faillite d'un commerçant peut être déclarée après son décès, lorsqu'il est mort en état de cessation de paiements. (*Art.* 437.) Mais il faut que, de fait, il y ait eu cessation de paiements avant le décès. Si donc le commerçant se suicidait la veille de la cessation de ses paiements, il échapperait ainsi à la faillite. Cette solution, qui résulte de la discussion de la loi à la Chambre des députés, a été adoptée par la jurisprudence. Une opinion tout opposée soutient, dans un but de moralité, que le négociant qui se suiciderait la veille de la cessation de ses paiements n'échapperait pas à la faillite, le suicide ayant eu pour cause l'imminence de la cessation.

La déclaration de la faillite ne pourra être ni prononcée d'office, ni demandée par les créanciers, que dans l'année qui suivra le décès. Mais elle pourra être prononcée après l'expiration de l'année, lorsqu'elle aura été demandée dans le délai de la loi. (*Art.* 437.) Ce délai d'un an a paru suffisant pour que les créanciers pussent être éclairés sur l'opportunité de la mise en faillite ; et assez court, pour qu'on n'eût pas à craindre que les déclarations posthumes de faillite ne jetassent le trouble dans les successions.

**Distinction entre la faillite et la banqueroute**. — Il y a une grande différence entre la faillite et la banqueroute. La faillite est l'état du négociant qui a cessé ses paiements ; tandis que la banqueroute suppose toujours une faute de la part de celui qui a failli.

**Déconfiture**. — Les règles de la faillite ne sont pas applicables à la déconfiture. Le Code Napoléon, lui-même, n'a pas réglementé cet état. Le non commerçant qui se trouve en état de cessation de paiements, demeurera donc soumis aux poursuites individuelles de ses créanciers, suivant les règles ordinaires du droit civil.

# CHAPITRE II.

## DE LA DÉCLARATION DE FAILLITE ET DE SES EFFETS [1].

**Déclaration de faillite**. — Tout commerçant qui se voit dans la nécessité de cesser ses paiements est tenu, dans les trois jours de la cessation de ses paiements (*au plus tard le troisième jour*), d'en faire la déclaration au greffe du tribunal de commerce de son domicile. Le jour de la cessation des paiements sera compris dans les trois jours.

En cas de faillite d'une société en nom collectif, la

---

[1] On lisait, dans l'ancien Code de commerce : *De l'ouverture de la faillite*. Le mot *déclaration* est plus exact. La déclaration comporte ouverture de plein droit ; mais l'ouverture peut être reportée à une époque antérieure, c'est-à dire à celle de la cessation réelle des paiements.

déclaration contiendra le nom et l'indication du domicile de chacun des associés solidaires. Elle sera faite au
greffe du tribunal dans le ressort duquel se trouve le
siége du principal établissement de la société. (*Art.* 438.)

Il faut remarquer le court délai fixé par la loi pour
faire la déclaration de cessation des paiements. En matière de faillite, il faut que l'état du commerçant
soit promptement constaté et que les tiers en soient
avertis.

**Rétractation de la déclaration.** — Tant que le
jugement déclaratif n'a pas été rendu, le commerçant
peut revenir sur sa déclaration en désintéressant les
créanciers et en reprenant ses paiements.

**Lieu de la déclaration.** — Dans les lieux où il
n'existe pas de tribunal de commerce, la déclaration de
faillite sera faite au greffe du tribunal civil qui en remplit les fonctions.

La faillite d'une société entraîne-t-elle *de plein droit*
celle des associés solidaires ou responsables ?

| NÉGATIVE. | AFFIRMATIVE. |
|---|---|
| La faillite de la société n'est pas la faillite de l'associé solidaire et responsable. | La faillite de la société entraîne de plein droit celle des associés. La loi admet si bien ce principe, qu'elle exige le nom et l'indication du do- |
| L'associé, en effet, peut ne pas avoir cessé *personnellement* ses paiements. | micile des associés dans la déclara- tion de cessation de paiements, et qu'elle prescrit l'apposition des scel- |
| L'action que les créanciers de la société pourront exercer contre chacun des associés, est à raison de leur solidarité; et si l'associé ac- tionné paie, les créanciers de la société ne peuvent pas le faire dé- clarer en faillite. | lés au domicile de chaque associé solidaire. Voir l'article 531, Code de commerce. C'est le système admis par le législateur : *Discussion de la loi, Chambre des députés, 4 avril 1838.* La majorité des auteurs se prononce dans ce sens. |

La déclaration de faillite (nous entendons par ce mot,

jusqu'à présent, *la déclaration de cessation des paiements*)
d'une société en commandite ou anonyme, ne doit énoncer ni les noms des commanditaires, ni ceux des actionnaires.

Le silence de la loi relativement à ces deux sortes de
sociétés, quant aux énonciations de la déclaration de
cessation des paiements, a fait décider par certains auteurs que ces sociétés ne peuvent être mises en faillite;
ils se sont fondés sur ce qu'étant des associations de capitaux et non de personnes, il ne peut y avoir de faillite
sans failli. La jurisprudence et la doctrine ont consacré
l'opinion contraire.

Quant à l'association en participation, on admet généralement qu'elle ne peut être soumise au régime de la
faillite.

**Bilan.** — La déclaration du failli devra être accompagnée du dépôt du bilan, ou contenir l'indication des
motifs qui empêcheraient le failli de le déposer. Le bilan
contiendra l'énumération et l'évaluation de tous les
biens mobiliers et immobiliers du débiteur, l'état des
dettes actives et passives, le tableau des profits et pertes,
le tableau des dépenses; il devra être certifié véritable,
daté et signé par le débiteur [1]. (*Art.* 439.)

---

MODÈLE DE BILAN.

ACTIF. — Argent en caisse.
*Billets en portefeuilles.* Bons. Douteux.

*Débiteurs pour compte.*

Bons... Douteux... Fonds de commerce... Meubles meublants...
*Immeubles.* — Ferme de... Total :

PASSIF. *Créances hypothécaires.* — Au sieur..., par acte du...
*Créances privilégiées.* — A la dame..., pour sa dot... Aux contributions... Aux employés de la maison.
*Créanciers par billets à payer.* — ...
*Créanciers par compte.* — ...

L'obligation de joindre le dépôt du bilan à la déclaration de faillite est une disposition nouvelle.

Le défaut de déclaration et de dépôt du bilan établit contre le failli une présomption de banqueroute simple; l'obéissance aux prescriptions de la loi conduit à l'affranchissement du dépôt dans une maison d'arrêt, ou de la garde de la personne; affranchissement que le tribunal de commerce a le droit d'accorder au failli.

**Déclaration forcée.** — La faillite est déclarée par *jugement* du tribunal de commerce, rendu, soit sur la déclaration du failli, soit à la requête d'un ou de plusieurs créanciers, soit d'office. Ce jugement sera exécutoire provisoirement. (*Art.* 440.)

La faillite ne peut être déclarée par une simple ordonnance du président. Les créanciers qui demandent la déclaration de faillite *ne sont pas tenus* d'assigner le failli. (*Jurisprudence.*) La demande peut se faire par simple requête non communiquée au failli. Le créancier dont le titre n'est pas échu est recevable à demander la faillite. (*Jurisprudence.*) Mais le commanditaire qui n'est pas en même temps créancier, ne peut exercer cette action.

Le créancier porteur d'une obligation purement civile peut aussi provoquer le jugement déclaratif de la faillite, lorsqu'il y a cessation de paiement des dettes commerciales.

Le débiteur qui n'a qu'un seul créancier ne peut être déclaré en faillite. Ce créancier doit exercer ses actions, telles que de droit.

Résultat. — Le passif est de... L'actif est de...
Déficit.
*Note justificative de la gestion* — Pertes... Dépenses de maison... Bénéfices de chaque année... Perte réelle.
Récapitulation. — ...
Certifié sincère et véritable, par moi... A... le...

Suivant MM. Pardessus et Renouard, le fils ne peut provoquer la déclaration de faillite de son père, et la femme celle de son mari, l'état de faillite faisant toujours naître une sorte de prévention de faute. D'autres auteurs accordent ce droit au fils et à la femme, se fondant sur l'absence de tout texte à cet égard.

L'état de faillite et les conséquences qu'il entraîne, existent-ils indépendamment de toute déclaration judiciaire, par suite du seul fait de la cessation des paiements?

| | |
|---|---|
| Il faut que la faillite soit déclarée par le juge, pour qu'elle existe légalement. | L'article 437 porte que *tout commerçant qui cesse ses paiements est en état de faillite.* L'état de cessation de paiements est indépendant de toute déclaration. C'est un fait qui existe par lui-même. Le jugement déclaratif constate l'état de faillite, mais ne le crée pas. |

Suivant cette dernière opinion, l'état de faillite étant indépendant de toute déclaration judiciaire, étant un *fait*, les tribunaux civils saisis d'une contestation dans laquelle une exception tirée de la faillite est opposée, peuvent reconnaître le fait de la cessation, et en appliquer les conséquences légales au litige dont ils sont saisis : prononcer, par exemple, les nullités qu'entraîne le seul fait de la cessation de paiements.

Toutefois la déclaration judiciaire de la faillite est nécessaire pour le syndicat, le concordat, le dessaisissement, etc.

**Détermination de l'époque de la cessation des paiements.** — Par le jugement déclaratif de la faillite ou par jugement rendu sur le rapport du juge commissaire, le tribunal déterminera, soit d'office, soit sur la poursuite de toute partie intéressée, l'époque à laquelle a eu lieu la cessation de paiements. A défaut de détermination spéciale, la cessation des paiements sera réputée avoir eu lieu à partir du jugement déclaratif de la faillite. (*Art.* 441.)

La fixation de l'époque de la cessation des paiements est très-importante. Elle établit un point de départ. Nous verrons plus tard que le failli est incapable, à partir de la cessation de ses paiements, de faire certains actes déterminés, et même dans *les dix jours* antérieurs à cette époque.

Si la faillite est déclarée après décès, le jugement déclaratif doit en fixer l'ouverture *avant* le décès.

La fixation de l'époque de la cessation des paiements par le jugement déclaratif de la faillite, n'est que *provisoire*. Le tribunal est toujours maître de changer l'époque qu'il avait d'abord assignée à la cessation.

**Publicité donnée à cette détermination.** — Les jugements rendus pour déterminer l'époque de la cessation des paiements, seront affichés et insérés par extrait dans les journaux tant du lieu où la faillite aura été déclarée, que de tous les lieux où le failli aura des établissements commerciaux. (*Art.* 442.) L'affiche du jugement ne peut être constatée par un simple certificat. Il faut un procès-verbal authentique.

Les jugements déclaratifs de faillite, rendus par défaut contre le failli, sont sujets à péremption pour défaut d'exécution dans les six mois.

**Effets de la faillite déclarée par jugement.** — Les effets de la faillite déclarée par jugement sont, *en ce qui concerne la fortune du failli* :

1° Le dessaisissement de ses biens ;

2° La suspension des poursuites individuelles de la part des créanciers ;

3° L'exigibilité des créances contre le failli ;

4° La cessation du cours des intérêts.

**Dessaisissement.** — Le jugement déclaratif de la faillite emporte *de plein droit*, à partir de sa date, dessaisissement pour le failli de l'administration de tous ses biens, même de ceux qui peuvent lui échoir tant qu'il est en état de faillite. (*Art.* 443.)

L'état de faillite est *indivisible*; le failli est dessaisi de tous ses biens sans exception, de ceux qu'il possède au jour du jugement déclaratif, et de ceux qui pourront lui échoir par succession, ou qu'il pourra acquérir par son industrie pendant son état de faillite.

Mais la *propriété* des biens réside toujours sur la tête du failli. L'administration paternelle du failli sur les biens de ses enfants ne cesse pas par la faillite.

Le failli ne peut plus consentir au profit de quelques-uns de ses créanciers aucune cause de préférence.

Il ne peut faire aucun acte qui serait de nature à porter atteinte à l'actif; mais il peut toujours se livrer à une nouvelle industrie et acquérir de nouveaux biens. On peut dire qu'il conserve toute sa capacité pour tout ce qui ne nuira pas à l'actif de la faillite.

A partir du jugement déclaratif, toute action mobilière ou immobilière ne pourra être suivie ou intentée que contre les syndics. (*Art.* 443.)

Ce seront les syndics qui intenteront aussi, comme demandeurs, les actions concernant les biens dont le failli est dessaisi. Toutefois il est certaines actions que le failli pourra seul intenter, ou contre lesquelles il pourra seul défendre : celles qui, telles que l'action en séparation de corps, sont exclusivement attachées à sa personne [1].

---

[1] La faillite vaut saisie-arrêt; à partir du jugement déclaratif, aucune compensation ne peut s'opérer au préjudice de la masse. Le failli peut exercer des actions judiciaires dans l'intérêt de la masse ; par exem-

**Suppression des poursuites individuelles.**
— A partir du jugement déclaratif, aucun créancier ne
peut isolément exercer des poursuites, et spécialement
la contrainte par corps, contre le failli. Les poursuites
individuelles augmenteraient inutilement les frais, et con-
sumeraient une partie de l'actif.

Cependant les créanciers hypothécaires ou privilégiés
sur les immeubles, et les créanciers nantis d'un gage,
pourront, attendu que leur position particulière les met
en quelque sorte en dehors de la faillite, poursuivre
l'expropriation des immeubles grevés de leurs hypothèques ou privilèges, et la vente de leur gage.

Toutes voies d'exécution pour parvenir au paiement
des loyers sur les effets mobiliers *servant à l'exploitation
du commerce du failli* seront suspendues pendant trente
jours à partir du jugement déclaratif de faillite, sans préjudice de toutes mesures conservatoires, et du droit qui
serait acquis au propriétaire de reprendre possession des
lieux loués. On a voulu laisser aux nouveaux administrateurs des biens du failli le temps de se reconnaître,
et de désintéresser le bailleur, dans le cas où il serait
utile de conserver les lieux loués, et de continuer l'exploitation du fonds de commerce.

Dans le cas où le propriétaire reprendrait possession
des lieux loués, la suspension des voies d'exécution cesserait de plein droit. (*Art* 450.)

Toute voie d'exécution, tant sur les meubles que sur
les immeubles, ne pourra également être suivie ou intentée que contre les syndics. Le tribunal, lorsqu'il le
jugera convenable, pourra recevoir le failli partie intervenante. (*Art.* 443.)

---

ple, se pourvoir contre un arrêt rendu au préjudice de ses syndics, si
ceux-ci négligent de l'attaquer.

**Exigibilité des créances contre le failli.** — Le jugement déclaratif de faillite *rend exigibles*, à l'égard du failli, les dettes passives non échues, qu'elles soient *civiles* ou *commerciales*, chirographaires, hypothécaires ou privilégiées. (*Art.* 444.)

Mais cette exigibilité ne donne au créancier d'autre droit que celui de figurer aux répartitions de l'actif, comme tout porteur de titres échus. Elle ne produit pas non plus la *compensation* au profit du créancier.

L'exigibilité a-t-elle lieu à l'égard des co-obligés du failli? Le code dit qu'elle n'a lieu *qu'à l'égard du failli*. Il serait, en effet, injuste de s'adresser aux co-obligés avant le terme convenu, et cela, quand même ils seraient solidaires avec le failli, car la solidarité n'exclut pas les termes différents.

**Faillite d'une caution.** — Que décider si c'est la caution qui fait faillite? On ne pourra demander le remboursement au débiteur principal ; mais il devra fournir une nouvelle caution. Il sera même dispensé de fournir cette nouvelle caution, si la caution qui a fait faillite avait été *choisie et demandée* par le créancier. Il est évident que la faillite du débiteur principal ne rend pas non plus exigible l'obligation de la caution restée solvable.

**Faillite du souscripteur d'un billet à ordre, de l'accepteur d'une lettre de change, du tireur à défaut d'acceptation.** — En cas de faillite d'un souscripteur d'un billet à ordre, de l'accepteur d'une lettre de change ou du tireur à défaut d'acceptation, les autres obligés seront tenus de donner caution pour le paiement à l'échéance, s'ils n'aiment mieux payer immédiatement. (*Art.* 444.) On conçoit que la nature particulière des engagements formés par billets à ordre ou lettres de change, exige une exception au principe que *lorsqu'il y a plusieurs co-obligés, celui qui n'est pas tombé en faillite doit jouir du bénéfice du terme stipulé.* Cette exception n'existe toutefois que dans le cas de faillite du *débiteur principal.*

**Cessation du cours des intérêts.** — Le jugement déclaratif de faillite arrête, *à l'égard de la masse seulement*, le cours des intérêts de toute créance non garantie par un privilége, par un nantissement ou par une hypothèque. On ne veut pas que les fortes créances consomment l'actif au préjudice des petits créanciers, en laissant courir les intérêts. Les intérêts cessent donc de courir.

Néanmoins les intérêts des créances ne cessent de courir *qu'à l'égard de la masse des créanciers.* Le failli devra les acquitter s'il veut plus tard obtenir sa réhabilitation. Il en est toujours débiteur. Il en est de même des co-obligés, à l'égard desquels les intérêts ne cessent pas de courir.

Les intérêts des créances garanties ne pourront être réclamés que sur les sommes provenant de biens affectés au privilége, à l'hypothèque ou au nantissement. (*Art.* 445.)

**Actes nuls de droit.** — Sont *nuls* et sans effets, *relativement à la masse*, lorsqu'ils auront été faits par le débiteur depuis l'époque déterminée par le tribunal comme étant celle de la cessation de ses paiements, ou dans les dix jours qui auront précédé cette époque :

1º *Tous actes translatifs de propriétés mobilières ou immobilières à titre gratuit.* Tout acte de libéralité, direct, indirect, ou déguisé. Même les donations rémunératoires, et la dot que le failli aura constituée à quelqu'un. On n'a pas le droit de faire des libéralités lorsqu'on ne peut s'acquitter vis-à-vis de ses créanciers.

2º *Le paiement de toutes dettes non échues, soit en es-*

pèces, soit par transport, vente, compensation ou autrement... (Il s'agit ici d'une compensation conventionnelle...) Quel intérêt le failli aurait-il à payer par anticipation, si ce n'était pour avantager un de ses créanciers au préjudice de la masse? Peu importe la nature de la dette.

3° *Pour dettes échues, tous paiements faits autrement qu'en espèces ou effets de commerce.* Le créancier a, par exemple, reçu en paiement des objets mobiliers, tels que des bijoux, de l'argenterie. Pourquoi a-t-il consenti à ce mode de paiement? Ne peut-on pas présumer qu'il a rendu sa position plus avantageuse que celle des autres créanciers?

4° *Les hypothèques conventionnelles ou judiciaires, et les droits d'antichrèse ou de gage constitués sur les biens du débiteur pour dettes contractées antérieurement à la constitution de l'hypothèque, de l'antichrèse ou du gage.* (*Art.* 446.) Garanties prises tardivement. Pourquoi? Ne peut-on pas présumer encore que le créancier ayant eu connaissance du mauvais état des affaires du débiteur, a voulu rendre sa position meilleure que celle des autres créanciers?

La disposition de l'*art.* 446 ne s'applique *ni aux hypothèques légales, ni aux priviléges.* Cet article ne parle que des hypothèques conventionnelles ou judiciaires, ainsi que de l'antichrèse ou du gage.

**Actes annulables.** — Tous autres paiements faits par le débiteur pour dettes échues, et tous autres actes à titre onéreux par lui passés après la cessation de ses paiements et avant le jugement déclaratif de la faillite, *pourront* être annulés si, de la part de ceux qui ont reçu du débiteur ou qui ont traité avec lui, ils ont eu lieu avec connaissance de la cessation de ses paiements. (*Art.* 447.)

Ici il n'y a plus *nullité de plein droit*, mais *latitude* laissée aux juges appréciateurs. Ce ne sera qu'autant qu'il y aura eu préjudice pour les créanciers, que les juges annuleront.

Les paiements de dettes échues faits antérieurement à la cessation des paiements, et même dans les dix jours qui précèdent cette cessation, ne sont annulables que dans les termes du droit commun. Il en est de même des actes onéreux, pourvu que ce soit sans fraude ; et les caractères de la fraude consistent spécialement dans ce fait que le créancier aurait eu connaissance de la cessation des paiements. La femme du failli est présumée de droit avoir eu cette connaissance. (*Jurisprudence.*)

Les actes faits par le failli ne sont annulables qu'autant qu'ils préjudicieraient à la masse. Ils ne peuvent être annulés sur la demande des tiers.

La faillite ne résout pas les ventes faites par le failli. Les syndics peuvent forcer l'acheteur à prendre livraison. (*Jurisprudence.*)

**Délai pour inscrire les droits de privilége et d'hypothèque.** — Les droits d'hypothèque et de privilége valablement acquis, pourront être inscrits jusqu'au jour du jugement déclaratif de la faillite. Néanmoins, les inscriptions prises après l'époque de la cessation des paiements ou dans les dix jours qui précèdent, pourront être déclarées nulles, s'il s'est écoulé plus de quinze jours entre la date de l'acte constitutif de l'hypothèque ou du privilége et celle de l'inscription.

Ce délai sera augmenté d'un jour à raison de cinq myriamètres de distance, entre le lieu où le droit d'hypothèque aura été acquis et le lieu où l'inscription sera prise. (*Art.* 448.)

L'objet de cet article a été de résoudre les questions nombreuses élevées sous l'ancien code sur la validité des inscriptions prises avant la faillite. On a laissé aux juges la faculté d'annuler les inscriptions tardives, selon les circonstances. Quant aux renouvellements d'inscriptions prises précédemment, ils ont toujours été considérés comme valables. Le créancier hypothécaire qui a pris une inscription tardive est soumis au concordat.

**Lettres de change ou billets à ordre soldés entre la cessation des paiements et le jugement déclaratif.** — Que décider si des lettres de change ou des billets à ordre ont été payés après la cessation des paiements, et avant le jugement déclaratif? L'action en rapport ne pourra être intentée que contre celui pour compte duquel la lettre de change aura été fournie. S'il s'agit d'un billet à ordre, l'action ne pourra être exercée que contre le premier endosseur.

Dans l'un et l'autre cas, la preuve que celui à qui on demande le rapport avait connaissance de la cessation des paiements à l'époque de l'émission du titre, devra être fournie. (*Art.* 449.) Les lettres de change et les billets à ordre sont, en effet, une sorte de monnaie dont il serait dangereux pour le commerce d'entraver la circulation, ce qui arriverait si l'on était menacé de restituer les sommes formant le montant de ces titres et qu'on aurait touchées.

---

# CHAPITRE III.

### DE LA NOMINATION DU JUGE COMMISSAIRE.

**Nomination du juge commissaire.** — La première mesure provisoire qui doive, en cas de faillite, être prise par le tribunal de commerce, est la nomination du juge commissaire. Par le jugement qui déclarera la faillite, le tribunal de commerce désignera l'un de ses membres pour juge commissaire. (*Art.* 451, *Code de com.*)

Les fonctions du juge commissaire commencent au moment de sa nomination. Elles continuent jusqu'à ce que le failli ait été remis à la tête de ses affaires par un concordat, ou jusqu'à la liquidation définitive.

Le tribunal de commerce pourra, à toutes les époques, remplacer le juge commissaire de la faillite par un autre de ses membres. (*Art.* 454.)

Ce juge pourra être remplacé sur la demande des syndics ou des créanciers, qui articuleraient contre lui des négligences, excès de pouvoir ou prévarications.

**Attributions du juge commissaire.**—Le juge commissaire sera chargé spécialement d'accélérer et de surveiller les opérations et la gestion de la faillite. Il n'administrera pas, mais il accélérera et surveillera. Il présidera l'assemblée des créanciers ; c'est en sa présence que se fera la vérification des créances et que se débattra le concordat ; c'est lui qui ordonnera la répartition des deniers entre les créanciers. Il fera au tribunal de commerce le rapport de toutes les contestations que la faillite pourra faire naître, et qui seront de la compétence de ce tribunal. (*Art.* 452.)

Toutefois le juge commissaire n'est pas juge de la compétence du tribunal. Une difficulté s'élève ; si elle est de nature à être tranchée par le juge commissaire seul, il ne fait point de rapport ; il statue. Si, au contraire, la question n'est pas de nature à être jugée par le juge commissaire seul, il devra faire son rapport, et il ne pourrait point s'en dispenser parce que, dans son opinion, le débat ne serait pas de la compétence du tribunal de commerce et devrait être soumis aux tribunaux civils. Il faudra que, même dans cette hypothèse, il fasse son office de rapporteur, sauf à dire dans son rapport ce qu'il croira. convenable pour établir l'incompétence du tribunal de commerce, et sauf au tribunal lui-même à se déclarer incompétent.

**Recours contre les ordonnances du juge commissaire.** — Les ordonnances du juge commissaire ne seront susceptibles de recours que dans les cas prévus par la loi. Ainsi le recours n'est pas la règle générale, mais l'exception.

Il est porté devant le tribunal de commerce.

Le juge commissaire a voix délibérative dans toutes les affaires jugées sur son rapport. Mais il doit s'abstenir, lorsqu'on attaque une de ses ordonnances ; en cas d'excès de pouvoir, on peut attaquer les ordonnances du juge commissaire devant le tribunal de commerce.

**Cas de recours.** — Voici quelques exemples de cas de recours.

S'il s'élève des réclamations contre quelqu'une des opérations des syndics, le juge commissaire statuera, dans le délai de trois jours, *sauf recours* devant le tribunal de commerce. (*Art.* 466.)

Le failli pourra obtenir, pour lui et sa famille, des secours alimentaires fixés, sur la proposition des syndics, par le juge commissaire, *sauf appel* au tribunal en cas de contestation. (*Art.* 474.)

Voir encore les articles 530 et 567 du Code de commerce.

# CHAPITRE IV.

### DE L'APPOSITION DES SCELLÉS ET DES PREMIÈRES DISPOSITIONS A L'ÉGARD DE LA PERSONNE DU FAILLI.

**Autres mesures provisoires.** — D'autres mesures provisoires doivent, en cas de faillite, être prises par le tribunal de commerce. Ce sont : 1° *l'apposition des scellés*, et, 2°, *l'arrestation du failli.*

Par le jugement qui déclarera la faillite, le tribunal ordonnera l'apposition des scellés, et le dépôt de la personne du failli dans la maison d'arrêt pour dettes, ou la garde de sa personne par un officier de police ou de justice, ou par un gendarme.

Néanmoins, si le juge commissaire estime que l'actif du failli peut être inventorié en un seul jour, il ne sera point apposé de scellés, et il devra être immédiatement procédé à l'inventaire. Il ne pourra, en cet état, être reçu, contre le failli, d'écrou ou recommandation pour aucune espèce de dettes.

**Apposition des scellés.** — L'apposition des scellés a pour objet de prévenir les détournements qui pourraient être commis. — Jugement qui déclare la faillite et ordonne l'apposition des scellés. — Le greffier du tribunal de commerce adresse, *sur-le-champ*, au juge de paix, avis de la disposition du jugement qui a ordonné l'apposition des scellés. — Le juge de paix peut, même avant le jugement, apposer les scellés, soit *d'office*, soit sur la *réquisition* d'un ou de plusieurs créanciers, mais seulement dans le cas de *disparition* du débiteur, ou de *détournement* de tout ou partie de son actif. (*Art.* 457.) Le juge de paix ne pourrait plus, sous la législation actuelle, apposer les scellés, *sur la notoriété.*

On appose les scellés sur les magasins, comptoirs, caisses, portefeuilles, livres, papiers, meubles et effets du failli. En cas de faillite d'une société en nom collectif, les scellés seront apposés, non-seulement dans le siége principal de la société, mais encore dans le domicile séparé de chacun des associés solidaires. Dans tous les cas, le juge de paix donnera, sans délai, au président du tribunal de commerce, avis de l'apposition des scellés. (*Art.* 458.)

En cas de faillite d'une société en commandite, on ne peut apposer les scellés chez les commanditaires. On les apposera au domicile social, et à celui du gérant ou des gérants responsables, s'ils ont un domicile particulier.

Lorsqu'il y a eu dispense d'apposition des scellés, parce que le juge commissaire a estimé que l'actif du failli pouvait être inventorié en un seul jour, la présence du juge de paix à l'inventaire sera-t-elle nécessaire?

| NÉGATIVE. | AFFIRMATIVE. |
|---|---|
| L'intervention du juge de paix pour l'apposition des scellés n'a qu'un objet : *la conservation de l'actif jusqu'à l'inventaire.* | L'article 480 du Code de commerce exige que le juge de paix assiste personnellement à l'inventaire et le *signe.* |
| Le juge de paix n'intervient après l'inventaire que pour *lever les scellés.* | Garantie pour les créanciers. |

**Arrestation du failli**. — Le tribunal ordonne l'arrestation du failli, parce que la faillite peut être le résultat de quelque fraude, ou, au moins, d'une négligence punissable.

Dès le moment du jugement, il ne peut être reçu d'écrou, ni de recommandation contre le failli pour aucune espèce de dettes civiles ou commerciales. Mais il peut en être reçu pour dette criminelle ou correctionnelle. — On doit ordonner le dépôt du failli dans une maison d'arrêt, quand même il serait déjà en prison, comme banqueroutier.

Les dispositions qui ordonneront le dépôt de la personne du failli dans une maison d'arrêt pour dettes, ou la garde de sa personne, seront exécutées à la diligence, soit du ministère public, soit des syndics de la faillite. (*Art.* 460.)

Le greffier du tribunal de commerce adressera, dans les 24 heures, au procureur impérial du ressort, extrait des jugements déclaratifs de faillite mentionnant les principales indications et dispositions qu'ils contiennent. (*Art.* 459.)

**Affranchissement du dépôt ou de la garde de la personne.** — Lorsque le failli aura déclaré la cessation de ses paiements et déposé son bilan, et ne sera point, au moment de la déclaration, incarcéré pour dettes, ou pour autre cause, le tribunal pourra l'affranchir du dépôt ou de la garde de sa personne. (*Art.* 456.)

Les articles 455 et 456 du Code de commerce prescrivaient d'une manière absolue le dépôt du failli dans la maison d'arrêt pour dettes, ou la garde de sa personne ; mais ils autorisaient sa mise en liberté avec sauf-conduit. On a fait remarquer que ce système avait de graves inconvénients ; que, d'une part, à raison de sa rigueur, il restait sans exécution ; que, d'un autre côté, les faillis, pour se soustraire à cette détention ou garde, s'absentaient jusqu'à ce qu'ils eussent obtenu un sauf-conduit, et laissaient ainsi les agents de la faillite sans renseignements. La nouvelle loi a permis que les faillis fussent, en certains cas, affranchis des dépôts, sans être obligés de subir les délais et les formes d'une obtention de sauf-conduit. On a pensé pouvoir mettre pour condition à cet affranchissement la déclaration *spontanée* de faillite, avec remise volontaire du bilan. La déclaration cesse d'être *spontanée*, si le failli est incarcéré.

La disposition du jugement qui affranchirait le failli du dépôt ou de la garde de sa personne pourra toujours, suivant les circonstances, être ultérieurement rapportée par le tribunal de commerce, même d'office. (*Art.* 456.)

L'arrestation du failli cesserait d'être juste si elle n'était plus motivée. En conséquence, le juge commissaire, d'après l'état apparent des affaires du failli, pourra proposer sa mise en liberté avec sauf-conduit provisoire de sa personne. Si le tribunal accorde le sauf-conduit, il pourra obliger le failli à fournir caution de se représenter, sous peine de paiement d'une somme que le tribunal arbitrera, et qui sera dévolue à la masse. (*Art.* 472.)

Le sauf-conduit peut être accordé, quoique avant la déclaration de faillite le failli fût détenu pour dettes commerciales. Mais en cas de fraude du failli, le créancier qui l'avait incarcéré peut s'opposer au sauf-conduit.

Le sauf-conduit, s'il n'est limité ou révoqué, subsiste tant que dure la faillite.

A défaut, par le juge commissaire, de proposer un sauf-conduit pour le failli, ce dernier pourra présenter sa demande au tribunal de commerce, qui statuera, en audience publique, après avoir entendu le juge commissaire. (*Art.* 473.) Les créanciers peuvent s'opposer à cette demande, et plaider leurs moyens d'opposition.

**Avances des frais par le Trésor public.** — Souvent les créanciers, effrayés par les avances qu'exigent les frais d'une faillite, n'auraient osé en poursuivre les opérations, et auraient préféré subir la loi qui leur était imposée par le débiteur. Pour prévenir ce danger, on a introduit une nouvelle disposition qui procure beaucoup de célérité dans la marche de la procédure, et un grand avantage pour les créanciers.

Lorsque les deniers appartenant à la faillite ne pourront suffire immédiatement aux frais du jugement de déclaration de la faillite, d'affiche et d'insertion de ce jugement dans les journaux, d'apposition des scellés, d'arrestation et d'incarcération du failli, l'avance de ces frais sera faite, sur ordonnance du juge commissaire, par le *Trésor public*, qui en sera remboursé par privilége sur les premiers recouvrements, sans préjudice du privilége du propriétaire. (*Art.* 461.)

## CHAPITRE V.

### DE LA NOMINATION ET DU REMPLACEMENT DES SYNDICS PROVISOIRES.

**Syndics provisoires.** — Le dessaisissement du failli amène, comme conséquence, la désignation d'administrateurs qui remplaceront le failli dans l'administration de sa fortune. Cette administration par des tiers existe dans l'intérêt du débiteur lui-même, et dans celui des créanciers.

Par le jugement qui déclarera la faillite, le tribunal de commerce nommera un ou plusieurs syndics provisoires. (*Art.* 462, *Code de com.*) Ainsi donc : *nomination par le tribunal de syndics provisoires.*

Les syndics provisoires pourvoiront aux premières opérations et aux plus urgentes de la faillite : apposition des scellés, arrestation du failli, etc., etc. On les nomme syndics provisoires, parce qu'ils ne sont nommés que pour les premiers moments de la faillite. Les créanciers dans l'intérêt de qui ils fonctionnent, n'étant pas réunis, n'ont pu les choisir; c'est le tribunal qui les a nommés. Cependant il est juste que les créanciers soient consultés sur le choix : désignation nécessaire de nouveaux administrateurs.

**Devoirs du juge commissaire.** — Le juge commissaire convoquera immédiatement les créanciers présumés, à se réunir dans un délai qui n'excédera pas quinze jours. Il consultera les créanciers présents à cette réunion, tant sur la composition de l'état des créanciers présumés, que sur la nomination de nouveaux syndics. Il sera dressé procès-verbal de leurs dires et observations, lequel sera représenté au tribunal.

**Syndics définitifs.** — Sur le vu de ce procès-verbal et de l'état des créanciers présumés, et sur le rapport du juge commissaire, *le tribunal nommera de nouveaux syndics, ou continuera les premiers dans leurs fonctions.*

Les syndics ainsi institués sont *définitifs* ; cependant ils peuvent être remplacés par le tribunal de commerce, dans les cas et suivant les formes qui seront déterminés.

Le nombre des syndics pourra être, à toute époque, porté jusqu'à *trois.* Ils pourront être choisis parmi les personnes étrangères à la masse, et recevoir, quelle que soit leur qualité, après *avoir rendu compte* de leur gestion, une indemnité que le tribunal arbitrera sur le rapport du juge commissaire. (*Art.* 462.)

Aucun parent ou allié du failli, jusqu'au quatrième degré inclusivement, ne pourra être nommé syndic. (*Art.* 463.)

Un syndic peut être chargé de la gestion de plusieurs faillites à la fois. On peut nommer syndic un ancien failli concordataire, un mineur émancipé autorisé à faire le commerce, un étranger.

Le tribunal n'est pas tenu de déférer aux observations des créanciers sur le choix des syndics.

Les syndics ne sont pas assujettis au serment avant d'entrer en fonctions.

Lorsqu'il y aura lieu de procéder à l'adjonction ou au remplacement d'un ou plusieurs syndics, il en sera référé par le juge commissaire au tribunal de commerce, qui procédera à la nomination suivant les formes établies plus haut : convocation des créanciers, procès-verbal de leurs observations, rapport du juge commissaire. (*Art.* 464.)

**Réclamations contre les opérations des syndics.** — Les créanciers peuvent élever des réclamations contre les opérations des syndics ; ils peuvent s'opposer aux actes des syndics qui leur semblent préjudiciables. Le juge commissaire doit alors statuer dans le délai de trois jours, sauf recours devant le tribunal de commerce.

Les décisions du juge-commissaire sont exécutoires par provision (*Art.* 466.)

Les syndics sont solidaires à raison de leur gestion.

**Révocation des syndics.** —Le juge commissaire pourra, soit sur les réclamations à lui adressées par le failli ou par les créanciers, soit même d'office, *proposer* la révocation d'un ou de plusieurs des syndics.

Si, dans les huit jours, le juge commissaire n'a pas fait droit aux réclamations qui lui ont été adressées, es réclamations pourront être portées devant le tribunal.

Le tribunal, en chambre du conseil, entendra le rapport du juge commissaire et les explications des syndics, et prononcera, à l'audience, sur la révocation. (*Art.* 467.)

24

# CHAPITRE VI.

## DES FONCTIONS DES SYNDICS.

§ I. Disposisions générales. — § II. Levée des scellés et inventaire. § III. Vente des marchandises et meubles, recouvrements. — § IV. Actes conservatoires. — § V. Vérification des créances.

### § I. Dispositions générales.

**Caractère des syndics.** — Les syndics sont des administrateurs. Ils représentent la *masse* et le *failli*.

Comme représentant la masse et le failli, ils doivent faire *tous les actes d'intérêt commun* : levée des scellés et inventaire, vente des marchandises et meubles, recouvrements, actes conservatoires, vérification des créances.

On a demandé si les syndics sont tenus solidairement par suite de leur administration ?

Selon les uns, les syndics ne sont pas solidaires. La solidarité *ne se présume pas.* Les syndics sont *mandataires.* Entre plusieurs mandataires, il n'y a de solidarité qu'autant qu'elle est exprimée. (*Art.* 1995, *Code Nap.*)

Selon d'autres, les syndics sont solidaires. Leur mandat est collectif. Ils ne peuvent agir individuellement ; leur responsabilité doit être indivisible comme leur gestion. (*Art.* 465, *Code de com.*) En matière commerciale, la solidarité s'attache ordinairement aux actes collectifs.

Dans une troisième opinion, enfin, les syndics son tenus chacun *pour le tout*, mais ne sont pas soumis à un solidarité parfaite. Ainsi, la poursuite dirigée contr l'un d'eux n'interrompra pas la prescription à l'égard des autres, etc.

**Autorisation pour agir séparément**. — S'il a été nommé plusieurs syndics, ils ne pourront agir que *collectivement*; néanmoins le juge commissaire peut donner à un ou plusieurs d'entre eux des autorisations spéciales, à l'effet de faire séparément certains actes d'administration. Dans ce dernier cas, les syndics autorisés seront seuls responsables. (*Art.* 465.)

**Premier devoir des syndics**. — Si l'apposition des scellés n'avait point eu lieu avant la nomination des syndics, ces derniers requerront le juge de paix d'y procéder. (*Art.* 468.)

**Dispense des scellés**. — Le juge commissaire pourra, sur la demande des syndics, les dispenser de faire placer sous les scellés, ou les autoriser à en faire extraire :

1° Les vêtements, hardes, meubles et effets nécessaires au failli et à sa famille, et dont la délivrance sera autorisée par le juge commissaire sur l'état que lui en soumettront les syndics ; 2° les objets sujets à dépérissement prochain ou à dépréciation imminente ; 3° les objets servant à l'exploitation du fonds de commerce, lorsque cette exploitation ne pourrait être interrompue sans préjudice pour les créanciers.

Les objets compris dans les deux dispositions précédentes seront de suite inventoriés avec prisée par les syndics, en présence du juge de paix, qui signera le procès-verbal. (*Art.* 469) [1].

---

[1] L'art. 469 suppose que les syndics provisoires auront la faculté de continuer l'exploitation d'un fonds de commerce, lorsqu'ils penseront qu'elle ne pourrait être interrompue sans préjudice pour les créanciers. Ce que l'article admet pour un fonds de commerce, doit s'étendre à toutes es usines qui sont susceptibles d'exploitation. Mais si le failli prévoit

**Objets sujets à dépérissement.** — Les syndics pourront être autorisés par le juge commissaire à vendre les objets sujets à dépérissement ou à dépréciation imminente, et même à exploiter le fonds de commerce. (*Art.* 470.)

Le failli pourra-t-il intervenir dans cette vente? Pour l'affirmative, on peut dire qu'on doit toujours consulter le failli sur ses véritables intérêts, et que, par conséquent, on ne peut jamais se dispenser de l'appeler. Pour la négative, on fait observer que l'intervention ou l'appel du failli, rendraient extrêmement difficile l'administration des syndics.

Quant à l'exploitation du fonds de commerce, elle n'a lieu que lorsqu'elle peut être interrompue sans préjudice pour la masse.

**Livres du failli.** — Les livres du failli seront extraits des scellés et remis par le juge de paix aux syndics, après avoir été arrêtés par lui; il constatera sommairement, par son procès-verbal, l'état dans lequel ils se trouveront. (*Art.* 471.)

Le juge de paix arrête les livres en les signant au commencement et à la fin, ou au moins en les paraphant.

**Effets à courte échéance.** — Les effets de portefeuille à courte échéance ou susceptibles d'acceptation, ou pour lesquels il faudra faire des actes conservatoires, seront aussi extraits des scellés par le juge de paix, décrits et remis aux syndics pour en faire le recouvrement. Le bordereau en sera remis au juge commissaire.

Les autres créances seront recouvrées par les syndics sur leurs quittances. (*Art.* 471.)

**Lettres adressées au failli.** — Les lettres adres-

---

que cette exploitation pourra être désastreuse, ne devra-t-il pas avoir le droit de s'opposer à cette continuation d'exploitation? Il ne saurait en être privé.

sées au failli seront remises aux syndics qui les ouvriront. Les directeurs et facteurs des postes sont donc autorisés à remettre aux syndics les lettres adressées au failli. Ce dernier pourra, s'il est présent, assister à l'ouverture des lettres. (*Art. 471.*)

**Entretien du failli.** — Le failli pourra obtenir pour lui et sa famille, sur l'actif de sa faillite, des secours alimentaires, qui seront fixés, *sur la proposition des syndics*, par le juge commissaire, sauf appel au tribunal en cas de contestation. (*Art. 474.*)

Ces mesures sont prises dès les premières opérations de la faillite ; tandis que, sous l'ancienne loi, elles n'avaient lieu qu'en cas de contrat d'union. « Il vaut mieux, a dit M. Renouard, accorder au failli de faibles secours, que de le contraindre, sous peine de mourir de faim, à se faire sa part lui-même. »

**Clôture des livres.** — Les syndics appelleront le failli auprès d'eux pour clore et arrêter les livres en sa présence.

S'il ne se rend pas à l'invitation, il sera sommé de comparaître dans les quarante-huit heures au plus tard.

Soit qu'il ait ou non obtenu un sauf-conduit, il pourra comparaître par fondé de pouvoir, s'il justifie de causes d'empêchement reconnues valables par le juge commissaire. (*Art. 475.*)

**Bilan dressé par les syndics.** — Dans le cas où le bilan n'aurait pas été déposé par le failli, les syndics le dresseront immédiatement à l'aide des livres et papiers du failli, et des renseignements qu'ils se procureront, et ils le déposeront au greffe du tribunal de commerce. (*Art. 476.*)

**Enquête.** — Le juge commissaire est autorisé à entendre le failli, ses commis et employés, et toute autre personne, ce qui comprend la femme et les enfants du failli (*innovation*), tant sur ce qui concerne la formation du bilan, que sur les causes et les circonstances de la faillite. (*Art.* 477.)

En donnant au juge commissaire le droit de procéder à une enquête, le législateur n'a pu faire de ce magistrat un juge d'instruction, ni créer des moyens de contrainte contre les témoins qui refuseraient de comparaître. Si des indices de fraude paraissent résulter de ce refus, le juge commissaire les fera connaître au ministère public.

Lorsqu'un commerçant aura été déclaré en faillite *après son décès*, ou lorsque le failli viendra à décéder *après la déclaration de la faillite*, sa veuve, ses enfants et ses héritiers pourront se présenter, ou se faire représenter, pour le suppléer dans *la formation du bilan*, ainsi que dans toutes les autres opérations de la faillite. (*Art.* 478.)

La veuve, les enfants ou les héritiers du failli sont-ils autorisés à dresser eux-mêmes le bilan?

Ils suppléeront le failli dans *la formation du bilan*, dit l'article; ils dresseront donc eux-mêmes le bilan, comme le failli l'eût fait lui-même.

Ils ne feront que donner des renseignements aux syndics, qui ont *seuls* le droit de dresser le bilan lorsqu'il ne l'a pas été par le failli.

## § II. De la levée des scellés et de l'inventaire.

**Levée des scellés.** — Si les scellés ont été apposés avant leur nomination, les syndics devront, dans les trois jours, *en requérir la levée*, et procéder à l'inventaire des biens du failli, lequel sera présent ou dûment appelé. (*Art.* 479.) Le délai de trois jours courra à partir de l'apposition des scellés.

**Inventaire.** — L'inventaire sera dressé en double minute par les syndics, à mesure que les scellés seront levés, et en présence du juge de paix, qui le signera à chaque vacation. L'une de ces minutes sera déposée au greffe du tribunal de commerce, dans les vingt-quatre heures ; l'autre restera entre les mains des syndics.

Les syndics seront libres de se faire aider pour sa rédaction, comme pour l'estimation des objets, par qui ils jugeront convenable.

Il sera fait recolement des objets qui n'auraient pas été mis sous les scellés, et auraient déjà été inventoriés et prisés. (*Art.* 480.)

Mais, que décider si la faillite est déclarée après décès, et s'il n'a pas été fait d'inventaire antérieurement à cette déclaration, ou si le failli est décédé avant l'ouverture de l'inventaire?

Il sera procédé *immédiatement* à l'inventaire dans les formes indiquées plus haut, c'est-à-dire en double minute par les syndics, en présence du juge commissaire. Les héritiers seront aussi présents, ou dûment appelés. (*Art.* 481.)

On a demandé comment cette disposition se coordonnerait avec la loi civile, dans le cas où il y aurait des mineurs. Faudrait-il alors un inventaire notarié?

On a répondu que l'intérêt des créanciers de la faillite devait passer avant tous les autres intérêts, parce qu'il n'y a d'héritier mineur ou majeur, qu'après que les dettes sont payées, et qu'il faut satisfaire de la manière la plus avantageuse et la plus rapide à l'intérêt des créanciers qui prévaut sur tous les autres. Ce sera donc dans les formes indiquées par la législation sur les faillites, que l'inventaire devra être fait.

S'il a été fait un inventaire après le décès du failli, cet acte sera pris pour base de l'inventaire de la faillite.

**Mémoire sommaire.** — En toute faillite, les syndics, dans la quinzaine de leur entrée ou de leur maintien en fonctions, seront tenus de remettre au juge commissaire un mémoire ou compte sommaire de l'état apparent de la faillite, de ses principales causes et circonstances, et des caractères qu'elle paraît avoir [1].

Le juge commissaire transmettra immédiatement le mémoire, avec ses observations, au procureur impérial. S'il ne lui a pas été remis dans les délais prescrits, il devra en prévenir le procureur impérial, et lui indiquer les causes du retard. (*Art.* 582.) Le juge commissaire pourra, dans tous les cas, provoquer la révocation des syndics.

**Droit du ministère public.** — Le ministère public pourra se transporter au domicile du failli et assister

---

[1]        MÉMOIRE OU COMPTE SOMMAIRE

*De la situation apparente de la faillite...*

*A M. le juge commissaire (pour être transmis avec ses observations au procureur impérial.)*

Les sieurs..., syndics de la faillite du sieur..., ex-négociant, ont l'honneur de vous transmettre l'état de la faillite dudit sieur...

Cette faillite présente un actif de.., et un passif de...

Le failli attribue le dérangement de ses affaires aux pertes que lui a fait éprouver le sieur.., qui n'a pas rempli envers lui ses engagements, et à la baisse subite du sucre dont il avait fait provision à un très-haut prix, et qu'il a été forcé de revendre à perte.

On doit cependant remarquer que, peu avant sa faillite, il a fait des emprunts considérables, notamment d'une somme de..., au sieur..., d'une autre somme de..., au sieur...

Il paraît embarrassé de justifier de l'emploi de ces divers emprunts : il était adonné au jeu, et peut-être cette passion a-t-elle pu contribuer à sa ruine.

Enfin, dès qu'il a reconnu l'impossibilité de tenir plus longtemps secret l'état fâcheux de son commerce, il a disparu de son domicile, et s'est tenu caché pendant...

Depuis, il a été mis provisoirement en état de détention dans la maison d'arrêt de..., où il est encore en ce moment.

(*Signature des syndics.*)

à l'inventaire. Il aura, à toute époque, le droit de requérir communication de tous les actes, livres ou papiers relatifs à la faillite. (*Art.* 483.)

### § III. De la vente des marchandises et meubles ; des recouvrements.

**Vente des objets mobiliers.** — L'inventaire terminé, les marchandises, l'argent, les titres actifs, les livres et papiers, meubles et effets du débiteur sont remis *aux syndics*, qui s'en chargent au bas dudit inventaire. (*Art.* 484.) Les syndics pourront être autorisés à faire vendre les objets *mobiliers* ou les marchandises par le juge commissaire, le failli entendu ou dûment appelé. Le juge commissaire décidera si la vente se fera, soit à l'amiable, soit aux enchères publiques, par l'entremise de courtiers ou de tous autres officiers publics préposés à cet effet.

Les syndics choisiront dans la classe d'officiers publics déterminée par le juge commissaire, celui dont ils voudront employer le ministère. (*Art.* 486.)

Les syndics ne pourront jamais être autorisés à vendre les *immeubles*.

Ils ne pourront *louer* les immeubles que sur l'autorisation expresse du tribunal, et, en aucun cas, consentir à la conversion en vente volontaire des saisies immobilières frappant les immeubles du failli.

**Recouvrement des dettes actives.** — Les syndics continueront de procéder, sous la surveillance du juge commissaire, au recouvrement des dettes actives. (*Art.* 485.) Ils feront vérifier et affirmeront les créances que le failli pourra avoir sur d'autres masses.

Les syndics ont qualité pour donner quittance.

**Transactions.** — Les syndics pourront transiger sur les contestations qui intéressent la masse, avec l'autorisation du juge commissaire, et le failli dûment appelé. Ils pourront même, à ces conditions, transiger sur toutes les contestations qui sont relatives à des droits et actions immobiliers. (*Art.* 487.)

Si l'objet de la transaction est d'une valeur indéterminée, ou qui excède 300 francs, la transaction ne sera obligatoire qu'après avoir été homologuée, savoir : par le tribunal de commerce pour les transactions relatives à des droits mobiliers, et par le tribunal civil pour les transactions relatives à des droits immobiliers.

Le failli sera appelé à l'homologation; il aura, dans tous les cas, la faculté de s'y opposer. Son opposition suffira pour empêcher la transaction si elle a pour objet *des biens immobiliers.* (*Art.* 487.) L'opposition du failli suffira dans ce dernier cas pour empêcher la transaction, parce que l'on ne sait pas s'il n'y aura pas un concordat, et si le failli ne sera pas replacé à la tête de ses affaires; on ne peut pas, dans ce doute, le dépouiller de la propriété de ses immeubles.

**Compromis.** — Les syndics ne peuvent en aucun cas compromettre. L'opinion contraire a toutefois été soutenue. Il faut remarquer aussi que les syndics seraient bien forcés de se soumettre aux arbitres, si, avant sa faillite, le failli avait consenti un arbitrage.

**Lieu de dépôt des deniers provenant des ventes et recouvrements.** — Les deniers provenant des ventes et des recouvrements seront, sous la déduction des sommes arbitrées par le juge commissaire, pour le montant des dépenses et frais, *versés immédiatement à la Caisse des dépôts et consignations.* Dans les trois jours des recettes, il sera justifié au juge commissaire desdits versements; en cas de retard les syndics devront les intérêts des sommes qu'ils n'auront pas versées.

Les deniers versés par les syndics, et tous autres consignés par des tiers, pour compte de la faillite, ne pourront être retirés qu'en vertu d'une ordonnance du juge commissaire.

S'il existe des oppositions, les syndics devront préalablement en obtenir la main-levée.

Le juge commissaire pourra ordonner que le versement sera fait par la Caisse directement entre les mains des créanciers de la faillite, sur un état de répartition dressé par les syndics et ordonnancé par lui. (*Art.* 489.)

**Collaboration du failli.** — Si le failli a été affranchi du dépôt, ou s'il a obtenu un sauf-conduit, les syndics pourront l'employer pour faciliter et éclairer leur gestion; le juge-commissaire fixera les conditions de son travail. (*Art.* 488.)

### § IV. Des actes conservatoires.

**Actes conservatoires.** — A compter de *leur entrée en fonctions*, les syndics seront tenus de faire tous actes pour la conservation des droits du failli contre ses débiteurs (*interruptions de prescription, par exemple*).

Ils seront aussi tenus de requérir l'inscription aux hypothèques sur les immeubles des débiteurs du failli, si elle n'a pas été requise par lui; l'inscription sera prise au nom de la masse par les syndics, qui joindront à leurs bordereaux un certificat constatant leur nomination.

Ils seront tenus aussi de prendre inscription au nom de la masse des créanciers, sur les immeubles du failli dont ils connaîtront l'existence. L'inscription sera reçue sur un simple bordereau énonçant qu'il y a faillite, et relatant la date du jugement par lequel ils auront été nommés. (*Art.* 490.)

Il faut remarquer que cette inscription n'a pas pour objet de créer une hypothèque, mais que c'est un acte purement conservatoire. (*Cass.*, 22 *juin* 1841.)

§ V. De la vérification des créances.

**Créances soumises à la vérification.** — La plus importante fonction des syndics est de procéder à la *vérification des créances.*

Toutes les créances, quelles qu'elles soient, civiles ou commerciales, hypothécaires ou privilégiées, éventuelles ou indéterminées, sont soumises à la vérification.

**Remise des titres par les créanciers.** — *A partir du jugement déclaratif de la faillite,* les créanciers pourront remettre au greffier leurs titres, avec un bordereau indicatif des sommes par eux réclamées. Le greffier devra en tenir état et en donner un récépissé.

Il ne sera responsable des titres que pendant cinq années, à partir du jour de l'ouverture du procès-verbal de vérification. (*Art.* 491.)

**Avertissement aux créanciers.** — Les créanciers qui, à l'époque du maintien ou du remplacement des syndics, n'auront pas remis leurs titres, seront immédiatement avertis par des insertions dans les journaux et par lettres du greffier, qu'ils doivent se présenter en personne ou par fondés de pouvoirs, dans le délai de vingt jours, à partir desdites insertions, aux syndics de la faillite, et leur remettre leurs titres accompagnés d'un bordereau indicatif des sommes par eux réclamées, si mieux ils n'aiment en faire le dépôt au greffe du tribunal de commerce; il leur en sera donné récépissé. (*Art.* 492.)

Augmentation du délai à raison d'un jour par cinq myriamètres, pour les créanciers domiciliés en France, hors du lieu où siége le tribunal saisi de l'instruction de la faillite.

Pour les créanciers domiciliés hors du territoire continental, augmentation suivant les règles de l'art. 73 du

Code de procédure civile, modifié par la loi du 3 mai 1862. (*Art.* 492.)

L'avertissement doit être donné à tous créanciers sans exception, porteurs de titres civils ou commerciaux privilégiés, hypothécaires ou chirographaires.

Le propriétaire bailleur n'est pas obligé à faire vérifier sa créance.

**Opération de la vérification.** — La vérification des créances commencera *dans les trois jours* de l'expiration des délais accordés aux créanciers demeurant en France (on n'attend pas l'expiration des délais accordés aux créanciers domiciliés hors du territoire continental).

Elle sera *continuée sans interruption* (célérité). Elle se fera aux lieu, jour et heure indiqués par le juge commissaire. L'avertissement aux créanciers contiendra mention de cette indication. Néanmoins les créanciers seront de nouveau convoqués à cet effet, tant par lettres du greffier, que par insertion dans les journaux.

Les créances des syndics seront vérifiées par le juge commissaire; les autres le seront contradictoirement entre le créancier ou son fondé de pouvoir et les syndics, en présence du juge commissaire, qui en dressera procès-verbal. (*Art.* 493.)

Le créancier qui prétend avoir un privilége, n'est pas obligé de déclarer cette prétention au moment de la vérification.

**Droit d'assister à la vérification.** — Tout créancier vérifié ou porté au bilan pourra assister à la vérification des créances, et fournir des contredits aux vérifications faites et à faire. Le failli aura le même droit. (*Art.* 494.)

L'ancienne loi n'accordait pas au failli le droit d'assister à la vérification des créances. Sa présence a été reconnue devoir être d'une grande utilité; car lui seul

connaît le véritable état de ses affaires, et la valeur des
prétentions de chaque créancier.

**Preuve des créances.** — Les créanciers prouve-
ront leurs droits par tous les moyens légaux de preuve.
*Dans tous les cas*, le juge commissaire pourra, même
d'office, ordonner la représentation des livres du créancier, ou demander, en vertu d'un compulsoire, qu'il
en soit rapporté un extrait fait par les juges du lieu.
(*Art.* 496.)

**Procès-verbal de vérification.** — Le procès-
verbal de vérification indiquera le domicile des créanciers et de leurs fondés de pouvoirs (*domicile réel; il n'y
a pas d'élection de domicile*).

Il contiendra la description sommaire des titres, men-
tionnera les surcharges, ratures et interlignes, expri-
mera si la créance est admise ou contestée. (*Art.* 495.)

Il n'est pas nécessaire que les titres produits soient
enregistrés. (*Décis. du min. des fin.* 28 *juin* 1808.)

Le créancier privé de son titre, soit qu'il ne l'ait pas
dans ses mains, soit qu'il n'en ait jamais eu, doit seulement déclarer sa créance, et déposer soit son compte,
soit un extrait de ses livres.

**Admission de la créance.** — Si la créance est
admise, les syndics signeront, sur chacun des titres, la
déclaration suivante :

*Admis au passif de la faillite de...*
*pour la somme de...        le ...*

Le juge commissaire visera la déclaration. (*Art.* 497.)

A défaut de titre, la déclaration est faite sur l'extrait
des livres du créancier, ou sur les factures et comptes
produits par lui.

**Affirmation des créances.** — Chaque créancier,
dans la huitaine, au plus tard, après que sa créance aura
été vérifiée, sera tenu d'affirmer, entre les mains du

juge commissaire, que ladite créance est sincère et véritable. (*Art.* 497.)

L'affirmation doit-elle avoir la forme du serment?

*Négative* : La loi n'en a pas parlé. Affirmation pure et simple. Aucune formule tracée par le législateur.

*Affirmative* : Le serment donnera plus de poids à l'affirmation.

L'affirmation peut être faite par un fondé de pouvoir.

Le défaut d'affirmation dans la *huitaine* entraîne-t-il déchéance des droits du créancier?

| Il entraîne déchéance. | Pas de déchéance. |
|---|---|
| Le loi est formelle : chaque créancier *sera tenu* d'affirmer dans la huitaine; il ne pourra s'en dispenser sans déchéance, qu'en alléguant *force majeure* ou *maladie*. | La loi n'énonce aucune déchéance. L'affirmation peut être reçue tant que le procès-verbal n'est pas clos. (C'est la solution qui prévaut.) |

Le procès-verbal d'admission forme au profit du créancier un nouveau titre contre lequel on ne peut invoquer aucune preuve. Mais il ne dispense pas de reproduire l'ancien titre, surtout si les syndics prétendent avoir fait sur ce titre des réserves formelles. On a même jugé qu'une créance admise par les syndics peut être contestée ensuite par le failli, à moins que l'admission n'ait eu lieu par un jugement.

**Contestation de la créance.** — Si la créance est contestée, le juge commissaire pourra, sans qu'il soit besoin de citation, renvoyer à bref délai devant le tribunal de commerce, qui jugera sur son rapport. Le tribunal de commerce pourra ordonner qu'il soit fait, evant le juge commissaire, enquête sur les faits, et que es personnes qui pourront fournir des renseignements oient, à cet effet, citées par devant lui. (*Art.* 498.)

Lorsqu'une créance est contestée, les juges peuvent mettre des présomptions graves, précises et concordantes pour en réduire le montant, en admettre une partie et rejeter le surplus.

Lorsque la contestation sur l'admission d'une créance aura été portée devant le tribunal de commerce (*ce qui aura lieu lorsque la contestation s'élèvera sur des matières commerciales*), ce tribunal, si la cause n'est point en état de recevoir jugement définitif avant l'expiration des délais fixés, à l'égard des personnes domiciliées en France, ordonnera, selon les circonstances, qu'il sera sursis ou passé outre à la convocation de l'assemblée pour la formation du concordat.

Si le tribunal ordonne qu'il sera passé outre, il pourra décider, par provision, que le créancier contesté sera admis dans les délibérations pour une somme que le même jugement déterminera. (*Art.* 499.)

Lorsque la contestation sera portée devant le tribunal civil (*ce qui aura lieu lorsque la contestation s'élèvera sur des matières civiles*), le tribunal de commerce décidera s'il sera sursis ou passé outre; dans ce dernier cas, le tribunal civil saisi de la contestation jugera, à bref délai, sur requête des syndics, signifiée au créancier contesté, et sans autre procédure, si la créance sera admise par provision, et pour quelle somme.

Dans le cas où une créance serait l'objet d'une instruction criminelle ou correctionnelle, le tribunal de commerce pourrait également prononcer le sursis. S'il ordonnait de passer outre, il ne pourrait accorder l'admission par provision, et le créancier contesté ne pourrait prendre part aux opérations de la faillite, tant que les tribunaux compétents n'auraient pas statué. (*Art.* 500.)

**Privilége ou hypothèque contestés.** — L créancier dont le privilége ou l'hypothèque seulemen serait contesté, sera admis dans les délibérations de 1 faillite comme créancier ordinaire. (*Art.* 501.) Les mots *privilége* ou *hypothèque* comprennent le nantissement et le gage.

**Expiration des délais pour la vérification et l'affirmation.** — Lorsque les délais sont expirés pour la vérification et l'affirmation des créances *des personnes domiciliées en France,* il est passé outre à la formation du concordat et à toutes les opérations de la faillite, sans attendre les étrangers domiciliés à l'étranger. Mais on met en réserve leur part dans les dividendes. (*Art.* 502, 567, 568.)

Suspendre les opérations de la faillite jusqu'après la vérification des créances étrangères, ce serait sacrifier les créanciers français ; ce serait souvent nuire aux étrangers eux-mêmes, en laissant l'actif, qui est aussi leur gage, se détériorer par des lenteurs. La réserve de leurs dividendes les tiendra indemnes de toutes pertes.

**Sanction du défaut de comparution et d'affirmation.** — Les défaillants connus ou inconnus ne seront pas compris dans les répartitions à faire : toutefois la voie de *l'opposition* leur sera ouverte jusqu'à la distribution des deniers inclusivement ; les frais de l'opposition demeureront toujours à leur charge. Leur opposition ne pourra suspendre l'exécution des répartitions ordonnées par le juge commissaire ; mais s'il est procédé à des répartitions nouvelles, avant qu'il ait été statué sur leur opposition, ils seront compris pour la somme qui sera provisoirement déterminée par le tribunal, et qui sera tenue en réserve jusqu'au jugement de leur opposition.

S'ils se font ultérieurement reconnaître créanciers, ils ne pourront rien réclamer sur les répartitions ordonnancées par le juge commissaire ; mais ils auront le droit de prélever sur l'actif, non encore réparti, les dividendes afférents à leurs créances dans les premières répartitions. (*Art.* 503.)

L'opposition se fait par *acte extrajudiciaire* signifié aux syndics. Le tribunal de commerce statue sur le mérite de l'opposition.

Il n'est pas besoin de faire prononcer par jugement la déchéance des créanciers défaillants.

Le créancier vérifié, mais non affirmé, n'est pas défaillant ; il doit être compris dans les répartitions, sauf à affirmer avant de toucher.

---

# CHAPITRE VII.

## DU CONCORDAT.

§ 1. **De la convocation et de l'assemblée des créanciers.** — § **II. De la formation du concordat.** — § **III. Des effets du concordat.** — § **IV. De l'annulation et de la résolution des concordats.** — § **V. De la clôture en cas d'insuffisance de l'actif.**

### § I. De la convocation et de l'assemblée des créanciers.

**Convocation des créanciers.** — Dans les *trois jours* (*ce délai n'est pas de rigueur*) qui suivront les délais prescrits pour l'affirmation, le juge commissaire fera convoquer, par le greffier, à l'effet de délibérer sur la formation du concordat, les créanciers dont les créances auront été vérifiées et affirmées, ou admises par provision. Les *insertions dans les journaux* et les *lettres de convocation* indiqueront l'objet de l'assemblée. (*Art.* 504, *Code de com.*)

**Tenue de l'assemblée.** — Aux lieu, jour et heure qui seront *fixés par le juge commissaire*, l'assemblée se formera *sous sa présidence*. (*Art.* 505.)

**Composition de l'assemblée.** — Les créanciers *vérifiés* et *affirmés* ou admis par provision, s'y présenteront en personne ou par fondés de pouvoir.

Le failli sera appelé à cette assemblée; il devra s'y présenter en personne, s'il a été dispensé de la mise en dépôt, ou s'il a obtenu un sauf-conduit, et il ne pourra s'y faire représenter que pour des motifs valables et approuvés par le juge commissaire. (*Art.* 505.)

Il n'est pas nécessaire que les pouvoirs d'un créancier, pour assister à l'assemblée, soient notariés. Mais s'ils sont contestés, le juge commissaire doit statuer provisoirement sur leur validité.

Le juge commissaire qui reconnaît l'omission de certaines formalités, peut ajourner l'assemblée jusqu'à ce que ces formalités aient été remplies.

**Rapport des syndics.** — Les syndics feront à l'assemblée un rapport sur l'état de la faillite, sur les formalités qui auront été remplies, et les opérations qui auront eu lieu; le failli sera entendu.

Le rapport des syndics sera remis, signé d'eux, au juge commissaire, qui dressera procès-verbal de ce qui aura été dit et décidé dans l'assemblée. (*Art.* 506.)

Le procès-verbal de l'assemblée, rédigé par le juge commissaire, doit être signé par les créanciers, Il n'est pas nécessaire qu'un notaire intervienne pour ceux qui ne savent pas signer.

### § II. De la formation du concordat.

**Définition du concordat.** — On entend par *Concordat, le traité qui intervient, après les formalités prescrites, entre le failli et la majorité de ses créanciers, représentant en outre les trois quarts de la totalité des créances vérifiées et affirmées, ou admises par provision.*

**Atermoiement.** — On nomme *Atermoiement* le

traité par lequel les créanciers accordent au débiteur, sur le point de faillir, des termes et délais pour se libérer.

**Conditions pour la formation du concordat.**
— Il ne pourra être consenti de traité entre les créanciers délibérants et le débiteur failli, qu'après l'accomplissement des formalités ci-dessus indiquées (qui consistent dans *l'administration de la faillite* selon les formes légales, et dans *la vérification et l'affirmation des créances*).

**Majorité requise.** — Une double condition a été exigée pour le vote du concordat. Afin que les petits créanciers ne soient pas obligés de subir la loi des créanciers plus considérables, et que, d'un autre côté, les petits créanciers n'imposent pas leur volonté aux créanciers de sommes plus importantes, la loi a établi que *le concordat ne se formera que par le concours d'un nombre de créanciers formant la majorité* (intérêt des petits créanciers), *et représentant, en outre, les trois quarts de la totalité des créances vérifiées et affirmées, ou admises par provision* (intérêt des créanciers importants).

Le tout à peine de *nullité*. (*Art.* 507.)

On exclut du nombre et de la somme qui doit former le concordat, les créanciers hypothécaires, privilégiés et nantis de gages.

Un tuteur peut consentir au concordat sans remplir les formes relatives aux transactions des mineurs.

Le cessionnaire de plusieurs créances dont les cessions sont antérieures à la faillite, n'a qu'une voix ; il a autant de voix que de créanciers cédants, si les cessions sont postérieures.

Le créancier qui a plusieurs débiteurs solidaires, vote dans la faillite de chacun d'eux.

La majorité numérique pour la formation du concordat doit-elle se calculer sur le nombre des créanciers *présents*, ou sur celui des créanciers *vérifiés ?*

| Sur le nombre des créanciers *présents*. | Sur le nombre des créanciers *vérifiés*. |
|---|---|
| L'ancien code (*Art.* 522) parlait de la majorité des *créanciers présents*.<br>Il n'y a pas d'innovation formelle. | On invoque la jurisprudence, et les termes de l'article 507. |

**Créanciers non admis à voter.** — Les créanciers hypothécaires inscrits ou dispensés d'inscription, et les créanciers privilégiés ou nantis d'un gage, n'auront pas voix dans les opérations relatives au concordat pour lesdites créances, et elles n'y seront comptées que s'ils renoncent à leurs hypothèques, gages ou priviléges.

S'il en était autrement, ces créanciers suffisamment rassurés par leur privilége, hypothèque ou gage, consentiraient trop facilement des remises, qui seraient supportées, en définitive, par les créanciers privés de ces garanties. Que si les créanciers hypothécaires ou privilégiés ont aussi des titres purement chirographaires, ils ont voix délibérative au concordat pour ces titres.

Le vote au concordat emportera de plein droit renonciation aux hypothèques, gages ou priviléges. (*Art.* 507.)

Que si, au moment du vote, l'hypothèque ou le privilége étaient contestés, le créancier hypothécaire ou privilégié serait admis à délibérer, *sans perdre son droit de préférence*, dans le cas où ce droit viendrait plus tard à être reconnu.

**Précaution prise pour assurer la fidélité dans la formation du concordat.** — Le concordat sera, *à peine de nullité*, signé séance tenante. Il pourra être proposé dans une séance, et adopté dans la séance suivante ; mais il sera signé, à peine de nullité, dans la séance où il aura été adopté. Cette mesure a pour objet d'empêcher qu'on ne colporte le traité, afin d'obtenir des signatures de complaisance, après coup.

Toutefois le concordat signé régulièrement, séance tenante, par la majorité en nombre et en sommes, ne peut être déclaré nul à cause de l'adhésion postérieure de quelques créanciers.

Si le concordat est consenti seulement par la majorité en nombre, ou par la majorité des trois quarts en sommes, la délibération sera remise à huitaine pour tout délai; dans ce cas, les résolutions prises et les adhésions données hors de la première assemblée, demeureront sans effet. (*Art.* 509.)

Rejet du concordat si, à la seconde réunion, il n'y a encore qu'une seule des deux majorités.

**Concordat accordé au banqueroutier.** — Le concordat peut-il être accordé au banqueroutier ? Il faut distinguer entre le banqueroutier *frauduleux* et le banqueroutier *simple.*

Si le failli a été condamné comme banqueroutier *frauduleux,* le concordat *ne pourra être formé.* (*Art.* 510.) La protection de la loi ne peut, en effet, s'étendre sur celui qui a commis un crime aussi grave.

Si le failli a été condamné comme banqueroutier *simple,* le concordat *pourra être formé.* (*Art.* 511.)

Il a semblé trop rigoureux au législateur, de refuser le concordat en cas de banqueroute simple. Un tel traité intéresse souvent les créanciers plus encore que le débiteur ; et les faits d'imprudence ou de négligence qui entraînent la banqueroute simple, ne défendent pas, dans tous les cas, de remettre le failli à la tête de ses affaires, et de lui laisser le soin de faire servir son actif à l'acquittement d'une partie de ses dettes, dont les créanciers ne lui font pas remise. On a pensé que l'action de la justice serait souvent arrêtée par l'intérêt des créanciers, si la banqueroute simple devait toujours entraîner une aussi rigoureuse conséquence. Il semble qu'il y aurait de l'inconséquence à déclarer toujours indigne d'un concordat le failli qu'on admet à l'honneur de la réhabilitation.

Lorsqu'une instruction en banqueroute frauduleuse aura été commencée, les créanciers seront convoqués à l'effet de décider s'ils se réservent de délibérer sur un concordat, en cas d'acquittement, et si, en conséquence, ils surseoient à statuer jusqu'après l'issue des poursuites.

Ce sursis ne pourra être prononcé qu'à la majorité en nombre et en sommes, déterminée par l'article 507. Si, à l'expiration du sursis, il y a lieu à délibérer sur le concordat, les règles établies par le précédent article seront applicables aux nouvelles délibérations. (*Art.* 510.)

En cas de poursuites commencées pour banqueroute simple, les créanciers pourront aussi surseoir à délibérer jusqu'après l'issue des poursuites, en se conformant aux dispositions de l'article précédent. (*Art.* 511.)

**Opposition au concordat.** — Tous les créanciers ayant eu droit de concourir au concordat, ou dont les droits auront été reconnus depuis, pourront *y former opposition*.

L'opposition a pour objet d'éclairer le tribunal appelé à homologuer le concordat, sur les vices que ce traité pourrait offrir.

L'opposition sera motivée, et devra être signifiée aux syndics et au failli, à peine de nullité, dans les huit jours qui suivront le concordat; elle contiendra assignation à la première audience du tribunal de commerce.

S'il n'a été nommé qu'un seul syndic, et s'il se rend

opposant au concordat, il devra provoquer la nomination d'un nouveau syndic, vis-à-vis duquel il sera tenu de remplir les formes prescrites au présent article.

Si le jugement de l'opposition est subordonné à la solution de questions étrangères, à raison de la matière, à la compétence du tribunal de commerce, ce tribunal surseoira à prononcer jusqu'après la décision de ces questions.

Il fixera un bref délai dans lequel le créancier opposant devra saisir les juges compétents et justifier de ses diligences. (*Art.* 512.)

**Créanciers qui ne peuvent faire opposition.** — Les créanciers hypothécaires ou gagistes ne peuvent former opposition au concordat. Il ne leur nuit pas.

Les créanciers qui ont concouru au concordat ne peuvent non plus s'y opposer, sauf le cas de dol.

Il en est de même de ceux qui n'auraient été reconnus qu'après le concordat et la huitaine des oppositions, surtout s'ils ont été mis en demeure de se faire vérifier. Ils ont à s'imputer de n'avoir pas fait diligence.

Ne peuvent s'opposer, ceux qui n'ont été ni vérifiés, ni affirmés ou admis par provision avec droit de délibération.

La déchéance résultant de l'expiration du délai, est opposable même au mineur.

**Homologation.** — Le concordat est obligatoire, à la condition d'être homologué par le tribunal de commerce. La décision de l'autorité judiciaire est donc nécessaire pour rendre le concordat obligatoire même à l'égard de ceux qui l'ont signé.

Cette homologation sera poursuivie devant le tribunal de commerce, à la requête de la partie la plus diligente.

Le tribunal ne pourra statuer avant l'expiration du délai de huitaine accordé pour les oppositions.

Si pendant ce délai il a été formé des oppositions, et si la cause de ces oppositions est de la compétence du tribunal de commerce, le tribunal statuera sur les oppositions et sur l'homologation par un seul et même jugement.

Si l'opposition est admise, l'annulation du concordat sera prononcée à l'égard de tous les intéressés. (*Art.* 513.)

La nullité du concordat profite à tous les créanciers, et chacun d'eux peut intervenir sur l'opposition pour y présenter de nouveaux moyens.

Aucun délai n'est imposé pour l'homologation.

L'homologation prononcée avant la huitaine qui suit le concordat, ne serait nulle qu'autant qu'il surviendrait une opposition.

**Rapport du juge commissaire**. — Le juge commissaire fera au tribunal de commerce un rapport sur les caractères de la faillite et sur l'admissibilité du concordat. (*Art.* 514.)

En cas d'inobservation des règles ci-dessus prescrites, ou lorsque des motifs tirés, soit de l'intérêt public, soit de l'intérêt des créanciers, paraîtront de nature à empêcher le concordat, le tribunal en refusera l'homologation. (*Art.* 515.)

L'homologation peut être frappée d'appel par les créanciers opposants, et le refus d'homologation peut l'être également par celui qui poursuivait cette homologation.

Le créancier qui ne s'est pas opposé au concordat ne peut attaquer le jugement d'homologation.

La mort du failli après le concordat n'empêche pas l'homologation.

§ III. Des effets du concordat.

**Clauses ordinaires des concordats.** — Ordinairement, par le concordat, les créanciers accordent des *délais* au failli, ou des *remises*.

**Remises accordées au failli.** — L'effet des *remises* est de libérer le failli de tout ce qui lui a été remis. Sa libération est telle que quand bien même il acquerrait des biens dans la suite, ses créanciers n'auraient aucune action pour le contraindre à payer ce dont ils l'auraient déchargé.

Le failli devenu héritier de son créancier est-il soumis au rapport de la remise qui lui a été faite?

| | |
|---|---|
| Il est soumis au rapport. | Il n'est pas soumis au rapport. |
| Le concordat libère de l'engagement jusqu'à concurrence de la remise, mais ne saurait affranchir le failli de l'obligation du rapport vis-à-vis de ses cohéritiers. | La remise n'est pas une libéralité. Pourquoi le créancier l'a-t-il accordée? Pour éviter les frais, les inconvénients du régime de l'union. |
| Égalité nécessaire entre les héritiers. | D'ailleurs, le failli concordataire est *complétement libéré.* |
| Elle serait violée sans cela. | |

Mais lorsque le failli veut obtenir sa réhabilitation, il doit désintéresser complétement ses créanciers, et leur payer, tant le capital entier de sa dette, que les intérêts et les frais.

**Effet de l'homologation du concordat.** — L'homologation du concordat *le rendra obligatoire* pour tous les créanciers portés ou non portés au bilan, vérifiés ou non vérifiés, et même pour les créanciers domiciliés hors du territoire continental de la France, ainsi que pour ceux qui auraient été admis par provision à délibérer, quelle que soit la somme que le jugement définitif leur attribuerait ultérieurement. (*Art.* 516.)

Après l'homologation du concordat, le failli ne peut lus prétendre que la vérification des créances ne l'oblige as. Il est obligé de payer tout porteur de titres même on vérifiés, dans la proportion déterminée par le concordat. Mais, nous le répétons, il est libéré pleinement e toutes les dettes dont le concordat porte remise, sans pouvoir jamais être ultérieurement inquiété pour ces mêmes dettes.

La remise faite par le concordat ne libère ni les cautions, ni les créanciers solidaires.

Les créanciers hypothécaires ou privilégiés qui n'ont pas renoncé à cette qualité, peuvent toujours agir intégralement sur l'objet qui leur sert de garantie, même poursuivre le failli comme stellionataire et le faire condamner par corps au paiement intégral de sa créance.

L'homologation conservera à chacun des créanciers, *sur les immeubles du failli*, l'hypothèque inscrite en vertu du troisième paragraphe de l'article 490 (*accordée à la masse*). A cet effet, les syndics feront inscrire aux hypothèques le jugement d'homologation, à moins qu'il n'en ait été décidé autrement par le concordat. (*Art.* 517.)

*Les meubles du failli* sont, après le concordat, affectés au paiement de toutes ses dettes indistinctement, sans que les créanciers de la faillite aient un droit de préférence sur les créanciers postérieurs.

Aussitôt après que le jugement d'homologation sera passé en force de chose jugée (*délai pour interjeter appel expiré, ou confirmation de la sentence des premiers juges par la cour impériale*), les fonctions des syndics cesseront.

Les syndics rendront au failli leur compte définitif, en présence du juge commissaire; ce compte sera débattu et arrêté.

Ils remettront au failli l'universalité de ses biens, livres, papiers et effets. Le failli en donnera décharge.

Il sera dressé du tout procès-verbal par le juge commissaire, dont les fonctions cesseront.

En cas de contestation, le tribunal de commerce prononcera. (*Art*. 519.)

### § IV. De l'annulation et de la résolution du concordat.

**Annulation du concordat.** — En principe, le concordat homologué est irrévocable.

Aucune action en nullité du concordat ne sera recevable après l'homologation, que pour cause de dol découvert depuis cette homologation, et résultant soit de la dissimulation de l'actif, soit de l'exagération du passif. (*Art*. 518.)

Il y a encore *annulation* du concordat par suite de condamnation pour *banqueroute frauduleuse*, intervenue après l'homologation.

On voit que les créanciers qui veulent faire annuler le concordat, ont le choix d'attendre le résultat de la poursuite en banqueroute frauduleuse, ou d'intenter séparément leur action en dissimulation de l'actif ou en exagération du passif. C'est à ce dernier parti qu'ils recourront en cas d'acquittement du failli sur le chef de la banqueroute frauduleuse.

Le condamnation pour banqueroute *simple* intervenue après la formation du concordat, n'en entraîne pas l'annulation. L'intérêt des créanciers est, en effet, ce qui domine dans la formation du concordat; c'est aussi ce qui doit dominer dans la conservation de ce traité. Or, il peut être dans l'intérêt des créanciers de maintenir le concordat, quoique le failli concordataire soit condamné pour banqueroute simple, si cette condamnation est lé-

gère. Que si le failli concordataire est mis dans l'impossibilité d'exécuter le concordat, les créanciers peuvent
toujours intenter *l'action en résolution.*

**Résolution du concordat.** — En cas d'inexécution, par le failli, des conditions de son concordat, la
*résolution* de ce traité pourra être poursuivie contre lui
devant le tribunal de commerce, en présence des cautions, s'il en existe, ou elles dûment appelées.

La *résolution* du concordat ne libérera pas les cautions
qui y seront intervenues pour en garantir l'exécution
totale ou partielle. (*Art.* 520.) Les cautions, en effet, ont
été exigées pour le cas où le débiteur n'exécuterait pas
lui-même ses engagements.

La *résolution* du concordat peut être poursuivie par
tout créancier ayant intérêt, sans qu'il soit besoin du
consentement de la majorité de ceux qui y ont pris part.
Elle peut même être demandée par *un seul créancier* à
l'égard duquel l'inexécution a eu lieu. Après le concordat formé, il n'existe plus, en effet, de masse, plus de
communauté, plus de majorité, plus de minorité, plus
de droits collectifs; chacun peut poursuivre l'exercice
de ses droits individuels par tous les moyens qui lui
restent en vertu du concordat. La majorité étant souvent
impossible à retrouver, ce serait soumettre à une condition impossible la résolution qu'il importe de prononcer. De plus, il pourrait arriver que la majorité fût dé-
sintéressée, et qu'elle n'eût plus aucun intérêt à faire
prononcer la résolution.

Lorsqu'après l'homologation du concordat le failli
sera poursuivi pour banqueroute frauduleuse, et placé
sous mandats de dépôt ou d'arrêt, le tribunal de commerce pourra prescrire telles mesures conservatoires
qu'il appartiendra. Ces mesures cesseront de plein droit
du jour de la déclaration qu'il n'y a lieu à suivre, de

l'ordonnance d'acquittement, ou de l'arrêt d'absolution. (*Art.* 521.)

**Effet de l'annulation et de la résolution du concordat.** — *L'annulation* ou la *résolution* du concordat fait revivre la faillite sur ses anciens errements.

Sur le vu de l'arrêt de condamnation pour banqueroute frauduleuse, ou par le jugement qui prononcera soit l'annulation, soit la résolution du concordat, le tribunal de commerce nommera un juge commissaire et un ou plusieurs syndics.

Ces syndics pourront faire apposer les scellés.

Ils procéderont sans retard, avec l'assistance du juge de paix, sur l'ancien inventaire, au recolement des valeurs, actions et des papiers, et procéderont, s'il y a lieu, à un supplément d'inventaire.

Ils dresseront un bilan supplémentaire.

Ils feront immédiatement afficher et insérer dans les journaux à ce destinés, avec un extrait du jugement qui les nomme, invitation aux créanciers nouveaux, s'il en existe, de produire, dans le délai de vingt jours, leurs titres de créances à la vérification. Cette invitation sera faite aussi par lettres du greffier. (*Art.* 522.)

Il sera procédé, sans retard, à la vérification des titres de créances produits en vertu de l'article précédent.

Il n'y aura pas lieu à nouvelles vérifications des créances antérieurement admises et affirmées, sans préjudice néanmoins du rejet ou de la réduction de celles qui depuis auraient été payées en tout ou en partie. (*Art.* 523.)

Ces opérations mises à fin, s'il n'intervient pas de nouveau concordat (*il va sans dire qu'un nouveau concordat ne peut intervenir qu'autant que les causes d'annulation de l'ancien ne rendent pas le failli incapable de l'obtenir*), les créanciers seront convoqués à l'effet de donner leur avis sur le maintien ou le remplacement des syndics.

Il ne sera procédé aux répartitions qu'après l'expiration, à l'égard des créanciers nouveaux, des délais accordés aux personnes domiciliées en France. (*Art.* 524.)

Les créanciers sont en état d'*union*, s'il n'intervient pas de nouveau concordat.

**Actes faits par le failli postérieurement à l'homologation, et antérieurement à l'annulation.** — Les actes faits par le failli postérieurement au jugement d'homologation, et antérieurement à l'annulation ou à la résolution du concordat, ne sont annulés qu'en cas de fraude aux droits des créanciers. (*Art.* 525.)

Ainsi donc validité complète de ces actes, même quand ils ont été faits dans les dix jours qui ont précédé la résolution ou l'annulation. On a voulu par cette exception encourager les tiers à traiter avec le failli remis à la tête de ses affaires.

**Situation des créanciers antérieurs au concordat, en cas d'annulation ou de résolution.** — Quelle sera la position des créanciers antérieurs au concordat, en cas d'annulation ou de résolution ?

Ils rentreront dans l'intégralité de leurs droits à l'égard du failli seulement ; mais ils ne pourront figurer dans la masse que pour les proportions suivantes, savoir :

*S'ils n'ont touché aucune part du dividende*, pour l'intégralité de leurs créances ;

*S'ils ont reçu une partie du dividende*, pour la portion de leurs créances primitives correspondantes à la portion du dividende promis qu'ils n'auront pas touchée.

Ces dispositions seront applicables au cas où une seconde faillite viendra à s'ouvrir, sans qu'il y ait eu préalablement annulation ou résolution du concordat. (*Art.* 526.)

§ V. De la clôture en cas d'insuffisance de l'actif.

**Jugement de clôture**. — Si à une époque quelconque avant l'homologation du concordat ou la formation de l'union, le cours des opérations de la faillite se trouve arrêté *par l'insuffisance de l'actif,* le tribunal de commerce pourra, sur le rapport du juge commissaire, prononcer, *même d'office,* la clôture des opérations de la faillite.

Ce jugement fera rentrer chaque créancier dans l'exercice de ses actions individuelles, tant contre les *biens* que contre la *personne* du failli. (*Art.* 527.)

La clôture en cas d'insuffisance de l'actif, est une juste innovation. Pourquoi continuer nominalement des opérations que l'on ne peut pas mener à fin, et dont l'unique résultat est de tenir en suspens l'état du failli, la condition des créanciers et des tiers avec lesquels il contracterait, et de surcharger d'affaires inutiles les rôles et les greffes des tribunaux? La clôture doit avoir des effets sévères, car tout porte à croire que le failli ne sera arrivé à cette absorption totale de son actif que par des fraudes ou des négligences bien peu pardonnables.

Il faut constater que *l'état de la faillite et toutes les incapacités qui en découlent, continuent à subsister.* C'est pour exprimer cette pensée, qu'au lieu de *clôture de la faillite,* on a mis *clôture des opérations de la faillite.*

Pendant un mois, à partir de sa date, l'exécution du jugement de clôture sera suspendue. (*Art.* 527.) Le failli pourra peut-être trouver quelques ressources pendant ce délai.

La clôture n'est pas *irrévocable*. Le failli, ou tout autre intéressé, pourra, à toute époque, faire rapporter le jugement de clôture par le tribunal, en justifiant qu'il existe des fonds pour faire face aux frais des opérations de la faillite, ou en faisant consigner entre les mains des syndics somme suffisante pour y pourvoir.

Dans tous les cas, les frais des poursuites exercées individuellement devront être préalablement acquittés. (*Art.* 528.)

---

# CHAPITRE VIII.

## DE L'UNION DES CRÉANCIERS.

**Définition.** — L'*union* est l'état dans lequel se trouvent *de plein droit* les créanciers, lorsqu'il n'y a pas eu de concordat consenti, ou lorsque le concordat consenti a été annulé.

L'état d'union dure jusqu'à la liquidation de la faillite.

**Opérations de l'union.** — Le juge commissaire consultera immédiatement les créanciers, tant sur les faits de la gestion que sur l'utilité du maintien ou du remplacement des syndics. *Les créanciers privilégiés, hypothécaires* ou *nantis d'un gage*, seront admis à cette délibération.

Procès-verbal des dires et observations des créanciers.

Sur le vu de cette pièce, le tribunal de commerce maintient les anciens syndics ou en nomme de nouveaux. (*Art.* 529, *Code de com.*)

Lorsqu'une *société* de commerce sera en faillite, les créanciers pourront ne consentir de concordat *qu'en faveur d'un ou de plusieurs associés.*

Dans ce cas, tout l'actif social demeurera sous le régime de l'union.

Les biens personnels de ceux avec lesquels le concordat aura été consenti en seront exclus, et le traité particulier passé avec eux ne pourra contenir l'engagement de payer un dividende, que sur des valeurs étrangères à l'actif social.

L'associé qui aura obtenu un concordat particulier sera déchargé de toute solidarité. (*Art.* 531.)

On comprend pourquoi le législateur a permis des concordats particuliers dans les faillites des sociétés. Envelopper tous les associés dans les principes absolus de la solidarité, comme le faisait l'ancienne loi, serait souvent blesser l'équité et nuire aux créanciers. Il est juste d'accorder faveur à celui des associés qui, par une meilleure conduite, a mérité d'être distingué des autres, et qui peut offrir à ses créanciers des avantages particuliers. Mais cette faveur cesserait d'être équitable, si on allait jusqu'à affecter à la libération personnelle de l'un des membres de la société quelque portion de l'actif qui appartient collectivement à tous. L'actif social demeurera donc tout entier sous le régime de l'union, et sera intégralement consacré à l'extinction de la dette sociale. L'associé concordataire paiera les dividendes qu'il aura promis, avec des valeurs étrangères à la masse. Restreinte dans ses limites, la faculté d'un concordat particulier, équitable et humaine pour l'associé failli, tournera à l'avantage des créanciers, en leur procurant un dividende sur lequel ils n'auraient pas à compter sans cela.

Les syndics non maintenus devront rendre leur compte aux nouveaux syndics, en présence du juge commissaire, le failli dûment appelé. (*Art.* 529.)

Les créanciers seront consultés sur la question de savoir si un secours pourra être accordé au failli sur l'actif de la faillite.

Lorsque la majorité des créanciers présents y aura consenti, une somme pourra être accordée au failli à titre de secours sur l'actif de la faillite. Les syndics en proposeront la quotité, qui sera fixée par le juge commissaire, sauf recours au tribunal de commerce, de la part des syndics seulement. (*Art.* 530.)

**Mission des syndics en cas d'union.** — Les syndics *représentent* les créanciers, et sont chargés de *procéder à la liquidation*, de *poursuivre la vente* des immeubles, marchandises et effets mobiliers du failli, et la liquidation de ses dettes actives et passives ; le tout sous la surveillance du juge commissaire, et sans qu'il soit besoin d'appeler le failli. (*Art.* 532, 534.)

Les syndics pourront, en se conformant aux règles prescrites par l'article 487, transiger sur toute espèce de droit appartenant au failli, nonobstant toute opposition de sa part. (*Art.* 535.)

Ils ne pourront pas compromettre. Les demandes formées par eux sont dispensées du préliminaire de conciliation.

Les créanciers peuvent donner mandat aux syndics pour continuer l'exploitation de l'actif. La délibération qui leur conférera ce mandat en déterminera la durée et l'étendue, et fixera les sommes qu'ils pourront garder entre leurs mains, à l'effet de pourvoir aux frais et dépenses. Elle ne pourra être prise qu'en présence du juge commissaire, et à la majorité des trois quarts des créanciers en nombre et en sommes.

La voie de l'opposition sera ouverte contre cette délibération, au failli et aux créanciers dissidents. Cette opposition ne sera pas suspensive de l'exécution. (*Art.* 532.)

Les intérêts *distincts* ou *opposés à ceux de la masse* ne sont pas représentés par les syndics ; aussi les créanciers hypothécaires peuvent-ils former tierce-opposition aux jugements rendus avec les syndics, et relatifs aux hypothèques existant sur les immeubles, ou à la propriété de ces mêmes immeubles.

Les syndics ne représentent pas non plus les créanciers privilégiés, sur les questions de préférence qui s'élèvent entre eux.

**Responsabilité des syndics.** — Lorsque les opérations des syndics entraîneront des engagements qui excéderaient l'actif de l'union, les créanciers qui auront autorisé ces opérations, seront seuls tenus personnellement au delà de leur part dans l'actif, mais seulement dans les limites du mandat qu'ils auront donné. Ils contribueront au prorata de leurs créances. (*Art.* 533.)

Les syndics qui ont outrepassé leur mandat, sont personnellement responsables de ce qu'ils ont fait sans pouvoirs.

Les créanciers en état d'union seront convoqués au moins une fois dans la première année, et, s'il y a lieu, dans les années suivantes, par le juge commissaire.

Dans ces assemblées, les syndics rendront compte de leur gestion (*ils répondent de leur fraude ou faute grave ; mais solidairement*). Ils seront continués ou remplacés suivant les formes exposées plus haut. (*Art.* 536.)

Les syndics ont privilége pour le montant de leurs avances, sur les premiers fonds recouvrés. Ce privilége s'exerce même contre les créanciers hypothécaires. Mais ils n'ont pas pour ce recouvrement une action solidaire contre les créanciers.

Le compte des syndics, approuvé par les créanciers, ne peut être attaqué par le failli que pour omissions, faux ou double emploi.

**Fin de la liquidation de la faillite.** — Lorsque la liquidation de la faillite est terminée : Convocation des créanciers par le juge commissaire;

Compte des syndics, failli présent ou dûment appelé.

Les créanciers donneront leur avis sur *l'excusabilité* du failli. Il sera dressé, à cet effet, un procès-verbal dans lequel chacun des créanciers pourra consigner ses dires et observations.

**Dissolution de l'union.** — Après la clôture de cette assemblée, *l'union est dissoute de plein droit.* (*Art.* 537.)

Lorsque l'union est dissoute, s'il advient d'autres biens au failli, les créanciers qui ont obtenu leur paiement sur ces biens, ne sont pas obligés de le rapporter à la masse.

**Rapport du juge commissaire.** — Le juge commissaire présente alors au tribunal de commerce la délibération des créanciers relative à l'excusabilité du failli, et fait un rapport sur les caractères et les circonstances de la faillite.

Le tribunal prononcera si le failli est ou non excusable. (*Art.* 538.)

**Excusabilité ou non-excusabilité.** — Si le failli est *déclaré excusable*, affranchi de la contrainte par corps à l'égard des créanciers de sa faillite, il ne peut plus être poursuivi par eux que sur ses biens *(sauf les étrangers non domiciliés, les tuteurs, les dépositaires, etc., qui sont toujours contraignables par corps).*

Si le failli est *déclaré non excusable :* les créanciers rentreront dans l'exercice de leurs actions individuelles, tant contre sa personne que sur ses biens. (*Art.* 539.)

**Personnes qui ne peuvent être déclarées excusables.** — Ne pourront être déclarés excusables, les banqueroutiers frauduleux, les stellionataires, les personnes condamnées pour vol, escroquerie ou abus de confiance, les comptables de deniers publics. (*Art.* 540.) Quant aux banqueroutiers simples, même en récidive, ils ne sont pas exclus par la loi du bénéfice d'excusabilité. C'est au tribunal à apprécier leur conduite.

**Cession de biens.** — La cession de biens est le bénéfice accordé par la loi au débiteur *malheureux* et de *bonne foi*, auquel il est permis de faire à ses créanciers, malgré eux, l'abandon de ses biens, afin d'obtenir la liberté de sa personne. (*Code Nap. Art.* 1268.)

Aucun débiteur *commerçant* ne sera recevable à demander son admission au bénéfice de cession de biens. (*Art.* 541.)

La loi de 1838 a substitué *l'excusabilité* au bénéfice de *cession de biens judiciaire*, qui existait sous le code de 1807. Le commerçant restera donc soumis à la juridiction commerciale. La cession de biens attribuait compétence aux tribunaux civils. Voir toutefois le chapitre suivant sur les *concordats par abandon de l'actif*.

Les non-commerçants pourront demander leur admission à la cession même *judiciaire*, pour dettes commerciales par eux contractées.

**Traités à l'amiable.** — La faillite peut se terminer sans qu'il y ait concordat ni état d'union, par un traité consenti à l'amiable entre le débiteur et ses créanciers. Mais il faut pour cela qu'ils y aient tous consenti ; car l'opposition d'un seul suffirait (*sauf à le désintéresser*) pour qu'on dût forcément suivre la procédure de la faillite.

---

# CHAPITRE IX.

## DES CONCORDATS PAR ABANDON.

**Historique de la législation sur la matière.** — D'après la législation du Code de commerce sur les faillites, les créanciers d'un failli avaient à choisir entre deux solutions diamétralement opposées : l'une qui faisait rentrer le failli dans la plénitude de sa puissance d'administrer ; l'autre qui le dépouillait, le flétrissait, le livrait à toutes les poursuites ; celle-ci souvent trop libérale pour les créanciers qui l'accordaient ; celle-là, nécessairement ruineuse et désastreuse pour le débiteur qui la subissait. Entre le *concordat,* souvent dangereux pour les créanciers qui le consentent, et l'*union,* toujours terrible pour le failli qui l'encourt, la nécessité, l'humanité, à défaut de la loi, avaient créé un contrat qui n'était pas dans la loi, mais qui n'avait cependant rien d'illégal. Ce contrat qu'on appelle le *concordat par abandon,* a donc été introduit dans le droit usuel des faillites, pour combler une lacune de la législation. Mais des inconvénients et des abus s'étant nécessairement attachés aux concordats par abandon, par suite du silence de la loi, dès l'année 1850, l'Assemblée législative fut saisie d'une proposition tendant à y remédier. Les événements politiques qui s'accomplirent plus tard ne permirent pas d'y donner suite. Le gouvernement impérial a repris le projet, et en a fait la loi du 17 juillet 1856.

**Définition du concordat par abandon.** — C'est un contrat qui se fait entre le failli de bonne foi et ses créanciers, et qui a pour résultat de libérer le failli par l'abandon de ses biens, et de l'affranchir de la contrainte par corps, sans jugement d'excusabilité. Ce contrat, tel qu'il était admis par l'usage et toléré par la jurisprudence, différait du concordat ordinaire, en ce sens qu'il ne replaçait pas le failli à la tête de l'administration de ses biens. Il le dessaisissait au contraire de son actif, qui passait aux mains des créanciers. Ceux-ci chargeaient des mandataires de leur choix, sous le nom de commissaires, d'en poursuivre la vente et la répartition. C'est par là que les concordats par abandon ont certaines analogies avec l'union et la cession de biens. Mais il y avait cette différence, que l'union laissait le failli exposé aux poursuites des créanciers, et que la cession ne le libérait que jusqu'à concurrence de la valeur des biens réalisés, tandis que cette nature de concordat lui rendait sa capacité contractuelle, sa liberté d'action, le dispensait de tout jugement d'excusabilité, et entraînait finalement sa libération.

Plusieurs inconvénients résultaient du silence de la loi.

D'abord, bien que la jurisprudence les tolérât en général, cependant il est arrivé quelquefois qu'elle a contesté les concordats par abandon. L'absence de toute consécration législative était d'ailleurs une source de procès. Ensuite l'exécution des concordats par abandon était livrée à la volonté des parties. Le soin si grave de la liquidation était remis à des commissaires choisis par les créanciers. La surveillance si salutaire du juge commissaire n'existant plus comme dans l'union, il en résultait que les mandataires, sans responsabilité, sans contrôle, commerçants eux-mêmes, préoccupés avant tout du soin de leurs affaires, manquaient de temps ou d'expérience, ou quelquefois même de scrupuleuse probité. Étrangers souvent aux affaires, ils se laissaient diriger par des conseils quelquefois plus dangereux qu'utiles, et toujours onéreux. Ils encaissaient des sommes qu'ils pouvaient conserver pendant un temps indéterminé. Ils retardaient indéfiniment la reddition de leurs comptes, et, quand ils la faisaient, c'était sans ordre, sans régularité, sans garantie suffisante pour les autres créanciers, et surtout pour le failli. Si leur gestion était mauvaise, il était difficile de les remplacer. La loi ne prescrivant rien, tout était arbitraire. L'administration de l'enregistrement considérant le dessaisissement de l'actif comme une transmission de propriété, percevait le droit de mutation, indépendamment du droit de quittance, sur la valeur totale des immeubles, la plupart du temps grevés d'hypothèques. La portion restée disponible, et sur laquelle les créanciers avaient compté, se trouvait donc ainsi absorbée. Enfin l'intérêt social pouvait même être compromis par cette absence de règles, car il arrive trop souvent que l'on rencontre dans une faillite des indices de négligence ou de fraude, et il était impossible, dans cette situation, de les découvrir.

La loi du 17 juillet 1856 a voulu remédier à ces inconvénients.

Elle reconnaît d'abord en principe la légalité des concordats par abandon, et les fait former selon les règles prescrites par la section II du chapitre VI, du titre I, livre III, du Code de commerce. Ainsi, comme le concordat ordinaire, le concordat par abandon doit être consenti par la majorité des créanciers en nombre, et des trois quarts en sommes ; être homologué par le tribunal de commerce, homologation qui le rend obligatoire pour tous les créanciers ; enfin il est soumis aux mêmes causes d'annulation et de résolution.

Après avoir appliqué à la formation des concordats par abandon les règles du concordat proprement dit, la loi de 1856 étend à leur liquidation les articles qui régissent l'union. Comme dans le contrat d'union, il y aura des syndics confirmés ou nommés par le tribunal de commerce. Ces syndics représentant la masse des créanciers, procéderont à la liquidation, rendront leurs comptes en présence du juge commissaire, et le failli dûment appelé.

Enfin, les concordats par abandon sont assimilés à l'union pour la perception des droits d'enregistrement.

L'exposé des motifs résume ainsi les avantages de la

nouvelle loi. Tous les intérêts y trouvent leur satisfaction : *Intérêt des créanciers;* car avec des syndics responsables et révocables agissant sous la surveillance du juge commissaire, ils auront une garantie sérieuse pour la réalisation de l'actif, pour le dépôt et l'emploi des fonds, pour la reddition des comptes, et pour tous les actes de liquidation. — *Intérêt du failli;* car la réalisation de son actif, confié à des agents sérieux, éclairés, responsables, se fera aux conditions les plus avantageuses; les dividendes seront régulièrement payés, et, plus tard, quand il voudra se faire réhabiliter, il aura sous la main tous les éléments d'une situation parfaitement régulière. — *Intérêt de la société;* car l'ordre public, la morale, le crédit, l'équité sont toujours fortement engagés dans une faillite, et il est important qu'une surveillance rigoureuse s'exerce sur toutes les fraudes qui pourraient en aggraver le caractère et les résultats.

**Effets des concordats par abandon.** — Les effets des concordats par abandon, d'après la loi nouvelle, sont les mêmes que ceux des concordats par abandon introduits par l'usage dans la pratique du commerce, et protégés par la jurisprudence. Ces concordats ne replacent pas le débiteur à la tête de ses affaires ; ils remettent ou plutôt laissent l'actif entre les mains des créanciers. Mais, à la différence de l'union, ils restituent au failli, avec sa capacité contractuelle, sa liberté d'action; le dispensent de tout jugement d'excusabilité, et finalement le libèrent. Les créanciers peuvent même, s'ils le jugent à propos, laisser au débiteur une partie de son actif, par exemple la totalité ou une partie de ses meubles meublants, son mobilier personnel, et autres objets qui, pour eux, de peu ou point de valeur, peuvent être cependant d'une grande utilité au failli et à sa famille. Il pourrait même se faire qu'un failli dont la fortune consisterait e

immeubles, eût un actif en réalité supérieur à son passif, et que, dans cette situation, tout en abandonnant à
ses créanciers la plus grande partie de son actif pour
être réalisé par eux, et servir jusqu'à due concurrence
à les désintéresser, il stipulât en même temps qu'il conserverait en propre telle usine, tel établissement qu'il
exploiterait par lui-même : ce serait encore là un concordat par abandon, le plus rare sans doute, mais le
meilleur de tous, puisque ce serait celui qui ferait perdre
le moins aux créanciers.

Admettre le concordat par abandon total ou partiel
de l'actif du failli, n'est-ce pas contredire la disposition
de l'art. 541 du Code de commerce, suivant laquelle aucun débiteur commerçant ne sera recevable à demander son admission au bénéfice de cession de biens?
Nullement, parce qu'il n'y a aucune analogie entre le
concordat par abandon et la cession de biens. La cession de biens, en effet, est *volontaire* ou *judiciaire*. *Volontaire*, elle implique le consentement de *l'unanimité*
des créanciers; *judiciaire*, elle entraîne l'abandon *de
tous les biens* du débiteur, et elle peut être prononcée
par le tribunal *malgré l'opposition* de tout ou partie des
créanciers. Enfin, *elle ne libère pas* le débiteur. Ses biens
deviennent le gage de ses créanciers, qui sont constitués
procureurs dans leur propre cause pour en réaliser la
valeur. La cession ne libère le débiteur que jusqu'à concurrence des biens abandonnés. (*Art.* 1270, *C. Nap.*) Le
concordat par abandon, au contraire, *ne peut être* prononcé par les tribunaux *malgré* les créanciers, et il n'a
pas besoin de leur consentement unanime; il résulte du
consentement de la majorité des créanciers en nombre,
et des trois quarts en sommes. Il libère, en outre, le débiteur. La loi de 1856 n'apporte donc aucun trouble à
l'économie du Code de commerce; elle comble seule-

ment la lacune laissée par la cession de biens. A la place de la cession de biens, entre les inconvénients du concordat et les conséquences de l'union, elle consacre une combinaison qui permet aux créanciers de se saisir de l'actif du débiteur, sans paralyser son activité et son avenir, et au failli de conserver sa liberté et de recommencer une vie nouvelle de travail et de réparation.

**Abandon partiel.** — L'abandon peut être partiel. Il y a, en effet, des objets qui n'ont presque aucune valeur pour les créanciers, et qui en ont beaucoup pour le failli : tels que les meubles meublants. Il pourra donc facilement obtenir qu'on les lui laisse. Les créanciers pourraient même stipuler, en laissant au failli une partie de son actif, qu'il leur paiera en retour un dividende : dans ce cas le concordat sera tout à la fois ordinaire et par abandon. La remise d'une faible portion de l'actif, outre qu'elle est recommandée par un sentiment d'humanité, est souvent pour le failli un moyen et comme un instrument de travail, qui lui permet d'utiliser son industrie, et d'en tirer des profits qu'il ne pourrait réaliser sans cette ressource. Souvent aussi cette remise est le prix, soit d'un engagement plus étendu contracté par le failli envers ses créanciers, soit d'une garantie donnée par sa famille ou par ses amis : elle constitue donc, en réalité, moins un bénéfice pour le failli, qu'un avantage relatif pour ses créanciers.

**Effets comparés des concordats par abandon et des autres concordats**. — Le concordat par abandon produit les mêmes effets que les autres concordats. Le concordat par abandon est, en effet, soumis comme le concordat ordinaire à l'homologation du tribunal, et, une fois homologué, il est obligatoire pour tous les créanciers. De plus la libération accordée au débiteur pour prix de l'abandon de ses biens, pas plus que celle qu'il obtient quand il s'engage à payer un dividende. ne le dispense, lorsqu'il veut se faire réhabiliter, d'acquitter intégralement, en principal, intérêts et frais, toutes les sommes par lui dues, même celles dont il lui a été fait remise. Mais une différence radicale existe entre le concordat par abandon et le concordat ordinaire. Ce dernier remet le failli à la tête de ses affaires, lui rend l'administration de ses biens, tandis que le concordat par abandon l'en prive sans retour, et entraîne même son expropriation complète. Il n'y a donc pas entière parité entre ces deux concordats.

**Défaut de paiement des dividendes promis.** — Le concordat par abandon ne peut être résolu pour défaut de paiement des dividendes promis, comme le concordat ordinaire. Cette cause de résolution n'existe pas pour les concordats par abandon, puisque les débiteurs qui les obtiennent ne promettent aucun dividende, et que les créanciers sont saisis de tout l'actif qui, en retour de la libération accordée par eux, leur est abandonné.

**Dissimulation de l'actif, ou exagération du passif.** — Bien que la loi du 17 juillet 1856 ait dit que le concordat par abandon est annulé et résolu de la même manière que les autres concordats, cependant il ne paraît pas qu'il puisse y avoir lieu d'appliquer l'annulation pour dissimulation de l'actif, ou exagération du passif, au concordat par abandon, car le débiteur ne trouvera aucun intérêt à diminuer son actif et à exagérer son passif. Il obtiendra, en effet, d'autant plus facilement l'assentiment de la majorité de ses créanciers, qu'il leur offrira en perspective une somme plus forte; et la somme le paraîtra d'autant plus que le nombre des créanciers sera moindre. D'un autre côté, le débiteur n'aura pas à craindre, de la part des créanciers qu'il aura omis, des poursuites en paiement d'un dividende, puisque, n'eussent-ils pris aucune part à la répartition, il ne pourra pas moins leur opposer son concordat, lequel le libère complétement, et est obligatoire même pour les créanciers non portés au bilan.

**Dissimulation du passif.** — La dissimulation du passif ne peut non plus autoriser une demande en nullité du concordat. Cependant le tribunal de commerce pourra, eu égard aux circonstances, et au plus ou moins d'importance de la créance dissimulée ou omise, déclarer le débiteur déchu de la libération à lui consentie par le concordat. Il en sera déchu, mais seulement jusqu'à concurrence du préjudice éprouvé par suite de l'omission ou de la dissimulation, et envers qui de droit.

**Liquidation de l'actif abandonné.** — La liquidation de l'actif abandonné se fera conformément aux paragraphes 2, 3 et 4 de l'article 529, aux art. 532, 533, 534, 535, 536, et aux paragraphes 1 et 2 de l'art. 537.

Ainsi, le juge commissaire consultera les créanciers, tant sur les faits de la gestion que sur l'utilité du maintien ou du remplacement des syndics. Les créanciers privilégiés, hypothécaires ou nantis d'un gage, seront admis à cette délibération. Il sera dressé procès-verbal des dires et observations des créanciers, et, sur le vu de cette pièce, le tribunal de commerce statuera. Les syndics qui ne seraient pas maintenus devront rendre leur compte aux nouveaux syndics, en présence du juge commissaire, le failli dûment appelé.

Les syndics représentent la masse des créanciers, et sont chargés de procéder à la liquidation. Néanmoins les créanciers pourront leur donner mandat pour continuer l'exploitation de l'actif. La délibération qui leur conférera ce mandat en déterminera la durée et l'étendue, et fixera les sommes qu'ils pourront garder entre leurs mains, à l'effet de pourvoir aux frais et dépenses. Elle ne pourra être prise qu'en présence du juge commissaire, et à la majorité des trois quarts des créanciers en nombre et en sommes.

Lorsque les opérations des syndics entraîneront des engagements qui excéderaient l'actif de l'union, les créanciers qui auront autorisé ces opérations seront seuls tenus personnellement au delà de leur part dans l'actif, mais seulement dans les limites du mandat qu'ils auront donné; ils contribueront au prorata de leurs créances.

Les syndics sont chargés de poursuivre la vente des immeubles, marchandises et effets mobiliers du failli, et la liquidation de ses dettes actives et passives; le tout sous la surveillance du juge commissaire, et sans qu'il soit besoin d'appeler le failli.

Les syndics pourront, en se conformant aux règles prescrites par l'art. 487 du Code de commerce, transiger sur toute espèce de droits appartenant au failli, nonobstant toute opposition de sa part.

Les créanciers seront convoqués au moins une fois dans la première année; et, s'il y a lieu, dans les années suivantes, par le juge commissaire. Dans ces assemblées, les syndics devront rendre compte de leur gestion. Ils pourront être continués ou remplacés dans l'exercice de leurs fonctions.

Lorsque la liquidation de la faillite sera terminée, les créanciers seront convoqués par le juge commissaire. Dans cette dernière assemblée, les syndics rendront leur compte. Le failli sera présent ou dûment appelé.

**Dispense pour les syndics de fournir des états de situation de la faillite.** — Les syndics devront-ils remettre, tous les mois, au juge commissaire un état de situation de la faillite? La loi de 1856 n'en fait pas une obligation pour les syndics; mais le juge commissaire pourra, lorsqu'il le trouvera convenable, s'enquérir de l'état de la liquidation et prendre les mesures que les circonstances rendraient nécessaires.

**Créancier dans l'impossibilité de présenter son titre.** — Que si un créancier était dans l'impossibilité de représenter son titre, le juge commissaire pourrait autoriser le paiement sur le vu du procès-verbal de vérification. Le créancier donnerait la quittance en marge de l'état de répartition. (*Art.* 569, *Code de com.*, *applicable par analogie.*)

**Traités à forfait.** — Les créanciers pourront se faire autoriser par le tribunal de commerce, à traiter à forfait de tout ou partie des droits et actions dont le recouvrement n'aurait pas été opéré, et à les aliéner; et dans ce cas les syndics feront tous les actes nécessaires. Mais le failli ayant fait abandon des biens compris dans le concordat, n'aura plus à s'occuper des moyens que les créanciers, qui sont saisis, jugeront à propos d'employer pour arriver à la réalisation.

**Réhabilitation.** — Les règles sur la réhabilitation sont étendues aux concordats par abandon. La réhabilitation est donc, de droit, possible. Le concordat par abandon laisse au failli tous les droits qui appartiennent au concordataire ordinaire.

# CHAPITRE X.

### DES DIFFÉRENTES ESPÈCES DE CRÉANCIERS, ET DE LEURS DROITS EN CAS DE FAILLITE.

§ I. Des co-obligés et des cautions. — § II. Des créanciers nantis de gages, et des créanciers privilégiés sur les biens meubles. — § III. Des droits des créanciers hypothécaires et privilégiés sur les immeubles. — § IV. Des droits des femmes.

### § I. Des co-obligés et des cautions.

**Droit du créancier contre les co-obligés et cautions.** — Le créancier porteur d'engagements souscrits, endossés ou garantis *solidairement* par le failli et d'autres co-obligés qui sont en faillite, participera aux distributions *dans toutes les masses*, et y figurera pour la valeur nominale de son titre, jusqu'à parfait paiement. (*Art. 542, Code de com.*)

Cette disposition fait disparaître la plupart des difficultés qui s'étaient élevées sous l'ancienne loi sur les droits et obligations des co-obligés en cas de faillite.

Suivant un premier système, le créancier pouvait choisir la faillite de l'un des co-débiteurs solidaires dans laquelle il voulait figurer. Une fois l'option faite, il devenait complétement étranger à la masse des autres co-débiteurs.

Suivant un autre système, le créancier pouvait se présenter successivement à toutes les masses, en déduisant, toutefois, ce qu'il avait reçu dans celles où il avait d'abord figuré.

Le troisième système est celui du Code de commerce.

**Recours des faillites des co-obligés les unes contre les autres, à raison des dividendes payés.** — Aucun recours, pour raison des dividendes payés, n'est ouvert aux faillites des co-obligés les unes contre les autres, si ce n'est lorsque la réunion des dividendes que donneraient ces faillites excéderait le montant total de la créance, en principal et accessoires, auquel cas cet excédant sera dévolu, suivant l'ordre des engagements, à ceux des co-obligés qui auraient les autres pour garants. (*Art.* 543.)

Si le créancier porteur d'engagements solidaires entre le failli et d'autres co-obligés, a reçu, avant la faillite, un à-compte sur sa créance, il ne sera compris dans la masse que sous la déduction de cet à-compte, et conservera, pour ce qui lui restera dû, ses droits contre le co-obligé ou la caution.

Le co-obligé ou la caution qui aura fait le paiement partiel, sera compris dans la même masse pour tout ce qu'il aura payé à la décharge du failli. (*Art.* 544.)

Cet article doit être entendu de manière que le titre soit des co-obligés, soit de la caution, soit du créancier principal, ne figure qu'une seule fois au passif de la faillite.

Quand le porteur d'une traite a été admis successivement dans la faillite du tireur et dans celle de l'accepteur, si le tireur et l'accepteur exercent ensuite leur recours dans la faillite du donneur d'ordre, ils ne peuvent être admis simultanément comme créanciers du montant total de la lettre de change. Ce serait obliger le donneur d'ordre à payer deux fois la traite.

Nonobstant le concordat, les créanciers conservent leur action pour la totalité de la créance contre les co-obligés du failli. (*Art.* 545.) On ne peut jamais, en effet, considérer comme *volontaires* les remises accordées par un concordat, et les créanciers conservent toujours l'intention d'être payés intégralement. Or, c'est pour arriver à ce paiement intégral, qu'ils ont exigé des co-obligés et des cautions.

§ II. Des créanciers nantis de gages, et des créanciers privilégiés sur les biens meubles.

**Inscription des créanciers nantis de gages.**
— Les créanciers du failli, valablement nantis de gages, ne sont inscrits dans la masse que pour *mémoire*. (*Art.* 546.)

Le créancier nanti d'un gage ne peut se présenter à la faillite avant d'avoir fait vendre le gage, et avoir imputé le prix sur sa créance.

On avait demandé que les syndics fussent appelés à la vente du gage. On a répondu que l'article se réfère nécessairement pour cette vente aux dispositions du Code Napoléon.

Les syndics pourront, à toute époque, avec l'autorisation du juge commissaire, retirer les gages au profit de la faillite, en remboursant la dette. (*Art.* 547.)

Dans le cas où le gage ne sera pas retiré par les syndics, s'il est vendu par le créancier moyennant un prix qui excède la créance, le surplus sera recouvré par les syndics; si le prix est moindre que la créance, le créancier nanti viendra à contribution pour le surplus, dans la masse, comme créancier ordinaire. (*Art.* 548.)

Le salaire acquis aux *ouvriers* employés directement par le failli pendant le mois qui aura précédé la déclaration de faillite, sera admis au nombre des créances privilégiées, au même rang que le privilége établi par l'article 2101 du Code Napoléon pour le salaire des gens de service.

Les salaires dus aux commis pour les six mois qui auront précédé la déclaration de faillite, seront admis au même rang. (*Art.* 549.)

Le législateur a cru nécessaire d'indiquer qu'il ne s'agit que des ouvriers directement employés par le failli. En effet, lorsqu'ils sont mis en œuvre par un entrepreneur, c'est à lui qu'ils doivent s'adresser, puisqu'il est directement responsable envers eux. Au surplus, cette concession de privilége est, on le voit, une innovation.

Les commis sont-ils compris parmi les gens de service? La jurisprudence a varié à cet égard. Le législateur de 1838 a d'autant moins hésité à trancher législativement cette difficulté, qu'il a voulu tout à la fois assurer le privilége des commis, et ne pas lui donner une durée d'une année; il a, en conséquence, consacré leur privilége, mais en le bornant à six mois.

Sauf l'exception portée par cette disposition, le droit commun est maintenu en matière de privilége.

Le privilége et le droit de revendication établis par le n° 4 de l'article 2102 du Code Napoléon, au profit du vendeur d'effets mobiliers, ne seront point admis en cas de faillite. (*Art.* 550.) On a voulu empêcher par cette disposition, que les créanciers voient disparaître des valeurs mobilières dont l'existence en la possession du failli avait contribué à faire naître leur confiance en sa solvabilité.

Les syndics présenteront au juge commissaire l'état des créanciers se prétendant privilégiés sur les biens meubles, et le juge commissaire autorisera, s'il y a lieu, le paiement de ces créanciers sur les premiers deniers rentrés.

Si le privilége est contesté, le tribunal prononcera (*Art.* 551.) Sera-ce le tribunal de commerce qui statuera sur le mérite du privilége? Il y a des arrêts dans ce sens,

§ III. Des droits des créanciers hypothécaires et privilégiés sur les immeubles.

**Rang des créanciers hypothécaires ou privilégiés sur les immeubles.** — Le rang des créanciers hypothécaires ou privilégiés sur les immeubles se détermine d'après les principes du droit commun.

Lorsque la distribution du prix des meubles sera faite antérieurement à celle du prix des immeubles, ou en même temps, les créanciers privilégiés ou hypothécaires non remplis (*satisfaits*) sur le prix des immeubles, concourront, à proportion de ce qui leur restera dû, avec les créanciers chirographaires, sur les deniers appartenant à la masse chirographaire, pourvu toutefois que leurs créances aient été vérifiées et affirmées suivant les formes ci-dessus indiquées. (*Art.* 552.)

Les créanciers qui ne viennent point en ordre utile, seront considérés comme chirographaires, et soumis comme tels aux effets du concordat (*auquel néanmoins ils ne sont pas admis*) et de toutes les opérations de la masse chirographaire. (*Art.* 556.)

Que décider si une ou plusieurs distributions de deniers mobiliers précédaient la distribution du prix des immeubles ? Les créanciers privilégiés et hypothécaires, vérifiés et affirmés, concourraient aux répartitions dans la proportion de leurs créances totales, et sauf, le cas échéant, les distractions dont il sera parlé plus loin. (*Art.* 553.)

**Distractions sur le montant de la collocation des créanciers hypothécaires.** — Après la vente des immeubles et le règlement définitif de l'ordre entre les créanciers hypothécaires et privilégiés, ceux d'entre eux qui viendront en ordre utile sur le prix des immeubles pour la totalité de leur créance, ne toucheront le montant de leurs collocations hypothécaires que sous la déduction des sommes par eux perçues dans la masse chirographaire. Les sommes ainsi déduites ne resteront point dans la masse hypothécaire, mais retourneront à la masse chirographaire, au profit de laquelle il en sera fait distraction. (*Art.* 554.)

Cette disposition s'applique au cas où l'hypothèque affecte des immeubles situés en pays étranger, comme au cas où elle frappe des immeubles situés en France.

**Créanciers hypothécaires colloqués partiellement dans la distribution du prix des immeubles.** — Quant aux créanciers hypothécaires qui ne seront colloqués que partiellement dans la distribution du prix des immeubles, leurs droits sur la masse chirographaire seront définitivement réglés d'après les sommes dont ils resteront créanciers après leur collocation immobilière, et les deniers qu'ils auront touchés au delà de cette proportion, dans la distribution antérieure, leur seront retenus sur le montant de leur collocation hypothécaire, et reversés dans la masse chirographaire. (*Art.* 555.)

### § IV. Des droits des femmes.

**Droit de reprise des immeubles.** — En cas de faillite du mari, la femme reprendra les immeubles qu'elle a apportés, ou qui lui sont advenus soit par succession, soit par donation entre vifs ou testamen-

---

[1] D'après le Code Napoléon, la femme a des droits très-étendus. Ainsi, elle peut reprendre ses apports et tout ce qui lui est échu par donation ou succession, en justifiant par témoins, et même par commune renommée, de la valeur et de la consistance de ces objets. Elle peut profiter des avantages à elle faits par son mari, soit par contrat de mariage, soit même pendant le mariage; et lorsqu'elle a payé des dettes pour lui, elle a une action en répétition des sommes qu'elle justifie avoir déboursées.

taire, lorsque ses apports en immeubles *ne se trouveront pas mis en communauté.* (*Art.* 557.) Ces biens appartiennent à la femme. On ne saurait sans injustice l'en dépouiller.

Les scandales qu'avaient produit, avant la promulgation du Code de commerce, des faillites à la suite desquelles les femmes des faillis insultaient par leur opulence à la misère des créanciers, avaient excité une vive indignation. Le Code de commerce s'était montré très-rigoureux à cet égard. La nouvelle loi a tempéré ces rigueurs, tout en prenant des mesures pour empêcher les abus de renaître.

La femme reprendra les immeubles acquis par elle, ou en son nom, de deniers provenant de successions ou donations à elle échues, à la condition que la déclaration d'emploi soit expressément stipulée au contrat d'acquisition, et que l'origine des deniers provenant des successions et donations soit constatée par inventaire, ou par tout autre acte authentique. (*Art.* 558.)

Sous quelque régime qu'ait été formé le contrat de mariage, hors le cas prévu par la disposition précédente, la présomption légale est que *les biens acquis par la femme du failli appartiennent à son mari, ont été payés de ses deniers, et doivent être réunis à la masse de son actif, sauf à la femme à fournir la preuve du contraire.* (*Art.* 559.)

Quant aux biens acquis par la femme en remploi

---

Enfin, pour sûreté de sa dot, de ses reprises et conventions matrimoniales, elle a hypothèque sur tous les immeubles présents et à venir de son mari.

Mais, pour le cas de faillite, on a dû restreindre dans d'étroites limites les droits de la femme, et veiller à ce que la femme ne pût s'approprier indirectement les deniers des créanciers, ou les biens qui sont leur gage.

d'autres biens à elle appartenant, il est généralement admis (*le code se tait à cet égard*) qu'elle pourra les reprendre.

Le législateur ne veut pas, en effet, priver la femme de ses biens personnels ; son but est *d'empêcher les biens du mari de passer à la femme au préjudice des créanciers.*

**Droit de reprise des objets mobiliers.** — La femme pourra reprendre en nature les effets mobiliers qu'elle s'est constitués par contrat de mariage, ou qui lui sont advenus par succession, donation entre-vifs ou testamentaire, et qui ne seront pas entrés en communauté, toutes les fois que *l'identité en sera prouvée par inventaire ou tout autre acte authentique.*

A défaut, par la femme, de faire cette preuve, tous les effets mobiliers, tant à l'usage du mari qu'à celui de la femme, sous quelque régime qu'ait été contracté le mariage, seront acquis aux créanciers, sauf aux syndics à lui remettre, avec l'autorisation du juge commissaire, les habits et linge nécessaires à son usage. (*Art.* 560.)

Sous l'ancien Code, la femme ne pouvait reprendre que les bijoux, diamants, vaisselle d'or et d'argent qu'elle justifiait par état ou inventaire lui avoir été donnés par contrat de mariage, ou lui être advenus par succession seulement. Tous les autres effets mobiliers appartenaient à la masse, sauf les linges et hardes à l'usage de la femme.

Sous le régime de communauté, lorsqu'il y a clause de réalisation, il est généralement admis que la femme reste propriétaire du mobilier réalisé.

**Condition pour l'exercice de l'action en reprise des immeubles.** — L'action en reprise des immeubles ne sera exercée par la femme qu'à la charge des dettes et hypothèques dont les biens sont légalement grevés, soit que la femme s'y soit obligée volontairement, soit qu'elle y ait été condamnée. (*Art.* 561.)

**Femme qui a payé des dettes pour son mari.** — Que décider si la femme a payé des dettes pour son mari ? La présomption légale est *qu'elle l'a fait des deniers de celui-ci*, et elle ne pourra, en conséquence, exercer aucune action dans la faillite, sauf la preuve contraire. (*Art.* 562.)

La femme qui a cautionné les dettes du mari et les a payées de ses propres biens, peut prendre part, comme créancière chirographaire, aux répartitions de la faillite.

**Hypothèque de la femme, restreinte à certains immeubles.** — Lorsque le mari sera commerçant au moment de la célébration du mariage, ou lorsque, n'ayant pas alors d'autre profession déterminée, il sera devenu commerçant dans *l'année*, les immeubles qui lui appartiendraient à l'époque de la célébration du mariage, ou qui lui seraient advenus depuis, soit par succession, soit par donation entre vifs ou testamentaire, seront seuls soumis à l'hypothèque de la femme :

1º Pour les deniers et effets mobiliers qu'elle aura apportés en dot, ou qui lui seront advenus depuis le mariage par succession ou donation entre vifs ou testamentaire, et dont elle prouvera la délivrance ou le paiement par acte ayant date certaine ;

2º Pour le remploi de ses biens aliénés pendant le mariage ;

3º Pour l'indemnité des dettes par elle contractées avec son mari. (*Art.* 563.)

**Différence entre les droits de la femme du non-commerçant, et ceux de la femme du commerçant.** — Au résumé, quelle est la différence entre les droits de la femme du *non-commer-çant*, et ceux de la femme du *commerçant?*

| FEMME DU NON-COMMERÇANT. | FEMME DU COMMERÇANT. |
|---|---|
| L'hypothèque légale de la femme grève tous les immeubles présents et à venir du mari. (*Art.* 2121, 2135, *Code Nap.*) | L'hypothèque légale de la femme ne frappe que les immeubles appartenant au mari à l'époque de la célébration du mariage, ou advenus depuis par succession, donation entre vifs ou testamentaire. |

L'hypothèque de la femme peut frapper les immeubles advenus au mari depuis le mariage par succession, donation entre vifs ou testamentaire, parce qu'il est suffisamment prouvé par ces titres d'acquisition que le mari n'y a pas employé les deniers de ses créanciers. Il n'en serait pas de même pour les immeubles acquis par le mari à titre onéreux, ou pour les constructions, additions et améliorations faites aux immeubles du mari depuis le mariage ou depuis qu'ils lui sont advenus par succession, donation, etc. Aussi la loi refuse-t-elle à la femme tout droit de préférence sur ces immeubles, constructions, additions et améliorations.

La femme ne doit pas pouvoir s'enrichir aux dépens des créanciers.

L'ancienne loi excluait de l'hypothèque légale de la femme les immeubles échus au mari par succession, donation ou legs.

Les dispositions de l'article 563 sont applicables quand même la faillite ne serait pas déclarée, si elle existait réellement.

**Cas où la femme ne peut exercer aucune action dans la faillite.** — La femme ne peut exercer dans la faillite aucune action, à raison des avantages portés au contrat de mariage, lorsque son mari était commerçant à l'époque de la célébration du mariage, ou lorsque n'ayant pas alors d'autre profession déterminée, il sera devenu commerçant dans l'année qui suivra cette célébration. (*Art.* 564.)

Il faut que la femme ait su ou pu raisonnablement prévoir que son mari, en qualité de commerçant, était exposé aux chances d'une faillite.

Il est bien évident que, dans ce même cas, elle ne peut exercer aucune action à raison des donations que le mari lui a faites pendant le mariage.

Sous l'ancien Code, la femme ne pouvait, *en aucun cas*, se prévaloir des avantages portés en son contrat de mariage.

L'exercice par le mari d'une profession déterminée, autre que celle de négociant, au moment du mariage, n'empêche pas l'application de l'article 564, lorsque le mari se livrait à des opérations de commerce.

Toutes les fois que la femme a des droits à exercer en cas de faillite, ses créanciers personnels peuvent les exercer à sa place, quoique la séparation de biens n'ait pas été prononcée.

Le mari dont la femme a fait faillite est tenu des dettes, quelque soit le régime du mariage.

Il est d'une juste reciprocité que les créanciers ne puissent, de leur côté, se prévaloir des avantages faits par la femme au mari dans le contrat. (*Art.* 564.)

## CHAPITRE XI.

### DE LA RÉPARTITION ENTRE LES CRÉANCIERS, ET DE LA LIQUIDATION DU MOBILIER.

**Opération de la répartition.** — Le montant de l'actif mobilier sera réparti entre tous les créanciers au marc le franc de leurs créances vérifiées et affirmées. (*Art.* 565, *Code de com.*)

La répartition sera faite par les syndics, sur l'autorisation du juge commissaire.

On déduira préalablement :

1° Les frais et dépenses de l'administration de la faillite ;

2° Les secours accordés au failli ou à sa famille ;

3° Les sommes payées aux créanciers privilégiés. (*Art.* 565.)

Les répartitions n'auront lieu qu'autant que ces déductions faites, il y aura un *reliquat*, et que *sur ce reliquat*.

Les répartitions peuvent commencer avant que tout l'actif soit réalisé. (*Arg. Art.* 489, *Code de com.*)

**Obligation des syndics.** — Les syndics remettront tous les mois au juge commissaire, un état de situation de la faillite et des deniers déposés à la Caisse des dépôts et consignations.

Le juge commissaire ordonnera, s'il y a lieu, une répartition entre les créanciers, en fixera la quotité, et veillera à ce que tous les créanciers en soient avertis. (*Art.* 566.)

**Précautions à prendre en payant.** — Les syndics auront plusieurs précautions à prendre, lorsqu'ils feront des paiements. C'est ainsi que : 1° Nul paiement ne sera fait par les syndics, que sur la représentation du titre constitutif de la créance. Néanmoins, en cas d'impossibilité de représenter le titre, le juge commissaire pourra autoriser le paiement sur le vu du procès-verbal de vérification ;

2° Les syndics mentionneront sur le titre la somme payée par eux, ou ordonnancée conformément à l'article 489.

3° Dans tous les cas, le créancier donnera quittance en marge de l'état de répartition. (*Art.* 569.) Cet état restant entre les mains des syndics, ces derniers pourront toujours prouver la libération contre le créancier, ou ses héritiers, qui ne représenteraient pas le titre originaire sur lequel figure la mention de paiement.

**Cas de créanciers domiciliés en dehors du territoire continental de la France.** — Il ne sera procédé à aucune répartition entre les créanciers domiciliés en France, qu'après la mise en réserve de la part correspondante aux créances pour lesquelles les créanciers domiciliés hors du territoire continental de la France seront portés sur le bilan.

Lorsque ces créances ne paraîtront pas portées sur le bilan d'une manière exacte, le juge commissaire pourra décider que la réserve sera augmentée, sauf aux syndics à se pourvoir contre cette décision devant le tribunal de commerce. (*Art.* 567.)

Cette part sera mise en réserve et demeurera à la Caisse des dépôts et consignations, jusqu'à l'expiration du délai déterminé par le dernier paragraphe de l'article 492; elle sera répartie entre les créanciers reconnus, si les créanciers domiciliés en pays étranger n'ont pas fait vérifier leurs créances, conformément aux dispositions de la loi.

Une pareille réserve sera faite pour raison de créances sur l'admission desquelles il n'aurait pas été statué définitivement. (*Art.* 568.)

**Intérêts des sommes mises en réserve.** — A qui doivent profiter les intérêts des sommes mises en réserve? Est-ce à la masse ou aux créanciers réservataires?

| A LA MASSE. | AUX CRÉANCIERS RÉSERVATAIRES. |
|---|---|
| La mise en réserve n'est pas un | L'accessoire suit le principal. |

paiement. La faillite suspend le cours des intérêts de toutes les créances à l'égard de la masse.

L'union pourra se faire autoriser par le tribunal de commerce, le failli dûment appelé, à traiter à forfait de tout ou partie des droits et actions *dont le recouvrement n'aurait pas été opéré, et à les aliéner* ; en ce cas, les syndics feront tous les actes nécessaires.

Tout créancier pourra s'adresser au juge commissaire pour provoquer une délibération de l'union à cet égard. (*Art.* 570.) La majorité des créanciers présents à la délibération suffira.

Cette disposition a pour objet de lever les obstacles qui auraient pu retarder la liquidation de la faillite.

# CHAPITRE XII.

## DE LA VENTE DES IMMEUBLES DU FAILLI.

**Créanciers qui ont le droit de poursuivre la vente des immeubles du failli.** — Les créanciers privilégiés sur les immeubles, ou hypothécaires, peuvent, jusqu'à l'union, et nonobstant le jugement déclaratif, poursuivre en leur nom l'expropriation des immeubles, *pourvu que le terme de leur créance soit échu.* Après l'union, ils peuvent continuer les poursuites déjà commencées, mais non en commencer de nouvelles.

Quant aux autres créanciers, *à partir du jugement qui déclarera la faillite,* ils ne pourront poursuivre l'expropriation des immeubles sur lesquels ils n'auront pas d'hypothèques (*Art.* 571, *Code de com.*), fussent-ils porteurs de titres exécutoires. Il y aurait eu abus à leur per-

mettre, une fois la faillite déclarée, de faire des pour-
uites en expropriation, très-coûteuses.

Le créancier chirographaire qui a commencé les pour-
uites en expropriation, *avant le jugement déclaratif de
faillite*, pourra-t-il les continuer après ce jugement?

| IL NE POURRA LES CONTINUER. | IL POURRA LES CONTINUER. |
|---|---|
| L'art. 571 dit : *Ne pourront poursuivre...* Il est formel. Le créancier abandonnera donc la poursuite aux syndics. | Jurisprudence de quelques cours. On a rejeté, comme *inutile*, un amendement proposé dans ce sens. |

S'il n'y a pas de poursuite en expropriation des immeubles, commencée *avant* l'époque de l'union, *les syndics seuls* seront admis à poursuivre la vente; ils seront
tenus d'y procéder dans la huitaine, sous l'autorisation
du juge commissaire, suivant les formes prescrites pour
la vente des biens des mineurs. (*Art.* 572.)

**Formes de la vente.** — La vente des immeubles
du failli aura lieu suivant les formes prescrites pour la
vente des biens des mineurs par les articles 954 et suivants du Code de procédure (*modifié par la loi du 2 juin
1841*). La vente est poursuivie *devant le tribunal civil.*
(*Avis du Conseil d'État,* 4 déc. 1810.)

La vente étant faite aux enchères, il y a donc faculté,
pour toute personne, de surenchérir.

La surenchère, après adjudication des immeubles du
failli sur la poursuite des syndics, n'aura lieu qu'aux
conditions et dans la forme suivantes :

La surenchère devra être faite dans la quinzaine.

Elle ne pourra être au-dessous du dixième du prix
principal de l'adjudication. Elle sera faite au greffe du
tribunal civil. (*Art.* 708 *et suiv. Code de proc. civ.*)

Toute personne sera également admise à concourir à
l'adjudication par suite de surenchère. Cette adjudica-

tion demeurera définitive, et ne pourra être suivie d'au
cune autre surenchère. (*Art.* 573.)

D'après l'ancien texte du Code, les créanciers, *mai
eux seuls*, pouvaient faire une surenchère du dixième. L
nouvelle loi, *pour augmenter la concurrence*, a généralis
ce droit de surenchérir, et y a admis *toute personne*, ains
qu'à concourir à l'adjudication par suite de surenchère

Les immeubles ne doivent pas être vendus au comptant, s'il est dans l'intérêt de la masse d'accorder des dé
lais pour le paiement du prix.

L'adjudicataire se libère valablement entre les mains
des syndics, et c'est à eux qu'il doit faire des offres
réelles.

---

# CHAPITRE XIII.

## DE LA REVENDICATION.

**Définition.** — La *revendication* est l'action par laquelle le propriétaire d'une chose réclame qu'elle lui
soit restituée. En matière de faillite, cette action donne
au propriétaire le droit de faire distraire sa chose de
l'actif de la faillite, et de se la faire remettre sans que
les créanciers du failli puissent prétendre y avoir aucun
droit.

**Diverses sortes de revendications.** — Il y a
trois sortes de *revendications* : 1° Celle des objets *déposés*
ou *consignés;*

2° Celle des effets de commerce *remis à un titre non
translatif de propriété;*

3° Celle des choses *vendues et non payées.*

**Revendication des choses déposées ou**

**consignées.** — Pourront être revendiquées *aussi long-temps qu'elles existeront en nature*, en tout ou en partie, les marchandises consignées au failli à titre de dépôt, ou pour être vendues pour le compte du propriétaire. (*Art.* 575, *Code de com.*)

Le dépôt, en effet, ne transmet au dépositaire aucun droit sur la chose déposée. Le déposant en reste toujours propriétaire. Lors donc que le dépositaire fait faillite, quoique les objets déposés se trouvent dans ses magasins, le déposant peut les revendiquer comme lui apparte-nant.

Mais il faut qu'on puisse les *reconnaître*; que leur identité soit prouvée.

La chose déposée doit avoir conservé son individua-lité, et ne pas se confondre avec des choses de même na-ture.

Que décider, si les choses déposées avaient été ven-dues et livrées à un acheteur de bonne foi ? Il n'y aurait plus lieu à revendication : en fait de meubles, possession vaut titre.

Si les choses ont été *consignées* (*c'est-à-dire déposées pour être vendues*), la vente qui en a été faite, même non suivie de *tradition*, suffira pour empêcher la revendica-tion.

Elle empêchera la revendication, car elle sera censée faite par le propriétaire lui-même, l'ayant été par son mandataire.

Que si le commissionnaire a vendu les marchandises, et si le prix est encore dû au propriétaire, ce dernier pourra revendiquer le prix ou la partie du prix desdites marchandises qui n'aura été ni payé, ni réglé en valeurs, ni compensé en compte courant entre le failli et l'ache-teur. (*Art.* 575.).

**Revendication des effets de commerce et**

**autres.** — Pourront être revendiquées, en cas de faillite, les remises en effets de commerce ou autres titres *non encore payés* et qui se trouveront *en nature* dans le portefeuille [1] du failli à l'époque de sa faillite, lorsque ces remises auront été faites par le propriétaire, avec le simple mandat d'en faire le recouvrement et d'en garder la valeur à sa disposition, ou lorsqu'elles auront été, de sa part, spécialement affectées à des paiements déterminés. (*Art.* 574.)

L'action en revendication est recevable à toutes les périodes de la faillite. Des effets de commerce transmis au failli, même avec un endossement régulier, peuvent être revendiqués par l'endosseur, s'il prouve qu'il n'a remis ces effets au failli qu'avec mandat de les recouvrer.

L'ancien texte du Code admettait la revendication des effets remis en compte courant, lorsqu'à l'époque des remises, le remettant n'était débiteur d'aucune somme. La loi nouvelle a supprimé dans ce cas la revendication.

On a considéré que le remettant devrait être placé dans la même catégorie que les autres créanciers par compte, puisqu'il avait suivi la foi du failli et l'avait volontairement constitué son débiteur.

**Revendication des choses vendues.** — Pourront être revendiquées les marchandises expédiées au failli tant que la tradition n'en aura pas été effectuée dans ses magasins, ou dans ceux du commissionnaire chargé de les vendre pour le compte du failli. (*Art.* 576.)

**Cas de revendication non recevable.** — La

---

[1] La présence des effets dans le portefeuile du failli n'est pas absolument nécessaire ; il suffit que la propriété n'en ait pas été transmise par le failli à des tiers. Que si la transmission avait eu lieu par un endossement *irrégulier*, cet endossement n'étant dès lors plus qu'une simple procuration, il pourra y avoir lieu à revendication.

revendication ne sera pas recevable, si, avant l'arrivée des marchandises, elles ont été vendues : 1° *sans fraude*, et, 2° *sur factures et connaissements, ou lettres de voiture signées par l'expéditeur.* (*Art.* 576.) Le concours de ces deux conditions est nécessaire.

**Remboursements que doit faire le revendiquant.** — La conséquence de ce que *la revendication est une faveur concédée au vendeur non payé, au préjudice de la masse*, est que le revendiquant sera tenu de rembourser à la masse les à-comptes par lui reçus, ainsi que toutes avances faites pour fret ou voiture, commission, assurances ou autres frais, et de payer les sommes qui seraient dues pour mêmes causes. (*Art.* 576.)

Le vendeur qui a reçu en paiement de ses marchandises un mandat ou une lettre de change sur un tiers, n'est pas censé payé, si ces lettres de change ne sont pas acquittées à l'échéance, et il peut exercer la revendication. Mais s'il a reçu des effets de commerce souscrits par un tiers, il a fait novation et ne peut plus revendiquer.

Des marchandises peuvent être revendiquées, quoiqu'elles aient été livrées au commissionnaire de l'acheteur, et expédiées à celui-ci par son ordre. Peu importe d'ailleurs, quant à la revendication, que les marchandises voyagent sur l'ordre du vendeur ou sur celui de l'acheteur, pourvu qu'elles n'aient pas encore été livrées à celui-ci.

Si l'acheteur avait, sans fraude, affecté en route les marchandises à quelques dettes privilégiées, à l'aubergiste, au voiturier, au commissionnaire, la revendication ne s'exercerait qu'après le paiement des dettes privilégiées.

Les magasins du failli sont tous les lieux où les marchandises sont à sa disposition, ses hangars, sa cour, les divers endroits de sa maison, et même les lieux publics de dépôt pour les marchandises d'encombrement.

**Base du droit de revendication du vendeur non payé**. — Le vendeur, par l'effet du consentement qu'il a donné à la vente, *a perdu la propriété des marchandises vendues.* (*Art.* 1138 et 1583, *Code Nap.*)

Le vendeur peut demander (*dans le droit commun*) la *résolution de la vente* pour défaut de paiement du prix. (*Art.* 1184 et 1654, *Code Nap.*)

Le droit de *revendication* accordé au vendeur non payé, en matière de faillite, *se confond avec la résolution.* S'il est admis à revendiquer, c'est parce qu'il s'opère à son profit une véritable *résolution de la vente.*

**Droit du vendeur dans le cas où il n'aura pas délivré les marchandises**. — Lorsque le vendeur n'aura pas encore délivré les marchandises au failli, ou qu'il ne les aura pas encore expédiées soit au failli, soit à un tiers pour son compte, il pourra *les retenir* tant qu'il ne sera pas payé, quand bien même il aurait accordé un terme pour le paiement. (*Art.* 577, *Code de com.*; *Art.* 1613, *Code Nap.*)

Dans le cas où *le vendeur non payé revendiquerait ou retiendrait les marchandises*, et sous l'autorisation du juge commissaire, les syndics auraient la faculté d'exiger la livraison des marchandises, en payant au vendeur le prix convenu entre lui et le failli. (*Art.* 578.)

Les syndics pourront, avec l'approbation du juge commissaire, admettre les demandes en revendication ; s'il y a contestation, le tribunal (*civil, si la revendication a une cause civile*) prononcera après avoir entendu le juge commissaire. (*Art.* 579.)

Les créanciers peuvent contester la revendication, collectivement ou isolément.

# CHAPITRE XIV.

### DES VOIES DE RECOURS CONTRE LES JUGEMENTS RENDUS EN MATIÈRE DE FAILLITE.

**Caractère de la loi nouvelle.** — Comme les dispositions concernant les voies de recours contre les jugements en matière de faillite, se trouvaient éparses dans le Code de commerce et dans le Code de procédure, la loi de 1838 les a réunies en un seul chapitre. Elle s'est occupée aussi d'accélérer la marche de la liquidation de la faillite, en abrégeant les délais et en supprimant les recours dans plusieurs cas où ils étaient admis par l'ancien texte du Code.

**Délais du recours.** — Le jugement déclaratif de la faillite, et celui qui fixera à une date antérieure l'époque de la cessation des paiements, seront susceptibles d'*opposition* (et d'*appel, dans les délais de l'appel*) de la part du failli, *dans la huitaine* (*le failli ayant son domicile dans le lieu où siége le tribunal qui prononce, n'a pas besoin d'un long délai*), et de la part de toute autre partie intéressée, pendant *un mois.* Ces délais courront à partir des jours où les formalités de l'affiche et de l'insertion énoncées dans l'article 442 auront été accomplies. (*Art.* 580, *Code de com.*)

Le droit d'opposition appartient au failli lui-même, lors même qu'il aurait fait la déclaration de cessation de paiements, soit pour faire déclarer qu'il n'y pas faillite, s'il a plus tard rempli ses engagements, soit pour faire fixer la cessation des paiements à une époque déterminée. Il appartient aussi à toute autre partie intéressée, c'est-à-dire à tous ceux qui, à un titre quelconque, ont intérêt à faire juger qu'il n'y a pas cessation de paiements, ou à en faire changer la date.

Aucune demande des créanciers tendant à faire fixer la date de la cessation des paiements à une époque autre que celle qui résulterait du jugement déclaratif de faillite, ou d'un jugement postérieur, ne sera recevable après l'expiration des délais pour la vérification et affirmation des créances. Ces délais expirés, l'époque de la cessation des paiements demeurera irrévocablement déterminée à l'égard des créanciers.

On demande s'il y a contradiction entre l'article 580 et l'article 581 ?

La contradiction est apparente, en effet :

L'art. 580 donne *un mois* aux *parties intéressées* pour former opposition.

L'art. 581 suppose que les créanciers ne sont déchus du droit d'attaquer le jugement qui fixe l'époque de la faillite, qu'après l'expiration des délais pour la vérification et l'affirmation des créances, délais qui doivent être *de plus d'un mois*.

Mais voici ce qui résulte de la combinaison de ces deux articles. Les *intéressés autres que les créanciers* ne sont soumis qu'à l'article 580 ; en conséquence, ils ont *toujours*, quelle que soit la date de la vérification et de l'affirmation des créances, un mois pour former opposition soit au jugement déclaratif, soit à tout autre jugement qui fixerait à une autre époque la cessation des paiements. Ce délai ne court que du jour de l'affiche et de l'insertion ordonnées par l'article 442. Les *créanciers* n'auront le même délai pour former opposition aux jugements de fixation, que si la vérification et l'affirmation des créances n'ont pas été terminées avant l'expiration d'un mois ; le délai ne s'étendra jamais pour eux au delà de ces vérification et affirmation. Tant que dure le délai imparti par l'article 580 et restreint par l'article 581, tout créancier peut former une demande pour faire changer l'époque de la cessation des paiements, nonobstant le jugement déclaratif de faillite, ou l'existence d'un jugement postérieur sur cette fixation.

**Délai d'appel.** — Le délai d'appel, pour *tout jugement rendu en matière de faillite*, sera de *quinze jours* seulement à compter de la signification.

Ce délai sera augmenté à raison d'un jour par cinq myriamètres, pour les parties qui seront domiciliées à une distance excédant cinq myriamètres du lieu où siége le tribunal. (*Art.* 582.).

On ne répute *jugements rendus en matière de faillite*, que ceux qui ont prononcé sur des questions résultant de la faillite, sur des actions nées de la faillite ou exercées à son occasion, notamment sur ceux qui déclarent la faillite et fixent son ouverture ; qui statuent sur la validité des paiements faits par le failli et des hypothèques ou priviléges inscrits sur lui depuis la cessation de ses paiements ou dans les dix jours qui ont précédé cette cessation ; sur l'admission au passif des créances contestées ; sur l'homologation du concordat ; sur le compte définitif des syndics ; sur les priviléges réclamés sur le mobilier ; sur les droits de la femme du failli ; sur les revendications dans les cas prévus par les articles 574, 575, 576 du Code de commerce, et sur les autres cas analogues.

Mais l'on ne saurait ranger dans la même catégorie, les jugements intervenus sur les actions qui ne sont pas nées de la faillite, comme lorsqu'il s'agit d'une question de propriété soulevée par un tiers contre le failli, et des instances qui en sont la suite, dans lesquelles le syndic des créanciers du failli agit, soit en demandant, soit en défendant, dans l'intérêt des créanciers contre le tiers réclamant. (*Cass.* 1er *avril* 1840.)

Le délai de quinzaine s'applique-t-il aux jugements rendus par les tribunaux de commerce et à ceux rendus par les tribunaux civils saisis, pendant le cours d'une faillite, des questions de leur compétence?

| | |
|---|---|
| Pour les tribunaux civils, le délai d'appel de *deux mois* (*droit commun*) est seul applicable. | Les jugements rendus par les tribunaux civils saisis, pendant le cours d'une faillite, des questions de leur compétence, sont soumis au court délai de *quinzaine* quant à l'appel. On se fonde sur la généralité des termes de l'art. 582 du Code de commerce. |

**Jugements qui ne sont susceptibles ni d'opposition, ni d'appel, ni de recours en cassation.** — Pour éviter les lenteurs de la procédure, la nouvelle loi a déclaré non susceptibles d'opposition, d'appel, et de recours en cassation :

1° Les jugements relatifs à la nomination ou au remplacement du juge commissaire, à la nomination ou à la révocation de syndics ;

2° Les jugements qui statuent sur les demandes de sauf-conduit et sur celles de secours pour le failli et sa famille ;

3° Les jugements qui autorisent à vendre les effets ou marchandises appartenant à la faillite ;

4° Les jugements qui prononcent sursis au concordat, ou admission provisionnelle de créanciers contestés ;

5° Les jugements par lesquels le tribunal de commerce statue sur les recours formés contre les ordonnances rendues par le juge commissaire, dans les limites de ses attributions. (*Art.* 583.)

On peut dire, d'ailleurs, que si ces jugements ne sont

pas susceptibles de recours, c'est parce qu'ils sont plutôt des actes d'administration que des jugements rendus sur une matière contentieuse.

---

# CHAPITRE XV.

## DES BANQUEROUTES.

§ I. De la banqueroute simple. — § II. De la banqueroute frauduleuse. — § III. De l'administration des biens en cas de banqueroute. — — § IV. De la réhabilitation.

**Définition.** — La loi a flétri du nom de *banqueroute*, tous les torts par lesquels un commerçant se met dans l'impuissance de faire honneur à ses engagements. La gravité de ces torts varie; ils vont de l'imprudence, de la négligence, de l'inconduite jusqu'au crime.

**Différentes sortes de banqueroutes.** — La loi distingue deux sortes de banqueroutes :

1° La banqueroute *simple* (*délit, peines correctionnelles*).

2° La banqueroute *frauduleuse* (*crime; peines afflictives et infamantes*.

Le ministère public a le droit d'intervenir dans les opérations de la faillite pour rechercher s'il n'y a pas des présomptions ou des indices de banqueroute.

Le débiteur peut être poursuivi comme banqueroutier, quand même la faillite n'aurait pas été déclarée.

En matière de *banqueroute simple* (*délit*), la loi ne reconnaît ni de *tentative* ni de *complicité*. En matière de banqueroute *frauduleuse*, la tentative est assimilée au fait lui-même, et les complices sont punis de la même peine que l'auteur principal. (*Art.* 2, 59, *Code pén.*)

28

## § I. De la banqueroute simple.

**Distinction faite par la loi, à propos de banqueroute simple.** — La loi distingue les cas où la banqueroute *doit* être déclarée, et ceux dans lesquels elle *peut* l'être.

**Cas dans lesquels la banqueroute simple doit être déclarée.** — *Sera* déclaré banqueroutier simple, tout commerçant failli qui se trouvera dans un des cas suivants :

1° Si ses dépenses personnelles ou les dépenses de sa maison sont jugées excessives ;

2° S'il a consommé de fortes sommes, soit à des opérations de pur hasard, soit à des *opérations fictives de bourse ou sur marchandises* ;

3° Si, dans l'intention de retarder sa faillite, il a fait des achats pour revendre au-dessous du cours ; si, dans la même intention, il s'est livré à des emprunts, circulation d'effets, ou autres moyens *ruineux* de se procurer des fonds ;

4° Si, après cessation de ses paiements, il a payé un créancier au préjudice de la masse. (*Art.* 585, *Code de com.*)

**Cas dans lesquels la banqueroute simple peut être déclarée.** — *Pourra* être déclaré banqueroutier simple, tout commerçant failli qui se trouvera dans un des cas suivants :

1° S'il a contracté, pour le compte d'autrui, sans recevoir des valeurs en échange, des engagements jugés trop considérables eu égard à sa situation lorsqu'il les a contractés ;

2° S'il est de nouveau déclaré en faillite, sans avoir satisfait aux obligations d'un précédent concordat ;

3° Si, étant marié sous le régime dotal, ou séparé de

biens, il ne s'est pas conformé aux articles 69 et 70 du Code de commerce;

4° Si, dans les trois jours de la cessation de ses paiements, il n'a pas fait au greffe la déclaration exigée par les articles 438 et 439, ou si cette déclaration ne contient pas les noms de tous les associés solidaires;

5° Si, sans empêchement légitime, il ne s'est pas présenté en personne aux syndics dans les cas et dans les délais fixés, ou si, après avoir obtenu un sauf-conduit, il ne s'est pas représenté à la justice;

6° S'il n'a pas tenu de livres et fait exactement inventaire, si ses livres ou inventaires sont incomplets ou irrégulièrement tenus, ou s'ils n'offrent pas sa véritable situation active ou passive, sans néanmoins qu'il y ait fraude. (*Art.* 586.)

Il n'y a pas de complicité dans la banqueroute simple. (*Arg. des art.* 402 *et* 403 *du Code pénal.*)

**Peine infligée à la banqueroute simple.** — Les cas de banqueroutes simples seront punis des peines portées au Code pénal (*emprisonnement d'un mois au moins et deux ans au plus. Art.* 402, *Code pénal.*), et jugés par les tribunaux de police correctionnelle, sur la poursuite des syndics, de tout créancier, ou du ministère public. (*Art.* 584.)

**Frais de poursuite.** — Les frais de poursuite sont supportés par le *Trésor*, lorsque la poursuite est intentée par le ministère public, qu'il y ait condamnation ou non. (*Art.* 587.)

Par *la masse*, si la poursuite est intentée par les syndics au nom de la masse, dans le cas d'*acquittement*. Mais en cas de condamnation du failli, les frais sont supportés par le *Trésor*. (*Art.* 588.)

Les frais de poursuite intentée par un créancier seront supportés, *s'il y a condamnation*, par le Trésor public;

*s'il y a acquittement*, par le créancier *poursuivant*. (*Art.* 590.)

Le Trésor public a toujours un recours contre le failli. En cas de concordat, le recours du Trésor public contre le failli pour ces frais ne pourra être exercé qu'après l'expiration des termes accordés par ce traité. (*Art.* 587.)

La conséquence de ce qu'en cas de poursuite intentée par les syndics au nom de la masse, l'acquittement du failli met les frais de la poursuite à la charge de la masse, est que les syndics ne pourront intenter de poursuite en banqueroute simple, ni se porter partie civile au nom de la masse, qu'après y avoir été autorisés par une délibération prise à la majorité individuelle des créanciers présents. (*Art.* 589.)

### § II. De la banqueroute frauduleuse.

**Cas dans lesquels le failli sera déclaré banqueroutier frauduleux.** — Sera déclaré *banqueroutier frauduleux*, et puni des peines portées au Code pénal (*travaux forcés à temps*, *Art.* 402, *Code pén.*) tout commerçant failli qui aura soustrait ses livres, détourné ou dissimulé une partie de son actif, ou qui, soit dans ses écritures, soit par des actes publics ou des engagements sous signature privée, soit par son bilan, se sera frauduleusement reconnu débiteur de sommes qu'il ne devait pas. (*Art.* 591) [1].

L'ancienne loi énumérait en détail les cas de banqueroute frauduleuse.

La loi nouvelle a préféré comprendre dans une définition générale, tous les cas de dissimulation ou de fraude,

---

[1] Travaux forcés à temps pour les agents de change et les courtiers *qui font faillite*. Si ces agents de change et ces courtiers sont convaincus de *banqueroute frauduleuse*, travaux forcés à perpétuité. (*Art.* 404, *Code pénal.*)

soit quant à l'actif, soit quant au passif, en y ajoutant toutefois la soustraction des livres.

Tous les actes qui ont pour objet de dissimuler frauduleusement l'actif, ou de grossir frauduleusement le passif, sont des crimes de banqueroute frauduleuse.

Les faits de fraude postérieurs à la faillite sont punissables comme les faits antérieurs.

Pour être puni comme banqueroutier frauduleux, il faut être *commerçant failli*, et le jury doit, à peine de nullité de la condamnation, déclarer expressément que l'accusé avait cette qualité, surtout si la faillite n'a pas été déclarée par jugement antérieur.

Il est remarquable que le jury ne serait même pas lié par le jugement déclaratif de faillite ; il pourrait déclarer, soit que le prétendu failli n'a jamais été commerçant, soit que l'accusé commerçant ayant cessé ses paiements est banqueroutier frauduleux, bien que de fait il n'existe pas de jugement déclaratif de faillite.

La tentative de banqueroute frauduleuse est un crime.

La poursuite, en cas de banqueroute frauduleuse, n'appartient *qu'au ministère public*.

Les syndics, ou bien un ou plusieurs créanciers, ne peuvent que se rendre *parties civiles*.

Les frais de poursuite en banqueroute frauduleuse ne pourront, en aucun cas, être mis à la charge de la masse.

Si un ou plusieurs créanciers se sont rendus parties civiles en leur nom personnel, les frais, en cas d'acquittement, demeureront à leur charge. (*Art.* 592.)

§ III. De l'administration des biens en cas de banqueroute.

**Concours des poursuites pour banqueroute simple ou frauduleuse, et des actions civiles**. — Les poursuites et la condamnation pour banqueroute simple ou frauduleuse n'influeront pas sur les actions civiles et sur les dispositions relatives aux biens. Dans tous les cas de poursuite et de condamnation pour banqueroute simple ou frauduleuse, les actions civiles *autres que celles relatives à la restitution des objets détournés et les actions en dommages-intérêts, sur lesquelles la juridiction criminelle peut statuer,* resteront *séparées,* et toutes les dispositions relatives aux biens, prescrites pour la faillite, seront exécutées *sans qu'elles puissent être attribuées ni évoquées aux tribunaux de police correctionnelle, ni aux cours d'assises.* (Art. 601.)

Seront cependant tenus les syndics de la faillite, *pour assurer l'exercice de l'action publique,* de remettre au ministère public les pièces, titres, papiers, et renseignements qui leur seront demandés. (Art. 602.)

Les pièces, titres et papiers délivrés par les syndics seront, pendant le cours de l'instruction, tenus en état de communication par la voie du greffe ; cette communication aura lieu sur la réquisition des syndics, qui pourront y prendre des extraits privés, ou en requérir d'authentiques, qui leur seront expédiés par le greffier.

Les pièces, titres et papiers dont le dépôt judiciaire n'aurait pas été ordonné, seront, après l'arrêt ou le jugement, remis aux syndics, qui en donneront décharge. (*Art.* 603.)

### § IV. De la réhabilitation.

**Définition**. — La *réhabilitation* est cet acte par lequel un commerçant failli est rendu à l'état dont la faillite l'avait fait déchoir, et aux droits qu'elle lui avait enlevés.

Toute faillite imprime, en effet, une tache plus ou moins forte sur le failli, et le prive de certains avantages. C'est ainsi qu'il est incapable d'exercer les droits politiques, qu'il ne peut être juge de commerce, agent de change ou courtier, et qu'il ne peut se présenter à la bourse.

La *réhabilitation* a pour effet de faire cesser toutes ces incapacités.

**Conditions pour obtenir la réhabilitation.** — Le failli pourra obtenir sa réhabilitation, lorsqu'il aura *intégralement acquitté en principal, intérêts et frais, toutes les sommes par lui dues. (Art. 604.)*

Failli concordataire, il ne lui suffirait pas d'avoir payé les dividendes dont il était tenu; il faut qu'il acquitte *intégralement* en principal, intérêts et frais, toutes les sommes qu'il devait.

Le failli ne pourra obtenir la réhabilitation, s'il est l'associé d'une maison de commerce tombée en faillite, qu'après avoir justifié que toutes les dettes de la société ont été intégralement acquittées en principal, intérêts et frais, lors même qu'un concordat particulier lui aurait été consenti. (*Art.* 604.)

**Formalités pour obtenir la réhabilitation.** — Toute demande en réhabilitation sera adressée à la cour impériale dans le ressort de laquelle le failli sera domicilié. Le demandeur devra joindre à sa requête les quittances et autres pièces justificatives. (*Art.* 605) [1].

<hr>

[1]     DEMANDE EN RÉHABILITATION.

A Messieurs les président et juges composant la cour impériale de.....
Le sieur... demeurant à...

A l'honneur d'exposer qu'en l'année..., il se trouvait à la tête d'un établissement de... De nombreuses pertes l'ont placé dans la nécessité d'arrêter ses paiements et de déclarer sa faillite.

Il a rempli avec exactitude toutes les prescriptions de la loi. L'examen de ses livres a démontré qu'il ne fallait pas imputer à son inconduite, ou même à sa négligence, le malheur qui lui était arrivé.

Par un concordat à la date du..., enregistré le..., ses créanciers ont

Le procureur général près la cour impériale, sur la communication qui lui aura été faite de la requête, en adressera des expéditions certifiées de lui au procureur impérial et au président du tribunal de commerce du domicile du demandeur; et si celui-ci a changé de domicile depuis la faillite, au procureur impérial et au président du tribunal de commerce de l'arrondissement où elle a eu lieu, en les chargeant de recueillir tous les renseignements qu'ils pourront se procurer sur la vérité des faits exposés. (*Art.* 606.)

A cet effet, à la diligence tant du procureur impérial que du président du tribunal de commerce, copie de ladite requête restera affichée pendant un délai de deux mois, tant dans les salles d'audience de chaque tribunal, qu'à la bourse et à la maison commune, et sera insérée dans les papiers publics par extrait. (*Art.* 607.)

**Objet de la publicité donnée à la requête.** — L'objet de la publicité donnée à la requête du failli, est de faire connaître la demande en réhabilitation, afin que tout créancier qui n'aura pas été payé intégralement de sa créance en principal, intérêts et frais, et que toute autre partie intéressée puisse *former opposition* à la réhabilitation demandée.

Cette opposition sera reçue pendant la durée de l'affiche, et sera formée par simple acte au greffe, appuyée

bien voulu lui accorder un terme de..., pour leur payer..., pour cent.

Ayant repris ses opérations de commerce, le sieur.... a été assez heureux, à force de travail et d'activité, pour acquitter non-seulement les engagements pris par lui, mais encore la totalité des sommes qu'il devait à l'époque de l'ouverture de sa faillite, ainsi que tous les intérêts et frais, et il le prouve par les pièces qu'il produit à l'appui de sa requête;

En conséquence, il plaise à la Cour, vu lesdites pièces, admettre la présente demande, y faire droit, déclarer que le sieur.... est réhabilité et réintégré dans la plénitude de ses droits, etc.

(*Signature de l'exposant.*)

des pièces justificatives. Le créancier opposant ne pourra jamais être partie dans la procédure de réhabilitation. (*Art.* 608.) [1].

Après l'expiration de deux mois, le procureur impérial et le président du tribunal de commerce transmettront, chacun séparément, au procureur général, les renseignements recueillis et les oppositions formées. Ils y joindront leur avis sur la demande. (*Art.* 609.)

Le procureur général fera rendre arrêt portant admission ou rejet de la demande en réhabilitation. Si la demande est rejetée, *elle ne pourra être reproduite qu'après une année d'intervalle.* (*Art.* 610.) Pendant ce temps le failli pourra se mettre en mesure d'obtenir sa réhabilitation.

La demande rejetée une seconde fois pourra *toujours* être représentée, mais après une année d'intervalle.

L'arrêt portant réhabilitation sera transmis aux procureurs impériaux et aux présidents des tribunaux auxquels la demande aura été adressée. Ces tribunaux en feront faire la lecture publique et la transcription sur les registres. (*Art.* 611.)

---

[1] OPPOSITION A LA RÉHABILITATION.

Aujourd'hui..., au greffe, est comparu le sieur..., demeurant à...

Lequel a dit être créancier sérieux et légitime du sieur..., en vertu d'un titre (*en expliquer la nature*).....

Que depuis la faillite dudit, le comparant. . . . . . . . . . . . . . . . *expliquer comment le failli a contrevenu à ses engagements, ou n'a pas rempli toutes les conditions imposées par la loi*). . . . . . . . .
Qu'ayant appris que le sieur.... a formé devant la cour impériale de...., sa demande en réhabilitation, il déclare s'y opposer formellement....., de laquelle opposition il demande acte, ce qui lui est accordé, requérant en outre qu'expédition soit envoyée à qui de droit, sous toutes réserves et protestations, pour qu'il soit procédé conformément à la loi.

Et a signé avec nous, après lecture.

Fait à...

Nul commerçant failli ne pourra se présenter à la bourse, à moins qu'il n'ait obtenu sa réhabilitation. (*Art.* 613.)

Le failli pourra être réhabilité après sa mort. (*Art.* 614.)

**Personnes non admises à la réhabilitation.** — Ne seront point admis à la réhabilitation les banqueroutiers frauduleux, les personnes condamnées pour vol, escroquerie ou abus de confiance, les stellionataires; ni les tuteurs, administrateurs ou autres comptables qui n'auront pas rendu et soldé leurs comptes.

Pourra être admis à la réhabilitation, le banqueroutier simple qui aura *subi* la peine à laquelle il aura été condamné. (*Art.* 612.)

---

# CHAPITRE XVI.

## DES CRIMES ET DÉLITS COMMIS DANS LES FAILLITES PAR D'AUTRES QUE PAR LES FAILLIS.

**Personnes condamnées aux mêmes peines que le banqueroutier frauduleux.** —Seront condamnés aux peines de la banqueroute frauduleuse :

1° Les individus convaincus d'avoir, dans l'intérêt du failli, soustrait, recelé ou dissimulé tout ou partie de ses biens, meubles ou immeubles; le tout sans préjudice des autres cas prévus par l'article 60 du Code pénal;

2° Les individus convaincus d'avoir frauduleusement présenté dans la faillite et affirmé, soit en leur nom, soit par interposition de personnes, des créances supposées;

3° Les individus qui, faisant le commerce sous le nom d'autrui ou sous un nom supposé, se sont rendus coupables de faits prévus en l'article 591 (*faits qui constituent la banqueroute frauduleuse*). (*Art. 593, Code de com.*)

Le conjoint, les ascendants ou les descendants du failli, ou ses alliés aux mêmes degrés, qui auraient détourné, diverti ou recelé des effets appartenant à la faillite, *sans avoir agi de complicité* avec le failli, seront punis des peines du vol. (*Art. 594.*)

Dans les cas qui viennent d'être prévus, la cour ou le tribunal saisis statueront, *lors même qu'il y aurait acquittement :*

1° D'office sur la réintégration à la masse des créanciers de tous biens, droits ou actions frauduleusement soustraits;

2° Sur les dommages-intérêts qui seraient demandés, et que le jugement ou l'arrêt arbitrera. (*Art. 595.*)

Cet article remplit une lacune de l'ancienne loi.

**Peine du syndic coupable de malversation.** — Le syndic qui se sera rendu coupable de malversation dans sa gestion sera puni d'un emprisonnement de deux mois à deux ans, sans préjudice de l'amende. (*Art. 406, Code pén. Art. 596, Code de com.*)

Le créancier qui aura stipulé, soit avec le failli, soit avec toutes autres personnes, des avantages particuliers à raison de son vote dans les délibérations de la faillite, ou qui aura fait un traité particulier duquel résulterait en sa faveur un avantage à la charge de l'actif du failli, sera puni correctionnellement d'un emprisonnement qui ne pourra excéder une année, et d'une amende qui ne pourra être au-dessus de 2,000 francs.

L'emprisonnement pourra être porté à deux ans, si le créancier est syndic de la faillite. (*Art. 597.*)

Les conventions seront, en outre, déclarées nulles à l'égard de toutes personnes, et même à l'égard du failli.

Le créancier sera tenu de rapporter les sommes ou

valeurs qu'il aura reçues en vertu des conventions annulées, *à qui de droit* (*Art.* 598), c'est-à-dire : *au failli*, si, ayant obtenu un concordat, il a fait ce sacrifice sur l'actif de la masse, ou à l'aide de ressources particulières, et cette somme alors servira à remplir les obligations du concordat ; *à l'union*, si les avantages particuliers proviennent du failli ; *aux parents* ou *amis* qui auront fourni les deniers, s'il s'agit de sommes données pour prix d'un vote dans les délibérations de la faillite.

Dans le cas où l'annulation des conventions serait poursuivie par la voie civile, l'action sera portée devant le tribunal de commerce (*Art.* 599), saisi des opérations de la faillite.

Affiches et publications (*aux frais des condamnés*) de tous arrêts et jugements de condamnation rendus en matière de crimes ou délits commis par d'autres que le failli, et de ceux prononcés contre les banqueroutiers simples ou frauduleux. (*Art.* 600.)

# CINQUIÈME PARTIE.

## DE LA JURIDICTION COMMERCIALE.

## CHAPITRE I.

§ I. DE L'ORGANISATION DES TRIBUNAUX DE COMMERCE. —
§ II. DES PRUD'HOMMES.

### § I. De l'organisation des tribunaux de commerce.

**Juridictions commerciales**. — Il y a deux juridictions commerciales : les *tribunaux de commerce* et les *prud'hommes*.

Les *consuls* sont, à l'étranger, juges des contestations entre Français, qui seraient de nature à être portées, en France, devant les tribunaux de commerce [1].

[1] Le but de l'institution des consuls est de protéger le commerce et la navigation de leurs nationaux auprès des autorités étrangères, d'exercer sur eux la police et la justice, et de fournir à leur gouvernement des documents dans l'intérêt de la prospérité du commerce. L'étendue de leurs pouvoirs, leurs immunités et droits personnels, sont ordinairement réglés par l'usage, ou par des traités, souvent même aussi, en partie, par des ordonnances ou décrets du gouvernement qui les a constitués. Dans leurs rapports avec la marine commerciale, les consuls exercent la police sur les navires de commerce de leur pays, dans tous les ports de leur juridiction ; mais ils doivent respecter les droits des autorités locales qui ont la police du port.

**Justification d'une juridiction spéciale pour les affaires commerciales.** — En soumettant les affaires de nature commerciale à des tribunaux spéciaux, on a eu en vue les connaissances toutes particulières qu'exigent la plupart de ces affaires. Pour bien juger les questions commerciales, il faut, en effet, être versé dans les usages commerciaux, et avoir exercé soi-même le commerce. De plus, une juridiction toute spéciale devait permettre, dans la marche des affaires, une plus grande célérité, si nécessaire dans ce qui intéresse le négoce.

Les juges de commerce sont fort anciens en France. L'organisation de cette juridiction spéciale est due aux progrès du commerce.

Au seizième siècle, Toulouse et Paris reçoivent des juges pour connaître et décider, en première instance, de tous les procès qui seraient intentés à raison des marchandises, foires et assurances. Bientôt toutes les capitales des provinces eurent des juges et consuls des marchands.

Extension de la juridiction commerciale ou consulaire par l'ordonnance de 1673.

En 1790, les juridictions consulaires reçoivent le nom de *tribunaux de commerce.*

Juges nommés à l'élection. Tous les négociants sont électeurs.

*Code de commerce de* 1807. Le principe de l'élection est conservé; mais pour être électeur, il faut réunir les deux qualités de *commerçant* et de *notable.*

*Décret du* 28-30 *août* 1848. Tous les commerçants patentés depuis cinq ans, domiciliés depuis deux ans au moins dans le ressort du tribunal, et non exclus pour une des causes indiquées, sont admis à concourir à l'élection.

*Décret du 2-5 mars* 1852. Il remet en vigueur les dispositions du Code de commerce. Pour être électeur, deux qualités : *commerçant et notable* [1].

Les tribunaux de commerce ne sont pas répandus uniformément sur tout le territoire français, comme les tribunaux civils et les justices de paix [2].

Un règlement d'administration publique déterminera le nombre des tribunaux de commerce, et les villes qui

---

[1] Les *Amirautés* étaient des juridictions où la justice se rendait au nom de *l'amiral de France ;* elles connaissaient de toutes les causes maritimes tant au criminel qu'au civil, à l'exclusion des tribunaux ordinaires. Une loi du 9 avril 1791 a supprimé les *Amirautés.*

On nommait *consuls des marchands* des juridictions royales ressortissant au parlement. Elles connaissaient de toutes sortes d'affaires de commerce, le commerce maritime excepté. Leur établissement, leurs fonctions, leur compétence, qui étaient réglés par l'ordonnance de 1673, différaient peu de ce que sont aujourd'hui les tribunaux de commerce qui les ont remplacées. Seulement la moitié des amendes qu'elles prononçaient leur était due, et même dans certaines affaires elles percevaient quelques droits.

La compétence des amirautés et celle des consuls des marchands a été attribuée cumulativement aux tribunaux de commerce. Leur organisation reposait sur ces principes :

1º Expérience des juges dans les opérations de commerce ;

2º Simplicité dans les débats entre les parties ;

3º Procédure expéditive, rapidité dans l'exécution des jugements.

[2] La justice, en matière commerciale, est rendue aujourd'hui, en France, par des tribunaux spéciaux dans les arrondissements où les affaires commerciales sont nombreuses, et, dans les autres arrondissements, par des tribunaux civils, qui jugent les affaires de cette nature suivant les formes simples et rapides en usage devant les tribunaux spéciaux. 181 tribunaux civils jugent commercialement, et il y a 218 tribunaux spéciaux. On en compte plusieurs dans quelques arrondissements. Ces tribunaux sont composés d'un président, de juges et de juges suppléants dont le nombre varie, suivant les exigences du service, depuis 3 juges et 2 suppléants au minimum jusqu'à 15 juges et 16 suppléants au maximum. Il n'y a pas de ministère public près des tribunaux de commerce.

seront susceptibles d'en recevoir par l'étendue de leur commerce et de leur industrie. (*Art.* 615, *Code de com.*)

L'arrondissement de chaque tribunal de commerce sera le même que celui du tribunal civil dans le ressort duquel il sera placé; et s'il se trouve plusieurs tribunaux de commerce dans le ressort d'un seul tribunal civil, il leur sera assigné par le gouvernement des arrondissements particuliers. (*Art.* 616.)

Dans les arrondissements où il n'y aura pas de tribunaux de commerce, les juges du tribunal civil exerceront les fonctions et connaîtront des matières attribuées aux juges de commerce. L'instruction, dans ce cas, aura lieu dans la même forme que devant les tribunaux de commerce, et les jugements produiront les mêmes effets. (*Art.* 640, 641.)

**Nombre des juges de commerce.** — Ce sont encore des règlements d'administration publique qui déterminent dans chaque tribunal le nombre des juges et celui des suppléants, sans toutefois qu'il puisse jamais y avoir moins de deux, ou plus de quatorze juges titulaires, non compris le président. Le nombre des suppléants sera proportionné au besoin du service. (*Art.* 617. *Loi du* 3 *mars* 1840.)

A Paris, le tribunal de commerce est composé d'un président, de dix juges et de seize suppléants. Le tribunal de Paris est le seul qui soit divisé en deux sections. (*Décret du* 6 *octobre* 1809. *Ord. du* 17 *juillet* 1840.)

**Conditions d'éligibilité.** — Tout commerçant pourra être nommé juge ou suppléant, s'il est âgé de *trente ans*, s'il exerce le commerce avec honneur et distinction depuis *cinq ans*. Le président devra être âgé de *quarante ans*, et ne pourra être choisi que *parmi les anciens juges.* (*Art.* 620.) Disposition inapplicable au cas d'institution d'un nouveau tribunal. Le président pourra, dans ce cas, être désigné parmi tous les commerçants remplissant les autres conditions de la loi. (*Avis du Conseil d'État, approuvé le 21 déc.* 1810.)

Les négociants retirés du commerce, et n'exerçant pas d'autres professions, peuvent être élus.

**Élection des juges de commerce.** — Les membres des tribunaux de commerce seront élus dans une assemblée composée de commerçants notables, et principalement des chefs des maisons les plus anciennes et les plus recommandables par la probité, l'esprit d'ordre et d'économie. (*Art.* 618.)

La liste des notables sera dressée, sur tous les commerçants de l'arrondissement, par le *préfet*, et approuvée par le ministre de l'intérieur [1]; leur nombre ne peut être au-dessous de vingt-cinq dans les villes où la population n'excède pas quinze mille âmes; dans les autres villes, il doit être augmenté à raison d'un électeur pour mille âmes de population. (*Art.* 619.)

L'élection sera faite au scrutin individuel, à la pluralité absolue des suffrages; et lorsqu'il s'agira d'élire le président, l'objet spécial de cette élection sera annoncé avant d'aller au scrutin. (*Art.* 621) [2].

Les président et juges du tribunal de commerce prêtent serment avant d'entrer en fonctions, à l'audience de la cour impériale, lorsqu'elle siége dans l'arrondissement communal où le tribunal de commerce est établi; dans le cas contraire, la cour impériale commet, si les juges de commerce le demandent, le tribunal civil de

---

[1] Suivant l'ordonnance du 2 janvier 1828, la liste est approuvée par le ministre du commerce et de l'agriculture.

[2] Un décret du 14-21 juin 1862, déclare applicable aux élections des membres des tribunaux de commerce, l'article 2 du décret du 30 août 1852, relatif aux élections des chambres de commerce. Cet article 2 concerne la convocation, la présidence et la tenue de l'assemblée électorale.

l'arrondissement pour recevoir leur serment ; et, dans ce cas, le tribunal en dresse procès-verbal, et l'envoie à la cour impériale, qui en ordonne l'insertion dans ses registres. Ces formalités sont remplies sur les conclusions du ministère public, et sans frais. (*Art.* 629.)

Investiture du chef de l'État [1]. D'après le décret de 1848, les juges-élus n'étaient soumis à aucune condition d'investiture, ni à aucune prestation de serment.

Les tribunaux de commerce sont dans les attributions et sous la surveillance du ministre de la justice. (*Art.* 630.)

Les fonctions des juges de commerce sont seulement honorifiques [2]. (*Art.* 628.) Lors de la première élection, le président et la moitié des juges et suppléants sont élus pour deux ans, et l'autre moitié pour un an seulement. Aux élections postérieures, toutes les nominations sont faites pour deux ans, de manière à ce que la moitié

[1] Les anciens juges consuls ne recevaient point de provisions du roi ; ils n'étaient assujettis qu'à prêter serment ; mais la loi du 24 août 1790 a soumis les juges de commerce comme les autres à l'institution royale. Cette institution, du reste, n'était qu'une formalité ; les lettres patentes ne pouvant être refusées au juge élu. Le Code de commerce garde le silence sur ce point ; mais l'art. 7 du décret organique du 6 octobre 1809 s'exprime en ces termes : « Les procès-verbaux d'élection des membres des tribunaux de commerce seront transmis à notre grand juge ministre de la justice, qui nous *proposera* l'institution des élus, lesquels ne seront admis à prêter serment qu'après avoir été institués. » Cette proposition d'institution fait supposer que le gouvernement pourra refuser l'institution. Mais il faut remarquer que les notables, suivant les termes formels du Code de commerce, nomment *les membres des tribunaux de commerce*, et non des *candidats soumis à l'approbation* du gouvernement.

[2] Les juges de commerce ayant des fonctions purement honorifiques, peuvent continuer à faire le commerce, ce qui arrive le plus souvent dans la pratique. Mais les empêchements tirés de la parenté ou de l'alliance leur sont applicables.

du tribunal se renouvelle chaque année. (*Art.* 622.)

Tous les membres compris dans une même élection seront soumis simultanément au renouvellement périodique, encore bien que l'institution de l'un ou de plusieurs d'entre eux ait été différée. (*Art.* 622, *modifié par la loi du* 3 *mars* 1840.)

Tout membre qui en remplace un autre, ne pourra, en conséquence, rester en fonctions que pendant le temps qui restait à courir pour l'expiration du mandat de son prédécesseur. (*Art.* 623, *modifié par la loi du* 3 *mars* 1840.)

Pour éviter que les magistrats ne se perpétuassent dans leurs fonctions, le code de commerce voulait qu'ils ne fussent rééligibles qu'après un an d'intervalle. Cette prescription avait pour résultat de faire descendre forcément le juge de son siége, au moment précisément où il devenait plus apte à l'occuper, deux années d'exercice l'ayant formé au maniement des affaires contentieuses. Aussi la loi du 3 mars 1840 a-t-elle autorisé la réélection immédiate des juges sortants, pour deux autres années, au bout desquelles, seulement, il doit s'écouler un intervalle d'un an avant que le juge devienne rééligible. Quant aux suppléants, leurs fonctions étant moins importantes, ils peuvent toujours être réélus sans intervalle. (*Art.* 623. *Loi du* 3 *mars* 1840.)

Il y aura près de chaque tribunal un greffier et des huissiers nommés par l'Empereur.

Leurs droits, vacations et devoirs seront fixés par un règlement d'administration publique. (*Art.* 624.)

Le ministère des avoués est interdit dans les tribunaux de commerce. (*Art.* 627.) Il n'y a pas de magistrat remplissant l'office du ministère public.

Le tribunal de commerce siége, comme le tribunal civil, au nombre de trois juges. Que s'il n'y avait pas assez de juges ou de suppléants pour parfaire ce nombre (*cas d'empêchement, par exemple*), on aurait recours à la liste des notables, où l'on prendrait les commerçants suivant leur ordre d'inscription, pourvu toutefois qu'ils réunissent les conditions nécessaires pour être éligibles. (*Décret du* 6 *octobre* 1809.)

**Incapacités.** — Les droits d'élire et d'être élu sont au nombre de ceux des citoyens; ce sont des droits civiques. En conséquence, comme tous les droits de cette nature, leur exercice est suspendu par l'état de débiteur failli, d'interdiction, d'accusation ou de contumace.

## § II. Des prud'hommes.

**Origine et caractère de la juridiction des prud'hommes.** — L'institution des prud'hommes correspond, en matière commerciale, à celle des juges de paix en matière civile. Ils ont aussi pour mission de rendre une justice simple et expéditive et de concilier les parties. Le tribunal de commerce statue sur l'appel de leurs décisions, comme le fait le tribunal civil pour celles des juges de paix [1].

[1] La juridiction des prud'hommes n'est établie que dans un certain nombre de villes manufacturières. Ce sont les juges de paix de l'industrie. Ils connaissent des différends qui s'élèvent entre les marchands, fabricants, chefs d'ateliers, contre-maîtres, ouvriers, compagnons et apprentis. Ces conseils sont composés de maîtres et d'ouvriers. Ils sont d'abord saisis des différends, en *bureau particulier*, pour tâcher de les concilier, et ils n'en connaissent *comme juges*, en *bureau général*, que lorsqu'ils ont échoué dans leurs tentatives de conciliation. Les conseils de prud'hommes sont aussi investis de la police des ateliers, et, à ce titre, ils jugent les infractions à la discipline de ces établissements; mais ils sont très-rarement appelés à remplir cette partie de leurs attributions.

Le nombre des membres d'un conseil de prud'hommes varie suivant les localités. En *bureau particulier*, ils doivent toujours être deux membres :

Les prud'hommes (*le mot prud'homme, assez ancien dans notre langue, veut dire homme sage, ayant de l'expérience*) étaient autrefois des magistrats municipaux, chargés particulièrement d'inspecter l'industrie et de faire observer les règlements concernant les arts et métiers.

En 1452, le roi René établit à Marseille des prud'hommes pêcheurs, qui devaient connaître des contestations élevées entre les pêcheurs et les patrons pêcheurs, relativement à la police de la pêche.

En 1464, Louis XI autorisa les bourgeois et habitants de la ville de Lyon, à nommer un *prud'homme suffisant et idoine*, pour régler les contestations entre les marchands qui fréquentaient les foires de cette ville.

Disparition des prud'hommes négociants en 1789 (*les prud'hommes pêcheurs traversent la Révolution sans être supprimés*).

Institution d'un conseil de prud'hommes à Lyon, par la loi du 18 mars 1806, qui pose les principes fondamentaux de la matière. Le gouvernement est autorisé à établir de semblables conseils dans d'autres villes, par des règlements d'administration publique. Paris, à cause de la grande variété de ses nombreuses industries, est la seule cité importante qui demeura longtemps privée du bienfait de cette institution.

L'ordonnance du 28 décembre 1844 institua un conseil pour l'industrie des métaux ; trois nouveaux conseils, un pour les tissus et les industries qui s'y rattachent, un autre pour les produits chimiques, un autre enfin pour les industries diverses, sont créés par une ordonnance du 9 juin 1847. On a compris qu'il fallait constituer sé-

un patron et un ouvrier ; en *bureau général*, cinq au moins : le président, deux patrons et deux ouvriers.

parément chacune des principales branches de l'industrie parisienne, si l'on voulait faire juger par les gens du métier les contestations relatives à l'exercice d'une profession [1].

Tout ce qui est relatif au nombre des membres dont sont composés les conseils de prud'hommes, à leurs obligations, leurs différentes attributions, le chiffre de leur compétence, la composition de leurs bureaux, la forme de leurs délibérations, se trouve déterminé par la loi du 18 mars 1806 (*qui en est la base*), et les décrets de 1806, 1809, 1810, les ordonnances royales de 1832 et 1844.

Nouvelle organisation en 1848. (*D. 27 mai et 6 juin 1848.*)

Un décret du 2 mars 1852 replace les conseils de prud'hommes de Lyon et de Saint-Étienne sous le régime antérieur à celui de 1848, jusqu'à ce qu'il intervienne une loi générale.

Loi sur les conseils de prud'hommes, du 1er juin 1853.

**Différentes sortes de prud'hommes.** — Il y a

[1] L'industrie fut non-seulement encouragée sous l'empire, mais on peut dire qu'elle fut, en quelque sorte, créée; elle atteignit en peu de temps un degré extraordinaire de prospérité. L'empereur en disant que l'industrie était une nouvelle propriété, exprimait d'un seul mot son importance et sa nature. L'esprit de propriété est par lui-même envahissant et exclusif. La propriété du sol avait eu ses vassaux et ses serfs. La Révolution affranchit la terre; mais la nouvelle propriété de l'industrie, s'agrandissant journellement, tendait à passer par les mêmes phases que la première, et avoir comme elle, ses vassaux et ses serfs. Napoléon prédit cette tendance inhérente à tout système dont les progrès sont des conquêtes; et tout en protégeant les maîtres des établissements industriels, il n'oublia pas aussi le droit des ouvriers. Il établit à Lyon, et plus tard dans d'autres villes manufacturières, un conseil de prud'hommes, véritables juges de paix de l'industrie, chargés de régler les différends qui pouvaient survenir entre ceux qui travaillent et ceux qui font travailler.

deux sortes de prud'hommes : les prud'hommes *fabricants* et les prud'hommes *pêcheurs*.

**Composition des conseils de prud'hommes fabricants.** — Les conseils de prud'hommes sont établis par décrets rendus dans la forme des règlements d'administration publique, après avis des chambres de commerce ou des chambres consultatives des arts et manufactures. Les décrets d'institution déterminent le nombre des membres de chaque conseil. Ce nombre est de six au moins, non compris le président et le vice-président. Les membres des conseils de prud'hommes sont élus par les patrons, chefs d'atelier, contre-maîtres et ouvriers appartenant aux industries dénommées dans les décrets d'institution, suivant les conditions déterminées par les dispositions ci-après. Le président et les vice-présidents des conseils de prud'hommes sont nommés par l'Empereur. Ils peuvent être pris en dehors des éligibles. Leurs fonctions durent trois années. Ils peuvent être nommés de nouveau. Les secrétaires des mêmes conseils sont nommés et révoqués par le préfet, sur la proposition du président. Sont électeurs : Les patrons âgés de vingt-cinq ans accomplis et patentés depuis cinq années au moins, et depuis trois ans dans la circonscription du conseil ; les chefs d'atelier, contre-maîtres et ouvriers âgés de vingt-cinq ans accomplis, exerçant leur industrie depuis cinq ans au moins, et domiciliés depuis trois ans dans la circonscription du conseil. Sont éligibles, les électeurs âgés de trente ans accomplis et sachant lire et écrire. Ne peuvent être éligibles ni électeurs, les étrangers ni aucun des individus désignés dans l'article 15 de la loi du 2 février 1852. Dans chaque commune de la circonscription, le maire, assisté de deux assesseurs qu'il choisit, l'un parmi les électeurs patrons, l'autre parmi les électeurs ouvriers, inscrit les électeurs sur un tableau qu'il adresse au préfet. La liste électorale est dressée et arrêtée par le préfet. En cas de réclamation, le recours est ouvert devant le Conseil de préfecture ou devant les tribunaux civils, suivant les distinctions établies par la loi sur les élections municipales. Les patrons, réunis en assemblée particulière, nomment directement les prud'hommes patrons. Les contre-maîtres, chefs d'ateliers et les ouvriers, également réunis en assemblées particulières, nomment les prud'hommes ouvriers en nombre égal à celui des patrons. Au premier tour de scrutin la majorité absolue des suffrages est nécessaire; la majorité relative suffit au second tour. Les conseils de prud'hommes sont renouvelés par moitié tous les trois ans. Le sort désigne ceux des prud'hommes qui sont remplacés la première fois. Les prud'hommes sont rééligibles. Lorsque, par un motif quelconque, il y a lieu de procéder au remplacement d'un ou de plusieurs membres d'un conseil de prud'hommes, le préfet convoque les électeurs. Tout membre élu en remplacement d'un autre, ne demeure en fonctions que pendant la durée du mandat confié à son prédécesseur.

Le bureau général est composé, indépendamment du président ou du vice-président, d'un nombre égal de prud'hommes patrons et de prud'hommes ouvriers. Ce nombre est au moins de deux prud'hommes patrons et de deux prud'hommes ouvriers, quel que soit celui des membres dont se compose le conseil. Les jugements des conseils de prud'hommes sont signés par le président et par le secrétaire. Les jugements des conseils de prud'hommes sont définitifs et sans appel, lorsque le chiffre de la demande n'excède pas deux cents francs en capital. Au-dessus de deux cents francs, les jugements sont sujets à l'appel devant le tribunal de commerce. Lorsque le chiffre de la demande excède deux cents francs, le jugement de condamnation peut ordonner l'exécution immédiate et à titre de provision, jusqu'à concurrence de cette somme, sans qu'il soit besoin de fournir caution. Pour le surplus, l'exécution provisoire ne peut être ordonnée qu'à la charge de fournir caution[1].

Les jugements par défaut qui n'ont pas été exécutés dans le délai de six mois, sont réputés non avenus. Les conseils de prud'hommes peuvent être dissous par un décret de l'Empereur, sur la proposition du ministre compétent. L'autorité administrative peut toujours, lorsqu'elle le juge convenable, réunir les conseils de pru-

---

[1] Aux termes de la loi du 4 juin 1864, tout membre d'un conseil de prud'hommes qui, sans motifs légitimes, et après mise en demeure, se refuserait à remplir le service auquel il est appelé, pourra être déclaré démissionnaire. — Le président constate le refus de service par un procès-verbal contenant l'avis motivé du conseil, le prud'homme préalablement entendu ou dûment appelé. — Si le conseil n'émet pas son avis dans le délai d'un mois à dater de la convocation, il est passé outre. — Sur le vu du procès-verbal, la démission est déclarée par arrêté du préfet. — En cas de réclamation, il est statué définitivement par le ministre de l'agriculture, du commerce et des travaux publics, sauf recours au Conseil d'État pour cause d'excès de pouvoir. (*Art.* 1er.)

Tout membre d'un conseil de prud'hommes qui aura manqué gravement à ses devoirs dans l'exercice de ses fonctions, sera appelé par le président, devant le conseil, pour s'expliquer sur les faits qui lui sont reprochés. — Si le conseil n'émet pas son avis motivé dans le délai d'un mois, à dater de la convocation, il est passé outre. — Un procès-verbal est dressé par le président. (*Art* 2.)

Le procès-verbal est transmis par le préfet, avec son avis, au ministre. — Les peines suivantes peuvent être prononcées suivant les cas : — La censure ; — La suspension pour un temps qui ne peut excéder six mois ; — La déchéance. — La censure et la suspension sont prononcées par arrêté ministériel ; la déchéance est prononcée par décret impérial. (*Art.* 3.)

Le prud'homme contre lequel la déchéance a été prononcée, ne peut être élu aux même fonctions pendant six ans, à dater du décret impérial. (*Art.* 4.)

d'hommes qui doivent donner leur avis sur les questions qui leur sont posées.

**Audiences des conseils de prud'hommes.** — Les conseils de prud'hommes tiennent deux sortes d'audiences. Il y a le *bureau particulier*, ou audience de conciliation, qui se réunit chaque semaine, et se compose de deux membres, l'un patron et l'autre ouvrier.

Il y a, lorsque les parties ne se sont pas conciliées, le *bureau général*, ou de *jugement*. Ce conseil se réunit au moins deux fois par mois.

Les parties sont appelées devant le conseil par une simple lettre du secrétaire. (*Décret du* 20 *février* 1810.) En cas de non comparution, citation par l'huissier attaché au conseil. Délai : un jour franc. (20 *février* 1810.)

**Attributions de police.** — Les conseils de prud'hommes connaissent des fautes des apprentis envers leurs maîtres, et peuvent prononcer contre eux la peine de trois jours d'emprisonnement au plus ; ils connaissent aussi des contraventions qui tendent à troubler l'ordre et la discipline des ateliers. (*Décr.* 3 *août* 1810.)

**Attributions administratives.** — Les conseils de prud'hommes conservent la propriété des marques de fabriques et des dessins d'étoffes. (*Décr.* 20 *février* 1810, *Loi* 18 *mars* 1806.) Il inspectent les ateliers, mais n'ont pas le droit d'exiger la communication des livres et des procédés de fabrication. (*Loi* 18 *mars* 1806, *Décr.* 20 *févr.* 1810.) Ils constatent les contraventions aux lois et règlements concernant les fabriques. (*Loi* 18 *mars* 1806.)

**Prud'hommes pêcheurs.** — Les prud'hommes pêcheurs jugent sans appel les causes de leur compétence. Leur procédure est des plus simples et nullement dispendieuse. Leurs décisions ne sont constatées par aucune écriture.

# CHAPITRE II.

## DE LA COMPÉTENCE DES TRIBUNAUX DE COMMERCE [1].

**Les tribunaux de commerce constituent une juridiction spéciale.** — Il est important de préciser les cas pour lesquels les tribunaux de commerce sont compétents, car les tribunaux de commerce formant une juridiction spéciale, on ne peut reconnaître leur compétence que pour les cas *expressément indiqués par la loi.*

**Compétence des tribunaux de commerce.** — On divise la compétence des tribunaux de commerce,

---

[1] La compétence des tribunaux de commerce actuels est bien plus étendue que celle des anciens juges consuls, puisqu'elle comprend, outre les affaires du commerce terrestre, celles du commerce maritime autrefois dévolues aux amirautés.

Sous l'empire de l'ordonnance de 1673, qui a été remplacée par le Code de commerce, la compétence de la juridiction commerciale était *personnelle*, en ce sens qu'elle ne s'appliquait en principe qu'aux commerçants de profession Les actes de commerce isolés faits par de simples particuliers (*si ce n'est les lettres de change et opérations analogues*) n'étaient pas soumis à la juridiction consulaire. Aujourd'hui, au contraire, on peut dire que la compétence est *réelle (et relative à la nature de l'affaire, abstraction faite de la qualité de celui qui s'oblige*), en ce sens qu'elle s'attache aux actes de commerce, par quelque personne qu'ils aient été faits. Tout ce qu'il y a de plus à l'égard des commerçants, c'est qu'on présume volontiers commerciaux les engagements par eux souscrits, tandis que ceux qui émanent de non-commerçants sont présumés n'avoir point ce caractère, tant qu'il n'apparaît pas évidemment. En résumé, si une opération est effectivement un acte de commerce, elle est soumise à la compétence commerciale, de quelque personne qu'elle émane ; s'il est certain qu'elle n'est pas un acte de commerce, elle doit être soumise au tribunal civil, lors même qu'elle émanerait d'un commerçant.

en compétence *réelle*, *personnelle* et *mixte*, suivant que les actes qui sont de la compétence de ces tribunaux y sont soumis par leur nature propre, indépendamment de toute considération de la personne dont ils émanent, ou qu'ils y sont soumis par suite de la qualité de cette personne, ou enfin qu'ils y sont assujettis à raison tant de leur nature que de leur auteur.

### § I. Compétence réelle.

**Actes soumis à la compétence des tribunaux de commerce par leur nature propre, indépendamment de toute considération de la personne dont ils émanent.** — La loi répute actes de commerce :

1° Tout achat de denrées et marchandises *pour les revendre*, soit en nature, soit après les avoir travaillées et mises en œuvre, ou même *pour en louer* seulement l'usage ;

2° Toute entreprise de manufactures [1], de commission, de transport par terre ou par eau ;

3° Toute entreprise de fournitures, d'agences, bureaux d'affaires, établissements de ventes à l'encan, de spectacles publics [2] ;

[1] On donne la qualification d'entreprise de manufactures : 1° à la convention par laquelle l'une des parties s'engage à exécuter l'ouvrage qui lui est commandé par l'autre, *avec une matière fournie*, moyennant une rétribution stipulée, ou qui, à défaut de convention, doit être déterminée par experts ; 2° à l'acte d'une personne ou de plusieurs associés qui réunissent dans un lieu, nommé manufacture, fabrique ou atelier, des individus dont le travail, joint quelquefois à l'emploi de certains procédés ou de machines, change en substances ou en formes nouvelles, élabore ou perfectionne certaines matières ; 3° on nomme encore entrepreneur de manufactures celui qui, dans une vue de spéculation et de bénéfices, fait exécuter les travaux qui lui sont confiés, soit par des ouvriers qu'il emploie chez lui, soit par des ouvriers travaillant dans leur domicile propre.

[2] La qualité d'entreprise commerciale n'est donnée qu'à ce qu'on ap

4° Toute opération de change, banque et courtage ;

5° Toutes les opérations des banques publiques ;

6° Toutes obligations entre négociants, marchands et banquiers ;

7° Entre toutes personnes, les lettres de change, ou remises d'argent faites de place en place [1]. (*Art.* 632, *Code de com.*)

La loi répute pareillement actes de commerce, toute entreprise de construction, et tous achats, ventes et reventes de bâtiments pour la navigation intérieure et extérieure ; toute expédition maritime ; tout achat ou vente d'agrès, apparaux ou avitaillements ; tout affrètement ou nolissement, emprunt ou prêt à la grosse ; toutes assurances et autres contrats concernant le commerce de mer ; tous accords et conventions pour salaires et loyers d'équipages ; tout engagement de gens de mer, pour le service des bâtiments de commerce. (*Art.* 633.)

## § II. Compétence personnelle.

**Actes soumis à la compétence des tribunaux de commerce, par suite de la qualité de la personne dont ils émanent.** — Les tribunaux de commerce connaîtront : 1° des contestations

---

pelle *agence*, *bureau*, c'est-à-dire une espèce d'établissement annoncé à la confiance générale, par des circulaires et par tous autres moyens de publicité.

Ce sont les *établissements de spectacles* seulement, qu'il faut ranger parmi les actes commerciaux ; les engagements que prennent envers les entrepreneurs les acteurs, musiciens ou autres salariés, ne sont point, de la part de ceux-ci, des actes de commerce. Les établissements de lieux de danse et autres espèces de divertissements offerts au publics, sont également considérés comme des opérations commerciales.

[1] Celui qui a apposé sa signature sur une lettre de change est soumis à la juridiction commerciale, lors même que ce serait pour une opération purement civile.

relatives aux engagements et transactions entre négociants, marchands et banquiers;

2º Des actions contre les facteurs, commis des marchands ou leurs serviteurs pour le fait seulement du
trafic du marchand auquel ils sont attachés : compétence
du tribunal de commerce, soit dans le cas d'une action
intentée par les tiers contre les facteurs, lorsqu'ils sont
obligés personnellement vis-à-vis d'eux, soit dans le cas
des engagements réciproques entre les patrons et les
facteurs, sans distinguer si le patron est demandeur ou
défendeur;

3º Des billets faits ou endossés par les receveurs,
payeurs, percepteurs, ou autres comptables des deniers
publics (*afin d'offrir au public plus de garantie.*) (*Art.* 634.)

Les billets des comptables sont toujours censés faits
pour leur gestion, à moins qu'une autre cause n'y soit
énoncée[1]. (*Art.* 638, 2 §.)

### § III. Compétence mixte.

**Actes soumis à la juridiction commerciale,
tout à la fois par leur nature propre, et par
la qualité de celui qui les a faits.** — Lorsque
les billets à ordre souscrits pour une opération de commerce réelle, porteront, en même temps, des signatures
d'individus négociants et d'individus non négociants,
*le tribunal de commerce connaîtra.* Il y aura lieu à la
compétence mixte.

### § IV.

### Compétence en matière de lettres de change

[1] Un comptable est-il justiciable des tribunaux de commerce pour ses
obligations écrites seulement, ou encore pour ses engagements verbaux?
Seulement pour ses obligations *écrites*. Le comptable n'est soumis à la
juridiction commerciale, que pour les obligations contractées sous la
forme de billets. (*Arg. Art.* 634.)

**et de billets à ordre.** — Lorsque les lettres de change ne seront réputées que *simples promesses*, ou lorsque les billets à ordre ne porteront que des signatures d'individus non négociants, et n'auront pas pour occasion des opérations de commerce, trafic, change, banque ou courtage, le tribunal sera tenu de renvoyer au tribunal civil, *s'il en est requis* par le défendeur. (*Art.* 636.)

Mais si le défendeur, par son silence, consent à se soumettre au tribunal de commerce, celui-ci est compétent et ne se trouve point obligé de prononcer d'office le renvoi devant le tribunal civil.

Que décider lorsque ces lettres de change ou ces billets à ordre porteront en même temps des signatures de négociants et de non négociants? *Le tribunal de commerce en connaîtra*; mais il ne pourra prononcer la contrainte par corps contre les non-négociants, à moins qu'ils ne se soient engagés à l'occasion d'opérations de commerce, trafic, change, banque ou courtage. (*Art.* 637.) Il fallait donner à la même autorité le droit de rendre ces deux espèces de jugements sur une matière indivisible de sa nature ; et comme dans les choses mixtes c'est l'objet le plus grave qui entraîne celui qui l'est moins, il était juste de déférer aux tribunaux de commerce la connaissance de ce genre de différends. Toutefois l'art. 637, qui n'établit aucune différence entre les tireurs, endosseurs ou autres, ne paraît pas devoir être étendu au delà de ses termes.

§ V.

**Compétence des tribunaux de commerce en matière de faillite.** — Sont de la compétence des tribunaux de commerce, en matière de faillite, toutes les actions qui se rattachent directement à la pro-

cédure de la faillite. Quant aux questions purement
civiles, elles sont de la compétence des tribunaux civils,
qui seuls peuvent homologuer les transactions relatives
aux droits immobiliers. (*Art.* 635; *Loi du* 28 *mai* 1838.)

### § VI.

**Compétence générale.** — Les tribunaux de commerce connaîtront des contestations entre associés, pour
raison d'une société de commerce; de celles relatives
aux actes de commerce entre toutes personnes. (*Art.* 631,
*modifié par la loi du* 17 *juillet* 1856.) Ne seront point de
la compétence des tribunaux de commerce, les actions
intentées contre un propriétaire, cultivateur ou vigneron, pour vente de denrées provenant de son crû ; les
actions intentées contre un commerçant, pour paiement
de denrées et marchandises achetées pour son usage particulier.

Néanmoins les billets souscrits par un commerçant
seront censés faits pour son commerce... etc... (*Art.* 638.)

Les commerçants sont régis par la *loi civile*, pour les
actes purement civils.

Si la cause de l'engagement entre commerçants est
*inconnue*, la cause est réputée commerciale : *compétence
du tribunal de commerce.*

Si l'acte est *présumé commercial*, la partie à l'égard de
laquelle il n'est pas commercial, a le choix de la juridiction.

Celui dont l'acte est commercial, ne peut jamais traduire l'autre partie à l'égard de laquelle l'acte n'est pas
commercial, devant les tribunaux de commerce.

Une affaire pour laquelle le tribunal de commerce est
compétent est portée devant le tribunal civil : le défendeur peut proposer l'incompétence du tribunal.

Cette incompétence pourra-t-elle être proposée en

tout état de cause, ou devrait-elle l'être au début de l'instance?

| | |
|---|---|
| Elle pourra l'être en tout état de cause. | Elle devra l'être au début de l'instance. |
| On a enlevé aux tribunaux civils une partie de leur juridiction. Incompétence absolue de leur part. | Les tribunaux civils ont la plénitude de la juridiction. Les tribunaux de commerce n'ont qu'une juridiction d'exception. |
| | L'exception sera *couverte*, si elle n'est pas proposée au début de l'instance. |

## § VII.

**Demandes jugées en dernier ressort.** — Les tribunaux de commerce jugeront en dernier ressort :

1° Toutes les demandes dans lesquelles les parties justiciables de ces tribunaux, et usant de leurs droits, auront déclaré vouloir être jugées définitivement et sans appel ;

2° Toutes les demandes dont le principal n'excédera pas la valeur de quinze cents francs ;

3° Les demandes reconventionnelles ou en compensation, lors même que, réunies à la demande principale, elles excéderaient quinze cents francs.

Si l'une des demandes principale ou reconventionnelle s'élève au dessus des limites ci-dessus indiquées, le tribunal ne prononcera sur toutes qu'en premier ressort.

Néanmoins, il sera statué en dernier ressort sur les demandes en dommages-intérêts, lorsqu'elles seront fondées exclusivement sur la demande principale elle-même. (*Art.* 639, *ainsi modifié par la loi du 3 mars 1840.*)

Quelle que soit la quotité de la demande, on peut toujours se pourvoir par la voie de l'appel contre les dispositions du jugement qui statue sur une exception d'incompétence (*Art.* 425, *Code de pr.*), et contre celle qui prononce la contrainte par corps. (*L.* 17 *avril* 1832; 13 *déc.* 1848.)

---

# CHAPITRE III.

§ I. DE LA FORME DE PROCÉDER DEVANT LES TRIBUNAUX DE COMMERCE. — § II. DE LA FORME DE PROCÉDER DEVANT LES COURS IMPÉRIALES.

### § I. De la forme de procéder devant les tribunaux de commerce.

**Renvoi au Code de procédure civile.** — La forme de procéder devant les tribunaux de commerce sera suivie, telle qu'elle a été réglée par le titre XXV du livre II de la première partie du Code de procédure civile. (*Art.* 642, *Code de com.*)

**Pas d'avoués.** — La procédure devant les tribunaux de commerce se fait sans le ministère d'avoués. (*Art.* 414, *Code de pr.*) La marche simple et expéditive des affaires commerciales répugnait à l'emploi d'officiers ministériels habitués aux allures lentes et techniques de la procédure ordinaire. Il en est de même devant les tribunaux civils jugeant commercialement.

Lorsque les cours impériales jugent les appels des tribunaux de commerce, il y a toujours lieu à constituer avoué devant elles, car elles procèdent en vertu de la juridiction qui leur est propre.

Les parties seront tenues de comparaître *en personne*, ou par le ministère d'un fondé de procuration spéciale. (*Art.* 421, *Code de pr.*)

Nul ne pourra plaider pour une partie devant les tribunaux de commerce, si la partie, présente à l'audience, ne l'autorise, ou s'il n'est muni d'un pouvoir spécial.

Ce pouvoir, qui pourra être donné au bas de l'original ou de la copie de l'assignation, sera exhibé au greffier avant l'appel de la cause, et par lui visé sans frais.

Dans les causes portées devant les tribunaux de commerce, aucun huissier ne pourra ni assister comme conseil, ni représenter les parties en qualité de procureur fondé, à peine d'une amende de 25 à 50 francs, qui sera prononcée sans appel par le tribunal, sans préjudice des peines disciplinaires contre les huissiers contrevenants. Cette disposition n'est pas applicable aux huissiers qui assisteront comme conseils, ou représenteront leurs femmes, parents ou alliés en ligne directe, et leurs pupilles. (*Art. 627, Code de com.; Loi du 3 mars 1840.*)

Les avoués peuvent recevoir le *pouvoir de représenter*.

Ce pouvoir doit être *spécial*. On n'exige pas qu'il soit *authentique*. Économie de frais.

Il est fait mention expresse dans la minute du jugement qui intervient, soit de l'autorisation que le mandataire a reçue de la partie présente à l'audience, soit du pouvoir spécial dont il aura été muni. (*Ord. du 10 mars 1825.*)

**Agréés.** — Dans les tribunaux de commerce où il y a des *agréés*, les parties se font ordinairement représenter par eux.

Les *agréés* sont, ainsi que leur nom l'indique, des particuliers que l'agrément du tribunal de commerce présente spécialement à la confiance des justiciables.

Cet agrément se transmet, dans la pratique, à titre onéreux, au successeur que se donne l'agréé en exercice, avec l'autorisation du tribunal.

Les agréés existaient déjà dans les juridictions consulaires avant l'organisation des tribunaux actuels. Mais ni dans l'ancien, ni dans le nouveau droit, ils n'ont reçu une organisation régulière. On ne peut exiger d'eux que la majorité de 21 ans, et la capacité civile et politique. Incompatibilité entre la profession d'agréé et celle d'huissier.

Les agréés, lorsqu'ils ne sont pas munis d'un pouvoir spécial, n'ont aucun caractère pour représenter les plaideurs. Les actes qu'ils peuvent faire dans cette position sont nuls, et non pas seulement sujets à désaveu.

L'agréé n'est qu'un mandataire ordinaire. Son mandat, quoique donné en bonne et valable forme, ne doit pas s'étendre aux offres, aveux, consentements, que le Code de procédure considère comme émanés de la partie, tant qu'elle n'a pas désavoué son mandataire. Ces offres et aveux, etc., dépassent, en effet, les bornes de son mandat *ad litem*, et tout ce que fait le mandataire au delà des bornes de son mandat, est non avenu à l'égard du mandant.

Les agréés n'ont pas qualité pour recevoir pendant l'instance la signification des actes de procédure, par suite du *pouvoir de représenter* qui leur est donné.

N'étant pas officiers ministériels, ils ne peuvent pas non plus agir pour frais devant les tribunaux de commerce où ils ont plaidé, mais seulement devant le tribunal civil du domicile de leurs clients.

Le ministère des agréés n'est pas *obligatoire*.

Lorsqu'ils ont été chargés de représenter dans une contestation, ils conduisent le procès, rédigent les pièces, plaident ou produisent les avocats plaidants. On conçoit l'intérêt qu'il y a de laisser le tribunal s'entourer de personnes connues, expertes dans la procédure, d'agents honorables, sur lesquels l'approbation des juges attire la confiance des parties, sans forcer personne, et avec l'avantage d'éloigner des affaires le rebut des praticiens.

**Aperçu de la marche de la procédure devant les tribunaux de commerce. — I. Pas**

de préliminaire de conciliation. (*Conseils des pru-d'hommes, néanmoins, pour les matières de leur compétence.*)

II. Exploit d'ajournement dans les formes ordinaires, (*sauf la constitution d'avoué*).

III. Délai au moins d'*un jour*. Dans les cas qui requerront célérité, le président du tribunal pourra permettre d'assigner, même de jour à jour et d'heure à heure, et de saisir les effets mobiliers; il pourra, suivant l'exigence des cas, assujettir le demandeur à donner caution, ou à justifier de solvabilité suffisante. Ces ordonnances seront exécutoires nonobstant opposition ou appel. (*Art.* 417, *Code de pr.*)

La saisie conservatoire est la seule qui soit autorisée devant la juridiction commerciale. Plus tard, si le saisissant a obtenu condamnation à son profit, lorsqu'il s'agira de procéder à la vente des effets mobiliers, il faudra s'adresser au tribunal civil, seul compétent en matière d'exécution forcée.

Il n'y a que le président du tribunal civil qui puisse autoriser une *saisie-arrêt* entre les mains des tiers, dans le cas où le créancier qui la demande n'est pas porteur d'un titre authentique ou privé. Que s'il existait en sa faveur un titre de cette nature, il n'aurait besoin d'aucune permission pour la pratiquer.

Dans les affaires maritimes où il existe des parties non domiciliées en France, et autres matières maritimes urgentes et provisoires, l'assignation de jour à jour et d'heure à heure pourra être donnée sans ordonnance, et le défaut pourra être jugé sur-le-champ. (*Art.* 418, *Code de pr.*)

Toutes assignations données à bord à la personne assignée, et *remises à n'importe quelle personne*, seront valables. (*Art.* 419.)

IV. Les étrangers demandeurs en matière de commerce sont dispensés de fournir la caution *judicatum solvi*, même lorsque la demande est formée devant un tribunal civil, dans les lieux où il n'y a pas de tribunal commercial. (*Art.* 423.)

V. Le demandeur pourra assigner à son choix : devant le tribunal du domicile du défendeur ; devant celui dans l'arrondissement duquel la promesse a été faite, la marchandise livrée ; devant celui dans l'arrondissement duquel le payement devra être effectué. (*Art.* 420.)

VI. Si les parties comparaissent, et qu'à la première audience il n'intervienne pas de jugement définitif, les parties non domiciliées dans le lieu où siége le tribunal seront tenues d'y faire élection de domicile, mentionnée sur le plumitif de l'audience ; à défaut de cette élection, toute signification, même celle du jugement *définitif*, sera faite valablement au greffe du tribunal. (*Art.* 422.)

VII. Si une pièce produite est méconnue, déniée ou arguée de faux, et que la partie persiste à s'en servir, le tribunal enverra devant les juges qui doivent en connaître, et il sera sursis au jugement de la demande principale. Néanmoins, si la pièce n'est relative qu'à un des chefs de la demande, il pourra être passé outre au jugement des autres chefs. (*Art.* 427.)

VIII. Le tribunal pourra, dans tous les cas, ordonner, même d'office, que les parties seront entendues en personne, à l'audience ou dans la chambre du conseil, et, s'il y a empêchement légitime, commettre un des juges, ou même un juge de paix, pour les entendre, lequel dressera procès-verbal de leur déclaration. (*Art.* 428.) On comprend que la comparution personnelle joue un grand rôle dans une procédure toute d'équité.

IX. S'il y a lieu à renvoyer les parties devant des arbitres, pour examens de comptes, pièces et registres, il sera nommé un ou trois arbitres pour entendre les parties et les concilier, si faire se peut, sinon donner leur avis.

S'il y a lieu à visite ou estimation d'ouvrages ou de marchandises, il sera nommé un ou trois experts. Les arbitres et les experts seront nommés d'office par le tribunal, à moins que les parties n'en conviennent à l'audience. (*Art.* 429.)

La récusation ne pourra être proposée que dans les trois jours de la nomination. *(Art.* 430.) Dépôt du rapport des arbitres et experts au greffe du tribunal. (*Art.* 431.)

X. Si le tribunal ordonne la preuve par témoins, il y sera procédé dans les formes prescrites pour les enquêtes sommaires. Néanmoins, dans les causes sujettes à appel, les dépositions seront rédigées par écrit par le greffier, et signées par le témoin ; en cas de refus, mention en sera faite. (*Art.* 432.)

XI. Rédaction et expédition des jugements *soumises aux formes ordinaires.* (*Art.* 433.)

XII. Si le *demandeur* ne se présente pas : *défaut ;* défendeur renvoyé de la demande.

Si le *défendeur* ne comparaît pas : *défaut ;* conclusions du demandeur adjugées, si elles se trouvent justes et bien vérifiées. (*Art.* 434.)

Tous les jugements par défaut contre une partie *qui n'a pas constitué d'avoué* (il n'y a pas de constitution l'avoué en matière de commerce), seront signifiés par *un huissier commis,* soit par le tribunal, soit par le juge du domicile du défaillant que le tribunal aura désigné ; ls seront exécutés dans les six mois de leur obtention, sinon seront réputés non avenus. (*Art.* 156.) L'opposition sera recevable jusqu'à *l'exécution du jugement.* *Art.* 158.) Le jugement est réputé exécuté, lorsque les meubles saisis ont été vendus, ou que le condamné a été emprisonné ou recommandé, ou, enfin, lorsqu'il y a quelque acte duquel il résulte nécessairement que l'exécution du jugement a été connue de la partie défaillante. L'opposition formée dans ces délais et suivant les formes prescrites suspend l'exécution, si elle n'a pas été ordonnée nonobstant opposition. (*Art.* 159, *Code de pr.*; 643, *Code de com.*)

L'opposition contiendra les moyens de l'opposant et assignation dans le délai de la loi. Elle sera signifiée au domicile élu. (*Art.* 437, *Code de pr.*)

L'opposition faite à l'instant de l'exécution, par déclaration sur le procès-verbal de l'huissier, arrêtera l'exécution, à la charge, par l'opposant, de la réitérer dans les trois jours, par exploit contenant assignation, passé lequel délai elle sera censée non avenue. (*Art.* 438.)

XIII. Les tribunaux de commerce pourront ordonner l'exécution provisoire de leurs jugements, nonobstant appel et sans caution, lorsqu'il y aura titre non attaqué, ou condamnation précédente dont il n'y aura pas d'appel; dans les autres cas, l'exécution provisoire n'aura lieu qu'à la charge de donner caution ou de justifier de solvabilité suffisante. (*Art.* 439.)

XIV. La caution sera présentée par acte signifié au domicile de l'appelant, s'il demeure dans le lieu où siége le tribunal, sinon au domicile par lui élu, avec sommation de se présenter au greffe pour prendre communication, sans déplacement, des titres de la caution, s'il est ordonné qu'elle en fournira, et à l'audience, pour voir prononcer sur l'admission, en cas de contestation. (*Art.* 440.)

Si l'appelant ne comparaît pas, ou ne conteste point la caution, elle fera sa soumission au greffe; s'il conteste, il sera statué au jour indiqué par la sommation : dans tous les cas, le jugement sera exécutoire, nonobstant opposition ou appel. (*Art.* 442.)

**Devoir du tribunal de commerce incompétent à raison de la matière.** — Toutes les fois qu'il y a *incompétence absolue,* le tribunal doit se dessaisir d'office : si le tribunal, dit l'article 424 du Code de procédure, est incompétent à raison de la matière, il renverra les parties, encore que le déclinatoire n'ait pas été proposé.

Le déclinatoire pour toute autre cause (*incompétence purement relative, pour cause de litispendance, pour cause de connexité*) ne pourra être proposé que préalablement à toute autre défense. (*Art.* 424.)

Le même jugement pourra, en rejetant le déclinatoire, statuer sur le fond, mais par deux dispositions distinctes, l'une sur la compétence, l'autre sur le fond ; les dispositions sur la compétence pourront toujours être attaquées par la voie de l'appel. (*Art.* 425.)

Les veuves et héritiers des justiciables des tribunaux de commerce y seront assignés en reprise, ou par action nouvelle, sauf, si les qualités sont contestées, à les renvoyer devant les tribunaux ordinaires pour y être réglés, et ensuite être jugés sur le fond au tribunal de commerce. (*Art.* 426.)

**Difficultés sur l'exécution des jugements des tribunaux de commerce.** — Les tribunaux de commerce ne connaissent pas de l'exécution de leurs jugements, car ce sont des tribunaux d'exception, qui ne sont institués que pour juger les questions commerciales ; or, les questions d'exécution ne sont pas des questions commerciales. Les tribunaux de commerce ne peuvent donc autoriser aucune voie d'exécution forcée, sauf ce que nous avons dit relativement à la saisie conservatoire des effets mobiliers du défendeur, au cas d'assignation à bref délai. (*Art.* 442.)

Mais les juges de commerce ont seuls qualité pour mettre à exécution leurs décisions préparatoires ou interlocutoires, pour liquider les dommages-intérêts auxquels ils ont condamné une partie, pour interpréter leurs jugements, etc.

### § II. De la forme de procéder devant les cours impériales.

**Délai d'appel.** — Le délai est de *deux mois* à compter du jour de la signification du jugement rendu *contradictoirement*, et pour les jugements rendus par défaut, à partir du jour de l'expiration du délai de l'opposition. L'appel pourra être interjeté le jour même du jugement. (*Art.* 645, *Code de com.*, *modifié par la loi du 3 mai* 1862.)

**Appel.** — L'appel est porté devant la cour impériale du ressort. (*Art.* 644.)

Dans les limites de la compétence fixée par l'article 639 pour le dernier ressort, l'appel ne sera pas reçu, encore que le jugement n'énonce pas qu'il est rendu en dernier ressort, et même quand il énoncerait qu'il est rendu à la charge d'appel. (*Art.* 646, *Code de com.*, *modifié par la loi du 3 mars* 1840.)

Les cours impériales ne pourront, en aucun cas, à peine de nullité, et même des dommages et intérêts des parties, s'il y a lieu, accorder des défenses ni surseoir à l'exécution des jugements des tribunaux de commerce, quand même ils seraient attaqués d'incompétence ; mais elle pourront, suivant l'exigence des cas, accorder la permission de citer extraordinairement à jour et heures fixes, pour plaider sur l'appel. (*Art.* 647, *Code de com.*)

**Procédure d'appel.** — Les appels des jugements des tribunaux de commerce seront instruits et jugés dans les cours, comme appels de jugements rendus en matière sommaire (*ainsi : appel porté à l'audience sur simple acte, et sans autre procédure*).

La procédure, jusques et y compris l'arrêt définitif, sera conforme à celle qui est prescrite pour les causes d'appel en matière civile, au livre III de la 1re partie du Code de procédure civile. (*Art. 443 à 473, Code de proc.; Art. 648, Code de com.*)

On peut encore, dans certains cas, attaquer les jugements des tribunaux de commerce par la voie de la cassation.

---

# CHAPITRE IV.

## DE LA CONTRAINTE PAR CORPS EN MATIÈRE COMMERCIALE.

**Effets des jugements des tribunaux de commerce.** — Les jugements des tribunaux de commerce, comme ceux des autres juges, confèrent l'hypothèque judiciaire sur les biens immeubles des débiteurs, moyennant la formalité de l'inscription. Ils sont exécutoires également par la saisie et la vente des meubles.

Mais leur principale force a été jusqu'à présent la *contrainte par corps,* que les tribunaux de commerce sont autorisés à prononcer.

La matière de la contrainte par corps est régie par les lois du 17 avril 1832 et du 13 décembre 1848. L'exercice de cette voie d'exécution, suspendu en vertu du décret du 9 mars 1848, a été rétabli par la loi du 13 décembre de la même année.

Voir aussi au Code de procédure, titre XV, liv. V, 1re partie, les règles relatives à l'exécution de la *contrainte par corps.*

Pour l'exécution des jugements emportant la contrainte par corps, il a été établi pour la ville de Paris et le département de la Seine, à l'exclusion des huissiers, des officiers qui ont reçu la dénomination de gardes du commerce. Ces officiers sont nommés par l'Empereur, sur la double présentation du tribunal de commerce et du tribunal civil.

L'arrestation du débiteur est opérée en vertu de la grosse du jugement qui prononce la contrainte (*dans les provinces, par un huissier assisté de deux recors*).

**Définition**. — La *contrainte par corps* est le droit accordé au créancier de priver le débiteur de sa liberté pour le contraindre à *l'exécution de ses obligations*.

Cette voie rigoureuse, destinée à disparaître prochainement de la législation de la France, suppose de la part du débiteur les ressources nécessaires pour payer; mais la *mauvaise volonté*, l'intention *frauduleuse*. Dans ce cas, en effet, la contrainte par corps peut servir à briser une obstination coupable. Quant à la contrainte par corps prononcée contre un débiteur seulement insolvable, elle est aussi inhumaine que peu fondée en résultats.

La contrainte par corps est admise exceptionnellement en matière civile; elle est *du droit commun* en matière commerciale, et est prononcée contre tout individu, même non commerçant, condamné *pour dette commerciale* au paiement d'une somme de 200 francs et au-dessus. (*Loi du 17 avril* 1832.)

Le législateur a si bien compris l'immoralité de cette voie d'exécution, qu'il a restreint l'usage de la contrainte par corps. C'est ainsi que la contrainte n'est pas prononcée, même en matière commerciale : 1° contre les septuagénaires (*même condamnés à l'incarcération*); 2° les femmes et les filles non commerçantes; 3° les mineurs non commerçants, ou non réputés majeurs pour fait de leur commerce ; 4° les veuves et héritiers des justiciables des tribunaux de commerce ; 5° contre le débiteur, au profit : de son conjoint, de ses ascendants, descendants, frères ou sœurs ou alliés au même degré (*L. du 7 avril* 1832) ; de l'oncle et de la tante, du grand-oncle ou de la grand'tante, du neveu ou de la nièce, du petit-neveu ou de la petite-nièce, ou des alliés au même degré (*L. du* 13 *déc.* 1848) ; 6° *simultanément* contre le mari et la femme, même pour dettes différentes. (*L. du* 13 *déc.* 1848.)

**Élargissement.** — Le débiteur incarcéré peut obtenir son élargissement en payant ou consignant le tiers du principal de la dette, et ses accessoires, et en donnant caution pour le surplus. (*L.* 13 *déc.* 1848.)

**Suspension de l'exercice de la contrainte par corps.** — Le tribunal peut suspendre l'exercice de la contrainte par corps, même en matière de lettres de change et de billets à ordre, lorsque la condamnation en principal ne s'élève pas à 500 francs. La suspension ne pourra pas excéder *trois mois,* à compter de l'échéance de la dette. (*Loi* 13 *déc.* 1848.)

Lorsque le débiteur condamné a des enfants mineurs, le tribunal peut aussi surseoir à l'exécution de la contrainte pendant *un an,* quels que soient le montant et la nature de la dette. (*Loi* 13 *déc.* 1848.)

**Durée de la contrainte.** — La loi a limité la durée de la contrainte par corps, et l'a graduée suivant l'importance de la dette, sans pouvoir excéder trois années, d'après la loi du 13 décembre 1848.

Le débiteur qui a obtenu sa liberté après l'expiration de ces délais, ne peut plus être détenu ou arrêté pour dettes contractées antérieurement à son arrestation, et échues au moment de son élargissement, à moins que ces dettes n'entraînent, par leur nature et par leur quotité, une contrainte plus longue que celle qu'il a subie, laquelle est alors comptée pour la durée de la nouvelle incarcération. (*L.* 17 *avril* 1832.)

Le débiteur peut obtenir son élargissement faute de consignation d'aliments de la part du créancier. Le débiteur élargi faute de consignation, ne peut plus être incarcéré pour la même dette. (*L.* 17 *avril* 1832.) Voir sur la contrainte par corps, depuis la loi de 1832, la loi du 31 décembre 1848; l'arrêté du 24 mars 1849; la loi du 21 janvier 1851; la loi du 26 mars 1855; la loi du 2 mai 1861 et la loi du 22 juillet 1867 [1].

---

[1] Antiquité de la contrainte par corps. Prohibée en 1304 par Philippe le Bel, pour dettes particulières, à moins de clause formelle. Rétablie en 1556 pour l'exécution de toute espèce de condamnations. Maintenue par les ordonnances de 1673 et de 1681, comme droit commun à l'égard des engagements commerciaux. Abolie par la Convention. Rétablie le 24 ventôse an V. En supprimant définitivement de nos codes la contrainte par corps, le second Empire a rendu un véritable service au bon sens et à l'humanité. Voir l'Appendice, chap. 1er, p. 539 et suiv.

# APPENDICE

---

## CHAPITRE I.

### DE LA CONTRAINTE PAR CORPS ABOLIE EN MATIÈRE COMMER-CIALE, CIVILE ET CONTRE LES ÉTRANGERS.

**Antécédents de la loi du 22 juillet 1867.—** Un projet de loi soumis au Corps législatif en 1861, et qui avait pour objet exclusif d'augmenter la somme due pour aliments aux détenus pour dettes, souleva une importante discussion. Un membre de l'Assemblée proposa de rendre *facultative* pour le juge la contrainte par corps, qui était le plus souvent *obligatoire*. On critiqua plusieurs dispositions des lois sur l'exécution corporelle, et la commission parlementaire exprima le vœu unanime que toute cette partie de la législation fût soumise par le gouvernement à l'étude la plus réfléchie. Pareil fait s'était déjà produit, d'ailleurs, en 1832 et en 1848.

Le gouvernement, se conformant aux désirs exprimés par la commission du Corps législatif, défera l'examen de la question à une commission instituée par le ministre du commerce et présidée par lui. Cette commission se livra à une enquête sommaire, se montra très-défavorable au principe de l'incarcération pour dettes, mais ne proposa pas une réforme complète. Elle fut d'avis d'affranchir définitivement les femmes de la contrainte par corps; mais, à l'égard des hommes, elle se contenta de formuler un projet qui donnait aux juges le droit de ne pas la prononcer. C'était un retour à la législation de Louis XIV, une résurrection de l'ordonnance de 1673 [1]; mais en rétrogradant ainsi de deux siècles, on croyait néanmoins arriver à un progrès considérable. La commission se couvrait de l'autorité du passé pour obtenir une amélioration imparfaite, mais progressive. Sachant que le tribunal de commerce de la Seine était peu favorable à l'emprisonnement pour dettes, elle espérait que la contrainte par corps ne serait plus prononcée du jour où on l'aurait rendue facultative, et que la réforme permise par le législateur serait complétée par la jurisprudence.

Saisi à son tour de l'examen de la question, le Conseil d'État pensa qu'il convenait d'aller plus loin. Convaincu qu'il ne fallait pas abandonner aux lenteurs et aux incertitudes de la jurisprudence une réforme salutaire, il proposa d'abolir complétement la contrainte par corps en matière civile et commerciale, et de la maintenir comme accessoire de la peine en cas de crime, de délit ou de contravention. Soutenu par l'adhésion du gouvernement, il prépara, d'après cette base, la loi du 22 juillet 1867.

**Principe fondamental de la loi du 22 juil-**

[1] L'ordonnance de 1667 réservait l'usage de la contrainte par corps pour quelques cas privilégiés; mais cette voie d'exécution n'était pas obligatoire; le juge pouvait, d'après la connaissance de la cause, l'ordonner ou en dispenser. L'ordonnance de 1673 disait aussi : « Ceux qui auront signé des lettres et billets de change, *pourront* être contraints par corps. »

**let 1867. — Suppression de la contrainte par corps.** — « La contrainte par corps est supprimée en matière commerciale, civile et contre les étrangers. » Cette suppression constitue la disposition fondamentale de la loi de 1867. C'est, en effet, sur le principe absolu que consacre ainsi l'article 1er de la loi nouvelle qu'a pesé tout le poids de la discussion au Corps législatif et au Sénat.

Il a été établi, dans le cours des débats parlementaires, que l'article 455 du Code de commerce, suivant lequel, par le jugement qui déclare la faillite, le tribunal de commerce peut ordonner le dépôt de la personne du failli dans la maison d'arrêt pour dettes, ou la garde de sa personne, n'a point été abrogé par la nouvelle loi [1].

**Cas pour lesquels la contrainte par corps est maintenue.** — La contrainte par corps est maintenue en matière criminelle, correctionnelle et de simple police. (*Art. 2.*) « Ici, dit l'*Exposé des motifs*, l'emprisonnement prend un autre caractère. C'est un tribunal de répression qui l'applique. Il le prononce, non pas sur un soupçon de mauvaise foi, mais sur une preuve de culpabilité; non pas contre un débiteur qui avait peut-être été imprudent, ou qu'un malheur imprévu a mis malgré lui dans l'impossibilité d'acquitter sa dette, mais contre un homme qui a volontairement contrevenu à la loi pénale. Il a encouru une punition. Si, pour l'obliger à la subir entièrement, il est nécessaire de revenir à l'emprisonnement, n'est-il pas légitime, n'est-il pas juste qu'une condamnation complémentaire l'oblige par corps à payer toute la dette qu'il a contractée envers la société ?

[1] Séance du 28 mars 1867.

« Souvent la législation répressive pour toute peine prononce une amende. Il en est ainsi pour des délits de pêche, des délits forestiers, des délits en matière de douane, pour les infractions les plus fréquentes peut-être, pour celles qui sont commises surtout par de pauvres gens. La pauvreté, causée trop souvent par l'inconduite ordinaire des déprédateurs de toute sorte, sera un moyen d'impunité. En ce cas, la contrainte par corps est le seul moyen de donner force à la justice. Contre ceux qui peuvent payer, elle est un moyen légitime de contrainte mis à la disposition de la société. A l'égard des condamnés insolvables, elle est, sous quelques rapports, la substitution d'une peine à une autre. »

La disposition de l'article 2 est, du reste, une reproduction abrégée et une consécration nouvelle de l'article 52 du Code pénal.

**Contrainte par corps pour condamnations en faveur de l'État.** — Les arrêts, jugements et exécutoires portant condamnations au profit de l'État, à des amendes, restitutions et dommages-intérêts, en matière criminelle, correctionnelle et de police, ne peuvent être exécutés par la voie de la contrainte par corps, que cinq jours après le commandement qui est fait aux condamnés, à la requête du receveur de l'enregistrement et des domaines. Dans le cas où le jugement de condamnation n'a pas été précédemment signifié au débiteur, le commandement porte en tête un extrait de ce jugement, contenant le nom des parties et le dispositif. Sur le vu du commandement et sur la demande du receveur de l'enregistrement et des domaines, le ministère public adresse les réquisitions nécessaires aux agents de la force publique et aux autres fonctionnaires chargés de l'exécution des mandements de justice. Si le débiteur est détenu, la recommandation peut être ordonnée immé-

diatement, après la notification du commandement.
(*Art. 3.*)

La contrainte par corps n'aura jamais lieu pour le payement des *frais au profit de l'État.* (*Id.*) Le projet de loi l'admettait, mais, au cours de la discussion, le gouvernement a déclaré qu'il consentirait volontiers à en faire l'abandon. Accueillie par la commission, cette disposition inspirée par un sentiment d'humanité, a été adoptée par le Conseil d'État, et a été inscrite dans l'article 3 en termes formels, pour éviter toute équivoque sur la limite dans laquelle devra se renfermer cette restriction, qui ne concerne que l'État, et non les parties civiles.

**Contrainte par corps pour réparations civiles.** — Les arrêts et jugements contenant des condamnations *en faveur des particuliers,* pour réparations de crimes, délits ou contraventions commis à leur préjudice sont, à leur diligence, signifiés et exécutés suivant les mêmes formes et voies de contrainte que les jugements portant des condamnations au profit de l'État. (*Art. 4.*) Bien que ces condamnations soient connues sous le nom de *réparations civiles,* elles ont quelque chose de *pénal.* Ce n'est plus une dette purement civile, du moment qu'elle dérive d'un crime ou d'un délit. Il ne s'agit plus là seulement de l'exécution d'un contrat. En matière civile quelquefois, en matière commerciale presque toujours, le créancier a accepté son débiteur. En matière pénale, au contraire, le plaignant n'est créancier que parce qu'il a été victime. La société tout entière est intéressée à l'acquittement de ce genre de dette [1].

**Application de la contrainte par corps pour condamnations à des réparations civiles, pro-**

[1] Voir l'*Exposé des motifs.*

**noncées par des tribunaux civils.** — La contrainte par corps sera exercée aussi dans le cas où les condamnations en faveur des particuliers pour réparations auront été prononcées par les tribunaux civils au profit des parties lésées, et où le crime, le délit ou la contravention auront été reconnus par la juridiction criminelle. (*Art.* 5.)

Avant la loi de 1867, on débattait la question de savoir s'il y avait lieu à contrainte par corps lorsque, postérieurement à la condamnation prononcée par la cour d'assises ou par le tribunal correctionnel, la partie lésée qui n'avait point participé à la procédure criminelle, avait obtenu d'un tribunal civil une condamnation à des dommages-intérêts. La condamnation civile étant, dans ce cas, la conséquence d'une condamnation pénale préexistante, la Cour de cassation avait, par un arrêt rendu en 1817, admis la contrainte par corps. Afin de ne laisser aucune incertitude sur ce point controversé dans la doctrine, l'article 5 de la loi de 1867 a consacré, on le voit, la jurisprudence de la Cour Suprême. Mais il faut remarquer que la condition nécessaire est l'existence d'une condamnation première prononcée par la juridiction criminelle. On ne pourrait, désertant le tribunal compétent, aller demander au tribunal civil de décider qu'il y a crime ou délit, et que, par suite, il est dû des dommages-intérêts. Le jury seul peut déclarer qu'il y a crime; le tribunal correctionnel seul peut déclarer qu'il y a délit.

**Consignation des aliments.** — Lorsque la contrainte a lieu *à la requête et dans l'intérêt des particuliers*, ils sont obligés de pourvoir aux aliments des détenus; faute de provision, le condamné est mis en liberté. La consignation d'aliments doit être effectuée d'avance pour trente jours, au moins; elle ne vaut que pour des périodes entières de trente jours. Elle est, pour chaque période, de 45 francs, à Paris, de 40 francs dans les villes de cent mille âmes, et de 35 francs dans les autres villes. (*Art.* 6.)

Lorsqu'il y a lieu à élargissement faute de consignation d'aliments, il suffit que la requête présentée au président du tribunal civil soit signée par le débiteur détenu et par le gardien de la maison d'arrêt pour dettes, ou même certifiée véritable par le gardien, si le détenu ne sait pas signer. (*Art.* 7.)

Le débiteur élargi faute de consignation d'aliments ne peut plus être incarcéré pour la même dette. (*Art.* 8.)

Ces dispositions sont empruntées à la législati on antérieure à 1867.

**Durée de la contrainte par corps.** — A l'échelle compliquée, et quelquefois sans limites, que le Code pénal et la loi de 1832 avaient établie, la loi de 1867 a substitué une échelle simple et moins rigoureuse. Elle a déterminé ainsi qu'il suit la durée de la contrainte par corps en matière criminelle, correctionnelle et de simple police, d'après le montant de l'amende et des autres condamnations :

Cette durée sera de deux à vingt jours, lorsque l'amende et les autres condamnations n'excéderont pas 50 fr.; de vingt à quarante jours, lorsqu'elles seront supérieures à 50 fr. et qu'elles n'excéderont pas 100 fr.; de quarante à soixante jours, lorsqu'elles seront supérieures à 100 fr. et qu'elles ne dépasseront pas 200 fr.; de deux à quatre mois, lorsqu'elles seront supérieures à 200 fr , et qu'elles n'excéderont pas 500 fr.; de quatre mois à huit mois, lorsqu'elles seront supérieures à 500 fr., et qu'elles n'excéderont pas 2,000 fr.; d'un an à deux ans, lorsqu'elles s'élèveront à plus de 2,000 fr. En matière de simple police, la durée de la contrainte par corps ne pourra excéder cinq jours. (*Art.* 9.)

Les condamnés qui justifient de leur insolvabilité suivant l'article 420 du Code d'instruction criminelle, sont mis en liberté après avoir subi la contrainte pendant la moitié de la durée fixée par le jugement. (*Art.* 10.)

La commission du Corps législatif avait demandé que ces condamnés fussent *immédiatement* mis en liberté. Le ministre de la justice a repoussé cet amendement de la manière la plus absolue, en se fondant sur ce que, dans le cas d'une contravention ayant une importance réelle, considérable même quelquefois, telles que les contraventions en matière de douanes, de forêts, de contributions indirectes, la seule condamnation étant l'amende, il résulterait une véritable impunité de la mise en liberté immédiate du condamné insolvable.

Quant à la preuve de l'insolvabilité, elle doit-être établie, d'après l'article 420 du Code d'instruction criminelle : 1° par un extrait du rôle des contributions, constatant que les condamnés payent moins de six francs, ou un certificat du percepteur de leur commune, portant qu'ils ne sont point imposés ; 2° par un certificat d'indigence à eux délivré par le maire de la commune de leur domicile ou par son adjoint, visé par le sous-préfet et approuvé par le préfet de leur département.

**Moyen de se soustraire légalement à la contrainte par corps, dans les cas où elle est maintenue. — Caution.** — Les individus contre lesquels la contrainte a été prononcée peuvent *en prévenir* ou *en faire cesser l'effet*, en *fournissant* une caution reconnue bonne et valable. Cette caution est admise, pour l'État, par le receveur des domaines ; pour les particuliers, par la partie intéressée ; en cas de contestation, elle est déclarée, s'il y a lieu, bonne et valable par le tribunal civil de l'arrondissement.

La caution doit s'exécuter dans le mois, à peine des poursuites. (*Art.* 11.)

Cette disposition de la loi de 1867 reproduit un principe ancien, mais elle en étend l'application. Désormais *quel que soit le taux de la dette*, il y aura libération toutes les fois que le condamné pourra fournir une bonne caution s'obligeant à payer dans le délai d'un mois [1]. La loi de 1832 n'accordait, du reste, ce bénéfice qu'aux individus à l'égard desquels la contrainte *aurait été mise à exécution*. Elle ne permettait pas de *prévenir* l'emprisonnement en donnant caution. Et cependant il était bon, dans l'intérêt même du créancier, que les poursuites pussent être arrêtées le plus tôt possible; l'économie des frais était profitable à tous. L'article 11 de la loi de 1867 a amélioré, on le voit, sur ce point encore la législation.

Il ne faut point confondre entre la caution *offerte* et la caution *fournie*. La caution *fournie* est celle qui a été acceptée par le créancier ou déclarée bonne et valable par le tribunal. Jusque-là elle est simplement *offerte* et l'exécution corporelle n'est pas suspendue.

**Effet de l'élargissement.** — Les individus qui ont obtenu leur élargissement ne peuvent plus être détenus ou arrêtés pour condamnations pécuniaires antérieures, à moins que ces condamnations n'entraînent, par leur quotité, une contrainte plus longue que celle qu'ils ont subie et qui, dans ce dernier cas, leur est toujours comptée pour la durée de la nouvelle incarcération. (*Art.* 12.)

Cette disposition s'applique à *tous les cas d'élargissement*, soit que le temps normal ait été complétement épuisé, soit qu'il ait été réduit à moitié par une consta-

---

[1] Comparer avec l'article 34 de la loi de 1832.

tation d'insolvabilité, soit que la mise en liberté résulte d'un défaut de consignation d'aliments, ou qu'elle ait été obtenue en fournissant une caution.

Emprunté à l'article 27 de la loi de 1832, qui ne s'appliquait qu'à l'emprisonnement pour dettes civiles et commerciales, l'article 12 de la loi de 1867 est adapté au cas où l'emprisonnement pour dettes est prononcé par un jugement de répression, ce qui donne à sa disposition une certaine analogie avec les règles du Code d'instruction criminelle, qui interdisent le cumul des peines.

**Protection contre la contrainte par corps, à raison de l'âge.** — Les tribunaux *ne peuvent prononcer* la contrainte par corps contre les individus âgés de moins de seize ans accomplis à l'époque des faits qui ont motivé la poursuite. (*Art.* 13.)

Si le débiteur a commencé sa soixantième année, la contrainte par corps est réduite à la moitié de la durée fixée par le jugement, sans préjudice de la mise en liberté pour cause d'insolvabilité constatée. (*Art.* 14.)

La loi de 1867 se montre, pour les mineurs et pour les vieillards, plus indulgente que la législation antérieure.

**Autres cas d'inapplication de la contrainte par corps maintenue.** — La contrainte par corps ne peut être prononcée ou exercée contre le débiteur, au profit : 1° de son conjoint; 2° de ses ascendants, descendants, frères ou sœurs; 3° de son oncle ou de sa tante, de son grand-oncle ou de sa grand'tante, de son neveu ou de sa nièce, de son petit-neveu ou de sa petite-nièce, ni de ses alliés au même degré. (*Art.* 15.) Elle ne peut être exercée simultanément contre le mari et la femme, même pour dettes différentes. (*Art.* 16.) Les tribunaux peuvent, dans l'intérêt des enfants mineurs du débiteur, et par le jugement de condamnation, surseoir, pendant une année, au plus, à l'exécution de la contrainte par corps. (*Art.* 17.) [1].

**Abrogation de la législation antérieure**. — La loi du 22 juillet 1867 efface toute la législation ancienne sur la contrainte par corps. A l'égard de quelques-uns des articles du Code d'instruction criminelle ou du tarif, l'abrogation est prononcée expressément; d'autres sont maintenus. Le plus grand nombre de ces derniers a trait aux témoins qui refusent de comparaître en justice. La loi criminelle dit souvent qu'ils y seront *contraints par corps*. Cela signifie qu'ils seront amenés devant le juge par la force publique, mais il n'y a là rien qui ressemble à l'emprisonnement pour dettes. La loi de 1867 maintient aussi le titre XIII du Code forestier et le titre VII de la loi sur la pêche fluviale. Aux termes de l'article 18 de la loi de 1867, en matières forestière et de pêche fluviale, lorsque le débiteur ne fait pas les justifications de l'article 420 du Code d'instruction criminelle, la durée de la contrainte par corps est fixée par le jugement, dans les limites de huit jours à six mois.

L'article 19 porte que les dispositions nouvelles seront applicables à tous jugements, en cas de contrainte par corps, antérieurs à la loi de 1867. Il devait en être ainsi, malgré le principe de la non-rétroactivité des lois. Il est de règle établie, en effet, qu'en matière de procédure et d'état des personnes, la loi saisit les citoyens sans s'occuper de toutes les dispositions antérieures. Elle modifie ce qu'elle a fait dans le passé, et ses modifications profitent à ceux qu'elle atteint, comme elles peuvent leur nuire. La loi nouvelle ne touche, d'ailleurs,

[1] Reproduction des dispositions bienfaisantes de l'article 19 de la loi de 1832, et des articles 10 et 11 de la loi de 1848.

pas aux conventions des parties, mais seulement aux moyens d'exécuter ces conventions. Or, les pouvoirs publics qui instituent ces moyens d'exécution ont toujours le droit de les modifier, et surtout de les adoucir [1].

---

# CHAPITRE II.

## DE L'ABOLITION DU PRIVILÉGE DES COURTIERS
## DE MARCHANDISES ET DE LA POLICE DU COURTAGE.

**Antécédents de la loi des 18-24 juillet 1866**. — Le régime légal du courtage en France excitait, depuis un certain nombre d'années, de vives réclamations. Dès 1861, une commission nommée et présidée par le ministre du commerce, avait consacré un grand nombre de séances à l'examen des réformes dont pouvait être susceptible la législation relative aux agents de change et aux courtiers.

Cette première étude aboutit à la loi du 2 juillet 1862, qui, modifiant l'art. 75 du Code de commerce, autorisa les agents de change à s'adjoindre des bailleurs de fonds intéressés, participant aux bénéfices et aux pertes résultant de l'exploitation de l'office et de la liquidation de sa valeur [2].

La question des courtiers ne parut pas suffisamment

---

[1] Un décret des 22-27 juillet 1867 a rendu la nouvelle loi sur la contrainte par corps exécutoire en Algérie. Un autre décret des 6 décembre 1869, 22 janvier 1870, a supprimé la contrainte par corps en matière commerciale, civile et contre les étrangers, dans les colonies de la Martinique, de la Guadeloupe et de la Réunion.

[2] Voir plus haut, p. 48.

mûre et fut ajournée. Reprise au mois de juillet 1864, elle a donné lieu à une enquête approfondie, où ont été entendus les délégués des principales Chambres de commerce, ceux des Chambres syndicales de courtiers, enfin tous ceux qui, avec des points de vue très-divers, ont bien voulu apporter à la commission chargée de l'enquête le tribut de leurs lumières et de leur expérience. Saisi des procès-verbaux de cette enquête, le Conseil d'État a cru y voir la preuve que le régime légal du courtage établi par la législation de l'an X et de 1807, et complété par la loi de 1816, ne répondait plus aux besoins du commerce, au moins en matière de vente et d'achat des marchandises, qu'une réforme était dans les vœux de ses organes les plus autorisés; et, après des discussions approfondies, où tous les systèmes ont été étudiés, il a formulé un projet qui est devenu la loi des 18-24 juillet 1866.

Voici en quels termes l'Exposé des motifs de cette loi a résumé le résultat de l'enquête :

« La majorité des Chambres de commerce réclame la liberté du courtage en matière de vente et d'achat des marchandises, et la déclare sans péril pour le commerce, favorable au développement de l'activité commerciale dans notre pays. Elle estime que le commerce saura choisir ses intermédiaires et reconnaître lui-même, parmi les agents libres de cet ordre, ceux qui méritent sa confiance; que la liberté du courtage permettra, d'ailleurs, au corps des courtiers libres de se recruter désormais dans de meilleures conditions que par le passé, puisqu'on pourra y entrer sans s'exposer à la police correctionnelle, ce qui détournait nécessairement les plus honnêtes.

» La presque unanimité des Chambres se prononce contre le privilége des courtiers de marchandises étendu aux opérations de place à place, et virtuellement, par cela même, elle reconnaît que la liberté du courtage, bonne et sans périls pour ces sortes d'opérations, doit être *à fortiori* bonne et sans périls pour les opérations de la place;

» Le développement du courtage illicite, dit *marronnage*, que favorisent les plus honnêtes commerçants comme les autres, que n'ont pu décourager ni les peines fort sévères édictées non-seulement contre le marron lui-même, mais contre le négociant qui l'emploie, ni les poursuites des courtiers, qui, sur certains points, n'ont pas manqué de défendre leur privilége par de nombreux procès, est une démonstration, par les faits, des besoins du commerce et de ses aspirations.

» Les infractions permanentes des courtiers eux-mêmes aux règles fondamentales de leur profession, résultat de la double pression exercée sur eux, directement par les sollicitations du commerce, indirectement par la concurrence des marrons, sont telles, aujourd'hui, qu'on ne peut plus faire rentrer les courtiers dans la voie, sans développer davantage le marronnage, c'est-à-dire la négation du courtage officiel.

» Les exemples de l'étranger poussent, pour cette question, comme pour beaucoup d'autres, dans la voie de la suppression des anciennes réglementations, dans la voie de la liberté. »

En présence de ces résultats de l'enquête, la conclusion était inévitable. Les deux classes de courtiers d'assurances et de courtiers interprètes et conducteurs de navires pouvaient être conservées. Mais, pour les courtiers de marchandises, le maintien du *statu quo* était impossible.

Le législateur de 1866 proclama la liberté complète de leur profession.

**Exercice de la profession de courtier de marchandises.** — Toute personne est libre, aujourd'hui, d'exercer la profession de *courtier de marchandises.* (*Art.* 1er.)

Cette disposition législative laisse intacts le privilége des courtiers d'assurances maritimes et celui des courtiers interprètes et conducteurs de navires, qui exercent de véritables fonctions notariales et doivent, par cette raison, être considérés comme des officiers publics.

Il pourra être dressé, par le tribunal de commerce, une liste des courtiers de marchandises de la localité qui auront demandé à y être inscrits. Nul ne sera inscrit sur cette liste, s'il ne justifie : de sa moralité, par un certificat délivré par le maire; de sa capacité professionnelle, par l'attestation de cinq commerçants de la place faisant partie des notables chargés d'élire le tribunal de commerce; de l'acquittement d'un droit d'inscription, une fois payé au trésor.

Aucun individu en état de faillite, ayant fait abandon de biens ou atermoiement, sans s'être depuis réhabilité, ou ne jouissant pas des droits de citoyen français, ne pourra être inscrit sur la liste.

Tout courtier inscrit sera tenu de prêter, devant le tribunal de commerce, dans la huitaine de son inscription, le serment de remplir avec honneur et probité les devoirs de sa profession.

Il sera également tenu de se soumettre, en tout ce qui se rapporte à la discipline de sa profession, à la juridiction d'une chambre syndicale. (*Art.* 2.)

**Chambre syndicale.** — Tous les ans, dans le courant d'août, les courtiers inscrits élisent parmi eux les membres qui doivent composer, pour l'année, la chambre syndicale.

L'organisation et les pouvoirs disciplinaires de cette

chambre sont déterminés dans un règlement dressé, pour chaque place, par le tribunal de commerce, après avis de la Chambre de commerce ou de la Chambre consultative des arts et manufactures.

Ce règlement est soumis à l'approbation du ministre du commerce.

La chambre syndicale peut prononcer, sauf appel devant le tribunal de commerce, les peines disciplinaires suivantes : l'avertissement; la radiation temporaire; la radiation définitive, sans préjudice des actions civiles à intenter par les tiers intéressés, ou même de l'action publique, s'il y a lieu.

Si le nombre des courtiers inscrits n'est pas suffisant pour la constitution d'une chambre syndicale, le tribunal de commerce en remplit les fonctions. (*Art.* 3.)

**Avantages et charges des courtiers inscrits.** — Les ventes publiques de marchandises aux enchères et en gros qui, dans les divers cas prévus par la loi, doivent être faites par un courtier, ne peuvent être confiées qu'à un courtier inscrit, ou, à défaut de liste, désigné, sur la requête des parties intéressées, par le président du tribunal de commerce. (*Art.* 4.)

A défaut d'experts désignés d'accord entre les parties, les courtiers inscrits peuvent être requis pour l'estimation des marchandises déposées dans un magasin général. (*Art.* 5.)

**Garantie de l'impartialité complète et absolue du courtier.** — Le courtier chargé de procéder à une vente publique, ou qui a été requis pour l'estimation de marchandises déposées dans un magasin général, ne peut se rendre acquéreur, pour son compte, des marchandises dont la vente ou l'estimation lui a été confiée.

Le courtier contrevenant serait rayé par le tribunal

de commerce, statuant disciplinairement et sans appel, sur la plainte d'une partie intéressée ou d'office, de la liste des courtiers inscrits, et ne pourrait plus y être inscrit de nouveau, sans préjudice de l'action des parties en dommages-intérêts. (*Art.* 6.)

Tout courtier qui se sera chargé d'une opération de courtage pour une affaire où il avait un intérêt personnel, sans en prévenir les parties auxquelles il aura servi d'intermédiaire, sera poursuivi devant le tribunal de police correctionnelle et puni d'une amende de cinq cents francs à trois mille francs, sans préjudice de l'action des parties en dommages-intérêts. S'il était inscrit sur la liste des courtiers, il en sera rayé et ne pourra plus y être inscrit de nouveau. (*Art.* 7.)

Cette disposition, qui a pour objet d'assurer la loyale exécution du mandat du courtier, ne fait, du reste, que rappeler les obligations imposées par la loi commerciale aux commissionnaires.

Les droits de courtage pour les ventes publiques et la quotité de chaque vacation, due au courtier, pour l'estimation des marchandises déposées dans un magasin général, continuent à être fixés, pour chaque localité, par le ministre du commerce, après avis de la Chambre et du tribunal de commerce. (*Art.* 8.)

Dans chaque ville où il existe une bourse de commerce, le cours des marchandises est constaté par les courtiers inscrits, réunis, s'il y a lieu, à un certain nombre de courtiers non inscrits et de négociants de la place. (*Art.* 9.)

**Indemnité accordée aux courtiers en marchandises, en exercice au moment de la suppression de leur privilége.** — Les courtiers de marchandises en exercice au moment où leur privilége a été supprimé, ont été indemnisés de la perte du droit de présenter un successeur, qui leur avait été accordé par la loi du 28 avril 1816.

Le rapporteur de la commission du Corps législatif a justifié ainsi cette indemnité : « La loi du 28 avril 1816 a rendu les offices transmissibles comme de véritables propriétés. Les documents administratifs et législatifs ont tant de fois reconnu ce fait, qu'il ne peut y avoir à cet égard aucun doute. Depuis cette loi de 1816, les droits d'enregistrement ont été perçus sur chaque transmission, et il est de toute justice que ceux qui vont être privés de leurs offices soient loyalement et équitablement indemnisés. Sans accorder un bénéfice quelconque aux courtiers, la commission a pensé qu'elle leur devait *la valeur totale* de leur office, et après de nombreuses discussions, il a été reconnu que la somme à débourser par l'État, devait être égale au prix moyen de cession des offices pendant les sept années antérieures au 1er juillet 1864.

» Toutefois, dans les villes où la clientèle est comprise ordinairement dans le prix de la vente, nous avons estimé qu'il était juste d'établir une retenue qui pourra aller jusqu'à 20 pour 100, au maximum, faite sur le prix de chaque cession, pour être répartie entre les divers courtiers de la place, au prorata des produits de leurs offices, pendant les sept années antérieures au 1er juillet 1864. »

**Droit d'inscription à payer par les courtiers de marchandises.** — Le droit d'inscription que doivent payer les courtiers de marchandises pour être inscrits sur la liste dressée par le tribunal de commerce, et qui ne peut excéder 3,000 francs, a été réglé pour les différentes places de commerce dans lesquelles il existait des offices de courtiers de marchandises supprimés par la loi du 18 juillet 1866, par un décret des

22-31 décembre de la même année. Ce décret a divisé les places pour lesquelles il avait à statuer en cinq classes, à raison de leur importance, le droit de la première classe étant de 3,000 fr., celui de la seconde de 2,500, de la troisième de 2,000, de la quatrième de 1,500 fr. et de la cinquième de 1,000.

**Concours éventuel des courtiers inscrits et non inscrits, pour la constatation du cours des marchandises.** — Aux termes de l'article 9 de la loi du 18 juillet 1866, dans chaque ville où il existe une bourse de commerce, le cours des marchandises devra être constaté par les *courtiers inscrits*, réunis, *s'il y a lieu*, à un certain nombre de *courtiers non inscrits* et de *négociants de la place*. Un décret des 22-27 décembre de la même année, portant règlement d'administration publique, est venu régulariser ce concours.

La règle est que, dans les villes où il existe une liste de courtiers de marchandises dressée par le tribunal de commerce, le cours des marchandises est constaté par les *courtiers inscrits sur cette liste*. (*Art.* 1er.) Mais, par exception, si les *courtiers inscrits* ne représentent pas suffisamment tous les genres de commerce ou d'opérations qui se pratiquent sur la place, la Chambre de commerce, après l'avis de la chambre syndicale des *courtiers inscrits*, peut décider qu'un certain nombre de *courtiers non inscrits* et de *négociants de la place* se réuniront aux *courtiers inscrits* pour concourir avec eux à la constatation du cours des marchandises. La Chambre de commerce fixe, dans ce cas, le nombre de *courtiers non inscrits* et de *négociants* de la place qui feront partie de la réunion chargée de constater le cours, et les désigne. (*Art.* 2.)

Il est procédé, chaque année, à cette fixation. Les *courtiers non inscrits* et les *négociants* désignés ne peu-

32

vent faire partie que pendant une année de la réunion chargée de constater le cours des marchandises. Ils peuvent être désignés, de nouveau, après un intervalle d'une année. (*Art.* 3.) Nouvelle désignation immédiate par la Chambre de commerce, dans le cas de décès d'un des *courtiers non inscrits* ou des *négociants de la place* pendant le cours de l'année, dans le cas de démission ou dans celui de non présence à trois réunions successives, sans s'être fait excuser. (*Art.* 4.)

Dans les villes où il n'existe pas de *courtiers inscrits*, le cours des marchandises est constaté par des *courtiers non inscrits* et des *négociants de la place*, désignés, chaque année, par la Chambre de commerce. (*Art.* 5.)

**Constatation du cours.** — La Chambre de commerce détermine les marchandises dont le cours doit être constaté, ainsi que les jours et les heures où la constatation doit avoir lieu. (*Art.* 6.) Cette constatation est faite, *pour chaque spécialité de marchandises*, par *les membres de la réunion qui la représentent*, réunis en *section*. Le tableau des membres qui composent chaque section est arrêté tous les ans par la Chambre de commerce, sur la proposition de la chambre syndicale des *courtiers inscrits*. La Chambre de commerce peut, toutefois, si elle le juge convenable, décider que la constatation du cours sera faite par la réunion générale sans réunion par spécialité. (*Art.* 7.)

Les décisions sont prises, dans les réunions générales, ainsi que dans les réunions de sections, à la majorité des membres présents. En cas de partage, la voix du président est prépondérante. (*Art.* 10.)

C'est le préfet qui est compétent pour prendre les mesures d'exécution exigées par l'application de ce décret. Ses arrêtés sont rendus, dans ce cas, sur la proposition de la Chambre de commerce, après avis du tribunal de commerce et de la chambre syndicale des *courtiers inscrits. (Art. 11.)*

**Police et discipline du Courtage.** — Un décret des 5-23 janvier 1867 a réuni, dans chaque place, sous la juridiction d'une seule chambre syndicale, les courtiers d'assurances, les courtiers interprètes et conducteurs de navires et les agents de change autres que ceux institués près des bourses départementales pourvues d'un parquet.

Cette chambre syndicale se compose de sept membres, y compris le syndic, lorsque le nombre des titulaires appelés à la nommer est de quatorze et au-dessus; de cinq membres, y compris le syndic, lorsque le nombre des titulaires est de dix à treize; de trois membres, y compris le syndic, lorsque le nombre des titulaires est de six à neuf.

Que si le nombre des titulaires était inférieur à six, le tribunal de commerce remplirait les fonctions de la chambre syndicale.

---

# CHAPITRE III.

## DES SOCIÉTÉS.

**Objet et division de la loi des 24-29 juillet 1867 sur les sociétés.** — Le législateur de 1867 s'est proposé de remplacer, en partie, la loi du 17 juillet 1856, sur les sociétés en commandite par actions, et, en totalité, la loi du 23 mai 1863, sur les sociétés à responsabilité limitée, ainsi que les art. 31, 37 et 45 du Code de commerce. Il a voulu, en outre, réglementer un mode d'association qu'aucune disposition antérieure n'avait prévue : les sociétés dites *coopératives*.

L'opportunité de ces remaniements législatifs a été ainsi justifiée par l'Exposé des motifs de la loi nouvelle : « L'initiative individuelle a acquis aujourd'hui plus de confiance et de maturité ; l'intervention de la puissance publique dans les rapports entre particuliers paraît chaque jour moins utile ; les associations, en vue des résultats qu'elles ne s'étaient point encore proposés, ont revêtu des formes nouvelles et imaginé des stipulations plus ingénieuses ; enfin, des procédés plus simples et plus prompts ont été mis en usage dans toutes les transactions commerciales et financières. En présence des changements survenus dans les faits et dans les idées, à la vue d'intérêts et de besoins nouveaux qu'il fallait protéger et satisfaire, au milieu de ce mouvement général des affaires et des esprits, la législation ne pouvait rester immobile. »

D'où une série de dispositions ayant pour objet d'élargir de plus en plus le champ ouvert à l'activité des associations commerciales ; de donner aux conventions toute la latitude compatible avec les garanties indispensables au droit des tiers, aux intérêts de la morale et de l'ordre public ; d'éloigner enfin des associations qui ont la coopération pour moyen, tous les obstacles que pourrait opposer à leur formation et à leurs développements une législation qui n'avait pu les prévoir, et de leur accorder, au contraire, des facilités telles qu'elles puissent se constituer et fonctionner avec une très-grande indépendance.

La loi des 24-29 juillet 1867 se compose de cinq titres, relatifs : le premier, aux Sociétés en commandite par actions ; le deuxième, aux Sociétés anonymes ; le troisième, aux Sociétés *coopératives*, qui s'y trouvent dési-

gnées sous la dénomination de *Sociétés à capital variable;*
le quatrième, à la publication des actes de société; le
cinquième, enfin, aux Tontines et aux Sociétés d'assurances.

## § I. Sociétés en commandite par actions.

**Cercle d'action de la loi de 1867.** — Cette
loi laisse en dehors de ses dispositions et sous le seul
empire du Code de commerce les *Sociétés en commandite
simple.* Elle ne s'applique qu'aux *commandites par actions.*

C'est à la division du capital social en fractions égales,
au caractère négociable et à la cessibilité de chacune de
ces fractions ou parts, que se reconnaît la société en
commandite par actions, dont s'occupe spécialement le
titre premier de la loi nouvelle.

**Taux des actions et de leurs coupons.** — Les
sociétés en commandite ne peuvent diviser leur capital
en actions ou coupons d'actions de moins de cent francs,
lorsque ce capital n'excède pas deux cent mille francs,
et de moins de cinq cents francs, lorsqu'il est supérieur.
*(Art. 1er.)*

Par le terme de « *coupons d'actions,* » il faut entendre
les fractions du montant même de l'action, de telle
sorte que, là où les statuts sociaux autoriseraient la
division de l'action en coupons ou coupures, ces coupures elles-mêmes ne puissent s'abaisser, selon l'importance du capital, au-dessous du minimum déterminé
par la loi.

En fixant de tels chiffres, le législateur a voulu n'admettre à s'associer que des capitaux sérieusement intéressés; il a eu surtout pour but de protéger l'épargne
du pauvre contre les illusions et les piéges trop souvent
tendus à sa crédulité. MM. Matthieu et Bourguignat
font remarquer que la règle qui défend la division des

actions ou de leurs coupons au-dessous d'un certain chiffre, a aussi ses applications dans le droit civil. Toute action ou coupon d'action, émise au taux minimum, est impartageable en nature ; elle ne saurait être divisée en deux ou plusieurs lots. Si, dans une succession, il se rencontre des titres de cette sorte qui ne pourraient, sans être fractionnés, former des lots égaux, ils doivent ou rester indivis, ou être licités entre les copartageants, ou encore être vendus à la Bourse, pour le produit leur être attribué suivant leurs droits respectifs. Le taux des actions se calcule sur le capital indiqué par les statuts, abstraction faite du mode adopté pour sa réalisation.

**Constitution des Sociétés en commandite par actions.** — Ces sociétés ne peuvent être définitivement constituées qu'après la souscription de la totalité du capital social et le versement, par chaque actionnaire, du quart au moins du montant des actions par lui souscrites.

Cette souscription et ces versements sont constatés par une déclaration du gérant dans un acte notarié.

A cette déclaration sont annexés la liste des souscripteurs, l'état des versements effectués, l'un des doubles de l'acte de société, s'il est sous seing privé, et une expédition, s'il est notarié, et s'il a été passé devant un notaire autre que celui qui a reçu la déclaration.

L'acte sous seing privé, quel que soit le nombre des associés, sera fait en double original, dont l'un sera annexé, comme il est dit au paragraphe qui précède, à la déclaration de souscription du capital et de versement du quart, et l'autre restera déposé au siège social. (*Art.* 1er.)

Le versement du quart au moins doit-il être effectué au moment de la souscription ?

D'après l'économie de la loi, il suffit qu'au moment

où le gérant fait sa déclaration il ait réellement touché le quart des actions souscrites.

Rien donc ne paraît s'opposer à ce qu'il ne perçoive ce quart que lorsque la souscription entière du capital permettant la constitution de la société, rend ce versement obligatoire et acquis à la société. La nécessité de perdre l'intérêt de leur argent, pendant un temps plus ou moins long, pourrait éloigner les souscripteurs; à plus forte raison, la crainte de n'être pas remboursés le cas de restitution arrivant.

Le fondateur est donc libre de consentir à ne recevoir qu'après que la totalité du capital entier aura été souscrite. Mais la prudence, dit M. J. Bédarride, lui conseille d'agir autrement.

Le versement du quart de l'action peut-il être effectué autrement qu'en espèces, en valeurs de portefeuille, par exemple ?

Pour *l'affirmative*, on allègue que l'argent n'est pas le seul équivalent, quoiqu'il soit le plus usuel; que des valeurs de satisfaction ou des titres sont aussi des modes de se libérer parfaitement juridiques, sauf la responsabilité du gérant.

Pour *la négative*, on invoque les termes et l'esprit de la loi. On dit : Le versement du quart au moins a été exigé pour prévenir l'abus des sociétés en commandite par actions qui n'ont, au moment de leur constitution, que des ressources insuffisantes et illusoires. Ce but est évidemment atteint par le versement du quart, qui, faisant disparaître les payements fictifs imaginés par le gérant, assure à la société un fonds de roulement suffisant pour sa mise en activité. Ce double effet qui résulte invinciblement d'un versement en numéraire, ne serait pas toujours la conséquence de la remise de titres ou valeurs de portefeuille.

Sans parler de la perte qui résultera de leur négociation, on peut prévoir la chance d'un refus ou de l'impossibilité d'un payement à l'échéance. Il faudra, dans
ce cas, que la société rembourse ce qu'elle avait reçu,
plus les frais de protêt et de compte de retour, et reste
ainsi privée d'une partie de son capital en attendant
l'effet de son recours contre son endosseur qui, peut-être,
sera lui-même devenu insolvable.

Puis il arrive quelquefois que, pour se donner du crédit, un commerçant bourre son portefeuille de valeurs
qu'il s'est fait souscrire par des hommes sans consistance, sans aucune solvabilité, et qu'on ne sait où trouver au moment de l'échéance. La remise de valeurs
de ce genre serait donc non un payement, mais une pure
promesse de payement qui ne se réalisera peut-être
jamais.

C'est dans ce sens que s'est prononcée la Cour de cassation.

Le versement exigé est celui du quart, non du capital,
mais de chaque action.

Les souscripteurs d'actions ne peuvent diminuer le
capital et le réduire à la partie souscrite (Cour de Paris,
arr. 24 mars 1859). Les statuts ne pourraient même pas
licitement les y autoriser.

L'acte de société doit être annexé avec la liste des
souscripteurs et l'état des versements. A ce sujet la loi
de 1867 a modifié celle de 1856, et rompu le silence que
celle-ci gardait sur l'acte sous seing privé.

Ainsi, si l'acte est authentique, il n'en sera annexé
une expédition que s'il a été dressé par un notaire autre
que celui qui a reçu la déclaration. Si l'acte est sous
seing privé, l'un des doubles doit être remis au notaire
et annexé à la déclaration. Il est, en effet, essentiel que
le titre commun ne reste pas en la possession exclusive

du gérant, qui pourrait être tenté, au gré de ses intérêts, d'en changer ou d'en modifier les stipulations.

**Négociation des actions et de leurs coupons. — Responsabilité des souscripteurs et de leurs cessionnaires, relativement au montant des actions par eux souscrites.** — Les actions ou coupons d'actions sont négociables après le versement du quart. (*Art.* 2.)

Il peut être stipulé, mais seulement par les statuts constitutifs de la société, que les actions ou coupons d'actions pourront, après avoir été libérés de moitié, être convertis en actions au porteur par délibération de l'assemblée générale.

Soit que les actions restent nominatives après cette délibération, soit qu'elles aient été converties en actions au porteur, les souscripteurs primitifs qui ont aliéné les actions et ceux auxquels ils les ont cédées avant le versement de moitié, restent tenus au payement du montant de leurs actions pendant un délai de deux ans, à partir de la délibération de l'assemblée générale. (*Art.* 3.)

MM. Matthieu et Bourguignat font remarquer que ces articles apportent deux modifications des plus importantes aux dispositions correspondantes de la loi de 1856.

Cette loi, en premier lieu, ne permettait la négociation des actions ou de leurs coupons qu'après le versement des deux cinquièmes; la loi de 1867 abaisse au quart le taux du versement, après lequel la négociation est licite.

En second lieu, la loi de 1856, posant en principe que les souscripteurs sont responsables du montant total de leurs actions, n'y autorisait de dérogation d'aucune sorte; et même, pour rendre la responsabilité qu'elle édictait plus absolue, plus efficace, elle déclarait que ces actions, avant leur entière libération, ne pouvaient perdre leur caractère nominatif. La loi de 1867 repose, à la vérité, sur le même principe ; mais à ce principe elle apporte des tempéraments. Ainsi, elle permet aux statuts sociaux de réserver aux actionnaires la faculté de décider, au moment où leurs titres sont déjà libérés de moité : 1° si ces titres continueront à rester nominatifs, ou seront, au contraire, transformés en actions au porteur ; 2° et, au cas où cette faculté leur a été réservée, si la responsabilité des souscripteurs qui auront aliéné leurs actions avant le versement de moitié, et de ceux qui les auront alors acquises d'eux, sera, pour la dernière moitié, limitée à une durée de deux ans, à partir de la délibération qui l'aura ainsi décidé.

Les actions ou coupons d'actions, dit l'article 2, sont négociables après le versement du quart.

Ce que la loi subordonne à ce versement du quart, c'est uniquement la transmission sommaire et rapide des valeurs commerciales, c'est-à-dire celle qui, au moyen d'un simple endossement, transfère la propriété non-seulement entre parties, mais encore contre les tiers.

Il s'ensuit que, tant que l'action n'a pas été libérée du quart, la propriété ne peut en être transférée que par la voie civile et l'accomplissement des formalités tracées par le Code civil.

La loi de 1867 n'exigeant plus, pour la négociabilité de l'action, que le versement du quart, il s'ensuit que cette négociabilité est acquise dès la constitution de la société. L'article 2, en effet, ne prescrit pas un nouveau versement outre et indépendamment de celui exigé par l'article 1er. Aucun doute, dit M. J. Bédarride, ne saurait surgir à cet égard, car, dans le cas contraire, loin d'atténuer la loi de 1856, on l'aurait aggravée en mettant la négociabilité des actions au prix d'un versement de moitié au lieu des deux cinquièmes.

Le versement du quart prescrit par l'article 1er a donc le double effet : de permettre d'arriver à la constitution de la société ; de rendre les actions négociables le jour même de cette constitution.

La prohibition de négocier les actions dans la période de préparation de la société, n'a pas pour effet de les rendre inaliénables. Le souscripteur d'actions peut donc à toute époque, même avant la constitution de la société, vendre, céder, transporter ses actions, soit à titre onéreux, soit à titre gratuit, mais par la voie civile seulement.

Aux termes de la loi, les actions ne peuvent être transformées en actions au porteur, qu'après qu'elles ont été libérées de moitié. Mais faut-il que cette libération soit un fait accompli pour toutes les actions, sans exception, au moment de l'assemblée générale ? Peut-elle se réaliser après la délibération isolément, au fur et à mesure qu'on voudra échanger l'action nominative contre un titre au porteur ? Pour l'affirmative, on prétend qu'il n'y a aucune raison sérieuse pour contraindre les diligents à subir la loi des retardataires. Pour la négative, on démontre que l'article 3 portant que les actions pourront, après avoir été libérées de moitié, être converties en actions au porteur, fait de cette délibération la condition de la conversion. Elle doit, par conséquent, précéder celle-ci, et comme il ne s'agit pas pour l'assemblée générale de convertir telles actions, comme le bénéfice de sa délibération s'applique *hic et nùnc* à toutes les actions, sans exception, il faut que chacune d'elles réunisse la condition à laquelle la loi subordonne ce bénéfice. Cette dernière solution est, d'ailleurs, conforme à l'esprit de la loi.

**Apports et avantages soumis à l'approbation de l'assemblée générale.** — Lorsqu'un associé aura fait un apport qui ne consiste pas en numéraire, ou stipulé à son profit des avantages particuliers, la première assemblée générale fait apprécier la valeur de l'apport ou la cause des avantages stipulés.

La société n'est définitivement constituée qu'après l'approbation de l'apport ou des avantages donnés par une autre assemblée générale, après une nouvelle convocation.

La seconde assemblée générale ne pourra statuer sur l'approbation de l'apport ou des avantages, qu'après un rapport qui sera imprimé et tenu à la disposition des actionnaires, cinq jours au moins avant la réunion de cette assemblée.

Les délibérations sont prises par la majorité des membres présents. Cette majorité doit comprendre le quart des actionnaires et représenter le quart du capital social en numéraire.

Les associés qui ont fait l'apport ou stipulé les avantages particuliers soumis à l'appréciation de l'assemblée, n'ont pas voix délibérative.

A défaut d'approbation, la société reste sans effet à l'égard de toutes les parties.

L'approbation ne fait pas obstacle à l'exercice ultérieur de l'action, qui peut être intentée pour cause de dol ou de fraude.

Ces dispositions relatives à la vérification de l'apport qui ne consiste pas en numéraire, ne sont pas applicables au cas où la société à laquelle est fait cet apport, est formée entre ceux seulement qui en étaient propriétaires par indivis. (*Art.* 4.)

La loi de 1867 a pris à celle de 1856 le principe de l'estimation préalable et la nécessité de deux assemblées ; à la loi de 1863, la nécessité d'un intervalle séparant ces deux assemblées.

Toutes les fois donc qu'un associé fera un apport qui ne consistera pas en numéraire, ou stipulera à son profit des avantages particuliers, une première assemblée générale fera apprécier la valeur de l'apport ou la cause des avantages particuliers.

L'examen de la commission nommée dans ce but sera soumis à une seconde assemblée générale, et comme il importe que celle-ci procède en pleine connaissance de cause, et qu'une lecture du rapport plus ou moins complète, plus ou moins saisissable, ne remplirait pas ce but, la loi nouvelle exige que ce rapport soit imprimé et tenu à la disposition des actionnaires, *cinq jours au moins avant la réunion de cette seconde assemblée.*

Les actionnaires profiteront, ou ne profiteront pas, du délai qui leur est ménagé et des facilités qui leur sont accordées pour se mettre en mesure de veiller à leur intérêt. Dans tous les cas, ils ne pourront s'en prendre qu'à eux-mêmes du préjudice que leur imprévoyance ou leur légèreté leur occasionneront.

L'égalité la plus parfaite devant régner entre les associés, soit dans la distribution des actions, soit dans la participation aux bénéfices, il y aura avantage particulier, toutes les fois que l'un des associés recevra des actions libérées en tout ou en partie, ou qu'on lui attribuera soit un traitement annuel, soit un prélèvement sur les bénéfices.

Peu importerait que ces diverses stipulations ne fussent que la rémunération d'études, de démarches, d'avances faites pour préparer la société et arriver à sa constitution. S'il est juste que l'associé soit récompensé de ce qu'il a fait, des sacrifices qu'il s'est imposés dans

l'intérêt commun, il serait inique qu'il pût l'être au delà
de toute proportion. L'assemblée générale n'accordera
que ce qui sera réellement dû. Il a été jugé qu'il n'y a
pas à distinguer entre le cas où les avantages particuliers sont stipulés à son profit par un associé qui n'a que
cette seule qualité, et celui où il cumulerait avec elle
l'exercice de fonctions administratives dans la société :
les fonctions de gérant, par exemple. (C. de Bordeaux,
20 nov. 1865.)

Quel sera le point de départ du délai de cinq jours?
La loi ne s'en explique pas et ne prescrit aucune formalité de nature à constater ce moment. Comment, dès lors,
établir que les prescriptions de la loi, quant à ce, ont
été ou n'ont pas été observées? M. Bédarride fait remarquer que le législateur, en exigeant que le rapport
fût tenu à la disposition des actionnaires, a nécessairement entendu que ceux-ci seraient prévenus du jour où
ils pourraient en prendre connaissance. Comment sans
cette connaissance exerceraient-ils leur droit? Sans doute
le gérant ne peut être tenu d'adresser une circulaire spéciale à tous les souscripteurs ; mais il peut et il doit insérer dans les journaux l'avis de l'impression du rapport
et de son dépôt au siége social, ou bien convoquer les
actionnaires pour la seconde assemblée, en fixant le
jour de la réunion, de telle sorte qu'il y ait plus de cinq
jours entre cette réunion et la date de la convocation.

Quant à la forme dans laquelle doit être faite la convocation, la loi de 1867 n'a rien prescrit non plus à ce
sujet; elle s'est reposée sur l'intérêt que le ou les fondateurs ont à amener à la réunion un nombre de souscripteurs assez considérable, pour qu'ils puissent facilement
obtenir la majorité en nombre et en sommes exigée par
la loi.

Si la seconde assemblée n'est pas en nombre, ou si

l'approbation ne réunit pas la double majorité, il ne sera pas possible de faire un nouvel appel aux actionnaires, en renvoyant à une nouvelle assemblée. (Art. tiré de l'art. 30.)

Le droit de concourir au vote appartient personnellement à tous les souscripteurs, et chacun d'eux n'a qu'une voix, quel que soit le nombre d'actions qu'il a pu souscrire. Mais si, dans la supputation du nombre des votants, les actionnaires ne comptent chacun que pour une voix, il n'en est plus de même lorsqu'il s'agit d'établir la majorité en sommes. Il est nécessairement tenu compte des actions souscrites par chaque votant, et c'est sur leur ensemble que se calcule le quart du capital social en numéraire. Les gros actionnaires trouvent là l'influence qu'il était permis de leur accorder sur la constitution de la société.

**Défaut de l'une des majorités exigées.** — La valeur donnée à l'apport, les avantages particuliers stipulés sont-ils adoptés par le quart des actionnaires représentant le quart du capital social, la société est définitivement constituée et entre en cours d'exécution ; mais si l'une des deux majorités fait défaut, le projet se trouve par cela même rejeté, et toutes les parties sont déliées de leurs engagements.

Ce résultat est une dérogation formelle au droit commun. En matière de contrats, en effet, le concours des volontés rend l'engagement obligatoire, définitif, et l'une des parties ne peut s'en délier sans le consentement de l'autre. Or, les souscripteurs du pacte social peuvent l'annuler contre le vœu, contre la volonté du gérant, non-seulement en votant dans l'assemblée contre les prétentions de celui-ci, mais encore, nous venons de le dire, en s'abstenant de se rendre à la réunion.

**Pouvoirs et droit des actionnaires.** — Dans

les délibérations qui suivent la vérification, les actionnaires jouissent de la plus entière liberté, de l'indépendance la plus absolue, même quant à l'avis exprimé par
les experts chargés de vérifier et d'évaluer, soit les apports, soit les avantages particuliers.

Ils peuvent donc accueillir ou rejeter les conclusions
du rapport, accepter les prétentions du fondateur, lorsque le rapport les repousse, les repousser lorsqu'il les
accepte. Le travail des experts n'est jamais *qu'un avis
qui ne lie et ne saurait lier les intéressés.*

Mais l'assemblée générale qui peut adopter ou rejeter
l'évaluation donnée à l'apport, peut-elle la modifier, la
réduire, et la délibération de la majorité, à ce sujet, lie-
rait-elle la minorité ?

À l'appui de l'affirmative on peut invoquer l'adage :
*Qui peut le plus peut le moins.* L'assemblée autorisée à
accepter le chiffre donné par l'auteur de l'apport, ne
saurait être, à plus forte raison, privée du droit d'en
fixer un moindre.

Pour la négative, on objecte que la loi ne donne à
l'assemblée générale qu'une mission unique, celle d'accepter ou de repousser le chiffre donné à l'apport; que
substituer à ce chiffre un chiffre moindre, c'est changer la base la plus essentielle de la société, lui enlever
peut-être toute chance de succès, et revenir sur une condition qui a déterminé l'adhésion des souscripteurs;
qu'un acte de cette nature ne peut être obligatoire que
pour ceux qui y adhèrent ou l'acceptent.

Le texte de l'article 4 incline, il est vrai, vers cette
dernière opinion et semble n'admettre que la faculté
d'approuver ou de rejeter, sans autoriser aucun terme
moyen. Mais si l'on demande l'esprit de cette disposition à la discussion législative, c'est pour l'opinion contraire qu'on doit se prononcer.

**Actionnaires qui n'ont pas voix délibérative.** — Ce sont ceux qui ont fait l'apport en nature, ou qui ont stipulé des avantages particuliers. Le bon sens ne permettait pas d'associer au contrôle exigé par la loi ceux-là mêmes qui ont le plus grand intérêt à écarter tout contrôle. Mais ils peuvent assister à l'assemblée, prendre part à la discussion, redresser les erreurs des experts, donner tous les renseignements qui peuvent éclairer les actionnaires présents et les mettre à même de voter avec connaissance de cause.

**Explication de l'exception à la règle de l'article 4.** — Nous avons vu, plus haut, qu'aux termes du dernier paragraphe de l'article 4, les dispositions relatives à la vérification de l'apport qui ne consiste pas en numéraire, ne sont pas applicables au cas où la société à laquelle est fait ledit apport est formée entre ceux seulement qui en étaient propriétaires par indivis.

Ainsi, une société en nom collectif ou en commandite simple se transforme en commandite par actions, et les associés souscrivent et se distribuent la totalité de ses actions. Que le capital social consiste en un brevet d'invention, en une usine, en une mine, à quoi bon une vérification, lorsque ceux qui devraient la faire sont précisément ceux qui ont adopté l'évaluation qu'il s'agirait de contracter?

Il n'y a pas là, disait le rapporteur, d'actionnaires appelés et qui, trompés par de fausses apparences, acceptent en aveugles des apports ou des stipulations qu'ils n'ont ni connus ni contrôlés. L'absence d'approbation tient donc uniquement à l'absence même de l'élément intéressé à exercer le contrôle.

**Le conseil de surveillance.** — Un conseil de surveillance, composé de trois actionnaires au moins, est établi dans chaque société en commandite par actions.

Ce conseil est nommé par l'assemblée générale des actionnaires, immédiatement après la constitution définitive de la société et avant toute opération sociale. Il est soumis à la réélection aux époques et suivant les conditions déterminées par les statuts. Le premier conseil n'est nommé, toutefois, que pour une année. (*Art.* 5.)

L'article 5, a dit le rapporteur de la loi, organise, à côté de la gérance, le conseil qui exercera auprès d'elle la surveillance et le contrôle qui doivent, s'ils sont exercés avec loyauté et avec intelligence, sauvegarder les droits et les intérêts des associés et des tiers.

Il ne modifie pas sensiblement l'article correspondant de la loi précédente; il n'y apporte que deux innovations : il réduit de cinq à trois le nombre minimum des membres des conseils de surveillance; il ne soumet plus à un terme maximum de cinq années l'époque de leur réélection; il abandonne la fixation de cette époque aux stipulations de l'acte de société.

**Caractère de sa mission.** — La mission du conseil de surveillance constitue-t-elle un mandat pur et simple que le mandant puisse révoquer à volonté ?

MM. Matthieu et Bourguignat se prononcent pour la négative. Sans doute, disent-ils, c'est le vote des actionnaires qui investit les personnes du mandat; mais le principe en existe en dehors d'eux. C'est la loi qui le crée et qui en détermine elle-même les éléments et l'étendue. Si les membres du conseil de surveillance peuvent encourir une responsabilité vis-à-vis des actionnaires leurs mandants, ils sont avant tout responsables envers la loi qui trace leurs devoirs dans un intérêt supérieur d'ordre public. Cela seul suffit pour faire comprendre que les actionnaires ne peuvent être recevables à les révoquer *ad nutum*, comme des mandataires ordinaires.

Pour l'affirmative, on fait valoir qu'il serait contraire à la lettre et à l'esprit de la loi d'obliger les actionnaires à subir le conseil de surveillance pendant tout l'intervalle d'une réélection à l'autre, alors même que les membres ou quelques-uns d'entre eux auraient déserté leur devoir, commis des fautes ou des négligences graves. A la lettre, car le délai qui sépare les réélections n'est stipulé que comme le terme *maximum* à l'expiration duquel l'assemblée générale devra être forcément consultée sur le maintien ou le remplacement du conseil. A l'esprit, car ce qui a exclusivement dominé le législateur dans l'institution des conseils de surveillance, c'est la volonté de protéger l'intérêt des actionnaires. Si cet intérêt lui a paru exiger que le conseil restât en exercice pendant un certain temps, il ne l'a ainsi consacré que dans la supposition et qu'en tant que les justes exigences de cet intérêt ne commanderaient pas le contraire, et ne rendraient pas le remplacement du conseil nécessaire à toute autre époque.

Les membres du conseil de surveillance sont toujours rééligibles; mais ils ne peuvent déléguer leurs fonctions.

**Devoir du premier conseil.** — Le premier conseil de surveillance doit, immédiatement après sa nomination, vérifier si toutes les prescriptions de la loi ont été observées. (*Art.* 6.)

La loi de 1856 ne contenait aucune disposition analogue; mais elle la consacrait incontestablement d'une manière implicite. En effet, elle déclarait nulle la société constituée contrairement à l'une des prescriptions indiquant les conditions à remplir pour cette constitution, et les membres du conseil pouvaient être, dans ce cas, solidairement tenus, avec le gérant, de toutes les opérations faites postérieurement à leur nomination.

L'unique moyen, pour les membres du conseil, d'échapper à cette responsabilité, était donc de contrôler les actes du gérant, de s'assurer de l'exactitude de sa déclaration, de vérifier si toutes les conditions exigées avaient été remplies, c'est-à-dire qu'ils étaient moralement tenus des obligations que leur impose formellement l'article 6.

Au premier conseil, donc, dit M. J. Bédarride, la mission de vérifier, sous sa responsabilité et immédiatement après sa nomination, si toutes les conditions exigées par la loi ont été remplies, c'est-à-dire si les actions sont nominatives et leur taux en rapport avec le capital social; si ce capital a été en entier souscrit et si chaque action a versé le quart au moins de sa valeur; si le gérant a fait devant notaire la déclaration qui lui est prescrite, et fourni les pièces qui doivent y être annexées; si les apports en nature ou les avantages particuliers ont été vérifiés et approuvés, et si les deux assemblées ont été composées et ont délibéré dans la forme voulue, notamment si la seconde ne s'est réunie qu'après que le rapport des experts a été pendant cinq jours à la disposition des actionnaires; si ceux qui n'ont pas voix délibérative se sont abstenus de voter; enfin si les délibérations ont réuni la majorité en nombre et en sommes exigée pour leur validité. Cette vérification doit être effective et sérieuse, puisqu'elle doit contrôler les indications et les déclarations données et faites par le gérant. Les membres du conseil manqueraient donc à leur devoir si, par confiance pour le gérant, ils omettaient de se faire représenter et d'examiner tous les documents de nature à établir la sincérité ou la fausseté des unes et des autres.

Si la vérification du conseil de surveillance aboutit à la constatation d'irrégularités ou de contraventions aux

prescriptions de la loi, le conseil pourra-t-il revenir sur
ce qui aura été fait, suppléer à ce qui aura été omis et
pourvoir à ce que les conditions prescrites par la loi
reçoivent leur fidèle exécution? L'affirmative n'est pas
douteuse; elle résulte de la lettre et de l'esprit de la
loi, le pouvoir du conseil consistant à veiller à ce que
la société soit régulièrement organisée, et à remplir,
dans ce but, toutes les formalités que le gérant aurait
négligées ou omises. L'exercice de ce pouvoir suppose, toutefois, que l'irrégularité soit de nature à être
corrigée.

**Sanction des formalités prescrites par les
articles 1 à 8 de la loi de 1867.** — Toute
société en commandite par actions, constituée contrairement aux prescriptions de ces articles, est *nulle* et
*de nul effet* à l'égard des *intéressés*. Cette nullité ne peut
être opposée aux tiers par les associés. (*Art.* 7.)

Cette nullité, tenant à l'absence de l'une ou de plusieurs des conditions nécessaires à l'existence de la
société, vicie le pacte social dans son essence même.

Les tribunaux auxquels elle est dénoncée ne peuvent
la méconnaître là où elle existe; ils ne sont pas libres de
ne pas la prononcer. Les effets n'en commencent pas
seulement du jour où elle est reconnue, ils remontent
à l'origine même. La société est « *nulle et de nul
effet.* »

Ce résultat, toutefois, n'est absolu que vis-à-vis des
« *intéressés;* » il ne l'est pas vis-à-vis des « *tiers.* » A
ceux-ci la nullité de la société ne peut jamais être opposée : la loi est expresse sur ce point. Il y a là une différence que l'équité justifie. C'est à leur négligence que
les associés doivent, en pareil cas, attribuer la nullité
du pacte social. Cette nullité, ils ont dû la connaître;
ils auraient dû, en tout cas, la prévenir. Elle ne saurait,

au contraire, être imputée aux tiers, sous aucun rapport.

La doctrine et la jurisprudence sont d'accord aujourd'hui sur ce qu'on entend ici par les « *intéressés.* » Ce sont les associés eux-mêmes, leurs représentants ou ayants cause ; ce sont aussi leurs créanciers personnels autorisés, par la règle générale de l'art. 1166 du Code civil, à exercer leurs droits et actions.

Les *tiers* sont ceux qui, ni directement, ni par représentation, n'ont participé au pacte social. Tels sont, notamment, les créanciers de la société. Étrangers à l'acte, ils n'ont rien à se reprocher ; il est juste que la nullité encourue par le fait et la faute des associés ne puisse leur nuire.

**Responsabilité du premier conseil de surveillance.** — Lorsque la société est annulée, aux termes de l'*art.* 7, les membres du premier conseil de surveillance peuvent être déclarés responsables, avec le gérant, du dommage résultant, pour la société ou pour les tiers, de l'annulation de la société. La même responsabilité peut être prononcée contre ceux des associés dont les apports ou les avantages n'auraient pas été vérifiés et approuvés. *(Art. 8.)*

La loi de 1856 déclarait, d'une manière générale, que le conseil de surveillance pouvait être rendu responsable de toutes les opérations postérieures à sa nomination. Ceux donc qui étaient atteints étaient les membres du conseil en exercice au moment où la nullité était prononcée, quel que fût le temps écoulé depuis la mise en activité de la société : disposition trop rigoureuse.

Appréciant plus sainement les choses, le législateur de 1867 ne fait peser la responsabilité éventuelle d'une constitution irrégulière que sur le premier conseil de surveillance, seul en position de la prévenir et de l'empêcher.

La *solidarité* entre les membres du conseil et le gérant, édictée par la loi de 1856, donnait à la responsabilité des premiers une étendue qu'elle ne comportait pas. Elle assimilait la négligence, l'excès de confiance des uns à la fraude de l'autre, en lui imposant un effet identique. En repoussant le principe de cette solidarité, la loi de 1867 permet aux magistrats d'apprécier les torts réciproques à leur juste valeur, et de proportionner la peine au degré de gravité de ces torts.

La loi de 1867 ne se contente pas de modifier la responsabilité du conseil dans ses effets; elle la restreint dans son principe. L'article 7 de la loi de 1856 rendait ce conseil responsable de *toutes les opérations faites postérieurement à son institution.* Donc la perte que ces opérations avaient entraînée était à la charge de ses membres, par cela seul qu'elle existait et alors même qu'elle fût due à une tout autre cause que la nullité de la société. La loi nouvelle dispose que le conseil de surveillance pourra être déclaré responsable, non plus de toutes les opérations faites postérieurement à sa nomination, mais du dommage résultant pour la société ou pour les tiers de la nullité de la société. Les magistrats ont donc à rechercher tout d'abord s'il existe un dommage, et, en cas d'affirmative, à en apprécier les causes, et à déterminer la part qui incombe au conseil de surveillance.

Cette liberté d'appréciation, en donnant à la répression un caractère plus juste, rend cette répression plus facile et plus efficace. La responsabilité du conseil de surveillance est, il faut le remarquer, une *faculté* dont les tribunaux peuvent ou non user, suivant les inspirations de leur conscience. Mais il n'en est pas de même de la nullité de la société pour inexécution des articles 1, 2, 3, 4 et 5; cette nullité est non-seulement *obligatoire* et *forcée*, mais encore *d'ordre public,* et ne comporte, par conséquent, ni ratification ni transaction.

**Responsabilité des associés faisant un apport en nature, ou stipulant des avantages particuliers.** — Ces associés ne sont pas quittes de toute obligation, dès que, dans l'acte de société, ils ont fait énoncer la nature et le montant de leur apport, ou apprécier le profit qu'ils prétendent s'attribuer. Il leur incombe encore l'obligation d'appeler l'attention des personnes qu'ils prétendent s'associer, sur la réalité de ce qui doit faire la base même de l'entreprise, et de les mettre en demeure de se prononcer régulièrement sur la valeur de cette base. Si donc, faute d'avoir fait cet appel dans les conditions légales, ils sont cause de l'annulation de la société, rien de plus juste qu'ils soient responsables des suites préjudiciables de cette annulation.

Mais une fois la vérification faite et l'approbation donnée régulièrement, peu importe que la société soit annulée comme constituée contrairement aux prescriptions des articles 1, 2, 3 et 5. Les membres du conseil pourront bien en répondre, mais jamais les associés ayant fait l'apport en nature ou stipulé des avantages particuliers.

**Responsabilité des membres du conseil de surveillance.** — Ils n'encourent aucune responsabilité en raison des actes de la gestion et de leurs résultats. Chaque membre du conseil de surveillance est responsable de ses fautes personnelles, dans l'exécution de son mandat, conformément aux règles du droit commun. (*Art.* 9.)

Le système adopté par la loi de 1856, relativement à la responsabilité des membres du conseil de surveillance, avait soulevé d'ardentes controverses, et contribué puissamment à l'insuccès de la loi. On avait, en

effet, soutenu, d'une part, que cette responsabilité s'éten-
dait *aux actes mêmes du gérant;* d'autre part, qu'elle se
plaçait en dehors des règles de droit commun édictées
par les articles 1382, 1383, 1850 et 1992 du Code civil;
enfin, que la disposition qui ne déclarait responsables
que les membres du conseil qui avaient *sciemment* laissé
commettre dans les inventaires des inexactitudes préjudiciables, ou consenti, *avec connaissance de cause*, à la
distribution de dividendes fictifs, dominait toute la loi et
créait une responsabilité spéciale, en dehors de laquelle
aucune autre ne pouvait trouver place.

Éclairé par l'expérience, instruit des systèmes que le
vague de la loi de 1856 avait fait se produire, le législateur de 1867 a tranché toute controverse. Il ne subordonne plus, dans aucun cas, la responsabilité à la condition d'avoir agi sciemment ou avec connaissance de
cause. Quel que soit le prétexte motivant la poursuite,
c'est par les règles du droit commun que la responsabilité se déterminera, c'est-à-dire par les articles 1850 et
1992 du Code civil, à l'égard des actionnaires; et pour
ce qui concerne les créanciers, par les articles 1382 et
1383.

Il suffira donc, désormais, d'établir, en ce qui concerne
les faits prévus par l'article 10 de la loi de 1856, que les
inexactitudes ou le caractère fictif étaient apparents,
manifestes, qu'ils devaient frapper les regards du sur-
veillant le moins exercé; qu'en tout cas ils n'auraient
pas échappé à un examen attentif et sérieux. Appréciateurs souverains du plus ou moins de fondement du
reproche, les tribunaux arbitrent les conséquences que
la certitude de l'incurie, de la négligence ou de la faute
doit entraîner; et tels actes qui demeuraient impunis
sous l'empire de la loi de 1856, motiveront la responsabilité de leurs auteurs.

L'article 9 de la loi de 1867 veut donc que la responsabilité ne soit plus que *personnelle*. Chaque membre
répond seul des fautes qu'il a pu commettre dans l'exécution de son mandat. Il est évident que punir un membre du conseil de la faute d'un autre, serait une rigueur
aussi excessive que d'imposer au conseil la responsabilité des actes de la gestion.

Ce qui rendait cette disposition indispensable, c'est la
pratique suivie en cette matière. Sans doute le mandat
de surveillance donné au conseil est collectif et commun
à tous ses membres. Mais il est d'usage que, pour alléger
le fardeau, on le divise en consultant les connaissances
et les capacités de chacun.

Aussi confie-t-on à celui-ci le soin de vérifier les écritures, à celui-là la caisse et le portefeuille, à cet autre
les magasins et les marchandises.

De ce que les membres du conseil de surveillance ne
sont responsables que de leurs *fautes personnelles*, il n'en
faut cependant pas conclure que, sous l'empire de la loi
nouvelle, ils ne pourraient jamais être poursuivis avec
le gérant, ni condamnés solidairement avec lui. Ils seraient évidemment tenus d'une façon solidaire avec ce
dernier, vis-à-vis des associés et des tiers, s'ils avaient
participé au fait qu'on lui reproche; si même c'était leur
négligence à remplir leur propre devoir et à s'acquitter
des vérifications qui leur sont confiées, qui avait rendu
ce fait possible. En pareil cas, ils subiraient légitimement les conséquences d'une faute personnelle; ils ne
répondraient pas de la faute d'autrui.

Le caractère personnel de leur responsabilité n'empêcherait pas non plus que la solidarité ne pût être
prononcée entre tous les membres d'un conseil de surveillance, si la faute imputée à chacun d'eux et d'où
résulterait le préjudice était commune à tous, et cons-

tituait à leur charge un fait indivisible. Il en serait évidemment ainsi, au cas où cette faute aurait été commise par eux dans l'exercice de leur mission; car tous sont tenus au même titre de remplir les devoirs acceptés par chacun. La solidarité serait la conséquence du fait, de son caractère commun et indivisible, et les règles ordinaires du droit en exigeraient l'application.

Le membre d'un conseil de surveillance poursuivi à raison d'une responsabilité de ce genre n'y échapperait même pas, en établissant que non-seulement il n'a pris aucune part aux vérifications incomplétement faites, d'où serait résulté le préjudice, mais encore qu'il n'a pas assisté aux séances où elles ont dû avoir lieu. Il faudrait, en outre, qu'il prouvât que soit son abstention, soit son absence étaient justifiées par des motifs légitimes.

**Attributions des conseils de surveillance.**
— Les membres des conseils de surveillance vérifient les livres, la caisse, le portefeuille et les valeurs de la société.

Ils font, chaque année, à l'assemblée générale, un rapport dans lequel ils doivent signaler les irrégularités et les inexactitudes qu'ils ont reconnues dans les inventaires, et constater, s'il y a lieu, les motifs qui s'opposent aux distributions des dividendes proposés par le gérant.

Aucune répétition de dividendes ne peut être exercée contre les actionnaires, si ce n'est dans le cas où la distribution en aura été faite en l'absence de tout inventaire ou en dehors des résultats constatés par l'inventaire [1].

---

[1] « Il a paru à la commission, a dit le rapporteur, que la bonne foi devait être dans l'accomplissement régulier des obligations que la loi impose au gérant et au conseil de surveillance. Là où un inventaire a été dressé, vérifié, où la proposition d'un dividende a été précédée et

L'action en répétition, dans le cas où elle est ouverte, se prescrit par cinq ans, à partir du jour fixé pour la distribution des dividendes.

Les prescriptions commencées à l'époque de la promulgation de la loi de 1867, et pour lesquelles il faudrait encore, suivant les lois anciennes, plus de cinq ans, à partir de la même époque, seront accomplies par ce laps de temps. (*Art.* 10.)

Le conseil de surveillance peut convoquer l'assemblée générale et, conformément à son avis, provoquer la dissolution de la société. (*Art.* 11.)

Quinze jours au moins avant la réunion de l'assemblée générale, tout actionnaire peut prendre, par lui ou par un fondé de pouvoir, au siége social, communication du bilan, des inventaires et du rapport du conseil de surveillance. (*Art.* 12.)

**Responsabilités pénales.** — Après avoir fixé les principes qui régissent les responsabilités civiles, la loi de 1867 passe à un autre ordre d'idées : celui des responsabilités pénales.

L'émission d'actions ou de coupons d'actions d'une société constituée contrairement aux prescriptions des art. 1, 2 et 3 de la loi, est punie d'une amende de 500 à 10,000 fr.

Sont punis de la même peine : le gérant qui commence les opérations sociales avant l'entrée en fonctions

---

accompagnée de toutes les garanties extérieures que la loi a organisées, l'actionnaire est autorisé à croire que le dividende est légitimement acquis. Sa bonne foi est présumée, et il ne doit pas être exposé au rapport, à moins qu'on n'établisse entre lui, le gérant et le conseil de surveillance, une complicité véritable pour tromper les tiers sur la véritable situation de la société; mais là où aucun inventaire n'a été dressé, ou, ce qui y ressemble, là où le dividende a été distribué sans inventaire régulier, la bonne foi cesse et l'action en répétition est ouverte. »

du conseil de surveillance; ceux qui, en se présentant comme propriétaires d'actions ou de coupons d'actions qui ne leur appartiennent pas, ont créé frauduleusement une majorité factice dans une assemblée générale, sans préjudice de tous dommages-intérêts, s'il y a lieu, envers la société ou envers les tiers; ceux qui ont remis les actions pour en faire un usage frauduleux. Dans les cas prévus par les deux paragraphes précédents, la peine de l'emprisonnement de quinze jours à six mois peut, en outre, être prononcée. (*Art.* 13.)

La négociation d'actions ou de coupons d'actions dont la valeur ou la forme serait contraire aux dispositions des art. 1, 2 et 3 de la loi, ou pour lesquels le versement du quart n'aurait pas été effectué conformément à l'article 2 ci-dessus, est punie d'une amende de 500 à 10,000 francs. Sont punies de la même peine toute participation à ces négociations et toute publication de la valeur desdites actions. (*Art.* 14.)

Sont punis des peines portées par l'art. 405 du Code pénal, sans préjudice de l'application de cet article à tous les faits constitutifs du délit d'escroquerie : 1° ceux qui, par simulation de souscriptions ou de versements, ou par la publication, faite de mauvaise foi, de souscriptions ou de versements qui n'existent pas, ou de tous autres faits faux, ont obtenu ou tenté d'obtenir des souscriptions ou des versements; 2° ceux qui, pour provoquer des souscriptions ou des versements, ont, de mauvaise foi, publié les noms de personnes désignées, contrairement à la vérité, comme étant ou devant être attachées à la société à un titre quelconque; 3° les gérants qui, en l'absence d'inventaires ou au moyen d'inventaires frauduleux, ont opéré entre les actionnaires la répartition de dividendes fictifs.

Les membres du conseil de surveillance ne sont pas

civilement responsables des délits commis par le gérant. (*Art.* 15.)

Application à tous ces cas de l'article 463 du Code pénal, relatif aux circonstances atténuantes. (*Art.* 16.)

**Droit des actionnaires de se faire représenter par des mandataires.** — Des actionnaires représentant le vingtième au moins du capital social peuvent, dans un intérêt commun, charger à leurs frais un ou plusieurs mandataires de soutenir, tant en demandant qu'en défendant, une action contre les gérants ou contre les membres du conseil de surveillance, et de les représenter, en ce cas, en justice, sans préjudice de l'action que chaque actionnaire peut intenter individuellement en son nom personnel. (*Art.* 17.)

Cet article 17, reproduisant l'article 14 de la loi de 1856, lui a fait subir deux modifications considérables. Celui-ci, en effet, loin de l'entraver, rendait la représentation par commissaires obligatoire dans les procès qui s'agitaient entre une fraction d'actionnaires et le gérant ou les membres du conseil de surveillance, et dans le cas où un obstacle quelconque empêchait la nomination par les intéressés, il déférait cette nomination au tribunal de commerce.

Cette disposition n'avait d'autre but que celui de simplifier la procédure, en évitant les embarras, les lenteurs et les frais que la nécessité de mettre et de tenir en cause de nombreux intéressés amenait avec elle. Mais quelque recommandable que fût un but pareil, la conséquence à laquelle il avait conduit le législateur n'en était pas moins exorbitante du droit commun. S'il est un acte qui doive émaner d'une volonté spontanée et libre, c'est, sans contredit, l'élection d'un mandataire aux mains duquel on remet le soin de défendre un intérêt que défendrait bien plus énergiquement celui que cet intérêt concerne personnellement.

Donc, en l'imposant obligatoirement, le législateur avait excédé la mesure et consacré une énormité. Aussi n'avait-il pas tardé à le reconnaître et à en revenir. Dans la loi de 1863 qui instituait et réglementait les sociétés à responsabilité limitée, la représentation par commissaire n'est plus qu'une faculté dont l'exercice est, par conséquent, laissé aux convenances des actionnaires.

La loi de 1867 a suivi les errements de celle de 1863. Le droit des actionnaires de se faire représenter par des commissaires est expressément consacré; mais son exercice est purement facultatif. Quelque nombreux qu'ils soient, les actionnaires, s'ils le jugent utile, pourront exercer leurs actions, faire valoir leurs droits personnellement et individuellement [1].

## § II. Sociétés anonymes.

**Condition de formation des sociétés anonymes.** — Sous le régime du Code de commerce, la société anonyme, on le sait, était, en quelque sorte, placée en dehors du droit commun. De ce que, à la différence des sociétés collectives, et même, jusqu'à un certain point, des commandites, elle exclut l'élément personnel et n'admet d'autre responsabilité que celle des capitaux engagés, le législateur avait induit qu'à la garantie qui manque du côté des associés, il fallait en substituer une autre : l'intervention du gouvernement. Il voulut

[1] Les articles 18 et 19 contiennent des dispositions transitoires sur les sociétés en commandite par actions, antérieures à la loi de 1856, qui n'auraient pas encore de conseil de surveillance, et sur les commandites par actions, antérieures ou postérieures à la loi de 1867, qui se proposeraient de se convertir en sociétés anonymes de la nature de celles que cette dernière loi régit.

que la formation de toute société de ce genre fût subordonnée à l'examen que l'administration publique ferait du but et de l'objet de la société, de l'utilité de l'entreprise et des chances de succès qu'elle pourrait offrir, de la confiance que lui inspireraient les personnes sollicitant son autorisation, des statuts enfin que celles-ci prétendraient lui faire approuver; d'où l'article 37 du Code de commerce : « La société anonyme ne peut exister qu'avec l'autorisation du gouvernement et avec son approbation pour l'acte qui la constitue[1]. »

D'après l'article 40 du Code de commerce, également, les sociétés anonymes *ne pouvaient se former que par des actes publics*[2].

La loi de 1867 a réalisé une double innovation. Aux termes de l'article 21, les sociétés anonymes pourront désormais se former *sans l'autorisation du gouvernement.*

Elles pourront, *quel que soit le nombre des associés,* être formées par *un acte sous seing privé fait en double original.*

Elles seront soumises aux dispositions de certains articles conservés du Code de commerce, indépendamment des dispositions spéciales contenues dans la loi nouvelle.

Les dispositions conservées du Code de commerce sont celles des articles 29 et 30, qui constatent bien plutôt un fait qu'ils ne contiennent une injonction, alors qu'ils disent que la société anonyme, à raison de sa nature même, ne saurait exister sous un nom social, ni être désignée par le nom d'aucun des associés, et qu'elle peut seulement être qualifiée par la désignation de l'objet de son entreprise;

[1] Voir, plus haut, p. 140.
[2] Voir, plus haut, p. 141.

L'article 32, aux termes duquel les administrateurs ne sont responsables que de l'exécution du mandat qu'ils ont reçu, et ne contractent, à raison de leur gestion, aucune obligation personnelle ni solidaire, relativement aux engagements de la société ;

L'article 33, qui limite la responsabilité des associés, dans les dettes de la société, au montant de leur mise ;

L'article 34, qui veut tout à la fois que le capital social soit divisé par actions ou coupons d'action, et que ces coupures soient d'une valeur égale ;

L'article 36, enfin, qui indique, lorsque la propriété d'une action est établie par une inscription sur les registres de la société, comment la cession de cette action a dû s'effectuer. D'après lui, elle s'opère « par une déclaration de transfert, inscrite sur les registres et signée de celui qui fait le transport, ou d'un fondé de pouvoir. »

**Administration des sociétés anonymes.** — Les sociétés anonymes sont administrées par un ou plusieurs mandataires à temps, révocables, salariés ou gratuits, *pris parmi les associés.*

Ces mandataires peuvent choisir parmi eux un directeur, ou, si les statuts le permettent, se substituer un mandataire étranger à la société et dont ils sont responsables envers elle. (*Art.* 22.)

La loi de 1867 circonscrit donc le choix des mandataires et le limite entre les associés ; mais elle tempère cette restriction dans le choix par la faculté, pour les membres du conseil d'administration, de choisir parmi eux un directeur et, si les statuts le permettent, de se substituer un mandataire étranger à la société et dont ils sont responsables envers elle.

Le mandat des administrateurs est-il révocable *ad nutum?* Pour l'affirmative, on argumente de l'insertion, dans l'article, du mot *révocable.* Quelle nécessité, dit-on,

y avait-il de l'employer, s'il devait avoir une autre signification? Est-ce que, s'agissant d'un mandat, quelqu'un
pouvait raisonnablement mettre en doute sa révocabi-
lité? Si le législateur a donc cru devoir formellement
s'en expliquer, ce ne peut être que pour faire entendre
qu'il autorisait la révocation *ad nutum*, sans qu'on ait à
la justifier, ni même à en donner les motifs.

A l'appui de la négative, on dit : Le mandat dont sont
investis les administrateurs des sociétés anonymes n'est
pas un mandat absolument ordinaire ; s'ils le tiennent
des associés, les devoirs en sont, en partie, déterminés
par la loi. Il en est de ce mandat comme de celui conféré, dans les sociétés en commandite par actions, aux
membres du conseil de surveillance ; il est surtout révocable en ce sens qu'il n'est pas indéfini ; mais il n'est
pas révocable *ad nutum* au gré et selon les caprices des
associés ; il ne saurait être enlevé aux administrateurs
sans cause légitime, c'est-à-dire, sans que ceux-ci aient
manqué aux devoirs qui leur sont imposés par la loi ou
par les statuts ; et, dans ce cas même, s'ils résistent à la
révocation prononcée par l'assemblée générale, il n'appartient qu'aux tribunaux de les priver de leur mandat.

Les administrateurs peuvent être salariés.

Le point de savoir qu'ils sont salariés plutôt que gratuits a de l'importance, le jour où leur responsabilité
est mise en question à raison des fautes qui leur seraient
imputées.

Si le mandataire substitué est membre de la société,
le conseil d'administration en est-il responsable comme
de celui qui est étranger à la société?

L'affirmative est soutenue généralement. Le principe
de la responsabilité réside, dit-on, dans le fait que le
conseil d'administration a commis à un tiers ce qu'il devait faire lui-même. Or, que ce tiers appartienne ou

n'appartienne pas à la société, le fait engendrant la responsabilité se serait-il moins réalisé, sera-t-il moins acquis ?

Que si, en s'en tenant rigoureusement au texte de la loi, on soutenait que le conseil d'administration ne peut se substituer un associé, cette conclusion acquerrait une plus décisive autorité, car il s'ensuivrait que le conseil aurait substitué son mandat sans y être autorisé, et sa responsabilité entière, absolue, s'induirait du droit commun lui-même.

**Minimum de nombre des associés.** — La société ne peut être constituée si le nombre des associés est inférieur à sept. (*Art.* 23.)

S'inspirant de la législation anglaise, le législateur de 1863 a réduit à sept personnes le nombre des membres au-dessous duquel les sociétés à responsabilité limitée ne pourraient exister [1]. La loi de 1867 a suivi les mêmes errements et exigé, pour la validité des sociétés anonymes, sept associés au moins. Cependant elle est moins absolue que sa devancière : celle-ci ne faisait aucune distinction ; quelle que fût l'époque à laquelle le nombre d'associés descendait à moins de sept, à quelque cause que fût due cette circonstance, la société n'existait plus, et sa liquidation était forcée.

Le législateur de 1867 limite la nullité de la société au défaut de sept associés au moment de sa constitution. Si, après sa constitution régulière, la société, par une circonstance quelconque, n'a plus ce nombre d'associés, elle ne sera pas nulle, pas même obligée de se dissoudre. Aux termes de l'article 38, ce n'est qu'après un an que les tribunaux pourront en prononcer la dissolution.

[1] Voir, plus haut, p. 160.

**Dispositions communes aux sociétés anonymes et aux sociétés en commandite par actions.** — Les dispositions concernant les commandites et relatives au taux, au caractère et au payement des actions, à la constitution de la société, à l'appréciation et à l'approbation des apports en nature et des avantages particuliers, sont communes aux sociétés anonymes. (*Art.* 25.)

Ainsi, les actions des sociétés anonymes ne peuvent jamais, non plus que celles des commandites, être inférieures à 100 francs; elles doivent être de 500 francs au moins, si le capital social dépasse 200,000 fr. Il faut, pour que la société soit constituée, que le capital en soit entièrement souscrit et que les actions en soient libérées au moins jusqu'au quart. La constitution de la société anonyme est encore, tout comme celle de la commandite par actions, subordonnée à une déclaration notariée de cette souscription et du versement exigé.

**Différences à noter, cependant, entre les deux sociétés, à propos de l'article 1er qui leur est commun.** — Comme la société anonyme n'a pas de gérant, et qu'au moment où elle s'organise, elle n'a pas encore d'administrateurs régulièrement choisis, c'est de ses fondateurs eux-mêmes que doit émaner la déclaration de la souscription et du versement. La société anonyme, à la différence encore de la commandite par actions, n'a pas de conseil de surveillance auquel la loi puisse déléguer la mission de vérifier si cette déclaration a eu lieu, et, lorsqu'elle a eu lieu, si elle a été faite régulièrement. Cette mission, c'est donc à la première assemblée générale que l'article 24 la confie. Les fondateurs doivent lui remettre, et elle a le droit d'exiger, l'expédition de cette déclaration, « *avec les pièces à l'appui.* »

Ces pièces sont la liste des souscripteurs et l'état des versements faits par eux, l'un des doubles de l'acte de société, s'il est sous seing privé, ou une expédition, s'il est notarié et s'il a été passé devant un notaire autre que celui qui a reçu la déclaration.

L'assemblée générale à laquelle la déclaration des fondateurs est ainsi « soumise avec pièces à l'appui », est celle dont il va être parlé tout à l'heure, dans l'art. 25.

**Autres dispositions communes aux deux sociétés.** — Ce sont celles de l'art. 2, qui ne permet la négociation des actions qu'après le versement du quart; de l'art. 3, aux termes duquel ces actions doivent, en principe, rester nominatives jusqu'à leur entière libération, sauf le cas spécial où les statuts auraient réservé à l'assemblée générale la faculté de les transformer en actions au porteur, après libération de moitié, et où cette assemblée aurait usé de cette faculté; de l'art. 4, qui règle le mode suivant lequel les apports faits, ou les avantages particuliers prétendus par l'un des associés, sont vérifiés et appréciés par les actionnaires réunis en assemblée générale.

**Nomination des premiers administrateurs et des commissaires.** — Une assemblée générale est, dans tous les cas, convoquée, à la diligence des fondateurs, postérieurement à l'acte qui constate la souscription du capital social et le versement du quart du capital, qui consiste en numéraire. Cette assemblée nomme les premiers administrateurs; elle nomme également, pour la première année, les commissaires institués par l'article 32.

Ces administrateurs ne peuvent être nommés pour plus de six ans; ils sont rééligibles, sauf stipulation contraire.

Toutefois, ils peuvent être désignés par les statuts,

avec stipulation formelle que leur nomination ne sera point soumise à l'approbation de l'assemblée générale. Dans ce cas, ils ne peuvent être nommés pour plus de trois ans.

Le procès-verbal de la séance constate l'acceptation des administrateurs et des commissaires présents à la réunion.

La société est constituée à partir de cette acceptation. (*Art.* 25.)

**Capital de garantie.** — Les administrateurs doivent être propriétaires d'un nombre d'actions déterminé par les statuts.

Ces actions sont affectées en totalité à la garantie de tous les actes de la gestion, même de ceux qui seraient exclusivement personnels à l'un des administrateurs.

Elles sont nominatives, inaliénables, frappées d'un timbre indiquant l'inaliénabilité et déposées dans la caisse sociale. (*Art.* 26.)

D'après l'article 7 de la loi de 1863, les actions de garantie dont il fallait que les administrateurs fussent propriétaires, devaient représenter le vingtième au moins du capital social. Il fallait, de plus, que ces administrateurs les possédassent par parties égales.

A cette disposition la loi de 1867 apporte deux changements importants : elle cesse d'abord de fixer la quotité du capital destiné à constituer le fonds de garantie ; elle supprime ensuite, pour les administrateurs, l'obligation de posséder les actions de garantie par portions égales.

Ainsi, de la loi ancienne, la loi nouvelle n'a conservé que le principe ; elle maintient le dépôt de garantie par les administrateurs, comme un gage de sécurité pour la société, pour les tiers ; mais. si elle le fait, c'est surtout pour rappeler aux actionnaires des sociétés anonymes

« qu'il y a là un germe à féconder, à vivifier par des dispositions statutaires. »

L'acte de société doit donc déterminer le montant total des actions de garantie que les administrateurs sont tenus de posséder. Cet acte peut même fixer le chiffre minimum d'actions qui, dans ce total, doit appartenir à chacun d'eux.

La détermination de la quotité doit résulter des statuts. Que décider, si les statuts gardaient le silence à ce sujet? Suivant MM. Matthieu et Bourguignat, il n'y aurait pas, sans doute, dans le silence gardé par les statuts, une cause de nullité pour la société, la loi n'ayant point expressément attaché cette peine à cette omission. Mais ce silence n'en constituerait pas moins un manquement à une obligation impérative, édictée dans l'intérêt des tiers comme des associés. Les statuts doivent déterminer le nombre des actions destinées à former le fonds de garantie. S'ils ne l'avaient pas fait, les tiers ou les associés eux-mêmes auraient le droit d'exiger que les statuts fussent rectifiés en ce point. Les administrateurs ne pourraient négliger ou se refuser à faire opérer cette rectification, qu'à peine de tous dommages-intérêts. Telle est, au surplus, l'opinion qu'au cours de la discussion exprimait le commissaire du gouvernement. M. Bédarride pense, au contraire, avec M. Bethmont, que l'article 26 est dépourvu de sanction, et que si on avait à demander compte à quelqu'un de son inobservation, ce serait aux actionnaires, ou mieux aux rédacteurs des statuts, et non aux administrateurs, qui ne sont, après tout, que les mandataires de ces associés.

**Assemblées générales.** — Il est tenu, chaque année, une assemblée générale, à l'époque fixée par les statuts. Les statuts déterminent le nombre d'actions qu'il est nécessaire de posséder, soit à titre de propriétaire soit à titre de mandataire, pour être admis dans l'assemblée, et le nombre de voix appartenant à chaque actionnaire, eu égard au nombre d'actions dont il est porteur.

Néanmoins, dans les assemblées générales appelées à vérifier les apports, à nommer les premiers administrateurs et à vérifier la sincérité de la déclaration des fondateurs, tout actionnaire, quel que soit le nombre des actions dont il est porteur, peut prendre part aux délibérations avec le nombre de voix déterminé par les statuts, sans qu'il puisse être supérieur à dix. (*Art.* 27.)

Dans toutes les assemblées, générales les délibérations sont prises à la majorité des voix. Il est tenu une feuille de présence; elle contient les noms et domiciles des actionnaires et le nombre d'actions dont chacun d'eux est porteur. Cette feuille, certifiée par le bureau de l'assemblée, est déposée au siége social et doit être communiquée à tout requérant. (*Art.* 28.)

Les assemblées générales qui ont à délibérer dans des cas autres que ceux qui sont prévus par les articles 30 et 31 doivent être composées d'un nombre d'actionnaires représentant le quart au moins du capital social. Si l'assemblée générale ne réunit pas ce nombre, une nouvelle assemblée se réunit dans les formes et les délais prescrits par les statuts, et elle délibère valablement, quelle que soit la portion du capital représentée par les actionnaires. (*Art.* 29.)

Les assemblées qui ont à délibérer sur la vérification des apports, sur la nomination des premiers administrateurs, sur la sincérité de la déclaration faite par les fondateurs, doivent être composées d'un nombre d'actionnaires représentant la moitié, au moins, du capital social.

Le capital social, dont la moitié doit être représentée

pour la vérification de l'apport, se compose seulement des apports non soumis à la vérification.

Si l'assemblée générale ne réunit pas un nombre d'actionnaires représentant la moitié du capital social, elle ne peut prendre qu'une délibération provisoire. Dans ce cas, une nouvelle assemblée générale est convoquée. Deux avis, publiés à huit jours d'intervalle, au moins un mois à l'avance, dans l'un des journaux désignés pour recevoir les annonces légales, font connaître aux actionnaires les résolutions provisoires adoptées par la première assemblée, et ces résolutions deviennent définitives, si elles sont approuvées par la nouvelle assemblée, composée d'un nombre d'actionnaires représentant le cinquième au moins du capital social. (*Art.* 30.)

Les assemblées qui ont à délibérer sur les modifications aux statuts, ou sur des propositions de continuation de la société au delà du terme fixé pour sa durée, ou de dissolution avant ce terme, ne sont régulièrement constituées et ne délibèrent valablement, qu'autant qu'elles sont composées d'un nombre d'actionnaires représentant la moitié, au moins, du capital social. (*Art.* 31.)

L'assemblée générale désigne un ou plusieurs commissaires, chargés de faire un rapport à l'assemblée générale de l'année suivante sur la situation de la société, sur le bilan et sur les comptes présentés par les administrateurs. La délibération contenant approbation du bilan et des comptes est nulle, si elle n'a été précédée du rapport des commissaires. A défaut de nomination des commissaires par l'assemblée générale, ou en cas d'empêchement ou de refus d'un ou de plusieurs commissaires nommés, il est procédé à leur nomination, ou à leur remplacement, par ordonnance du président du tribunal de commerce du siége de la société, à la requête

de tout intéressé, les administrateurs dûment appelés.
(Art. 32.)

Pendant le trimestre qui précède l'époque fixée par
les statuts pour la réunion de l'assemblée générale, les
commissaires ont droit, toutes les fois qu'ils le jugent
convenable dans l'intérêt social, de prendre communication des livres et d'examiner les opérations de la société.
Ils peuvent toujours, en cas d'urgence, convoquer l'assemblée générale. (Art. 33.)

Toute société anonyme doit dresser, chaque semestre,
un état sommaire de sa situation active et passive.

Cet état est mis à la disposition des commissaires.

Il est, en outre, établi, chaque année, conformément à
l'article 9 du Code de commerce, un inventaire contenant l'indication des valeurs mobilières et immobilières
et de toutes les dettes actives et passives de la société [1].

L'inventaire, le bilan et le compte des profits et pertes
sont mis à la disposition des commissaires, le quarantième jour, au plus tard, avant l'assemblée. Ils sont présentés à cette assemblée. (Art. 34.)

Quinze jours, au moins, avant la réunion de l'assemblée
générale, tout actionnaire peut prendre, au siége social,
communication de l'inventaire et de la liste des actionnaires, et se faire délivrer copie du bilan résumant l'inventaire et du rapport des commissaires. (Art. 35.)

Les commissaires ne sont jamais nommés que pour
un an, mais ils peuvent être réélus, à moins d'une stipulation contraire dans les statuts. A la différence des administrateurs, ils peuvent être pris parmi les non-asso-
ciés. Comme les administrateurs, ils sont salariés ou
gratuits. La gratuité de leur mandat ne sera qu'une très-
rare exception.

---

[1] Voir, plus haut, p. 38.

L'article 18 de la loi de 1863 voulait que quinze jours, au moins, avant la réunion de l'assemblée générale, une copie du bilan et du rapport des commissaires fût adressée à chacun des actionnaires connus. Il voulait également que cette copie fût déposée au greffe du tribunal de commerce, et la discussion de la loi avait établi que là, non-seulement les actionnaires, mais encore tout individu, pouvait en demander communication. Enfin, il permettait aux actionnaires de prendre communication, au siège social, de l'inventaire et de la liste des actionnaires.

L'article 35 de la nouvelle loi ne conserve que la dernière de ces prescriptions. D'après lui, l'inventaire et la liste des actionnaires doivent, quinze jours, au moins, avant la réunion annuelle de l'assemblée générale, être déposés au siège social, où tout actionnaire peut en prendre communication. Quant au bilan résumant l'inventaire et au rapport des commissaires, les administrateurs ne sont plus tenus d'en dresser copie ; les actionnaires qui le veulent peuvent seulement s'en faire délivrer une.

Le droit qu'ont ainsi tous les actionnaires de demander cette délivrance implique-t-il, pour les administrateurs, le devoir de faire imprimer les deux documents dont il s'agit ? La loi se tait, à cet égard ; il y a donc faculté et non pas obligation d'imprimer.

La nouvelle loi se tait sur le dépôt au greffe d'une copie du bilan et du rapport des commissaires. Ce dépôt a donc cessé d'être obligatoire.

**Fonds de réserve** — Il est fait annuellement, sur les bénéfices nets, un prélèvement d'un vingtième, au moins, affecté à la formation d'un fonds de réserve. Ce prélèvement cesse d'être obligatoire, lorsque le fonds de réserve a atteint le dixième du capital social. (*Art. 36.*)

L'existence d'un fonds de réserve ayant pour objet de maintenir, autant que possible, l'intégrité du capital social, se justifiait d'elle-même; les avantages qu'elle procure la signalaient comme un des éléments appelés à contribuer le plus énergiquement à la formation, au développement et aux succès des sociétés.

Le fonds de réserve établit, en effet, une sage et prévoyante compensation entre la bonne et la mauvaise fortune : Il emprunte au présent, dit l'Exposé des motifs, au profit de l'avenir; il est un motif de confiance pour les tiers, une ressource et un élément de crédit pour la société.

Ainsi, dans toute société anonyme, il doit être annuellement prélevé un vingtième, au moins, sur les bénéfices nets, à l'effet de constituer un fonds de réserve. Ce prélèvement, la loi ne se borne pas à en autoriser la stipulation dans les statuts, *elle l'impose obligatoirement*, de sorte qu'il devrait être réalisé alors même que ces statuts garderaient, à ce sujet, le plus complet, le plus absolu silence. La société n'est dispensée d'y pourvoir, que lorsque le fonds de réserve a atteint le dixième du capital social.

Ce qui, dans l'article, est facultatif, dit M. Bédarride, c'est soit la quotité du prélèvement, soit la limite jusqu'à laquelle l'obligation d'y pourvoir a été imposée. Le vingtième des bénéfices, d'une part, de l'autre le dixième du capital, constituent un minimum en deçà duquel on ne saurait rester, mais au delà duquel il est toujours loisible d'aller. Ainsi, au lieu du cinq pour cent seulement, on peut stipuler qu'on affectera au fonds de réserve le dix, le quinze, le vingt pour cent, et que ce prélèvement ne cessera que lorsque ce fonds de réserve aura atteint le quart, le tiers, la moitié du capital,

A défaut de stipulation, et dans le silence des statuts, les proportions édictées par l'acticle 36 devraient seules être observées ; elles s'imposeraient obligatoirement à la société.

Le prélèvement ordonné par la loi ne doit être opéré que sur les *bénéfices nets*, c'est-à-dire sur l'excédant d'actif, après déduction de tous les frais généraux et des charges auxquels la société a dû pourvoir dans l'année. Ce sont là des dépenses qui doivent être couvertes par les premières rentrées et soldées tout d'abord.

Au nombre de ces charges se placent évidemment les intérêts payés aux créanciers de la société. Que décider, quant à ceux dus aux associés pour la mise que chacun d'eux a versée ? Doit-on les prélever tout d'abord sur les bénéfices bruts et ne rien consacrer au fonds de réserve, si ces bénéfices sont insuffisants pour pourvoir à celui-ci et à ceux-là ?

L'affirmative est généralement admise dans la doctrine ; mais, d'après la jurisprudence de la Cour de cassation, il y a une distinction à faire. Si les statuts stipulent le payement annuel d'un intérêt, ce payement doit être le premier prélevé sur les bénéfices nets. Le solde seul doit être attribué au fonds de réserve.

Si les intérêts et leur payement annuel sont omis dans les clauses des statuts, c'est le contraire qui doit être pratiqué. Alors, en effet, il n'est dû aucun intérêt, et ce qui est distribué, à ce titre, n'est qu'un dividende véritable. Sans doute sa légalité ne saurait être contestée dès qu'il est pris sur les bénéfices ; mais il n'en constitue pas moins un avantage et, en principe, un avantage, quelle que soit sa nature, ne peut être acquitté de préférence aux charges.

Or, la création d'un fonds de réserve est, pour la société, une charge que la loi lui impose. En lui affectant la quotité déterminée, la société acquitte la dette des associés. Il n'est, dès lors, pas possible d'admettre qu'elle ne doive pas être prélevée, avant toute distribution à ces mêmes associés.

**Perte du capital social.** — En cas de perte des trois quarts du capital social, les administrateurs sont tenus de provoquer la réunion de l'assemblée générale de tous les actionnaires, à l'effet de statuer sur la question de savoir s'il y a lieu de prononcer la dissolution de la société.

La résolution de l'assemblée est, dans tous les cas, rendue publique.

A défaut par les administrateurs de réunir l'assemblée générale, comme dans le cas où cette assemblée n'aurait pu se constituer régulièrement, tout intéressé peut demander la dissolution de la société devant les tribunaux. (*Art.* 37.)

**Dissolution de la société.** — La dissolution peut être prononcée sur la demande de toute partie intéressée, lorsqu'un an s'est écoulé depuis l'époque où le nombre des associés est réduit à moins de sept. (*Art.* 38.)

**Représentation en justice.** — La loi de 1867 autorise les associés des commandites par actions, lorsqu'ils représentent le vingtième au moins du capital social et qu'ils ont à agir dans un intérêt commun, à se faire représenter par un mandataire *ad litem*. Il était naturel que cette faveur fût étendue aux actionnaires des sociétés anonymes; c'est ce qu'a fait le législateur. (*Art.* 39.)

**Interdiction faite aux administrateurs.** — Il est interdit aux administrateurs de prendre ou de conserver un intérêt direct ou indirect dans une entreprise ou un marché fait avec la société ou pour son compte, à moins qu'ils n'y soient autorisés par l'assemblée générale.

Il est, chaque année, rendu à l'assemblée générale un compte spécial de l'exécution des marchés ou entreprises par elle autorisés aux termes du paragraphe précédent. (*Art.* 40.)

La loi de 1863 contenait déjà une prohibition du même genre; mais cette interdiction était presque absolue. Ses termes défendaient aux administrateurs de prendre ou de conserver quelque intérêt que ce soit « *dans une opération quelconque* » faite avec la société, ou pour son compte, sauf autorisation de l'assemblée générale « *pour certaines opérations spécialement déterminées.* »

La loi de 1867, en maintenant le principe, en a fait une application plus modérée. Ce n'est plus sur *chaque opération* que porte la défense, c'est seulement sur « *une entreprise* » ou sur « *un marché.* » « Les conventions, dit l'Exposé des motifs, les conventions auxquelles s'appliquent ces dénominations, ont ordinairement une importance assez grande et leurs effets une durée assez longue, pour qu'il soit prudent de les assujettir à la nécessité de l'autorisation par l'assemblée générale. D'ailleurs, l'autorisation, impossible pour des opérations distinctes et réitérées, peut être facilement obtenue pour des transactions comprenant une série de travaux et de fournitures, et, par conséquent, embrassant un assez long espace de temps. »

Aucune équivoque ne peut exister sur ce que la loi entend ici par *une entreprise*, ou *un marché*. Il s'agit des engagements soit de la société à l'égard de tiers, soit de ceux-ci au profit de celle-là, pour la fourniture seulement, ou, tout à la fois, pour la fabrication et la fourniture de matières premières, d'objets manufacturés, de

PRÉCIS DE DROIT COMMERCIAL.

denrées, etc. Il s'agit encore de conventions intervenues entre la société et des tiers, ayant pour objet des transports, des travaux, des ouvrages, etc. Les entreprises ou marchés auxquels les administrateurs, sauf autorisation contraire de l'assemblée générale, ne peuvent prendre une part ni directe, ni indirecte, sont ceux qui se traitent sans publicité ni concurrence, ceux qui se concluent, comme on le dit, « sous le manteau de la cheminée. » A ces marchés et à ces entreprises seulement s'attachent les défiances et les prohibitions de la loi. C'est ce qui résulte de la discussion qui, au sein de la Chambre, s'est engagée sur cet article. Mais pour tous autres marchés, pour ceux, notamment, qui résultent d'une adjudication, d'après un cahier des charges dressé à l'avance, tranchée avec publicité et concurrence, il ne saurait en être de même. En pareil cas, sauf preuve contraire, l'oubli ou la trahison des intérêts de la société ne semble pas possible.

**Nullité de la société, et conséquence de cette nullité**. — Est nulle et de nul effet, à l'égard des intéressés, toute société anonyme pour laquelle n'ont pas été observées les dispositions des articles 22, 23, 24 et 25 ci-dessus. (*Art.* 41.)

Lorsque la nullité de la société ou des actes et délibérations a été prononcée aux termes de l'article précédent, les fondateurs auxquels la nullité est imputable et les administrateurs en fonctions au moment où elle a été encourue, sont responsables solidairement envers les tiers, sans préjudice des droits des actionnaires.

La même responsabilité solidaire peut être prononcée contre ceux des associés dont les apports ou les avantages n'auraient pas été vérifiés et approuvés. (*Art.* 42.)

Il résulte de cet ensemble de dispositions que la société anonyme sera nulle et de nul effet :

1° Si les administrateurs n'ont pas été pris parmi les associés; si les statuts les déclarent irrévocables; si, sans que les statuts les y autorisent, les administrateurs se sont substitué un mandataire étranger à la société;

2° Si la société s'est constituée avec un nombre d'associés inférieur à sept;

3° Si le taux des actions est au-dessous de cent francs ou de cinq cents, selon que le capital ne dépasse pas ou dépasse deux cent mille francs; si le capital social n'a pas été souscrit en entier et le quart, au moins, des actions n'a pas été versé; si une déclaration notariée, à laquelle doivent être annexées les pièces indiquées par l'article 1er, n'a pas constaté cette souscription et ce versement;

4° Si les actions ou coupons d'actions sont déclarés négociables avant le versement du quart;

5° Si les actions sont créées au porteur, ou si, nominatives dans l'origine, elles ont été converties en actions au porteur, sans qu'une clause expresse des statuts autorise cette conversion, ou si elle a été votée avant que les actions eussent été libérées de moitié;

6° Lorsque les apports en nature ou les avantages particuliers n'ont pas été vérifiées et approuvés dans les formes prescrites par l'article 4;

7° Enfin, si les fondateurs n'ont pas réuni l'assemblée générale, ou si celle-ci n'a pas rempli toutes les conditions exigées par l'article 25.

Remarquer que cette nullité n'existe qu'à l'égard des associés; qu'elle peut être opposée aux tiers; qu'elle est absolue et d'ordre public. La responsabilité de cette nullité incombe aux fondateurs et aux administrateurs solidairement.

**Responsabilité des commissaires et des administrateurs.** — L'étendue et les effets de la responsabilité des commissaires envers la société sont

déterminés d'après les règles générales du mandat.
(*Art.* 43.) Nous savons en quoi consiste le mandat de ces
commissaires. Ils doivent faire un rapport à l'assemblée
générale de l'année suivante sur la situation de la société, sur le bilan et sur les comptes présentés par les
administrateurs. Ce rapport doit être déposé au siége
social, 15 jours au moins avant la réunion de l'assemblée
générale, pour que copie en puisse être délivrée aux actionnaires qui la réclameraient. L'omission de ce rapport, avant la délibération de l'assemblée portant approbation du bilan et des comptes, suffirait pour que cette
délibération fût nulle.

Il en résulte qu'entre leurs devoirs et ceux des membres des conseils de surveillance dans les commandites
par actions, il y a une grande analogie. Comme ces derniers, ils sont donc tenus de signaler les irrégularités et
inexactitudes qu'ils ont reconnues dans les inventaires
et de constater, s'il y a lieu, les motifs qui s'opposent
aux distributions de dividendes proposés.

Les administrateurs sont responsables conformément
aux règles du droit commun, individuellement ou solidairement, suivant les cas, envers la société et envers
les tiers, soit des infractions aux dispositions de la
présente loi, soit des fautes qu'ils auraient commises
dans leur gestion, notamment en distribuant ou en laissant distribuer, sans opposition, des dividendes fictifs.
(*Art.* 44.)

La responsabilité des administrateurs dérive, comme
celle des commissaires de surveillance, des fautes qu'ils
commettraient dans l'exercice de leur gestion ou mandat. Or, il importe de se rappeler les prescriptions
légales relatives à ce mandat. MM. Matthieu et Bourguignat les résument avec une grande netteté.

Les administrateurs sont tenus de convoquer, chaque

année, à l'époque fixée par les statuts, l'assemblée générale ordinaire des actionnaires, et de lui rendre un compte détaillé de leur gestion ainsi que de la situation de l'entreprise pendant l'exercice qui vient de s'écouler.

Avant cette réunion, et dans différents délais que la loi détermine, ils ont dû remettre aux commissaires de surveillance toutes les pièces et les documents nécessaires à ceux-ci pour leur travail de contrôle et de vérification, et déposer au siége social ceux de ces documents dont les actionnaires ont le droit de prendre connaissance.

Le jour de la réunion, il leur faut pourvoir à ce que cette assemblée représente le quart, au moins, du capital social, et ne soit composée que d'actionnaires auxquels les statuts donnent le droit de voter. Au cas où le capital social n'y serait pas représenté dans la proportion voulue, ils doivent procéder à une seconde convocation.

Ils ont à veiller également à ce que les délibérations soient prises à la majorité des voix et à ce que les documents de nature à constater et à contrôler la sincérité de cette majorité, soient dressés régulièrement et déposés au siége social pour être communiqués à tout requérant.

Ils font procéder par cette assemblée à la nomination des administrateurs sortants, ainsi qu'à celle des commissaires annuels, et, au cas où ces commissaires n'auraient pas été nommés ou feraient défaut, ils auraient à s'adresser à l'autorité qui a compétence pour y pourvoir.

Les comptes qu'ils présentent à l'assemblée générale doivent résulter de la situation exacte de la société ; une distribution de dividendes n'y est proposée que si cette distribution est justifiée par un bénéfice réel et acquis. Sur ce bénéfice doit être prélevé le vingtième pour former le fonds de réserve.

Au cas où le capital social serait perdu aux trois quarts, ils doivent consulter l'assemblée générale sur la question de savoir si elle entend prononcer la dissolution de la société.

Cette dissolution, ils sont tenus de la provoquer devant les tribunaux, quand, depuis toute une année, le nombre des associés est inférieur à sept.

Lorsque les assemblées générales ont pour objet des modifications aux statuts, la prolongation de la société au delà du terme fixé, ou sa dissolution avant ce terme, ils doivent veiller à ce qu'elles soient composées d'un nombre d'actionnaires représentant la moitié au moins du capital social.

Ils sont chargés de donner aux résolutions de ces assemblées la publicité prescrite par la loi.

Enfin ils doivent s'interdire, dans les entreprises ou marchés de la société, tout intérêt direct ou indirect, sauf l'autorisation contraire de l'assemblée générale.

Telles sont les prescriptions légales dont l'observation fait partie du mandat conféré par les actionnaires aux administrateurs de la société. Par cela seul qu'ils y manquent, ils sont donc en faute et, dès lors, si de cette infraction résulte un préjudice pour la société ou les tiers, ils en doivent la réparation.

En dehors des devoirs qui leur sont ainsi imposés par la loi, les administrateurs en ont d'autres que les statuts déterminent. Ce sont, en effet, ces statuts qui fixent la nature, l'étendue, les limites aussi des pouvoirs dont ils son investis pour la gestion des affaires sociales.

On sait qu'en principe, et sauf clause contraire, ces pouvoirs n'embrassent que les actes d'administration ; que, dès lors, les administrateurs ne peuvent aliéner ou hypothéquer les immeubles sociaux, emprunter même, compromettre ou transiger sur les intérêts contentieux, sans une autorisation spéciale de l'assemblée générale.

La responsabilité frappe les administrateurs solidairement ou individuellement, « *suivant les cas* », c'est-à-dire, suivant que la faute dont on demande la réparation est collective ou individuelle. Quand la faute, notamment, consiste dans l'une des infractions à la loi signalées plus haut, elle entraîne toujours la solidarité, car c'est à tous les administrateurs agissant collectivement que la loi adresse ses prescriptions.

Toutefois, ajoutent les auteurs que nous venons de citer, il en est une, parmi elles, qui peut être violée d'une manière individuelle : c'est celle qui interdit aux administrateurs de prendre ou de conserver dans les marchés ou entreprises de la société un intérêt direct ou indirect. Un ou plusieurs de ces administrateurs peuvent commettre cette contravention sans que les autres y participent, sans même que ceux-ci en sachent rien. Dans ce cas, évidemment, la solidarité ne saurait être prononcée.

La solidarité peut exister, en principe encore, lorsque la faute a été commise dans les actes de l'administration, et surtout quand elle consiste dans la distribution d'un dividende fictif. Cette distribution est, en effet, réputée l'œuvre de tous les administrateurs, sans qu'il y ait lieu d'excepter même ceux qui n'y auraient pas concouru personnellement, s'ils ne s'y sont pas opposés, s'ils ont laissé faire.

**Pénalités.** — L'article 45 de la loi de 1867 étend aux sociétés anonymes les pénalités qu'en matière de commandites par actions les articles 13, 14, 15 et 16 [1]

---

[1] Voir p. 585 et suiv.

établissent pour certains faits délictueux, tels que l'émission d'actions ou de coupons d'actions d'une société irrégulièrement constituée; l'altération frauduleuse de la majorité au sein des assemblées génerales; la négociation d'actions ou de coupons d'actions dont la valeur ou la forme serait contraire aux prescriptions de la loi; la participation à une négociation de cette sorte; la publication de la valeur des actions dont il s'agit; l'obtention de souscriptions ou de versements et la provocation à ces souscriptions et versements, au moyen de certaines manœuvres frauduleuses spécifiées dans la loi; le fait de répartir entre les actionnaires des dividendes fictifs, en l'absence d'inventaires ou au moyen d'inventaires frauduleux.

Dans la société anonyme, comme dans la commandite, aucune répétition de dividendes ne peut être exercée contre les actionnaires, si ce n'est dans le cas où la distribution en aurait été faite en l'absence de tout inventaire, ou en dehors des résultats constatés par l'inventaire.

L'action, quand elle est ouverte, se prescrit par cinq ans, à partir du jour fixé pour la distribution des dividendes pour les sociétés postérieures à la loi; du jour de la promulgation de la loi pour les prescriptions commencées avant, et pour lesquelles il faudrait encore, selon les lois anciennes, un laps de temps plus considérable [1].

---

[1] L'article 46 détermine les conditions auxquelles les sociétés anonymes, antérieures à la loi de 1867, pourront se transformer en sociétés anonymes dans les termes de la loi nouvelle. Cette faculté de transformation n'est impartie qu'aux sociétés commerciales; elle n'est pas accordée aux sociétés civiles, existant sous la forme anonyme. L'article 47 prononce l'abrogation des articles 31, 37 et 40 du Code de commerce.—V. plus haut, p. 139 à 146.

**Abrogation de la loi du 23 mai 1863.** —
La loi de 1867, se substituant pour l'avenir à la loi du
23 mai 1863, sur les sociétés à responsabilité limitée [1], en
prononce l'abrogation dans son article 47. Il autorise les
sociétés à responsabilité limitée à se transformer en sociétés anonymes, dans les termes de la loi nouvelle.
Mais, bien qu'abrogée, la loi de 1863 n'en continuera
pas moins de régir les sociétés formées sous son empire,
tant qu'il en existera.

### § III. Sociétés à capital variable [2].

**Définition des sociétés dites à capital va-
riable.** — Ce sont des sociétés dans les statuts desquelles il est stipulé que le capital social sera susceptible d'être augmenté par des versements successifs des
associés ou l'admission de nouveaux membres, et d'être
diminué par la reprise totale ou partielle des apports. A
la différence des sociétés ordinaires, qui ont pour objet
des capitaux *existants*, et dont le capital est *fixe*, *les sociétés à capital variable* ont pour objet des capitaux *en
voie de formation*. Leur but est d'en préparer, d'en favoriser l'accumulation, l'agglomération. Toute latitude
leur est laissée de se développer, d'augmenter sans
cesse. Les membres de ce genre d'associations étant, le
plus souvent, des ouvriers qui peuvent avoir besoin de se
déplacer ou de faire usage de leurs ressources pécuniaires, en temps de crise, il a paru qu'il serait opportun
de laisser aux sociétaires la faculté de quitter la société
en retirant tout ou partie de leurs apports, sans compromettre les intérêts des tiers et de la société.

**La clause de capital variable.** — Il peut être

---

[1] Voir p. 156.

[2] Désignées originairement sous le nom de *Sociétés coopératives*.

stipulé, dans les statuts de toute société, que le capital social sera susceptible d'augmentation par des versements successifs faits par les associés, ou l'admission d'associés nouveaux, et de diminution par la reprise totale ou partielle des apports effectués.

Les sociétés dont les statuts contiennent cette stipulation sont soumises, indépendamment des règles générales qui leur sont propres, suivant leur forme spéciale, à des dispositions particulières. (*Art.* 48.)

Par la généralité de ses termes, l'article 48 rend les sociétés à capital variable accessibles à tout le monde : ouvriers, travailleurs, artisans, petits bourgeois, commerçants, tous peuvent y recourir et donner cette forme à leur association, quel qu'en soit, d'ailleurs, l'objet.

Il n'est pas moins certain que cette clause peut et doit être stipulée, quel que soit le mode de société adopté : société en nom collectif ou en commandite ordinaire, commandite par actions ou anonyme. La loi n'en exclut évidemment aucune, puisqu'elle reconnaît et déclare qu'*il peut être stipulé dans les statuts de toute société que le capital*, etc.

« Nous avons voulu, disait le rapporteur, donner à la loi un caractère général, en faire une loi de droit commun, applicable non-seulement aux sociétés de production, aux sociétés de crédit mutuel, aux sociétés de consommation, aux sociétés de construction, aux marchés ou entreprises, mais encore à tout ce qui pourrait être la matière de l'activité commerciale et industrielle. Nous avons voulu faire une loi qui ne s'appliquerait pas à telle ou telle classe de citoyens, aujourd'hui que les classes ont disparu, mais à tous ceux, quelles que fussent leur condition et leur fortune, qui voudraient se servir de cet instrument nouveau, quand il aurait pris place dans nos codes. »

Mais la loi de 1867 ne régit que celles des sociétés à capital variable qui ont divisé leur capital en actions. Quant aux autres sociétés à capital variable, elle laisse subsister à leur égard les dispositions de droit commun.

**Dispositions spéciales aux associations à capital variable, constituées par actions.** — Le capital social ne peut être porté par les statuts constitutifs de la société au-dessus de la somme de deux cent mille francs. Il peut être augmenté par des délibérations de l'assemblée générale, prises d'année en année; chacune des augmentations ne peut être supérieure à deux cent mille francs. (*Art.* 49.)

Remarquer que l'augmentation successive du capital ne saurait être votée à l'avance; elle l'est chaque année pour l'exercice suivant. Le législateur n'a pas voulu que le capital dépassât jamais les besoins de la société, et les besoins de celle-ci sont naturellement corrélatifs à ses progrès.

L'objet du vote étant prévu aux statuts, c'est aux assemblées générales ordinaires qu'il appartient de s'en occuper.

La loi qui, pour les sociétés en question, a fixé le maximum du capital, n'a rien dit de son minimum. Ce minimum dépend donc naturellement des règles propres à chaque société par actions où le capital a été stipulé variable.

Les actions ou coupons d'actions sont nominatives, même après entière libération; elles ne peuvent être inférieures à cinquante francs. Elles ne sont négociables qu'après la constitution définitive de la société. La négociation ne peut avoir lieu que par voie de transfert sur les registres de la société, et les statuts peuvent donner, soit au conseil d'administration, soit à l'assemblée générale, le droit de s'opposer au transfert. (*Art.* 50.)

Pour les actions des sociétés de cette sorte, le taux de cinquante francs reste constamment le taux *minimum*, quel que soit le chiffre qu'à la suite d'augmentations annuelles et successives finirait par atteindre le fonds social. Cette solution ressort tout à la fois du texte et de l'esprit de la loi.

La clause autorisant les administrateurs ou l'assemblée générale à s'opposer au transfert étant, en quelque sorte, exorbitante du droit commun, n'est permise que dans les termes de la loi.

Ainsi, le droit d'opposition n'est autorisé qu'au profit du « conseil d'administration, » conseil qui existe dans les sociétés anonymes seulement. Ce droit ne saurait, dès lors, être étendu au gérant ni au conseil de surveillance des commandites par actions. Pour celles-ci, leurs assemblées générales seules peuvent en être investies.

Ainsi encore il n'est question, dans la loi, du droit d'opposition, que relativement aux transferts résultant de la « négociation » des titres. Il ne doit donc pas être exercé contre les transferts nécessités par le décès du titulaire, s'ils ne sont opérés qu'au profit de ses héritiers ou légataires, ceux-ci, en droit, ne faisant que continuer la personne du précédent propriétaire.

La société ne sera définitivement constituée qu'après le versement du dixième. (*Art.* 51, § 3.) Mais avant cette constitution, le lien de droit n'en existera pas moins entre les associés.

Il n'est pas indispensable, en effet, que le versement du dixième ait lieu tout d'un coup. On peut stipuler aux statuts un délai de formation, une période de transition durant laquelle les associés, obligés les uns à l'égard des autres, se mettront à même de réunir le capital nécessaire à la constitution de leur société. Le ministre du commerce le faisait observer au cours de la discussion. « Une société coopérative, disait-il, peut exister entre les associés avant d'exister à l'égard des tiers; elle constitue alors une sorte de société *sui generis,* ayant pour objet de recueillir les épargnes de chacun pendant quelques mois, de constituer, au moyen de versements de 10, de 15, de 20 centimes, la somme de 5 fr., nécessaire pour la constitution à l'égard des tiers.»

**Dispositions d'une application générale à toutes les associations à capital variable.** — Les statuts doivent déterminer une somme au-dessous de laquelle le capital ne peut être réduit par les reprises des apports. Cette somme ne peut être inférieure au dixième du capital social. (*Art* 51, §§ 1 et 2.)

Droit pour chaque associé de se retirer de la société lorsqu'il le jugera convenable, à moins de conventions contraires et sauf l'application du paragraphe 1er de *l'art.* 51. Il peut être stipulé que l'assemblée générale aura le droit de décider, à la majorité fixée pour la modification des statuts, que l'un ou plusieurs des associés cesseront de faire partie de la société. (*Art.* 52.)

La société, quelle que soit sa forme, est valablement représentée en justice par ses administrateurs. (*Art.* 53.)

Elle n'est point dissoute par la mort, la retraite, l'interdiction, la faillite ou la déconfiture de l'un des associés; elle continue de plein droit entre les autres associés. (*Art.* 54.)

A l'assemblée générale peut être déféré le droit de prononcer l'exclusion, et elle ne peut le faire qu'à la majorité fixée pour la modification des statuts : ce qui suppose que cette majorité a été déterminée par le pacte social. S'il n'a rien été prévu et statué à ce sujet, la majorité des votants suffit. Mais, aux termes de l'article 31, l'assemblée générale ne serait régulièrement constituée et ne délibérerait valablement, que si elle était composée d'actionnaires représentant la moitié au moins du capital social.

L'assemblée générale est souveraine : sa décision n'a pas besoin d'être motivée, et n'est susceptible d'aucun recours. L'exclusion de la société entraîne, de plein droit, l'obligation de rembourser à celui qui en est l'objet la part qu'il peut avoir dans l'actif social. Or il n'est pas douteux, dit M. J. Bédarride, qu'il n'en soit de l'exclusion comme de la retraite volontaire, c'est-à-dire qu'elle ne peut produire son effet que sauf l'application du paragraphe 1er de l'article 51.

Donc, si le capital est descendu à son minimum statutaire ou légal, aucun remboursement ne pouvant plus s'opérer, l'exclusion serait impossible, à moins qu'un nouveau membre consentant à prendre la place de l'exclu ne lui remboursât ce qui lui revient, ou que l'assemblée générale ne votât une cotisation destinée à faire face à ce remboursement.

L'associé qui sort de la société, soit par suite d'une retraite volontaire, soit par l'effet d'une délibération de l'assemblée générale, reste tenu pendant cinq ans, envers les associés et envers les tiers, de toutes les obligations existant au moment de sa sortie.

§ IV. Publication des actes de société.

**But de la loi de 1867 à cet égard.** — La question de publication, « qui intéresse au plus haut degré *les tiers*, c'est-à-dire le crédit même de la société, en révélant son organisation, ses ressources, ses garanties, était, avant 1867, réglée par les art. 42 et suivants du code de commerce [1]. Mais, confuses et compliquées, ces dispositions ne s'accordaient plus avec les conditions nouvelles de la publicité auxquelles ces derniers temps nous ont accoutumés. Elles étaient, dans tous les cas, inapplicables aux sociétés de coopération, qui n'étaient pas nées à l'époque où elles avaient été édictées. Par cela même qu'au moindre changement dans les éléments sociaux elles exigeaient des publications nouvelles, elles créaient même des embarras et des obstacles à ces associations, où le capital est variable et le personnel incessamment mobile.

« Simplifier la publicité, la faire à la fois plus efficace et moins onéreuse, la ramener à un système unique et applicable à toute espèce de société commerciale, » tel a été l'objet que s'est proposé l'auteur de la nouvelle loi.

**Formalités dont l'objet est de faire connaître au public la constitution et les éléments principaux de toute société.** — 1° *Dépôt aux greffes de la justice de paix et du tribunal de commerce d'un double ou d'une expédition de l'acte constitutif.* — Dans le mois de la constitution de toute société commerciale, un double de l'acte constitutif, s'il est sous seing privé, ou une expédition, s'il est notarié, est déposé aux greffes de la justice de paix et du tribunal de commerce du lieu dans lequel est établie la société.

A l'acte constitutif des sociétés en commandite par actions et des sociétés anonymes sont annexées : 1° une expédition de l'acte notarié constatant la souscription du capital social et le versement du quart; 2° une copie certifiée des délibérations prises par l'assemblée générale, dans les cas prévus par les articles 4 et 24.

En outre, lorsque la société est anonyme, on doit an-

---

[1] Voir plus haut, p. 106.

nexer à l'acte constitutif la liste nominative, dûment
certifiée, des souscripteurs, contenant les noms, prénoms, qualités, demeure et le nombre d'actions de chacun d'eux. (*Art.* 55.)

L'extrait des actes et pièces déposé est signé, pour les
actes publics, par le notaire, et, pour les actes sous seing
privé, par les associés en nom collectif, par les gérants
des sociétés en commandite ou par les administrateurs
des sociétés anonymes. (*Art.* 60.)

2° *Publication d'un extrait de l'acte et des pièces déposées.* — Dans le même délai d'un mois, un extrait de
l'acte constitutif et des pièces annexées est publié dans
l'un des journaux désignés pour recevoir les annonces
légales.

Il est justifié de l'insertion par un exemplaire du journal certifié par l'imprimeur, légalisé par le maire et enregistré dans les trois mois de sa date.

Ces formalités sont prescrites à peine de nullité, à
l'égard des intéressés; mais le défaut d'aucune d'elles ne
peut être opposé aux tiers par les associés. (*Art.* 56.)

L'extrait doit contenir les noms des associés autres que
les actionnaires ou commanditaires; la raison de commerce ou la dénomination adoptée par la société et l'indication du siége social; la désignation des associés autorisés à gérer, administrer et signer pour la société; le
montant du capital social et le montant des valeurs fournies ou à fournir par les actionnaires ou commanditaires; l'époque où la société commence, celle où elle
doit finir, et la date du dépôt fait aux greffes de la justice de paix et du tribunal de commerce. (*Art.* 57.)

L'extrait doit énoncer que la société est en nom collectif ou en commandite simple; ou en commandite par
actions, ou anonyme, ou à capital variable.

Si la société est anonyme, l'extrait doit énoncer le

montant du capital social en numéraire et en autres objets, la quotité à prélever sur les bénéfices pour composer le fonds de réserve.

Enfin, si la société est à capital variable, l'extrait doit contenir l'indication de la somme au-dessous de laquelle le capital social ne peut être réduit. (*Art.* 58.)

Si la société a plusieurs maisons de commerce situées dans divers arrondissements, le dépôt prescrit par l'article 55 et la publication prescrite par l'article 56 ont lieu dans chacun des arrondissements où existent les maisons de commerce.

Dans les villes divisées en plusieurs arrondissements, le dépôt se fait seulement au greffe de la justice de paix du principal établissement. (*Art.* 59.)

**Actes et délibérations postérieurs à la constitution de la société, qui doivent être portés à la connaissance du public.**—Sont soumis aux formalités et aux pénalités prescrites par les articles 55 et 56 :

Tous actes et délibérations ayant pour objet la modification des statuts, la continuation de la société au delà du terme fixé pour sa durée, la dissolution avant ce terme et le mode de liquidation, tout changement ou retraite d'associés et tout changement à la raison sociale. (*Art.* 61.)

Sont également soumises aux dispositions des articles 55 et 56, ajoute le même article 61 : les délibérations prises dans les cas prévus par les articles 19, 37, 46, 47 et 49 ci-dessus ;

L'article 19, d'après lequel les sociétés en commandite par actions, antérieures à la loi de 1867, dont les statuts permettraient la transformation en sociétés anonymes autorisées par le gouvernement, peuvent se convertir en sociétés anonymes dans les termes de la loi

nouvelle, c'est-à-dire sans l'autorisation gouverne-
mentale, pourvu qu'elles se conforment aux autres conditions stipulées aux statuts pour leur transformation;

L'art. 37, qui, au cas où une société anonyme aurait
perdu les trois quarts de son capital, permettant la réunion de l'assemblée générale pour statuer sur la question de savoir s'il y a lieu de prononcer la dissolution de
la société, veut que la résolution prise, quel qu'en soit le
sens, soit rendue publique;

L'art. 46, aux termes duquel les sociétés anonymes,
antérieurement existantes, peuvent se transformer dans
les termes de la présente loi, en obtenant l'autorisation
du gouvernement et en observant les formes prescrites
pour la modification de leurs statuts;

L'art. 47, qui donne une faculté pareille aux sociétés à
responsabilité limitée, créées sous l'empire de la loi du
23 mai 1863, pourvu toujours qu'elles se conforment
aux conditions stipulées pour la modification de leurs
statuts;

L'art. 49, enfin, relatif aux sociétés à capital variable,
qui prévoit le cas où l'assemblée générale, par des délibérations prises d'année en année, augmente le capital
par fractions ne dépassant pas 200,000 francs.

Tous les actes de délibération dont parle l'art. 61 ne
sont pas seulement soumis aux formalités prescrites
par les art. 55 et 56; ils sont aussi, dit la loi,
assujettis aux pénalités édictées par ces mêmes dispositions. Or, ces pénalités se réduisent, en réalité, à une
seule : la nullité.

MM. Matthieu et Bourguignat font remarquer que
la nullité qui, relativement à ces actes et délibérations,
résulte de l'inobservation des formalités, n'a plus la
même portée que lorsqu'il s'agit des actes et délibérations dont s'occupent spécialement les articles 55 et 56,

c'est-à-dire de ceux qui sont « *constitutifs* » de l'association. La nullité de ceux-ci entraîne naturellement la nullité de la société elle-même; la nullité de ceux-là n'aurait d'autre effet que de faire que légalement ils n'existeraient pas. Quant à la société, elle n'en subsisterait pas moins. Seulement, elle persévérerait sur ses anciennes bases, dans ses conditions antérieures; elle n'aurait pas subi les modifications que ces actes et ces délibérations, nuls dans leur essence, avaient pour but d'introduire dans ses statuts, dans sa nature ou sa durée.

Les actes constatant les augmentations ou les diminutions du capital social opérées dans les termes de l'article 48, ou les retraites d'associés, autres que les gérants ou administrateurs, qui auraient lieu conformément à l'article 52, ne sont pas assujettis aux formalités de dépôt et de publication. (*Art.* 62.)

La publicité, telle que l'organisent les dispositions que nous venons de résumer, appliquée aux sociétés à capital variable, eût été pour ces sociétés un écueil et un obstacle. Il évident que si à chaque augmentation ou diminution du capital, que si à chaque retraite d'associés elles eussent été obligées de recourir au dépôt et à la publication, elles auraient dû passer la plus grande partie de leur temps à courir du greffe de la justice de paix et du tribunal de commerce au bureau du journal, et dévorer en frais frustratoires une notable partie de leurs ressources.

Où était, d'ailleurs, l'utilité qui aurait pu seule faire fermer les yeux sur la gravité de ces inconvénients?

Ce qui, dans les sociétés à capital variable, importe réellement au public, c'est d'être fixé sur le *minimum* au-dessous duquel le capital social ne pourra être réduit. Car c'est ce *minimum* que les tiers prendront pour base de la confiance et du crédit qu'ils doivent accorder à la société, et considéreront comme l'unique garantie qui leur soit offerte.

Or, ce *minimum* connu, et il le sera, puisque l'article 58 en ordonne la publication, les mouvements que subit le capital social deviennent indifférents.

Quant à la restriction en ce qui concerne les gérants ou les administrateurs, elle était naturelle et commandée par l'intérêt de la société elle-même. Les tiers qui ont toujours traité avec ceux que la société avait placés à sa tête, continueront nécessairement à le faire, et à le faire régulièrement, tant qu'ils n'auront pas été légalement avisés qu'ils doivent s'en abstenir désormais. Cet avis, c'est à la société à le donner, en publiant la retraite ou la révocation de ses gérants ou administrateurs. A défaut, elle serait légalement tenue des engagements abusivement souscrits par eux.

**Mesures spéciales de publicité imposées aux sociétés par actions.** — Lorsqu'il s'agit d'une société en commandite par actions ou d'une société anonyme, *toute personne* a le droit de prendre communication des pièces déposées aux greffes de la justice de paix et du tribunal de commerce, ou même de s'en faire délivrer à ses frais expédition, ou extrait, par le greffier ou par le notaire détenteur de la minute.

Toute personne peut également exiger qu'il lui soit délivré au siége de la société une copie certifiée des statuts, moyennant payement d'une somme qui ne pourra excéder un franc.

Enfin, les pièces déposées doivent être affichées d'une manière apparente dans les bureaux de la société. (*Art.* 63.)

Dans tous les actes, factures, annonces, publications et autres documents imprimés ou autographiés, émanés des sociétés anonymes ou des sociétés en commandite par actions, la dénomination sociale doit toujours être précédée ou suivie immédiatement de ces mots, écrits lisiblement en toutes lettres : *Société anonyme* ou *Société en commandite par actions*, et de l'énonciation du montant du capital social.

Si la société a usé de la faculté accordée par l'art. 48, cette circonstance doit être mentionnée par l'addition de ces mots : *à capital variable.*

Toute contravention est punie d'une amende de 50 à 1,000 francs. (*Art.* 64.)

La sanction pénale des prescriptions de cet article 64 ne s'étend pas aux infractions commises contre l'article 63. Ces dernières infractions ne donnent lieu qu'à des débats civils et, le cas échéant, à des dommages-intérêts.

**Abrogation des articles 42 à 46 du Code de commerce** [1]. — La substitution du nouveau système de publicité avait pour conséquence forcée l'abrogation des articles 42, 43, 44, 45 et 46 du Code de commerce. Cette abrogation est consacrée par l'article 65 de la nouvelle loi.

§ V. Tontines et Sociétés d'assurances.

**Législation antérieure à 1867**. — Antérieurement à la loi des 24-29 juillet 1867, les tontines et les sociétés d'assurances mutuelles ne pouvaient se former sans une autorisation du gouvernement.

En ce qui touche spécialement les tontines, cette obligation leur avait été imposée par un avis du Conseil d'État du 25 mars 1809, approuvé par l'empereur, le 1er avril suivant, et inséré au Bulletin des lois. Un autre

---

[1] Voir plus haut, p. 104, 105, 106, 107, 108, 112 et suiv.

avis du Conseil d'État, du 15 octobre 1809, publié seulement en 1821 par une ordonnance royale du 14 novembre, avait étendu aux associations d'assurances mutuelles l'obligation imposée aux tontines. Mais ce second avis, à la différence du premier, n'ayant point été inséré au Bulletin des lois, son caractère obligatoire rencontra des contradictions. Des arrêts jugèrent qu'il ne liait pas les tribunaux et que, dès lors, l'autorisation, exigée pour les tontines, ne l'était pas pour les associations d'assurances mutuelles, Cette jurisprudence, il est vrai, ne profitait qu'à celles de ces sociétés qui se constituaient en commandites; car, dès qu'elles empruntaient la forme de la société anonyme, elles se trouvaient, par cela même, immédiatement soumises à l'autorisation.

**Dispositions de la loi de 1867**. —La loi de 1867 maintient pour les associations de *la nature des tontines*, et pour les sociétés d'assurances *sur la vie* ou *à primes*, l'autorisation et la surveillance du gouvernement, qu'elle a supprimées pour les sociétés anonymes. Les rédacteurs de cette loi ont pensé que, malgré les différences qui existent entre ces associations et les sociétés commerciales[1], il était bon et utile, alors que l'on modifiait l'état des sociétés anonymes, de ne pas garder le silence sur les tontines et les compagnies d'assurances, que l'on confond quelquefois avec les sociétés anonymes, et d'expliquer comment, et jusqu'à quel point, les changements faits pour les unes s'étendaient aux autres.

Les dispositions de la loi nouvelle sont énoncées dans les articles 66 et 67, ainsi conçus :

Les associations de la nature des tontines et les so-

[1] Voir plus haut, p. 98 et 146.

ciétés d'assurances sur la vie, mutuelles ou à primes, restent soumises à l'autorisation et à la surveillance du gouvernement.

Les autres sociétés d'assurances pourront se former sans autorisation. Un règlement d'administration publique[1] déterminera les conditions sous lesquelles elles pourront être constituées. (*Art.* 66.)

Les sociétés d'assurances désignées dans le paragraphe 2 de l'article précédent, qui existent actuellement, pourront se placer sous le régime qui sera établi par le règlement d'administration publique, sans l'autorisation du gouvernement, en observant les formes et les conditions prescrites pour la modification de leurs statuts. (*Art.* 67.)

La loi de 1867 laisse donc aux autres compagnies d'assurances, qui ne portent pas sur les chances de la vie humaine, qui ne sont pas comprises dans les *associations tontinières*, la liberté de s'établir sans permission, et de s'administrer sans contrôle, en se conformant pour leur constitution aux conditions déterminées par le règlement du 22 janvier 1868.

Les associations entre pères de famille pour l'exonération de leurs enfants du service militaire se rapprochent des associations tontinières, puisque le fonds constitué par les mises de tous appartiendra à ceux qui seront appelés au service, à l'exclusion de ceux qui en auront été libérés soit par le résultat du tirage au sort, soit par la décision du conseil de révision.

Si ces simples associations se rapprochent en ce point des tontines, elles en diffèrent cependant par leur objet, par leur étendue, par leur durée et le mode de leur gestion, et surtout par cette circonstance que, loin d'accroî-

[1] Voir plus loin, p 627.

tre aux survivants, les sommes versées pour ceux qui décéderaient avant le tirage, seraient purement et simplement restituées à la famille.

Où serait l'utilité de l'autorisation et de la surveillance du gouvernement dans l'association mutuelle des familles, formée d'assurés nés dans le cours de la même année, devant participer au même tirage, et qui, prenant naissance dans l'approche des formalités du recrutement annuel, a sa fin marquée à l'issue des opérations du conseil de révision?

On comprend, dès lors, que la question de savoir si une association pour le remplacement militaire doit être ou non autorisée, doit se résoudre par les conditions qui lui ont été imposées, et suivant que ces conditions se rapprocheront ou s'éloigneront plus ou moins de celles qui constituent les agences tontinières. Telle paraît être la jurisprudence de la Cour de cassation, résumée en ces termes par le ministre de commerce :

« S'il s'agit de sociétés constituées au moment du tirage au sort par un certain nombre de pères de famille, ces sociétés n'ont pas le caractère tontinier, ce sont des sociétés d'une nature particulière ; le gouvernement ne considère pas qu'il faille les soumettre à la nécessité de l'autorisation ; elles rentrent dans les conditions générales des sociétés libres.

« Mais s'il s'agit de sociétés constituées par des pères de famille en prévision du tirage au sort, à une époque plus ou moins éloignée de la naissance de leurs enfants, et en vue de régler une situation future qui ne doit se produire qu'au moment du tirage au sort ; si, à cette époque, les chances de l'opération peuvent se trouver modifiées par la mortalité, alors le caractère tontinier apparaît, et ces sociétés rentrent dans les dispositions de la loi qui exigent l'autorisation. »

**Sociétés d'assurances.— Décret des 22 janvier-18 février 1868.** — L'article 66 de la loi du 24 juillet 1867 sur les sociétés, a maintenu soumises à l'autorisation et à la surveillance du gouvernement les associations de la nature des tontines et les sociétés d'assurances sur la vie, mutuelles ou à primes. Quant aux autres sociétés d'assurances, il a disposé qu'elles pourront se former sans autorisation, mais qu'un règlement d'administration publique déterminera les conditions sous lesquelles elles seront constituées. Tel est l'objet du décret des 22 janvier-18 février 1868.

**Constitution des sociétés anonymes d'assurances à primes.** — Ces sociétés ne sont valablement constituées qu'après le versement d'un capital de garantie qui ne pourra, *en aucun cas*, être inférieur à 50,000 francs. (*Art.* 2.) La disposition de la loi du 24 juillet 1867 [1], relative à la conversion des actions en actions au porteur, n'est applicable à ces sociétés que si le fonds de réserve est égal, au moins, à la partie du capital social non encore versée, et s'il a été intégralement constitué. (*Art.* 3.) Les sociétés anonymes d'assurances à primes *sont tenues* de faire annuellement un prélèvement d'au moins 20 pour 100 sur les bénéfices nets, pour former un fonds de réserve. Ce prélèvement devient *facultatif*, lorsque le fonds de réserve est égal au cinquième du capital. (*Art.* 4.)

Les fonds de ces sociétés, à l'exception des sommes nécessaires aux besoins du service courant, doivent être employés en acquisitions d'immeubles, en rentes sur l'État, bons du Trésor ou autres valeurs créées ou garanties par l'État, en actions de la Banque de France, en obligations des départements et des communes, du

[1] Voir cette disposition, p. 593.

Crédit foncier de France ou des compagnies françaises de chemins de fer qui ont un *minimum* d'intérêt garanti par l'État. (*Art.* 5.)

**Énonciations de la police.** — La police d'assurance doit faire connaître : le montant du capital social ; la portion de ce capital déjà versée ou appelée, et, s'il y a lieu, la délibération par laquelle les actions auraient été converties en actions au porteur ; le *maximum* que la compagnie peut, aux termes de ses statuts, assurer sur un seul risque, sans réassurance ; dans le cas où un même capital couvrirait, aux termes des statuts, des risques de nature différente, le montant de ce capital et l'énumération de tous ces risques. (*Art.* 6.)

**Contrôle par l'assuré.** — Tout assuré peut, par lui ou par un fondé de pouvoir, prendre, à toute époque, soit au siége social, soit dans les agences établies par la société, communication du dernier inventaire. Il peut également exiger qu'il lui en soit délivré une copie certifiée, moyennant le payement d'un droit de 1 franc, au *maximum*.

**Sociétés d'assurances mutuelles. — Leur constitution.** — Les sociétés d'assurances mutuelles peuvent se former soit par un acte authentique, soit par un acte sous seing privé fait en double original, quel que soit le nombre des signataires à l'acte. (*Art.* 8.)

Les projets de statuts doivent indiquer : l'objet, la durée, le siége, la dénomination de la société et la circonscription territoriale de ses opérations ; comprendre le tableau de classification des risques, les tarifs applicables à chacun d'eux, et déterminer les formes suivant lesquelles ce tableau et ces tarifs peuvent être modifiés ; fixer le nombre des adhérents et le *minimum* de valeurs assurées au-dessous duquel la société ne peut être valablement constituée, ainsi que la somme à valoir sur la contribution de la première année, qui devra être versée avant la constitution de la société. (*Art.* 9.) Les signataires de l'acte primitif, ou leurs fondés de pouvoirs, constatent, par une déclaration devant notaire, l'accomplissement de ces conditions. (*Art.* 11.)

Vérification de la sincérité de la déclaration, nomination des membres du premier conseil d'administration et nomination, pour la première année, de commissaires rapporteurs, par la première assemblée générale, convoquée à la diligence des signataires de l'acte primitif. Les membres du conseil d'administration ne peuvent être nommés pour plus de six ans, mais sont rééligibles, sauf stipulation contraire. La société n'est définitivement constituée qu'à partir de leur acceptation. (*Art.* 12.)

**Administration de ces sociétés.** — L'administration de ces sociétés peut être confiée à un conseil d'administration dont les statuts déterminent les pouvoirs. Les membres de ce conseil peuvent choisir parmi eux un directeur, ou, si les statuts le permettent, se substituer un mandataire étranger à la société et dont ils sont responsables envers elle.

L'administration peut également être confiée par les statuts à un directeur nommé par l'assemblée générale et assisté d'un conseil d'administration. Les statuts déterminent, dans ce cas, les attributions respectives du directeur et du conseil. (*Art.* 14.)

Les membres du conseil d'administration doivent être pris parmi les sociétaires ayant la somme de valeurs assurées déterminée par les statuts. (*Art.* 15.)

Il est tenu, chaque année au moins, une assemblée générale, à l'époque fixée par les statuts. Les statuts déterminent soit le *minimum* de valeurs assurées nécessaire pour être admis à l'assemblée, soit le nombre des plus forts assurés qui doivent la composer; ils règlent également le mode suivant lequel les sociétaires peuvent s'y faire représenter. (*Art.* 16.)

L'assemblée générale ne peut délibérer valablement que si elle réunit le quart, au moins, des membres ayant le droit d'y assister; si elle ne réunit pas ce nombre, une nouvelle assemblée est convoquée dans les formes et avec les délais prescrits par les statuts, et elle délibère valablement, quel que soit le nombre des membres présents ou représentés. (*Art.* 18.)

L'assemblée générale qui doit délibérer sur la nomination des membres du premier conseil d'administration et sur la sincérité de la déclaration faite par les signataires de l'acte primitif, doit être composée de la moitié, au moins, des membres ayant le droit d'y assister. Si l'assemblée générale ne réunit pas ce nombre, elle ne peut prendre qu'une délibération provisoire; dans ce cas, une nouvelle assemblée générale est convoquée. (*Art.* 19.)

Les assemblées qui ont à délibérer sur des modifications aux statuts, ou sur des propositions de continuation de la société au delà du terme fixé pour sa durée, ou de dissolution avant ce terme, ne sont régulièrement constituées et ne délibèrent valablement, qu'autant qu'elles sont composées de la moitié, au moins, des sociétaires ayant le droit d'y assister. (*Art.* 20.)

L'assemblée générale annuelle désigne un ou plusieurs commissaires, sociétaires ou non, chargés de faire un rapport à l'assemblée générale de l'année suivante sur la situation de la société, sur le bilan et sur les comptes présentés par l'administration.

La délibération contenant approbation du bilan et des comptes est nulle, si elle n'a été précédée de ce rapport.

A défaut de nomination des commissaires par l'assemblée générale, ou en cas d'empêchement ou de refus d'un ou de plusieurs d'entre eux, il est procédé à leur nomination ou à leur remplacement par ordonnance du président du tribunal de première instance du siége de la société, à la requête de tout intéressé, les membres du conseil d'administration dûment appelés. (*Art.* 21.)

Pendant le trimestre qui précède l'époque fixée par les statuts pour la réunion de l'assemblée générale, les commissaires ont droit, toutes les fois qu'ils le jugent convenable dans l'intérêt de la société, de prendre communication des livres et d'examiner les opérations de la société. Ils peuvent toujours, en cas d'urgence, convoquer l'assemblée générale. (*Art.* 22.)

Toute société doit dresser, chaque semestre, un état sommaire de sa situation active et passive. Cet état est mis à la disposition des commissaires. Il est, en outre, établi, chaque année, un inventaire ainsi qu'un compte détaillé des recettes et dépenses de l'année précédente et du montant des sinistres.

Ces divers documents sont mis à la disposition des commissaires, le quarantième jour, au plus tard, avant l'assemblée générale. Ils sont présentés à cette assemblée. (*Art.* 23.)

Quinze jours au moins avant la réunion de l'assemblée générale, tout sociétaire peut prendre, par lui ou par un fondé de pouvoir, au siége social, communication de l'inventaire et de la liste des membres composant l'assemblée générale, et se faire délivrer copie de ces documents. (*Art.* 24.)

**Formation de l'engagement social.** — Les statuts déterminent le mode et les conditions générales suivant lesquels sont contractés les engagements entre la société et les sociétaires. Les sociétaires ont toutefois, indépendamment de toute disposition statutaire, le droit de se retirer tous les cinq ans, en prévenant la société six mois d'avance. Ce droit est réciproque au profit de la société.

Dans tous les cas où un sociétaire a le droit de demander la résiliation, il peut le faire soit par une déclaration au siége social ou chez l'agent local, soit par acte extra-judiciaire, soit par tout autre moyen indiqué dans les statuts.

Les statuts indiquent spécialement le mode suivant lequel se fait l'estimation des valeurs assurées, les conditions réciproques de prorogation ou de résiliation des contrats et les circonstances qui font cesser leurs effets. (*Art.* 25.)

Toute modification des statuts relative à la nature des risques garantis et au périmètre de la circonscription territoriale, donne de plein droit à chaque sociétaire la faculté de résilier son engagement.

Cette faculté doit être exercée par lui dans un délai de trois mois, à dater de la notification qui lui en est faite. (*Art.* 26.)

Les statuts ne peuvent défendre aux sociétaires de se faire réassurer ou assurer à une autre compagnie. Ils peuvent seulement stipuler que la société sera immédiatement informée et aura le droit de notifier la résiliation du contrat. (*Art.* 27.)

Les polices remises aux assurés doivent contenir les conditions spéciales de l'engagement, sa durée, ainsi que les clauses de résiliation et de tacite réconduction, s'il en existe dans les statuts.

La police constate, en outre, la remise d'un exemplaire contenant le texte entier des statuts. (*Art.* 28.)

**Charges sociales**. — Les tarifs annexés aux statuts fixent, par degrés de risques, le maximum de la contribution annuelle dont chaque sociétaire est passible pour le payement des sinistres. Ce maximum constitue le fonds de garantie. Les statuts peuvent décider que chaque sociétaire sera tenu de verser d'avance une portion de la contribution sociale, pour former un fonds de prévoyance. Le montant de ce versement, dont le maximum est fixé dans les statuts, est déterminé, chaque année, par l'assemblée générale. (*Art.* 29.)

Les statuts déterminent également le *maximum* de la contribution annuelle qui peut être exigée, de chaque sociétaire, pour frais de gestion de la société. La quotité de cette contribution est fixée tous les cinq ans, au moins, par l'assemblée générale. (*Art.* 31.)

Il peut être formé, dans chaque société d'assurances mutuelles, un fonds de réserve ayant pour objet de donner à la société les moyens de suppléer à l'insuffisance de la cotisation annuelle pour le payement des sinistres. Le montant de ce fonds de réserve est fixé, tous les cinq ans, par l'assemblée générale, nonobstant toute stipulation contraire insérée dans les statuts.

En cas de dissolution de la société, l'emploi du reliquat du fonds de réserve est réglé par l'assemblée générale, sur la proposition des membres du conseil d'administration, et soumis à l'approbation du ministre du commerce. (*Art.* 32.)

Les fonds de la société doivent être placés en rentes sur l'État, bons du Trésor ou autres valeurs créées ou garanties par l'État, en actions de la Banque de France, en obligations des départements et des communes, du Crédit foncier de France, ou des compagnies françaises de chemins de fer qui ont un *minimum* d'intérêt garanti par l'État. (*Art.* 33.)

**Déclaration, estimation et payement des sinistres.** — Ce sont les statuts qui déterminent le mode et les conditions de la déclaration à faire, en cas de sinistre, par les sociétaires, pour le règlement des indemnités qui peuvent leur être dues. (*Art.* 34.) L'estimation des sinistres est faite par un agent de la société ou tout autre expert désigné par elle, contradictoirement avec le sociétaire ou avec un expert choisi par lui ; en cas de dissidence, il en est référé à un tiers expert désigné, à défaut d'accord entre les parties, par le président du tribunal de première instance de l'arrondissement, ou, si les statuts l'ont ainsi décidé, par le juge de paix du canton où le sinistre a eu lieu. (*Art.* 35.)

Dans les trois mois qui suivent l'expiration de chaque année, il est fait un règlement général des sinistres à la charge de l'année, et chaque ayant droit reçoit, s'il y a lieu, le solde de l'indemnité réglée à son profit. (*Art.* 36.)

**Publication des actes de société.** — Dans le mois de la constitution de toute société d'assurances mutuelles, une expédition de l'acte notarié et de ses annexes est déposée au greffe de la justice de paix et, s'il en existe, du tribunal civil du lieu où est établie la société. A cette expédition est annexée une copie certifiée des délibérations prises par la première assemblée générale. (*Art.* 38.) Dans le même délai d'un mois, un extrait de l'acte constitutif et des pièces annexées est publié dans l'un des journaux désignés pour recevoir les annonces légales. (*Art.* 39.)

L'extrait doit contenir la dénomination adoptée par la société et l'indication du siége social, la désignation des personnes autorisées à gérer, administrer et signer pour la société, le nombre d'adhérents et le *minimum* de valeurs assurées, au-dessous desquels la société ne pouvait être valablement constituée, l'époque où la société a commencé, celle où elle doit finir et la date du dépôt fait au greffe de la justice de paix et du tribunal de pre-

mière instance. Il indique également si la société doit
ou non constituer un fonds de réserve.

L'extrait des actes et pièces déposés est signé, pour les
actes publics, par le notaire, et, pour les actes sous
seing privé, par les membres du conseil d'administration. (*Art.* 40.)

Sont soumis aux mêmes formalités tous actes et délibérations ayant pour objet la modification des statuts, la
continuation de la société au delà du terme fixé par les
statuts, la dissolution avant ce terme et tout changement à la dénomination, ainsi que la transformation de
la société dans les conditions indiquées par la loi du
24 juillet 1867. (*Art.* 41.)

Toute personne a le droit de prendre communication
des pièces déposées au greffe de la justice de paix et du
tribunal, ou même de s'en faire délivrer à ses frais expédition ou extrait par le greffier, ou par le notaire détenteur de la minute. Toute personne peut également
exiger qu'il lui soit délivré, au siége de la société, une
copie certifiée des statuts, moyennant payement d'une
somme qui ne pourra excéder un franc. Enfin les pièces
déposées doivent être affichées d'une manière apparente
dans les bureaux de la société [1]. (*Art.* 42.)

---

[1] Pour compléter la nomenclature des dispositions nouvelles relatives
aux sociétés, citons encore le décret des 28-30 mars 1868, qui admet à
jouir du bénéfice de l'article 24 de la loi du 5 juin 1850, relative au
timbre des actions dans les sociétés, etc., les sociétés, compagnies et
entreprises étrangères dont les titres sont cotés aux Bourses françaises.
— Voir plus haut, p. 153 et 154.

# CHAPITRE IV.

## DES CAISSES D'ASSURANCES.

**Les nouvelles caisses d'assurances : 1° En cas de décès; — 2° En cas d'accidents.** — La loi des 11-15 juillet 1868 a créé, sous la garantie de l'État : 1° Une caisse d'assurance ayant pour objet de payer, au décès de chaque assuré, à ses héritiers ou ayants droit, une somme déterminée suivant certaines bases indiquées ;

2° Une caisse d'assurance en cas d'accidents, ayant pour objet de servir des pensions viagères aux personnes assurées qui, dans l'exécution de travaux agricoles ou industriels, seraient atteintes de blessures entraînant une incapacité permanente de travail, et de donner secours aux veuves et aux enfants mineurs des personnes assurées, qui auraient péri par suite d'accidents survenus dans l'exécution de ces travaux.

**Personnes admises à l'assurance.** — Dans la caisse des assurances *pour la vie entière*, l'événement qui donne lieu au payement du capital assuré n'est pas douteux, l'époque seule est incertaine. Dans la caisse des assurances *en cas d'accidents*, tout est incertain : l'événement lui-même aussi bien que son époque. Dans la première, quoiqu'elle ait surtout en vue les situations modestes, *toute personne* peut s'assurer; dans la deuxième, *l'ouvrier seul :* sous quelque condition qu'il travaille, à son compte ou pour autrui, dans l'agriculture ou dans l'industrie, isolément ou par groupe, *l'ouvrier seul* peut contracter une assurance.

Il résulte de la discussion au Corps législatif, que les

*enfants naturels reconnus* ont droit à la somme due par la première caisse d'assurance en cas de décès de leur auteur, ainsi qu'aux secours que devrait payer la seconde caisse d'assurance, en cas de mort par suite de l'accident arrivé à l'assuré, et que les femmes ne sont pas exclues des avantages promis par la nouvelle loi, ces avantages étant réservés à *toute personne* s'occupant de travaux industriels et agricoles.

Mais que faut-il entendre par les mots *travaux agricoles* et *industriels*, et quels ouvriers devra-t-on admettre à l'assurance? Les mots *travaux agricoles* et *industriels* exclurent-ils, par exemple, les marins-charpentiers, les domestiques, les commissionnaires, les camionneurs, les porteurs à la halle? Il a été répondu, dans le cours des débats parlementaires, qu'il n'y avait pas d'autres ouvriers que les ouvriers industriels et agricoles ; que la loi n'exigeait qu'une chose : que la personne assurée eût été blessée dans l'exécution d'un travail industriel et agricole; que, spécialement, les marins-charpentiers, ne faisant pas partie de l'inscription maritime, sont nécessairement compris dans les termes de la loi ; que les marins-charpentiers inscrits ont une caisse spéciale, celle des Invalides de la marine ; que les camionneurs, commissionnaires, etc., exercent aussi des professions industrielles qui les font entrer dans les prévisions de la loi, le camionnage étant l'industrie du transport ; que les domestiques, enfin, doivent être l'objet d'une distinction : ceux qui sont attachés à la personne de leurs maîtres, le cocher de luxe, par exemple, et ceux qui sont employés à des travaux industriels ou agricoles ; que les premiers ne sont pas admis à l'assurance, et que les seconds doivent l'être.

Les personnes blessées en accomplissant un acte de

dévouement rentrent aussi dans les catégories prévues par la loi de 1868.

§ I. Assurances en cas de décès.

**Conditions de cette assurance.** — La participation à l'assurance est acquise par le versement de *primes uniques* ou de *primes annuelles*. La somme à payer au décès de l'assuré est fixée conformément à des tarifs tenant compte : de l'intérêt composé à 4 pour 100 par an des versements effectifs ; des chances de mortalité, à raison de l'âge des déposants, calculées d'après la table dite *de Déparcieux*. Les primes établies d'après ces tarifs sont augmentées de 6 pour 100. (*Art.* 2)

Les versements ne peuvent être faits que par les intéressés ou avec leur autorisation. Ils peuvent avoir lieu soit en une fois, soit en plusieurs ; ce dernier mode, quoique présentant un peu plus de complications, est le mieux approprié aux moyens des classes laborieuses, ainsi qu'au but moral de l'institution.

Toute assurance faite moins de deux ans avant le décès de l'assuré, demeure sans effet. Dans ce cas, les versements effectués sont restitués aux ayants droits, avec les intérêts simples à 4 pour 100. Il en est de même lorsque le décès de l'assuré, quelle qu'en soit l'époque, résulte de causes exceptionnelles définies dans les polices d'assurances. (*Art.* 3.) Cette disposition a remplacé par une règle générale l'examen individuel de chaque sujet au point de vue médical, et des chances de prolongation d'existence. « Sans doute, — a dit le rapporteur au Corps législatif, — le décès survenant avant l'expiration des deux ans de l'assurance, peut être tout à fait fortuit, et la famille de l'assuré sera privée des avantages que l'assurance avait pour but ; sans doute, au point de vue opposé, une assurance contractée dans de mauvaises conditions pourra cependant porter des fruits, et il suffira pour cela qu'une vie chétive et condamnée se soit prolongée de quelques jours ; mais tel est l'effet de toutes les règles, que, si nécessaires qu'elles soient, elles créent des exceptions et donnent lieu à des regrets. Dans le premier cas indiqué, si la famille ne profite pas du contrat, elle n'y aura du moins rien perdu, puisqu'elle recouvrera l'intégralité des versements effectués, et qu'elle profitera en outre de l'intérêt simple à 4 pour 100 ; la caisse d'assurance, dans ce cas, aura fonctionné comme caisse d'épargne. Dans la seconde supposition, l'État subira, il est vrai, un préjudice qu'il eût peut-être évité en s'appropriant le mode d'action des compagnies particulières, mais qu'il n'eût évité qu'au prix d'inconvénients plus généraux et contraires à l'esprit de la loi[1]. »

**Maximum de l'assurance** — Les sommes assurées sur une tête ne peuvent excéder 3,000 fr. (*Art.* 4.) Ce *maximum* fixe le caractère de la loi : là où les compagnies suffisent, l'État ne compte point intervenir ; il leur laisse leur riche clientèle et les affaires dont l'importance motive l'emploi d'agents spéciaux et de formalités dispendieuses.

Les compagnies peuvent-elles, en fractionnant des assurances supérieures au chiffre de 3,000 francs, réaliser ou partager avec leurs propres assurés, jusqu'à concurrence de ce chiffre, un bénéfice résultant de la différence de leurs tarifs avec les tarifs de l'État ? Non ; les assurances contractées sur la tête d'un tiers ne sont pas admises : or, la réassurance présente implicitement ce caractère.

---

[1] L'exemple de l'Angleterre avait montré jusqu'à quel point l'ouvrier répugne à de pareilles investigations.

**Caractère des sommes assurées.** — Les sommes assurées sont *insaisissables* et *incessibles* jusqu'à concurrence de la moitié, sans toutefois que la partie incessible ou insaisissable puisse descendre au-dessous de 600 francs. (*Art.* 4.) Cette insaisissabilité d'une partie du capital, empruntée, en faveur de l'assurance, à la législation des retraites, est une dérogation au droit commun et un encouragement à l'épargne. Du moment que, dans la limite de la moitié, on réservait une sorte de privilége à la famille vis-à-vis des créanciers, il fallait que l'assuré perdît la disposition directe de la somme qu'il ne pouvait plus aliéner indirectement par suite de dettes : d'où le caractère incessible de la partie insaisissable.

Quant à l'insaisissabilité, la loi ne distingue pas entre les créanciers de l'assuré et ceux du bénéficiaire. Sa disposition est absolue.

**Ages en dehors de l'assurance.** — Nul ne peut s'assurer, s'il n'est âgé de seize ans, au moins, et de soixante ans au plus. (*Art.* 5.) Avant comme après ces limites, la table de mortalité n'offre que des données particulièrement incertaines. Les compagnies qui, elles aussi, n'assurent guère au delà de soixante ans, demandent, à cette époque, une prime unique de plus de 66 pour 100, et une prime annuelle supérieure à 7 pour 100. Le contrat a perdu alors une grande partie de ses avantages.

**Conséquences de l'interruption des versements.** — En cas d'interruption des versements, les compagnies font d'ordinaire une distinction : s'il n'y a pas eu trois primes payées, le contrat est résilié de droit, sans aucune restitution ; dans le cas contraire, l'interruption a pour effet ou de réduire le capital assuré, ou de résilier le contrat, mais avec restitution d'une partie des sommes versées. La loi de 1868 dispose qu'à défaut de payement de la prime annuelle, dans l'année qui suivra l'échéance, le contrat sera résolu de plein droit. Dans ce cas, les versements effectués, déduction faite de la part afférente aux risques courus, seront ramenés à un versement unique donnant lieu, au profit de l'assuré, à la liquidation d'un capital au décès. La déduction sera calculée d'après les bases du tarif. (*Art.* 6.)

**Assurances collectives.** — Les sociétés de secours mutuels approuvées conformément au décret du 26 mars 1852[1], sont admises à contracter des assurances collectives sur une liste indiquant le nom et l'âge de tous les membres qui les composent, pour assurer au décès de chacun d'eux une somme fixe qui, dans aucun cas, ne pourra excéder 1,000 fr. Ces assurances seront faites pour une année seulement. Elles pourront se cumuler avec les assurances individuelles. (*Art.* 7.)

Tandis qu'en Angleterre les sociétés de secours mutuels sont une des causes qui nuisent à la prospérité des assurances par l'État, le législateur français de 1868 a pensé qu'il serait, au contraire, désirable d'unir dans une même action ces deux agents si essentiels du progrès des classes populaires. L'État trouvera son compte dans ces assurances collectives, car, en raison de la loi qui rend le calcul d'autant plus sûr qu'il s'applique à de plus grands nombres, il puisera dans chaque groupe, et surtout dans la réunion de toutes les assurances collectives, un élément de certitude favorable à ses intérêts. Les sociétés, de leur côté, pourront garantir, chaque année, à leurs membres des avantages exactement calculés et qui, dans certaines circonstances, ne menaceront plus de ruine une institution isolée. Les primes seront moins

---

[1] Voir mon *Précis de Droit administratif*, 7ᵉ édition (édition Guillaumin).

élevées que celles des assurances pour la vie, quoique établies sur les mêmes bases, ou plutôt par cette raison même. Quant aux individus, enfin, l'assurance par les sociétés ne leur portera point préjudice, puisqu'elle ne les empêchera pas de s'assurer personnellement jusqu'au *maximum* autorisé.

## § II. Assurances en cas d'accident.

**Assurances en cas d'accident.** — La création de la *caisse d'assurances en cas d'accident* est une nouveauté dans nos institutions de prévoyance. Les assurances sur la vie existaient, en effet, depuis longtemps en France et en Angleterre, tandis que ce n'est que dans ces dernières années qu'il a été fondé, en France, quelques compagnies d'assurances en cas d'accident, et encore ces compagnies ne faisaient-elles pas les mêmes opérations que celles en vue desquelles la nouvelle caisse a été instituée.

Les ressources de cette caisse se composent : d'une subvention de l'État à inscrire annuellement au budget, et qui, pour la première année, a été fixée à un million ; des dons et legs faits à la caisse ; du montant des cotisations versées par les assurés. (*Art.* 9.) Les assurances en cas d'accident ont lieu par année. L'assuré verse à son choix, et pour chaque année, 8 fr., 5 fr., ou 3 fr. (*Art.* 8.) La caisse peut recevoir des payements partiels. (*Discussion de la loi.*)

**Classification des accidents.** — Pour le règlement des pensions viagères à concéder, les accidents sont distingués en deux classes : 1º accidents ayant occasionné une *incapacité absolue de travail ;* 2º accidents ayant entraîné une *incapacité permanente du travail de la profession.* La pension accordée pour les accidents de

la seconde classe n'est que la moitié de la pension afférente aux accidents de la première. (*Art.* 10.) Mais qui
vérifiera la gravité des accidents? Si l'assuré a sujet de
se plaindre, pourra-t-il saisir les tribunaux? L'affirmative sur cette dernière question n'a pas paru douteuse à
la commission du Corps législatif; mais comme un procès à l'État est toujours une chose lourde, le décret du
10 août 1868 (*art.* 23 et suiv.) a institué une commission
spéciale, pour être juge des contestations et préparer les
transactions amiables [1].

**Service de la pension viagère.** — La pension
viagère due aux assurés est servie par la caisse des retraites, moyennant la remise qui lui est faite par la caisse
des assurances en cas d'accident, du capital nécessaire à
la constitution de cette pension, d'après les tarifs de la
caisse des retraites. Ce capital se compose, pour la pension en cas d'accident de la première classe : 1° d'une
somme égale à 320 fois le montant de la cotisation versée
par l'assuré; 2° d'une seconde somme égale à la précédente, et qui est prélevée sur la subvention de l'État et
sur les dons et legs faits à la caisse. Le montant de la
pension correspondant aux cotisations de 5 francs et de
3 francs ne peut être inférieur à 200 francs, pour la
première, et à 150 francs pour la seconde. La seconde
partie du capital est élevée de manière à atteindre ces
*minima,* lorsqu'il y a lieu. (*Art.* 11.)

**Secours en cas de mort par suite d'acci-
dent.** — Le secours à allouer, en cas de mort par suite
d'accident, à la veuve de l'assuré et, s'il est célibataire
ou veuf sans enfants, à son père ou à sa mère sexagé-
naire, est égal à deux années de la pension à laquelle il
aurait eu droit. L'*enfant* ou les *enfants mineurs* reçoivent

[1] Voir, plus loin, les dispositions de ce décret.

un secours égal à celui qui est attribué à la veuve. Ces secours doivent se payer en deux annuités. (*Art.* 12.) Il résulte des déclarations du gouvernement, au cours de la discussion, que comme il s'agit d'un secours spécial et particulier, transmis en dehors des indications fournies par la loi civile, et qui, par conséquent, emprunte tout son régime aux dispositions particulières de la loi des 11-15 juillet 1868, les *enfants naturels* peuvent bénéficier des secours alloués par l'article 12, et sont compris dans les mots « *enfants mineurs* ». Les enfants naturels ne sont pas héritiers, cela est vrai, mais ils ont droit à la portion déterminée par les articles 756 et suivants du Code civil.

**Caractère de la pension et du secours.** — Consacrés à d'urgents besoins, la pension et les secours sont, pour la totalité, insaisissables et incessibles. (*Art.* 13.)

**Age en dehors de l'assurance.** — Nul ne peut s'assurer, s'il n'est âgé de douze ans au moins. (*Art.* 14.) Il est rationnel que l'assurance puisse profiter à tous ceux que le travail expose. La loi sur les manufactures, du 2 mars 1841, admet, il est vrai, dans les ateliers, des enfants de huit ans, mais le salaire de cet âge ne saurait permettre un prélèvement.

**Assurances collectives.** — Les administrations publiques, les établissements industriels, les compagnies de chemins de fer, les sociétés de secours mutuels autorisées, peuvent assurer collectivement leurs ouvriers ou leurs membres par listes nominatives. Les administrations municipales peuvent assurer de la même manière les compagnies ou subdivisions de sapeurs-pompiers contre les risques inhérents soit à leur service spécial, soit aux professions individuelles des ouvriers qui les composent. Chaque assuré ne peut obtenir qu'une

seule pension viagère. Si, dans le cas d'assurances collectives, plusieurs cotisations ont été versées sur la
même tête, elles doivent être réunies, sans que la cotisation ainsi formée pour la liquidation de la pension
puisse dépasser les chiffres de 8 francs et de 5 francs.
(*Art.* 15.)

Les assurances contractées au nom des pompiers et
des ouvriers, ne sauraient avoir pour effet de détruire la
responsabilité civile des communes et des chefs d'industrie, mais elles en atténuent les conséquences pécuniaires et sont, sous ce rapport, une sécurité aussi bien
pour les personnes responsables que pour les personnes
garanties.

**Gestion des deux caisses.** — Les deux caisses
créées par la loi de 1868 sont gérées par la Caisse des
dépôts et consignations. (*Art.* 17.)

**Décret des 10 août-15 septembre 1868.**
— Ce décret, portant règlement d'administration publique, a été rendu pour l'exécution de la loi du 11 juillet. Il dispose que toute personne qui voudra contracter
une assurance, fera une proposition à la Caisse des
dépôts et consignations. Cette proposition contiendra les
noms et prénoms de l'assuré, sa profession, son domicile, le lieu et la date de sa naissance, la somme qu'il
voudra assurer, ainsi que les conditions spéciales de son
assurance. Elle sera signée par l'assuré ou par son mandataire spécial; la signature sera légalisée par le maire
de la résidence du signataire. (*Art.* 1er.) La proposition
d'assurance en cas d'accident contiendra, de plus, le
taux de cotisation que l'assuré aura choisi. (*Art.* 21.)

Les propositions seront reçues, à Paris, à la Caisse des
dépôts et consignations, et, dans les départements, par
les trésoriers-payeurs généraux et par les receveurs particuliers, ainsi que par les percepteurs des contributions

directes et par les receveurs des postes. Elles seront toujours accompagnées d'un versement qui comprendra la prime entière, si l'assurance a lieu par prime unique, et la première annuité, si elle a lieu par primes annuelles. (*Art.* 2.)

Délivrance d'un livret formant police d'assurance. (*Art.* 3.)

Les primes annuelles *autres que la première* peuvent être versées par toute personne munie du livret et, dans toute localité, entre les mains des comptables indiqués pour recevoir les propositions. (*Art.* 5.)

Chaque versement est constaté, sur le livret-police, par un enregistrement signé du comptable entre les mains duquel il a été opéré. Cet enregistrement ne fait titre envers l'État qu'à la charge par l'assuré de le faire viser, dans les vingt-quatre heures, à Paris, pour les versements faits à la Caisse des dépôts et consignations, par le contrôleur près de cette caisse, et, dans les départements, pour les versements faits chez les trésoriers-payeurs généraux ou chez les receveurs particuliers des finances, par le préfet ou le sous-préfet. (*Art.* 6.)

Les assurés peuvent, à toute époque, adresser leur livret-police à la direction générale de la Caisse des dépôts et consignations, pour faire vérifier l'exactitude des mentions qui sont inscrites, et leur conformité avec celles qui sont portées aux comptes individuels. (*Art.* 8.)

Les primes annuelles sont acquittées, chaque année, à l'échéance indiquée par la date du premier versement. A défaut de payement dans les trente jours, il est dû des intérêts à 4 p. 100, à partir de l'échéance jusqu'à l'expiration du délai d'un an, fixé à l'article 6 de la loi des 11-15 juillet 1868. (*Art.* 11.)

A toute époque, l'assuré peut anticiper la libération

de sa police. Il remet sa proposition, à cet effet, à l'un des comptables chargés par la loi de recevoir les propositions d'assurances. (*Art.* 12.)

Les sommes dues par la caisse des assurances, au décès de l'assuré, sont payables aux héritiers ou ayants droit : à Paris, à la caisse générale, et, dans les départements, à la caisse de ses préposés. Le payement a lieu sur une autorisation donnée par le directeur général de la Caisse des dépôts et consignations, auquel les demandes doivent être adressées, soit directement, soit par l'intermédiaire des comptables. (*Art.* 14.) Ces demandes doivent être accompagnées du livret-police, de l'acte de décès de l'assuré et d'un certificat de propriété constatant les droits des réclamants [1]. (*Id.*)

Les oppositions au payement des sommes assurées, ou les cessions de ces sommes, doivent être signifiées au directeur général de la Caisse des dépôts et consignations. (*Art.* 15.)

Dans le cas où le décès résulte de suicide, de duel ou de condamnation judiciaire, l'assurance demeure sans effet. (*Art.* 16.)

Les propositions d'assurances collectives pour une année, au profit de sociétés de secours mutuels approuvées, sont faites par les présidents de ces sociétés. Elles sont accompagnées de listes nominatives comprenant les personnes assurées et indiquant la date de naissance de chacune d'elles. (*Art.* 17.)

En cas de perte du livret-police, il est pourvu à son remplacement dans les formes prescrites pour les titres de rentes sur l'État, sur la production d'une déclaration faite devant le maire de la commune où l'assuré à sa résidence. (*Art.* 19.)

---

[1] Pour la forme du certificat, voir la loi du 22 floréal an VII.

La plupart de ces dispositions ¹ sont applicables aux assurances en cas d'accident.

Lorsqu'un assuré est atteint par un accident grave, le maire, sur un avis qui lui en est donné, constate les circonstances, les causes et la nature de cet accident. Il consigne sur son procès-verbal les déclarations des personnes présentes et ses observations personnelles. (*Art.* 25.) Le maire charge en même temps un médecin de constater l'état du blessé, d'indiquer les suites probables de l'accident, et, s'il y a lieu, l'époque à laquelle il sera possible d'en déterminer le résultat définitif. (*Art.* 26.) Le certificat dressé par le médecin est remis au maire, qui, après l'avoir légalisé, le transmet au préfet ou au sous-préfet, avec son procès-verbal. (*Art.* 27.) Ces pièces sont transmises, dans le plus bref délai, avec la demande de la partie intéressée, au comité spécial. (*Art.* 28.)

Institué au chef-lieu de chaque arrondissement, ce comité est chargé de donner son avis sur les demandes de pensions viagères ou de secours présentées par les assurés domiciliés dans l'arrondissement, ou par leurs ayants droit. (*Art.* 23.) Il est composé, sous la présidence du préfet ou sous-préfet, ou de leur délégué, de quatre membres désignés par le préfet, un ingénieur des ponts et chaussées ou des mines en résidence dans l'arrondissement, un médecin et deux membres de sociétés de secours mutuels, s'il en existe dans l'arrondissement. A défaut de sociétés de secours mutuels, le préfet nomme deux membres pris parmi les chefs d'industrie, les contre-maîtres ou les ouvriers des professions les plus répandues dans l'arrondissement. (*Art.* 24.) A Paris et à Lyon, il est institué un comité par arrondissement municipal. (*Id.*) Le comité donne son avis, dans les huit jours, sur

¹ Sont applicables, les articles 1, 2, 3, 4, 5, 6, 7, 8, 9 et 10 du décret des 10 août-15 septembre 1868, que nous analysons ici.

les affaires susceptibles de recevoir une solution définitive. (*Art.* 29.) Ses avis sont adressés sans délai au
préfet du département, qui les transmet, avec les pièces
à l'appui, au directeur général de la caisse. C'est le directeur qui statue. (*Art.* 30.)

---

# CHAPITRE V.

## DE L'UNITÉ DES USAGES COMMERCIAUX.

**Objet et intérêt de la loi des 13-20 juin
1866.** — L'objet de la loi de 1866 sur les *usages commerciaux* a été de constater, de régulariser et de publier
un grand nombre d'usages du commerce français, fort
variés, souvent contradictoires entre eux, et dont la non-
uniformité était une grande source d'embarras pour le
commerce intérieur et extérieur. « Nous croyons, disait
le rapporteur de la commission du Corps législatif, à
propos de cette loi, que, par un effet analogue à celui
qu'ont produit l'unité de la monnaie et celle des poids et
mesures, l'unité des usages commerciaux accroîtra la
sécurité des transactions commerciales à l'intérieur et à
l'étranger, et que la nouvelle loi constituera un progrès
modeste, mais pratique et réel, que l'expérience invitera
à élargir. » La loi de 1866 a eu également pour effet de
faire disparaître, des usages commerciaux de la France,
certaines expressions sans signification précise, derrière lesquelles la mauvaise foi pouvait trouver un
refuge.

Pour se rendre compte de son utilité, il suffira de se
rappeler, par exemple, les mesures très-variables usitées
dans le commerce du vin. A Dijon et dans la circons-

cription de cette ville, le tonneau était de 228 litres, la feuillette en était la moitié et le quartaut le quart ; mais à Auxerre, la feuillette contenait 142 litres, elle n'en contenait que 110 en Champagne et moins de 100 en Lorraine. A Bordeaux, la barrique était à peu près égale au tonneau de Dijon : elle contenait environ 228 litres ; à Auxerre, c'était à la pièce que se vendait le vin : la pièce y contenait 220 litres ; mais dans le Loir-et-Cher sa contenance était de 250 litres environ. Le muids de cidre était de 268 litres à Paris, de 280 à Louviers ; ailleurs, de 298 ; ailleurs encore, de 313. Les harengs saurs se vendaient à Boulogne, au baril ; à Dieppe, à Fécamp et dans les autres ports, ils se vendaient à la feuillette, et, de l'aveu même de ceux qui exerçaient ce commerce, il était difficile de dire quelle était la contenance de cette mesure. S'agissait-il de la laine filée, tel filateur vendait son fil au poids net, c'est-à-dire en déduisant le poids des tuyaux ; tel autre le vendait à forfait, avec une déduction arbitraire ; tel autre, dont les tuyaux pouvaient atteindre le *maximum* du poids, ne faisait aucune remise à l'acheteur et vendait du carton au prix de la laine.

Le législateur de 1866 s'est proposé de mettre fin à ce fâcheux état de choses.

La loi des 13-20 juin comprend : 1° un certain nombre de règles générales applicables à toute espèce de marché ; 2° la détermination des tares et des usages relatifs à un grand nombre de marchandises.

**Règles générales.** — Toute marchandise pour laquelle la vente est faite au poids, se vend au *poids brut* ou au *poids net*.

Le *poids brut* comprend le poids de la marchandise et de son contenant. Le *poids net* est celui de la marchandise, à l'exclusion du poids de son contenant.

La *tare* représente, à la vente, le poids présumé du

contenant. La *tare* s'applique à certaines marchandises que, pour les facilités du commerce, il est d'usage de ne pas déballer.

Tout article se vendant au poids, et non mentionné au tableau, est vendu au *poids net*.

L'acheteur a le droit, en renonçant à la *tare* d'usage, de réclamer le *poids net*, même pendant le cours de la livraison.

Pour la marchandise vendue au *poids brut*, l'emballage doit être conforme aux habitudes du commerce.

L'emballage (toile, fût, barrique, caisse, etc.) reste, en général, à l'acheteur.

Lorsqu'il y a deux emballages, l'emballage intérieur, en tant qu'il est considéré, dans l'usage, comme marchandise et qu'il est conforme aux habitudes du commerce, est compris dans le *poids net*.

Le tonneau de mer s'entend du tonneau d'affrétement, tel qu'il est réglé pour l'exécution des articles 3 et 6 de la loi du 3 juillet 1861.

Il n'est accordé ni *dons*, ni *surdons*, ni *tolérance* [1].

Dans les ports maritimes, toutes les marchandises autres que les articles manufacturés, se vendent sur le pied de 2 pour 100 d'escompte au comptant, et, lorsque le vendeur consent à convertir tout ou partie de l'escompte en terme, l'escompte se règle à raison de un demi pour cent par mois.

**Règles spéciales à certaines marchandises.** — Ces règles sont groupées dans un vaste tableau sus-

[1] On entend par *don* une réfaction pour altération ou déchet en quelque sorte forcé de la marchandise. Le *surdon* est un forfait facultatif pour l'acheteur, à raison d'avaries ou mouillures accidentelles. La *tolérance*, accordée en général pour le déchet nommé *pousse* ou *poussière*, a pour objet de limiter la réclamation de l'acheteur contre le vendeur.

ceptible, d'ailleurs, de remaniements et de modifications, mais qui ne peut être complété ou modifié que par une loi spéciale.

**Application de la loi de 1866.** — Cette loi ne s'applique qu'aux *ventes commerciales*, sans distinguer entre les ventes en gros et les ventes en détail.

**Conflit entre la loi et l'usage.** — Dans le cours de la discussion au Corps législatif, un député ayant posé les trois questions suivantes : Si, malgré la disposition impérative de la loi, l'usage persiste, qu'est-ce qui prévaudra, de la disposition de la loi ou de l'usage? Si l'usage persiste, ne devra-t-il pas prévaloir sur la disposition de la loi? et alors qu'aura fait la loi? Le commissaire du gouvernement a répondu : « La loi a eu pour objet bien plus de déclarer les usages que de les réformer. En supposant qu'un usage local, absorbé dans l'usage général, se trouve distinct de la loi, il arrivera de deux choses l'une : ou la convention le reproduira exactement, si les parties le trouvent bon, et alors ce n'est pas l'usage ancien, c'est la convention qui prévaudra; ou bien l'usage ancien n'aura pas été réservé expressément par la convention, alors l'usage général, confirmé par la loi, prévaudra : et c'est là l'utilité que présente la loi.

» Supposons que dans la codification qui est faite, et qui est déclarative des usages les plus généraux, et non pas constitutive d'usages nouveaux, un usage très-exclusivement local se trouve modifié : eh bien! le commerçant de la place qui a cet usage local peut traiter et traite souvent avec un commerçant d'une autre place, qui a un autre usage local. Si la convention n'a rien stipulé, la loi générale l'emportera sur l'usage local de chacune des deux parties contractantes. La loi prévient ainsi les procès; elle empêche, entre les négociants qui

traitent de place à place, la naissance de conflits provenant d'usages différents, le plus souvent inconnus, surtout des étrangers; elle crée un droit commun qui ne
porte aucune atteinte à la liberté, mais qui a pour objet
de prévenir les contestations. »

# CHAPITRE VI.

TRIBUNAL DE COMMERCE DE PARIS. — BILLETS DE LA BANQUE
DE FRANCE. — EFFETS DE COMMERCE. — CONDITION DES
FAILLIS. — CONCORDATS AMIABLES.

**Tribunal de commerce de Paris. — Nombre
des juges [1].** — Un décret des 4-6 août 1869 a augmenté le nombre des juges suppléants du tribunal de
commerce de Paris. Il l'a porté de seize à vingt-deux.
Ce tribunal sera, en conséquence, composé, à l'avenir,
d'un président, de quatorze juges et de vingt-deux suppléants. (*Art.* 1er.)

**Élections des juges de commerce.** —Un décret des 17 octobre-5 novembre 1870, « considérant
que le suffrage universel est le principe fondamental
du droit public de la France, et qu'il est cont. aire à ce
principe de remettre l'élection des juges consulaires
à un corps électoral composé de membres arbitraire-
ment choisis par le préfet, » a abrogé le décret des 2-5
mars 1852 sur les tribunaux de commerce. Les articles
618, 619, 620, 621 et 629 du Code de commerce sont
remplacés et modifiés de la manière suivante.

Les membres des tribunaux de commerce seront élus
par une assemblée composée de citoyens français pa-

[1] Voir, plus haut, p. 508. — Le décret de 1869 vise le décret du
6 oct. 1809, l'ordonnance du 17 juil. 1840, et un décret du 31 mai 1862,

tentés depuis deux ans, des capitaines au long cours et des maîtres au cabotage ayant commandé des bâtiments pendant deux ans et domiciliés, depuis deux ans, dans le ressort du tribunal. Les individus condamnés pour contraventions aux lois sur les maisons de jeu, sur les loteries et sur les maisons de prêts sur gage, les faillis non réhabilités et les individus frappés de certaines incapacités prévues par la loi des 15-18 mars 1849, ou condamnés pour certains délits prévus au Code pénal, ne peuvent participer à l'élection. (*Art.* 618.)

La liste des électeurs du ressort de chaque tribunal est dressée, tous les ans, dans chaque commune, par le maire. Elle est publiée par les soins du préfet ou du sous-préfet. Faculté pour les intéressés d'élever des réclamations sur la composition de la liste. Ces réclamations sont jugées, en dernier ressort, par le tribunal d'arrondissement, sommairement, et sans ministère d'avoué. Pourvoi en cassation possible. Exemption du timbre et enregistrement *gratis*, pour les actes judiciaires auxquels l'instance donnera lieu. (*Art.* 619.)

Sont éligibles aux fonctions de juge ou de suppléant : 1° tout citoyen français qui a déjà exercé l'une ou l'autre de ces fonctions ; 2° tout citoyen français, âgé de 30 ans, ayant exercé le commerce avec patente pendant cinq ans au moins ; 3° tout capitaine au long cours ou maître au cabotage, ayant commandé pendant cinq ans, pourvu que chacun des éligibles désignés ait son domicile réel dans le ressort du tribunal, et qu'il ne se trouve dans aucun des cas d'exclusion ou d'incapacité rappelés plus haut. A Paris, nul ne peut être nommé juge, s'il n'a été suppléant. (*Art.* 620.) L'assemblée électorale se tient dans le lieu où siége le tribunal. Elle est convoquée par le préfet du département, dans la première quinzaine du mois d'avril, au plus tard. Les juges sont nommés tous par un seul scrutin de liste. Tout citoyen ayant pris part à l'opération électorale pourra élever des réclamations sur la régularité ou la sincérité de l'élection, dans les cinq jours du résultat proclamé. Le procureur général aura le même droit, dans les dix jours de la réception du procès-verbal de l'élection. La nullité partielle ou absolue de l'élection ne pourra être prononcée que : 1° si l'élection n'a pas été faite selon les formes prescrites par la loi ; 2° si le scrutin n'a pas été libre, ou s'il a été vicié par des manœuvres frauduleuses ; 3° s'il y a incapacité légale dans la personne de l'un ou de plusieurs des élus dont l'élection est alors annulée. (Art. 621.) L'article 629 est relatif à la réception des juges élus par le tribunal civil siégeant dans l'arrondissement où le tribunal de commerce est établi.

Le président du tribunal de commerce est élu par les juges et les juges suppléants, à la majorité absolue des suffrages, et au scrutin secret. (Art. 3 du décret.)

## § II. Billets de la Banque de France.

**Cours légal des billets de la Banque de France.** — La loi du 12 août 1870 a disposé qu'à partir du jour de sa promulgation, les billets de la Banque de France seront reçus comme monnaie légale par les caisses publiques et par les particuliers. (Art. 1er.) Elle a dispensé la Banque, jusqu'à nouvel ordre, de l'obligation de rembourser ses billets avec des espèces. (Art. 2.) Aux termes de cette loi, le chiffre des émissions de la Banque et de ses succursales ne devait, en aucun cas, dépasser 1 milliard 800 millions. (Art. 3.) Ce chiffre a été porté à 2 milliards 400 millions par la loi des 14-15 août de la même année. L'article 4 a étendu les dispositions des articles 2 et 3 à la Banque de l'Algérie, et limité à 18 millions le *maximum* des émissions de billets de cette Banque, lequel chiffre a été porté à 24 millions par la loi du 3 septembre 1870. L'article 5, enfin, a disposé que les coupures des billets pourraient être réduites à 25 francs; mais un décret du gouvernement de la Défense nationale, en date du 12 décembre 1870, a autorisé la réduction des coupures à 20 francs.

### § III. Effets de commerce.

**Prorogation des délais.** — Les désastres de la guerre franco-allemande de 1870-1871 et la suspension absolue des affaires qui a été la suite de l'anarchie démagogique inaugurée, à Paris, le 18 mars 1871, ont rendu nécessaires plusieurs prorogations des délais accordés aux effets de commerce [1]. Ces prorogations ont été successivement consacrées par la loi du 13 août, les décrets des 10 septembre, 11 octobre, 10 novembre, 12 décembre 1870, 12 janvier 1871, 27 janvier, 9 février, par la loi du 24 mars et par celle du 26 avril de la même année (1871).

### § IV. Condition des faillis.

**Dispositions favorables à certains faillis.** — Un décret du 7 septembre 1870, dicté au gouvernement de la Défense nationale par les besoins urgents de la guerre contre l'Allemagne, a admis à faire partie de la garde nationale les faillis concordataires, ceux dont la faillite a été clôturée par insuffisance de l'actif, et les faillis déclarés excusables [2]. (*Art. 1er.*)

[1] Voir, plus haut, p. 231 et suiv.
[2] Voir, plus haut, p. 446 à 458.

Suivant les autres articles de ce décret, les suspensions ou cessations de payement survenues depuis le 10 juillet 1870, en France ou en Algérie, ou survenues pendant la durée de la guerre et pendant le mois qui avait suivi les hostilités, bien que réglées par les dispositons du Code de commerce, ne devaient recevoir la qualification de faillite que dans le cas où le tribunal aurait refusé d'homologuer le concordat, ou, en l'homologuant, n'aurait pas déclaré le débiteur affranchi de la qualification de failli. (*Art.* 2.)

Le tribunal de commerce avait la faculté, si un arrangement amiable avait été déjà consenti entre le débiteur et la moitié en nombre de ses créanciers, représentant les trois quarts en somme, de dispenser le débiteur de l'apposition des scellés et de l'inventaire judiciaire.

Dans ce cas, le débiteur devait conserver l'administration de ses affaires et procéder à leur liquidation, concurremment avec les syndics régulièrement nommés, et sous la surveillance d'un juge commis par le tribunal, mais sans pouvoir créer de nouvelles dettes. (*Art.* 3.)

Les dispositions du Code de commerce relatives à la vérification des créances, au concordat, aux opérations qui les précèdent ou qui les suivent, et aux conséquences de la faillite dont le débiteur n'avait pas été affranchi par l'article 2 de la loi, devaient continuer de recevoir leur application. (*Art.* 4.)

Les articles 2 et 3 ne pouvaient être appliqués ni aux débiteurs qui n'avaient pas déposé leur bilan conformément à la loi, ni aux suspensions ou cessations de payement ayant des causes antérieures à la guerre. (*Art.* 5.)

Le tribunal de commerce pouvait même, d'office, sur

le rapport du juge-commissaire, donner la qualification
de faillite aux cessations de payement qui auraient été
à tort qualifiées de liquidations judiciaires.

§ V. Concordats amiables.

**Loi de 1871.** — La loi du 22 avril 1871 sur les
concordats amiables[1], rendue applicable également à
l'Algérie, est aussi une de ces mesures législatives transitoires, rendues nécessaires par les événements malheureux de 1870-1871.

Elle est ainsi conçue :

Les suspensions ou cessations de payement survenues depuis le 10 juillet 1870, ou qui surviendront jusqu'au 30 septembre 1871, bien que régies par les dispositions du livre III du Code de commerce, ne recevront
la qualification de faillite et n'entraîneront les incapacités attachées à la qualité de failli, que dans le cas où
le tribunal de commerce refuserait d'homologuer le
concordat ou, en l'homologuant, ne déclarerait pas le
débiteur affranchi de cette qualification. (*Art.* 1er.)

Le tribunal de commerce aura la faculté, si un arrangement amiable est déjà intervenu entre le débiteur et
la moitié en nombre de ses créanciers représentant les
trois quarts en somme, de dispenser le débiteur de l'apposition des scellés et de l'inventaire judiciaire.

Dans ce cas, le débiteur conservera l'administration
de ses affaires et procédera à leur liquidation concurremment avec les syndics régulièrement nommés, et
sous la surveillance d'un juge-commissaire commis par
le tribunal, mais sans pouvoir créer de nouvelles dettes.

Les dispositions du Code de commerce relatives à la

---

[1] Voir, plus haut, p. 458.

vérification des créances, au concordat, aux opérations
qui les précèdent et qui les suivent, et aux conséquences
de la faillite dont le débiteur n'est pas affranchi par
l'article 1ᵉʳ de la présente loi, continueront à recevoir
leur application [1]. (*Art. 2.*)

## CHAPITRE VII.

### DES MAGASINS GÉNÉRAUX.

**Objet de la loi des 31 août—1ᵉʳ septembre
1870.** — Née de la crise de 1848, l'utile institution
des magasins généraux a été réglementée, en France, à
l'origine, par les décrets des 26 mars et 23 août 1848, et,
depuis, par la loi du 28 mai 1858 et le décret du 12 mars
1859 [2]. La loi de 1870 n'a pas innové dans cette matière;
elle n'a voulu qu'introduire certaines modifications qui
permissent à une institution, ancienne déjà, éprou-
vée par la pratique et le succès, de vivre d'une vie plus
libre, plus facile, plus dégagée d'obstacles, et de rendre,
par cela même, plus de services au commerce et à l'industrie.

D'après la législation antérieure à 1870, l'établissement d'un magasin général était subordonné à l'avis des
Chambres de commerce, des Chambres consultatives
des arts et manufactures, du préfet, du ministre des
finances, du ministre du commerce, du Conseil d'État,
et enfin à un décret. Ces enquêtes, ces formalités préa-

[1] Un projet de loi, pour lequel l'urgence a été déclarée, va rendre applicables aux suspensions de payement qui se produiront du 30 septembre
au 31 décembre 1871 les effets de la loi du 22 avril 1871.

[2] Voir, plus haut, p. 66 et suiv.

lables, entraînaient inévitablement de longs délais. L'article 1er de la loi de 1870 a disposé que les magasins généraux autorisés par la loi du 28 mai 1858 et le décret du 12 mars 1859, pourraient être ouverts par toute personne ou par toute société commerciale, industrielle ou de crédit, *en vertu d'une autorisation donnée par un arrêté du préfet*, après avis de la Chambre de commerce, *à son défaut*, de la Chambre consultative, et, *à défaut de l'une ou de l'autre*, du tribunal de commerce.

Cet avis devra être donné dans les huit jours qui suivront la communication de la demande. A l'expiration de ce délai, et dans les trois jours qui suivront, le préfet sera tenu de statuer.

Le concessionnaire d'un magasin général devra être soumis, par l'arrêté préfectoral, à l'obligation d'un cautionnement variant de 20,000 à 100,000 francs. Ce cautionnement pourra être fourni, en totalité ou en partie, en argent, en rentes, en obligations cotées à la bourse, ou par une première hypothèque sur des immeubles d'une valeur double de la somme garantie. Cette valeur sera estimée par le directeur de l'enregistrement et des domaines, sur les bases établies pour la perception des droits de mutation en cas de décès. Pour la conservation de cette garantie, une inscription sera prise dans l'intérêt des tiers, à la diligence et au nom du directeur de l'enregistrement et des domaines. (*Art. 2.*)

**Faculté de prêt sur nantissement.** — Les exploitants de magasins généraux pourront prêter sur nantissement des marchandises à eux déposées, ou négocier les warrants qui les représenteront. (*Art. 3.*)

Cette faculté accordée aux exploitants des magasins généraux, est l'innovation la plus importante de la loi.

Les opérations de prêts sur nantissement et les négociations de warrants n'étant pas au nombre de celles autorisées par l'article 4 du décret du 12 mars 1859, réglementaire de la matière, on en doit déduire qu'elles sont interdites en principe, et que, dans le silence du décret, l'administration n'a pas le pouvoir d'accorder une autorisation de cette nature.

La loi de 1870 a permis aux magasins généraux existants au moment de sa promulgation de profiter de ses dispositions, en se conformant aux conditions imposées par elle [1]. (*Art. 4.*)

---

# NOTE

L'instabilité est la maladie de notre temps. Rien ne révèle mieux un état morbide inquiétant que le tâtonnement permanent, en matière de législation surtout. Nous avons aujourd'hui sous les yeux un projet de loi présenté par le chef du Pouvoir exécutif, et qui revient sur la question de la contrainte par corps. Ce projet, qui a été renvoyé à la Commission du budget, pour lequel l'urgence a été déclarée, et qui sera vraisemblablement voté, abroge l'article 3, § 3, de la loi du 22 juillet 1867, qui a interdit l'exercice de la contrainte par corps pour le recouvrement des frais dus à l'État, en vertu des condamnations prévues dans l'article 2 de la même loi, et remet, par conséquent, en vigueur, les dispositions légales abrogées par l'article 18, § 1, de la loi du 22 juillet 1867.

---

[1] L'administration de l'Enregistrement a rédigé, pour l'exécution de cette loi, une instruction en date du 3 septembre 1870.

Voici comment s'exprime, à cet égard, l'Exposé des motifs de la nouvelle loi proposée :

« L'article 3, § 3, de la loi du 22 juillet 1867, interdit à l'État l'usage de la contrainte par corps pour se faire payer des frais occasionnés par un délit suivi de condamnation.

» Cette mesure, introduite inopinément, et sans examen approfondi, dans la loi, se trouvait à l'avance condamnée par les termes du rapport de M. Bayle-Mouillard, qui précisait les caractères de cette créance de l'État. Les frais sont l'accessoire de la peine. Ils naissent d'abord du fait délictueux qu'il n'a pas dépendu de la société d'empêcher, puis de la résistance du coupable à la constatation de la vérité. C'est un déboursé qu'a fait le Trésor. Cette créance est tellement sacrée, que le droit de grâce ne s'étend pas aux frais, et que les amnisties elles-mêmes en font ordinairement la réserve. La loi sur la contrainte par corps de 1832, article 36, les plaçait au-dessus de l'amende, et sur la même ligne que les restitutions et dommages-intérêts, dans l'échelle des condamnations pécuniaires qu'il importait de faire exécuter de préférence.

» C'est donc par une conclusion inattendue et contraire à tous les précédents que la loi de 1867, maintenant la contrainte pour l'amende, qui est moralement une peine, mais matériellement un gain pour le Trésor, a dispensé de toute crainte d'exécution personnelle le coupable qui refuse de payer les frais.

» Cette mesure a été inconséquente dans son organisation pratique. En effet la contrainte a été maintenue, même pour les frais, en matière forestière et de pêche fluviale, et toutes les fois qu'une partie civile est intervenue au procès.

» Mais si la suppression de cette contrainte ne se justifie pas en droit, elle a, de plus, produit les résultats déplorables que pouvait faire prévoir l'expérience des affaires.

» Le rapport avait bien dit que la contrainte est le seul moyen de donner force à la justice. Avant 1867, on ne pouvait citer d'incarcérations non justifiées et systématiques de condamnés réellement insolvables ; mais depuis 1867, on a le spectacle de débiteurs insolvables qui viennent payer l'amende, en exigeant l'imputation sur cette créance plus onéreuse que celle des frais, puisqu'elle est mieux garantie, et qui refusent obstinément de payer les frais, parce qu'ils savent bien que les agents du Trésor n'oseront pas multiplier les saisies, les ventes de mobilier et les expropriations. C'est donc une prime à la mauvaise foi qu'a offerte la loi de 1867.

» C'est ce que démontre un simple rapprochement des chiffres contenus dans le tableau ci-joint.

» Dans les quatre années précédant 1867, la perte annuelle sur le recouvrement des frais n'était en moyenne que de 8 à 11 pour 100. Aussitôt après la loi, la perte s'élève à 19 pour 100, 21 pour 100 et 32 pour 100. Ce dernier chiffre de 1869 est d'autant plus remarquable, qu'il coïncide avec une amnistie qui a dispensé 77,821 condamnés de la peine principale, emprisonnement et amende, pour ne laisser à leur charge que les frais. Leur refus n'est pas seulement une atteinte portée à la justice du pays, c'est un préjudice réel pour les autres citoyens, obligés d'acquitter leur part d'une dette causée non par un contrat, mais par le délit de leur concitoyen réfractaire.

» La perte réelle a atteint 1,451,841 fr., en 1869.

» Elle menace de s'accroître. Il ne faut pas l'augmenter de 600 mille à 700 mille francs par an, en ménageant des débiteurs solvables. Les procès coûtent en moyenne

255 fr. par affaire au grand criminel, 18 à 20 fr. par prévenu de délit ordinaire au correctionnel et 10 fr. par contravention.

» L'objet de la nouvelle loi serait donc, au dire de l'Exposé des motifs, de « revenir aux vrais principes, d'intimider les condamnés solvables et d'exonérer les citoyens surchargés d'impôts. »

Nous ne doutons pas que, dans la pensée de ses auteurs, cette loi nouvelle ne soit destinée à produire les meilleurs résultats ; mais nous ne désespérons point de voir surgir, dans un délai plus ou moins rapproché, une loi plus récente, qui abrogera celle que nous signalons aujourd'hui, en prouvant par les meilleures raisons qu'elle ne valait rien.

FIN.

# TABLE

ciété, 617, 618, 619. — Actes et
délibérations postérieurs à la
constitution de la société, qui
doivent être portés à la connaissance du public, 619 et suiv. —
Mesures spéciales de publicité
imposées aux sociétés par actions, 622, 623. — Abrogation
des articles 42 à 46 du Code de
commerce, 623.

## Q

QUINTAL. Voir : *Charte-partie.*

## R

RAISON SOCIALE. Voir : *Société en
nom collectif.*
RAPPORT (Droit de), 311.
RÉCÉPISSÉS. Voir : *Magasins généraux.*
RÉCÉPISSÉ de marchandises déposées. Perte du récépissé, 80. —
Enregistrement et timbre des
récépissés, 81.
RECÈS DE LA HANSE TEUTONIQUE,
XVII.
RECHANGE. Définition, 274. — Utilité du rechange, 274. — Retraite, 275. — Effet du rechange,
275. — Compte de retour,
276. — Règlement du rechange
à l'égard du tireur, 277. — A
l'égard des endosseurs, 277. —
Le compte de retour est unique,
279. — Cumul des rechanges,
279. — Point de départ de l'intérêt du principal de la lettre
protestée, 279. — Point de départ de l'intérêt des frais de protêt, rechange et autres frais légitimes, 280.
RECOMMANDATAIRE. Voir : *Lettre de
change.*
RECOUVREMENT DES DETTES ACTI-
VES DU FAILLI. Voir : *Syndics.*
RÉHABILITATION. Définition, 498.—
Conditions pour obtenir la réhabilitation, 499. — Formalités
pour l'obtenir, 499. — Formule
de demande en réhabilitation,
499. — Objet de la publicité
donnée à la requête, 500. — Opposition à la réhabilitation, 501.

— Personnes non admises à la
réhabilitation, 502.
REMISE DE LA DETTE, 246.
REMISE DE PLACE EN PLACE. Voir :
*Lettre de change.*
RENOUVELLEMENT DE BILLETS. Voir :
*Faillite.*
RENTE. Définition, 42. — Perpé-
tuelle ou viagère, 43. —Transfert
d'une rente, 43.
RÉPARTITION. En matière de faillite,
479. — Opération de la réparti-
tion entre les créanciers, 479. —
Obligation des syndics, 480. —
Précautions à prendre en payant,
480. — Cas de créanciers domi-
ciliés en dehors du territoire
continental de la France, 481.—
— Intérêts des sommes mises en
réserve, 481.
RETRAIT DE L'AUTORISATION DE
FAIRE LE COMMERCE. Pour les mineurs, 12.
RETRAITE. Voir : *Rechange.*
REVENDICATION. En matière de faillite, 484. — Définition, 484. —
Diverses sortes de revendications,
484. — Revendication des choses
déposées ou consignées, 484, 485.
— Revendication des effets de
commerce, et autres, 485. —
Revendication des choses vendues, 486. —Cas de revendication non recevable, 486. — Remboursements que doit faire le revendiquant, 487.—Base du droit
de revendication du vendeur non
payé, 488. — Droit du vendeur,
dans le cas où il n'aura pas
délivré les marchandises, 488.
ROLE D'ÉQUIPAGE, 311.
ROOLES D'OLÉRON, XVI.

## S

SAISIE DES NAVIRES. Voir : *Navires.*
SALLE DES VENTES PUBLIQUES. Formalités pour obtenir l'autorisation
d'ouvrir une salle de ventes publiques, 86.—Obligation des propriétaires ou exploitants, 87.
SÉPARATION DE BIENS. Législation,
188. — Séparation contractuelle,
188. — Séparation judiciaire,

*

FIN DE LA TABLE ALPHABÉTIQUE ET ANALYTIQUE.

# TABLE DES CHAPITRES.

## DEUXIÈME PARTIE.

## TROISIÈME PARTIE.

### DU COMMERCE MARITIME.

## QUATRIÈME PARTIE.

### DES FAILLITES ET BANQUEROUTES.

FIN DE LA TABLE DES CHAPITRES.

Saint-Denis. — Typographie de A. MOELIN.